北京大学出土文献与古代文明研究丛刊

重写秦汉史

出土文献的视野

陈侃理 主编

图书在版编目（CIP）数据

重写秦汉史：出土文献的视野 / 陈侃理主编 . —
上海：上海古籍出版社，2023.10（2024.5 重印）
（北京大学出土文献与古代文明研究丛刊）
ISBN 978 - 7 - 5732 - 0873 - 6

Ⅰ . ①重…　Ⅱ . ①陈…　Ⅲ . ①出土文物–文献–研究
–中国–秦汉时代　Ⅳ . ①K877.04

中国国家版本馆 CIP 数据核字（2023）第 183022 号

北京大学出土文献与古代文明研究丛刊

重写秦汉史：出土文献的视野

陈侃理　主编

上海古籍出版社出版发行

（上海市闵行区号景路 159 弄 1-5 号 A 座 5F　邮政编码 201101）

（1）网址：www. guji. com. cn
（2）E-mail：guji1 @ guji. com. cn
（3）易文网网址：www. ewen. co

浙江新华数码印务有限公司印刷

开本 635 × 965　1/16　印张 37.25　插页 9　字数 536,000
2023 年 10 月第 1 版　2024 年 5 月第 3 次印刷
印数：3,601 —5,100
ISBN 978 - 7 - 5732 - 0873 - 6

K · 3466　定价：158.00 元

如有质量问题，请与承印公司联系

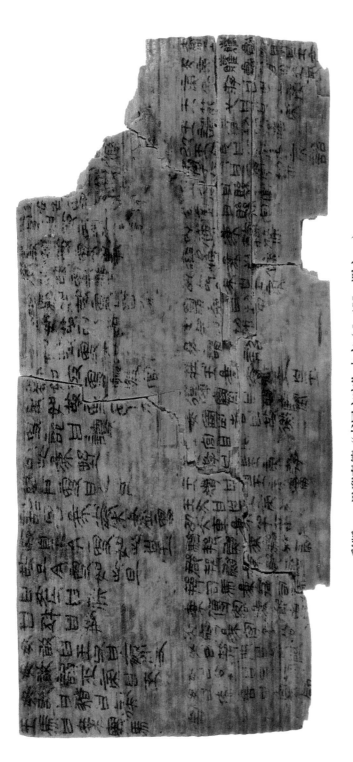

彩版一　里耶秦简"书同文字"木方（8-455，四六一）

选自湖南省文物考古研究所编著《里耶秦简（壹）》，文物出版社，2012年

秦始皇推行"书同文字"政策，最终让秦系文字一统天下。里耶秦简中的这块木方，不仅包含了统一字形，明确字词关系方面诸多细节，而且自有尊称"皇帝"，更改官号等称谓，用右方面的规范，表明"书同文字"政策的内涵比我们过去理解的要丰富得多。详见第一章《文字发展》。

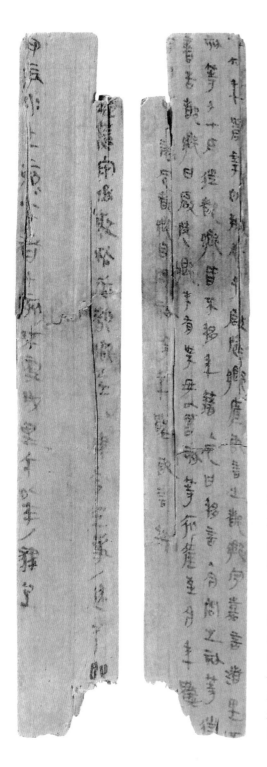

彩版二 里耶秦简"渚里徙户都乡"木牍（16–9）

选自里耶秦简博物馆等编著《里耶秦简博物馆藏秦简》，中西书局，2016 年

  秦汉帝国凭借县—乡—里构成的基层统治体系掌握户口、征发赋役。秦代设置迁陵县之初，废除了启陵乡辖下的渚里，将里中的十七户居民迁徙至都乡。但迁徙文书没有依法附有年籍，引发争议，从而产生了这方木牍。木牍记载了启陵乡提出的解决方案和迁陵县廷的批示，反映出官方获知庶民年龄的方法。详见第四章《徭役制度》。

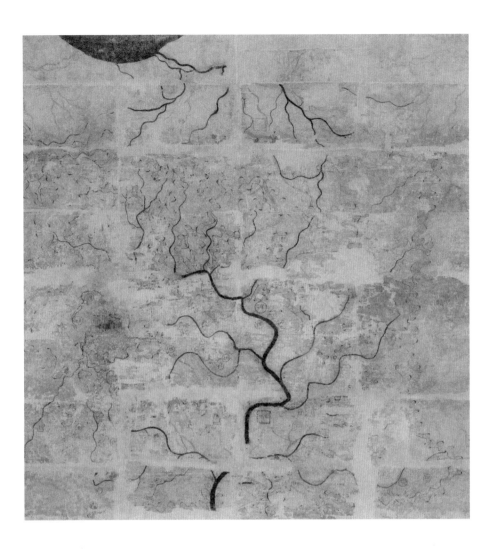

彩版三　马王堆帛书《地形图》（局部）

选自裘锡圭主编《长沙马王堆汉墓简帛集成》，中华书局，2014 年

　　中国古代地图学发达很早，但地图复制困难，不像文字那样容易保存，这使得出土的古地图尤为珍贵。这幅《地形图》描绘了西汉初年长沙国南部边境的山川形势，并相当精确地标绘出了重要的城邑，对复原汉朝疆域、勘察古城、定位县址具有重要意义。详见第六章《政区地理》。

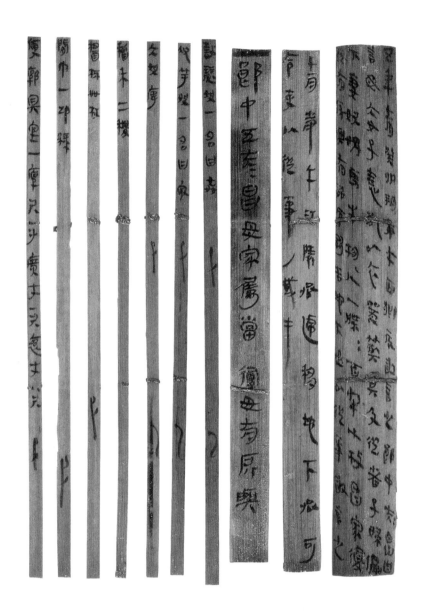

彩版四　湖北荆州谢家桥一号汉墓出土遣策

选自荆州博物馆编著《荆州重要考古发现》，文物出版社，2009 年

　　遣策是随葬物品的清单，在西汉时期又与"告地策"结合起来，成为墓主人携带侍从、财产移居地下世界的凭证。这件遣策以模仿户籍迁移文书的告地策开头，注明墓主人的免役身份，与之合编的竹简则登记了各色随葬品。随葬的除了粮食、用具，还有代表奴婢的偶人，到地下鼓瑟吹竽，继续侍奉主人。详见第七章《信仰世界》。

彩版五　益阳兔子山遗址七号井出土西汉前期律名木牍

湖南省文物考古研究所授权使用

　　基于出土文献的研究大大增进了人们对汉律复杂性的了解，让学界扬弃了"汉律九章"的旧说。这块新发现的律名木牍不仅记载了44种律名，还将其分为"狱律"和"旁律"两大类，对秦汉律令体系的研究很有启发。详见第三章《律令法系》。

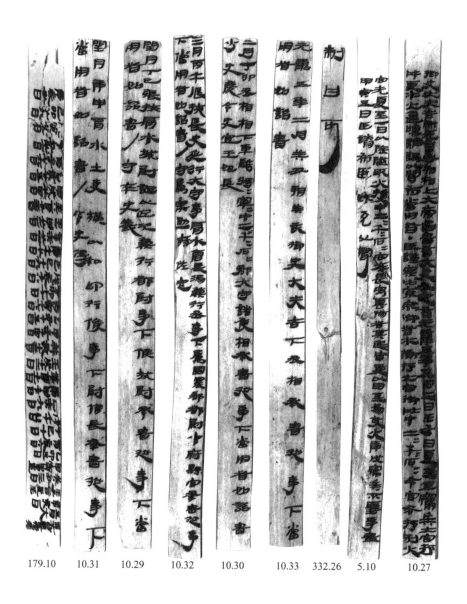

179.10 10.31 10.29 10.32 10.30 10.33 332.26 5.10 10.27

彩版六　居延汉简汉宣帝元康五年改火寝兵诏书册及附件

选自简牍整理小组编《居延汉简》（壹）、（贰），史语所专刊，2014、2015 年

　　在阴阳五行思想的影响下，汉王朝要求各级官署在夏至日更换火种、放下武器。经过学者复原的这个简册，前半部分是诏书内容，保存了太史丞提议后太常、丞相、御史逐级批阅上报皇帝的流程信息；后半部分是行下之辞，反映出皇帝下诏后逐级传写、下达直至边郡最基层单位的过程。从中可以看出朝廷规范时间秩序的努力，也生动体现了帝国统治的"无远弗届"。详见第二章《文书行政》、第八章《时间秩序》。

彩版七　敦煌悬泉置遗址出土帛书信札《元致子方书》

选自中国文物交流中心编著《汉风：中国汉代文物展》，科学出版社，2014 年

　　在这封书信中，元拜托子方代购上佳毛笔等物（有趣的是，悬泉置也出土了汉代的毛笔），并托人送交。末尾补写的"自书所愿以市事"云云，书体与正文不同，引发了学者对信札究竟是代笔还是自书的讨论。详见第一章《文字发展》。

彩版八　长沙东牌楼遗址七号井出土东汉行政文书封检

选自长沙市文物考古研究所等编《长沙东牌楼东汉简牍》，文物出版社，2006 年

　　秦汉时期交付传递的行政文书有时会加上封检，用以保密和防止篡改。封检上往往写明收发机构的名称和传递方式。以上右侧是汉灵帝光和六年（183）临湘县东部劝农邮亭掾发送至县廷文书，注明"以邮行"；左侧是桂阳太守发送给临湘县丞掾的文书，采用更快捷的"驿马行"方式。详见第二章《文书行政》。

前　言

◎ 陈侃理

　　本书的任务是在出土文献的视野下探讨如何"重写秦汉史"。

　　中国古代史学以"前四史"为经典，而秦汉史独占其三。司马迁、班固、范晔用他们的如椽巨笔描绘了波澜壮阔的世变、瑰奇多姿的人物，让人心驰神往，读之忘倦。直到二十世纪初，秦汉史研究几乎相当于研读《史记》《汉书》《后汉书》。"三史"不仅塑造了后人对秦汉史的认知，也规定了对二千年帝制时代的诸多基本印象。然而，凡是作者，都有自己的好恶取舍，都受到自身视野和所处时代的局限，而史书的作者还要依赖于所能利用的有限的原材料。即便当代人写当代史，也替代不了第一手资料。秦汉史研究的视野被史书所限，不能不说是一种"先天不足"。这种"先天不足"，又由于秦汉时代的枢纽地位而影响了对长时段的整体认识，成为中国古代史体系中的一处软肋。

　　近一个多世纪来，出土文献正逐渐改变这种状况。如今，秦汉史已经从钻研少数几部旧籍的古典学问，变成为需要密切关注新发现、综合不同类型史料、利用多学科方法的新兴学术。新出的秦汉史研究论著大部分与出土文献有关，甚至围绕出土文献展开。我们对秦汉时代的认识不再限于史书所传达的，甚至在许多方面超过了史书的作者。因此，新一代秦汉史研究者在《史》《汉》古书以外，还必须通晓出土文献，方可称为"预流"。

　　但"预流"不等于成功。围绕秦汉出土文献展开的研究还存在诸多弊病：饾饤考据，以材料代替问题；支离破碎，只见树木不见森林；

规范未立；标准不清；沟通缺乏，等等。这些病症虽然棘手，却也蕴含着希望。它们恰是学术范式更新的过渡期的表现，是新史学扩张自身材料和问题必然要遭遇的曲折，也是重写秦汉史的序幕。

序幕如何引向正题，砖瓦如何结成巨构？我们这一代秦汉史研究者，在成长过程中不断受惠于出土文献，理应负起责任，消除上述弊端，总结秦汉史研究在出土文献的视野下所取得的推进，反思其得失，融会以启新。为此，十年前，一群青年研究者相约，每人选择一个自己比较熟悉或正在探索的重要领域，介绍相关的出土资料、研究课题、最新进展和自己的心得，编成一书。

本书的写作，面向研究古代世界和中国历史文化的"大同行"，服务于有志进入秦汉史研究领域的年轻朋友，也准备着接受前辈、同道的检阅和批评。我们希望，书中的内容是基本的，也是前沿的，能说明已经形成的共识，更能打开未来探索的空间，作为重写秦汉史的开端。

在正文之前，我将简要地介绍秦汉出土文献特别是简帛研究的历史与方法，然后概述本书各章的旨趣，给读者一个初步的总体印象。

一

今人谈论出土文献研究，习惯于标举王国维的"二重证据法"。其实，那不足以涵盖出土文献在史学研究中的作用，甚至概括不了他本人的方法和贡献。王国维对二重证据法的直接论述，见于1925年在清华研究院授课的讲义《古史新证》第一章"总论"：

> 吾辈生于今日，幸于纸上之材料外更得地下之新材料。由此种材料，我辈固得据以补正纸上之材料，亦得证明古书之某部分全为实录，即百家不雅训之言亦不无表示一面之事实。此二重证据法惟在今日始得为之。虽古书之未得证明者不能加以否定，而其已得证明者不能不

加以肯定，可断言也。①

　　这段话重在批判"疑古之过"，指出地下新材料可据以"补正"传世文献。王国维揭举二重证据法，意在"证明"古书记载的真实性，并将这样的真实性判断推及未获地下资料证明的古书记载。他认为，《史记》记载夏商周世系有先秦古书《世本》为依据，其中的商世系既已得到甲骨、金文的佐证，夏世系也就可以不证自明。②但是我们知道，商以前尚无使用文字的确据，仍属传说时代，而传说的可信度是不能与文字记载等量齐观的。所需前提既不可靠，推论当然也无法成立。

　　《古史新证》主张"二重证据法"，需要在特定的思想背景中去理解。王国维将古书所记的三代历史当作维系中国文化认同的根基，力求用甲骨、金文资料加以证明，以维护所皈依的文化信仰。这样的意图，促使他抓住卜辞所见殷商世系等重大问题，但也容易误导后人以为出土文献的作用仅在于证经补史。

　　与三代古史相比，王国维在简牍研究方面寄托较少，思想和方法更为自由而新颖。他得知斯坦因（Aurel Stein）等人在西北掘得汉晋简牍后，便敏锐地预见其学术意义，在看到大批简牍之前，先穷尽传世文献中有关简牍、封检、题署制度的记载，于1912年写成《简牍检署考》，为后续研究确立了高起点。③1914年，王国维又与罗振玉合作，利用法国汉学家沙畹（Emmanuel-èdouard Chavannes）提供的资料，整理校释斯坦因所获汉文简牍，编成《流沙坠简》，在京都出版。王国维对自己的工作颇为得意，同年7月17日致信缪荃孙说：

　　　　岁首与蕴公（罗振玉）同考释流沙坠简，并自行写定，殆尽三、四月之力为之。此事关系汉代史事极大，并现存之汉碑数十通

----

① 王国维《古史新证》第一章《总论》，《古史新证——王国维最后的讲义》，清华大学出版社，1994年，第2页。
② 参看王国维《古史新证》第四章，第52～53页。
③ 参看胡平生、马月华《简牍检署考校注》导言，上海古籍出版社，2004年，第1～10页。

亦不足以比之。东人不知，乃惜其中少古书。岂知纪史籍所不纪之事，更比古书为可贵乎？考释虽草草具稿，自谓于地理上裨益最多，其余关乎制度名物者亦颇有创获，使竹汀先生辈操觚，恐亦不过如是。①

他负责考释的内容是屯戍簿籍文书，与传世古书距离较远，在传统史学重视的范围以外。当时，京都的日本汉学家对此也兴趣不足。王国维却从简牍中发掘出地理和名物制度方面的新问题，认为与汉代史事关系极大。他重视简牍中包含的"史籍所不纪之事"，认为"更比古书为可贵"，这就超越了补充与证明古书记载的层次。王国维自比执清代史学考据之牛耳的钱大昕（竹汀），说明他对这项工作的意义和水平十分自信。

王国维没有见到西北汉简更大规模的出土，但他建立的范式对汉简研究影响深远。1930 年至 1931 年初，中国和瑞典联合组成"西北科学考察团"，在额济纳河流域采集到 11 000 多枚汉代简牍，习称"居延汉简"。这个发现轰动一时，但整理工作却因日军侵华而历尽磨难。② 最终，劳榦在抗战胜利前夕完成了释文与考释，由避难于四川李庄的中研院历史语言研究所油印出版。③ 劳榦大体依从王国维范式，主要按照内容分类编排释文，重点寻绎汉简中的名物、制度和史事，与传世文献互相参证，做了系统而详实的考释。日本学者在 1950 年代初着手研究居延汉简时感到，以内容为中心的课题几乎被劳榦言尽了。④

于是，海外学者另辟蹊径。日本京都大学的森鹿三、藤枝晃等在 1951 年创建了汉简共同研读班，起初延续劳榦的方法，发现推进的余

---

① 《王国维全集·书信》，中华书局，1984 年，第 40 页。

② 参看邢义田《傅斯年、胡适与居延汉简的运美和返台》，原刊《中研院历史语言研究所集刊》第 66 本第 3 分，1995 年，后收入邢义田《地不爱宝：汉代的简牍》，中华书局，2011 年。

③ 即《居延汉简考释·释文之部》（1943 年）、《居延汉简考释·考证之部》（1944 年）两书。前者 1949 年由上海商务印书馆出版铅印本，后者 1960 年收入《居延汉简·考释之部》，在台北重印。

④ 永田英正《居延汉简研究》，广西师范大学出版社，2007 年，第 35～36 页。

地有限。1957 年，劳榦编辑的《居延汉简·图版之部》在台湾出版，次年传入日本。京都的研读班随之将重心转移到简册复原上来，主张暂时抛开《汉书》《后汉书》等正史，从简牍本身的特征入手进行重新分类和集成，建立科学的"简牍文书学"。1960 年至 1961 年，英国学者鲁惟一（Michael Loewe）带着以古文书学方法研究居延汉简的目标留学京大，参加森鹿三主持的研读班。他引入笔迹作为判断标准，突破同一地域、同一样式的局限，进行同类或相关文书的集成，一举复原了 43 组、类简册。1967 年，鲁惟一在剑桥大学出版了具有划时代意义的《汉代行政记录》一书。1968 年，森鹿三与同在京大的藤枝晃、永田英正以及关西大学的大庭脩等组织了正式的"中国古文书学的体系化"研究班，从命名就可以看出，研究班已经明确将汉简研究的旨趣集中到"以简牍论简牍"的古文书学方法上了。①

　　用古文书学方法研究简牍文书，是资料性质、学术交流、研究条件三方面因素促成的。居延汉简的数量大大超过王国维所见，如果只是用从传世文献获得的问题意识来研究，视简牍为可供挑选的材料，则其中多数不能复原的残片将无法利用，隐藏于其中的与古书没有直接关联的信息也会被忽略。为此，学者们希望直接从简牍中提出问题。以京都为中心的学者们引入欧洲、日本古文书学的研究范式，进行文书、簿籍简册的复原及同类文书的集成，重视作为复原和集成依据的简牍形制、出土位置、格式、笔迹、符号等形式要素。这样的研究方法，自然地导向简牍的制作、抄写、传递、保存、埋藏以及文书行政等问题，成为此后日本学者研究秦汉简牍的特色。②

---

① "简牍文书学"研究的思路和发展过程，参看永田英正《居延汉简研究》，第 28～39 页，以及藤枝晃为该书写的序文。又见鲁惟一《汉代行政记录》序言及第一卷第一章，广西师范大学出版社，2005 年，第 3～28 页。

② 近年来，富谷至关于"视觉木简"的提法、籾山明倡导的"简牍的生态学研究"都鲜明地带有上述特色。关于日本学者研究西北汉塞简牍的学术史以及最新进展，可参看籾山明《日本居延汉简研究的回顾与展望——以古文书学研究为中心》，中国政法大学法律古籍整理研究所编《中国古代法律文献研究》第九辑，社会科学文献出版社，2016 年；森谷一树《日本研究西北边境出土简牍之新动态》，《国学学刊》2015 年第 4 期。

尽可能复原简册，本是简牍研究最基础的必要工作。居延汉简整理起初没有做好这样的工作，除了经验不足，也有客观条件的限制。中瑞联合西北考察团事先约定，出土器物和考古报告写作由瑞典方面负责，而中方仅负责文字资料整理。这样的分工，不利于全面考虑简牍的考古学环境，也限制了整理者的思路。北大方面的主事者马衡本已试图根据坑位复原简册，[①] 但迫于期限和人事，加上战事骤起不得不中辍。劳榦在昆明和李庄重新开始整理时，连在北平所做的释文都丢失了，根据出土地信息复原简册的条件就更无从谈起。[②] 他在《居延汉简考释》自序中写道，无法知道详细的出土情形和随出器物，对考释有很大的不便。居延汉简最初的释文按照内容来分类，不能不说与当时各种条件的限制有关。

"简牍文书学"强调文书、文献不能化约为文字和文本，对反思"二重证据法"，在传世文献以外提出新问题、开拓新领域起了推动作用。今天的条件已非昔比，做好文书学的工作对简牍研究者而言已是基本要求，只强调"从简牍到简牍"就显得不够，甚至有可能制约出土文献研究走向深广。如永田英正所说，古文书学研究是汉简研究的第一步。那么，在此之后还需勇敢地迈出下一步，走向综合的历史研究。

中国大陆的秦汉出土文献研究经历了较多波折。1959 年，中国科学院考古研究所重新整理居延汉简，修订释文，依照出土号编排简序，出版《居延汉简甲编》，吸引不少学者投入研究。所获成果，既有金石学传统下的校订、考释，也有利用时兴理论探讨热点问题的论著。

当时对汉简研究思考最深入、工作最系统、方法最成熟的，是中国科学院考古研究所的陈梦家。陈梦家本以甲骨、铜器和古史研究著称，1960 年被借调到兰州整理武威汉简，研究兴趣也随之转向简牍。[③] 陈梦家围绕武威汉简《仪礼》所做的工作堪称书籍简整理的典范。在此基础

---

① 据陈梦家《汉简考述》，《考古学报》1963 年第 1 期，第 78 页。
② 参看邢义田《行役尚未已，日暮居延城——劳榦先生的汉简因缘》《傅斯年、胡适与居延汉简的运美及返台》，《地不爱宝：汉代的简牍》，第 351～359、389～393 页。
③ 参见陈梦家《汉简缀述》编者所写的编后记，中华书局，1980 年，第 317 页。

上，1962 年，他撰写完成《由实物所见汉代简册制度》，利用新出土资料大大发展和修正了王国维以来有关简牍物质形态和制度的研究。同年，他开始负责《居延汉简甲乙编》的编纂工作，除了校订释文，还借助刚刚在瑞典出版的《内蒙古额济纳河流域考古报告》，厘清了全部汉简的编号与出土地的关系，为利用汉简研究烽燧防御体系和文书行政创造了条件，也刺激了简牍研究方法论的发展。这一时期，陈梦家撰写了多篇研究西北边塞汉简的文章。其中，在《考古学报》1963 年第 1 期上发表的论文《汉简考述》全面检讨汉简研究方法，提出了四个需要注意的方面：

> 汉简的研究不仅是排比其事类，与文献相比勘，或者考订某些词、字或片断的历史事件，而需要同时注意以下诸方面：第一，关于出土地问题，即遗址的布局、建筑构造，以及它们在汉代地理上的位置。……第二，关于年历的问题。……第三，关于编缀成册和简牍的尺度、制作的问题。……第四，关于分年代、分地区、分事类研究和综合研究相互结合的问题。

从中可以看出，陈梦家对简牍的出土地、形制、制作等问题极为关注，又强调分析与综合的互补，从简牍中寻找汉代历史的全局性问题。他的方法论思考，得益于全面的学术素养和长期研究甲骨、金文的经验，也得益于他整理汉简资料的第一手经验。陈梦家强调考古学、地理学、年代学、文书学和历史学综合方法的整合，超越了"二重证据法"，较之"简牍文书学"也更为丰富而全面。陈梦家的研究因此取得了卓越的成果。然而，随着政治形势急转直下，学者很快失去了研究的自由。陈梦家，以及另一位发表过《居延汉简牛籍校释》（《考古》1962 年第 8 期）的青年历史研究者沈元，都殒命于"文革"的戕害。1980 年，陈梦家研究简牍的论文结集为《汉简缀述》由中华书局出版。这时，距他辞世已经过去了整整十四年。

国内出土文献与秦汉研究的再度兴盛颇具戏剧性。从 1972 年起，临沂银雀山汉简、长沙马王堆汉墓简帛、云梦睡虎地秦简等重要发现接连问世。这些发现包含的内容极为重要，特别是其中的兵家、法家著作和多种秦律抄本，恰与当时"评法批儒"的政治运动相契合，因而备受重视。国家文物局将整理这些文献作为重要的政治任务，迅速从全国各地征调专家，集中到位于北京沙滩红楼的文物出版社，成立整理小组。①"红楼整理组"很快编撰出版了线装大字本和普及用的平装本。幸运的是，由于形势急剧变化，这些成果最终没有为政治运动推波助澜，却以"集中力量办大事"的方式，探索了墓葬古书简的整理方法，产生出一批具有示范意义的整理本，给此后的研究确立了高起点。整理组里的中青年专家李学勤、裘锡圭、李家浩、李均明等也陆续成为相关领域研究的大家。除了上述大宗的墓葬简帛，西北边塞汉简和散见简牍在此后的二十年间也不断出土或得到重新整理。

新材料促使学者将研究重心转向秦史、法制史和数术研究，这在当时日本、欧美和台湾地区的部分新生代学者身上表现得相当明显。但在中国大陆，秦汉史研究在二十世纪的最后二三十年间尚未发生全局性的变化。这一方面受到八十年代崇尚理论和宏大叙事的学术风气的影响，另一方面也是由于简牍资料的数量和批次还较为有限，内容覆盖面尚显狭窄。出土秦律推动了制度史研究，但其余占绝大比重的数术、方技、诸子类等古书，学者尚未找到将其与历史研究结合的适当角度；西北边塞简则内容重复度较高，不易谈出新意。1989 年，田余庆发表《说张楚》一文，在此前张政烺、黄盛璋等学者研究的基础上，将马王堆帛书《五星占》、睡虎地秦简《编年记》等不同来源、不同类型的出土材料与传世史籍结合起来，揭示其间隐藏的联系，提出"非张楚不能灭秦，非承秦不能立汉"。这是利用出土文献研究秦汉政治史的典范之作。但它仍在传统的政治史思路下，仅是受到出土文献的偶见信息启发，因而其成功也难以复制。借助出土文献将秦汉史研究大幅度向前推进，必须在

---

① 关于红楼整理组的情况，参看李学勤主编《出土文献》第一至三辑的"红楼追忆"栏目，中西书局，2010、2011、2012 年。

思路和方法上有所突破，而思路和方法的突破又有待于更丰富的新资料来进一步刺激。

到了世纪之交，情况再次发生变化，新的秦汉简牍大发现时代开始了。标志性事件，一是 2001 年湖北荆州张家山 247 号汉墓竹简正式发表，二是 2002 年湖南龙山里耶秦简出土。

张家山汉简出自汉初官吏墓葬，内容包括汉初朔闰编、《二年律令》《奏谳书》《算术书》和几种阴阳数术方技之书，内容与睡虎地秦简呼应，体现地方小吏的知识结构。其中的法律文献除了对法制史研究有重大意义，还由学者挖掘出与秦汉历史其他方面的联系。以《二年律令·秩律》为例，周振鹤、晏昌贵、辛德勇各自依据其中所载县级政区名称和次序，探讨了汉初政区和边疆的变迁；陈苏镇从不载王国官吏，得出汉初诸侯王国不用汉法的结论；阎步克由"中二千石"的缺失和比秩现象，寻绎战国秦汉禄秩序列的变迁和汉代"吏""宦"两分的制度。[①]研究者由自身独特的历史感出发，从不同的角度找到出土文献与秦汉史研究课题之间或隐或显的联系。这类研究不以材料为中心，而是用材料引发问题，用问题驾驭材料，使出土文献成为秦汉史研究中的突破口和关键拼图，学术意义大为提升。

至于里耶秦简，则与西北边塞汉简有很多相似之处，数量庞大而以废弃的行政文书为主。它的时代集中在秦王政二十五年（前 222）设置迁陵县至秦亡的十余年间，能够反映秦帝国如何统治新占领的边疆地区，并折射出秦的兴亡之迹。它所呈现的历史变化尤为显著而关键，吸引了几乎所有研究者的目光。一时间传出"北有兵马俑，南有里耶简"之说，虽然类比不伦，但仅就推动秦汉史研究发展的史料价值而言，里耶秦简

---

① 周振鹤《〈二年律令·秩律〉的历史地理意义》，《学术月刊》2003 年第 1 期；晏昌贵《〈二年律令·秩律〉与汉初政区地理》，《历史地理》第二十一辑，上海人民出版社，2006 年；辛德勇《张家山汉简所示汉初西北隅边境解析——附论秦昭襄王长城北端走向与九原云中两郡战略地位》，《历史研究》2006 年第 1 期；陈苏镇《汉初王国制度考述》，《中国史研究》2004 年第 3 期；阎步克《从〈秩律〉论战国秦汉间禄秩序列的纵向伸展》，《历史研究》2003 年第 5 期。

可以说是有过之而无不及的。

秦汉出土文献的研究环境也在变化。二十世纪九十年代中叶开始，战国楚简研究经历着井喷式的大发展。1993 年湖北荆门郭店楚简出土，1994 年上海博物馆购入楚简。这两批重要资料的发现和公布，促使众多中青年学者和学生竞相加入文字释读、思想阐发的热潮。从外部条件来看，中国大学在世纪之交迎来了新一轮高速发展，办学规模扩大，学科建设和科研经费投入呈几何级数增长。高校和科研院所纷纷设立出土文献专门研究机构，创办专业刊物，[①] 学术会议此起彼伏。出土文献研究迅速升温，从"冷板凳"学问，变得炙手可热起来。时至今日，这个领域新生代学者众多，大项目不断展开，新成果持续涌现。有人、有钱、有资料，呈现一片大繁荣的景象。

秦汉史研究也借此东风，迅速发展和转型。今天所见秦汉出土文献的丰富程度已经大大超过一百年前人们的想象：文书简牍涉及屯戍、行政、经济、礼仪各个方面，古书简帛涵盖几乎所有知识门类；时代自战国末以迄东汉晚期形成完整序列，地域分布从西北边境扩散到大江南北，制作、抄写和使用者下到戍卒、小吏，上至王侯显贵。出土文献的总字数以百万计，包含的"史籍所不纪之事"更何止万千。王国维说："古来新学问起，大都由于新发见。"傅斯年说："凡一种学问能扩张它研究的材料便进步，不能的便退步。"按照这样的标准，秦汉史研究得到出土文献扶翼，无疑应该成为突飞猛进的新学问。有的断代研究领域水平较高，新资料却很少，学者感叹，要找个博士论文题目太难了。秦汉研究领域不存在这样的困境，有条件做的题目很多，问题在于：如何选择题目，如何做得精彩？这就需要我们站在更高的高度上，思考出土

---

① 比如中国文化遗产研究院文物研究所编《出土文献研究》（年刊），中国社会科学院简帛研究中心编《简帛研究》（初为年刊，后改半年刊）、武汉大学简帛研究中心编《简帛》（初为年刊，后改半年刊）、复旦大学出土文献与古文字研究中心编《出土文献与古文字研究》（不定期刊）、清华大学出土文献研究与保护中心编《出土文献》（初为年刊，后改为与中西书局合办的季刊）、西北师范大学历史文化学院等编《简牍学研究》（不定期刊）等。

文献与秦汉史研究的关系。

二

假设有研究中国中古、明清或者古罗马史的朋友问道：出土文献究竟为秦汉史研究提供了哪些以往没有的新知识？秦汉史研究中哪些基本问题是通过出土文献形成的？哪些研究有了出土文献可以做得更好，好在哪里？哪些研究没有出土文献做不了或者想不到，为什么出土文献缺少不得？这些疑问恐怕都不是能轻易回答上来的。时下，出土文献已经进入了秦汉史的主流论述，新编的中学历史教科书也用上了简牍资料。那么，这些新资料是验证、强化了此前已经存在的看法，还是提供了前所未有甚至颠覆过去的新认识？如果将"野心"稍稍放大一点，我们就不难意识到，出土文献与秦汉史研究要做而没做的还有很多，应该做好而还没有做好的也有不少。

通过出土文献来研究秦汉史，需要丰厚的知识储备和学术积累，任何研究者都在不断学习之中。这里只想从学界的总体观察，提出有待改进工作的两个方面：第一，是提高资料整理水平，建立全面、可靠、公开的数据库；第二，是及时梳理学术史，更新研究课题，增强问题意识。

简牍帛书新发现的消息一出，往往万众瞩目，翘首相盼，但资料的整理工作本身却相当艰苦、枯燥而且难免疏失。国家文物局召集举国学者全力投入整理的情况，到 1980 年代以后再难实现。负责整理的地方考古文物单位或单个科研机构，大都缺乏出土文献整理研究的专人；新资料出土后，十年、数十年不能发表的窘况并非罕见。整理工作也不可能"一步到位"，整理本中照片不清，出土信息和形制数据欠缺，编连、释读不免错讹；一旦公布，各种校补商榷，猜测悬想蜂起，看似学术繁荣，实则大多数并未言人所不能言。学者的大量精力消耗在核验资料、搜罗订正文章、征引注释之中，实质性的推进却举步维艰。

近年来，这方面的情况已有所好转。负责整理的单位，多会在定稿前邀请历史学、古文字等各方面的专家会读审校，提高整理质量。由于彩色照相、印刷技术提高，红外成像技术推广，新出简牍的图片质量往往比较理想。已经刊布的资料也在陆续更新影像，重新进行释文编校，吸收既有成果，形成较为精审的集释本。裘锡圭主编的《长沙马王堆汉墓简帛集成》（中华书局，2014 年）、陈伟主编的《秦简牍合集》（武汉大学出版社，2014 年）、邢义田主持编校的《居延汉简》新整理本（历史语言研究所，2014～2020 年）等，都是这样的例子。这些工作大大方便了研究者利用。学者们的付出值得尊敬，也值得效法。

在信息化和大数据时代，出土文献资料的刊布方式有待更新。过去，资料刊布采用资料报告集形式，多用八开大本，铜版纸精装，加之近来彩色红外、原大放大，各类影像、数据俱备，以至整一巨册容简多则两三百，少则不过数十，翻检颇为不便。而想要购全一批资料，耗费动辄万千，不要说个人，就连一般的专业图书馆也未必能够。其书既贵且重，有学者戏称为"贵重之学"。新资料利用不便，无疑会减损对研究的推动效应，甚至成为发展的瓶颈。研究者一面不得不私下用各种权宜办法来解决，一面已经深感出土文献资料的出版应该数字化。电子数据库既能充分利用所获影像的解析度，还便于图文对照，综合检索，进行不同资料互校。经过深度开发，还可辅助缀合、释读，实现个性化定制，并开放讨论和修订，建设学术社群。这样完整、可靠、公开的数据库，可以说是学者梦寐以求的利器，但却因为开发成本、版权分割等各种原因而迟迟没有出现，实为大憾。梦想能否成真，还需要等待，需要呼吁。

出土文献资料更新、论著发表的速度很快，尤需及时搜集整理信息，进行学术史梳理，做出总结和展望。学界在这方面早有行动。骈宇骞、段书安的《本世纪以来出土简帛概述》（万卷楼图书有限公司，1999 年，后改题《二十世纪出土简帛综述》，文物出版社，2006 年）、沈颂金的《二十世纪简帛学研究》（学苑出版社，2003 年），还有李均明、刘国忠、刘光胜、邬文玲的《当代中国简帛学研究（1949—2019）》

（中国社会科学出版社，2019 年最新版），都是新世纪以来出土文献与秦汉研究者的案头书，也是初学者的入门书。夏含夷的新著《西观汉记——西方汉学出土文献研究概要》（上海古籍出版社，2018 年）大大便利和加深了我们对欧美学界的了解。一些专业刊物还定期推出年度总结，如《简帛》刊发鲁家亮主持撰写的中国大陆秦汉魏晋简帛研究年度概述等。此外，还有论著索引和论文目录可供翻检。不过，已有的学术史回顾著作多以资料或研究者为纲目，或采取论著目录、解题的形式，即便按照研究专题编写，也多罗列著述要点。这样做固然有其道理和用处，但也存在琐碎割裂之弊，对研究课题自身逻辑的揭示和学理分析较为欠缺。秦汉史研究的初学者借助这些书籍学习出土文献时，比较容易一头扎进新材料和碎片化的具体论述中，却难以在头脑中形成知识的整体框架，不易从整体上来理解新知识的来源和意义。

　　上述状况，使出土文献与秦汉史研究领域萌生出一些新的弊端。首先是研究领域不断分割，群体严重分化。二十世纪的出土文献研究者各有专长，但总体而言还是共同将出土文献看作古代历史文化的史料，关注的问题和研究的领域互相交叉；作为个体的学者，往往既研究文书也研究古书，既研究历史也研究语言文字、思想文化。这一情况从世纪之交以来已经大为改变。出土官文书数量巨大，文书学研究蔚然成风，围绕内容的研究反而显得不够“时髦”。大量材料难以迅速全面掌握，研究集中于个别新出简册的缀合、释读和考辨，长于精密而弊在琐碎。以楚简为主的典籍简大量出土，促使简帛古文字研究突飞猛进，日益独立出来成为专家之学。典籍简与文书简，古文字、古代思想与历史学的研究区隔日益明显，已成分道扬镳之势。这一时期成长起来的学者，往往缺少互相了解的愿望和能力，缺少把握全局的能力。其次是短平快研究盛行，实质性推进缺乏。在出土文献发现和研究的大繁荣中，学术刊物、网站论坛众多，发表轻易，考评促迫，写作冲量、求快。浏览期刊、网站，满眼补释丛札，而高水平综合研究的增加却不成比例。勤写札记，本是中国学术的传统，但个人的学术积累过程终究不等于最终的研究成果。如果稍稍放下躁进之心，把“发明权”看淡一些，如果历史学者铭记古人所谓"读书自识字始"，细读简文字句，如果语文学者能以"凡解释一字即是作一部文化史"（陈寅恪语）自期，不惮于思考历史文化问题；一旦有所发明，或触类旁通，形成系统，或覃思反复，酝酿出独得之见。如此，当会有更多"大文章"，更多传世之作。

如前所述，出土文献与秦汉史研究中现有的弊病，是学术范式更新过程的表现，一时间很难消除。但生逢其时，我们更应该思考出土文献与历史学研究之间是何关系，新的范式将如何建立。惟其如此，我们才有可能迈过这个坎，最终实现范式的更新。

我想，有关秦汉史的出土文献研究，至少在以下三个方面值得加强。一是重视出土文献的"本体"研究，重视其作为文物的性质，在形态复原、文本释读和考证年代、性质等方面投入足够的关注，让这一步成为研究历史文化必须要有的前提，并且尽可能从出土文献材料自身的特性中提出新问题。二是要充分了解出土文献的特性和局限，认清楚它作为同时期史料，往往原始、直接，然而也未经概括、不成系统，往往失于片面或看似客观而实则经过选择和修饰。三是要强调综合研究，处理好新旧出土文献的关系、出土文献与传世文献的关系，把握好宏观概括与微观细节的关系，使得彼此优势互补、合而双美。历史上的研究对象好比业已消融的冰山，古人图画了它的轮廓，而出土文献则是偶然崩落到我们手中的碎片。这块碎片来自冰山本身，有着任何图像都描摹不出的温度、质感、味道。但冰山毕竟不是冰块，只有把碎片放到整座冰山的影像中去，才能充分认识两者，并获得一种想象的能力，去思考潜藏在海平面以下的巨大存在。在上述三个方面，本书的作者都做了努力，读者不难在各章中发现有关的例子。

年轻一代的学者得到的教育更加系统，研究条件更为完备，成绩理应超越前人。但另一方面，环境也在变得复杂和促迫。这时候，更要注意"重视基础、跨越畛域、回馈学科、求真崇实"。重视基础，是重视阅读基本材料、经典著作，掌握研究工具和逻辑思辨的能力；跨越畛域，是不以专业自限，直面研究对象本身的复杂性、多重性；回馈学科，是要将获得的新知放回到历史学、语言学、文艺学、哲学等现代学科体系中，以成就其意义；求真崇实，则是学术研究抵御外部干扰而求自立所必须抱持的信念。此十六字，可与共勉。

三

这部书，是更新出土文献与秦汉史研究学术范式，向重写秦汉史迈进的一个尝试。它的目的，一面是梳理学术史，一面要提出新问题。此类做法，在欧美和日本学界已经形成传统。他们除了按照年度的定期述评，还会由一流学者主持撰写专题性的总结与展望，结集为专书，现已从日本系统移译的中国各断代"史学的基本问题"系列即是其例。这样的做法也给我们提供了启发。

本书的作者大都在世纪之交开始接受学术训练，得益于前辈的开拓、资料的喷涌，以及那十余年间相对宽松的时代氛围、学术环境，已在各自的领域初露头角。顺应现代史学研究"以问题为导向"和趋于"专门化"的特征，本书按照专题来分章和安排写作任务。虽然不少学者都能胜任不止一个专题，我们仍限定每人只写与自己正在做的研究关系最密切的一章。这样，一方面便于作者集中力量呈现学术的最前沿，另一方面也可以展现更加多样的学术风格和思想。各章之中，有的主要是清理具有深厚学术积累的老问题，有的是尝试勾连原本不相关的材料和研究，探索如何借助新的视角提出新问题，也有的是深入钻研某一批新材料，力求提供较为完整的认识框架作为未来研究的起点。细心的读者不难发现，其中存在着方法和观点的碰撞，但愿这种碰撞也能激发出读者灵感的火花。

下面，依次介绍各章的内容。

如果说文字是文明形成的标志之一，文字的发展、演变可以说是文明历史最直观的表现。今天仍在使用的汉字，大致是在秦汉时期定型的，而秦汉时期的文字又是古隶、八分、草书、行楷等多体并存，其丰富和复杂程度在历史上实属罕见。过去，存世的秦汉文字仅有金石铭刻，限制了人们对秦汉文字丰富性的认识。在本书中，郭永秉撰写第一章《文字发展》，充分利用二十世纪以来发现的各类型文字资料，精选石刻、铜器铭文、模印或刻划陶文、简帛古书和简牍文书等，展现出写刻工具、载体、方法、用途等不同因素导致的字体变异。他特别强调，文字书写追求速度和追求典丽的不同需求产生出所谓"正""俗"之分，两者又分别孕育出了八分、楷书以及草书、行书等新书体。这提示我们在观察文字演变时，要将时间和场合两个维度结合起来考虑。一旦关注了出土文献中文字的"体"和"用"，作为文字使用者的人的活动就从中浮现出来了。我们可以思考：书写者如何获得读写技能，如何通过书写获取政治、社会、文化资源，他们与所书写的文本和载体之间是什么关系，又用何种态度对待某个特定的书写行为，等等。这些问题，都有广阔的想象和探索空间。

东汉王充在《论衡》中说："汉所以能制九州者，文书之力也。"秦汉国家能够在广大的地域中实现中央集权的官僚统治，依靠的技术手段正是文书行政。文书行政不仅指能够利用文书来行政，而且意味着正式的行政作为必须通过文书来实施和记录。在后一个意义上，它构成了秦汉有别于其他文明的重要特征。正是因此，这个问题的研究近年来尤其受到学界的重视，成果丰富而众说纷纭。刘欣宁撰写的第二章《文书行政》，从文书的格式、传递手段以及在机构内部的处理流程三个方面，系统介绍了出土简牍中有关文书行政的代表性资料和由此所获得新知。她对学界的歧见做了精当的归纳、评述，并且往往给出自己的按断。文中还提示，文书行政内部存在局限，而外部又受到吏民读写能力的制约。因此，决策和政务处理中的当面沟通，法令信息的口头传达，口述笔录之间的转换，等等，这些环节都需要充分考虑进来。如此，才不至于让眼前海量的文书遮蔽了行政全过程的复杂性，才能进一步开启我们的历史想象力。在上述方面，她近年已有不少研究成果问世，值得关注。

中国古代法律形成体系始于秦汉，自魏晋以后至唐宋明清律，罪名、条文仍颇有继承自汉律者，但体系已有大幅度调整。由于秦汉律亡佚已久，后人的理解不免受限于班固等人的概括，附会以后世的情形，至近代又立足西方法律体系进行比较，形成了一些似是而非的看法，甚或固化为"常识"。出土秦汉文献中，与法律有关的简牍蔚为大观，不仅有律令，还有法律解释、案例、案卷格式、司法文书等多种形式。张忠炜撰写的第三章《律令法系》即利用这些资料，纠谬立说，更新了我们的认识。他首先将秦汉时期的法律体裁分为律、令、科、比、品等，辨析各自的源流和彼此的差异；然后将刑罚分为死刑、肉刑、劳役刑、财产刑四种，讨论其体系，附带论及迁徙和大赦制度；最后从组织机构、管辖、诉讼程序、狱政四个方面论述司法制度。他特别强调法外之刑的存在，强调法律规定与实施及其效力之间的张力，强调在历史变迁和世界法律体系的横向比较中认识秦汉法律。展望未来，他认为应更加重视早期刑罚体系特别是其中劳役刑与身份制的联系，而面对大量新出的司法文书资料，用文书学的方法进行集成仍为要务。

秦汉国家强大的中央集权，基础在于秦所确立的依据户口征发赋役的理念和制度设计。其中，徭役为国家公共工程提供了巨量免费劳动力，后又演化为主要的财政收入来源，相应地，也成为编户民最为沉重的负担。传世文献中对徭役制度的框架性描述过于简化和理想化，而出土文献不仅提供了制度的细节和变化轨迹，而且呈现出日常运作的复杂实况，也牵引出更多疑难问题，迄今学界少有定论。凌文超撰写的第四章《徭役制度》分为"徭役结构""更徭异同""傅籍标准""课役身份"四个部分，详细梳理关键史料中的疑难和各家的争议之点。他注意利用吴简、晋简的资料反观秦汉时期的发展方向，也强调由于出土文献材料自身的局限，未来研究仍将常写常新而难有定论。在方法论层面，他提倡先分别对待出土文献与传世文献，充分研究后再走向融合，由个别研究发展为整理把握，采用"二重证据分合法"。这是对"二重证据法"庸俗化倾向的纠正。就徭役制度而言，出土文献已经表明不应只注意一贯的规范，而要更多地观察千变万化的实践。从厘清制度转向考察实践，也有助于与后世赋役的发展相印证。

秦凭借无与伦比的军国主义战争机器兼并六国，又将之部分地遗传给汉朝。汉朝具备强大的军事力量，征伐四方，建立起"天下国家"。然而，"天下国家"长期稳固势必造成内部的非军事化，促使军事制度大规模调整，比如罢内郡之兵等。秦汉时期处于全民兵役制由鼎盛走向瓦解的转变时期，其军制亦在剧烈的变革之中。孙闻博撰写的第五章《军事制度》将军事制度与秦汉帝国的建立以及政治制度发展、社会变迁联系起来考虑，整合简牍帛书、铭刻、玺印封泥、图像等各类出土文献中的军制史料，编织起细密的军制演变图景。他从武官制度、军队构成及编制等核心问题，谈到军制与爵制、刑罚、徭役等周边制度的关联，并描述了与军事相关的若干社会制度和生活场景。他指出，西汉时期，军国体制向日常行政体制转化，京师与诸郡，内地与边郡的差别日益显著。与此相关还出现了一系列变化，比如爵制的身份秩序意义趋于淡化，身份刑向劳役刑过渡，等等。这些探讨与第三、四章的部分问题形成了呼应。如此，军事制度就不仅是作为战争的工具，而被当作社会、政治发展的一个环节来理解，这是尤为重要而具有启发意义的。

地方行政机构的辖域划分和层级结构是中央集权官僚制国家的一个标志性特点。明确政区的建制和地理范围，也是认识历史活动空间舞台的前提。长期以来，认识秦汉政区的基本框架来自《史记》秦"分天下以为三十六郡"的记载以及《汉书·地理志》《续汉书·郡国志》对政区分布和统属关系的罗列，学者不得不在某种程度上将这些主要反映某个特定年份建制的资料当作一代通制来对待。所幸，这种状况由于出土文献资料和研究而正在迅速改变。马孟龙撰写的第六章《政区地理》归纳了相关出土文献类型及其所见信息的概况后，分秦、汉、新莽三个时期，全面而细致地综述既往的研究成果，提出自己的判断；最后还基于他新近的探索，介绍了利用出土文献定位秦汉县址这一课题的资料、方法和前景。他对学术史的梳理逻辑清晰、观点鲜明，往往能在纷乱中理清头绪。他也高度评估了出土文献在历史地理研究中的潜力，足以激励来者。出土文献中还有很多有关山川交通、物产分布、聚落空间、地理观念等方面的资料，同样有待从历史地理学的角度深入开掘和系统研究。

信仰是人类的观念和心灵世界必不可少的内核。秦汉时期不一定有宗教，但一定有信仰。如何才能借由有限的文本和物质资料，认识古人的观念和心灵世界呢？田天撰写的第七章《信仰世界》选取了三个切入的角度，一是通过出土遣册和"告地策"复原丧葬礼仪，揭示关于死亡世界的信仰；二是通过有关官方祭祀的法律规定、执行情况以及"日书"记载的诸神名目、祝祷仪式等，探究神灵信仰在国家和社会各阶层的普遍共通性和特殊性；三是从病方的构成和其中的祝由类文献搜讨古人的疾病观、身体观及其信仰内核。上述资料，以往常被归入"专家之学"，未能得到普遍的重视。田天则强调，出土文献的意义正在于促使我们从资料和课题两方面拓展秦汉史研究的边界，围绕可观的新材料，尝试从多角度发问，提出新问题；在研究专门文献时，要注意将之与古书形成、礼仪、制度、社会等牵涉更广泛的问题整合起来，使之在秦汉史研究中获得稳固的一席之地。

时间是人为划分的结果，而人们采用什么时间划分标准，则是技术、社会、文化和政治权力共同影响的结果。秦汉国家事务协调一致的需要、儒生对大一统的诉求，都促使时间秩序在秦汉时期从多元走向统一；但统一的历史书写背后，又长期隐伏着多元。出土文献带来了大量复杂多元的细节，一方面使统一不再是不言自明既存事实，而是表现为一个过程，另一方面又彰显出一元与多元之间长期的张力。第八章《时间秩序》通过探讨历法和实际用历的差异、干支纪日与序数纪日消长、纪年法的革新、时称与漏刻的比较、时令在政治中的制度化等几个专题，比较系统地介绍了近二三十年中学界在这个领域中获得的新知。遗憾的是，统一与多元的解释模式失之简单，甫一提出就已经感到不尽如人意；而时间制度对各方面事务的规范以及人的时间观念的变化等更需要深入的课题，还没来得及展开。当然，遗憾有多大，探索的空间就有多大。期待未来学界共同努力。

鲁家亮撰写的第九章《里耶秦简》在本书中略显特殊，它不是介绍某个研究专题，是介绍一批材料。里耶秦简自 2002 年为学界所知以来，几乎占据了秦史和秦简研究的半壁江山，其丰富性和重要性值得专门辟出一章来讨论。鲁家亮首先详细梳理了里耶秦简资料发表的学术史，然后针对资料的特点和研究现状，综述了文本整理的情况，最后介绍里耶秦简集中反映的秦代迁陵县行政区划、机构和吏员设置等问题。他特别指出，里耶秦简作为文书行政的实物遗存，与睡虎地秦简、岳麓秦简等偏于制度性规定的资料充分对读，在印证中发现差异和变化，评估秦制的实践效果，这样的研究前景广阔。里耶秦简还有大半尚待公布，相信这一及时的总结能够为未来的研究确立一个更高的起点。

最后要说明，本书各章并未涵盖出土文献与秦汉史研究的所有领域，每一章也不可能囊括所涉领域的全部内容。这是要请读者原谅的。除了学力所限，更主要原因在于，重写秦汉史的事业方兴未艾，书中所要描绘的知识图景还远远没有固定下来。本书仅代表出土文献与秦汉史研究蓬勃发展之时，一部分目击者的视角和思索——如同站在喷发中的火山旁边，观察烈焰腾涌、岩浆奔流，想象未来将会升起怎样的地平线。

目　录

第一章 文字发展

郭永秉（复旦大学中国语言文学系）

文字的发明，被认为是人类迈入文明门槛的标志之一。文字本来就是历史的一个组成元素，它的继承和变迁往往与历史的进程有着千丝万缕的联系。伴随着政治、经济、社会以及书写工具、材料等各方面因素的变化，文字书写特征也会发生改变。

秦汉时期发生的巨大变革人所共知，这个时代的文字同样也在经历着急剧的变化——仅仅今日使用的汉字在秦汉时代逐渐由古文字脱胎定型这一点而言，就已值得大书特书。古隶、八分、草书、新隶体、行书、楷书在这一时代各自迅速登场，上接古文字的余绪，下启正楷一统的时代，文字书写体势纷呈、面貌多姿。从丰富性和复杂程度而言，在历史上是少见的。魏建功认为"中国文字到了汉代已是演化成了各体俱备的阶段"，[①] 今天看来这话一点也不过分。

研究秦汉历史，在今天已经不能仅仅依据经由版刻书籍留下的秦汉时代史料，地上地下发现的秦汉时人用当时文字书刻的一手资料，虽然与《史记》、两《汉书》等史籍不能完全相提并论，但也已明显成为秦汉历史研究不可或缺的重要史料。所以本书专辟一章介绍秦汉文字的发展演变情况，以窥见这一时代变迁中的一个侧面，也期待秦汉史的初入门学者，能够由此对秦汉文字的特征及重要性获一较为清晰的认识，为掌握、利用一手材料提供一些知识准备。因为情况相当复杂，篇幅有限，所以只能是作概要性的介绍和若干问题的讨论。战国中晚期秦文字与秦汉文字关系极为密切，本章所说秦汉文字，有时也把战国中晚期的秦国文字包括在内。

本章拟分作以下几个部分来作介绍：

一、秦汉时代文字书刻特点分述

二、秦汉文字历时演变的几个问题

三、《说文解字》与秦汉文字

---

① 魏建功《草书在文字学上之新认识》，《辅仁学志》第 14 卷第 1、第 2 合期，辅仁大学出版社，1946 年，第 236 页。

为便于讨论，本章的论述以启功《古代字体论稿》（文物出版社，1999年）、裘锡圭《文字学概要（修订本）》（商务印书馆，2013年）相关章节和《秦汉时代的字体》（原载《中国书法全集》卷七，荣宝斋1993年；收入《裘锡圭学术文集》第四卷《语言文字与古文献卷》，复旦大学出版社，2012年）、郭永秉《有关隶书形成的若干问题新探》（收入《古文字与古文献论集续编》，上海古籍出版社，2019年）两文作为基础，请读者在进入本章之前，先行阅读这几种文献。①

一、秦汉时代文字书刻特点分述

秦汉时代文字资料的丰富程度，远超前代。这主要是因为时代稍近、葬俗渐变、疆域拓展、文化下移，墓葬、遗址中就有条件保存下来较多的古代文字资料的载体。比起商、西周、春秋而言，竹木制简册保存在隔绝空气的墓葬、遗址和极为干燥的西北边塞易得不腐。先秦时代的石刻文字为数极少，相对而言，秦汉以后的石刻文字便已蔚为大宗。秦汉以后金文资料相对先秦的全盛时期虽不可同日而语，从内容的丰富程度、文字变化的复杂程度看，都已不是最为重要的呈现形式，但总体数量仍然相当可观。加上玺印、封泥、陶瓦文字及其他零星的或小宗的文字资料，例如骨角器、漆木器、货币文字等，秦汉文字资料或者说秦汉时代一手史料的体量与丰富性，总体而言非前代所及。启功曾概括影响汉字字体出现变化的条件为如下数端：（1）时代；（2）用途，如鼎彝、碑版、书册、信札等；（3）工具，如笔、刀等；（4）方法，如笔写、刀刻、范铸等；

---

① 本章讨论的秦汉墨迹文字资料，为便于称说举例，除特殊说明之外皆取自宋镇豪主编《中国法书全集·先秦秦汉》（文物出版社，2009年，以下皆简称《全集》），横田恭三《中国古代简牍综览》（北京联合出版公司，2017年），山东博物馆、中国文化遗产研究院编《书于竹帛：中国简帛文化》（上海书画出版社，2017年）；汉代石刻文字取自徐玉立主编《汉碑全集》（河南美术出版社，2006年）。

（5）写者、刻者；（6）地区。他说：

> 由于以上等等条件的不同，则字体亦即不同。而同在某一条件下，如加入其他条件时，字体便又不同。例如两器同属鼎彝，是用途条件相同，如果加上其他条件的关系，字体即不相同；同一写者所写两件字迹，加上其他条件的关系，亦便互不相同。余此类推，变化非常复杂。①

除了时间因素之外，文字字体因为各种其他因素影响呈现出不同面貌，启功在简帛文字出现并不多的二十世纪六十年代即指出这一点非常难能可贵（后来的不少无谓争论，如能从中得到启示，某种程度上是可以避免的），只不过其中所列"工具""方法"两者密切有关，实可以并合为书刻方式一项。应当指出，通常我们所说的书体、字体的名称，一般而言都是后加的，是先有其实，后有其名——常常是因为一种新书体出现、流行甚至取代旧字体，才（有时是不得不）赋予原来旧字体一种名称。②这些名称所指称的是那种最标准、风格最鲜明特立的典型字体，例如说到"八分"，大家想到的一般都是东汉碑刻上的那种有挑法波磔的隶书。但在实际文字书写中，文字书体的情况极为复杂，虽然也有非常典型的例子，但可以说更大多数的文字是处于渐变光谱之中、含有某种较为突出的特色而已。③魏建功早已说过："文字的各体，上下相承，譬如连索，无法截断。我们在文字学上讲形体，可以显分'真''草''隶''篆'，是识字时候的一种分类；而其中相牵连的关系，从释字的要求就得给它打成一气，将脉络寻找明白。"④今天其实很难从西汉简里面找到我们一般所理解的如汉碑里面那种标准堂皇的"八分"来，但是这不妨碍我们去从秦至西汉的

---

① 启功《古代字体论稿》，第4页。
② 可参看启功对八分得名原因的解释，见《古代字体论稿》第28～29页。
③ 比如今天日常记笔记等使用的文字，往往就很难归入楷书、行书还是草书当中去，一般的书写一定是一种面目错杂、有机糅合的呈现形式。讨论古隶形成问题，也可以放到这种背景底下去考虑，这一点多年前承沈培先生指教。
④ 魏建功《草书在文字学上之新认识》，第236～237页。

简帛中寻找"八分"书的起源，以及那种经典化的"八分"书的来由。以此种角度去观照秦汉文字的演变、以尽量细致描写书刻特征的方式来代替将某种材料上的字迹硬性归为某一种字体的方法去研究，或许更能符合实际情况。不过这也不意味着我们完全地排斥用一种约定俗成的字体名称去指称、描述文字资料的主要书写特点，因为毕竟从大多数文字书刻当中都能比较容易地分辨其主流的书体特征。下面即以书刻方式及载体为分类依据，分述秦汉文字的主要特点。

（一）毛笔书写

大家都知道，至晚自商代开始，最惯常的书写是毛笔在简册上进行的，除了后来植物纤维纸的发明导致主要书写载体发生变化之外，毛笔书写的统治性地位一直到近代都没有变过。一般把毛笔字视作当时的正体字，例如裘锡圭将商、西周金文基本等同于当时的毛笔字即正体看待，就是一个突出例子。[①]这个判断无疑是正确的，然而应该说这只是指出了事实的一个方面。

毛笔字书写的特点在于其不同于其他书刻方式的多面性：既可以书写最规范、典雅的正体，也同样可以写出演化最剧烈的简俗体。比如可以写出最规范的小篆，也可以写出草率的古隶；既可以椽笔挥写匾额招牌，也可以信手涂抹书信笔记——这就是启功所说书写者与书写用途之不同造成。因为人们每时每刻都会使用毛笔，哪怕临时没有简帛作为书写材料，子张也可以将夫子教诲"书诸绅"，可见至少对于读书人而言，笔基本上是随时可得的。吕思勉曾据汉代史书记载指出"时人刀笔，无不随身者"，[②]刀笔是最常用的书写工

① 裘锡圭《文字学概要（修订本）》，第47～49页。
② 吕思勉《秦汉史》，上海古籍出版社，1983年，第745页。下面要举到的西汉悬泉置遗址出土的《元致子方书》，库吏元让子方代购物之一就是上佳的毛笔。学者多已指出，汉墓画像石及壁画中常有官员簪笔的形象，居延所出之笔笔杆锐首正与画像中此类用法相印证。可见在汉代，毛笔对于官员（尤其是从事文书相关的官吏）而言须臾不可离身。

具；而毛笔不似刀锥等锐物难以周旋变化，它柔软有弹性、有笔锋，在坚硬或柔软、平整或粗糙的物体上皆适合书写，新字体的孕育脱胎，可以肯定绝非始于其他书刻方式，而就应是在最惯常的毛笔书写当中。[①]

研究秦汉时代的字体，最为重要的资料，无疑也是在简帛、砖石等载体上呈现出来的毛笔文字，而这块资料也是目前最蔚为大观的。说得稍微夸张一点，研究秦汉时代字体如果只有简牍文字，是基本可以得出比较切合实际的结论的；但如果没有简牍文字，则完全不可能做到这一点。在二十世纪七十年代以前，这方面的资料是很不够的，今天的情况已截然不同。因为毛笔文字是最大宗、最重要的资料，后面的讨论部分也还会涉及，所以这一节的介绍反而可以略微简单一些。

目前可见的秦汉时代的毛笔文字，大致有如下呈现形式：

第一，简、牍（含签牌等竹木制书写材料）。简册、木牍是秦汉时代日常书写最常用的材料，秦汉时代也可以称得上简牍的极盛时代，简牍书写遍及人们日常公私生活的方方面面，如把战国中晚期的秦简牍（青川郝家坪木牍、云梦睡虎地秦简等）也算在内的话，这一时段绵延了四五百年。古隶、八分、草书、新隶体、行书、楷书的形成发展的线索，在海量的简牍文字中间看得最为清晰，可以提取出最丰富的信息。每一时代的简册文字，面貌或因用途而异，或因书手而别，例如睡虎地秦简牍中，有 11 号墓所出字形较为规整、篆文特点保留较多的《语书》，[②]也有隶书较为成熟的法律文献，甚至可以看到书写颇为草率的 4 号墓所出书有"黑夫"和"惊"两人之名的家信木牍；[③]同是金塔肩水金关所出，时代在西汉晚期至东汉初年的《劳边使者过界中费册》与《相

---

① 甚至可以认为，甲骨文及金文等某些特殊俗体的简省、进化形式，未必不本始于毛笔字，反映了毛笔俗体字的特征，而不是通常所认为的反过来的过程。
②《语书》部分中"江陵"之"江"的"水"旁作 $\mathfrak{w}$ 而不作三点水，"之"字写法也接近篆文。
③《全集》，第 122～127 页。

利善剑刀册》，就有各自接近于草书或八分书之别；[①] 同是长沙东牌楼 7 号井出土的东汉晚期的简牍，书体更包含了八分、草书、新隶体、早期行书与楷书等多种面貌，[②] 成为研究当时字体的最重要资料。

第二，帛、纸。秦汉时代出土的帛纸书写，大致分作两个部分，一是长沙马王堆西汉墓出土的帛书，[③] 二是西北遗址（如悬泉置等）出土的书信等资料。[④] 帛价甚昂，在当时就是奢侈品。[⑤] 汉代帛书只有马王堆汉墓出土的唯一一批，除了个别实用类型的图书，字迹一般来说都较为工整、规范，反映秦至西汉前期抄书所使用文字的常规；当然，因为时代、抄手、底本等方面的缘故，也呈现出种种不同（如隶书也有早晚，甚至有些有接近篆文、古文的写法），但总体上可以视为西汉前期的典型抄书文字。至于书信，是日常所用，比起抄书而言，文字总归稍许自由一些，所以一般是使用当时的通俗性字体（比较郑重其事一点的用八分，一般则使用草书或接近于通俗隶书的字体）。另外还有少量用布等织物书写的棨信、柩铭等，[⑥] 字体一般皆有美术化倾向或者就用比较庄重的篆文写成。

第三，砖石、墙壁、墓壁及其他器物。山东菏泽定陶灵圣湖西汉墓葬出土的黄肠题凑柏木及垒砌砖石上有大量墨书、朱书文字，据介绍，黄肠题凑叠压木条内侧文字有"河平二年"（前 27）纪年，砖

---

① 《全集》，第 236～237 页。《全集》图版说明部分所附张德芳所作的介绍，将后者时代定为新莽或光武帝建武初年，说明可能晚到东汉，但无论如何时代当与前者相去不远，见《全集》，第 44 页。抄书的文字，一般都比起日常书写规整一些，抄写儒家经籍更是如此，但也未必都是很拘束、严整的，就西汉时代而言，如海昏侯墓出土的《论语》木牍是一个摘抄本，文字就应该是当时通常使用的比较随意的字体（略带草写的隶书），江西省考古所的研究者将其字体定为"接近章草"，其实总体上讲还是更接近隶书；不过他们推测这是刘贺所做读书笔记，则是值得参考的意见。参看王意乐等《海昏侯刘贺墓出土孔子衣镜》，《南方文物》2016 年第 3 期，第 70 页。

② 《全集》，第 276～288 页；《综览》，第 200～203 页。参刘涛《长沙东牌楼东汉简牍所见书体及书法史料价值》，《文物》2005 年第 12 期。

③ 《全集》，第 153～159 页。

④ 《全集》，第 196～198 页。

⑤ 邢义田《秦汉平民的读写能力·附录：帛信材料价格》，《今尘集——秦汉时代的简牍、画像与文化传播》，中西书局，2019 年，第 41～42 页。

⑥ 《全集》，第 201～230 页。

石文字则大多为工匠人名及邑里信息，是研究西汉后期隶书发展演变的重要资料，亟待全面整理发表。[①] 东汉的一些卖地砖券上有墨书文字，[②] 字形比较规矩，但也已明显地受到了新隶体的影响；悬泉置F26墙壁四时月令诏条时代属西汉新莽，抄写的是包括西汉末至王莽时期的诏书、奏文、檄书、四时月令诏条，字体规整，波势、挑法明显；[③] 东汉中期至晚期的一些墓葬中有壁画榜题，从中也可略窥自八分、新隶体至早期行书的一些变化轨迹。[④] 此外，秦汉墓葬等出土的漆器上多有毛笔书写的实用性文字，资料虽较为零散，然在研究秦汉字体中的价值比较高。[⑤] 在汉墓中出土的镇墓陶瓶、陶容器上也常常看到毛笔书写的文字（或朱书，或粉书），这些文字一般书写较为随意，书写者的文化水平也不一定很高，能从中看出当时流行的底层书风（图一）。西汉海昏侯刘贺墓中出土的孔子衣镜抄有长篇文字，[⑥] 前所未见，书写工整，与同时期的简帛抄书文字基本无别，但也有相当值得注意之处，例如所谓《衣镜赋》第一次在西汉文字中出现了把"凤皇"的"皇"写成"凰（凰）"的现象，[⑦] 以往最早仅见于东汉碑刻，可见日常毛笔字的前卫。

从上述简要的叙述中可以看到，秦汉时代毛笔文字，除了时代不同导致书体变化这一不言而喻的事实之外，人们用毛笔书写时的墨迹载体、书写目的、心态（是放松随意的，还是拘谨严肃的）、文化水平、所依凭的文本特点、器物功用等等，无一不对书风、字体及文字结构产生影响。不用说那些需要试之以六体或八体的文书吏（参看下文），一个普通的识字写字者在同一时期，大概也并不只会书写一种字体，这在

---

① 张立福、张霞、黄长平《高光谱遥感信息处理》，湖北科学技术出版社，2021年，第323～327页；王玲《汉韵传承——定陶汉墓出土彩绘文字陶砖的保护修复与研究》，山东大学出版社，2022年。

② 《全集》，第266页。

③ 《全集》，第226～229页、图版说明第42页。

④ 《全集》，第264～271页。

⑤ 丁唯涵《战国秦汉漆木器文字汇编》，复旦大学硕士学位论文，2014年。

⑥ 山东博物馆、中国文化遗产研究院编《书于竹帛：中国简帛文化》，第262页；王意乐等《海昏侯刘贺墓出土孔子衣镜》，第64～66页。

⑦ 山东博物馆编，胡平生著《趣味简帛学1》，中国中福会出版社，2017年，第45页。

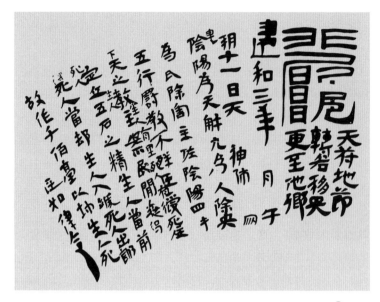

图一　陕西高陵出土桓帝建和三年（149）陶瓶朱书（摹本）①

我们讨论秦汉文字书写时需要尤其留意。这里可以举敦煌悬泉置出土的帛信《元致子方书》（彩版七）为例，②此信末行"自书所愿以市事幸留＝意＝毋忽异于他人"一句的字体与前面9行工整、标准的八分明显不同，一般认为这一行是书信正文结束之后补添的事项，③这是很正确的，但几乎所有学者认为末行是发信人自己所书、前面9行为代书。④邢义田认为："元是一位库吏，须用笔，但他职不在书写，也不长于书写，这从其笔法之拙可以看出，因此才找人代笔。代笔者的书法十分成熟老练。"⑤研究书法史的彭砺志虽然也同意代笔说，但他同时指出，"附

① 刘卫鹏《陕西高陵出土的东汉建和三年朱书陶瓶》，《文物》2009年第12期，第84页。
② 《全集》，第197页。
③ 杨芬《出土秦汉书信汇校集注》，武汉大学博士学位论文，2010年，第57页。
④ 参看邢义田《秦汉平民的读写能力——史料解读篇之一》，邢义田、刘增贵主编中研院第四届国际汉学会议论文集《古代庶民社会》，中研院，2013年，第252～253页；此文经修订收入邢义田《今尘集——秦汉时代的简牍、画像与文化传播》，第3～42页。又可参看上引杨芬文。
⑤ 同上引邢义田文，第253页。

启⋯⋯隶草的水平也相当可观"。[1] 实际上从前后的"所"字、"意"字以及"坨（地）"和"佗（他）"字所从的"它"旁写法、结构等来看，前后文字出于一手的可能性完全存在，最后一行比较草率的隶书，书写水平也绝不低。造成字体书风差异的原因，就在于最后这一行是发信前临时补添之语，草草为之，与前面或许曾经属草、在缣帛上徐徐抄来的文字自然大相径庭。所谓"自书所愿以市事，幸留意、留意，毋忽，异于他人"一句的"自书"其实也并不是表示仅仅这一句话是"自书"，而是对前文的总结性补充。"自书所愿以市事"句的结构与《居延新简》E.P.T52：47"曰昌言变事，自书所言一卷⋯⋯"的"自书所言"相同，其意思大致是："这是我自己写下希望购买东西的信，敬希多加留意，不要大意，与他人之事有别。"由此可见，这封信应当从头到尾都是"元"自己书写的，[2] 盖非请人代笔的私信的实物确证。[3] 由此实例，可略微窥见，基层官吏对文字本身以及各种书体的掌握程度可能要超出我们过去一般的想象。当时一个具备成熟书写能力的基层小吏，书法水平或有高低之分，娴熟度或有差别，但很可能并非只会书写一种书体。

此外，知识阶层和官僚所使用的正规性字体（例如以抄书、抄诏令、律条为代表的文字）与通俗性、专门性字体（例如书佐起草文书、日常起草书信）之间，虽然大体上有所区隔，但也并没有一道十分明确的鸿沟（极端的例子如草书也可以用来抄文学文本，尹湾汉简的俗赋《神乌赋》即一显例）。

考察上下、雅俗、滞后与超前之间密不可分的互动竞争，以及由此引发的文字体势结构变化，对于真正理解秦汉文字的发展理路，是非常重要的。下面我们还要反复谈到这一点。

---

[1] 彭砺志《尺牍书法——从形制到艺术》，吉林大学博士学位论文，2006年，第84页。

[2] 邢义田指出的第七行下部"元伏地再 ⸗ 拜 ⸗"几字与"自书"以下墨色、笔迹相同，这也是"元"最后加上的文字。

[3] 具体论证详参郭永秉《代笔，还是亲笔？——汉代小吏书艺一瞥》，《文汇学人》2018年11月9日。邢义田推测睡虎地四号墓出土的两封家信木牍的书写者——黑夫与惊，并非一般认为的是普通士兵，而是具有较老练文书能力的小吏或史，其文字可能并不是出于代笔（同上引邢义田文，第246～250页），我认为这是很正确的。与《元致子方书》合观，可知秦汉时代的基层官吏，掌握的书写能力应当是比一般想象的要强一些。

（二）刻石（含墓石铭刻）

古人因为想要传遗后世子孙的东西写在竹帛上易腐，所以须铸刻在金石盘盂上（"琢之盘盂，镂之金石"）特加敬重（《墨子·明鬼下》），这就说明金石文字本身不同于一般书写，有特殊重要的地位。石刻文字与生俱来的保守性特征即源于此。许慎等古文经学家认为，孔子等人书写儒家经籍的文字用了比周宣王时代《史籀篇》文字更为古老的"古文"，是出于特重儒家经典的缘故（《说文解字叙》），虽然许慎的这种表述有悖历史事实，但因为重视而有意地使字体滞后甚至复古，是古今一贯的心理和做法，这一点本身并不错。战国中期秦惠文王驷祷病玉版中，甲版正面刻铭与乙版毛笔书写文字（或许是在玉版上篆铭前的草稿）的差异，可以很好地说明这一点（见下表）。①

战国中期秦惠文王驷祷病玉版字形表

文字	甲版正面	乙版	文字	甲版正面	乙版
又			神		
月			先		
身			法		
人			使		
天			友		
光			事		
川					

秦的石刻文字，从事秦汉史的学者一般都比较熟悉，不需多赘。目前仅存的琅琊台刻石残石和泰山刻石残拓摹刻本（《绛帖》本）及峄山

---

① 郭永秉《有关隶书形成的若干问题新探》，《古文字与古文献论集续编》，第373～375页。

刻石的摹刻本，[1] 除了《说文》小篆之外，这是研究秦代标准篆文的最重要资料。秦刻石文字还有一些价值尚未被充分认识，例如对于篆文异体现象渊源的检讨，[2] 通过秦刻石纠正《说文》字形分析的问题等。[3] 刻得如此标准、端庄、舒展的秦篆并不多见，也许只有秦的少数青铜器和印章上的文字差可与之比肩。[4]

西汉时代的石刻文字为数不多，据徐森玉 1964 年的统计并加上新出的若干西汉刻石资料，[5] 可见拓本的石刻文字资料还不算多，[6] 但是文字特点却有不少可以注意的地方。西汉的刻石文字，因时代变迁、刻写目的不同，文字变化多端。就篆文而言，西汉文帝后元年间刻写的群臣上醻石，虽是比较标准的篆文，字取扁势却与秦刻石有异，与汉代金文特征接近，不排除是受到已写成扁方风格的古隶的影响。后来的一些石刻篆文多与此类风格接近，如永城梁孝王墓塞石文字中的一部分。但这

---

[1] 裘锡圭《文字学概要（修订本）》，第 65 页。

[2] 比如峄山刻石和《说文》"逆"字篆文写法，可以窥见与六国文字共同的异体来源，参看郭永秉《清华简〈系年〉抄写时代之估测——兼从文字形体角度看战国楚文字区域性特征形成的复杂过程》，《文史》2016 年第 3 期，第 34 页。

[3] 比如"斯"字左半，从秦刻石"李斯"之"斯"的字形写法看都不是"其"，上半部分应该是张口齿形（《秦刻石三种：泰山刻石、琅琊台刻石、峄山刻石》，上海书画出版社，2013 年，第 27、44、83 页；此书所收泰山刻石为安国本，但此"斯"字形体当有来源），与六国文字的"斯"字写法（含传抄古文写法，参看李春桃《传抄古文综合研究》，吉林大学博士学位论文，2012 年，第 468 页）当出同源，《说文》分析为从"其"声是据讹变字形立论的。关于"斯"字的形音结构及造字本义，容另文讨论。

[4] 但印章文字因为施于方寸之间，往往不如正规篆文舒展，这是很多人指出过的。

[5] 徐森玉《西汉石刻文字初探》，《文物》1964 年第 5 期，后收入中央文史研究馆编《崇文集》，中华书局，1999 年，第 130～155 页；《汉碑全集》，第 1～86 页。

[6] 西汉王陵墓塞石出土甚多，有铭者也不在少数，但公布的材料还很有限。据韦玉熹博士统计，西汉王陵墓塞石情况大致如下：永城保安山二号梁孝王后墓约 3 000 件有铭（已公布 60 件），徐州北洞山楚元王刘交墓约 32 件有铭（已公布 9 件），徐州驮篮山楚王墓约 32 件有铭（已公布 1 件），永城柿园汉墓 100 余件有铭（已公布 7 件），徐州狮子山楚王墓 16 件有铭（已公布 1 件），徐州羊鬼山楚王后墓约 8 件有铭（尚未公布），徐州西卧牛山楚王墓 87 件有铭（尚未公布），徐州龟山汉墓 20 件有铭（已公布 15 件），巨野县红土山昌邑哀王墓 31 件有铭（已公布 7 件），曲阜鲁王陵九龙山三号崖墓 14 件有铭（已公布 1 件），永城芒砀山窑山二号墓 25 件有铭（已公布 9 件），永城僖山二号墓 53 件有铭（已公布 11 件），其内容大致包含石材尺寸、编号、位置次序、工匠名、日期，少数包含其他内容（如下文提到的龟山汉墓塞石遗训铭文）。

种体势却也并不能概括西汉石刻篆文的全貌，汉景帝年间的鲁北陛刻石即取瘦劲的纵势，文字写法则有机地糅入更多隶书的笔法特点（如"九""月""所"字等），这一路数的石刻文字，到后来便自然衍生出宣帝五凤二年（前56）刻石的古隶刻写。过去康有为将五凤刻石视作"汉隶之始"，就碑刻文字而言是有道理的；现在这一路数的刻石已有更早的资料，例如徐州龟山楚王刘注墓塞石，应是武帝时所刻，保留篆文特点比五凤二年刻石略多（图二），但也完全有资格归入古隶了。①

到了西汉中晚期以后，因为隶书的发展太过强势，刻写者对于小篆的态度也不再趋于保守和忠实继承，同时加上题记的实用性特质，便出现一种以隶字入篆的特色（跟前面提到的有机糅入古隶笔法特点不同，这已是全面使用隶书字形写法来写汉篆），让篆文呈现出全新的面貌，如新莽时代的鬱平大尹冯君孺人画像石墓题记，其中"人""建""孺""葬""发"等字都是典型的例子（图三）。②从外貌上看，它们与秦篆的距离越来越

图二　龟山楚王刘注墓塞石

① 此刻石第一句旧释读皆误，应释为"楚克王通于天，述（遂）葬棺椁"，参董珊《徐州龟山二号墓塞石考》，《先秦两汉讹字学术研讨会论文集》，清华大学，2018年7月；后改题《徐州龟山二号墓塞石刻铭新考》，收入赵平安主编《讹字研究论集》，中西书局，2019年；董珊《秦汉铭刻丛考》，上海古籍出版社，2020年。所谓"克王"，董珊认为是"襄王"形音之讹，颇疑"克"是襄王刘注的另一谥号或双字谥号的另一字（《逸周书·谥法》"爱民在刑曰克"），不必深求。"克"字写法参看陈松长《马王堆简帛文字编》，文物出版社，2001年，第287页《经法》《十问》《缪和》例。此石"鼎"字写法也同马王堆汉墓遣册一致，可见石刻字形的保守滞后。
② 《汉碑全集》，第74页。

远（如果有必要的话，不妨称这类篆文为"通俗篆文"①），也可说是东汉以下一些碑刻篆文的滥觞（东汉时代一些画像石墓题记往往用这样的篆字，袁安碑等篆字碑文及某些篆额中也偶见类似情况）。

西汉晚期的莱子侯刻石、襄盗刻石、石墙村刻石等，则是隶书刻石的代表，但这种隶书还保留着浓郁的朴拙味，并非典型的八分书。

东汉以后的刻石，也并不是面貌划一的。东汉前期的不少刻石仍明显延续了西汉时代的古拙味道，光武帝建武年间的三老讳字忌日刻石，章帝建初年间的大吉山买山刻石、侍廷里父老僤买田约束石券，明帝永平年间的开通褒斜道刻石等，虽然文字结构早已与篆文、古隶分道，但文字体势仍不见明显的波磔挑法。姑不谈那些完全以篆文书刻碑、阙的极端例子，即如安帝元初年间的祀三公山碑这样掺杂明显篆文书风和字形结构以求复古的碑刻，在东汉中期仍然偶尔可见。② 但同是东汉前期章帝建初年间的张文思为父造石阙题记，则已完全是秀美洒脱的

图三　鬱平大尹冯君孺人画像石墓题记

八分书，这种体势扁方、带有波磔挑法的八分书，终于在东汉中期以后渐在碑刻文字中广泛使用，这比起八分书在毛笔字中的流行并成为典范来说要滞后了很多，也是东汉中期以后的毛笔书写已和八分书拉开了差距的缘故。众所周知，所谓的八分书，在汉碑里面也存在不同类型：一类是曹全碑、史晨碑、孔彪碑等为代表的，笔道圆润柔美的八分，另一种则是笔道方折庄严的，张迁碑、鲜于璜碑等是其典型。造成其区别的

---

① 如果要作类比的话，这种通俗篆文有一点类似目下商店招牌、影视标题很喜欢使用的一种外观类似形体诘屈的篆文，其字形结构却完全是遵循楷书简化字的写法。
② 一般认为祀三公山碑文字是由篆入隶的过渡，裘锡圭认为书手主观上是想写篆书的，是隶书时代的人写的不标准的篆书，参裘锡圭《秦汉时代的字体》，《裘锡圭学术文集》第四卷《语言文字与古文献卷》，第 215 页。

图四　徐州铜山永平四年画像石题记　　　　　图五　微山县永和四年桓参食堂
画像石题记

根本，或许是毛笔字的笔锋、波磔挑法在勒铭时体现出的程度多少之不同（也就是对毛笔字反映的忠实程度不同），后者的"碑气"更重（是西汉时代杨量买山刻石、麃孝禹碑、连云港界域刻石的路子），发展到极致就是东汉八分书的经典，被当时人崇仰、视为楷模的熹平石经文字。[①]

另外还有一种很值得注意的现象，草书、新隶体书风的些微混杂、交织，往往使得八分书的整体面貌发生变化，如徐州铜山明帝永平四年（61）画像石题记的有些字使用草书（例如"武""年""膌""正"等，图四）；[②] 又如微山县出土顺帝永和四年（139）所刻桓参食堂画像石题记，[③] 八分中掺杂了很明显的新隶体的特点（图五），使得铭文不再显得板滞，这类活泼的现象在丰碑大碣中往往较为少见，而常见于石刻题记文字。

① 刘涛《隶书与"八分楷法"》，《字里书外》，三联书店，2017年，第34～36页。
②《汉碑全集》，第105页。
③ "桓参"之"参"，《汉碑全集》（第451页）误释为"弄"。

东汉中期以后也有一些刻石是用比较古朴的隶书或者新隶体甚至接近于早期行书的字体刻写的，例如顺帝晚期汉安年间的宋伯望买田刻石，桓帝永兴年间的芗他君石祠堂石柱题记，灵帝熹平年间的宣晓墓石、沛郡故吏吴岐子根画像石墓题记（图六）等，[①]通篇文字都与标准八分书相去甚远，这应与刻手的刻写水平、文化层次及石刻本身实用性功能等密切有关。碑阳的碑文正文与碑阴等处题记，有时有比较明显的差异，一般而言碑阴等处题记文字相对随意一些。总之，书风与文字结构错位组合，主要体现在石刻文字的保守性与已经迅速进化的毛笔字之间的矛盾与张力，由此造成汉代石刻文字的多样性面貌。

图六　沛郡故吏吴岐子根画像石墓题记

（三）青铜器铭文及其他文字资料

这是铸刻在除了石质材料之外的硬质载体上的文字资料，包括玺印、封泥、陶瓦、漆木器、骨签文字等。

先秦青铜器铭文自商周以来即是文字资料的大宗，虽然秦汉以下不再具有那么重要的地位，但在秦汉文字研究方面仍具重要价值。前面所引《墨子》"琢之盘盂，镂之金石"的盘、盂及"金"就是指青铜器，可见青铜器铭文跟石刻具有近似的性质，都体现一种雅正的特质。秦的兵符铭文、权量、诏版上所刻诏书铭文，虽然有刻写好坏和规范典雅程度的不同，但总体上都算是当时比较标准的篆文，比起战国晚期秦国到秦代的兵

---

① 《汉碑全集》，第 1639 页。

器刻铭而言，要正规许多，因为兵器铭文的主要功能是"物勒工名，以考其诚"，与垂诸后世的功用有别；权量上有一些刻铭，也接近于当时的古隶而少有篆意，例如咸阳亭半两铜权铭文，[①]同样因为是实用性文字之故。

汉代青铜器的大量铭文中亦往往可见较为规范的篆文，但像平都犁斛（前三行大字）、文帝九年铙、筍少夫鼎、安成家鼎、新莽量、新莽衡杆、大司农平斛这类字形几乎没有受到隶书明显冲击（或者说极力地避免与隶书发生联系）的篆文，却并不多见，即使是上述这些篆文，有的也已呈现出明显的汉代特征（例如书风上笔道方折，字形上如"建"字的写法与秦有别，平都犁斛的"纠"字"纠"旁已是隶书写法），因此秦汉篆文在外形上的特征区别颇为清晰。[②]

介于篆隶之间及古隶刻写的铭文在汉代成为主流，比较典型的隶书刻铭如昆阳乘舆鼎、阳信家盆、阳信家炉、雒阳武库锺、阳泉使者熏炉、苦宫烛锭等。中山内府铜（图七）和中山内府钫铭文（图八）总体风格接近，但前者篆意浓厚，后者隶意明显，关键只在于一些笔画、部件的写法之别。其中有些可以被认为典型隶书化的部件，例如"金"旁、"艸"头、"邑"旁等，又未尝不能看成当时正在形成中的草书对篆文正面冲击进而造成的一种"折中性"进化。可见篆文的地位及影响

图七　中山内府铜

① 孙慰祖、徐谷富《秦汉金文汇编》，上海书店出版社，1997年，第15页。
② 西汉金文中有一些无年号的纪年铜器铭文，字体往往比较古，应属于武帝或更早的时候的器物。其中标有"二年"的桂宫行镫，其篆文在武帝时代篆文字形中也是非常古的，与西汉中后期的规整方折的铜器篆文铭刻大异其趣，与武帝前期（或相当于这一时期）的铭文风格和文字特征则基本相合，甚或可以早到武帝早期，因此据此器似应可以推测桂宫建于汉武帝前期。参看郭永秉《更始与一尊——西汉前期改元及年号使用起始问题的检讨》，《中国中古史研究》第八卷，中西书局，2021年，第427～431页。

图八　中山内府钫

力，在当时真岌岌可危。

　　不过，即使是所谓以隶书刻写的西汉青铜器铭文，有一些字形仍在某种程度上还有从篆文脱胎的痕迹，比如前举中山内府钫的"斤"字，苦宫烛锭的"苦"字的草头等等，加上用笔的特征，使得铭文显出朴拙的风貌。西汉晚期至东汉以降，青铜器铭刻的隶书就基本成熟了。

　　跟石刻文字一样，汉代青铜器铭文无疑也有比较超前的一面，首先是在隶书刻铭中往往能看到夹杂有草书的痕迹，常见的如"辵"旁大量的草化、[1]"止"旁的草化（雒阳武库锤的"武"字）、"皿"旁的草化（阳信家鋗镂的"盖"字）等等，太初年间的谷口鼎铭文则基本上是把草体隶书挪用过来了（图九），在汉代青铜器铭文里显得颇为别致。另外一种现象，是类似于甘露年间的泰山宫鼎（图十）及美阳共厨鼎、临晋鼎等器的铭文，虽不具草法，但整体上用笔活泼、自由，与典型的隶书刻铭风貌不同（请注意泰山宫鼎铭文的"意""第""百"字），透露出当时的文字向俗体隶书过渡的消息。

　　两汉镜铭文字多为铸造，因铸铭空间有限，且器物的需求量大，文字字形常有出人意表的省变，往往并非其时文字书写的常态。[2]

　　秦汉印及封泥文字（包括陶、瓦、漆木器上的戳印），主要反映的

---

① 徐正考《汉代铜器铭文文字编》，吉林大学出版社，2005年，第40～47页。
② 参看鹏宇《两汉镜铭文字整理与考释》，复旦大学博士学位论文，2013年。

图九　谷口鼎　　　　　　　　图十　泰山宫鼎

是秦汉篆文的面貌，对研究当时小篆特点很有价值，尤其是汉印文字存在诸多形体讹变、混同及其他特殊变化现象，并可与同时代的简帛、石刻、铜器等文字特点作横向比较。[①] 须注意的是，秦西汉印章文字中，往往也可以看到受隶书冲击的情况，甚至有按照隶书写法回翻篆文的，[②]与前面谈到汉代有些石刻篆文和金文非常类似。

秦汉陶器、砖、瓦、漆木器及骨签上刻写的文字比较重要。刻写在这些器物上的文字，多数是实用性的，加上质地本身相较于金石易于被锐物刻划的特性，所以呈现出来的文字不会像碑刻那样庄重，也不会像青铜器上那样拘谨，对研究秦汉文字的变迁而言，某种程度上这些材料仅下毛笔文字一等；而有些湿刻的陶、砖文字，研究价值基本上就可以与毛笔字等同了。

秦刑徒墓地出土的瓦文、秦陵俑坑出土的陶俑文字，就是用尖锐物体代替毛笔在陶瓦上书写，体现的正是当时秦文字的一般面貌，因为干

---

① 参看石继承《汉印研究二题·上篇》，复旦大学博士学位论文，2015年；石继承《汉印文字研究》，上海古籍出版社，2021年。

② 赵平安《秦西汉印的文字学考察》，《康乐集》，中山大学出版社，2006年，第87～88页。

刻时笔道难以周旋，这些秦陶瓦文字一般都由平直的单线条组合而成，显得比较呆滞、机械；实用器物上的文字，也有丽山食官壶盖、隐成吕氏缶较为规整的篆文和苏解为器盖草率古隶的不同，因苏解为器盖文字为湿刻（图十一），字体就灵动活泼得多，与秦始皇陵兵马俑身上的一些湿刻文字风格一致，都是研究当时古隶的重要资料。

图十一　苏解为器盖

　　西汉前期的一些陶文、砖文，文字结构、刻划风格与秦陶文基本无别，例如蓝田秦汉窑址出土的"将行内者"陶器（时代也可能早到秦）、西安未央区六村堡出土的陶范上的文字、"日入千万"砖文，都是典型古隶，与成熟隶书的区别容易分辨。

　　东汉以下的陶文、砖文，也有湿刻与干刻的不同，对研究东汉文字的变化而言，前者价值同样大于后者。洛阳郊区出土的刑徒砖文字，因为与性质接近的秦刑徒墓地出土瓦文都属干刻，所以书风也是草率、呆板一路，但字体、文字结构却已是成熟隶书。东汉时期的湿刻砖文，时代有早有晚。东汉前期到中期的，对于研究新隶体风格的文字如何在下层迅速占据书写主流具有重要价值，例如章帝元和二年（85）的长安男子砖、《公羊传》砖（图十二）等；东汉晚期的一批砖文，则对研究早期行书及楷书的形成，对研究草书的演变（今草的形成），是极为宝贵的资料，例如桓帝延熹七年（164）纪雨砖、一日持书砖、会稽明府砖、亲拜丧砖、会稽曹君砖、当奈何砖、为汉所炽砖、丁次豪砖（图十三）、写进遗缘砖、为将奈何砖（图十四）、为蒙恩当报砖等。

　　秦汉的漆木器上刻写的文字也有不少，如前叙述漆木器上毛笔文字时所言，这些材料较为零碎。[①]漆木器上刻写的文字的特点与陶、砖、

---

① 高秀芝《汉代漆器铭文研究概况及文字编》，吉林大学硕士学位论文，2012 年；丁唯涵《战国秦汉漆木器文字汇编》，复旦大学硕士学位论文，2014 年。

图十二　《公羊传》砖　　　图十三　丁次豪砖　　　　图十四　为将奈何砖

瓦上干刻文字基本一致，所以不多介绍了。

最后花一点篇幅谈谈所谓"骨签文字"。二十世纪八十年代在长安城未央宫遗址出土了数万枚所谓刻字汉代"骨签"，[①] 经研究知其时代从汉武帝前期一直到汉元帝时代，[②] 延续了数十年。所谓"骨签"，有学者指出"是弩上所配弓体或复合型弓上的骨质弓弭，而且多部分可能是修理弓、弩弓之后废弃的骨弭残片"，而"弓弭上的刻文应与未央宫遗址等地出土弩机部件上刻铭、箭杆的铭刻刻文性质相同，是在弓或弩弓制作、生产过程中'物勒工名'、记录生产规格、品次的直接见证"，"其刻文应是在骨弭的加工过程中或器物制作完成之后，由具体制作之人或管理、负责核查之人刻写的，或者是在经过维修、置换同型规格

① 刘庆柱《汉代骨签与汉代工官研究》，《陕西历史博物馆馆刊》第四辑，西北大学出版社，1997 年，第 254～266 页。
② 吴荣曾《西汉骨签中所见的工官》，《考古》2000 年第 9 期，第 60～61 页。

的骨弭后所为"。[1] 虽然跟前举的青铜、漆木器刻文、陶、砖、瓦的干刻文字没有本质区别，[2] 但是因为数量巨大，时间序列完整，对考察西汉中后期文字的演变有特殊重要价值。这可以分两方面来说，第一，从中能明显地看出从汉武帝前期到宣元时代的汉字结构在逐渐发生重要变化，例如"安"字的变化就是一个显例，当属于武帝前期无年号部分的骨签中，元年、六年河南工官令有一个丞名"安"（1.3∶07658；4.3∶05294 号），[3] "女"旁右侧有一明显的竖笔，这是继承了秦篆及早期古文字写法的古隶形体，但河南工官天汉元年（前 100）作府佐"安居"（2.3∶10826）、昭帝元凤元年（前 80）、元凤六年（前 75）护工卒史"安世"（2.3∶08265；1.3∶02632）、元帝永光四年（前 40）光禄弩官郎中晏（6.3∶00495）[4] 的"安"字和"安"旁，则都没有了这一笔。此外，骨签中大量出现"丞"字，同样容易看出其写法从下部写作"山"形（或者类似菱形、三角形的简体）如何演变到一横笔的线索及这两类写法时代早晚分布特征的明显差异。这都说明汉武帝前后的文字正迅速摆脱古文字的所有特点，向成熟隶书迈进。因为骨签本身数量巨大，且出现的人名等不重复单字不在少数，目前数万件资料已整体公布，[5] 全面研究其文字的形体特点，排出文字字形演变的谱系，对于研究西汉时代隶书演变必有重要的意义。第二，通观目前可以看到照片的骨签文字，大致从武帝前期一直到征和年间的骨签文字，字

---

[1] 于志勇《汉长安城未央宫遗址出土骨签之名物考》，《考古与文物》2007 年第 2 期，第 48～62 页。

[2] 吴荣曾已指出骨签文字的格式、内容及时代皆与《居延汉简补编》著录的居延出土的十支箭杆铭文相近，见《西汉骨签中所见的工官》，第 61 页。另外二者文字形体也极为接近。

[3] 刘庆柱、小原俊树编著《漢長安城骨簽書法》，木耳社，2004 年，第 48～49、116～117 页。此件骨签的工名摹、释皆误，当释为秦汉简、玺印中常见用作人名的从"交"从"于"之字，附正于此。

[4] 刘庆柱、小原俊树编著《漢長安城骨簽書法》，第 48～49、146～147、192～193、204～205、394～395 页。

[5] 《汉长安城未央宫骨签》已出版（中华书局，2020 年），共计 90 卷，据介绍，此书共整理了 1985 年 12 月至 1987 年 5 月在汉长安城未央宫中央官署遗址考古发掘出土的骨签资料。遗址共计出土骨签 64 305 件，其中刻字骨签 57 644 件。

形都比较规整，草法并不明显；大致从昭帝以后，草书味道浓重的骨签文字就集中地出现了，[①]宣元时代的骨签文字也基本延续此种书风。[②]刻写时能反映出来的草书因素毕竟有限，考虑到因此导致的文字滞后性特点，同时抛开刻手个人习惯等与时代无关的因素，这样的趋势也许可以说明，在西汉中后期草书是逐渐开始独立出来的一种字体了。从宣元时代骨签文字的草率书风相较昭帝时代而言并无特别明显的进化、变异来看，草书成熟的时代可能比过去沙孟海、裘锡圭推测的宣帝以后或宣元时代要早一些，[③]如定在武帝后期到昭帝时代，也许是合适的。[④]

二、秦汉文字历时演变的几个问题

（一）六国古文在秦汉时代的余波与潜流

秦以隶书和小篆统一了六国文字，实行了书同文字政策。湘西里耶古井所出 8-461 号更名方（或称"秦书同文字方"，彩版一）便是其实物见证。学者对秦更名方已多有讨论，一般据更名方认为秦的书同文

---

① 例如昭帝始元元年（前 86）颍川工官骨签（4.3：09065），始元二年（前 85）南阳工官、始元三年（前 84）南阳工官骨签（2.3：07103；2.3：08506）、始元三年颍川护工卒史骨签（1.3：02534）、始元六年（前 81）颍川工官骨签（4.3：13357）、元凤元年（前 80）颍川工官骨签（2.3：13274）等。

② 例如宣帝地节四年（前 66）颍川护工卒史骨签（3.3：13355）、元帝永光四年（前 40）光禄弩官郎中骨签（6.3：00495）等。

③ 沙孟海 1930 年已提出草法在汉宣帝时出现，成熟于前汉末后汉初，参看李洪财《汉简草字整理与研究》，吉林大学博士学位论文，2014 年，第 3～4 页；裘锡圭《文字学概要（修订版）》，第 91 页。

④ 这方面的资料也许可以在西汉简里找到证据。居延汉简中有一枚标有昭帝始元二年（前 85）年号的简（187.26），其书写时代虽可能在始元二年之后（胡永鹏《西北边塞汉简编年》，福建人民出版社，2017 年，第 38～39 页），但年代不会相隔太远，文字已完全属于草书。一枚昭帝元凤年间的纪年居延简（192.38），其上文字，由整体书风及"石""九""将"等字已可以判断当属于草书之列。

字政策包含了对文字字形、用字和用语的规范与统一。[①]

但是六国古文并没有完全因为政治的统一、六国的覆灭而彻底退出历史舞台。政治的强力推动、国家机器的高效运转，可以迫使边陲小县的官吏严格执行这一系列语言文字政策，但无法让六国故地的人们彻底忘却六国古文。一旦有了合适的土壤，使用了数百年的六国文字，仍然会以另一种面目重生。

第一，现在通过各类出土文字资料看到，在秦王朝覆灭前后，六国故地的人纷纷在各种场合恢复使用六国文字。文字是一个国家文化、政治、主权的重要象征，秦废除六国文字、统一文字的目的除了使得政令信息畅通无碍之外，很重要一点即在于宣示国家权力，而六国故地的贵族、平民，虽然在秦的高压之下不得不学习，甚至习惯于使用秦隶、秦篆，但一旦秦政权处于摇摇欲坠之际甚至垮台之后，六国文字余波便自然兴起，意图凸显六国的文化及主权、势力，以达到区别外界其他势力并与之对抗的目的。

大家熟悉的这方面的资料，最早是由张颔揭示的山西榆次秦汉墓葬中出土的"安国君"石印（图十五）。他指出此印从文字风格看，应当是汉代以前遗物，但墓中随葬品的级别又与封君身份不相称，而在陈涉起义后，各国旧贵族纷纷恢复位号，起义军中也盛行封君现象，"安国君"的墓葬及石印正是秦汉之际混乱的封君现象的一个反映。[②]此后李家浩、田炜等学者也陆续指出一些秦汉之际的类似

图十五　"安国君"石印

① 陈侃理《里耶秦方与"书同文字"》，《文物》2014年第9期，第76～81页；修订稿收入复旦大学历史学系、复旦大学出土文献与古文字研究中心编《简帛文献与古代史：第二届出土文献青年学者国际论坛论文集》，中西书局，2015年。田炜《论秦始皇"书同文字"政策的内涵及影响——兼论判断出土秦文献文本年代的重要标尺》，香港大学中文学院主办"出土文献与先秦经史国际学术研讨会"论文，2015年；正式发表于《中研院历史语言研究所集刊》第89本第3分，2018年，第403～449页。
② 颜师古《汉书·樊哙传》注所谓"楚汉之际，权设宠荣，假其位号，或得邑地，或空受爵"。张颔《"安国君"印跋》，《中国历史博物馆馆刊》1980年第2期，第114～115页。承田炜告知，"安国君"印文的摹写从印面照片看可能存在严重问题，释字当存疑。但张颔揭示的现象无疑是正确的。

图十六 "曲昜（阳）君□"玉印

印章。① 或许还值得在他们讨论的基础与标准上继续寻找相关例子，下面试举一例。

巢湖北头山一号西汉早期墓出土的"曲昜（阳）君□（此字不识）"玉印（图十六），② 为白文田字格六国文字风格印，文字特点也与田炜所举《古玺汇编》0145、0163、0204 数方白文田字格印十分类似，并不是典型的战国文字，从"昜""君"字写法、笔势看，明显受到秦隶的影响。此墓所出有铭文器物不少，其中有"十九年□□□左彻侯"漆盒、"三十三年"漆盘，有学者根据此墓为西汉墓，倾向于排除这些纪年属秦的可能，③ 实际上完全可能是秦的漆器流传到西汉前期被埋葬在汉墓当中的（纪年当属秦王政至始皇时期）。有学者指出这枚印是战国至汉初的封君印，因为墓葬出土器物精美（且有"乘舆""彻侯"字样的器物出土），所以认为此墓是汉初列侯一级的墓葬。④ 关于墓主人身份，并没有太多根据也不必多加猜测、推论，但这方印从楚汉之际刻写使用，并流传到汉墓中下葬的可能性不能排除。如果的确是一方类似的六国文字玉印，那所谓的"曲阳君"很可能是一位旧时的楚国封君或反秦起义军中的封君。

里耶秦简则让我们第一次看到了秦代遗址中出土的简牍上面六国文字的遗痕。在里耶 1 号井第五层中，出现了一些明显带有楚文字风格的字迹的简，最早披露的是编号为 5-7 的一枚书有"□布四寻，铁（？）

① 李家浩《南越王墓车驲虎节铭文考释——战国符节铭文研究之四》，《容庚先生百年诞辰纪念文集》，广东人民出版社，1998 年，第 668 页；田炜《古玺探研》，华东师范大学出版社，2010 年，第 28～32 页；田炜《从秦"书同文字"的角度看秦印时代的划分和秦楚之际古文官印的判定》，第五届"孤山证印"西泠印社国际印学峰会论文，2017 年。

② 安徽省文物考古研究所、巢湖市文物管理所编著《巢湖汉墓》，文物出版社，2007 年，第 131 页，彩版七〇。

③ 安徽省文物考古研究所、巢湖市文物管理所编著《巢湖汉墓》，第 147 页。

④ 郝明华《巢湖放王岗、北头山西汉墓墓主问题探析》，南京博物院编著《南京博物院集刊 11：南京博物院建院七十五周年纪念文集》，文物出版社，2010 年，第 43 页。

□"等字的简（图十七），整理者在《里耶发掘报告》
中指出：

> 简上文字具有战国时楚国文字特点，亦未敢
> 遽定为楚国时物。秦简中最晚的为二世二年，极
> 可能秦政权在湘西的崩溃即在这一年，此时去楚
> 未远，仍有熟悉楚字书写的人着意为之。[①]

图十七　里耶秦
简 5-7

但发现楚文字风格的简的第五层却又位于秦简集中出土
的各层之上，时代较晚，所以此说虽然没有坚实证据，[②]
却也是一种合理解释。除此简之外，在里耶古井第五层
中，3 号简背、4 号简正背、5 号简正背、8 号简背、9
号简正、10 号简、25 号简、27 号简上文字都带有或可
能带有楚文字风格（有个别残简，只能据笔势推断），
可见 7 号简的情况并非孤证特例，甚至 33 号简上的文
字，还可能带有秦楚文字之外的国别的风格，最明显的是 33 号简正面
的"霹"字，乃三晋文字常见简省形体，"酉""铸"等字写法也可在三
晋文字中找到类似的形体。[③] 有不同风格的简文出现在第 5 层中间，似
乎很难解释为战国时代不同地域的遗物同时被保留到秦以后，而更有可
能是秦统治崩溃前后，来自不同地域、还知悉六国文字的秦人以其早年
使用过的文字书写的简文。

　　2013 年益阳兔子山遗址简牍发现以后，这个问题就看得更清楚了。
兔子山 8 号井出土有"张楚之岁"的木觚，9 号井据发掘者推断"开凿

---

① 湖南省文物考古研究所《里耶发掘报告》，岳麓书社，2007 年，第 180 页注 3。
② 有学者即对此说持保留态度，见蒋伟男《〈里耶秦简（壹）〉文字补释二则》，武汉大
　学简帛研究中心主办《简帛》第十二辑，上海古籍出版社，2016 年，第 89 页注 1。
③ 参看汤志彪《三晋文字编》，作家出版社，2013 年，第 1057～1058、2038～2039、
　1861 页。按，33 号简正背文字书体有别，背面的"车""冑"等字写法与晋、楚文字
　风格也有差别。这支简文字似乎文义不能贯通，不排除是习字简的可能。

图十八　益阳兔子山 7.151
号简

于楚国，秦代沿用，出土器物中不见西汉早期后段及更晚的器物，其废弃时间当在秦末，或为张楚、楚汉相争时期"，该井中所出既有写有秦隶的简牍，也有写有楚文字风格字形的简，甚至还有像 7.151 号这种一面有用秦隶书写的"郡县"、一面有楚文字风格的"莫□（此字左从邑旁，右旁不识）莫（？）"的简（图十八）。[①] 所以考古学者指出："此次发现的'张楚之岁'的觚，意味着一个时代（张楚）的简牍的发现。它对于我们研究这段历史以及重新认识里耶一号井第五层、六层出土的楚简具有十分重要的意义。"[②]"既然张楚时期曾经恢复使用楚文字，那么里耶一号井第五层出土的楚文字简很可能也书写于秦楚汉之际，即受到张楚及项羽势力影响的时期。"[③] 田炜则通过文字的细致比对分析，指出兔子山遗址所谓楚文字简上的文字，实际上混杂有大量秦文字的结构和笔法甚至就是秦隶的写法，是已经不熟悉六国文字的秦人所写，"兔子山简牍是秦汉之际反秦政权试图恢复六国古文的实物证据"。[④] 这也就有力地证明前述里耶遗址及秦简的发掘整理者的推断，其实基本是合于事实的，同时也证明秦文字的强力推行并统一六国文字的政策措施对秦以后的文字使用的确产生了巨大而深刻的影响。

第二，西汉王朝建立以后，承袭秦的制度，文字当然也推行秦王朝官方的小篆和隶书，但汉廷政治、文化等各方面的政策不像秦代那样严苛，在文字使用方面，西汉时代（尤其是西汉前期）也存在六国文字的

① 湖南省文物考古研究所、益阳市文物处《湖南益阳兔子山遗址九号井发掘简报》，《文物》2016 年第 5 期，第 40～47 页。

② 湖南省文物考古研究所《二十年风云激荡 两千年沉寂后显真容——益阳兔子山简牍再现益阳古代历史》，《中国文物报》2013 年 12 月 6 日第 6～7 版。

③ 郑威《里耶部分涉楚简牍解析》，楚文化研究会编《楚文化研究论集》第十一集，上海古籍出版社，2015 年，第 345 页。

④ 田炜《从秦"书同文字"的角度看秦印时代的划分和秦楚之际古文官印的判定》，第五届"孤山证印"西泠印社国际印学峰会论文，2017 年。

潜流。例如抄书、作文，时常会显现六国文字的遗迹。例证最多，研究也最为透彻的，是马王堆简册帛书中的六国古文遗迹。[①]

汉初有不少在战国时代出生、接受教育的人还存于世间，他们撰写文章，往往也会因书写习惯、所据文献底本的缘故，在其中露出六国古文的"马脚"，在它们被转写成标准的隶书文本时，这些地方偶然会发生误认或误读，这跟汉代对先秦古文献的整理中因误释、误读而产生文本歧变的情况是很类似的。我曾举出过汉初淮阴文人枚乘上吴王刘濞书（《汉书·贾邹枚路传》）中的"滄"字（实际上是楚文字写得跟"滄"形很接近的"寒"字的误认）来说明这一问题。[②] 那么从战国时代生活到汉代的人，还使用着六国古文的实物证据，究竟能否找到？最近李家浩在讨论西辛大墓出土裂瓣纹银器铭文时（图十九），[③] 举出了一些可能有关的例子。李家浩指出，《文物》2014 年 9 期刊登的西辛大墓银器铭文应该分别释读为：

> 受一耕分。（B1∶11、12 银盒）邵平，一耕分。（B1∶13、14 银盘）邵平，二耕分（B1∶15 银匜）。

并指出此人名邵平即见于《史记》《汉书》等文献记载的汉初齐哀王相召平，其人继曹参之位出任齐相，在朱虚侯与齐哀王联合平定诸吕之难中害怕连坐而自杀（前 180）；由于银器铭文并没有齐相之类的称

---

① 范常喜《马王堆简帛古文遗迹述议及相关字词补释》，《简帛探微——简帛字词考释与文献新证》，中西书局，2016 年，第 166～227 页。最近在北大西汉简等材料中，也发现了零星的六国文字写法的遗存，例如陈剑释出的《节》篇简 15 "操绳墨钩柜（矩）"的"柜"字写作 ，"巨"旁非秦文字的写法，推想这些线索应当与这书的底本、地域等特征密切相关。

② 郭永秉《从战国文字所见的类"倉"形"寒"字论古文献中表"寒"义的"滄/滄"是转写误释的产物》，《古文字与古文献论集续编》，上海古籍出版社，2015 年，第 131～132 页。

③ 山东省文物考古研究所、青州市博物馆《山东青州西辛战国墓发掘简报》，《文物》2014 年第 9 期，第 24～26 页；李零《论西辛战国墓裂瓣纹银豆：兼谈我国出土的类似器物》，《文物》2014 年第 9 期，第 61～65 页。

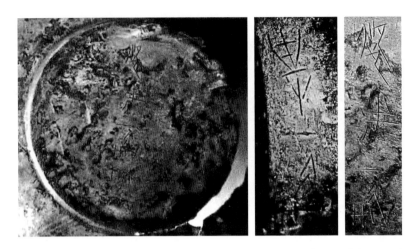

图十九　银盘（B1∶13）底部、银豆（B1∶11）、银盘（B1∶14）铭文（自左至右）

呼，他推测这些银器铸造于汉惠帝二年七月（前193）召平出任齐相以前。李家浩认为西辛墓地与齐哀王墓地相近，且类似银器均出土于西汉早期大型墓葬中，从墓葬陪葬坑等有关情况来看，也具有西汉早期的特点。西汉早期去战国未远，当时的人能够书写战国文字不足为怪，不能因为出土银器铭文为战国文字，就把西辛大墓看成战国时期的墓葬。在此基础上，李家浩还说了下面一段话：

> 关于古文字的发展，我们过去看得比较简单，总认为秦始皇灭掉六国，于公元前221年建立秦帝国，统一文字之后，东方六国文字不复存在。现在西辛大墓邵平银器铭文的发现，说明在秦亡之后，汉初曾偶尔出现过东方六国文字，古文字发展的实际情况比我们想象的要复杂一些。说到这里，使我想到广州象岗山南越王墓出土的车驲虎节。车驲虎节的形制和铭文形体特点都跟楚国传赁虎节十分相似，所以我过去认为车驲虎节是战国时期楚国铸造的，现在看来，车驲虎节的年代应该重新考虑。①

---

① 李家浩《西辛大墓银器铭文及其年代》，《中国文字学报》第八辑，商务印书馆，2017年，第29～35页。

我们认为，当然也不能排除银器铭文是从战国时代沿用至汉代的可能性，银器珍贵，长时间保存使用的可能性不低，且从文字风格的流畅、自如而言，似为真战国文字的可能性较大。因此也不宜对西汉以后使用战国文字的实际情况作出过高的估计，应当承认秦的文字统一政策是彻底的，尤其是在一般的日常书写中，战国文字出现的几率已经微乎其微（阅读使用战国文字和主动地书刻战国文字，是两个内涵不完全等同的概念）。但李家浩的上述结论无疑是重要的，他在此基础上对南越王墓车驲虎节时代提出的疑问，也是很有启发性的。由此我们又可注意到，收藏于中国国家博物馆的将军虎节（《新收》1559，图二十）和收藏于故宫博物院的辟（嬖）大夫虎节（《集成》12107，图二十一），二者形制、文字极为近似，其时代是否也存在类似的问题呢？二节的铭文分别为：

市丘牙（与）塿絆为酱（将）军信节

市丘牙（与）塿絆为辟（嬖）夫 ﹦（大夫）信节

图二十　将军虎节　　　　　　　图二十一　辟（嬖）大夫虎节

过去大多将此二节归入战国中晚期的齐国符节，^① 似证据不足。这两件信节的不少字形非常特异，例如"军"字从"兄"的写法、"节"字的"即"旁从"欠"、"信"字的"言"旁写法等等，在战国文字中都极为罕见，结合文字书写风格特征看，很可能是已经不十分熟悉六国古文的人所刻写。铭文中的地名"娄綡"大概应读"娄（楼）烦"，^② "市丘"当为韩国大邑或封君之号，此亦可见它们属战国齐地的可能性并不大。这两件节，很可能是汉军中韩王信的军队招募楼烦军与楚军作战的实物见证，也有学者认为可能是项羽所封市丘侯拥有楼烦军队的实物证据，尚待进一步研究。^③

（二）八分笔法的渊源

"八分"是汉末以后给成熟隶书起的名称，其结体特征明显，与此前所谓"古隶"的区别一望便知，即一般所形容的"蚕头燕尾"的波挑加上扁方的字形体势。这样的一种书体，其渊源究竟如何，是关系到今文字字体变迁的一个重要问题。对此，裘锡圭《文字学概要》有如下一段被广为引用的论述：

> 八分笔法的萌芽出现得很早。在抛弃了正规篆文的笔法之后，如果把字写得很快，收笔时迅速提笔，横画和向下方的斜笔很容易出现尖端偏在上方的尾巴。如果把这种笔法"正体化"，八分的挑法就形成了。魏建功先生认为八分的挑法是草书笔法规整化的产物（《草书在文字学上之新认识》，《辅仁学志》14卷1、2期合刊）。这是很精辟的见解。早在秦代的隶书里，就可以看到少量带捺脚的斜笔和略有

---

① 参看傅修才《东周山东诸侯国铜器铭文的整理与研究》，复旦大学博士学位论文，2017年，第101～103页。
② 郭店简《缁衣》18号简"教此以失，民此以綡"的"綡"，多数学者从今本读"烦"。参看武汉大学简帛研究中心、荆门市博物馆编著《楚地出土战国简册合集（一）·郭店楚墓竹书》，文物出版社，2011年，第27、34页。
③ 参看郭永秉《将军虎节与璧大夫虎节研究》，《中国国家博物馆馆刊》2022年第8期；马孟龙《汉初侯国制度创立新论》，《历史研究》2023年第2期。

挑法的横画。在西汉早期的隶书里，这类笔法的使用有明显的增加。例如在马王堆三号墓出土的文帝时代抄写的那部分帛书上，就有不少字的书写风格跟八分颇为接近。江陵凤凰山九号墓出土的汉文帝时木牍上的有些字，笔法也相当像八分。不过在西汉早期的隶书里，竖长的字形和接近篆文的写法还很常见，八分式的笔法还远远没有占统治地位。所以西汉早期的隶书跟秦代隶书一样，也属于古隶的范围。①

此说影响很大，亦很有启发性。这一问题的研究，其实很大程度上涉及魏建功提出的文字学研究的"体""势"结合的方法。过去对"势"，也就是书法家所谓的"笔法"问题，不是很重视，裘说对八分书体萌芽的探究，就包含了对"笔法"的观察。对这个问题，尚有讨论的余地。

魏建功强调，隶书的起源应从秦篆中去寻找，而不能把"八分"之名等同于隶书，早期的隶书实际上混在秦篆文之中，他以为秦篆与秦隶是"体异势同"（隶相较篆而言，仅在形体上变得草）。他认为，许慎在《说文解字叙》中所谓"汉兴有草书"的"草书"，并不是后来所知的牵连相属的"今草"，就好比一开始的隶书也不是汉碑上的八分一样；篆文草写即是最早的隶书，但笔法没有大变，以"徒隶"用之而得名；后来逐渐发生笔法（势）上的变化，就成为西汉时代的草书（他在下文指出这种草书从隶书中的脱胎、形成书体是在章草的出现之后）。相较篆文而言，早期隶书真正产生笔法（势）上的变化，是因为受到草书影响而出现挑法，形成了真正成熟的隶书书体——八分。②这也就是裘锡圭在《文字学概要》所概括的"八分的挑法是草书笔法规整化的产物"一句的出处。由此可见，八分波挑的形成，是隶书演变过程当中的重要环节，是隶"势"出现质变的标志，必须加以追究。

但是我们很难同意隶书的波挑来自草书笔法影响的这种看法。如果说这种笔法是西汉以后作为书体的那种草书的挑法"规整化"而来，大概不存在这种可能，因为那涉及八分笔法与草书何者形成在前的问题，

① 裘锡圭《文字学概要（修订本）》，第85～86页。
② 魏建功《草书在文字学上之新认识》，第238页。

正如裘锡圭在《文字学概要》指出的那样，江陵凤凰山九号墓出土的汉文帝时木牍上的有些字，笔法已经相当像八分了（详下一小节）；在汉文帝之前，作为一种书体的草书并未形成，这也是大家的共识，因此裘锡圭并不是说八分笔法是作为书体的草书笔法的规整化。

那么，八分的笔法，是不是由草率的隶书的笔法变过来的呢？我们知道，草书的目的是书写快捷，在早期的草篆当中，其实并没有发现过类似的"燕尾"，《文字学概要》认为"如果把字写得很快，收笔时迅速提笔，横画和向下方的斜笔很容易出现尖端偏在上方的尾巴"，但迅速提笔而没有顿按的动作，是不会产生这种波挑的笔画的。我们可以仔细观察睡虎地秦墓出土的家信木牍文字，如果相信它们属于较为草率的秦隶的话，那么这种体势倾斜、笔道匀一的字形，很难说跟后来的八分书有直接联系。我们可以再看一下里耶简 8-947 "迁陵洞庭"四字（图二十二），这四个字恐怕

比家信木牍文字更草率一些，在里耶秦简文字中颇引人注目，但是仔细观察其笔画，也都与波磔、挑法无多干涉。

属于西汉早期的银雀山汉简当中，也有颇为草率的文字，例如《六韬》相较《孙子兵法》《孙膑兵法》《晏子》等书就抄得更草一些，但是这种比较草率的古隶，反而较少包含八分波挑笔法（图二十三），或者说至少看不出这一类草率隶书的笔法当中比一般古隶包含更多的波挑。这似乎说明，以书写迅速为目的与采用波挑的笔法，其实可能正是矛盾的。

八分笔法既然不是从草率隶书的笔法规整化的产物，它究竟是从哪里发展出来的呢？有一些研究者认为，秦文字中没有孕育出八分的可能性，他们主张要从六国文字，尤其是战国楚文字的笔法中去探究八分的波挑笔势的源头。[1] 他们观察的秦楚的用笔差异，秦

图二十二　里耶秦简 8-947

---

[1]　孙景宇《八分体起源研究——以西汉早期笔法分析为例》，《荣宝斋》2016 年第 4 期，第 140～149 页。

文字的体势特征，应该说颇为细致，秦代隶书中确实能够捕捉到的波挑痕迹不明显，这也是这些学者立论的出发点；但我们知道，汉隶无疑是从秦隶来的，文字结构全面承袭秦文字特点的汉代文字，在笔势上不可能越出秦文字的轨范而另循一条路子，何况八分笔法的萌芽，从西汉时代的材料中看，也未必只局限在故楚地的范围。因此我认为，还是要从秦隶当中去寻找八分的源头。

在秦的毛笔文字当中，无论是秦统一前后，大多数是笔道平直匀一、收笔少有提顿的，有时也有起笔时顿笔（类似钉头）的笔法（这也许启发了后来隶书的蚕头笔法），总体上给人以刚硬而缺少变化的直观感受——这大概也可以说是秦与西汉的古隶在外观上最明显的区别。但实际上，秦隶的笔法也是颇为复杂的，例如下列秦简文字中的横向笔画和左

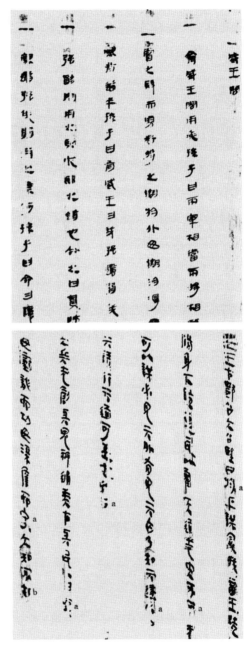

图二十三　银雀山汉简《孙膑兵法》（上，局部）、《六韬》（下，局部）

035

上向右下的斜笔都呈现出程度不同的波挑：①

【睡虎地《语书》12】　　　【睡虎地《为吏之道》7 贰】

【睡虎地《为吏之道》28 贰】　　　【睡虎地《秦律杂抄》34】

【睡虎地《日书》乙种 191 贰】　　　【睡虎地《为吏之道》33 贰】

【睡虎地《秦律十八种》115】　　　【睡虎地《为吏之道》14 壹】

【睡虎地《为吏之道》31 伍】　　　【关沮 260】

【关沮 233】　　　【睡虎地《秦律十八种》61】

【睡虎地《日书》甲种 69 背】　　　【睡虎地《为吏之道》28 叁】

【睡虎地《日书》乙种 59】　　　【睡虎地《为吏之道》21 叁】

【里耶 J1⑯6 背五】　　　【睡虎地《封诊式》2】

【睡虎地《日书》乙种 46 贰】　　　【睡虎地《秦律十八种》103】

【关沮 54 贰】　　　【睡虎地《语书》4】

【睡虎地《语书》14】　　　【睡虎地《秦律杂抄》10】

【睡虎地《秦律杂抄》5】

　　在睡虎地秦简《日书》乙种第贰栏的部分格子中，有一部分顿按较

---

① 方勇《秦简牍文字汇编》，吉林大学博士学位论文，2010 年，第 2、5、21、26、28、29、32、33、46、54、55、72、83、104、105、110、121、123、135、137、157 页。

重，笔画波磔写得颇为明显的文字（图二十四），它们与第一栏笔道扁方匀一的书体呈现出非常不一样的面貌，很显然是出于不同的书手、不同的时间。书写同样较为规整的《为吏之道》，虽然顿按不如《日书》乙种的横笔、斜笔那么明显，但是却有比较突出的挑法（图二十五），特别是那些位于底部的长横（如"之""上"等字）。我认为，汉代隶书的波挑，就是从秦隶中的这些书写较为规整、美观的笔法加以夸张后发展出来的。

在里耶秦简中，我们还能为这种假设找到更多证据。里耶8-552简是一支记三十二年迁陵县积户数的简，文字是隶书，字形规整，其中

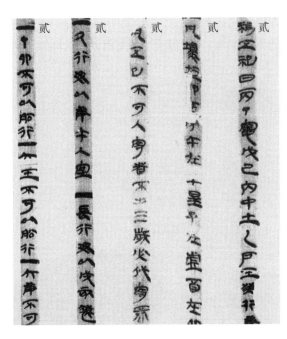

图二十四　睡虎地秦简《日书》乙种

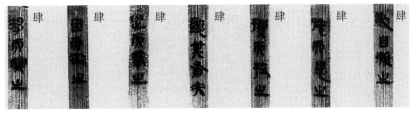

图二十五　睡虎地秦简《为吏之道》

"五""千""卅"的挑法明显，"积（积）"字"责"旁最后一笔的顿按、出锋，亦同后来的八分波挑如出一辙。这一类横笔和往右下的笔画在起头和收笔时出现顿按的风格，可以在里耶简的一些篆文及带有篆文风格的隶书中看到其实质（参看下列里耶简图版）。

通过上述整体书风与各别字形书写特点的观察比对，可以知道波磔挑法的起源，应该不是来自草率的隶书，而恰恰应该来自比较端庄严整，甚至带有篆意的古隶笔法。

我们都知道，古隶后来演化出通俗隶书（新隶体）和草书两种书体，前一种应用于一般书写，后一种主要由专门的书吏用于一些特殊、专门的场合。而比较规整的、正规的书写职能，在篆文逐步退出日常舞台之后，渐渐发展出一种字形扁方、带有波挑的书体来替它承担，八分的逐步发展

8-552　　　　　　　8-531　　　　　　8-735 正

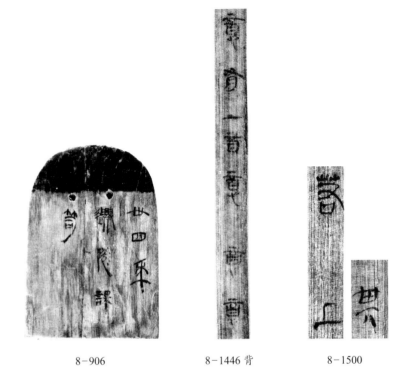

8-906　　　　　　　　8-1446 背　　　　　　　8-1500

并成熟，与篆文的衰落与退场，或许正是互为因果的一个事情的两面。与篆文的衰落并非朝夕可到一样，八分历经正体化、规范化的过程，并最终登上典雅书写的舞台，也同样不是一蹴而就的，就上述讨论的结果看，大致也历经了百余年以上的发展才最终达成。总之，八分书应该是在比较美观严整的古隶书风书体基础上精致化、规整化的结果。

（三）汉隶发展过程中的"新瓶装旧酒"现象

一般谈字体的学者似乎都有一种比较主流的看法，八分书体的形成，便顺理成章地意味着将古隶中同于或者接近于篆文的结构因素基本上淘汰了，使得隶书真正摆脱了古文字的阶段，进入成熟隶书阶段。这一观感从总体上不能说不对，但实际情况可能要复杂一些。

图二十六　凤凰山九号墓木牍（局部）

前面已经提到，西汉早期的江陵凤凰山九号墓木牍的文字（图二十六，局部），已经带有十分鲜明的八分书体的特征，波挑的特点与成熟隶书差别不大，但是从文字结构角度看，例如"安""之"等字的写法，却仍旧是典型的古隶甚至带有篆意的写法。这即可说明书风书体的发展，与文字结构的进化，并不完全是同步协调的。

过去的出土材料中，西汉时代的简册主要可以分为汉武帝之前和武帝以后两大块，前者大部分是内地墓葬简册，后者则以西北边塞遗址等出土的简册为主，从绝对数量上而言，武帝一朝的资料却并不是特别多，这不能不说是一个遗憾。因为对于研究西汉时代字体，尤其是隶书的形成发展而言，武帝在位的这五十多年是一个非常关键的历史时段。而近年北京大学藏西汉简的发表，使得这方面资料较为贫乏的情况有很大的改观。北京大学藏西汉简，一般认为抄写于武帝时或稍后，应当是可信的。北京大学藏西汉简的文字，从文字体势、外观上判断，总体上应当已经符合比较规整的八分书特征，然而其文字结构还较为顽固地保留了西汉古隶中的很多特征（或者有些只是稍稍进化），仍不能说是一种完全成熟的隶书。这种字体与字形的"新瓶装旧酒"现象可以说明：成熟隶书与八分的范围，不能看成完全重合，而是有某种程度错位的。北京大学藏西汉简文字还同时吸收并规范了不少草书化因素（有一些是在更早的古隶阶段已经出现而被继承下来的），这对八分这种新书体的形成也十分重要。下面我们举一些北大简《老子》抄本的具体例子来加以说明。

一、"安"字。秦汉古隶的"安"字承袭先秦古文字写法，[①]"女"旁

---

① 陈剑《说"安"字》，《甲骨金文考释论集》，线装书局，2007年，第107～123页。

的边上缀有一笔。这种字形特征不但在以东汉碑刻为代表的八分书中已经不存在，在西北汉简当中也已经几乎不见保留了。[①]但是与前文提及的时代较早的汉代"骨签"文字一样，北大简《老子》的"安"字都还写作如下形体：[②]

右下角还有很明显的一小捺笔，保留了古形。

二、"馬（马）"字。"马"字在古文字中原表现出马的大眼、鬃毛、身躯、双足及尾巴，目形与鬃毛、身躯部分后来相连为一体，是在战国以后的秦文字中逐步明确起来的特征，这种特征在"马"作为偏旁时尤为明显。[③]北大简《老子》的"马"三见，分别写作：[④]

仔细观察第三例，可以看出马背部的那一笔和"目"形是分开书写而并不与"目"的下横相连一贯的，从起笔提顿的特征看，另两例应该也是如此。第三例的"目"形中间表示瞳仁的两横与鬃毛的两笔，从起笔收笔的提顿来看，似乎也并不相连（前两例则已经完全连写）。这种写法，是直接来源于古文字的字形结构的孑遗，在成熟的八分书中间已经完全看不见了。[⑤]

三、"達（达）"字。秦汉初篆文和隶书的"达"字声旁与《说文》篆文写法不同，直接来自西周金文从"午"从"羊"的写法，[⑥]并非从

---

① 佐野光一《木简字典》，雄山阁出版株式会社，1985 年，第 212～213 页。
② 李红薇《北京大学藏西汉竹书集释及字表》下编，吉林大学硕士学位论文，2015 年，第 142 页。
③ 单晓伟《秦文字字形表》，上海古籍出版社，2017 年，第 433～437 页。
④ 李红薇《北京大学藏西汉竹书集释及字表》下编，第 179 页。
⑤ 佐野光一《木简字典》，第 793～795 页。
⑥ 季旭昇《说文新证》，艺文印书馆，2014 年，第 127 页。字表中泰山刻石的"达"字写法应有翻刻讹误。

"奎"。① 北大简《老子》的"达"字两见，皆写作：②

与西北汉简和东汉碑刻中大多数的"达"字写法不同，仍从"午"从"羊"而不从"奎"。汉碑中尚偶见"达"字这种存古的写法，见于华山庙碑，③ 但已经极为少见。

四、"異（异）"字。"異"是"戴"的初文，古文字和秦汉篆文、古隶中的"異"字写法一脉相承，皆是从身中腰侧向上伸出两手的整体结构，④ 与《说文》从"廾"从"畀"的拆分结构有别。北大简《老子》"異"字有两种写法，其中 175 号简的写法如下：

与古文字的写法一致。但 125 号简的"異"字作：⑤

其演变中间环节，则正是北大简《苍颉篇》写作𤰞的"異"字（把左侧的手臂拐折部位与右侧一样写出头对称即是）。⑥ 这种解散原来古文字整体、用部件组合起来的写法开后来汉代隶书和《说文》小篆"異"字写法的先河。与"达"字一样，在汉碑中偶能一见比较罕见的前一类古体。⑦

---

① 单晓伟《秦文字字形表》，第 69 页。陈松长《马王堆简帛文字编》，第 67 页。
② 李红薇《北京大学藏西汉竹书集释及字表》下编，第 32 页。
③ 季旭昇《说文新证》，第 127 页。从"大"从"羊"的"奎"应该是从"午"的写法粘连了"羊"角头上的两笔之后讹变重组的结果。
④ 季旭昇《说文新证》，第 178 页。单晓伟《秦文字字形表》，第 111 页。陈松长《马王堆简帛文字编》，第 107 页。
⑤ 李红薇《北京大学藏西汉竹书集释及字表》下编，第 51 页。
⑥ 李红薇《北京大学藏西汉竹书集释及字表》下编，第 51 页。
⑦ 佐野光一《木简字典》，第 505 页。

五、"奂"字。"奂"字下部《说文》从"収（廾）"，但西周金文
"奂"和从"奂"之字的下部多写作从"邜"，①与《说文》篆形和成熟隶
书写法不同，后者应该是从前者变化的结果。北大简《老子》"涣"字
写作：②

虽然"水"旁已摆脱篆文写法写成隶书典型的三横，但"奂"旁却仍然
从"邜"，相较北大简《苍颉篇》写作 奂 的"奂"字而言，③《老子》的
这种写法无疑是更接近早期结构的，在汉代隶书中间也非常罕见。

　　这五个例子已足可说明，北大简《老子》的文字体势风格已非常接
近于成熟八分书，但从文字结构上讲还仅处于古隶向成熟隶书演变的过
渡环节，甚至可以说基本是偏向于古隶的保守一端的。这种风格与结构
不同步、不协调的发展趋势，是汉代文字演变的一个客观面相，这提示
我们：书风较容易改换定型，而文字结构的底层因素比较顽固守旧，尤
其是在古书文本当中，文字结构的守旧性特点可能体现得更加顽强一
些，哪怕是差不多同时抄写的文本中间，也会因为书手、底本以及偶然
性的差异而导致文字结构上的古今落差。

　　与此同时，北大简的文字也反映出其融入了当时已经逐步萌兴的草
书的发展特点，这也是往成熟隶书迈进的重要步骤。前面提及汉隶中
"辵"旁写法的简省变化，就是大家熟悉的典型例子，不必多赘。北大
简"之"字写法也值得注意，北大简中《赵正书》《反淫》《荆决》诸篇
保留了写作如下直接脱胎自篆文的形体：④

---

① 董莲池《新金文编》，作家出版社，2011年，第287、989页。
② 李红薇《北京大学藏西汉竹书集释及字表》下编，第198页。
③ 刘婉玲《出土〈苍颉篇〉文本整理及字表》正编，吉林大学硕士学位论文，2018年，
　第40页。
④ 李红薇《北京大学藏西汉竹书集释及字表》下编，第124页。

《老子》抄本却无一例外地作 形写法。① 这种将"之"的"止"旁右
侧一笔与下横左侧连写的形体，早已见于汉初的文字资料，② 后来又被西汉
的草书写法吸收固定下来。③ 北大简《老子》的写法，则可以说是把这种
草写正体化，成为得到主流认可的写法的重要环节。"之"字吸收早期的
草写特征用以改变隶书字形结构，并被成熟的八分书所接纳，④ 其中的缘由
应当比较复杂。大概因为"之"字在书写中极为常用，出于加快书写速度
的目的使然；同时亦须考虑到，"之"字这种直接来自篆文的写法 ，
极易与汉隶和草书中的"出"等字相混，⑤ 有必要将这些极常用的、字形结
构上又有关联的字拉大差距，提高书写阅读的准确便利性。 这种形
体很可能是在武帝朝前后的隶书人为规范定型过程中间遭到淘汰的，连好
用古形的北大简《老子》抄本也已经不用这种写法即可证明。

由此可见，在汉代隶书的发展过程中，既能看到快速超前的一面，同
时又有守旧复古的一面，这两种面相都是隶书发展的实际，它们既可以毫
不违和地融合于一起，也在互相竞争淘汰和人为的调整、规范中不断推动
着隶书的真正成熟。⑥

从体势、结构两方面来判断，汉宣帝时下葬的刘贺墓出土的简册文
字（以时代明确的奏牍为标准），其隶书相较北大简隶书又发生了重要的
变化。⑦ 一是字体更加匀整美观，扁方形的书风更加明确呈现，波挑更
为规范；二是结构继续演进，基本摆脱古文字古隶阶段的影响，这意味
着成熟隶书八分书的正式形成。图二十七是墓葬中出土的书写极为精美

① 李红薇《北京大学藏西汉竹书集释及字表》下编，第115～123页。
② 陈松长《马王堆简帛文字编》，第250页。
③ 李洪财《汉简草字整理与研究》，第261～263页。
④ 佐野光一《木简字典》，第17～19页。
⑤ 李洪财《汉简草字整理与研究》，第264～265页。
⑥ 张世超对北大简文字在刻意求扁和保留古隶形体特征之间所作的平衡曾有论述，参看
《北京大学藏西汉竹书的文字学启示》，《古代文明》2014年第4期，第108页。
⑦ 张予正、杨军、王楚宁、徐长青《海昏侯墓出土奏牍选释》，《南方文物》2018年第2期。

的海昏侯妾待奏牍文字，相比北大简中的  （《老子》"死"）、（《老子》"大"）、（《老子》"行"的"彳"旁）、（《反淫》"陽"的"阝"旁），① 可以看出海昏侯墓葬出土文字资料的字形结构产生了细微但关键的变化，而且书风、用笔也有不同于北大简的特点，例如"彳"旁精致而迅捷的尖撇的使用，在此前是不容易看到的，这些新的元素都已经在宣示，一个新的文字书写时代开启了。

图二十七　海昏侯妾待奏牍

（四）八分书如何退出历史舞台

西汉中后期，作为古文字"云仍"的篆文②已经越来越不为人所熟悉，逐步从正体的位置上退出历史舞台，只在非日常书写的金刻、碑石、榜书等场合中出现（与标准篆文的距离也愈远）。取代篆文获得正体地位的，便是西汉中后期成熟的八分书。前举海昏侯墓出土的奏牍，有学者认为是以文书正本下葬的，③无论这些奏牍是否正本，皆可推知当时最高层级的文书书写，就使用这种最精致规整的八分书体。

一旦一种特征明显的书体在竞争后具备了典范性，就意味着日常的书写将距离它越来越远，④直到最终正式地发展出一种新的书体，以取代

---

① 李红薇《北京大学藏西汉竹书集释及字表》下编，第81、187、39、249页。
② 唐兰《古文字学导论》，齐鲁书社，1981年，第31～32页。
③ 张予正、杨军、王楚宁、徐长青《海昏侯墓出土奏牍选释》，第113页。
④ 沃兴华在讨论汉代八分书的时候指出"正体字因为带有标准的含义，所以形式上比较保守，容易僵化和凝固"（《中国书法史》，湖南美术出版社，2009年，第121页），这是很有道理的。

它的正统地位。比如，秦朝时篆文早已取得了官方正统地位，但那时的日常书写并不是篆文，哪怕作为书同文字诏令抄本的里耶更名方文字，也使用的是带有浓厚古隶味道的书体，真正用来统一文字的是隶书，[①] 只是当时隶书有其实而无其名分、地位很低罢了。八分书在长期的孕育过程结束之后，终于在西汉昭宣以后获得隆崇地位，这一事实提示我们，西汉时代一般日常使用的文字书写已经在逐步地成熟并且与八分书争夺市场了。前面曾提到，启功认为"八分"的名称出现于汉魏之际，与汉代开始出现的一种"笔画更较轻便"的"新风格"有关，"这是当时的新俗体、新隶书"，"旧隶字必须给予异名或升格，才能有所区别"。[②] 但"八分"的得名相较其典范化的时间滞后很多，所以这种"新俗体"的出现时代，也不会晚到汉魏之际。裘锡圭进一步指出：

> 标准的八分书写起来是比较费事的。……在八分形成以后，在书体上受八分影响不大、书写起来比较方便的隶书，始终大量存在。近年来有人称之为"通俗隶书"……是比较恰当的。目前所能看到的宣帝以后的西汉隶书刻石，其书体大都可以归入通俗隶书。……汉简里同样存在通俗隶书。例如在宣帝时代的居延简里，就既可以看到八分，也可以看到通俗隶书以及介于通俗隶书与八分之间的书体。有些铜器和陶瓦上的隶书，也可以看作通俗隶书……大约在东汉中期，从通俗隶书里演变出了新隶体，为隶书向楷书过渡奠定了基础。……这种俗体书写起来比较方便，由于溶入了草书笔法，如较多地使用尖撇和接近后来楷书硬钩的笔法，呈现出由隶书向楷书过渡的面貌。在东汉中晚期的木简和镇墓陶瓶上都可以看到这种字体。其中如敦煌发现的永和二年（137年）简和传世的熹平元年（172年）陶瓶，是经常为讲字体的人所用的例子。前者的字体的风格，罗振玉《流沙坠简》考释评为"楷七而隶三"。有些东汉晚

---

① 裘锡圭《文字学概要（修订本）》，第 79 页。
② 启功《古代字体论稿》，第 28～29 页。

期的墓壁题字和墓砖上的文字，如和林格尔护乌桓校尉墓的"莫府门""护乌桓校尉莫府谷仓"等题字……亳州市曹氏宗族墓的有些墓砖刻文和沧县北塔村墓砖上的朱书等，也是属于这种字体的。为了区别于八分和其他的通俗隶书，可以把这种字体称为新隶体。[①]

就是说，启功所谓"新隶书"风格是有所承继的，在宣帝以后简册、铜器、石刻上的"通俗"字体，就是演化出东汉新隶体的基础。

如果再往前追索一下，就会发现在更早的汉代古隶当中萌芽的这种"通俗隶书"元素。这种通俗性的元素在早期似与书写目的、场合和书手特点密切相关。例如西汉前期的马王堆汉墓中的帛书《周易》（图二十八）、遣册（图二十九）、《木人占》（图三十），分别可以代表当时正体古隶、通俗古隶和草化古隶的面貌。遣册为书佐一类人抄写，其书法水平和文化修养总体上比不得抄书者，加上下葬时记录清点要求快速书写，遣册文字容易呈现出这种比较松散随意、书写迅捷的面貌，一般没有扁方、波挑的特征（但时见"蚕头"的横画起笔），竖笔拉伸较长、常有顿按。这应该就是早期的通俗古隶。到八分书成熟时，这种风格就相应地演化出一般书写中间最通用的通俗隶书这类书体了。在汉代前期，

图二十八　马王堆帛书《周易》（局部）

---

① 裘锡圭《秦汉时代的字体》，第 223～224、227～228 页。

图二十九　马王堆遣册　　　图三十　马王堆《木人占》（局部）

通俗古隶在日用类文书、书籍中常见，例如荆州松柏汉墓出土的"令丙第九"木牍文字、成都天回医简文字、随州孔家坡汉墓日书文字、荆州谢家桥汉墓和江陵高台汉墓告地书和遣册文字等，[①] 风格和字体结构都与马王堆汉墓遣册文字十分类似，反映了当时一般日常书写的水平和特点。《周易》等古书写本文字则是后来正体八分书的源头（当然无论是从书风还是结构方面而言，它的八分书特征较北京大学藏西汉简文字来得弱一些）；《木人占》古隶草体继续发展并规范化，就将成为汉代草书。

　　八分书成熟时的通俗隶书已经在日常书写中的作用大大提升，早前针对不同功用、场合的畛域逐步被打破。这里需要特别指出的是，篆文和古隶的正俗关系与八分和通俗隶书之间关系有异之处在于：秦文字篆文和古隶之间的正俗关系天然地源自书刻方式的不同，[②] 使用场合大多非

①　山东博物馆、中国文化遗产研究院编《书于竹帛：中国简帛文化》，第 91、113、124～125、128～129 页。
②　"篆文"之"篆"来自铭刻金石的意思，参看裘锡圭《文字学概要（修订本）》，第 72 页。

常明确地被区隔；而八分的典范性只是来自对古隶字形结构和书风的修饬规整化，所以它的正体地位并不是像篆文那么稳固自然的（从西汉金石还都用篆文或古隶味道浓厚的文字刻写可知①），它与通俗隶书之间的界限，也并不是那么清晰的。因此我们在汉代简册文字当中，比较不常看到前面所引用的海昏侯奏牍文字那样极为精美的八分书，一般的汉简隶书都杂有或多或少的通俗特征，而且这些通俗化成分的多少常常与书写的内容没有直接关联，多半与书写者以怎样一种态度去对待或者本身书法能力高下以及书写情境场合有关。前举悬泉置《元致子方书》中去除严整八分书主体内容之外补写的末行文字和"龟上"的"龟"字，就是分别出于同一人手笔的草隶或者通俗隶书而非八分书。西北汉简中有时可见同一种类型的文书既可以用比较规整的八分书书写的，也用通俗隶书书写的例子。例如《敦煌汉简》318～325 号（图三十一）皆为西汉晚期至新莽时期粮食出入禀受的籍簿，其中 321 号简内容更与后面几枚简一致，为相关人员某一月禀取麦的数量的记录，但这枚简的文字与前后都有很大差别，接近于标准八分书（至少书手努力想要写出标准八分书的风格），其他几枚则是当时更为通行的通俗隶书，只是 322～325 几枚还带有一些草写的成分，318 和 319 则应该就是当时典型的通俗隶书。下葬于王莽时期的武威汉简《仪礼》，与肩水金关出土的始建国二年《橐他莫当隧守御器簿》，②文字风格极为近似。只因前者是在大册上抄写的儒家经典，字形略显谨饬一些而已，其实它们都明显受到了通俗隶书影响，皆非标准纯粹的八分书。抄写经籍和书写簿籍文书的书体在当时并无明确而严格的界限，簿籍文书也绝非不能使用美观端庄的八分书体。③这都说明在西汉晚期，具有蚕头燕尾、字形扁方的八分书，凸

---

① 大概这也跟西汉时代金石文字不擅长表现八分的波磔挑法特征有关系。
② 山东博物馆、中国文化遗产研究院编《书于竹帛：中国简帛文化》，第 151～154、208～209 页。
③ 西北汉简中的一些文书反而以比较规整的八分书面貌出现，如居延新简中的河平元年《验问不侵候史衣严书》（山东博物馆、中国文化遗产研究院编《书于竹帛：中国简帛文化》，第 226 页），其文字比起武威汉简《仪礼》的书风而言更接近于标准八分。

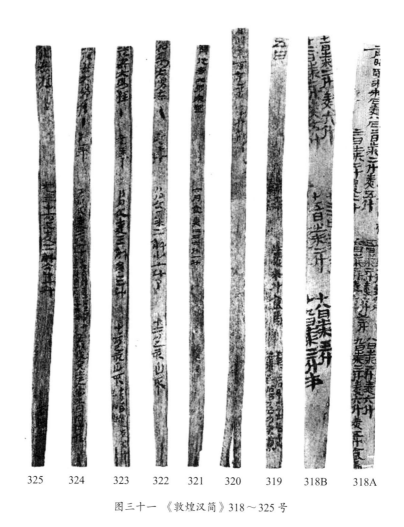

325　　　324　　　323　　　322　　　321　　　320　　　319　　　318B　　　318A

图三十一　《敦煌汉简》318～325 号

显主观视觉上的匀称、舒展美感的功能已更重于作为一种字体所带有的
正体庄重意涵了。①

从新莽时代结束到东汉前期的这段时间，应是通俗隶书基础上发展
出的"新隶体"加速成熟的时期。居延出土光武帝建武三年（27）《候

---

① 这种情况与胡平生注意到的里耶简所反映的秦朝基层的篆隶的杂糅现象，两种书体并
无明显界限和尊卑之别的情况很类似，参胡平生《里耶秦简篆书论》，《出土文献研
究》第十八辑，中西书局，2019 年，第 111～112 页。

粟君所责寇恩事册》，共 36 枚简，前 32 枚以八分书（主要是两行简）和带草书味道多寡不同的隶书写成。尤其值得注意的是，"右爱书"简以下的"居延令守丞胜移甲渠候官"简文呈现出一种比较新的风貌，[①] 其中使用的燕尾不多，字形大小高矮不甚拘泥，风格自然随意，有逐步向楷书靠拢的趋势，这应该是当时新隶体的面貌。这种风格在武威出土的东汉医简中也比较流行。[②] 明帝永平十五年（72）的王杖十简，以及虽无明确书写年份，但书风及内容与王杖十简极为类似的《王杖诏令册》的文字，[③] 是这种新隶体的进一步发展，这些册书中的文字已经没有偏方的特点，除了捺笔的波磔之外，已很少明显地使用挑法。《敦煌汉简》1960 号著录的章帝元和四年（87）"出廪二斛"简，是讲书法的人喜欢引用的，[④] 这支简的文字已经显示出公元一世纪末二十年的书手试图摆脱隶书拘束的书写面貌，笔画灵动活泼（例如尖撇、横折的使用），既吸收了草书的特点，又不失稳重秀丽，已经接近于早期行书的风格。这是东汉时期北方的新隶体发展的大致情况。

　　南方的新隶体的发展情况，比较缺乏东汉前期的资料。如目前从长沙五一广场东汉永元至永初年间（也就是东汉中期）的简牍文字作一些推断的话，估计其速度比北方地区应该更快一些，这跟历史上文字字体在关中、西北地区都比较偏于保守，而在东部及南部地区演进速度较快有关。[⑤] 大致可以从材料中观察到如下几点特征：

　　第一，八分书的蚕头燕尾特征逐步成为一种追求字形美观的装饰，与西汉的八分书特征性元素的自然和谐相比，显得非常机械呆板，并出现了刘绍刚指出的五一广场简中无蚕头有燕尾、无蚕头无燕尾的形体，[⑥]

---

① 山东博物馆、中国文化遗产研究院编《书于竹帛：中国简帛文化》，第 231～234 页。
② 甘肃省博物馆、武威县文化馆编《武威汉代医简》，文物出版社，1975 年，第 14B～16 叶。
③ 山东博物馆、中国文化遗产研究院编《书于竹帛：中国简帛文化》，第 60～64 页。
④ 陈松长编著《中国简帛书法艺术编年与研究》，上海书画出版社，2015 年，第 179 页。
⑤ 已出东汉简牍资料的地域有较大局限，东汉政治、文化中心地区尚无充分的资料出土，此据现有资料对文字变迁大势略作推论，有待今后的相关新材料加以检验和补充。
⑥ 刘绍刚《从五一广场简看书体演变中的几个问题》，《书法》2016 年第 1 期，第 54～55 页。

图三十二　CWJ1 ③ 285 合檄

无蚕头燕尾的这些字形书写速度明显较快，这些现象可以解释为八分书被"解体"，[①]但从本质上讲应该说是新隶体发展出的显著特点。蚕头燕尾，尤其是蚕头，在当时日常的八分书书写中已经很不习惯。CWJ1 ③ 285 合檄的八分书题署十分规整（图三十二），但是完全不见蚕头，为了突显八分书的规整庄重，书手后来又给"五年五"三字的长横的头部额外加了顿点，但其他文字的横笔却都没有加，既说明他们觉得这是突出八分的标志，但实则已是可有可无的赘饰了。

第二，这些没有蚕头燕尾特征的文字体势一般也没有了扁方的特点，例如五一广场 CWJ1 ③ 120、291、325 - 1 - 103、325 - 32、325 - 4 - 43、285 诸简皆是，[②]文字取纵势是新隶体显得较为秀美、趋近于楷书的一个重要原因。

第三，点、尖撇、硬钩、横折等后来楷书典型笔画特征出现。[③]这些笔画特征加上字势的改变，楷书的味道就更加浓厚了，如 325 - 4 - 43 木牍文字为最典型的例子。

这几点结合起来，便造就了东汉中期南方新隶体的一种崭新面貌，相对同时的西北汉简文字而言，南方的新隶体发展更加成熟，更加轻便秀美，也更趋近于楷书。下方的图版分别是《居延汉简（贰）》128.2 著录的和帝永元十年（98）简（图三十三）和五一广场永元十五年（103）合檄（图三十四）的主体内容文字局部，[④]即便不考虑 128.2 下部两行文字草书味道较浓的因素，只要把"入南书二封"几字跟五一广场简文比较一下，就知道新隶体在南北方的发

① 刘绍刚《从五一广场简看书体演变中的几个问题》，第 53 页。
② 长沙市文物考古研究所、清华大学出土文献研究与保护中心、中国文化遗产研究院、湖南大学岳麓书院《长沙五一广场东汉简牍选释》，中西书局，2015 年，图版第 6、8、16、18、19、39 页。
③ 刘绍刚《从五一广场简看书体演变中的几个问题》，第 57～58 页。
④ 简牍整理小组编《居延汉简（贰）》，中研院历史语言研究所，2015 年，第 67 页。《长沙五一广场东汉简牍选释》，图版第 39 页。

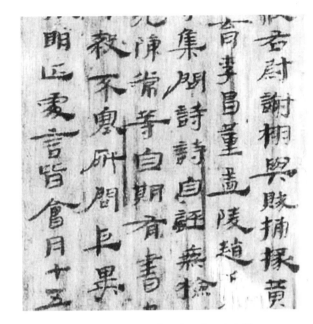

图三十三　《居延汉简　　　　图三十四　五一广场永元十五年合檄
（贰）》128.2

展速度是并不均一的。因此我们倾向于把新隶体在南方的成熟时代
定在东汉中期。

　　与前面提到的西汉时代八分书书风与字形结构的错位现象类似，
在东汉时代的新隶体发展到几乎成熟时，还能发现很多字形的结构、
笔法来自比较旧的隶书，与后来的楷书还是有比较大的差别的。例
如"事"字（𢧵事）和"陈"字（陳）"东"旁头上的一竖一横与下
部脱离，[1]"受"字（𤔧）中间比"冖"形多一横，尚存"舟"形的痕
迹；[2]"求"的特殊写法来自隶书的痕迹；[3]"女"旁（𡛷）的头上还粘连
在一起封口，"流"字（㳅）右侧写成"不"形，"野"字（埜）的

――――――――――

① 《长沙五一广场东汉简牍选释》，图版第 28、39 页。
② 《长沙五一广场东汉简牍选释》，图版第 30 页。《说文》小篆形体也已没有这一横，
　　五一广场简中亦偶见中间已无一横的写法，参看李洪财《五一广场东汉简的文字问
　　题》，《中国书法》2016 年第 5 期，第 174 页。
③ 李洪财《五一广场东汉简的文字问题》，第 175 页。

"田"旁和"土"旁尚未合并成"里"，皆尚存隶书古意。[①]此外，五一广场简文字中存在一些与后来楷法细微的笔画和笔画交叠关系的差异，也是来自隶书时代的特点，反映了隶书时代的笔顺习惯和结构。例如"初"的"衣"旁起笔不是点而是撇并与横笔相连，而横未与第二撇独立构成连写的横撇（ ）；[②]"無（无）"的起笔与"衣"头写法类似或写成点和横（ ）、"集"先写"⺈"头（ ）、"後（后）"的"幺"旁写法及笔顺（ ）等，[③]都反映出东汉中期的新隶体与早期隶书字形结构上藕断丝连的关系。这些新隶体与楷书之间的差异，到东汉晚期的长沙东牌楼简牍中才逐步开始走向消弭，例如东牌楼简的"女"旁已经多已不再封顶（ ），[④]虽也还有个别封顶的（ ），[⑤]但第一竖笔已经不与横折一笔密接封口。由此可见，隶书使命在日常书写中的基本完结、从新隶体里脱胎出楷书，还是要到汉魏时代才告成的。

学者已有共识，早期的行书和早期的楷书都是从新隶体里面分化出来的，只是行书吸收了更多草书的笔意，[⑥]"行书"的"行"说明其书写速度比新隶体更快。裘锡圭指出《玉篇》《广韵》《集韵》有训"行书"或"行书貌"的"篷"字，此字应是"篷"字讹形，[⑦]这种书体的得名，估计是跟书写"捷疾"之义有关的（"篷"字是在字形自然演变基础上变成会意字的结果），可能接近于后来钟繇三体中用于"相闻者"的"行狎（押）书"。在五一广场简和东牌楼简中，符合这种定义的书体是

---

① 《长沙五一广场东汉简牍选释》，图版第 39 页。又如"奚"旁下从"小"形、"實（实）"字中间从"尹"形、"数"字"女"旁在"攵"下的异体（参看李洪财《五一广场东汉简的文字问题》，第 174 页），都是从早期隶书里继承下来的。

② 《长沙五一广场东汉简牍选释》，图版第 29 页。

③ 《长沙五一广场东汉简牍选释》，图版第 39 页。

④ 长沙市文物考古研究所、中国文物研究所编《长沙东牌楼东汉简牍》，文物出版社，2006 年，第 61 页彩版二九、第 63 页彩版三一。这种变化很有可能跟草书的进一步发展有关。

⑤ 《长沙东牌楼东汉简牍》，第 37 页彩版五。

⑥ 裘锡圭《文字学概要（修订本）》，第 97 页。刘涛《长沙东牌楼东汉简牍所见书体及书法史料价值》，第 79～80 页。

⑦ 裘锡圭《文字学概要（修订本）》，第 91、97、101 页。

比较常见的。[①]虽然我们总体上不能同意有些学者提出的行楷书的用笔来自战国时六国文字的看法，[②]但是这种意见可能触及了一个事实，那就是行楷书中的很多笔势笔法，是在南方的日常书写中率先孕育出来的，并有力地在东汉魏晋时代推动了汉字字体的发展，后来南北朝书刻风格的差异根源或许已潜藏在其中。

三、《说文解字》与秦汉文字

(一)《说文解字》字形收录与汉代识字教育和文字规范

许慎《说文解字》(下简称"《说文》")撰成于东汉中期，是中国历史上目前可见的第一部字典。即使不去谈《说文》在汉语言文字学史、经学史上的重要地位，仅从《说文》的编撰时代看，当时正是篆文离开日常使用越来越远、八分书成为美术化意味很重的典范书体、新体隶书逐步开始统治日常生活书写的历史时期，也可以说是隶楷书的交替时代（与前面曾经讨论过的五一广场简的时代大致相当），在这部书中保留了万余古字形义，可谓一存亡继绝的重要著作。不用说对后来人，就是对当时的知识人而言也可谓意义重大。

《说文》的收字体例是"今叙篆文，合以古籀"，除了秦汉时代通行的小篆，战国时代辗转流传下来的古文经的文字和西周晚期《史籀篇》辗转传抄的文字，在《说文》中得以保留。[③]但是除了《说文》明确标识出的古文和籀文之外，字头正篆与古、籀究竟是什么关系，有不同

---

① 刘绍刚《从五一广场简看书体演变中的几个问题》，第57～58页。刘涛《长沙东牌楼东汉简牍所见书体及书法史料价值》，第80页。
② 刘绍刚《从五一广场简看书体演变中的几个问题》，第59～61页。
③ 《说文》古文、籀文的数量，各家因为宽严标准及版本不同而统计不一，大致上古文数量在四五百个，籀文数量在二百一二十，参秦凤鹤《〈说文解字〉异体字类型研究》，《中国文字学报》第五辑，商务印书馆，2014年，第192、194页。

看法。王国维、高亨、张世超等人认为，《说文》的正篆字头并非单纯的小篆，而是许慎"合以古籀"的结果，也就是把小篆与古文、籀文甚至隶书的字形综合构建起来的系统。^① 这一看法从各方面来看是有一定道理的，考察汉代流传、使用的古文和籀文，恐不能只把眼光放在那些明确标识出来的字形上。而且，从《史籀篇》在汉代史学童选拔考课过程中的重要作用来看，许慎《说文》的编撰应与《史籀篇》存在特殊关联。《说文叙》回顾自秦以后的文字书体使用情况：

> 自尔秦书有八体：一曰大篆，二曰小篆，三曰刻符，四曰虫书，五曰摹印，六曰署书，七曰殳书，八曰隶书。汉兴有艸（草）书。尉律："学僮十七以上，始试，讽籀书九千字，乃得为吏。又以八体试之，郡移太史并课，最者，以为尚书史。书或不正，辄举劾之。"今虽有尉律不课，小学不修，莫达其说久矣。

可见《说文》的撰作目的与纠正当时不遵律令规定，废弃小学，书写文字常常不正规的风气相关。学者多已指出这段"尉律"（汉律令为廷尉所掌，故称尉律）与《汉书·艺文志》"汉兴，萧何草律亦著其法"以下内容为同一来源，^②"乃得为吏"《汉志》作"乃得为史"。张家山汉墓出土《二年律令·史律》：

> 试史学童以十五篇，能风（讽）书五千字以上，乃得为史。有（又）以八体试之，郡移其八体课大史，大史诵课，取最一人以为其县令史，殿者勿以为史。三岁壹并课，取最一人以为尚书卒史。【475～476】

证明《汉志》的"史"是正确的。张家山汉简的整理者已经据《汉志》

---

① 参看张世超《"今叙篆文，合以古籀"考》，《古代文明》2013 年第 1 期。
② 张政烺《〈说文序〉引〈尉律〉解》，《中央研究院历史语言研究所集刊》第 17 本，1948 年。

指出"十五篇"就是《史籀篇》。"秦书八体"中的"大篆"就是《史籀篇》的"籀文"。从字面看,《史律》的意思是以八体中难度最高的大篆对史学童进行训练选拔,却把小篆、隶书这些西汉时代还在使用的书体放在太史诵课的内容中,看似有难易颠倒的问题,赵平安针对此点指出:《史籀》十五篇并不仅仅是字书,更重要的是让史学童掌握专业知识的教本(在传世和出土文献中也被称为"史书")。和《苍颉篇》等杂字书一样,《史籀篇》在汉代应有汉隶的转写本,史学童第一次会试背诵书写的就是《史籀篇》汉代转写本的内容。汉代应该还有《史籀篇》的古本留存,《汉志》所谓"建武时亡六篇"应即指古本而言。郡移太史诵课才是侧重于不同字体方面的考核,难度自然更加提高;《史籀篇》与《急就篇》《三苍》这些基础性的识字书的不同(虽然《史籀篇》与《三苍》有密切关系,《汉志》说《三苍》"文字多取《史籀篇》,而篆体复颇异"),就在于具有提供"史"的专业知识的功能。[①] 其说甚有理致。[②] 很多人都指出过,《说文》收录的籀文字形,有不少有比较晚的特征,例如"又"旁或写成"寸","歸(归)"字不从"𠂤","鼓"字因加从"口"旁讹作从"古"声等等,无疑是东周秦汉传抄过程中层累的后代文字特征,尽管籀文存有西周晚期《史籀篇》古本形体的底子,[③] 但并非齐一、忠实的,这种特点跟《史籀篇》作为周秦时代乃至汉代史学

---

① 赵平安《新出〈史律〉与〈史籀篇〉的性质》,《新出简帛与古文字古文献研究》,商务印书馆,2009 年,第 287～297 页。

② 根据目前的研究成果来推测,用《史籀篇》训练的大概是比较正规的文书吏,《苍颉篇》(《三苍》)《急就篇》则应该是一般学习读写的杂字书,有使用范围及层次之异。吕思勉曾引《后汉书·安帝纪》注"史书者,周宣王大史籀所作之书,凡十五篇,可以教童幼",以此说"失之拘",谓"当时教学童未必用《史籀篇》",见《秦汉史》,第 743 页。按《安帝纪》注所谓"教童幼"恐怕只是一种笼统的说法,《史籀篇》在汉代史学童教学考课方面无疑具有最重要的功能。关于西北边塞遗址出土的《苍颉篇》《急就篇》和经籍古书等残简、习字简及汉代边塞人员的文化习得,可参看邢义田《汉代〈苍颉〉、〈急就〉、八体和"史书"问题——再论秦汉官吏如何学习文字》,《治国安邦:法制、行政与军事》,中华书局,2011 年,第 595～654 页;《汉代边塞隧长的文书能力与教育——对中国古代基层社会读写能力的反思》,《今尘集——秦汉时代的简牍、画像与文化传播》,第 55～59 页。

③ 裘锡圭《文字学概要(修订本)》,第 56 页。

童代际相承的教学用书性质有密切关联。过去王国维主张"战国时秦用籀文"说，①似已被主流文字学界扬弃；但如果把这种观点放在长时段的针对史学童的字书应用的过程里来看，应该说是有其道理的，②《史籀篇》的文字所代表的确实就是西土文字的特点，它与秦汉文字之间的直接间接联系是比较密切的。

过去有一种极端的看法，即根据桂馥《说文解字义证》"十五篇断六百字为一篇，共得九千字"的推测，认为《说文》的九千三百多字恰与此数相合，就是《史籀篇》的全本文字。③其实桂馥此说立足点在于《说文叙》的"讽籀书九千字"，但此数未必就是《史籀篇》全部文字数，更推不出《说文》收字范围与《史籀篇》相合，因为无法确定九千字中没有重复单字。不过结合前引学者对"合以古籀"的解释分析，许慎在东汉时代既能看到大部分《史籀篇》的内容，以及残存的九篇《史籀篇》古本的文字（至少其中一部分），那么他在制定《说文》正篆时较多融入《史籀篇》的文字和形体写法，而并非只限于那两百多个与正篆差异较大的籀文形体，以矫当时"尉律不课，小学不修"之弊，是完全合乎情理的。因为古文是抄写儒家经籍的文字，古文学家特尊其地位，拉长其时代，为古文经争得合法性，所以也同时将古文放在《说文》收录和比较范围内。④这就是说，古、籀对于汉代学术文化、识字教育的作用、影响范围，以及它们被收录在《说文》中的目的，都不尽相同。

李洪财曾考察五一广场简文字，指出其中大量存在不合书写规范的俗讹异形，而且这种公文书书写"不正"的情况在西北汉简中也大量存在，因此他推测"'尉律不课，小学不修'……可能包含文字俗化严重

---

① 王国维《史籀篇疏证序》《战国时秦用籀文六国用古文说》，黄爱梅点校《王国维手定观堂集林》，浙江教育出版社，2014年，第131～134、162～163页。
② 关于这一点，参看郭永秉《由某些讹字的来源窥测秦汉〈尚书〉授受源流》，《讹字研究论集》，中西书局，2019年，第296～298页。
③ 谭正璧编《中国文字学新编》，北新书局，1936年，第126页。谭正璧并不同意此说。
④ 甚至为了归部说解的需要，许慎也有用古文出字头的情况，学者论之已详，此不赘。

的问题"。[1] 这应该是正确的。[2] 李洪财又举出《史记·万石君列传》所记万石君长子石建为郎中令时的一件事：

> 书奏事，事下，建读之，曰："误书！'马'者与尾当五，今乃四，不足一。上谴死矣！"甚惶恐。其为谨慎，虽他皆如是。

他认为："从今天所见的汉简来看，无论公文还是私人文书，这种一笔之差的情况都十分常见……这段描述是为了突出人物的谨慎，石建表示出的'惶恐'，可能是怕被'举劾'，但这里面也或多或少地说明了当时公文中这种多一笔少一笔的情况应该不是什么罕见之事，否则这段为突出石建谨慎的描述就显得无太大意义了。"[3] 这一例子很重要，也许还有可以深细讨论的余地，下面试略作分析。

所谓"'马'者与尾当五"，裴骃集解引服虔曰："作'马'字下曲而五，建时上事书误作四"，这一理解与张守节《正义》所引颜师古云："'马'字下曲者尾，并四点为四足，凡五"不同。裴骃所说"下曲而五"的意思应该是马身曲笔之下还有五点，颜师古理解的下曲者为尾，加四足而五并不正确，否则石建读到自己的上奏文书，为什么不径称"马足四，今乃三，不足一"呢？况且秦汉篆隶中的"马"字，写四点的占绝大部分，[4] 仅从这一点看，官方也没有必要给本来就是压倒性优势的"马"字字形作出一项特殊规定。故颇疑石建此处所暗引的是汉武帝时颁布的一种文字规范（也许主要针对官文书），这种规范将"马"字下面的点数规定为五：其中四点为足，一点为尾。这无疑是汉代今文学

---

① 李洪财《五一广场东汉简的文字问题》，第 177 页。

② 类似情况，还有《后汉书·马援传》注引《东观汉记》所记马援上书提到"伏波将军印"的"伏"字"犬"旁外向及成皋令、丞、尉印的"皋"字有三种不同写法，因此提出"下大司空正郡国印章"之议，参看张颔《"成皋丞印"跋》（《张颔学术文集》，中华书局，1995 年，第 145～148 页）。

③ 李洪财《五一广场东汉简的文字问题》，第 177 页。

④ 单晓伟《秦文字字形表》，第 433～440 页。于森《汉代隶书异体字表与相关问题研究》，吉林大学博士学位论文，2015 年，第 429～434 页。

家不明造字理据和文字演变实际情况的"流俗"分析和规定，[①]与许慎在《说文叙》中批驳的"马头人为长""人持十为斗""虫者屈中""苟之字止句"只是五十步与一百步的差距了。因为是官方对官文书书写悖离常规的规定，所以石建才会因为下意识地遵从了普遍且符合文字演变规律的四点写法而感到惶恐不安，担心遭到上谴。根据今天掌握的资料，汉代隶书确实存在写作五点的"马"，而且恰巧都出现在时代推断为汉武帝朝抄写的北大简中：

马：（《老子》）（《赵正书》）

笃：（《赵正书》）

驾：（《周驯》）[②]

这种写法在此前此后的汉简、金石文字中都极罕见。因为是抄书，并不严格遵守官文书文字的规矩，所以北大简仍常见普通写法的"马"（尤其是作偏旁用的"马"），但五点的写法毕竟显示出官方规定对日常书写的波及。我们有理由相信武帝时石建所说的"'马'者与尾当五"就是指此类特殊写法。这种写法不但在深明文字源流和六书的古文经学家那里是不入法眼的，而且也不合常理，根本不便于普通书写，它在武帝朝以后就没有留下踪迹，大概迅速遭到自然淘汰了。总之，结合此例与前

---

① 用惯隶书的汉人一般已经不知道"马"字根本不画出四足，"马"下的四点其实是马侧视的二足与马尾的左侧二笔变来的，身体下曲的那一笔是马尾的右侧一笔。但因为马有尾巴，所以附会出下面四点还要再加一点的五点写法规范。

② 李红薇《北京大学藏西汉竹书集释及字表》下编，第 179 页。赵洋洋《北京大学藏西汉竹书（叁）文字编》，吉林大学硕士学位论文，2017 年，第 170 页。其中《赵正书》的写法类似六点（承蒙陈侃理赐告，此字红外线照片作，下作七点。不过，从简面墨痕看不出最右侧一点，最右一点与折笔合并呈现为一较粗的墨团，不知是否经过涂改的结果，对这类字恐怕不能完全依据红外线照片判断文字结构，因为红外线照片所呈现的可能不是竹简表面的情况而是墨迹渗入简内较深处的痕迹），最左侧是"马"头左侧一竖笔冲出的讹写，《居延新简》EPT52：487 的"驚（惊）"字写作（于淼《汉代隶书异体字表与相关问题研究》，第 433 页），其"马"旁要写的是四点而非五点，可以类比。

面曾提及的"之"字之例可知，虽然汉代文献中没有留下官方的文字规范的材料，但相关正字工作必定存在，而且规范文字的水平也参差有别，有些其实是"添乱"罢了。东汉时许慎为何对文书官吏文字使用的"小学不修"有如此强烈的感受，于此亦可知其一端。

不过，即使是古文经学家，即便是许慎这样水平极高的又严谨实事求是的学者，在《说文》当中也不免受到隶书的影响而虚造篆文，或者是篡改字形，[①] 仍有其历史的、学术的局限性，再加上《说文》篆形还包含了历代传抄刊刻中的错误，[②] 这些都是使用《说文》时需要特别注意的。

（二）《说文解字》与秦汉出土文字资料的释读使用

在秦汉文字资料大量出土的今天，《说文》的独特重要性可谓不言而喻。在研究秦汉出土文字资料的时候，应常把《说文》的各种重要版本及注释著作置于案头，随时翻查相关形义说解，会对研究工作产生非常积极甚至是意想不到的作用。

从字形方面举例，裘锡圭曾考释汉简中当"小棺"讲的"槽"字，此字在传世古书中多作左右形声结构，裘锡圭举出《急就篇》皇象章草本、马王堆帛书《五十二病方》《战国纵横家书》、《流沙坠简》和银雀山简《孙膑兵法》中"槽"字写法证明西汉时代上"曹"下"木"的写法占据统治地位，后来他又注意到唐写本《说文》木部残卷的"槽"字也写成 𣞣，[③] 这就为这个字的考释找到了汉代字书的权威根据，也证明今本《说文》作"槽"形是后来传抄刊刻发生的讹误。汉简草书字形往往源出与篆文有密切关联的古隶（即一般所谓"草从篆出"），

---

① 李家浩《〈说文〉篆文有汉代小学家篡改和虚造的字形》，《安徽大学汉语言文字研究丛书·李家浩卷》，安徽大学出版社，2013 年，第 364～376 页。
② 裘锡圭《文字学概要（修订本）》，第 68～69 页。
③ 裘锡圭《汉简零拾》，《裘锡圭学术文集》第二卷《简牍帛书卷》，复旦大学出版社，2012年，第 53 页。

释读汉简草书时，熟悉《说文》篆文和秦简文字写法对草书字形的正确理解有重要作用。^①此外，在汉简释读的工作中，常常存在一种不够精确的做法，即把汉简里的通用字直接释为本字或者一般人所熟悉（文献中常用）的那个字，^②这对历史研究表面看似无多妨碍，但实际上有时候用字习惯也有一定的地域和时代特征，对出土资料研究而言，这些都是可备提取的有用信息，所以在释字中准确分析形声结构、释出与简文精确符合的那个字，当然也需要常常翻查《说文》以确定应释定的本字及字际关系。

从字义方面举例，《说文·马部》"笃，马行顿迟"的本义，只在《睡虎地秦墓竹简·秦律杂抄》中见过。^③我曾考证张家山汉简《奏谳书》中《南郡卒史盖庐、挚、朔、假卒史鸥復攸庳等狱簿》所涉及的"僧乏不鬭律"，认为是秦朝针对击反盗过程中乏军兴行为制定的一条律文，"僧乏"的"僧"应从《说文》本义理解为"待"，与汉代"逗桡律"表示住止观望义的"逗"是一个意思，^④这也是利用了《说文》所保留的本义。因此，理解秦汉简牍（尤其是律令、文书）的文义须随时查检《说文》。《说文》记录的这些奇僻的本义，很有可能跟秦汉时代流传的杂字书、史书类文献（如《三苍》《史籀篇》）及其训诂有密切关联，至可珍异。

有时《说文》的文字未必直接与出土文字资料相关，但《说文》说解的内容也足为理解出土材料的背景知识、语料证据，也值得重视。例如裘锡圭解释《睡虎地秦墓竹简·法律答问》的"骚马"，就举出《说文·竹部》有训"搔马"的"箹"字，"箹"是"竹有齿，以搔马垢污"（徐锴《说文解字系传》）的东西，所以"骚马"并非如整理者理解的是

---

① 李洪财《谈谈汉简草书字的考释方法》，《文献》2021 年第 1 期，第 63～64 页。
② 裘锡圭《谈谈辨释汉简文字应该注意的一些问题》，《裘锡圭学术文集》第二卷《简牍帛书卷》，第 215～216 页。
③ 裘锡圭《〈说文〉与出土古文字》，《裘锡圭学术文集》第三卷《金文及其他古文字卷》，复旦大学出版社，2012 年，第 437 页。
④ 郭永秉《秦"僧乏不鬭律"与汉代的两种军法——附谈"僣"字的理解》，《中国古代法律文献研究》第十三辑，社会科学文献出版社，2019 年，第 119～137 页。

寄生马体的意思，而就是骚除马垢之义。[①] 又如陈剑指出《岳麓书院藏秦简（五）》“卒令丙四”中“辞所当止，皆腏之”的“腏”就应读为《说文·亅部》“钩识也。从反亅。读若捕鸟罬”的“乚”（“罬”“腏”同声旁可通），简文意思与《史记·滑稽列传》“止，辄乙（乚）其处”极近，就是在停顿的地方用“乚”类符号作钩识。[②]由此可见，因为《说文》撰写的时代距离秦、西汉不远，其中的说解文字也有大量有价值的信息值得深入挖掘；针对东汉简牍的释读而言，《说文》更是共时性的文献，这一点就更无需赘言了。

裘锡圭曾经讲过，“《说文》和出土古文字合则两美，离则两伤”，[③] 把这句话的“古文字”换成“秦汉文字”，也是完全成立的。

四、结　　语

最后聊赘数言，展望秦汉文字研究。

秦汉文字资料毫无疑问是目前汉以前出土文字资料的最大一块，无论其数量还是丰富性，皆远非其他时段文字资料可比，更无论秦汉墓葬遗址的考古发掘将不断取得进展，文字资料还会源源不绝地整理发表。因此，对秦汉文字发展演变的总体理解，将来一定会更加完整全面，对草书、八分、行楷书的形成与发展的认识，将更为准确细化，对文字地域发展进化速度的差异，也会随着材料的丰富而了解得更加充分。近年发表的与秦汉基层吏员相关的文书、识字材料、杂字书、习字简等材料逐步丰富，对基层文字普及与文化教育的研究也一定有

① 裘锡圭《读简帛文字资料札记·一、睡虎地秦简四则》，《裘锡圭学术文集》第二卷《简牍帛书卷》，第 219 页。

② 陈剑《〈岳麓（伍）〉“腏”字的读法与相关问题》，四川大学“纪念徐中舒先生诞辰 120 周年学术研讨会”论文，2018 年。

③ 裘锡圭《〈说文〉与出土古文字》，《裘锡圭学术文集》第三卷《金文及其他古文字卷》，第 439 页。

很大推进作用。这方面的材料在先秦古文字阶段发现相当之少，汉代去古未远，早期的相关情况值得结合《史籀篇》等文献性质的讨论，认真加以检讨和推想。汉字在社会基层的识读、书写能力，在历史上是一个非常复杂难以确切讲清的东西。我之所以主张汉代基层官吏书写使用文字的能力不能过低估计，大体上还是因为相信传统文献记录的基层文书吏选拔中强大的《史籀篇》教育传统（包括秦汉以后《苍颉篇》《急就篇》等大批使用较新字体创作的通俗字书的现象），这些字书本身不但有文字教学功能，还有普及名物职官等方面知识的重要意义，我们当然不能肯定所有基层官吏都系统接受过相关教育，但从西北汉简里的大量杂字书、习字简看，这些东西是构成基层吏员知识基础的关键文本。我曾借《柏梁台诗》《风雨诗》等作品创作背景，谈过民间俗文学对闾里学童、文书吏教化的意义，[①]这类文字传统在古代相当强大，源远流长。虽然也有学者强调，汉代行政的信息不能忽视通过口头传递的传统，[②]我同意这种看法，但自古及今，文书行政的传统恐怕还是主流，对各级官吏文字能力要求是与生俱来的。不过，从汉字角度观察，文字能力的内涵异常复杂，不能把问题想得过于简单，比如什么叫能识字？能看懂有格套的内容本身不复杂的文书，和能看懂古书就不是一回事；能看懂日常书信，也不意味着能看懂皇帝的诏书。这背后不单是文字辨识的能力，还有语言背景、文言基础的问题。书写文字也是一样，书写日常通问的简单信息和书写契约、起草上下行文书，对文字能力的要求都是不同的。汉字本身易于辨识记忆，而难于书写使用，能看懂未必意味着能写出；即便能说出一套文绉绉的话也不意味着能准确书写下来，情况是异常复杂的。这些问题，都是今后亟待深入研究的。

随着秦汉文字研究进入精密化阶段，过去粗线条的描述、资料粗放

---

① 参看郭永秉《〈柏梁台诗〉的文本性质、撰作时代及其文学史意义再探》，《文史》
2020 年第 4 辑。

② 刘欣宁《汉代政务沟通中的文书与口头传达——以居延甲渠候官为例》，《中研院历史
语言研究所集刊》第 89 本第 3 分，2018 年。

式的整理，已经完全不敷学术进展之需。汉代青铜器铭文散见各处，新出资料亦不少，过去释文理解误处尚多，汉代铜器图像及铭文的集成性著录应该早日着手编纂；汉代石刻文字资料的全面重新整理，也亟待完成。秦汉文字下启中古文字，如何上下勾连，把中古石刻、写本文献中俗字的相关特点及源流描写清楚，分析准确，这对秦汉文字研究者来说恐怕并非分外之事，其意义对中古时段的文字、文献研究者乃至历史学者也许更为重要。在汉晋简牍文字字形基本全面梳理完成的基础上，整合各类资料，编纂出符合当代前沿学术水准的《秦汉魏晋篆隶字形表》一类工具书，是非常值得期待的工作。

第二章　文书行政

刘欣宁（中研院历史语言研究所）

秦汉"文书行政"形成一个受到瞩目的研究领域，与简牍的发现密切攸关。介绍简牍的通论性著作一般将出土简牍分为"典籍"与"文书"两大类。典籍与传世文献性质较接近，文书则为未经编纂的原始文件，史料价值虽高，研究传统相对阙如。自文书简牍面世以来，学者不断进行从中挖掘更多历史信息的尝试，如日本学者借重"古文书学"方法进行研究，终于渐从佐证传世文献，发展出独立的学术生命力。由于文书简牍大部分出自官署遗址，为行政运作之遗存，"文书行政"是理解这些简牍的出发点，也经常是利用这些简牍进行研究的归着点。

然而"文书行政"研究并不仅是"行政文书"研究。"文书"有广狭两义，广义文书与"典籍"相对，狭义文书则与静态的"记录"相对，具有向特定对象传达特定意思的动态特质。"文书行政"研究更重视其狭义意涵，关心行政运作中文书所发挥的信息沟通机能。上级命令确实传布至基层，与基层情报完整报告至上级，对于统治广土众民的大帝国而言至为紧要。论者好以血液加以比喻：帝国中文书之流动，如同人体中血液之流动，乃是连接中枢与末梢，维系生存机能之关键。秦汉传世文献中的文书材料往往经过高度简化，且过分集中于中央行政。现今文书简牍不仅数量颇丰，更是出自地方官署原址的一手无意史料，得以再现文书的使用脉络与人物的活动痕迹，具体而微地演示帝国基层之日常行政。秦汉是中华帝国行政体制的奠基期，研究秦汉文书行政，对于掌握中华帝国行政特质必有一定的启示作用。

限于篇幅与学养，本章无力对"文书行政"作全面性探讨，仅聚焦于政务沟通问题，拣选三个重要面向，在前人研究基础上进行梳理，以提供入门或深入"文书行政"研究的凭借。首先探讨文书格式，建立对文书的基础认识；其次论说文书的传递手段，理解支持文书行政的物质基础；而后关注文书在机构内部的处理流程，厘清文书实际上如何书写与阅读，及其中反映的行政意涵。

本章主要材料是遗址出土的文书简牍，墓葬出土的簿籍或法律文书亦作为参照。目前所见遗址文书简牍粗分为两类：一类出自西北边塞，一类出自湖南。西北边塞之敦煌、居延汉简年代介于西汉中期至东汉初期之间，因出土最早研究成果最丰。然而，敦煌、居延汉简乃边境军事机构之遗物，是否能代表帝国的普遍情形，与内地、民政机构之文书行政是否有所落差？皆引发学者好奇。是以湖南简牍之发现获得极高关注与期待。湖南出土遗址简牍包括兔子山战国至吴简、里耶秦简、走马楼西汉简、张家界古人堤东汉简、五一广场东汉简、尚德街东汉简、东牌楼东汉简，此外还有时代较晚的走马楼吴简、郴州晋简等。这些简牍出自古代井窖遗址，原应附属或毗邻于官署，故以行政文书为大宗；因时代跨度大、地域集中，具备长时期观察比较的绝佳条件。唯现今仅部分公布，研究尚在发展之中。今后材料与相关研究必将不断推进，本章只能作为阶段性成果，特先声明，望读者谅察。

一、文 书 格 式

文书，尤其公文书往往有规范化的格式，依据格式写作是官吏基本的职业素养。[①] 而不论对于当时文书的收信方，或两千年后的我们来说，文书格式都有助于立即判断文书的属性与意义，可说是理解文书的第一把钥匙。[②] 因而本章首先探究文书格式。文书指有特定传达对象的狭义文书，格式则指其结构及用语。[③]

论及文书格式，李均明与刘军《简牍文书学》、汪桂海《汉代官文书制度》都是至今必读的实用经典。[④] 李均明与刘军对简牍中"通行文种"的各种"体式要素"做了详尽梳理，汪桂海则综合文献与简牍材

---

① 邢义田指出行政文书应有模板，称为"式"，见邢义田《从简牍看汉代的行政文书范本——式》，《治国安邦：法制、行政与军事》，中华书局，2011年。
② 富谷至认为文书出现固定的格式是文书行政成熟的反映，格式是一种象征符号，具有赋予文书有效性、权威性的作用。富谷至《文書行政における常套句》，角谷常子编《東アジア木簡学のために》，汲古書院，2014年。
③ "格式"在不同学者研究中，又称体式、程序、书式（日文）等。
④ 李均明、刘军《简牍文书学》，广西教育出版社，1999年。李均明后又出版《秦汉简牍文书分类辑解》（文物出版社，2009年）对简牍文书更细致地进行分类。

料，对诏令、章奏、官府往来文书加以分类并归纳其"程序"。本节利用二十年来的新材料与新研究，对其工作成果予以补充。唯为聚焦本章关怀，仅着重于出土文献中大量存在的各级地方官府往来文书，而不涵盖直接涉及皇权的诏书与上书等；又由于近年学者注意到书信与文书行政关系密切，也将属于私文书的书信纳入讨论范围。

在地方行政中扮演沟通机能的狭义文书可依格式分类如下：

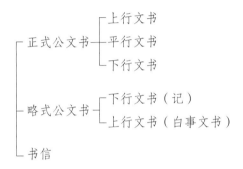

属下行文书的"记"，与具"白"字的上行文书，性质虽属公文书，格式与正式、标准的公文书不同，故归为一类，假称为"略式公文书"。各类文书在结构上大体包含"日期""发文者""行文关系语""收文者""正文""结束语"等几个要件。[①] 以下将逐一分析各个结构要件，以掌握各类文书的格式规范。而为反映相关研究之进展次序，论述或有先汉代后秦代的情况。最后则试图就正式公文书、略式公文书与书信的关系进行检讨。

（一）正式公文书

正式公文书结构较为固定，遵循"日期＋发文者＋行文关系语＋收文者＋正文＋结束语"次序。日期格式为"年＋月＋该月朔日干支＋该日干

---

① 此一结构划分及定名参照汪桂海《汉代官文书制度》，广西教育出版社，1999年，第6773页。

支"，东汉加上数字记日，作"年＋月＋该月朔日干支＋该日数字及干支"，如"永平七年正月甲申朔十八日辛亥"，并有逐渐省略干支记日的趋势。

发文者格式为任职机构、官衔加上名，原则上不署姓。发文者常为一机构之长官，主官与副官皆具备代表机构发文的资格，唯汉代常见主官与副官并列，如"五凤三年十月甲辰朔甲辰，居延都尉德、丞延寿敢言之……"（居延159.14），秦代则几为主官或副官中一人独发。① 秦代发文者为一机构之主官时，格式作机构名加人名，而略去官衔，如"阳陵遨"（里耶9-7背）即阳陵县主官，名为遨；又官衔常见加上"守"字，如"洞庭守""迁陵守丞""都乡守"等。郡名后之"守"应指太守，而对于其他官衔所见之"守"字，学界提出三种解释：一、负责人、长官之意；② 二、代理、试守之意；③ 三、发文者谦称。④ 目前，"代理"之说已取得较多支持。⑤

行文关系语、结束语及收文者则体现了上行、下行、平行之别。

---

① 目前公布之里耶秦简未见二人以上共同发文之例，岳麓秦简奏谳文书则可见令、丞共同发文，如案例一"廿五年六月丙辰朔癸未，州陵守绾、丞越敢谳之"。

② 杨宗兵《里耶秦简县"守"、"丞"、"守丞"同义说》，《北方论丛》2004年第6期；杨宗兵《里耶秦简释义商榷》，《中国历史文物》2005年第2期。陈松长《〈湘西里耶秦代简牍选释〉校读（八则）》，《简牍学研究》第四辑，甘肃人民出版社，2004年。邹水杰《秦代县行政主官称谓考》，《湖南师范大学学报》2006年第2期；邹水杰《里耶简牍所见秦代县廷官吏设置》，《咸阳师范学院学报》2007年第3期。

③ 陈治国《里耶秦简之"守"和"守丞"释义及其他》，《中国历史文物》2006年第3期；陈治国、农茜《从出土文献再释秦汉守官》，《陕西师范大学学报》2007年第9期。孙闻博《里耶秦简"守"、"守丞"新考——兼谈秦汉的守官制度》，《简帛研究二〇一〇》，广西师范大学出版社，2012年。沈刚《也谈秦简所见之守官》，《中古中国的政治与制度学术研讨会论文集》，2014年5月。

④ 邬文玲《"守"、"主"称谓与秦代官文书用语》，《出土文献研究》第十二辑，中西书局，2013年。

⑤ 较新研究成果如高震寰、杨智宇、刘乐贤、琴载元、袁延胜与时军军皆支持代理之说。高震寰《试论秦汉简牍中"守"、"假"、"行"》，《出土文献与法律史研究》第四辑，人民出版社，2015年。杨智宇《里耶秦简牍所见"迁陵守丞"补正》，《简帛》第十三辑，上海古籍出版社，2016年。刘乐贤《也说"县令"确为秦制——兼论里耶秦简官称中的"守"字》、琴载元《里耶秦简所见秦代县吏的调动——兼谈"守"称谓的解释》，皆发表于"中国简帛学国际论坛2017"，2017年10月。袁延胜、时军军《再论里耶秦简中的"守"和守官》，《古代文明》2019年第2期。

1. 上行文书

上行文书的行文关系语和结束语皆为"敢言之"，以此标示言事之始终。有时亦作"叩头死罪敢言之"，东汉以后尤为常见，结束语更有复杂化倾向，如：

> 六月十七日辛亥，临湘令守丞宫<u>叩头死罪敢言之</u>中部督邮掾费掾治所：谨写言，<u>宫惶恐叩头叩头死罪死罪敢言之</u>。兼掾陈晖、兼令史陈昭、王贤【五一 CWJ1 ③：263−32，选释 153】

即为典型之一例，结束语前发文者再次自称己名，并以语词的堆砌重复强调不胜惶恐之意。

此外，亦见以"上"为行文关系语之例。《论衡·谢短》："郡言事二府曰'敢言之'，司空曰'上'，何状？"据之则郡移送太尉、司徒之上行文书用"敢言之"，移送司空之上行文书用"上"。汪桂海指出乙瑛碑的文书结束语作"上司空府"，证实王充所言。[①]乙瑛碑释文如下：

> 永兴元年六月甲辰朔十八日辛酉，鲁相平、行长史事卞守长 $\boxed{擅}$，叩 $\boxed{头}$ 死罪 $\boxed{敢}$ 言之司徒司空府：[②]壬寅诏书……平 $\boxed{惶恐叩头死}$ 罪死罪上司空府。

行文关系语为"叩头死罪敢言之（司徒司空府）"，结束语则为"惶恐叩头死罪死罪上（司空府）"。《隶释》所录"樊毅复华下民租田口算碑"则可见行文关系语、结束语皆作"上（尚书）"。[③]秦简中已可见称上呈文书为"上"：

---

① 汪桂海《汉代官文书制度》，第 98 页。
② 一般将"司徒司空府"视为正文，以"司徒司空府壬寅诏书"为一词。如此断读固然亦有相当可能，考虑文书末尾为"上司空府"，暂理解为"敢言之司徒司空府"。
③ 引自黎明钊、马增荣《试论里耶秦牍与秦代文书学的几个问题》，《简帛》第五辑，上海古籍出版社，2010 年。

> 七月戊子朔己酉，都乡守沈敢言之：上。敢言之。╱□手【里耶 8-1554 背】

但若依格式分析，此处"上"应属正文，"敢言之"才是结束语。

至于收文者，上行文书一般不署，因其行文对象多为直属上级，不言自明。但有少数例外，行文关系语"敢言之"后接收文机构，作"敢言之都尉府""敢言之候官"等。

2. 下行文书

（1）行文关系语

下行文书的行文关系语主要有"下""告""谓"等，远较上行文书复杂。

a. 下

"下"多用于诏书之传达，如：

> 元康五年二月癸丑朔癸亥，御史大夫吉下丞相：承书从事，下当用者，如诏书。【居延 10.33】

此类文书因结束语为"如诏书"，可知与诏书之下达有关。角谷常子认为非诏书文书亦使用"下"字，[①] 鹰取祐司却不同意。以下简为例：

> 建平四年五月壬子，御史中丞臣宪承制诏侍御史曰：敦煌玉门都尉忠之官，为驾一乘传，载从者。御史大夫延下长安：承书以次为驾，当舍传舍，如律令。六月丙戌，西。【悬泉 I0112（2）：18，释 33】

鹰取认为御史中丞乃承皇帝之制而下诏侍御史，亦属广义之诏书，故以

---

① 角谷常子《中国古代下达文书的书式》，《简帛研究二○○七》，广西师范大学出版社，2010 年。

"下"字下达。[1]汉代"下"字可能如其说，限定于诏书下达，但秦代尚无此限制，一般文书亦以"下"为行文关系语，如：

> 卅一年后九月庚辰朔乙巳，启陵乡守冣敢言之：佐冣为叚（假）令史，以乙巳视事，谒令官假 养 、 走 。敢言之。【里耶 9-48 正】卅一年十月己酉朔壬子，迁陵丞昌下仓：以律令从事。【里耶 9-48 背】

日常琐事之下达亦称"下"。

b. 告、谓

"告""谓"既见单独使用，亦可见同时使用：

> 九月戊寅，甲渠候以私印行事告塞尉：写移书，书吏功，毋失期，它如府书律令。♪令史胜之、尉史充国【居延新 E.P.T57：48】
> □月戊申，甲渠候显谓鉼庭候长仁：写移，书到，以河平四年永始元年久次见茭如调付居延，付受同月出入，毋令缪，已付言，如律令。♪掾襃、史谭、尉史宗【居延 160.6】
> 十月壬寅，甲渠鄣候喜告尉、谓不侵候长赦等：写移，书到，趣作治，已成言，会月十五日诣言府，如律令。♪士吏宣、令史起【居延 139.36+142.33】

文书中同时使用"告""谓"有何意义？学者提出"并行下达说"与"再下达说"两种诠释。后者乃竺沙雅章根据后世文书惯例而提出，认为"A 告 B 谓 C"指 A 通过 B 而传达给 C，经过两次下达。[2]籾山明因里耶秦简"尉别都乡、司空，司空传仓，都乡别启陵、贰春"所见传达

---

① 鹰取祐司《秦汉官文书の基礎的研究》，汲古書院，2015 年，第 105～107 页。
② 竺沙雅章《居延漢簡中の社文書》，冨谷至編《邊境出土木简の研究》，朋友書店，2003 年。

途径，赞成"再下达说"。^①然而鹰取祐司、角谷常子已彻底论证"再下达说"不可从之处。鹰取祐司主张回归大庭脩"并行下达说"，亦即"告 B""谓 C"乃由 A 同时下达，"告""谓"之使用区别源自收文对象的身份差异，发文者与收文者身份差异大时使用"谓"，差异小时则使用"告"。仲山茂、角谷常子则指出通常"告"的对象是同一官署内官吏、"谓"的对象则是其他官署之官吏，但存在例外。此外，苏卫国认为"谓"用于行政建制的上下级之间。^②

"告""谓"使用虽有基本原则，仍可见对于同一对象既用"告"又用"谓"的现象，如：

> 效谷长禹、丞寿告遮要、县（悬）泉置：破羌将军将骑万人从东方来，会正月七日，今调米、肉、厨、乘假自致受作，毋令客到不办与，毋忽，如律令。【悬泉 II0114（4）：340A，释 238】

> 九月甲戌，效谷守长光、丞立谓遮要、县（悬）泉置：写移，书到，趣移车师戊己校尉以下乘传，传到，会月三日，如丞相史府书律令。丿掾昌、啬夫辅。【悬泉 V1812（2）：120，释 168】

二例皆为效谷县行文遮要、悬泉置，却一采"告"一采"谓"。"告""谓"或无绝对规范，而由发文者衡量彼此关系来决定。大庭脩以为"谓"较"告"有更高的强制力，^③但这种强制力恐怕并非来自法律规范，而是来自文书用字的暗示意涵——发文者透过"告""谓"之选择，

---

① 籾山明《湖南龙山里耶秦简概述》，《中国古代诉讼制度研究》，上海古籍出版社，2009 年，第 247～254 页。传达途径可见第二节之讨论。

② 鹰取祐司《秦漢官文書の基礎的研究》，第 85～98 页。角谷常子《中国古代下达文书的书式》。仲山茂《秦漢時代の「官」と「曹」：県の部局組織》，《東洋学報》第 82 卷第 4 号，2001 年。苏卫国《小议简牍文书中的"告""谓"句式——秦汉官文书用语研究之一》，《简帛研究二〇〇五》，广西师范大学出版社，2008 年。另高村武幸认为"告"用于身旁的、相识的、个别的对象，因此"再下达说"仍值得考虑。见高村武幸《書評 鷹取祐司著「秦漢官文書の基礎的研究」》，《日本秦漢史研究》第 17 号，2016 年。

③ 大庭脩《木簡》，学生社，1979 年，第 155～157 页。

传达对彼此尊卑统属关系的界定。

c. 其他

里耶秦简另可见"却之""追"等，即驳回、追踪之意，[①] 以其在文书中的位置而言亦可视为下行文书的行文关系语：[②]

> 正月戊寅朔丁酉，迁陵丞昌<u>却之</u>启陵：廿七户已有一典，今有（又）除成为典，何律令癃（应）？尉已除成、匀为启陵邮人，其以律令。𠃌气手。𠃌【8-157 背】
>
> 七月甲子朔癸酉，洞庭叚（假）守绎<u>追</u>迁陵。𠃌歇手【8-759】

但不见于汉代以后。汉代文书格式变异较小，可谓更形制式化。

（2）收文者

下行文书的收文者有机构名、职官名、职官加人名等多种形式。收文者可为一人或多人，如上引居延 139.36+142.33 之"谓不侵候长敇等"，应是以"等"字涵盖其他候长等收文者，特别举出的"不侵候长敇"或具有某种领袖地位。

此外值得注意的是，秦代对下行文书收文者有附加"主"字的做法：

> 五月丙子朔甲午，迁陵守丞色告仓、司空主：以律令从事，传书。𠃌圂手【里耶 8-904+8-1343】

学者对此处之"主"有两种不同意见：一种认为"主"指主管、负责

---

① 刘自稳指出"追"指"重新发送文书追索回复"，见刘自稳《里耶秦简中的追书现象——从睡虎地秦简一则行书律说起》，《出土文献研究》第十六辑，中西书局，2017 年。

② 角谷常子认为这是下行文书省略"告"等行文关系语而产生的格式。角谷常子《秦汉行政文书における"移"》，http://www.aa.tufs.ac.jp/users/Ejina/note/note35(Sumiya).html。

人，有所实指；[①]一种则认为"主"为敬称、虚称，属文书格套用语。案"主"字或原指主管、负责人，但在秦代文书中已趋于抽象化，故除接续于机构名之后，亦可接续于职官名之后，如"丞主""郡守主""尉史主"等。鹰取祐司、陈松长、邹文玲主张附加"主"字的作用是对收信人表示敬意，此一习惯持续到西汉中期。而邹水杰虽同意"主"为虚称，却强调"主"用于下行文书，并非示敬之词。[②]

"主"确实仅见于平行或下行文书，但可能由于上行文书一般不署收文者。而下行文书是否即无示敬之必要，亦值得思索。"主"字之运用如同"告""谓"之选择，展现发文者对彼此关系的认定。平行文书使用"主"，而下行文书中只有"告"与"主"配合使用，"谓""下"不与"主"配合使用，显然"告""主"的意涵相对平等，"谓""下"的上下支配关系更形绝对。

（3）结束语

汉代下行文书最常见的结束语是"如律令"，又可见"如诏书""如府书""如治所书""如诏书律令""如大守府檄书律令""如治所书律令"等。学界认识主要有以下争议：

一、"如律令""如某书"指"依据律令（某书）执行"，还是"与律令（某书）有同等效力"？

二、"如律令""如某书"是否指涉具体的律令条文或文书？

---

① 早期译注多理解为主管、负责人，近年则有吴方基、刘晓满重新主张此说。吴方基《里耶秦简"主"称谓再考察》，《档案学通讯》2016 年第 6 期。刘晓满《秦汉官吏称"主"与行政责任》，《史学月刊》2015 年第 12 期。另青木俊介认为"主"指主管业务之属吏，称"某主"是以避免直称长官来表示敬意。青木俊介《里耶秦简の公文书における「某主」について：岳麓秦简・興律の规定を手がかりに》，《周緣領域からみた秦漢帝国 2》，六一書房，2019 年。

② 鹰取祐司《秦漢官文書の基礎的研究》，第 107～113 页。陈松长《〈湘西里耶秦代简牍选释〉校读（八则）》，《简牍学研究》第四辑，甘肃人民出版社，2004 年。邹文玲《"守"、"主"称谓与秦代官文书用语》，《出土文献研究》第十二辑，上海古籍出版社，2014 年。邹水杰《秦代简牍文书"敢告某某主"格式考》，《简帛研究二〇〇九》，广西师范大学出版社，2011 年；邹水杰《里耶秦简"敢告某主"文书格式再考》，《鲁东大学学报（哲学社会科学版）》2014 年第 5 期。

王国维提出如其事律令已定，则曰"如律令"，律令未定而以诏书定之，则曰"如诏书"，^①显示他认为"如律令"指依据具体律令条文执行。后辈学者却怀疑律令中是否确能找到对应规范，如：

> 十月壬寅，甲渠鄣候喜告尉、谓不侵候长赦等：写移，书到，趣作治，已成言，会月十五日诣言府，如律令。丿士吏宣、令史起
> 【居延 139.36+142.33】

此例之"趣作治，已成言"不可能见载于律令，因而产生"如律令"指此命令与律令具有同等效力的主张。富谷至进一步指出，尽管原意确为"本文书与律令、诏书、府书等具有同等效力，须严正处理"，简牍文书所见已抽离原有意涵而升华为惯用语，仅止于意味"以上须适切执行"，是以才会出现"如诏书律令""如大守府檄书律令"等各种多样变体。鹰取祐司则以为富谷所论过于极端，"如律令"指以上命令视同律令执行，确实只是一种惯用表现，但"如某书"则指依据某文书指示执行，具有实质指涉对象。^②

依鹰取之说，则"如律令"与"如某书"之"如"字字义不同——前者为"等同"，后者为"依据"。因简文中常见"如某书律令"连言，似难将两处"如"理解为不同意义。

本章以为，"如律令"乃要求依据律令执行，但并非指涉某条具体律令，而是涵盖律令整体。"如律令"即依法行事、勿违法令之意，如富谷所言属惯用表现。里耶秦简中写作"它如律令"：

> 卅一年后九月庚辰朔辛巳，迁陵丞昌谓仓啬夫：令史言以辛巳视事，以律令假养，袭令史朝走启。定其符。它如律令。【8-1560】

---

① 王国维《流沙坠简》，中华书局，1993 年，第 106～107 页。
② 富谷至《行政文书的格式和惯用语》，《文书行政的汉帝国》，江苏人民出版社，2013 年，第 147～186 页。鹰取祐司《秦漢官文書の基礎の研究》，第 157～169 页。

应指其他未尽事宜参照律令，不赘述，又作"它有律令"：

> 卅五年五月己丑朔庚子，迁陵守丞律告启陵乡啬夫：乡守恬有论事，以旦食遣自致，它有律令。【8-770 背】

正因是惯用表现，尽管汉代中期以后简化作"如律令"，[①]并不产生实质差异，关乎此事的律令中究竟有哪些具体规范始终并非关心所在。至于"如某书"则应采纳鹰取观点，指涉所转传的具体文书，如文末出现"如诏书""如府书"，则必有收发信双方皆明确认知的诏书、府书存在。"如律令"及"如某书"一则指涉模糊原则，一则指涉具体命令。

附带说明，汪桂海指出"如律令"亦用于上行文书，[②]见于：

> 建平五年八月戊□□□□，广明乡啬夫宏、假佐玄敢言之：善居里男子丘张自言与家属客田居延都亭部，欲取检，谨案张等更赋皆给，当得取检，谒移居延，如律令，敢言之。【居延 505.37A】

然此时"如律令"须与"敢言之"配合使用，不属严格结束语。

3. 平行文书

平行文书乃发文者与收文者之间并无明确上下关系时使用的文书格式，包括同一机构内部人员之间与同级机构之间。

（1）行文关系语

a. 敢告

汉简"敢告"见于郡守行文都尉：

---

① 睡虎地 77 号西汉墓出土简牍中的文帝后元六年文书结束语亦作"它如律令"。居延汉简中"它如律令"仅见少数几例。熊北生、陈伟、蔡丹《湖北云梦睡虎地 77 号西汉墓出土简牍概述》，《文物》2018 年第 3 期。
② 汪桂海《汉代官文书制度》，第 104 页。

六月，张掖大守毋適、丞勋敢告部都尉卒人、谓县：写移，书到，趣报，如御史书律令，敢告卒人。丿掾佷、守卒史禹、置佐财【肩水金关 73EJT1：2】

以及乡长官行文县尉史之时：

地节二年八月辛卯朔壬辰，西乡有秩安敢告尉史：温夕阿里上造桃禹与葆同里龚县自言取传为家私市张掖郡中，案毋官狱征事，当为传，谒移过所县邑侯国，以律令从事，敢告尉史。【肩水金关 73EJT25：7A】

前者"敢告"与"谓"同时使用，与"告""谓"同时使用情形相仿，但"敢告"较"告"又更形客气。都尉虽承郡守指挥，地位实与郡守约略等夷，[①] 故郡守言"敢告"以示尊重。如仅见郡守行文都尉之例，"敢告"理解为下行文书用语亦无不可。但乡有秩与尉史同属县之属吏，秩级相当；乡长官行文尉史多数采"敢告"，少数甚采更形尊敬的"敢言之"，可知"敢告"应属平行文书用语。

里耶秦简中"敢告"的运用更为频繁，并可见针对同一对象或用"敢告"或用"告"的现象，如：

九月庚戌朔丁卯，迁陵丞昌告尉主：以律令从事。丿气手。丿九月戊辰旦，守府快行。【8-140】

二月丙辰，迁陵丞欧敢告尉、告乡、司空、仓主：前书已下，重听书从事。尉别都乡、司空，司空传仓，都乡别启陵、贰春，皆弗留脱，它如律令。丿釦手【16-5 背】

① 严耕望《中国地方行政制度史·甲部·秦汉地方行政制度》，"中研院"历史语言研究所，1990 年，第 148～149 页。

鹰取祐司指出县丞单独对尉、乡、司空、仓言事时皆采"告"，但同时对尉、乡、司空、仓言事时，为凸显尉与乡、司空、仓之间的身份差异，特对尉采"敢告"以提高其地位。[①] 总之，以尊敬程度而言"敢告"大于"告"大于"谓"，采用何者除衡量发文者与收文者的关系，亦须考虑收文者彼此间的关系。

此外，里耶秦简中又可见郡与郡、县与县等同级单位之间的文书亦以"敢告"为行文关系语，如：

> 三月辛亥，旬阳丞滂敢告迁陵丞主：写移，移券，可为报。敢告主。丿兼手【8-63】

旬阳县丞行文迁陵县丞言"敢告"，更可确证"敢告"用于平行横向联系。

b. 移

"移"用于转送文书于同级机构时。汉简中"敢告"的使用不多见，同级机构之间一般用"移"：

> 牒书：吏迁斥免给事补者四人，人一牒。
> 建武五年八月甲辰朔丙午，居延令 丞审告尉、谓乡、移甲渠候官：听书从事，如律令。【居延新 E.P.F22：56A】
> 长□□行大守事守丞宏移部都尉、谓官、县：大将军莫府移计簿钱如牒……莫府录律令。【居延新 E.P.F22：173A】

首例居延县同时行文尉、乡与甲渠候官，对居延县之尉、乡用"告""谓"，而甲渠候官为无统属关系之同级机构，故乃用"移"。次例郡守对官、县采"谓"，对都尉则用"移"；如上述郡守对都尉一般用"敢告"，显示"敢告""移"皆属平行文书用语，可相替换。

---

① 鹰取祐司《秦汉官文书の基础的研究》，第 98～107 页。

（2）收文者

平行文书收文者格式为机构名或职官名，当前未能检得加上人名之例。秦代平行文书收文者如同下行文书，常后加"主"字，作"敢告某主"，如上引里耶8-63。汉简中加"主"之例罕见，似西汉中期以后已渐消失。"敢告""移"之后只见机构名或职官名，唯都尉一般加上"卒人"，已见上引肩水金关73EJT1：2。"卒人"见于王充《论衡·谢短》："两郡移书，曰'敢告卒人'，两县不言，何解？"据此，"敢告卒人"用于两郡之间的文书往来。陈直认为，"卒人"指府门卒，公卿、太守、都尉皆有之，县令长则无；称"卒人"实指太守或都尉，如后人称"阁下"。汪桂海赞同卒人是为表示敬意而避免直称其名的文书用语，但以门卒各级官署皆有，不限于郡。[①]

案当前汉简中所见"卒人"仅限郡守行文都尉、校尉之时，汪桂海虽试图举出郡守行文县亦用"卒人"之例，并无确证，[②]王充、陈直之说仍无法轻易舍弃。须注意的是，秦简中已可见"卒人"，[③]唯并非接于收文者之后的虚称、敬称。[④]"卒人"一词之意义及其蜕变为文书用语的过程值得进一步注意。

（3）结束语

平行文书结束语常与行文关系语搭配为一组，上引例可见：

    敢告部都尉卒人……敢告卒人

    敢告尉史……敢告尉史

    敢告迁陵丞主……敢告主

---

① 陈直《居延汉简研究》，天津古籍出版社，1986年，第136页。汪桂海《汉代官文书制度》，第100～102页。

② 苏卫国已指出"敢告卒人"一语未出郡一级往来文书范围，见苏卫国《小议简牍文书中的"告""谓"句式——秦汉官文书用语研究之一》。

③ 里耶8-61正+8-293正+8-2012正："未朔己未，巴段（假）守丞敢告洞庭守主：卒人可令县论。"

④ 陈伟认为"卒人"可能是二千石官称"守""泰守"之前的称谓，但又指出"卒人"与"令史"出现在文书中的作用相当。既令史为县延属吏，则卒人也可能指郡府属吏。故"卒人"原义有二千石官、二千石官属吏、二千石官门卒几种可能，见陈伟《秦平行文书中的"令史"与"卒人"》，《古文字研究》第三十一辑，2016年。

与上行文书重述"敢言之"相同，皆使语气更形客气柔软。但亦常径以"如律令"等作结，同于下行文书，如：

> 五月丙戌，殄北隧长宣以私印兼行候事移甲渠：写移，书到，如律令。丿尉史并【居延206.9】

总之，平行文书可谓上行文书与下行文书的综合与变体。在尊敬与命令两端之间，似乎有较大的弹性选择空间。

（二）略式公文书

上述标准的正式公文书，在简牍文本中自名为"书"：下行或平行文书常见"书到"一词，足证该文书自身称为"书"，其例已数见上引，不赘；上行文书亦称"书"，可证之如下：

> 甘露二年四月庚申朔辛巳，甲渠鄣候汉彊敢言之：谨移四月行塞临赋吏三月奉秩别用钱簿一编，敢言之。　书即日餔时起候官【居延新 E.P.T56：6A】

然而自西汉中期以降，除"书到"外亦常见"记到"，显示存在一种称为"记"的下行文书，具有固定格式，性质应属公文书。是否存在称为"记"的上行公文书，则暂无从判断。而近年公开的东汉简牍，揭示以"白"为行文关系语之上行文书，亦在东汉以后的地方行政中广泛运用。在此将这两种当前用例较多、格式较清晰的文书，归类为略式公文书，探究其格式。将来可能发现更多属略式公文书的类型。

1. 下行文书：记

下行文书之"记"见于敦煌、居延汉简、五一广场东汉简、东汉碑刻等，其结构同样可解析为“日期＋发文者＋行文关系语＋收文者＋正文＋结束语”，但日期常置于文末。兹先引较完整之例，再作说明。

图一

九月辛巳，官告士吏许卿：记到，持千秋阁单席诣府，毋以它为解。【敦煌 D988A】

官告吞远候长党：不侵部卒宋万等自言治坏亭，当得处食，记到，廪万等，毋令自言，有

教【居延新 E.P.T51：213A】（图一，左侧中部有刻齿形槽）□□吞远候长党【居延新 E.P.T51：213B】

廷告西部候史临：前兼南部，今罢，守左后候长，有【肩水金关 73EJT3：118A】

教　记绥和二年三月己卯起廷【肩水金关 73EJT3：118B】

（1）日期：如记于文首，仅记月日（干支），不记年及朔日；如记于文末，作“某年某月某日（某时）起某处”。有时甚至不记日期。

（2）发文者：采官（候官）、府（都尉府、太守府）、廷等机构略称，不记长官之名，甚至完全省略发文者。

（3）行文关系语：几乎皆作“告”。①

（4）收文者：一般为职官名加人名，或省略人名，有时则采姓加卿的形式。学者指出书经常同时下达众人，记只有单一或少数下达对象。②

① “记到”简中“谓”目前仅见二例：居延 214.30“元延二年十月壬子，甲渠候隆谓第十候长忠等：记到，各遣将领”。敦煌 D483“六月甲戌，玉门候丞予之谓西塞候长可得、将作候长福、将□候长□等：记到，课，望府檄惊备，多虏党来，重正甚数，毋令吏卒离署，持七月府记将卒廪，毋忽，臧记，令可课。（A）西塞以□□□□（B）”。但此二例发文者格式同于书，疑因转发府记，故称“记到”。

② 鹰取祐司《秦漢官文書の基礎的研究》，第 54 页。

（5）结束语：以"有教""无以它为解""有府君教"或"有将军令"等作结，或无结束语。"教""将军令"等经常提行平出书写。

"教"字提行平出可说是记的一大特色，显示记乃承主官之教令所作，须对"教"示敬。此外，记与正式公文书在简牍形态上也有较大差异。正式公文书一般以札（单行书写之简）或两行（双行书写之简）书写，数简编连为册书，再加上封检，[①]于封检上封印及书写收文者、传递方式等。记则常书写于两行或牍（板状简牍）、檢（多面体简牍）、合檢（有盖简牍）之上，单独一简构成一份首尾完整的文书。收文者、传递方式甚至封泥印文亦常直接呈现于该简之上：多面体简牍易于凿刻封泥槽；而板状简牍可直接于简面施加封泥，某些简侧所见凹槽即为固定绳索及封泥之用。这些简牍有可能由于内容简要或非机密性，采取露布传递的形式。总之，无论文书格式、形态或发文程序等，记皆较正式公文书更为简便。[②]

学者指出可能存在上行文书之"记"，或称为"奏记"或"白记"，如建武三年寇恩爰书中所见"今候奏记府，愿诣乡爰书是正"（居延新EPF22∶30）。然而由于私人书信亦称"记"，无法肯定其性质属公或私文书。

2. 上行文书：白事文书

五一广场东汉简、东牌楼东汉简乃至走马楼吴简中，出现一些以

---

① 学界一般将附加于文书之外、题写收件人、施加封泥封缄之简称为"封检"，大体有有封泥匣、无封泥匣两种形式。然而近年陈伟指出"检"应指封泥匣，无封泥槽而题写收件人之简不应称作"检"，而应称为"署"。陈说值得重视，但本章仍暂依学界惯例，称为"封检"。陈伟《"检"与"署"》，《秦简牍校读及所见制度考察》，武汉大学出版社，2017年。

② "记"之研究可参鹫饲昌男《漢代の文書についての一考察:「記」という文書の存在》，《史泉》第68号，1988年；连劭名《西域木简中的记与檄》，《文物春秋》1989年第1期；李均明、刘军《简牍文书学》，第九章第三节《记》；鹰取祐司《秦漢官文書の基礎的研究》，第47～56页；角谷常子《簡牘の形状における意味》，冨谷至编《邊境出土木简の研究》，朋友书店，2003年；角谷常子《中国古代下达文书的书式》。

"白"为行文关系语的上行公文书，暂称为"白事文书"。[①] 这些文书与"记"相同，大多书写于两行或牍，单简构成一份文书，日期格式亦与"记"接近，故比拟于"记"，归类为略式公文书。其例如下：

> 理讼掾㤊、史宝、御门亭长广叩头死罪白：
>
> 廷留事曰：男子陈羌自言男子董少从羌市马，未毕三千七百，留事到五月，诡责治决处言。㤊、宝、广叩头死罪死罪，奉得留事，辄召【五一CWJ1 ③：325-4-43A，选释49】少，不得。实问少比舍男子张孙、候卒张尊，辞少七月廿八日举家辟则，辄与尊、孙集平少所有什物，直钱二千七百廿，与羌。尽力晓喻少出，与羌校论。谨籍少所有物，右别如牒。少出，辞有增异，复言。㤊、宝、广惶恐叩头死罪死罪。
>
> 八月十二日丁巳白【五一CWJ1 ③：325-4-43B，选释49】

（1）日期：日期书于文书末尾，不记年仅记月日，日期或只见数字，或又加上干支。

（2）发文者：官衔加上名或姓名，亦有无官衔单称名之例。

（3）行文关系语："死罪白""叩头死罪白"等。

（4）收文者：无。

（5）结束语：称己名之后加上"毋状""惶恐""愚戆"等，再接"叩头死罪死罪"，末尾书写日期之后又加上"白"字。

这些文书采正背两面连续书写，简上并无收文者信息，加之内容为下级报告，应非露布传递，而须加上如下封检：

---

① "白事文书"一词见于五一广场东汉简2010CWJ1 ③-198-1。日本学者将走马楼吴简中具"白"字的上申文书称为"白文书"，如伊藤敏雄《長沙吳簡中の生口売買と「估銭」徵收をめぐって —「白」文書木牘の一例として —》，《歴史研究》第50号，2012年，第97～128页；關尾史郎《「吳嘉禾六（二三七）年四月 都市史唐玉白收送中外估具錢事」試釋》，《東洋学報》第95卷第1号，2013年，第33～57页。

外部贼曹掾良叩头死罪

白事【五一2010CWJ1①：83，71】（图二）

此外，以"白"为行文关系语的上行文书也出现在"君教"简中：

君教：诺。

辞曹助史襄白：女子张罢自言桑乡佐肝负布钱万九千三百五十，械肝曹下，诡肝。今以钱万九千三百五十塈雇罢毕。当处重罚，以钱毕蒙阔略，丞优、兼掾旸议请解肝械，敕遣归乡。

延平元年八月四日己酉白【五一CWJ1③：325-2-9，选释46】

图二

君教简详见第三节。在此仅指出君教简中的白事文书虽与上述独立之白事文书相近，但仅称"白"而无"叩头死罪"等客套语，且末尾之年月日格式完整如同正式文书。借此二点可对两种文书加以区辨。

（三）书信

除公文书外，出土简牍中亦有不少私文书，即书信。书信格式未如公文书固定，但仍有基本章法可以依循。下简为汉代书信最为人所熟知之一例：

宣伏地再拜请

幼孙少妇足下，甚苦塞上暑时，愿幼孙少妇近衣强食慎塞上。宣幸得幼孙力过行边，毋它急。幼都以闰月七日与长史君俱之居延，言丈人毋它急，发卒，不审得见幼孙不，它不足，数来【居延10.16A】记。宣以十一日对候官，未决，谨因使奉书。伏地再拜幼孙少妇足下。朱幼季书。愿亭掾掾，幸为到临渠隧长刘幼孙治所·书即日起候官，行兵使者幸未到　愿豫自辩，毋为诸部殿□。
【居延 10.16B】

书信通常不署日期。发文者自称名，亦有姓名连称；又有"贱弟""贱子""给使""使前"等自贬之称。行文关系语为礼仪动作，如"伏地""再拜""叩头""顿首"，加上"言""请""白"等。收文者常提行平出，一般以字称之，亦有称官衔、称卿者；下接示敬之提称语，包括"足下""座前""马足下""御者足下""侍前""侍者""执事"等。正文以问候语开头，如"善无恙""甚苦官事"，而敦请珍重或表达思慕之意、为不得拜访致歉等也是书信中常见的客套表现。结构较严谨的书信中，结束语与行文关系语相对应，与公文书如出一辙，如上简皆为"伏地再拜"。此外，信末有时会具发信人之姓加字，如上简之"朱幼季"，应即发信者"宣"。①

秦代似尚无平出习惯，亦无提称语，对收文者可能称名。② 行文关系语常作"敢大心多问""敢再拜谒"等，结束语则常作"敢谒之"。其例如下：

> 欣敢多问吕柏得毋病。柏幸赐欣一牍，欣辟（避）席再搟（拜）及搟（拜）者。柏求笔及黑〈墨〉，今敬进【里耶 7-4A】如柏，令寄芍，敢谒之。【里耶 7-4B】

---

① 参鹈饲昌男《漢簡にみられる書信樣式簡の檢討》，大庭脩編輯《漢簡研究の現状と展望》，関西大学出版部，1993 年；李均明《秦汉简牍文书分类辑解》，第 125～128 页；马怡《读东牌楼汉简〈侈与督邮书〉——汉代书信格式与形制的研究》，《简帛研究二〇〇八》，广西师范大学出版社，2008 年；马怡《居延简〈宣与幼孙少妇书〉——汉代边地官吏的私人通信》，简帛网 http://www.bsm.org.cn/show_article.php?id=909，2018 年 12 月 14 日；杨芬《出土秦汉书信汇校集注》，武汉大学博士论文，2010 年。
② 马怡《读东牌楼汉简〈侈与督邮书〉——汉代书信格式与形制的研究》；高村武幸《中國古代文書行政における書信利用の濫觴》，《秦漢簡牘史料研究》，汲古書院，2015 年；吕静《里耶秦简所见私人书信之考察》，《简帛》第十五辑，上海古籍出版社，2017 年。

这些与公文书共同出土的书信，极可能是由同一群人所书写或阅读。鹈饲昌男、李均明与刘军、高村武幸等学者皆注意到，秦汉私人书信中经常出现与公务有关的内容。[①] 如：

> 给使隧长仁叩头言掾毋恙，幸得畜见，掾数哀怜，为移自言书居延，不宜以绁前事，数烦案下，使仁叩头死罪死罪。仁数诣前，少吏多所迫，叩头死罪死罪，居延即报仁书，唯掾哀怜，以时下部，令仁蚤（早）知其晓，欲自言府。谨请第卅二吏□卿撻记，再拜白【居延 157.10A】
> 奏
> 甲渠主官
> 范掾　　第卅五隧长周仁【居延 157.10B】

此简为第卅五隧长周仁发给甲渠主官范掾的私信，首先感谢范掾将其自言书移送居延县，接着拜托居延县如有回复，务请尽速下达至部，令周仁及早得知。此类涉及公务的书信，发文、收文者常以官称，以明确彼此身份，又常出现"死罪"等自责之词，表达恳求及谢罪之忱。再举一例：

> □伏地再拜
> □□马足下。因□□候官教卒史妻子集名籍，会月十五日。今月已尽，次公至今□□【敦煌 D1612A】今安请欲为次公为之，元毋从知其名年人数，愿次公急封移三通，会今，须移官问事。不可忽，愿留意，幸甚。【敦煌 D1612B】

"次公"原应在该月十五日前提交名籍，已至月底尚未提交，发文者

---

① 鹈饲昌男《漢簡にみられる書信様式簡の検討》；李均明、刘军《简牍文书学》，第270 页；高村武幸《秦漢簡牘史料研究》。

"安"即便欲代次公编制名籍，无从得知人名、年龄、人数等信息，因而发出私信要求次公尽速办理，以免候官追究。书信从属于私人人际关系网络，官吏之间透过私人关系疏通请托，不仅成就个人于公于私的愿望，对于推动公务亦有助益。故探究"文书行政"，书信亦是不得忽视的一环。[①] 高村武幸指出，书信往往较公文书更适用于内部惩戒、进谏、商议、调整等，得以更柔软、更灵活地达成目的。[②]

（四）正式公文书、略式公文书与书信

学者注意到略式公文书与书信存在不少相似处：

一、名称：下行公文书与书信皆称为"记"。[③]

二、形态：无论书信、下行公文书之记或白事文书，皆常书写在较宽的牍上，正背两面接续书写。

三、用语："叩头死罪""白"等行文关系语同时出现于书信与白事文书之中；下行公文书之记的"有教"，让人联想到书信用语"赐记教"；下行公文书之记称收文者"某卿"，也见于书信。[④]

角谷常子认为下行公文书之记中蕴含了"书信的精神"，高村武幸更进一步认为下行公文书之记本质上即是书信。

略式公文书与书信有时确实不易区辨。[⑤]然而，至少本章所举出的两种略式公文书——下行公文书之记与白事文书，性质属公文书应无疑问。据前文分析可知，其格式相当规范化、固定化，与书信有不小的落差，其行政效用与正式公文书亦无不同，如以下《居延新简》之例：

---

① 鹈饲昌男《漢簡にみられる書信樣式簡の検討》。

② 高村武幸《秦漢簡牘史料研究》。

③ 不过学者也注意到称为"记"的文书包罗相当广泛，见连劭名《西域木简中的记与檄》。

④ 仲山茂《漢代における長吏と属吏のあいだ》，《日本秦漢史学会会報》第 3 号，2002年，第 13～42 页；角谷常子《簡牘の形状における意味》；高村武幸《秦漢簡牘史料研究》。

⑤ 如居延新简 EPT65：24 "主官掾记"以"告"为行文关系语，亦无书信用语，但简首书"某记"的文字布局见于书信，如居延汉简 101.24+276.10。

甲渠鄣候以邮行

　　府告居延甲渠鄣候：卅井关守丞匡十一月壬辰檄言居延都田
啬夫丁官、禄福男子王歆等入关，檄甲午日入到府，匡乙未复檄言
【E.P.F22：151A】男子郭长入关，檄丁酉食时到府，皆后宫等到，留迟。
记到，各推辟界中，定吏主当坐者名，会月晦，有【E.P.F22：151B】
　　教　　　　　　　　建武四年十一月戊戌起府【E.P.F22：151C】
　　十一月辛丑甲渠守候　告尉、谓不侵候长宪等：写移，檄
到，各推辟界中相付受日时，具状，会月廿六日，如府记、律令。
【E.P.F22：151D】

本简是甲渠鄣候接到都尉府之"记"（ABC 面）后，改以正式公文书
的形式转发下属单位（D 面）。可见正式公文书与记之间的转换不构成
问题。① 甲渠鄣候之所以采正式公文书形式转发府记，应由于记只能传
给特定单一对象，正式公文书则得以广发下属单位。此一府记经由"邮
行"（详下节所述）方式传送至甲渠候官，东牌楼汉简中书写在"合檄"
上的白事文书（东牌楼 3）亦采"邮行"传送，而书信则恐怕只能委托
私人送达。②

　　当时人判断来函属公文书或书信，可根据包装、用印、传递方式
等外部信息，或许并不困难，今日则仅见内容而外部信息多数已失。
然而相较传世文献仅录文书要旨，出土文献保留格式信息，仍可作为
判断其性质的重要依据。当然，略式公文书与书信之间可能存在模糊
地带。书信是否常态性地在行政中发挥作用，其性质也逐渐转化为公
文书？③ 其发生过程目前仍难以掌握。值得注意的是，书信不仅与略式
公文书关系密切，亦对正式公文书产生影响。东汉惯用行文关系语和

---

① D 面笔迹、墨色与 A、B、C 面不同，应为眷录转发之文于府记原件之上。见富谷至
　《檄书考——视觉简牍的发展》，《文书行政的汉帝国》，第 43～90 页。
② 陈直《居延汉简研究》，第 147～153 页。鹈饲昌男《漢簡にみられる書信樣式簡の検討》。
③ 高村武幸认为如同"官制的波纹式循环发生"，私臣一再取代公臣，也存在书信公文
　书化的变化。高村武幸《秦漢簡牘史料研究》，第 150～151 页。

结束语由"敢言之"发展为"叩头死罪敢言之"，可能正是因为书信要素的渗入。

另一方面，书信的影响也不宜夸大。如称"某卿"，与其说是书信用语，不如说是社会习俗。而"死罪"一词若要溯源，更可能来自官场文化。此外，白事文书的"白"是否来自书信用语，亦值得怀疑。不少学者都注意到"白"可用来指涉书面陈述亦可用来指涉口头陈述。①"白"作为行文关系语，可能源自行政场域中以文书取代口头报告，不一定要以书信为中介。

以"白"为行文关系语的文书已见于居延汉简，如：

> 尉史临白：故第五隧卒司马谊自言除沙砂北，未得去年九月家属食，谊言部，以移籍廪，令史田忠不肯与谊食【89.2】

叙述简略甚至有头无尾，且缺乏文书套语，不若东汉简牍白事文书格式固定、完整独立，可能是属吏替代或辅助口头报告之用。东汉以后何以发展出白事文书？何以在正式文书之外还需要白事文书？依据高村武幸之说，当前可作推测如下：正式文书主要为机构与机构间联系之用，秦代长官与直属属吏（于同一机构工作之属吏）间一般不通过正式文书，而以口头沟通；然而伴随行政业务膨胀，特别是西汉后期以降列曹组织的发展，亟需适用于长官与直属属吏间沟通的文书形式，白事文书因此逐渐成熟并重要。②关尾史郎指出白事文书一直沿用到走马楼吴简与五胡时期的吐鲁番文书，所见皆为同官署之内属吏呈送长官的内部文书。③

记虽然运用于跨官署，如太守府、县或都尉府、候官之间，亦为直属上下关系，平行官署不见以记联系。故略式公文书可理解为直属上下

---

① 如王子今《长沙五一广场出土待事掾王纯白事木牍考议》，《简帛》第九辑，上海古籍出版社，2014年。
② 高村武幸《秦漢簡牘史料研究》。
③ 關尾史郎《「吳嘉禾六（二三七）年四月　都市史唐玉白收送中外估具錢事」試釋》。

级之间较简便的命令、报告形式。正式公文书、略式公文书、书信三者的互补与取代关系，将来应可自东汉简牍获取更多线索，得到更全面而立体的认识。

本章在现有研究成果基础之上，对文书格式进行详细梳理。出土简牍以残断为大宗，如能掌握文书格式，即可对其性质作出正确判断，充分利用其史料价值。文书格式对于释读、缀合、编连适当与否亦可提供重要凭借。利用文书格式解读文书，可更清晰地观察机构之间的行政运作模式与权力关系。然而文书格式也绝非一成不变，在一定原则之下有若干弹性，透过用语的权衡，界定彼此关系，以或强硬或柔软的姿态达成当前目的。正式、略式公文书或书信的选择，其交替与质变的过程，亦可借以探索人们沟通行动中展现的文化特质。

二、文 书 传 递

公文书如何传递至收件人之手？建立周密而畅通的文书传递管道，确保文书能够准确、及时地送达，无疑是"文书行政"成立的前提。传世文献对秦汉文书传递制度的着墨甚稀，出土材料则揭示丰富的线索，其性质大致可归为两类：一是律令中关于传递的规范，一则是行政文书对于传递的指定或记录。换言之，具备原则与实务对照的极佳研究条件。然而，要整合各种材料进行研究实际上困难重重，一方面材料过于片段与支离，一方面制度的复杂性、时空的变动性超乎想象。本章致力于在现有研究基础上，提出较全面的观察与诠释，重点置于辨析当时有哪些可运用的文书传递手段？这些传递手段间的关系为何？又随时代发生何种变化？

唯须留意的是，有些文书具有通告性质，要求收件者之间相互传递，造成传递者与收件者的重叠。以下讨论传递手段，将先限定于单一收件者的情形，同一文书传递到多处交付多位收件者的状况留待最后再集中论述。

（一）以邮行

岳麓秦简秦律令规定：

> 行书律曰：县请制，唯故徼外盗，以邮行之，其它毋敢擅令邮行书。【岳麓四 197/1417】
>
> 不急者，毋以邮行。【岳麓四 193/1368】

汉初的张家山汉简《二年律令》则曰：

> 书不急，擅以邮行，罚金二两。【272】

可知"以邮行"是秦及汉初首要的文书传递手段，只有最重要、最紧急的文书得以通过邮传递。

《二年律令》对邮的建置有如下规定：

> 十里置一邮。南郡江水以南，至索（索）南界，廿里一邮。【264】
>
> 畏害及近边不可置邮者，令门亭卒、捕盗行之。北地、上、陇西，卅里一邮；地险陕不可置邮者，得进退就便处。【266～267】

邮原则上十里（4.15公里）一置，南郡之长江以南至索县南界二十里一置，北地、上、陇西三郡三十里一置。如为地势险峻狭隘之处，可不拘泥于里程限制，于便利处置邮。危险或边境地带无法置邮，则改令门亭之卒或捕盗传递文书。至于邮之规模及人员组成、待遇，亦见于《二年律令》：

> 邮人行书，一日一夜行二百里。行不中程半日，笞五十；过半

日至盈一日，答百；过一日，罚金二两。邮吏居界过书，弗过而留之，半日以上，罚金一两。【273～274】

一邮邮十二室，长安广邮廿四室，敬（警）事邮十八室。有物故、去，辄代者有其田宅，有息户，勿减。令邮人行制书、急书，复，勿令为它事。【265～266】

复蜀、巴、汉中、下辨、故道及鸡剿中五邮，邮人勿令繇（徭）戍，毋事其户，毋租其田一顷，勿令出租、刍稾。【268】

据此可推知：

1. 邮的人员至少有"邮人"及"邮吏"，邮人为实际行书者，邮吏则为管理者，有其管辖界域。成帝时期的尹湾汉墓简牍记载东海郡有邮佐十人、邮三十四个、邮人四百零八人，平均一名邮佐管理三点四个邮，一邮有十二名邮人，可作为参照。

2. 除长安广邮、警事邮规模较大外，一邮由十二"室"构成。此处"室"应非办公或投宿的空间，而是家户的居住空间。尹湾汉简中一邮恰有十二名邮人，学者指出十二室正是十二名邮人所住之家屋。①

3. 邮人获复除，无须被征发从事其他徭役，蜀、巴等五地邮人更加优待，除复除徭役外又可免除一顷之田租与刍稾。邮人获复除徭役，实际上是以行书替代徭役，除此之外似无其他报酬，故邮人家庭之生计应仰赖于耕作。②一邮需有十二名邮人，即因邮人并非专职。

4. 复除之外，邮人有田宅，亦属对邮人之保障。汉初实施授田宅制，无爵成年平民男子依法可拥有宅一宅、田一顷，然而很早即出现田宅不足的情形，田宅实际多靠继承而得，且经常不足法定数额。③明订

---

① 于振波《里耶秦简中的"除邮人"简》，《湖南大学学报（社会科学版）》2003年第3期；冨谷至编《江陵张家山二四七号墓出土汉律令的研究　译注篇》，朋友书店，2006年；专修大学『二年律令』研究会《史料绍介　张家山汉简『二年律令』译注(6)田律・□市律・行书律》，《专修史学》第40号，2006年。
② 彭浩《读张家山汉简〈行书律〉》，《文物》2002年第9期；连劭名《二年律令所见汉初的行书制度》，《文物春秋》2010年第3期。
③ 刘欣宁《由张家山汉简〈二年律令〉论汉初的继承制度》，台湾大学，2007年。

田宅附属于邮人职位，随邮人更替而转移，可确保邮人生计不会发生问题。"有息户勿减"一句，向来众说纷纭。管见以为，"有物故、去，辄代者有其田宅，有息户，勿减"应整句连读，"勿减"指"勿减田宅"。邮人恐怕经常由父子相承，故须强调田宅附属于邮人职位，如进行分家立户，不可分配田宅，田宅应保留于任职邮人者之户，不得有减。通过稳定邮人的经济基础，稳定行书制度。

总之，在干道上每隔十里设置的邮，是由十二个邮人之家组成的小型聚落，在从事耕作的同时，轮流当班负责文书传递。邮的经济成本，在于确保邮人的田宅及给予复除优待，并设一名邮吏管理数个邮。以邮传递之文书主要为制书（秦统一前称命书）和急书，制书是"帝者制度之命"（蔡邕《独断》），为政权中央所发出的重要文书，急书则是紧急文书，在文书上书写"急"字以标示其急迫性。此外如远距离的刑狱调查文书、郡县间校计财务文书、"恒署书"、诸县报告旧境外盗贼文书、远县报告耕地状况文书等，[①]亦见律令规定可通过邮来传递。

制书、急书必须"辄行"，亦即邮人随时待命，收到后立即传递至下一站。[②]关于邮人如何行书，过去有步行、骑马或乘车诸说，自岳麓秦令"书当以邮行……令并负以疾走"（岳麓五 109/1162）公布后，可确认应采步行递送。[③]通过密集设站、随到随传，即使步行亦能达成高效率传递。律令中又规定："有令女子、小童行制书者，赀二甲"（岳麓四 194/1384），"毋敢令年未盈十四岁者行县官恒书，不从令者，赀一甲"（岳麓四 196/1377）。如上所述，制书、恒书皆属以邮行文书，[④]恐怕

---

① 分见张家山《二年律令》276、岳麓五 108/1173、岳麓四 197/1417、睡虎地《秦律十八种》1～3。
② 见睡虎地《秦律十八种》183、岳麓四 192/1250。又《新语·至德》述及无为之治下"邮无夜行之卒，乡无夜召之征"，可知邮之夜行为常态。
③ 陈松长《岳麓书院藏秦简中的行书律令初论》（《中国史研究》2009 年第 3 期）率先披露并提出此一观点。
④ 岳麓五 108/1173："·恒署书皆以邮行。""恒书""恒署书"的意义及两者关系不明，但本稿倾向认为"恒书"是"恒署书"的简称。

由于是短距离步行递送，邮人家人代劳情形屡见不鲜，故有此禁令。此外，邮亦是官吏出差时的投宿地，须常态性地备妥相关物品，邮人甚须承担为官吏烹调膳食等杂役。①

上述秦及汉初律令中有关邮的规定是否贯彻施行、延续多久难以断定。成帝时期的尹湾汉简显示东海郡仅有三十四邮，即使邮只设置在郡内干道，仍无法满足"十里置一邮"之规定。②以下搜集各遗址简牍中关于"以邮行"的线索，探究其实际执行方式。

首先是里耶秦简。里耶秦简以邮行书之证，见于文书内文或封检上指定"以邮行"，或传递记录上注明"以邮行"，如：

> 迁陵以邮行
> 急急洞庭【9-1459】

此例在封检上同时署上"以邮行"与"急急"，符合律令所见急书可以邮行之规定。③传递记录上之"以邮行"则如：

> 书一封，酉阳丞印，诣迁陵，以邮行
> 廿八年二月癸酉水十一刻刻下五起酉阳廷
> 二月丙子水下九刻过启陵乡【12-1799】

畑野吉则指出，此类简应称为"送檄"，与被传递的文书一同自发送地移送至送达地，在其上记录该文书的传递过程。④上简记录的文书在二十八年二月癸酉日自酉阳县发出，三日后通过迁陵县的启陵乡，最终

---

① 张家山《二年律令》267、岳麓四 109/1277～110/1401。
② 藤田勝久《秦漢時代の交通と情報伝達：公文書と人の移動》，《愛媛大学法文学部論集·人文学科編》第 24 号，2008 年。鷹取祐司《秦漢官文書の基礎的研究》第二部第三章。
③ 然里耶秦简显示急书不一定皆以邮行，派遣专人送达可能是更快速的手段，详后述。
④ 畑野吉则《里耶秦簡にみえる行書空間》，《東アジア文化交渉研究》第 11 号，2018 年。

须送至迁陵县廷。与其他自酉阳传递至迁陵的文书相较，此一"以邮行"文书确实更为迅速。[①]而除明确标示"以邮行"的文书，如文书中记录该文书由邮人送出（邮人某行），或由邮人送达（邮人某以来），也很可能是采取邮行方式。

里耶秦简为秦代洞庭郡辖下迁陵县之文书，以迁陵县廷为中心，往东的邮路可连接至启陵乡，而后通达酉阳县，乃至洞庭郡府；往西的邮路可连接至贰春乡，甚至可能延伸至巴郡（图三）。陈伟根据上引传递记录等材料，指出邮乃依托于乡而设，迁陵县内只有启陵邮、迁陵都邮、贰春邮三邮，还没有《二年律令》中十里至三十里一邮的系统。[②]不过，如据《二年律令》中邮吏、邮人之分，似不能排除乡是设有邮吏、记录邮书之处，仅有邮人的邮站分布更为密集的可能性。

图三　里耶秦简相对地理位置关系示意图

出自额济纳河流域的居延汉简也存在大量标注"以邮行"等传递手段的封检，加之汉简有将传递信息补登于封检上的习惯，更有利于掌握传递手段与收件者、发文者、传递者的相互关系：

张肩塞尉

甲渠候官以邮行

四月庚午第七卒通以来【居延新简 E.P.T51：143】

居延仓长

甲渠候官以亭行

九月辛未第七卒欣以来【居延新简 E.P.T51：140】

---

① 畑野吉则《里耶秦简にみえる行书空间》。
② 陈伟《秦与汉初的文书传递系统》。

文书送出时封检上只有"甲渠候官以邮行""甲渠候官以亭行"数字，即收件者与指定之传递手段。"张肩塞尉""居延仓长"是该文书的封泥印文，代表发文者，"四月庚午第七卒通以来""九月辛未第七卒欣以来"则是该文书的送达者和送达记录，皆为收到文书后所加。送至甲渠候官的文书，一采"以邮行"，一采"以亭行"，何以同样由第七隧隧卒送达，启人疑窦。[①] 鹰取祐司因而指出，"以邮行"路线恐并未通过甲渠候官，指定"以邮行"文书必须在某一节点改采"以亭行"，才能送达甲渠候官。

尽管存在大量指定"以邮行"的封检，居延汉简中"邮"的踪迹渺茫，唯一线索是邮书传递纪录中不侵隧、吞远隧之卒被称为"邮卒"：

> 正月辛巳鸡后鸣九分，不侵邮卒建受吞远邮卒福，壬午禺中当曲卒光付收降卒马印【居延新 E.P.T51：6】

不侵隧、吞远隧在甲渠候官辖区内的"河南道上塞"上，"河南道上塞"往北可连接居延都尉府、居延县，往南可连接肩水都尉府、张掖郡，甲渠候官官署则不在其上，符合邮路不通过甲渠候官之说，故"以邮行"文书可能是由"河南道上塞"上的诸隧传递（图四）。不侵隧、吞远隧也是部（与乡同级的军事机构）之所在，富谷至认为"邮"设置在部，负责邮书传递之管理、检核，其下还有更基层的传递站。[②] 若其说可从，则与里耶秦简邮设置在乡有一脉相承之处。

居延汉简"邮书课"所订传递速度标准为一时（90 分钟）十里（4.15 公里），显示额济纳河流域"以邮行"应为步行。敦煌汉简亦可见"奉邮书走卒"（敦煌 1242）之称。

悬泉汉简中同样有大量标示"以邮行"的封检或传递纪录。其年代在西汉中期至东汉中期，性质为敦煌郡效谷县下，供应差旅者食宿、交

---

① 高荣《简牍所见秦汉邮书传递方式考辨》，《中国历史文物》2007 年第 6 期。

② 富谷至《文书行政的汉帝国》第三篇第一章。

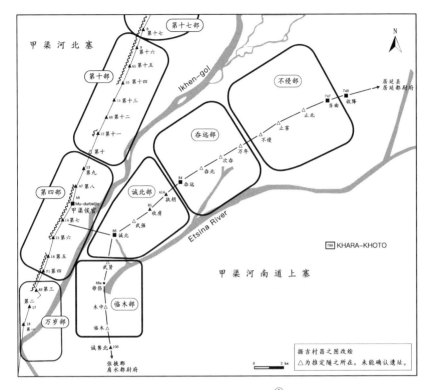

图四 甲渠候官周边地图①

通，并承担文书传递的"置"所出文书。鹰取祐司、畑野吉则复原了悬泉置周边的三条传递路径：通过"置"传递，通过"骑置（驿）"传递，通过"亭"传递（图五）。②但"以邮行"是否对应于其中某条路径并不易判断。

鹰取祐司认为经由"骑置（驿）"传递的"驿马行"实际上就是"以邮行"，因：

① 吉村昌之原图见《居延甲渠塞における部隧の配置について》，《古代文化》第 50 卷第 7 号，1998 年。
② 畑野吉则《敦煌懸泉漢簡の郵書記録簡》，《資料学の方法を探る》第 10 号，2011 年。鹰取祐司《秦漢官文書の基礎的研究》第二部第四章。二人复原是建立在张俊民研究基础之上：张俊民《悬泉汉简所见的"亭"》《悬泉汉简所见"骑置"简及其他》，《敦煌悬泉置出土文书研究》，甘肃教育出版社，2015 年。

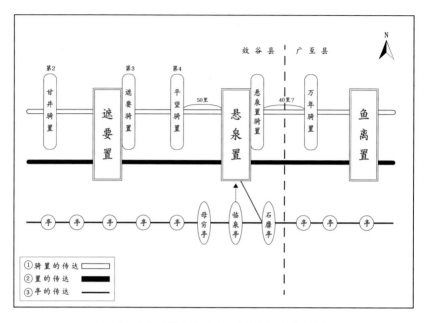

图五　悬泉置周边传递路径（据畑野吉则改绘）

> 东书四，尺檄四，邮行。尺檄二，西部督邮印，闰月十日起，
> 一十二日起，一诣东部督邮，驿马行【悬泉 F13C ② : 5】①

在此传递记录中，先标明书四封与尺檄四封皆采"邮行"，再记录其中一封尺檄采"驿马行"。不过，此简只能说明"驿马行"是"以邮行"的一种类型，并非所有"以邮行"皆等同于"驿马行"。推测典型的"以邮行"仍为步递，"驿马行"则为其变形，改采马递。《续汉书·舆服志》"驿马三十里一置"，刘昭补注："东晋犹有邮驿共置，承受傍郡县文书。有邮有驿，行传以相付。"说明邮、驿可能共置一处，配合运作。

东汉末年的东牌楼汉简亦可见封检上指定"以邮行"或"驿马行"（彩版八）：

---

① 引自吴礽骧《说"都吏"》，《简牍学研究》第四辑，甘肃人民出版社，2004 年，第 221 页。

桂阳大守行丞事南平丞印

临 湘 丞掾驿马行【东牌楼 1】

‖合　　　檄　　　一　　　　　封

临　　　湘‖东 部 劝 农 邮 亭 掾 周 安 言 事

廷以　邮　行‖诣　　　　　如　　　　　署

‖光和六年正月廿四日乙亥申 时 □ 驲 □ 亭

【东牌楼 2】

东牌楼汉简为长沙临湘县廷文书，显示"以邮行"与"驿马行"并用并非边境特有现象。王子今指出驿骑通信可能先推广于边地，东汉时在内地也逐渐普及。[1] 当驿马被运用于文书传递之后，步递之"以邮行"显然已非最优位的传递手段。后文将再检讨"驿马行"。

（二）以县次行

秦至汉初律令显示以邮行是最优的传递手段，那么如文书不得以邮行，尚可通过何种方式传递？以下资料显示，"以县次行"应是另一种主要传递手段：

> 书以邮行及以县次传送行者，皆勒☒【岳麓五 111/1141】
> 书不当以邮行者，为送告县道，以次传行之。诸行书而毁封者，皆罚金一两。书以县次传，及以邮行，而封毁，过县辄劾印，更封而署其送徼（檄）曰：封毁，更以某县令若丞印封。【张家山《二年律令》274～275】

又，秦《行书律》曰：

> 传行书，署急辄行，不辄行，赀二甲。不急者，日髯（毕）。留三

---

① 王子今《秦汉交通史稿（增订版）》，中国人民大学出版社，2012 年，第 458 页。

日，赀一盾；四日〔以〕上，赀一甲。二千石官书【岳麓四 192/1250】

可知不急而非以邮行之书无须于收到后"辄行"，只要于当日内送出即可。可惜律令中并无其他关乎"以县次行"运作的线索。陈伟、鹰取祐司认为"以县次行"是以县为单位进行接力传递，较"以邮行"传递距离更远故速度较慢，且没有专职的传递人员。陈伟主张邮只分布在连接郡与郡的干道上，"以县次行"得以覆盖更广大的范围；鹰取祐司则推论"以邮行"与"以县次行"皆通过连接郡与郡的干道，干道以外须"以亭行"。[①]

文书简牍中也缺乏"以县次行"的直接证据。里耶秦简的文书传递记录出现"行旁"，马怡认为是送至旁县，高村武幸、陈伟指出正是"以县次行"之实例：[②]

七月壬子，迁陵守丞膻之敢告郪丞主：写移，敢告主。儆尚手。丿即水下……尽佐气行旁。【8-75+8-166+8-485 背】[③]

迁陵县致郪县文书，由佐气送至旁县。郪县在今四川射洪县西南，秦时应属蜀郡，[④]与迁陵县有段距离。故此文书可能是先送至旁县，再逐县传递至郪县。另外，鹰取祐司根据居延、悬泉里程简指出，县与县距离过远时，会在其中设置"置"以为调节，故悬泉汉简中经由"置"传递的路径应属"以县次行"。[⑤]

现今发布材料中写明传递手段为"以县次行"的唯一实例如下：

---

① 陈伟《秦与汉初的文书传递系统》；鹰取祐司《秦汉官文书の基礎的研究》第二部第三章。
② 马怡《里耶秦简选校》，《中国社会科学院历史研究所学刊》第四集，商务印书馆，2007 年，第 133～186 页。高村武幸《里耶秦简第八層出土簡牘の基礎的研究》。陈伟《秦与汉初的文书传递系统》。不过此处"旁"也可能指"旁曹"，里耶秦简 8-71 背原释"二月丙戌水十一刻刻下八守府快行尉曹"，何有祖改释为"行旁曹"，可从。何有祖《读里耶秦简札记（八）》，简帛网 http://www.bsm.org.cn/show_article.php?id=2566，2016 年 6 月 2 日。
③ 释文据李昭毅 2018 年 3 月 17 日在"四分溪简牍读书会"上的报告校改。
④ 后晓荣《秦代政区地理》，社会科学文献出版社，2009 年，第 391 页。
⑤ 鹰取祐司《秦漢官文書の基礎的研究》第二部第三章。

入东檄二，敦煌千人印，广校、益广候，县次吏马行，七月癸未日下铺，受西【悬泉Ⅱ T0111 ① : 365】①

确切作"县次吏马行"，参照相邻简，年代可能在成帝时期。② 秦及汉初之"以县次行"既为次于"以邮行"之手段，当属步递，是否在西汉中后期以后发展出马递之"县次吏马行"？如从鹰取之说，悬泉汉简中的"以县次行"是经由"置"传递，而经由"置"传递者似乎确为马递：

> 一诣冥安
>
> 一诣广至
>
> 一诣渊泉
>
> 初元年四月乙酉日下铺时，佐彭祖受遮御宋，日入昏时，付鱼离佐□□卿，以□行【悬泉Ⅱ T0114 ③ : 498B】③

悬泉置到鱼离置的距离，必然在五六十里以上，④ 在三十二时制下的三四个时辰内送达。较诸居延汉简"邮书课"之一时（十六时制）十里，速度为三倍以上，应当不可能为步行。

"以县次行"发展出"县次吏马行"，可能近似于"以邮行"发展出"驿马行"，以边境地带较早、较普遍。

（三）驿马行

秦及汉初律令、文书中尚未见到以马传递文书的明确证据，⑤ 居延

---

① 引自张俊民《悬泉汉简所见的"亭"》。

② 出自Ⅱ T0111 之简可见鸿嘉、元延、永始等年号。

③ 引自郝树声、张德芳《悬泉汉简研究》，甘肃文化出版社，2009 年，第 86 页。

④ 悬泉骑置至万年骑置四十里，万年骑置应在悬泉置与鱼离置中间。

⑤ 王子今指出秦代已有"驿"，然未能确认是否与传递文书有关，见《秦汉交通史稿（增订版）》，第 457 页。

汉简、敦煌汉简、悬泉汉简，以及内地之东牌楼汉简，则可见"吏马行""驿马行""骑置驰行"等。"吏马"即"官马"，未限定马的性质，"驿马行""骑置驰行"则应与"驿（骑置）"之传递有关。

居延汉简中有不少关于驿马的记载，驿马的主要功能在于斥候与行书。建武三年（27）《驹罢劳病死册书》提供了十分生动的线索。这件为解决财务纠纷而启动司法调查的文书，记录了甲渠候官止害隧长焦永在一天之内两度骑马"行檄"的情景：一、白天奉候长之命骑驿马"行府卿蔡君起居檄至庶虏"。"起居檄"，籾山明认为是为防范匈奴入侵，要求"起居"即"行动"不得大意的紧戒布告。[1]焦永将此檄向北传递至"庶虏"，而后南返。南返途中因雨停留于收降亭，驿马遭塞尉放骑去，故焦永只能骑放马回到止害隧。二、当天夜里"新沙置吏冯章行㻫北警檄来"，焦永找不到驿马担心误时，因而擅骑放马行檄。"㻫北警檄"来自北方，焦永应当继续南传。过去学者认为驿之传递方式为换马不换人，[2]根据此例可确认人马皆传递至下一站后返回原岗位。

悬泉汉简中通过骑置（驿）传递的速度亦可估算：

> 阳关都尉明上书一封，甘露元年十一月丁酉日中时，县泉译骑德受平望译骑□□，日中时付遮要译骑【悬泉 I T0114 ③：5】
>
> 皇帝玺书一封，赐敦煌太守，元平元年十一月癸丑夜几少半时，县泉译骑得受万年译骑广宗，到夜少半时付平望译骑【悬泉 V T1612 ④：11A】[3]

骑置（驿）之间约四五十里，[4]在三十二时制下的同一或次一时辰即可

---

① 籾山明《居延出土的册书与汉代的听讼》，《中国古代诉讼制度研究》，第110～144页。
② 如刘广生、赵梅庄编著《中国古代邮驿史（修订版）》，人民邮电出版社，1999年，第137页；白寿彝《中国交通史》，武汉大学出版社，2012年，第71页。
③ 两简引自郝树声、张德芳《悬泉汉简研究》。
④ 悬泉 V T1411 ②：55："县泉置骑置，西到平望骑置五十里，东出广至万年骑置册。"见张俊民《悬泉汉简所见"骑置"简及其他》。

送抵下一骑置（驿），速度将近额济纳河流域"以邮行"的十倍，亦较通过置传递快上许多。骑置（驿）传递与置传递同为马递，传递却更为迅速，应由于密集设站、随时待命，与"以邮行"原理一脉相承。根据鹰取祐司、畑野吉则的观察，只有皇帝玺书、上书、军书可通过骑置（驿）传递，且一次仅传递一封，亦即采取随到随传的方式。其他文书则通过置或亭传递，且多封一同传递，亦即汇集一段时间的文书再同时送出。[①]以县次行、以邮行与驿马行的关系可简化如下表。继承"以邮行"原理但采马递的"驿马行"，无疑是对最重要文书所采取之最快速传递手段。

	步　　递	马　　递
普通传递	以县次行	县次吏马行（置传递）
密集设站、随到随传	以邮行	驿马行（骑置传递）

（四）以亭行

前文讨论居延汉简"以邮行"时，已指出如邮路未通过该机构，"以邮行"文书可能改以"以亭行"送达。富谷至认为"以亭行"除了邮亭外，还通过田亭、仓亭、都亭、水亭等各种亭依次传递，故得以岔出干道，深入更广大的领域。[②]西北汉简中亦见指定"以邮、亭行"，应指有邮之处由邮行书，无邮之处则由亭行书，两种手段视情势交替运用。但关于"以邮行""以亭行"的传递速度是否有别，尚无明确材料。

"以亭行"之渊源可溯及秦及汉初：

皆以门亭行，新武陵言书到，署【里耶 8-650】

---

① 畑野吉则《敦煌悬泉汉简の邮书记录简》。鹰取祐司《秦汉官文书の基础的研究》第二部第四章。
② 富谷至《文书行政的汉帝国》第三篇第一章。

> 皆以邮、门亭行，新武陵言书到丿□手【里耶 9-2283 背】
>
> 畏害及近边不可置邮者，令门亭卒、捕盗行之。【张家山《二年律令》266】

但皆作"以门亭行"。"门亭"应指城门或官署之寺门，设置有亭。从"以门亭行"到"以亭行"，不知是否代表承担文书传递者由门亭扩大到所有之亭？无论如何，"门亭"可能正是理解"以亭行"的关键所在。"门亭"的文书传递作用在西北汉简中亦有所体现：

> 元康元年十一月甲午日餔半时，临泉亭长彭倩受广至石靡亭长蹇，到乙未日入时，西门亭长安付其廷。道延袤百廿四里廿步，行十二时，中程。【悬泉Ⅱ DXT0213 ③：26】

逐亭传递的文书，最后由"西门亭长"交付到收件地"廷"手中。张俊民指出"廷"为效谷县廷，"西门亭"为效谷县西门之亭。[①]"门亭"正是传递的最后一站。而传递到甲渠候官（位于部内）的文书经常由"门卒以来"，亦即是由鄣门亭之卒承担将文书送达终点站甲渠候官的任务。由于城鄣、官署多设有门亭，"以亭行"建立了连接至主要官署的网络。故"以亭行"一方面可作为独立的传递手段，一方面亦可辅助其他传递手段连结至末端。

（五）隧次行

西北汉简中又可见"隧次行"。"隧"乃边防沿线的烽火台，约三至五公里一置，每隧配置三到五人。如后文所示例，当"隧次行"之收件者表述为一段范围时，可能属于通告。但亦有仅见单一收件者，如：

---

① 张俊民《悬泉汉简所见的"亭"》，引文见于该文。

　　　　肩水候官隧次行【居延 32.23】

　　　　吞远候长谞隧次行【居延新简 E.P.T43∶114】

推测在边境上欲传送文书给某一收件者时，应也可利用逐隧接力传递的
"隧次行"，其性质或属较非正式的内部手段，运用于同一候官范围内。

（六）专人送达

　　除上述接力式传递手段以外，行政文书亦经常派专人直接送达目的
地，尤以短距离传递为然。

　　在里耶秦简中，迁陵县内之文书传递似以专人送达为主，如：

　　　　四月丙午朔癸丑，迁陵守丞色下少内：谨案致之，书到言，署
　　金布发，它如律令。∫欣手。∫四月癸丑水十一刻刻下五，守府快
　　行少内。【里耶 8-155】

这是迁陵县廷下达少内之文书，由守府快直接送达少内。汇集此类记
录，可知县廷与少内、司空、都乡、库、尉等县内机构的文书往来派专
人直接送达。都乡应在县城之内，其他机构很可能亦在县城之内或近
郊，故专人直送最为便捷合理。不过直接送达不限于短距离，跨县之传
递也可能不采接力形式，直接派人送达收件者。里耶 10-1170 之《仓
徒簿》记录刑徒的工作内容包括："男十八人行书守府""女六十人行书
廷""女七人行书酉阳"，"行书廷"应是将仓的文书送交县廷，"行书守
府""行书酉阳"则应是将迁陵县文书送至洞庭太守府及酉阳县。甚至
可见派人行书远隔之地，而需途经县乡支援食宿之例。[①]

　　里耶秦简显示，采取专人送达有时似乎是更为迅速的传递手段，如：

---

① 如"行书咸阳"（里耶 10-591）、"行辟书彭阳"（里耶 8-169+8-233+8-407+8-416+
　　8-1185 正）等。

迁陵故令人行洞庭　急【8-182】

尉故令利足

行急……【9-2048】

迁陵故令吏行令若丞自

发洞庭急……【9-832背】

这些封检中注明传递手段为"故令某行"，应指派专人送达，^①同时又注记"急"，显示为紧急文书。紧急而重要的文书派专人送达，将可降低传递过程中的风险与不确定性。上行文书由官吏甚至是作成该文书的官吏亲自送达，更可能有同时进行口头报告、回复质疑、立即补正的功用。如：

廿九年九月壬辰朔辛亥，迁陵丞昌敢言之：令令史感上水火败亡者课一牒，有不定者，谒令感定，敢言之。【8-1511 正】已。九月辛亥水下九刻感行。　感手。【8-1511 背】

本文书应与《水火败亡者课》相编连，说明《水火败亡者课》由令史感送至洞庭郡，如《水火败亡者课》有所不备，由令史感当即改定。感应即是《水火败亡者课》之经手负责人。^②

西北汉简封检中亦见注明传递方式为"故行"者，如：

居延令印

甲渠候官故行

八月癸巳□□□□□以来【居延新简 E.P.T51：144】

---

① 陈伟《行书方式》。

② 高村武幸《里耶秦简第八層出土簡牘の基礎的研究》，第 51 页。土口史記《秦代の令史と曹》，《東方學報》第 90 册，2015 年。

"故行"，应与里耶秦简所见"故令人行"及如淳所言"令人故行"意义相同，[①] 皆指派专人送达。"故"乃特意、特地之意。而如：

吞远候长王恭持兵簿诣官校【居延新简 E.P.T43∶70】

也显示官吏亲自带着文书诣官、诣府，则可当场进行校对工作，非仅只于送达文书。

专人递送文书除以步行，若重要性高，亦可乘马或乘车。如《二年律令》213～214："郡守二千石官、县道官言边变事急者，及吏迁徙、新为官，属尉、佐以上毋乘马者，皆得为驾传"，《汉旧仪》："奉玺书使者乘驰传"，上言紧急非常之"变事"与传递玺书之使者，可以"乘传"。

趁此附带讨论"传"制。不少学者认为秦汉邮驿制度包括步递、马递与车递，车递称为"传"；并据《晋书·刑法志》所云"秦世旧有厩置、乘传、副车、食厨，汉初承秦不改，后以费广稍省，故后汉但设骑置而无车马，而律犹著其文，则为虚设，故除《厩律》，取其可用合科者，以为《邮驿令》"，指出由车递改为马递的发展变化。[②] 案"传"主要指公用马车，"律，四马高足为置传，四马中足为驰传，四马下足为乘传，一马二马为轺传"，[③] 又不仅止于马车，而包括协助人员公务移动的一整套制度：馆舍称为"传舍"，饮食称为"传食"，使用证明书则称

---

① 见《史记·张释之冯唐列传》集解引如淳曰。
② 如高敏《秦汉邮传制度考略》，《历史研究》1985 年第 3 期；王子今《秦汉交通史稿（增订版）》。
③《汉书·高帝纪》注引如淳语。然而《史记·孝文本纪》索隐引如淳语作"律，四马高足为传置，四马中足为驰置，下足为乘置，一马二马为轺置"。张家山《二年律令》231 "诸□□及乘置、乘传者"，显示"乘传"与"乘置"有别，整理小组认为置指驿马。如其说可从，则"乘传"与"乘置"分指乘车与乘马，律文应以《汉书》注为确。森鹿三亦认为此部分应从《汉书》注，《史记》注涉本文而误。森鹿三《居延简に见える马について》，《東洋學研究 居延漢簡篇》，同朋舍，1975 年，中译见姜镇庆译《论居延简所见的马》，《简牍研究译丛》第一辑，中国社会科学出版社，1983 年。

"传信"，持有传信者可于沿途利用相应规格的设施。固然，送达文书之专人可能会利用"传"，"传"亦间接涉及文书传递，但无论出土或传世文献，未见"传"直接承担文书传递的材料，秦汉是否以车传递文书仍无明证。而若论人的移动方式，则自西汉至东汉，确实可见官方交通工具由"乘传"到"乘驿"为主流的明显趋势。

（七）传递到多处

以上所论集中于一对一传递，然而有些文书属通告性质，需要制作多份同样文书，或在传递过程中不断再制。大庭脩复原之居延汉简《元康五年诏书册》（彩版六）可为经典代表，今移录其下达文言如下：

> 元康五年二月癸丑朔癸亥，御史大夫吉下丞相：承书从事，下当用者，如诏书。【10.33】
> 二月丁卯，丞相相下车骑将军、将军、中二千石、二千石、郡大守、诸候相：承书从事，下当用者，如诏书。少史庆，令史宜王、始长【10.30】
> 三月丙午，张掖长史延行大守事、肩水仓长汤兼行丞事下属国、农、部都尉、小府、县官：承书从事，下当用者，如诏书。∫守属宗、助府佐定【10.32】
> 闰月丁巳，张掖肩水城尉谊以近次兼行都尉事下候、城尉：承书从事，下当用者，如诏书。∫守卒史义【10.29】
> 闰月庚申，肩水士吏横以私印行候事下尉、候长：承书从事，下当用者，如诏书。∫令史得【10.31】

御史大夫将诏书转下丞相，丞相转下中央、地方官署，地方官署再沿着行政阶序逐级下达，最终至于乡、部一级。每次转下时，该官署都会在文书末尾添附一段下达文书，以展现与下达对象之间的命令与支配关系。文书实体如何传递虽未见记录，一般相信应是由上级交付直属下级，如张掖郡须制作符合辖下都尉、小府、县官数目之诏书，——分别递送下级官署，都尉府以下亦然。

"承书从事，下当用者"是这类文书固定的下达套语，指示依规定继续下传。然而鹰取祐司注意到，部分文书除"承书从事，下当用者"外，又可见"以道次传，别书，相报，不报者，重追之，书到言"套语，怀疑是否反映不同的下达路径。① 如：

> 五月戊辰，丞相光下少府、大鸿胪、京兆尹、宗□相：承书从事，下当用者。京兆尹以 道 次传，别书，相报，不报者，重追之，书到言。【居延新 E.P.T48：56】

由于这类文书仅见单简而无法复原为册书，难以确定其意义。幸运的是，里耶秦简中出现不少"以道次传"实例。细究这些实例发现，秦代下达通告文书的方式，与根据《元康五年诏书册》所作设想有别。下面是里耶秦简中较完整的一例：

> 六月壬午朔戊戌，洞庭叚（假）守龢下□，听书从事。临沅下索（索）。门浅、零阳、上衍，各以道次传，别书。临沅下洞庭都水，蓬下铁官。皆以邮行。书到相报，不报，追。临沅、门浅、零阳、上衍□言书到，署兵曹发。丿如手。道一书。・以洞庭候印□【9-713 正】
> 充报零阳，金布发。　　　迁陵报酉阳，署主令 发 。□
> 酉阳报充，署令发。　　　恒署。　丁四。
> 七月己未水十一刻刻下十，都邮人□以来。丿□发。【9-713 背】

---

① 鹰取祐司《秦漢官文書の基礎的研究》，第二部第二章。

"洞庭叚（假）守齮下"后一字破损，据它简可推测为"县"字。洞庭郡文书应下达属下诸县，但郡仅制作四份，发给临沅、门浅、零阳、上衍四县，再交代四县分四道传递，以此遍传诸县，所谓"道一书""以道次传"应为此意。此外还指定临沅和蓬县须传递给洞庭都水与铁官。"别书"似指各县抄录一份送至下一县，亦即并非传阅式，各县均留存文本。[1] 洞庭郡下县，是名义上的下达关系，诸县依序传递，则是物理上的下达途径。[2]

陈伟认为这种"以道次传"，正是秦汉律令中所见"以县次传"。但此文书指定"以邮行"，又确实由邮人送来，陈氏因而指出："一般认为，'以次传'与'以邮行'是两种不同的行书方式。……现在看来，实际情形可能比较复杂。……以次行、以道次行、以邮行可以叠合使用。"[3] 然而究竟如何叠合使用，仍让人感到疑惑。管见以为，"以道次传"并非"以县次行"。"以邮行"与"以县次行"是不同的传递手段，前文已有详论。"以道次传"则与传递手段无关，只是指定分路线逐县传递。尽管是一县传过一县，此例县与县之间是通过"以邮行"传递，而非"以县次行"。传递次序与传递手段，应属不同的概念。

秦代何以采取这种传递方式？可能是为了节省传递成本，无须在同一路径上运送多份内容相同的文书。对于原始发信单位来说，也可借此将制作文书的行政负担分散给各中继单位。其缺点则是发信单位无法切实掌握传递情形，存在传递中断的风险。虽然往往规定"书到相报"，仅仅是报给上一站，而非原始发信单位。此外，须注意如何依次传递，是由各别文书作指定，而无固定路线。洞庭郡内大体以四道传县，但里耶 9-712+9-758 是交付临沅、门浅、零阳、上衍四县，如里耶 8-657

---

① 实际上送至下一县者，可能是自上一县传来的文书，也可能是在本县复制的文书。
② 鹰取祐司已指出"命令系统"与"传达经路"有别，见《秦漢官文書の基礎の研究》，第 95～98、260～262 页。
③ 陈伟《行书方式》。

则是先送到新武陵再分传四道，^①属县之外的其他机构如都水、铁官等如何传递更因个案而有别。

传递既无固定次序，而须遵照个别文书的指示，是否容易发生混乱？里耶9-2283、16-5、16-6三简提供了生动的例子。16-5、16-6是里耶秦简中较早公布的两枚简牍，其内容几乎相同，唯传来记录有别。这份洞庭郡文书为何两度或三度传到迁陵县？^②引发诸多困惑与揣测。最近，马增荣根据新公布的里耶9-2283指出，几乎相同的文书实际上存在三份，而第三份正是解答的钥匙。^③兹引如下：

> 廿七年二月丙子朔庚寅，洞庭守礼谓县啬夫、卒史嘉、叚（假）卒史谷、属尉：令曰："传送委输，必先 悉 行城旦春、隶臣妾、居赀赎责（债）。急事不可留，乃兴徭。"今洞庭兵输内史及巴、南郡、苍梧，输 甲 兵当传者多，节（即）传之。必先悉行乘城卒、隶臣妾、城旦春、鬼薪白粲、居赀赎责（债）、司寇、隐官践更县者。田时殴（也），不欲兴黔首。嘉、谷、尉各谨案所部县卒、徒隶、居赀赎责（债）、司寇、隐官践更县者簿，有可令传甲兵，县弗令传之而兴黔首，兴黔首可省少弗省而多兴 者 ，辄劾移县，县亟以律令具论当坐者，言名、夬（决）泰守府。嘉、谷、尉在所县上书。嘉、谷、尉 。令人日夜端行，它如律令。）壬辰，洞庭守礼重曰：新武陵别四道，以道次传，别 书 ， 书 【9-2283正】到，辄相报。不报，追

---

^① "以道次传"实例中少数可确认年代者，"新武陵别四道"在廿六（里耶9-1861）、廿七年（里耶9-2283），先传至门浅、零阳、上衍则在卅二年（里耶8-159），或有时代先后，并与郡治所在有关。但无论如何，皆须在文书中说明传递路线，里耶9-2283即其明证。跨郡文书或县内文书传递时这种个别制定传递次序的现象更形明显，见里耶9-2076、16-6、8-1114+8-1150、9-1112。

^② 里耶秦简16-5上有两次传来记录（二月二十八日、三月八日），可能是重复传来两次，集中记录于同一简上，加上16-6的传来记录（三月三日）则为三次，如再加上9-2283（三月十二日）则为四次。

^③ 马增荣《秦代简牍文书学的个案研究——里耶秦简9-2283、[16-5]和[16-6]三牍的物质形态、文书构成和传递方式》，《中研院历史语言研究所集刊》第91本第3分，2020年。

之。皆以邮、门亭行。新武陵言书到。亅如手。☐

三月辛酉，迁陵丞欧敢告尉，告乡、司空、仓主：听书从事。尉别书都乡、司空，司空传仓，都乡别启陵、贰春，皆勿留脱。它如律令。即报酉阳书到。亅釦手。壬戌，隶臣尚行尉及旁☐☐。

三月丁巳水下七刻，隶臣移以来。亅爽半　　　　　　如手。
【9-2283 背】

里耶9-2283与16-5、16-6最大的差异，就是多了"壬辰"至"新武陵言书到亅如手"部分（灰色底）。洞庭郡原本下发文书的时候，没有指定传递路线，因而两份内容相同的文书先后传递到迁陵县，即里耶16-5与16-6。洞庭郡后来发现此一错误，故于两日后重新发出同一份文书，并加上路线指定，因而第三度来到迁陵县，即里耶9-2283。此例清楚暴露了"以道次传"的风险：当发信者指定不明确，或中继站疏忽或误解时，很可能发生重复传递或遗漏传递，造成问题。

在里耶秦简中，也有不采"以道次传"，洞庭郡直接传递文书给各县之例：

卅三年正月壬申朔戊戌，洞庭叚守☐谓县啬夫：廿八年以来，县所以令糶粟固有数，而上见或别署或弗☐，以书到时亟各上所糶粟数，后上见存，署见左方曰：若干石斗不居见，☐署主仓发，它如律令。县一书·以临沅印行事
二月壬寅朔甲子，洞庭叚守齰追：县丞上，勿留。亅𤏅手。以上衍印行事【12-1784 正】
三月丙戌日中，邮人缠以来。亅☐发　歇手【12-1784 背】

此一始皇卅三年文书采"县一书"，尽管增加洞庭郡制作与传递文书的负担，却让洞庭郡更能掌控文书传递情形，也可节省中继各站的转转作业时间，使文书更快送达各县手中。到了汉代，这成为文书传递方式的

主流：由上级直接发至下级，统合行政从属关系与文书传递次序，而使文书传递更为简单清楚确实。至于汉代为何仍保留"以道次传"，汉代"以道次传"如何传递？很遗憾仍无答案。

除了这两种自上级下发文书的方式，边境汉简中尚可见一类文书，收件者指定为一段范围，如：

> 广武写传至步昌陵胡以次行【敦煌 1809】
> 左前候长隧长党写传至东部隧次行【肩水金关 73EJT27：46】

广武、步昌、陵胡、左前、东部等为隧（部）名，其间各隧应皆为文书收件者，文书须逐隧传递。"写传"可能指复写之后传递。这类文书有不少书写于棒状多面体之上，下简是难得的较完整之例，可窥知其文书内容：

> 广田以次传行至望远止。
>
> 十二月辛未，甲渠毋伤候长文、候史倌人敢言之：日蚤（早）食时，临木隧卒路人望见河西有虏骑廿亭北地𥫃中，即举蓬燔一积新，虏即西北去，毋所失亡，敢言之。ノ十二月辛未，将兵护民田官居延都尉偾城仓长禹兼行 丞 【居延 278.7A】
>
> 写移，疑虏有大众不去，欲并入为寇。檄到，循行部界中，严教吏卒惊蓬火，明天田，谨迹候，候望，禁止往来行者，定蓬火辈送便兵战斗具，毋为虏所萃榑，已先闻知失亡重事，毋忽，如律令。ノ十二月壬申珍北 守 【居延 278.7B】
>
> 候长□、未央候史包、隧长畸等，疑虏有大众，欲并入为寇，檄到，□等各循行部界中，严教吏卒定蓬火辈送便兵战斗具，毋为虏所萃榑，已先闻知失亡重事，毋忽，如律令。
>
> 十二月辛未，甲渠【居延 278.7C】（图六）

多面体上段书写收件者与传递手段，中间有封泥匣，下段则为文书本

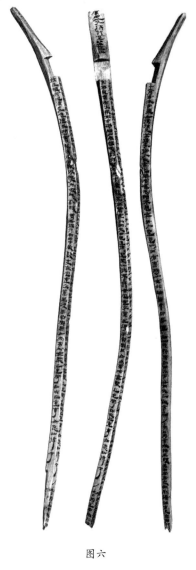

图六

文。概要是甲渠候官之候长、候史报告匈奴入塞之事，居延都尉转发此文，告诫加强警备，居延都尉下的殄北候再转发此文予属下。文书自称为"檄"，檄的形制正是合封检与内文为一，并多为露布；檄所传达的文书内容十分多样，但以"紧急性"与"公开性"为其最大特色。[①] 由本简可知，军事警诫文书可能会以多面体露布之檄，"以次传"至各隧，以遍告周知。本简出自 A10 瓦因托尼，同地有众多形制、内容相似的残片出土。瓦因托尼位于额济纳河流域下游，属殄北候官，"广田至望远"应是殄北候官内的传递路径；殄北候官居汉塞之北端，或因形势紧张，留下众多此类文书。

疑问在于，各隧收到后是否必须抄录一份，再送至下一隧？且撇开书写能力问题，[②]间隔密集之各隧频繁抄录是否符合效率，适宜于传递紧急文书，恐怕是很大的疑问。本简称"以次传行"而非"写传"，各隧应未再制文书，而是同一份文书在各隧之间

① 李均明《秦汉简牍文书分类辑解》，第 103～109 页；富谷至《文书行政的汉帝国》，第一篇第三章；藤田胜久《中国古代国家と情报伝达—秦汉简牍の研究—》，汲古书院，2016 年，第四章。

② 关于隧长是否具备读写能力，可参富谷至《文书行政的汉帝国》，第二编第一章；邢义田《汉代边塞隧长的文书能力与教育——对中国古代基层社会读写能力的反思》，《中研院历史语言研究所集刊》第 88 本第 1 分，2017 年。

传阅。其全长长达 62 公分，富谷至曾探讨文书为何要书写在长大多面又露布的檄之上，提出"视觉简牍"概念，亦即借由简牍形态产生的视觉效果，达到威吓、督励人心的作用。因此，尽管不是所有吏卒都有能力或有机会详读檄上书写得密密麻麻的文字，传递这类形态特异的简牍本身，应即蕴含强烈的提醒信息。当然，如藤田胜久所示，檄上的情报亦会透过口头传达方式彻底告示周知。[①]因隧之间的距离不长，这类警戒的文书可能是以步行传递，但如情况紧急，匈奴已近逼入塞，也会骑马传递。居延新简《塞上烽火品约》中有一条规定：

　　·匈奴人入塞、天大风会及降雨、不具蓬火者，亟传檄告，人走马驰，以急疾为故。【E.P.F16：16】

烽火是最快速的传递敌情方式，唯若烽火无法发挥效用，则执持檄以跑走或骑马方式传相告示。

（八）小结

秦及汉初"以邮行""以县次行"是最主要的文书传递手段，两者皆为步递，然而"以邮行"由邮人传递，邮人居住在邮站所附屋舍，配有田宅，轮流当班以传递文书替代徭役；借由密集设置邮站、随时待命随到随传，而达成高效率之传递。"以县次行"则由县廷另派人手，传递至下一县，每人步行距离较远，故速度较慢，且只要于当日内送出即可。是故"以邮行"是对具重要性、紧急性文书所采取的最佳传递手段，"以县次行"则次之。

汉代传递手段最关键的发展，是马递的重要性逐渐提升。西北汉简及传世文献显示，西汉中期以后"驿马行"至少可连结边地与中央，用

---

① 藤田勝久《中国古代国家と情報伝達—秦漢簡牘の研究—》，第四章。

来传递玺书、上书、军书等最重要文书。① 东汉以后亦在内地普及化与制度化。另一方面，"县次行"也出现马递，可能是以"置"为传递基地。然而，即使"驿马行"与"县次吏马行"皆采马递，因前者设站倍加密集、文书随到随传，速度上仍较后者更胜一筹。透露"驿马行"与"以邮行"在原理上有一脉相承之处。

自秦至汉尚可见"以门亭行""以亭行"等，应是替代或辅助"以邮行"的手段，可连结至不在干道上的官署。而除了这些制度化的传递手段，短距离文书、紧急文书或重要文书亦可能派专人直接送达，有时可乘车或乘马。此外，边境地带的隧也参与文书传递，又可见在一定范围内逐站传递、各站皆须阅览的方式运用。另须注意，传递手段与传递次序不应加以混淆。"以道次行"属传递次序指定，故与"以邮行"等传递手段指定并不冲突。秦代下达通告文书时，习惯指定收件者相互传递，可能会导致混乱，汉代改以上级直接下达为主流。

以长期发展趋势而言，邮、驿在两汉的消长是显著的现象。东汉驿普及化与制度化后，"邮驿"才形成一词，② 而有魏《邮驿令》的出现。往后"邮驿"虽常合称，重点更在于驿，邮则逐渐虚称化。③ 走马楼吴简、郴州晋简中仍可见"邮"的存在，④ 隋唐以后，作为传递机构的"邮"则已消失于历史舞台。

---

① 以下是一些传世文献中的例子。天汉二年（前99）武帝下诏李陵："以九月发，出遮虏鄣，至东浚稽山南龙勒水上，徘徊观虏，即亡所见，从浞野侯赵破奴故道抵受降城休士，因骑置以闻。"（《汉书·李陵传》）征和年间（前92～前89）搜粟都尉桑弘羊与丞相御史奏言："张掖、酒泉遣骑假司马为斥候，属校尉，事有便宜，因骑置以闻。"（《汉书·西域传》）宣帝时丞相丙吉之驭吏"尝出，适见驿骑持赤白囊，边郡发奔命书驰来至"（《汉书·丙吉传》）。

② 陆贾《新语·至德》原作"邮驿无夜行之卒，乡闾无夜召之征"，似汉初已有"邮驿"一词，然宋翔凤据《群书治要》校改为"邮无夜行之卒，乡无夜召之征"，见王利器《新语校注》，中华书局，1986年，第120页。

③《风俗通》曰"汉改邮为置"，由于置、驿皆采马递，有时难以分辨，怀疑应劭只是要强调自步递到马递的变化。

④ 走马楼吴简是三国吴临湘县及临湘侯国文书，年代在东汉建安到吴嘉禾年间，其中有大量"邮卒"的记录。郴州晋简在晋惠帝时期，整理者推测为桂阳郡府文书，其中可见邮及驿、亭的名称、置废、相距里程、吏员等记录。

三、文书处理流程

第一节讨论的文书格式，主要反映机构与机构之间的沟通关系。尽管文书通常以个人名义发信，由于发信者多为一机构之长，文书实际上代表机构的立场。第二节讨论的文书传递，则是文书在机构与机构之间的移动途径。那么，在机构内部，发出之前与接收之后，书写制作阶段与阅读处置阶段，文书的流动发展历程为何？涉及哪些人员的参与？这些作业隐身于文书主体信息之后，却是文书行政运作的关键所在。

第一节所录文书格式，关注文书主体，略去了文书上书写、拆封、收件与发出的记录。收件与发出记录已见上节讨论，书写、拆封则属机构内部处理流程。文书中的非文字信息，如笔迹、字体、墨色、留空等，也透露文书的不同处理阶段与处理者。此外的重要线索还包括封检指定的收件者、收发信记录等。以此为凭借，本节根据里耶秦简、居延汉简与五一广场汉简，复原县级机构内部处理文书的行政运作模式。不少现有研究成果并不区辨机构内部的文书处理与机构外部的文书传递，一并检讨文书效率问题。虽然两者确实为连续流程，一则属于文书内容的处理，一则单纯承载文书的移动，分别讨论应可获得更清晰的认识。

（一）里耶秦简

> 卅二年正月戊寅朔甲午，启陵乡夫敢言之：成里典、启陵邮人缺。除士五（伍）成里匄、成，成为典，匄为邮人，谒令尉以从事。敢言之。【8-157 正】

> 正月戊寅朔丁酉，迁陵丞昌却之启陵：廿七户已有一典，今有（又）除成为典，何律令应？尉已除成、匄为启陵邮人，其以律令。⅃气手。⅃正月戊戌日中，守府快行。

图七

正月丁酉旦食时，隶妾冉以来。丿欣发。
壬手。【8-157背】（图七）

里耶秦简初公布时，胡平生、邢义田曾就此简进行讨论，从而确立了此类简牍的文书构成与阅读次序：①

一、简牍背面左下角的"壬手"，乃对应于简牍正面的启陵乡致迁陵县廷上行文书，意味此文书由壬负责书写（仿宋体 A）。文书由多份文书复合构成之时，背面左下角之"某手"往往对应于正面的第一份文书。

二、背面左上角的"正月丁酉旦食时，隶妾冉以来丿欣发"，是迁陵县廷收到启陵乡文书的记录，记录送达时间、送达者，以及此文书由欣负责拆封（楷体 B）。

三、背面自右起始的文书，是迁陵县廷对启陵乡的回复，由气负责书成（宋体 C）。其下又记录此文书送出时间、送出者（**黑体 D**）。

里耶古城是秦迁陵县所在，此简牍应是迁陵县廷的文书档案，故记录了文书送达县廷、送出县廷的时间、人员，而未记录送出、送达启陵乡的时间、人员。因此，尽管本简牍包含县廷对启陵乡的回复，应是县廷存档，另有一份相同内容的文书（A+C）被送至启陵乡。②

① 邢义田《湖南龙山里耶 J1（8）157 和 J1（9）1～12 号秦牍的文书构成、笔迹和原档存放形式》，《治国安邦：法制、行政与军事》。胡平生《里耶简所见秦朝行政文书的制作与传送》，《胡平生简牍文物论稿》，中西书局，2012 年。
② 回复文书时是否重新抄录一次来文内容？不少回文仅仅在正文中概述来文内容，例如里耶 8-152："卅二年四月丙午朔甲寅，少内守是敢言之：廷下御史书举事可为恒程者，洞庭上帬（裙）直，书到言。今书已到，敢言之。"然而本简 C 部分一则无年份，二则无 A 内容之概述，推测应是重新抄录 A 后再添加 C，启陵乡所收到的文书是 A+C。

里耶秦简所见迁陵县廷文书主要包含三种结构：①

　　甲、送至迁陵县的文书加收文记录（A+B）。

　　乙、从迁陵县送出的文书加送出记录（C+D）。

　　丙、包含送至迁陵县的文书加收文记录，与从迁陵县送出的文加送出记录（A+B+C+D）。

甲类应属正本，即曾发生移动，从他处来到迁陵县廷之简；乙类应属副本，即未曾发生移动，自始至终留在迁陵县廷之简。学界对正本、副本的定义略有歧异，本章是从文书"移动""传达"的本质予以定义。②丙类则情形较为多样。邢义田注意到上引里耶 8–157 的 A、B、C+D 三部分属三种不同笔迹。③很可能是迁陵县廷在收到的文书正本及收文记录之上（A、B），誊录了后续发出的文书及发文记录（C+D），以此存档，亦即同时包含正本与副本。同样的处置，过去在居延汉简中即可见到（如前引 E.P.F22：151）。但如一简之 A、B、C、D 部分笔迹相同、一体抄成，则可能是迁陵县廷重新誊录 A+B 后，加上 C+D 而存档，属完全

---

① 土口史记指出里耶秦简即里耶故城一号井出土简牍绝大多数为迁陵县廷保有文书，但散见少数迁陵县"官"保有文书，见土口史记《里耶秦簡にみる秦代縣下の官制構造》，《東洋史研究》第 73 卷第 4 号，2015 年。吕静、角谷常子对文书结构的分类与本章相似，见吕静《秦代における文書行政に関する考察——里耶秦簡の性格をめぐって》，《東洋文化研究所紀要》第 158 册，2010 年；角谷常子《里耶秦簡における単独簡について》，《奈良史学》第 30 号，2012 年。此外亦可参赵炳清《秦代地方行政文书运作形态之考察——以里耶秦简为中心》，《史学月刊》2015 年第 4 期；张驰《〈里耶秦简（壹）〉所见"往来书"的文书学考察》，《出土文献》第十辑，中西书局，2017 年。

② 秦汉时代文书、簿籍或证明文件已有"真""副"之别，然其区辨方式尚不清楚。以狭义文书而言，甲渠候官出土标示"候尉上书副"之楬，可见留存于原机构者应属"副"。另邢义田指出，一式多份发送时，传递给非主要收件者的文书也属于"副"。相关讨论参见邢义田《汉代简牍公文书的正本、副本、草稿和签署问题》，《中研院历史语言研究所集刊》第 82 本第 4 分，2011 年；邬文玲《简牍中的"真"字与"算"字——兼论简牍文书分类》，《简帛》第十五辑。

③ 邢义田《湖南龙山里耶 J1（8）157 和 J1（9）1～12 号秦牍的文书构成、笔迹和原档存放形式》。

之副本（如里耶 8-135）。

总之，自出土地、收文或发文记录、书写笔迹等线索综合判断，大体可确认文书结构与性质。但实际所见可能较上述更为复杂。若收到文书后同时回复及转传，或未实时收到回复而多次重发，历次记录可能会集中书写在一枚简牍上而存档，此时存档之副本与发出之正本应有较大差异。① 此外，存档时可能会将各简加以编连，如将甲类、乙类简牍编连（如里耶 8-645 与 8-1511），则其性质如同丙类。

文书中记录"某手""某发"的用法和意义，也引起较多关注。首先，不少原释"某手"之处，陈剑据字形指出应释"某半"。如：

> 廿八年八月戊辰朔丁丑，酉阳守丞又敢告迁陵丞主：高里士五（伍）顺、小妾玺余有逮，事已，以丁丑遣归。令史可听书从事。敢告主。 ∕八月甲午迁陵拔谓都【里耶 9-986 正】乡啬夫：以律令从事。 ∕朝手。　即走印行都乡。
>
> 八月壬辰水下八刻隶妾以来。 ∕朝半。　　　　穋手。【里耶 9-986 背】

除字形判然有别之外，"某半"与"某手"在文书中的位置亦不相同。"某半"皆位于背面左侧，接续"某人以来"之后，与"某发"位置相同。陈剑因而论证，"半"义近于"发"，应是分为两半之义，用来表示打开封缄的公文书。② 陈说获得普遍接受，澄清了混淆"手""半"导致

---

① 如下引里耶 9-1861 迁陵县将转发给尉、乡、官文书与回复酉阳县文书同抄于一牍之上，里耶 9-2314 迁陵县将两次收到司空文书与两次转发阆中县文书，以及各自的收文、发文纪录，都抄在一枚牍上。此类情形下"副本"并非正本的原样照录，而是信息的汇整。吕静曾指出"一事多文一牍"时，"其中的每一件文书都是具备独立意义的行政公函，并非籾山明氏所认为的木牍文书中有'主文书''副文书'之别，也非藤田氏所主张的文书由主要文书以及相当于今日网络发信中的'附件文书'组成。然而各个文书的关系究竟是各自独立，或数通文书构成复合文书，恐须视个案而定。见前引吕静文。

② 陈剑《读秦汉简札记三篇》，《出土文献与古文字研究》第四辑，上海古籍出版社，2011 年。

的混乱。然而何以文书中有时用"半"，有时用"发"？邢义田归纳其纪年，指出用"半"者全属始皇廿六至卅一年，用"发"者全属卅一年及卅一年以后，意味秦始皇三十一年左右曾经发生文书用语的变化。[①]检之以《里耶秦简》一、二册，确实可见"半"与"发"在时代上的明显区隔。唯由"半"到"发"的变化，似应发生在卅年年底：

8-1515	卅年十月	死半
8-672	卅年二月	尚半
8-1566	卅年六月	尚半
9-1089	卅年七月	□半
9-982	卅年九月	扁发

当时以十月为岁首，卅年十月至七月之文书尚用"半"，年底九月已用"发"。据此，"发"字或许还可作为里耶秦简文书定年的线索。如：

> 廿六年二月癸丑朔庚申，洞庭叚守高谓县丞：干堇及菅茅善用殹（也），且烧草矣。以书到时，令乘城卒及徒隶、居赀赎责（债）勉多取积之，必各足给县用，复到干草。唯毋乏，它如律令。新武陵布四道，以次传别书，书到相报，不报者，追之。新武陵□书到，署厩曹。以洞庭发弩印行事。【9-1861 正】
>
> 五月乙酉，迁陵守丞敦狐敢告尉、告乡官主：以律令从事，以次传，书勿留。丿夫手。即走辰行。
>
> □□□□□□□□□报西阳日书已到。丿夫手。即司空史郢行。
>
> 五月甲申水下七刻，隶士五（伍）阳□鼠以来。丿阳半。
>
> 瘫手。【9-1861 背】

---

① 邢义田《"手"、"半"、"曰辄曰荆"与"迁陵公"——里耶秦简初读之一》，简帛网 http://www.bsm.org.cn/show_article.php?id=1685，2012 年 5 月 6 日。

本牍用"半"，原释文为"卅六年"，似为上述规律的否证。然而"卅"字在图版中不可得见，检之以复原历朔，始皇卅六年二月甲寅朔，廿六年二月癸丑朔，^①故本简牍年代应为廿六年。对于西阳县传来的洞庭郡文书，迁陵县既传给属下，又回复西阳文书已到，因此在正本中添附了两段文书及送出记录。值得注意的是，洞庭郡文书中指示"署厩曹"，而非"署厩曹发"（详后）。可见，廿六年时可能尚无以"发"表示开封的用法。

"手"字意义亦有较多争议，大体可分为"书手"与"经手"两说，前者认为"某手"之"某"是该文书的书写者，后者则认为"某"是该文书的经办人。后者主要论据为：一、比对同为"某手"的文书笔迹，实不相同；二、居延汉简相同位置为一人至三人之名并列，不可能皆为书写者。^②然而陈伟主编《里耶秦简牍校释（第一卷）》支持书手之说，^③理由为：一、里耶8-756云"有书，书壬手"；二、廪食文书中参与出廪的史、佐与某"手"为同一人。

> 粟米一石二斗半斗。·卅一年三月癸丑，仓守武、史感、稟人援出稟大隶妾并。
> 令史狅视平。感手。【8-763】

《校释》似指前一次出现的"史感"已表示感是经手人，则后一次出现

---

① 参考许名玱《秦历朔日复原——以出土简牍为线索》，简帛网 http://www.bsm.org.cn/show_article.php?id=1871，2013 年 7 月 26 日。

② 主张"经手"者包括：高村武幸《公文書の書記官署名——里耶秦簡·居延漢簡の事例から》，《中国出土资料研究》2005 年第 9 期；汪桂海《从湘西里耶秦简看秦官文书制度》，《秦汉简牍探研》，文津出版社，2009 年；黎明钊、马增荣《试论里耶秦牍与秦代文书学的几个问题》，2010 年；林进忠《里耶秦简赀赎文书的书手探析》，《湖南大学学报（社会科学版）》2010 年第 7 期；赵炳清《秦代地方行政文书运作形态之考察——以里耶秦简为中心》；张驰《〈里耶秦简（壹）〉所见"往来书"的文书学考察》，《出土文献》第十辑。

③ 陈伟主编《里耶秦简牍校释（第一卷）》，武汉大学出版社，2012 年，第 5 页。

的"感手"只能意味由感书写。邢义田、单育辰赞同《校释》之论。①

案，自笔迹判断，已可否定"手"为执笔亲书者。"手"应为文书经办人，亦可理解为文书作成者，唯对文书内容负责，而非对文字书写负责。转传文书时皆抄录前一份文书由"某手"，而不抄录"某人以来""某发"等信息，正因"手"者是该文书发文者之外的关键人物。里耶 8-756"有书，书壬手"，强调文书由壬作成，即是明确文书负责人，以保证文书可靠性。出廪文书中的"某手"亦指文书经办者，与出廪者的意义不同。除里耶秦简之证，岳麓书院藏秦简奏谳案例亦提供理解"手"的重要线索，节录如下：

> ·廿五年六月丙辰朔癸未，州陵守绾、丞越敢谳（谳）之……【岳麓三案例一，简1】
>
> 五月甲辰，州陵守绾、丞越、史获论令癸、琐等各赎黥，癸、行戍衡山郡各三岁，以当法，先备赎，不论沛等。监御史康劾以为不当，钱不处，当更论，更论及论失者言夬（决）。……
>
> 敢谳（谳）之。【岳麓三案例一，简13～23】
>
> 廿五年七月丙戌朔乙未，南郡叚守贾报州陵守绾、丞越……有律，不当谳（谳）。获手。其赀绾、越、获各一盾，它有律令。【岳麓三案例一，简25～30】

州陵县之判决遭监御史举劾为不当，州陵县因而就此案提出上谳，并自请是否得罪。南郡认为本案适用律令明白，不应上谳，州陵县判决不当，须对州陵县官吏加以惩处。遭惩处的州陵县官吏共有三人，分别是州陵县代理令守绾、丞越以及史获。三人既是审理者，亦是上谳文书的具名者——绾、越是发文者，获则是"手"者。南郡回复清楚说明获得罪原因在于"获手"，可见"手"绝非仅是书写文字之义，其责任不下

---

① 邢义田《"手"、"半"、"曰棓曰荆"与"迁陵公"——里耶秦简初读之一》。单育辰《里耶秦公文流转研究》，《简帛》第九辑，上海古籍出版社，2014年。

于发文者。此例之"手"者实际上参与治狱。

在上谳文书中担任"手"的身份为史。里耶秦简"手"或"半"、"发"者不标示职称，据鲁家亮研究，其身份应是令史，也应包括令佐。[①]令史、令佐为县令之史、佐，所谓"县廷"即由县令、县丞与令史、令佐共同组成。[②] 然《迁陵吏志》（里耶 7-67+9-631）中未见令佐，令佐的属性较不清楚，故当前讨论集中于令史。《迁陵吏志》作成之时，迁陵县共有二十八名令史，其中十名因公外出，十八名在官署。这十八或二十八名令史如何分配工作？学者注意到令史须"直曹"，即分曹承担不同职事。迁陵县之曹主要有令曹、狱东曹、狱南曹、吏曹、户曹、仓曹、金布曹、司空曹、尉曹、兵曹等。唯曹并非固定组织，似会因业务需求而变化，令史亦不严格归属于某曹，可以弹性流动调整。郭洪伯认为曹是保存某类文书的场所，处理某类事务时到该曹当班；土口史记强调曹是处理文书出纳、统计、保管的拟态单位。可知令史的重要职责在于"主书"（《续汉书·百官志》），而此一职责是通过分曹的形式实现。[③]

上个世纪末面世的张家山汉简《奏谳书》中，可见"署某曹发"之语：

> 疑毋忧罪，它县论，敢谳（谳）之。谒报，署狱史曹发。【案例一，简6～7】

---

① 鲁家亮《里耶秦简所见秦迁陵县的令史》，《简牍学研究》第七辑，甘肃人民出版社，2018年。邹水杰亦指出收发文书大多为令史，少数为令佐，见邹水杰《简牍所见秦代县廷令史与诸曹关系考》，《简帛研究二〇一六》春夏卷，广西师范大学出版社，2016年。

② 青木俊介指出所谓"县廷"的构成员包括县令长、县丞与令史，见《里耶秦简に见える県の部局組織》，《中国出土资料研究》2005年第9期。

③ 曹与令史研究主要有：仲山茂《秦漢時代の「官」と「曹」：県の部局組織》。青木俊介《里耶秦簡に見える県の部局組織》。郭洪伯《稗官与诸曹——秦汉基层机构的部门设置》，《简帛研究二〇一三》，广西师范大学出版社，2013年。孙闻博《秦县的列曹与诸官》，《里耶秦简博物馆藏秦简》，中西书局，2016年。土口史记《里耶秦簡にみる秦代縣下の官制構造》。土口史记《秦代の令史と曹》。邹水杰《简牍所见秦代县廷令史与诸曹关系考》。如诸研究所示，除"曹"之外县辖下还有各种"官"，相较于"曹"属县廷，"官"则是较为外围的机构。

　　　　疑媚罪，它县论，敢瀘（谳）之。谒报，署中膺发。【案例二，
　　简 15】

　　　　疑武、视罪，敢瀘（谳）之。谒报，署狱西膺发。【案例五，
　　简 48】

当初未能明白其义，即使正确理解"发"指开封，亦以为"署某曹发"
乃开封之后所书写的开封记录。① 里耶秦简公开后，才理解"署某曹发"
不是文书送达后的开封记录，而是文书内容的一部分：

　　　　四月丙午朔癸丑，迁陵守丞色下少内：谨案致之，书到言，署
　　金布发，它如律令。∕欣手。∕四月癸丑水十一刻刻下五，守府快
　　行少内。【8-155】

"署金布发"在文书结束语"它如律令"之前，可知为迁陵丞致少内下
行文书内容。无论《奏谳书》或里耶秦简，"署某曹发"都接续于"谒
报"（上行文书用语）、"书到言"（下行文书用语）即请求／要求回报之
后，显示"署某曹发"应理解为"署'某曹发'"，即指定回报时注明由
某曹开封。② 近来刊布之岳麓秦律令展现了"署'某曹发'"之法源：

　　　　兴律曰：诸书求报者，皆告令署某曹发，弗告曹，报者署报书
　　中某手。告而弗署，署而环（还），及弗告，及【肆 0798/281】不
　　署手，赀各一甲。【肆 0794/282】

---

① 如汪桂海《从湘西里耶秦简看秦官文书制度》；宫宅洁《秦汉时期的审判制度——张
　家山汉简〈奏谳书〉所见》，杨一凡主编《中国法制史考证·丙编》，中国社会科学出
　版社，2003 年，第 287～322 页。
② 最早采此理解似为里耶秦简讲读会《里耶秦简译注》，《中国出土资料研究》2004 年第
　8 期，说明见于成员个人著作：籾山明《湖南龙山里耶秦简概述》，《中国古代诉讼制
　度研究》；高村武幸「発（ひら）く」と「発（おく）る」——簡牘の文書送付に関
　わる語句の理解と関連して》，《古代文化》第 60 卷第 4 号，2009 年。

要求回报之文书必须明白告知回报给哪一曹，如未告知则回报给"手"者；收发信双方若不符合规定，皆须承受处罚。[①] 里耶秦简中正可见众多"署'某曹发'"之封检：[②]

> 迁陵以邮行
>
> 覆曹发·洞庭【里耶 8-2550】

在封检上指明由某曹开封的文书，当在开封之前就被交付该曹的直曹令史。除未指明某曹的文书之外，县廷似并无统一的收件处置窗口，一开始就进行分流。文书中之"某半""某发"，所见人名很可能即该曹的直曹令史。令史开封之后，应进行归档、统计等处置，或视需要转发、回复给相关单位。籾山明关注里耶秦简中的标题简（编连或捆绑于简牍之上）与标签简（绑缚于收纳简牍的箱子上），揭示文书、簿籍的收纳方法与工作流程。标题简，如：

> ■书下官须报束　尉曹【9-130】

标签简，如：

> 卅年十月尽
>
> 九月群往来书
>
> 已事仓曹
>
> 笥【8-1777+8-1868】

---

① 律文解读可参青木俊介《岳麓秦简「興律」の開封者通知に関する規定》「中国古代簡牘の横断領域の研究」http://www.aa.tufs.ac.jp/users/Ejina/note/note23(Aoki).html，2017 年。

② 亦可见仅书写"某曹"而无"发"字之封检，如里耶 8-242"廷吏曹"，其年代可能在始皇三十年底以前。

又如：

> 卅二年十月
> 以来廷仓
> 司空曹已
> 计【9-1130】

相关简牍会进行编连或捆绑成束，再放入箱子内，标题简与标签简正用以标示其内容属性与处理阶段。其上所书"须报"指尚待回报，"已事"指办理完毕，"已计"指统计完毕。随着处理阶段变化，简牍应会被附上不同的标题、标签，或移动到不同箱子内存放。[1] 这些标题、标签中常见某曹字样，文书应是以曹为单位处理及保管。如里耶8-1777+8-1868所附着之箱子应收纳仓曹三十年一整年已经处理完毕的各种往来文书。亦有如里耶9-1130仓、司空二曹文书并置之例，可能由于其中所统计之文书关涉二曹业务。

令史开封后如发现需要转发或回复，则以"手"的身份作成迁陵县廷文书，加以转发或回复。其例已屡见上引。开封与作成转发、回复文书应属连贯流程，皆由该曹令史负责。分析迁陵县转发或回复的丙类文书，来文的开封者与去函的经手者，有一半以上确属同一人物（如上引里耶9-984）。其中有不少是于当日立即转发或回复，但亦有拖延甚久者。如来文的开封者与去函的经手者不同，可能由于直曹令史不止一人、拖延较久已人事异动、未指定开封者、开封以后发现并非自身业务范围等原因。无论如何，文书中须标示"手"，正因"手"是必须负起责任的实际经办者。然而，尽管文书是以曹为单位、由令史完成，发出县廷时只能以长吏为名义人，用长吏印信封印，如：

---

[1] 籾山明《简牍文书学与法制史——以里耶秦简为例》，柳立言主编《史料与法史学》，中研院历史语言研究所，2016年。

尉曹书二封，迁陵印，一封诣洞庭泰（太）守府，一封诣洞庭尉府。

九月辛丑水下二刻，走□以来。【里耶 8-1225】

上节已引的此类传递纪录显示，尽管被称为"某曹书"，乃是盖上迁陵之印（即迁陵令之印）或迁陵丞之印，曹或令史并无独立印信。文书名义上的收信人与发信者，只能是令或丞。

许多学者注意到，迁陵县发出的文书多由丞或守丞具名，由县令具名的文书甚少，认为反映"丞署文书"（《续汉书·百官志》）之制。不过，恐怕须考虑迁陵县当时不一定有县令。里耶 9-633《迁陵吏志》中纪录"长吏三人，其二人缺，今见一人"，可知其时令、丞、尉仅存其一。① 但令、丞或其代理人皆具备独立代表一县发出文书之权力，当无疑问。里耶秦简中有如下例证：

廿七年十二月丁丑朔朔日，迁陵拔敢言……□迁陵兴、尉瞫将吏□

丞阴吏卒在郫中死，当置后，上诊牒，即□……燔券书，毋以智（知）□□

□县里卒皆故属司马媱、夷道尉得。今……籍移迁陵。·今媱报迁□

□夷道尉得、州陵尉狷官，谒令得、狷以书……□夜移卒乘迁陵□

□□□为报，署书到、起时，以邮行。敢言□【9-705+9-1111+9-1426 正】

□迁陵守丞敦狐敢言之：写……之。╱庆手。 即旦，夷□

十二月癸巳，迁陵拔敢言之：写重。敢言……手。╱即水下三刻，行夷□□

────────

① 目前可考的迁陵县令仅有拔，任职于秦始皇二十六年至二十八年之间。

☑寅水十一刻刻下一，士五（伍）胸忍……行☑【9-705+
9-1111+9-1426背】

本简残缺，大致是迁陵令拔先就死亡吏卒之继承人一事发出一封上行文
书，似未收到上级回复，由迁陵守丞敦狐重新发出，其后迁陵令拔又再
次发出第三次。文书由令或丞具名皆可，两者之间未必有明确的分工。[①]
丞的出现频率较高，也可能由于例行性事务多由丞代其劳。

令、丞是县廷的中枢，也是县廷文书名义上的收发信人。但文书实
际经办人无疑是令史：

廿八年八月戊辰朔丁丑，酉阳守丞又敢告迁陵丞主：高里士五
（伍）顺、小妾玺余有逮。事已，以丁丑遣归。令史可听书从事。
敢 告 主 。【里耶 9-986 正】

这份酉阳县传来的平行文书虽以迁陵丞为收文者，却直言"令史可听
书从事"，显示双方都十分清楚文书将由令史进行处置。那么，令、丞
在文书行政中的角色为何？各曹令史在开封、处理、转发或回复的过
程中，是否须向令、丞报告，取得令、丞的授权或指示之后，才得以
令或丞的名义发出文书？遗憾在秦简中全然无法检得相关线索。高村
武幸认为，秦代令、丞是以口头下达指令，并接受属吏的口头报告，[②]
是故未留下痕迹。那么，这种口头沟通是在何种场景中进行？是令、
丞与令史的定期集会，或令史个别私下奏事？秦代县廷组织庞大，《迁
陵吏志》中在署的令史即有十八名，却看不出彼此间的阶序关系，[③]未

① 沈刚引用睡虎地、岳麓秦律令之例指出秦代令、丞职责大致相同，但仍认为县令是最
　高长官，拥有决策权。沈刚《秦县令、丞、尉问题发微》，《出土文献研究》第十七
　辑，中西书局，2018年。
② 高村武幸《中国古代文書行政における書信利用の濫觴》，《秦漢簡牘史料研究》，汲古
　書院。
③ 学者指出"主吏""吏曹"可能是功曹的前身，"主令""令曹"可能与县廷中枢有较
　密切关系，然而无从看出在文书上的主导统筹地位。

知是否有属吏之长或特别亲近的属吏？令、丞如何掌握各曹的行政业务及进行政务商讨与决策？总之，秦代官署内部运作目前仍有许多待解之疑。推测汉代以后的发展，在于内部文书形式的发展、签署的出现，以及属吏的分化。

（二）居延汉简

通称之"居延汉简"出自汉代张掖郡下居延都尉府与肩水都尉府辖区内，都尉府、候官、隧、关等遗址所在地，尤以候官文书为大宗。学者指出候官的行政层级与县相当，可据以复原县之行政运作，[①] 唯两者的业务性质、组织结构应仍有所差异。在此将焦点置于候官、县层级的文书处理流程，以便与里耶秦简迁陵县、五一广场汉简临湘县进行对照。

居延汉简与里耶秦简的一大差异，在于文书多数书写在单行或双行细长简上，数简编连成册。出土时编绳已失，能够复原为完整文书者仅为极少数，因此不易进行文书整体布局分析。文书"经手人"经常书写于简背，与里耶秦简一脉相承，[②] 但似亦可径书于文书本文之下。汪桂海指出里耶秦简所见"某手"形式一直延续到文景时代，武帝以后则不可得见。[③] 居延汉简之经手人格式为职名加上人名，一至数人并列，末尾无"手"字。上节所引《元康五年诏书册》显示各级官署皆如此。候官、县级官署之具名经手者主要包括掾、令史、尉史、佐，既有一人独列，亦有各种组合，如：

> 永始二年五月乙酉朔丙午，甲渠鄣候护敢言之：【居延新
> E.P.T4：81A】
> 掾林、令史谭、尉史临□【居延新 E.P.T4：81B】

① 永田英正著，张学锋译《居延汉简研究》，广西师范大学出版社，2007 年。
② 常书背面最左侧，亦即首简简背，如 57.1，但非必然如此。
③ 汪桂海《从湘西里耶秦简看秦官文书制度》，《秦汉简牍探研》。

其中尉史仅见于候官，佐主要见于县，[1] 整体而言以掾加令史的组合占最大宗。纪安诺（Enno Giele）认为，数人共同具名可能由于文书制作过程属团队合作，具名者间有拟稿、抄写、校对、制作副本等分工；以共同具名承担连带责任，将可收相互牵制、防止卸责之效。[2]

至于开封记录，居延汉简只有少数文书直接记录于来文之上，如：

> 居摄二年三月甲申朔癸卯，居延库守丞仁移卅井县索、肩水金关：都尉史曹解掾葆与官大奴杜同俱移簿大守府，名如牒，书到，出入，如律令。【肩水金关 73EJT8：51A 】
>
> 居延库丞印　啬夫当发
> 君门下　掾戎、佐凤【肩水金关 73EJT8：51B 】

且与里耶秦简仅为"某半""某发"不同，除记录开封者之外还包含开封场景，大多数为"发门下""发君前""白发"等，应指在长官面前开封，亦有"君发""候自发"等长官自行开封之注记。[3] 一般开封记录通常另以简牍登录：

> 书二封橐三　其一封居延井候　十月丁巳尉史蒲发
> 　　　　　　一封王宪
>
> 　　　　　　　　　　　　　　　　　　【居延 214.51 】
>
> 书三封橐一　其一封居延都尉章　一封孙根印　十二月丁丑掾博奏发
> 　　　　　　一封广地候印
>
> 　　　　　　　　　　　　　　　　　　【居延新 E.P.T51：81 】

---

① 甲渠候官无佐，肩水候官似由于邻近肩水金关，金关之啬夫与佐亦会成为文书经手者。

② Enno Giele "Signatures of 'Scribes' in Early Imperial China", Études Asiatiques (Bern) 59: 1.2005, pp.353-387.

③ 亦见"发行事""行事发"等，"行事"应指代行长官之事者。此外肩水金关汉简中尚有"发关"，未知是否与"发门下"相对。

其格式是分三栏书写，首栏记收到的文书类别及数量，次栏记文书上的封泥印文，即寄件者信息，末栏则记开封的日期及人员。所有文书在收件、开封时可能皆须作此纪录，这些记录再编连成册，加上年份等标题而存档。负责开封的人员包括掾、令史、尉史等，与文书经手人相同。开封有时仅记"发"，有时则记"奏发"或"白发"，"奏发""白发"应指上奏、报告而后开封，与"发门下""发君前"意义接近。在长官面前开封或长官自行开封等情形或较为特殊，故有必要特别注记。但除有些文书在封检上即指定须在长官面前开封（如居延55.1）或由长官亲自开封（如居延新 EPT51：440）外，如何开封是否存在制度规定不得而知。

秦代长官与属吏的口头沟通如船过水无痕，汉简则有较丰富的文字性材料，可以检讨在机构内部的处理流程中，长官与属吏之间如何呈报与指示，从而分别扮演文书发信人与经手人，共同以机构立场对外发出文书。在此可举出下列三种材料：

1. 文书本文上的批示

若干来文上有别笔书写的处置意见，应是长官阅览文书后所作的指示。

> 建武三年三月丁亥朔己丑，城北隧长党敢言之：乃二月壬午病加两脾，雍种，匈胁支满，不耐食【居延新 EPF22：80】饮，未能视事，敢言之。【居延新 EPF22：81】
>
> 三月丁亥朔辛卯，城北守候长匡敢言之：谨写移隧长党病书如牒，敢言之。
>
> 今言府请令就医【居延新 EPF22：82】

在候长转抄上呈的隧长病书之上，有别笔之"今言府请令就医"数字，应为甲渠候之指示。属吏当据此指示，制作上呈都尉府之文书。然而邢义田分析此数字笔迹后指出，此数字应非甲渠候手书，可能是由一位尉史代批。^①其说可从，但与其说是属吏自行批示，属吏承甲渠候的口头指示而代书此数字的可能性恐怕更高。下例可以为证。

> 建始元年三月甲子朔癸未，右后士吏云敢言之：乃十二月甲辰受遣，尽甲子，积廿日食未得，唯官移【居延 284.1】城官致，敢言之。

> 以檄报吏：残日食皆常诣官廪
> 非得廪城官【居延 284.4A】

> 董云　　　　　　　　　令史博发
> 三月丙戌肩水库啬夫鱼宗以来　君前【居延 284.4B】

此简册是被派遣至城官（都尉府）的士吏云致送肩水候官的上行文书，表示自己未领到派外期间的食粮，希望候官能将证明书"致"送到城官。文书本文下有别笔批注"以檄报吏：残日食皆常诣官廪，非得廪城官"，意为交代发"檄"回报该吏，剩余的食粮皆回候官领取，无法在城官领取。批注文字与简背开封文字"令史博发君前"等字迹接近，疑为同一人所书。合理设想令史博在肩水候前开封后，随即口头报告文书内容，肩水候以口头下达指示，令史博再于文书上笔录指示。

2. 奏书简

居延汉简中可检得一类"奏书简"，^②以横幅较宽的简牍书写，文字集中于右上部，格式为"属吏职名加人名＋奏／上／白＋文书名"。如：

> 掾平奏发书【居延 70.14】（图八）
> 令史忠见上府书□【居延 76.19】（图九）

---

① 邢义田《汉代简牍的体积、重量和使用——以中研院史语所藏居延汉简为例》，《治国安邦：法制、行政与军事》。
② "奏书简"及以下"白事简""教字简"之称，取自仲山茂《漢代における長吏と属吏のあいだ》。

图八 图九 图十

推测是属吏开封文书后，将此简牍编缀在该文书之后，再上呈长官。采较宽简牍但仅书写于右上部一角，应是为了留下供长官批示的空间。居延76.19简左侧确实可见别笔大字，很可能为长官所书。此外还有形制相同，但文字信息更为丰富之例，如：

> 史冯白：吞远候长章檄言："遣卒范诩、丁放、张况诣官"，今皆到。·奏发书檄。
>
> 皆见【居延新 EPT59：36】（图十）
> 因律：告劾毋轻重，皆关属所二千石官【居延新 EPT10：2A】
> 第七隧长宗白奏封【居延新 EPT10：2B】

除制式的"属吏职名加人名＋奏／上／白＋文书名"外，属吏或概述文书内容，或提示相关规定，或作现况报告等，以供长官批示时参考。居延新 EPT59∶36 所见别笔大字应即批示文字。

　　而除添附于来文，此类奏书简亦会添附于属吏所拟草稿后呈上，如：

　　　　掾褒奏草【居延 286.18】

长官可于此处批示对草稿的意见。

3. 白事简及教字简

　　另有若干含"白""教"或"告"字的简牍，尽管因简册散乱难以复原原貌，判断应属机构内部长官与属吏间沟通的遗存。属吏报告如：

　　　　掾寻白：第十守候长丰诣官廥□【居延新 EPT59∶443】

掾以文字形式进行报告，但内容相当简要。东汉以后发展出制式化的"白事文书"，如第一节所见。

　　长官下达指令则以"教"字为特色：

　　　　教：若（诺），到方议罚。【居延新 EPF22∶558】（图十一）

　　　　教：若（诺），以候长素精进故，财适五百束，【居延新 EPF22∶574A】以记过候长，罚便诣部。【居延新 EPF22∶574B】

这类简牍在简头中央书写较小而工整的"教"字，其下之字则大而潦草。"教"指长官的教令，应为属吏事先写好，长官可于"教"字之下批示意见。书写"若（诺）"字代表同意属吏所奏，

图十一

文献中称为"画诺"。居延汉简中的"若（诺）"字已趋于符号化，导致过去未能正确释出此字。[①]

下列文书未见事先写好的"教"字，而以"告"为行文关系语，则可能是长官主动以文书向属吏交代事务：

> 告掾王平：尉常书言廪吏卒验毕，今不见【居延178.10+190.16】（图十二）
> 甲渠候告主官掾商：白府已，急诣官。所留韦即难得，即【居延264.8A】□□□□□□【居延264.8B】

其形态为单行简，书写较大的草体字，几乎皆以"掾"为告之对象。

高村武幸认为秦代长官接受口头报告，再下达口头指示的方式缺乏效率，因而其后自然产生属吏提出简单文书，长官再以简单文书裁决的方式，此处展现了秦汉文书行政成熟程度的差异。[②] 然而，口头沟通与文书沟通，恐怕不必然是简单的取代关系。以上三种文字传达形式，可能是长官独自进行阅览或批示，也可能是属吏在上呈文书的同时进行口头报告。在后者的情境下，也有长官自行批示或属吏承口头指示代书批示两种可能性。邢义田怀疑批示甚至画诺皆由属吏代劳。长官全然授权属吏做主的可能性自然不能排除，尤以例行性事务为然。不过据史书记载，汝南太守宗资委政于功曹，时人谣曰"南阳宗资主画诺"，黄盖以文书事委任两掾，"两掾所署，事入诺出"，可见在大多数情形下，长官至少须承担橡皮图章的功能。

图十二

长官下达指示后，属吏应进行文书拟稿。多数例行性文书大概无须进行上述"奏草"程序。那么，本机构文书发出前，长官是否进行阅览

---

① 最早似由仲山茂释出，见《漢代における長吏と属吏のあいだ》。
② 高村武幸《中国古代文書行政における書信利用の濫觴》。

及确认？此实涉及"签署"与"用印"问题。文书"签署"是个十分复杂而难解的课题。大庭脩首发其端，注意到文书发信人名与日期有别笔书成的情形，如：

建武四年十一月戊寅朔乙巳，甲渠鄣守候博叩头死罪

【居延新 E.P.F22：126A】（图十三）

掾谭【居延新 E.P.F22：126B】

主张六百石以上高官在文书上亲笔书写己名，以此赋予文书权威，使其发生效力；因而若全文由书记官同笔写成，应属未发送之副本，留空则可能是草稿。[①] 其后角谷常子、富谷至、邢义田、土口史记等学者皆延续此课题。[②] 其中争议的关键在于：

1. 人名由别笔书写是否即是"签署"？

2. "签署"是否在文书正本上进行？

根据当前所见材料，首先可提出以下观察：

1. 能确认人名由别笔书写之例，实际上不多，且几乎皆见于未发送之"副本"上。[③] 别笔书写的同一人名，笔迹有同有异。

2. 名字或日期留空之例，相形之下常见，且并见于"正本"及"副本"上。

土口史记推敲，当长官出缺、不在，发信人无法确定时，

图十三

---

① 大庭脩《试论文书简的署名与副署》，《汉简研究》，广西师范大学出版社，2003 年，第 205～224 页。

② 角谷常子《秦漢時代の簡牘研究》，《東洋史研究》第 55 卷第 1 号，1996 年，第 211～224 页。富谷至《亲笔签名与副本撰制》，《文书行政的汉帝国》，第 175～181 页。邢义田《汉代简牍公文书的正本、副本、草稿和签署问题》。土口史記《木札が行政文書となるとき—木簡文書のオーソライズ》，《木簡と中国古代》，研文出版，2015 年，第 91～149 页。

③ 若干出自肩水金关遗址（A32）由肩水候发出的文书上有别笔书名的现象，似反映正本上亦有签署。但肩水金关与肩水候官（A33）遗址仅相距五百余米，且如郭伟涛所示，肩水候似有时驻在金关，故此类简牍不见得是正本。郭伟涛《肩水候驻地考》，《肩水金关汉简研究》，上海古籍出版社，2019 年。

图十四

会先留下空栏而做成草稿，待确定后再填上名字；书记官重新誊录其内容，作为正本而发出，填补名字的草稿则转化为副本存档；因而人名别笔的现象，实际上只是一种"情报追加"，并无赋予文书权威的作用。此一"情报追加"说，能够解释何以亦有日期留空或别笔的现象，以及何以别笔书写的同一人名笔迹不一定相同。

不过，当时是否全然没有"签署"的意识、意图？下例可据以检讨。

建武四年五月辛巳朔戊子，甲渠塞尉放行候事敢言……谨移四月尽六月赋钱簿一编敢言之。【居延新E.P.F22：54A】（图十四）

掾谭【居延新 E.P.F22：54B】

此文书应分三次书写，第一次书写时将日期与发信者留空，富谷至指出应由于甲渠候不在，由谁代理尚未明朗，发信日期亦无法确定。其后加上"戊子""塞尉""行候事"数字，唯将人名处留空。"放"字应属第三次书写，其字体明显较"塞尉""行候事"诸字为大，略叠压于"尉""行"字之上。书写"塞尉""行候事"之时，显然已知代理人为谁，何以特意不书其名？书写"放"字时将其加大，难道无"签署"的意味在其中？邢义田认为署名可能由属吏代劳，长官不一定亲笔签署。[①]但不论是否是亲笔，刻意将人名与其他部分区隔开来，代表写上人名一事具有特殊意义。

土口史记亦承认"情报追加"说无法解释所有情况，但由于别笔书名几乎皆存在于副本，他怀疑副本有何借签署而权威化的必要性。对此，文献记载的诏书发布程序可提供参考。汪桂海指出汉代诏书由尚书起草，草

---

① 邢义田《汉代简牍公文书的正本、副本、草稿和签署问题》。

案须经皇帝"以朱钩施行",即阅览同意后划上朱钩,诏书方才生效。尚书据此重新缮写,以皇帝玺印及尚书令印共同封印后发出,经皇帝画朱钩之定本则留宫中存档。① 地方官属之文书处理流程或与之相仿。属吏拟定草稿时于长官名处留空,长官阅览后于上署名,意义可能等同于皇帝之画朱钩,代表同意所拟、文书生效,属吏再据之重新誊而后发出。因此在草稿上签署,应具有内部赋予权威的意义。② 邢义田据五一广场东汉简、走马楼吴简阐明,签署确实发生在草案之上,属内部作业程序的一环。③

发出之正本须重新誊录,故不见签署痕迹,然而自正本上的留空现象,亦可推敲签署之规范。

十一月壬子长安令　守左丞起移过【居延 218.34】

建平元年十一月甲辰,居延令彊、守丞　移过所县道河津关遣守【肩水金关 73EJT37：1202】

十二月己卯居延　守丞胜移甲渠候官：候所责男子寇恩事,乡置辞,爰书自证,写移书到,□□□□□辞,爰书自证【居延新 E.P.F22：34】

这些来自外地的文书,应属正本或正本之抄录件。何以正本上出现发信者名留空的现象让人感到不可思议。然而仔细观察人名留空之例,皆为主官与副官联名发信,且其中仅一人之名留空,尤以主官名留空为常。与其视为出缺,主官、副官仅须一人签署文书即可生效的可能性更高。亦即属吏撰写文书时在主官、副官之名处留下空白,交由其中一人签署,属吏再誊录为正本后发出。而至少部分属吏不会补写另一长官之

---

① 汪桂海《汉代官文书制度》,第 112～119 页。

② 李均明已指出,首长签名在"定稿"之上,定稿留存于发文机构内,通行之正本则按定稿复制,见李均明《秦汉简牍文书分类辑解》"稿本",第 136～140 页。邢义田在《汉代简牍公文书的正本、副本、草稿和签署问题》一文亦提出此看法,但该文结论仍以为有签署者为发出之正本。

③ 邢义田《汉晋公文书上的"君教诺"——读〈长沙五一广场东汉简牍选释〉札记之一》,简帛网 http://www.bsm.org.cn/show_article.php?id=2638,2016 年 9 月 24 日。

名，依其原貌誊录，因此出现正本上人名留空的现象。留空以主官名为常见，应反映例行性文书多由副官签署。

除发信人外，文书上具名的经手人也有别笔书写的现象，但例证甚少，未能确认意义。较值得注意的是副本、正本上亦可见掾名留空：

九月甲戌甲渠候 下尉、谓第四候长宪等：承书从事，下当用者，如诏书，书到言。 掾 兼尉史严【居延新 E.P.F22：452】

六月己未，长安守右丞世移过所县邑：毋苛留，如律令。 掾 令史奉【肩水金关 73EJT37：1076A】

纪安诺认为或由于其时掾出缺不存，或由于掾须确认文书内容后署名。[①] 如为前者，表示掾列名属吏之首已成固定格式，如为后者，代表掾亦须签署。[②] 无论何者，对比其他属吏之名不见有留空现象，反映掾在属吏中居于特殊地位。自五一广场东汉简丞、掾签署再呈请长官画诺的情形来看，掾须签署的可能性不低。

上引"告主官掾"文书显示掾是候交代政务的对象，而出土书信不少与掾有关（如第一节所引居延 157.10），也透露掾是实际协调处理政务的关键人物。尹湾汉简吏员簿（YM6D2）不见掾，仲山茂指出令史、啬夫、尉史、佐等是代表个人官秩的"一次的等级"，掾、史则是就职于列曹、门下时所获的"二次的等级"；西汉后期以降，伴随掾、史之制普及，有必要凸显掾较史高级的地位，因而文书署名出现掾。[③] 李迎春亦认为属吏是先有级别再有职位，他以甲渠候官中的"掾"就是"主官令史"为例，指出掾乃从令史中选取；掾的意义是部门主管，与史级别相同，但自职位获得的权力、地位高于史。[④] 候官人员有限、组织单纯，应只有一名主官掾。但郡、县分曹治事，

---

① Enno Giele "Signatures of 'Scribes' in Early Imperial China".
② 邢义田指出掾签署应先于郡候签署，《汉代简牍公文书的正本、副本、草稿和签署问题》。
③ 仲山茂《漢代の掾史》，《史林》第 81 卷第 4 号，1998 年，第 67～100 页。
④ 李迎春《秦汉郡县属吏制度演变考》，北京师范大学博士学位论文，2009 年，第 126～139 页。

各曹均有掾、史。单称"掾"而居于经手属吏之首者，在县级机构应指廷掾，郡级机构应即五官掾。严耕望将汉代县令长之属吏分为纲纪、门下、列曹三大类，纲纪总揽内外众务，门下则为亲近秘书之官。[①] 纲纪与门下在西汉中后期以后渐趋成形。廷掾、五官掾属纲纪，在属吏中居于领头地位。

总之，基层属吏拟稿后，可能须先经高级属吏掾，再经长吏令长、候或丞的签署，重新誊录然后发出。发出时如同里耶秦简，以长吏之印封印，用印之长吏应即签署文书之长吏：

> 九月戊辰，居延都尉汤、丞　谓甲渠：如律令。∣掾弘、兼属骏、书佐晏。【居延新 E.P.T50∶16A】
>
> 居延都尉章　　即日行事发
> 甲渠
> 九月辛未第七卒便以来【居延新 E.P.T50∶16B】

本简似将封检上的信息转抄文书之背，留下可相对照的线索。文书上仅有居延都尉之签署，亦是以居延都尉之印封印。但实际操作封印者应为属吏，须对封印之事加以记录：

> 第廿三候长赵佣责居延骑士常池马钱九千五百移居延收责重。·一事一封。十一月壬申令史同奏封。【居延 35.4】
>
> 移居延第五隧长辅迁补居延令史即日遣之官。·一事一封。十月癸未令史敞封。【居延 40.21】

每次封印皆以一简记录，先摘要文书之旨，再记几事几封，最后则是封印日期及封印者。这类记录应也会编连存档。几事几封以"一事一封"

---

① 严耕望《中国地方行政制度史·甲部·秦汉地方行政制度》，讨论县属吏见第221～231页，郡属吏见第108～146页。

最常见，又有"一事二封""一事集封""二事二封"等，疑几封表示同样内容文书的发出份数。属吏"封"与"奏封"之别，可能在于是否于长官面前加上封印。但由于印绶是官吏身份的象征，除免官或死亡原则上不离该官吏之身，[①] 属吏封印时应不会距离长官太远。长官有事离开机构须将官印一同携离，此时需交代代理人，由代理人以其本官印或私印封印，并在文书中加以说明。[②] 可以说签署是机构内部赋予文书权威的凭借，用印则是在机构之外赋予文书权威的凭借。

图十五

（三）五一广场东汉简

五一广场汉简年代在东汉早中期，目前公布者主要为临湘县文书。书写于两行、采编连形式的正式文书首简简背，经常可见条列用印、送达、开封者信息，格式如下：

> 永初二年闰月乙未朔廿八日壬戌，领讼掾充、史凌叩头死罪敢言之：女子王刘自言永元十七年四月不处日，刘夫盛父诸令盛赎母基持刘所有衣凡十一种，从【CWJ1 ③：325-5-9 正，选释 70】
> 　领讼掾葛充名印
> 　　　　　　　　史　　白开
> 闰月　日　邮人以来【CWJ1 ③：325-5-9 背，选释 70】（图十五）

学者比对正反两面笔迹，指出简背文字应由发信

---

① 米田健志《漢代印章考》，冨谷至编《邊境出土木簡の研究》，朋友書店，2003年，第297～340页。

② 侯旭东《西汉张掖郡肩水候系年初编——兼论候行塞时的人事安排与用印》，《简牍学研究》第五辑，甘肃人民出版社，2014年，第180～198页。

方所书写，除用印信息完整外，^①送达日期、开封者名皆留空，待收件方于收件后补登。"白开"义同居延汉简所见"奏发"，此时开封用语已由"发"转为以"开"为主。唐俊峰指出可能由于"发"有"开封"与"发送"二义，易于导致误解。然而，尽管这些文书多是传送至临湘县之正本，送达日期、开封者名维持留空无一例外，显示临湘县未在此处执行补登。开封日期常另记录于标题简上或文书本文之后，但似乎只有丞开封时会记录开封者。^②丞为长吏，"丞开"可能如同居延汉简所见"候自发"，需要特别注记。文书若由属吏开封，或已省略记录，或另有"奏书简"之类简牍，只是当前未见。此外，来自外县平行文书上可见"唯令史白长吏"之语（2010CWJ1 ③：200-2A，壹 384、2010CWJ1 ③：201-16，贰 407），虽只是格套，透露由令史开封、向长吏报告的惯常作业程序。

长官阅览后，常在文书末尾作出批示：

> 附祉议解左，晓遣刘，充、凌惶恐叩头死罪死罪敢言之。
>
> 杢月，基非刘亲母，又非基衣□□也【CWJ1 ③：325-5-11，选释 71】（图十六）

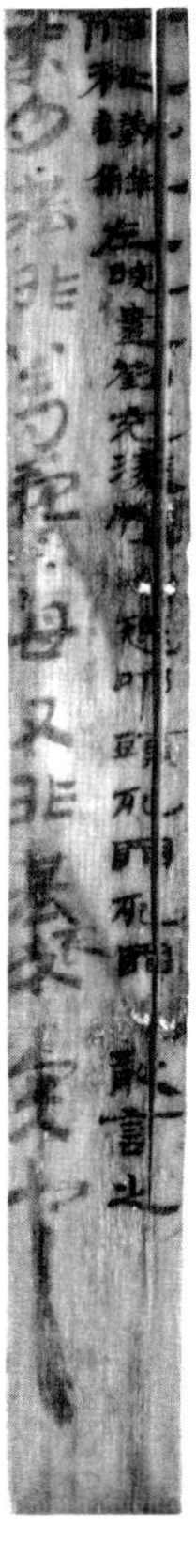

本简与上引 CWJ1 ③：325-5-95 为同一文书简册之首、尾

图十六

---

^① 属吏上行文书多以"名印"封印，"名印"可参杜晓《汉代官用私印小议——以职官姓名印和"名印"私印为中心》，《出土文献》第十四辑，中西书局，2019 年。

^② 相关研究可参王晓光《秦汉简牍具名与书手研究》，荣宝斋出版社，2016 年。唐俊峰《东汉早中期临湘县的行政决策过程——以五一广场东汉简牍为中心》，黎明钊、马增荣、唐俊峰编《东汉的法律、行政与社会：长沙五一广场东汉简牍探索》，三联书店，2019 年；李凯凯《五一广场东汉简所见"史白开"类简考释——兼谈东汉文书签收的几个特点》，《博物院》2006 年第 6 期。

二端，^① 本简第二行文字字迹大而墨淡，应属后书之批示。此简册内容是女子名"王刘"者提出自言申诉，似其所有衣物遭其婆婆"基"抵押、卖出以偿债。批示站在支持王刘的立场，表明基不是王刘的亲生母亲，也非衣物的所有者，应无权处置。此批示应为临湘县长官亲笔或口头所为。

至于由本机构发出的文书，文书的经手者与签署形式与居延汉简所见一脉相承：

> 永初三年正月壬辰朔　日，临湘令丹、守丞皓敢言之：谨移耐罪大男张雄、舒俊、朱循、乐竟、熊赵辞状一编，敢言之【2010CWJ11 ③：202-12 正，437】（图十七）
>
> 掾祝商、狱助史黄护【2010CWJ11 ③：202-12 背，437】
>
> 永元十六年六月戊子朔　日，临湘守令君、守丞习下守佐【2010CWJ1 ③：266-16 正，1684】
>
> 掾□皓、令史均绥常【2010CWJ1 ③：266-16 背，1684】（图十八）

五一广场东汉简中临湘县所发出文书，亦即性质应属副本者相当稀少。其文书经手者多为掾加令史，再加上其他史职。上引二例日期处留空，令名并无别笔现象，丞名则明显为另书。可证存在令、丞其中一人须签署，该份文书形成留存副本的制度。须注意简1684之临湘守令似名为君，而简567、1133、1264、1435、1454所见正式文书之临湘令名处亦作君。杨芬已指出走马楼吴简中临湘侯国发出的上行文书有称首长为君的现象，^② 如：

---

① CWJ1 ③：325-2-32、CWJ1 ③：325-1-132 亦属同一文书，然阙漏简甚多，案情细节不明。

② 杨芬《"君教"文书牍再论》，《长沙简帛国际学术研讨会论文集》，中西书局，2017年，第247~256页。

嘉禾二年十二月壬辰
朔卅日辛酉，临湘侯相
君、丞　叩头死罪敢言
之。【走马楼1476】

故"君"应当并非临湘令、守
令或临湘侯相之名，而是属吏
已预知此文书将由丞签署，乃
于主官名处径书"君"以示尊
敬。重新抄录而发出的正本文
书应会改为主官之本名。此
外，掾名也有签署现象。[1]至
于五一广场东汉简所见从其他
机构发来之正本，如长沙太守
府发至临湘县文书，则皆为一
笔书成，而无签署。

　然而论及县廷内部的沟通
与签署，无疑以"君教"
简最
受瞩目。五一广场东汉简中的
"君教"简可粗略分为两类。
第一类简宽如两行简，简头先
工整书写"君教"二字，再大
书个性化的"诺"字，如：

图十七

图十八

---

[1]　如2010CWJ1③：264-41、2010CWJ1③：264-342。

君教诺【CWJ1 ①：101，选释 13】

亦见加上其他批示或注记之例，如：

君教诺旧故有例者前何故不署【2010CWJ1 ③：265-54，1308）】
（图十九）

又如：

君教诺
即日遣守史胡喜召【2010CWJ1 ③：263-68，718】（图二十）

前者"诺"下文字置中、大而潦草，可能为"君"所作批示；后者"诺"下文字偏于左下，书写较小而工整，可能为属吏再做的注记。[①] 这类简形式与居延汉简所见较为类似，由于信息甚为简略，应编连在其他文书之后，君教乃针对该文书而发。

第二类则书写在较宽的木牍上：

兼辞曹史煇、助史襄白：民自言辞如牒。
教属曹分别白。案惠前遣姊子毒小自言易永元十七年
君教诺 中以由从惠质钱八百，由去，易当还惠钱，属主记为移长刺部
曲平亭长寿考实，未言，两相诬。丞优、掾畼议，请敕理讼
掾伉、史宝实核治决。会月廿五日复白。

延平元年八月廿三日戊辰白
【CWJ1 ③：325-5-21，选释 47】（图二十一）

---

① 亦见"诺"或"诺"下方文字大而工整之例，不能排除属吏代为画诺、代做批示的可能性。

图十九　　　　　　图二十

简头亦书"君教"及有画诺，但中下半部为属吏白事文书，如第一节所述，格式与独立白事文书略有不同。君教即对该文书之指示。不过尽管白事文书内容完整，"民自言辞如牒"显示仍有其他简牍一同呈上；加之书写时皆预留两道编绳通过的空间，并有固定编绳用的刻槽，可知这类君教简亦与其他简牍相编连。引起关注的是除"诺"字外，白事文书中的丞、掾之名亦为另笔书成，应当为签署。

图二十一

兼左贼史诗、助史寿白民自言辞如牒。丞　兼掾

君教　议，请召□左曹下，丞实核。事竟复白，白草。

延平元年十月十三日丁巳

【2010CWJ1 ③：265-5+265-143，1259+1397】

本简除"君教"下方无画诺外，丞名、兼掾名亦留空，属尚未完成签署、画诺程序之文书；应先由掾、丞签署后，再上呈县令画诺。"掾"在 2010CWJ1 ③：164（壹 330）君教残简中称为"廷掾"，加之邛都安斯乡石表中作"五官掾"，周海峰等学者认为君教简所见之掾为廷掾之简省。① 前引正式文书中居于经手属史之首的"掾"亦应为廷掾。文书行政中令、丞、掾三者显然居于中枢地位，有签核之责，为本机构之决策与立场作最后把关。唯临湘县之掾可能不止一位或更迭频繁，从延平元年（106）八月至永初元年（107）四月不到一年之间，临湘县丞均为优，可考之掾则有旸、重、隗、遗、合五位。②

第二类君教简是考察县内行政作业流程的极佳材料。以 CWJ1 ③：325-5-21 为例，本简反映的处置经过如下：

1. 辞曹上呈民众"自言"即申诉文书。

2. 长官教令指示辞曹进行报告。

3. 辞曹报告这起民事纠纷概要，虽透过主记要求曲平亭长调查，双方仍各执一词。

---

① 王朔《东汉县廷行政运作的过程和模式——以长沙五一广场东汉简为中心》，《华中师范大学学报（人文社会科学版）》2018 年第 6 期。周海峰《〈长沙五一广场东汉简牍【壹】〉选读》，简帛网 http://www.bsm.org.cn/show_article.php?id=3279，2018 年 12 月 25 日。杨颂宇《从五一广场出土东汉简牍试探汉代的"君教"文书》，黎明钊、马增荣、唐俊峰编《东汉的法律、行政与社会：长沙五一广场东汉简牍探索》。唐俊峰《东汉早中期临湘县的行政决策过程——以五一广场东汉简牍为中心》。

② 鹰取祐司认为君教简中的掾为自事之曹史所属之曹掾。如根据鹰取提示之"左贼掾如曹"等竹简，君教简中之掾确实可能为曹掾。但目前所见曹、掾之间是否存在对应关系并不明确，将曹掾径称为掾是否导致混淆亦让人感到怀疑。此问题暂时存疑。다카토리 유지（鹰取祐司）《長沙五一廣場東漢簡牘・君教文書新考》，《동서인문》第 15 号，2021 年，第 207～270 页。

4. 丞、掾商议后，建请交付理讼掾史调查决断，于两日后再次报告。

5. 长官画诺核可。

1～4 为白事文书内容，1、2 应是追述这份文书上呈的背景，这份文书的重点在于 3、4。4 处置方案似由丞、掾所提出，丞、掾并在其上签署。不过白事文书的具名上呈者为辞曹史，辞曹史、丞、掾与白事文书、君教简的关系为何？如何理解这类简牍的性质？仍有众多考虑的空间。

李均明、王朔将第二类君教简称为"合议批件""合议草稿"，经办之曹史先向丞、掾提供相关信息，丞、掾拟定合议方案后，曹史再拟定并书写为文书，又经丞、掾署名后，上呈县令。唐俊峰认为，此一过程如果文书往返过于繁复，考虑彼此的办公空间接近，曹史可能以口头方式与丞、掾进行合议，再当场将结果记录下来，请丞、掾现场签署后，上交长官画诺。[①] 但鹰取祐司根本怀疑存在合议，他主张 4 之提案实际上是由曹史提出，掾、丞仅是签署表示赞同；由于君教简可见丞不在县廷之例（详下），"议"无法解释为两人以上的商议，而是考虑、检讨的意思。[②]

由于走马楼吴简中亦存在君教简，学者对合议问题的讨论往往离不开走马楼吴简。大体而言，走马楼君教简处理的是较繁琐的会计业务，又仅见签署而未见"议"字，学者多倾向未进行合议。[③] 五一广场君教简至少就字面意义诠释，可能存在合议的机制。然而是否需要合议，本即视事类而定。如为日常支微之事，大可省略合议，曹史直接依惯例提出处置案呈请掾、丞签署。但若曹史自身无法决断，希望先取得掾、丞

① 李均明《东汉简牍所见合议批件》，《简帛研究二〇一六》春夏卷。王朔《东汉县廷行政运作的过程和模式——以长沙五一广场东汉简为中心》。唐俊峰《东汉早中期临湘县的行政决策过程——以五一广场东汉简牍为中心》。

② 다카토리 유지（鹰取祐司）《長沙五一廣場東漢簡牘・君教文書新考》。鹰取注意到竹简中有与第二类君教简内容相近之简，又可见"某掾某如曹""丞某如掾"之简，因而认为五一广场简所见作业程序应与走马楼简相同，掾、丞依序签署文书，而未参与商议。

③ 有些学者因走马楼君教简中所见"期会掾"，认为存在"约期聚会"。侯旭东已澄清"期会"应是完成期限的意思，见侯旭东《湖南长沙走马楼三国吴简性质新探——从〈竹简（肆）〉涉米簿书的复原说起》，《长沙简帛研究国际学术研讨会论文集》，第 59～97 页。

的建议或允诺，也绝对合理。甚至为求顺利取得画诺，也可能在上呈文书前先向县令进行口头报告。第二类君教简仅留下长官画诺的空间，长官无法于上表达不同意见，显示事前已取得一定默契。

事实上，多数学者似均认同第二类君教简本身的作用并不在进行上下之沟通，而是行政作业的一环，作为下一步行动的正当性依据。[①] 第二类君教简可能正为签署、画诺而制作。除学者们已注意到曹史白事文书内容简要，难以单独构成裁断依据之外，尚可指出根据李松儒对字迹的研究，选释简 25、45、46、47、48、136、138 这七枚第二类君教简应由同一书手所书，[②] 但白事之曹史分属左贼曹、辞曹、右贼曹。可见第二类君教简由白事曹史书写之说需要修正。真正书写者可能并未列名于上，或为门下类属吏，[③] 根据其他文书或口头沟通结果，制作此类简牍交付签署、画诺。

不过，本章归为第二类君教简的部分简牍，并未彻底执行签署、画诺程序。

君追贼小武陵亭部

辞曹史优、助史脩、弘白：民诣都部督邮掾自言辞如牒。案文书，武前诣府自言，部待事掾杨武、王伦、守史毛佑等考当畀各巨异。今武辞与子男溃狠食，更三赦，当应居得。愿请大吏一人案行覆考如武辞。丞优、掾遗议请属功曹选得吏当，被书复白。

永初元年正月廿六日戊申白

【五—CWJ1 ③：325-1-103，选释 45】

左贼史迁、兼史脩、助史详白：府赵卒史留事，召男子张阳、刘次、次舍客任惠将诣在所。

君教诺　教今白。丞优诣府对，掾隗议请敕庚亭长伦亟召次等

---

① 李均明、王朔、杨颂宇、鹰取祐司等学者似均有这种意见。
② 李松儒《长沙五一广场"君教"类木牍字迹研究》，《中国书法》2016 年第 5 期。
③ 据鹰取祐司整理之君教相关竹简，参与之属吏尚包括主簿、书佐。

将诣廷，到复白。

延平元年十二月一日甲辰白

【五一　CWJ1 ③：165，选释 138】

前一简县令为追捕盗贼而离开县廷，无法画诺；后一简县丞至太守府报告，无法签署。属吏书写时已掌握此一现况，却似不妨碍行政流程之进行，不妨碍此简之效力，导致学者怀疑签署、画诺的必要性。但鹰取祐司已注意到令、丞必有一人在县廷并签署或画诺，并无两者皆缺之例。如前文所述，正式文书仅需令、丞一人签署即可，君教简亦符合此一规律。丞的长吏地位仍屹立不摇，可独立成为文书权威的来源。然而在文书布局上，丞在正式文书中与主官并列，在君教简中则退居与属吏并列，似反映其在内部决策的实际角色。第一节所论承君教而下达的"记"，乃以丞之印封印，[①] 也显现丞是接受君教指示的一员却可代表机构对外发信的地位。

（四）小结

简牍出土具偶然性因素，不见得能反映一县、一候官的文书全貌，个别机构也可能具有特殊性，难以代表一个时代的文书行政。然而借由不同时代简群的比对，仍能窥见大体趋势。秦代文书行政已有细密分工、繁复规范，倾向留下详细档案记录，以确保日后追查与究责。唯令丞作为机构首长，除了文书名义上发信人外，缺乏实际活动留下的痕迹。目前只能推测令丞与直属属吏透过口头方式沟通政务。汉代则至少可见两种长官意志的展现，其一是文书上的批示或手谕，其二则是签署。令或丞通过签署，表达对文书内容的认可，赋予文书正当性基础。但签署主要是内部行政手段，文书送出机构后是以印章判断其真伪。签署的出现可说是汉代文书行政的一大发展。秦代虽讲究标示执行各种作

---

① 　见于 CWJ1 ③：291（选释 21）、2010CWJ1 ③：263－69（719）、2010CWJ1 ③：264－295（1141）、张景碑，敦煌汉简 D144 由长史封印（边郡之丞称长史）。

业的人名以厘清责任，本人无须签署。汉代以后签署的应用逐渐扩大，从长吏到高级属吏，再到基层属吏。比对里耶秦简和走马楼吴简券书中参与收受物资的基层人名书写，即可发现明显差异。

县级组织在秦汉两代的变化必然也影响文书行政运作模式。秦代令丞之下有曹、官两种组织，曹与令、丞共同构成县廷，官则是外围机构。县廷与官之间透过正式文书联系，县廷内部则无文书沟通之应用。汉代曹逐渐壮大，官则日益萎缩，第一节已指出白事文书可能因此应运而生。伴随列曹发展，属吏间也有所分化，出现纲纪与门下，构成长吏与列曹之间的中介。文书行政中以掾的角色最为突出，在正式文书中必须列名于经手属吏之首；而无论正式文书或君教简，上呈长吏前皆须先经掾之签署。

然而，文书行政终究环绕着制度运作，文书中反映的可能只是形式，不见得是真实的权力关系。如严耕望曾就郡府指出："丞、长史为中央所任命，不为守、相所亲信，故见任反远不如功曹、督邮、主簿等属吏耳。"[①] 其说启发学者从出土文书中找到佐证，希望发现从秦到汉乃至吴，丞的权力遭到逐渐架空的线索。不过无论如何，制度上丞仍具有长吏的地位，可替代令、长，掾等高级属吏则无此权限。若要观察丞、掾在实际政务中的权力消长，其他类型的材料恐怕更为合适，如第一节所论涉及政务的私人书信。

四、结语：文书行政的界限

秦汉帝国得以达成有效率的全土统治，实有赖于周密的文书行政运作。本章聚焦文书的沟通机能，探讨文书格式、文书传递与文书处理流程，复原制度规范与实务操作，并尽可能发掘演变趋向所在。然而仍多有未能涉及的议题，如文书所承载的重要内容是各类计簿，秦汉帝国致力于各种统计工作，借由文书体系层层上计，以掌握关键的人力物力资

---

① 严耕望《中国地方行政制度史·甲部·秦汉地方行政制度》，第 104～105 页。

源与地方状况，而巩固国本；又如文书除文字外，物质形式也蕴含丰富的信息，札、两行、牍、檄或竹简、木简等不同的简牍形式具有不同的权威与作用，反映文书的不同定位或处理阶段。这些本章无暇专论之处，盼读者另参其他研究成果。[①]

文书的本质是文字信息，并且是规范化的文字信息。既有利于跨越时空限制传递信息、留下记录，亦透过标准化的制度设计，成为控制与管理的绝佳工具。然而同时也存在局限性。如上节所述，在实际处理政务过程中，文书与语言必然是相辅相成的关系，仅关注文书无法掌握政务运作的全貌。当面沟通仍有文书所无法取代的优势，如长官要求下级前来报告，或亲自或派员巡行辖域，都有利于更清晰而完整地掌握状况，并防止文书粉饰蒙蔽之害。而文书也易于流于形式化，限缩沟通机能，是以非正式的口头或文字沟通管道——如私人书信，扮演的角色绝对不容低估。[②]当然，所谓正式或非正式之间，不一定存在明确的边界，在制度的硬性要求之外，本有操作与选择的空间。史书中不乏地方能吏有意选用特定信息形式以羁縻属下、施加恩典或展示权威，而达强化控制的例证。[③]

最后，文书的运用必然受到读写能力的限制，左右文书行政是否能深入基层。富谷至对读写能力的评估较为保守，认为文书行政止于部（军政）、乡（民政）一级，更基层的隧、里必须靠口头方式传递信息。

---

① 文书反映的上计制度以永田英正的研究为经典，李天虹、青木俊介等人则踵继其后。见永田英正《居延汉简研究》；李天虹《居延汉简簿籍分类研究》，科学出版社，2003年；青木俊介《候官における簿籍の保存と廃棄——A8 遺址文書庫・事務区画出土簡牘の状況を手がかりに》，籾山明、佐藤信编《文献と遺物の境界——中国出土簡牘史料と生態の研究》，東京外国語大学アジア・アフリカ言語文化研究所，2011 年。简牍形制较新较全面的研究为石昇烜《从简牍物质形态论秦汉基层公文书制度与行政》，台湾大学历史学系博士论文，2021 年。

② 可参刘欣宁《汉代政务沟通中的文书与口头传达——以居延甲渠候官为例》，《中研院历史语言研究所集刊》第 89 本第 3 分，2019 年。

③ 如薛宣任左冯翊时高陵令、栎阳令跛鼃，薛宣对态度渐趋收敛的高陵令以隐秘的"记"（应为书信）加以晓谕，对目中无人的栎阳令则以正式而公开的"檄"大加谴责。又薛宣得悉郡中不法情事时不直接举发，而召其县之长吏面告其事，令其自行处理，以此恩威并济。见《汉书·薛宣朱博传》。

邢义田指出如此可能过于低估军中人员的素质，仍可找到不少隧一级参与文书行政的例证。[①] 管见以为，隧长职位虽小，既属官吏一员，制度上即要求具备读写文书的基本能力。军政与民政系统并非完全对应，里虽与隧同级，里正并无官吏身份，故似未要求里正处理文书。[②] 而无论戍卒或一般百姓，都处于文书行政的外围，不预设拥有读写能力。发布法规、命令不仅需要"布令"，更须"读令"，"令吏卒民尽讼知之"；[③] 百姓进行各种申请、申诉或申告，也采取口头形式，由官吏协助笔录为文。[④] 总之，文书是官僚体系的内部语言，秦汉帝国如何面对基层社会、如何与百姓沟通互动，属于另一个领域。

---

① 富谷至《文书行政的汉帝国》第二编第一章；邢义田《汉代边塞隧长的文书能力与教育——对中国古代基层社会读写能力的反思》。

② 里正虽须协助"占"的工作，不一定由其亲自书写，目前未见由里正具名发出的文书，与隧长不同。在此强调制度规定，并未否认里正可能具备读写能力。参刘欣宁《汉代"传"中的父老与里正》，《早期中国史研究》第 8 卷第 2 册，2016 年。

③ "布令""读令"见于岳麓书院藏秦律令，"令吏卒民尽讼知之"见于敦煌汉简 D1365。

④ 可参刘欣宁《秦汉诉讼中的言辞与书面证据》，《古文字与古代史》第五辑，中研院历史语言研究所，2017 年。

第三章　律令法系

张忠炜（中国人民大学历史系）

从秦汉至清末，律令是中华法系中最重要的法律载体，故中华法系因此又被称为律令法系，尽管在不同时期律令的地位有升降之变，法律载体的名目也不尽相同。就律令法系的研究内涵而言，关注的是历代法律的沿革损益及特点，考察法律在社会现实中的"表达与实践"；就其外延来说，主要考察在东亚地区被接受、改造的历史，以及在古代世界法系中所占地位；此外，当内亚异族入主中原或外来文化传播中国时，势必会对律令法系产生诸多影响，尤其是在魏晋南北朝至明清时期。秦汉时代是律令法系的起源、发展阶段，奠定了古代中国法律之种种特征。在律令文本亡佚千余年后，拜考古发现所赐，在承继前辈时贤研究的基础上，我们得以重新审视秦汉律令法系的面貌，或许也会重建起更近于历史事实的叙述。[①]

一、基本史料及相关问题

《汉书·刑法志》与《晋书·刑法志》是关于秦汉法律发展脉络、框架体系的主要记载。前者叙事跨度比较大，先秦法制亦涵盖其中，但重心落在秦及西汉，尤详于西汉朝的法制沿革。后者赓续前者记载的下限，简约提及东汉一朝的法制概况，着重叙述魏晋时期的法制，以及关于肉刑存废的论争。魏晋新律令的制定与汉律令存在千丝万缕的关联，故这些叙述又成为认识乃至界定汉律令的重要依据。它们是国内外学界叙述秦汉乃至魏晋法律的纲领性文献。清末民初以来，近现代西方社会的法律用语及法律制度，渐渐地被引入到中国社会中来；以现代法学为主体的法学教育及学科分类体系，极大地推动了西方法律、制度及观念在社会上的传播。[②] 在此西学东渐、中学式微的背景下，"全面借鉴和

---

① 按，近些年来，有不少非经考古发掘的简牍材料陆续被国内文博单位或高校收藏、整理。对此类资料及相关研究，本章一概不加采用，特此说明。

② 李贵连《二十世纪初期的中国法学》，《二十世纪的中国法学》，北京大学出版社，1998年，第8～37页。

移用西方法学的概念体系，以此为普适性话语来建构'法律在中国的历史'"，[①] 成为二十世纪中国法史学的基本范式。史传中关于法制的材料，根据叙述的需要，被重新组合归类而已。运用现代法学概念来叙述古代中国法律，长处在于系统地梳理、编排纷繁的史料；"削足适履"的嫌疑及概念上的混同，是其根本缺陷。虽如此，却凭着"科学"的表达方式，主要经由教育传播的途径，一次又一次地被复述，成为毋庸置疑的"常识"。

概言之，"常识"内容有二：其一，特定的刑罚观；其二，律令学的系谱。

秦汉时代的法律观特征有很多，给人印象至深者莫过于重"刑"。实际上，不仅秦汉时代如此，先秦及此后亦如此。[②] 简言之，刑即法，法亦刑，刑是法的内涵、代称。这主要表现在两个方面。第一，以"刑"或"刑法"来称谓法律。以"刑"称谓法律的表述是否首见于《汉书·刑法志》不可知，《汉书·刑法志》的提法一直被沿用却是不争的事实：正史中与法律相关的"志"，除《魏书》称《刑罚志》、《金史》称《刑志》外，其余无一例外地称作《刑法志》；那些专门记载典章制度的书籍，如《通典》或《文献通考》，也以《刑法典》或《刑考》为名。[③] 学者系统考证古代法律的著述，亦有以"刑法"为题名的，著者莫过于沈家本的《历代刑法考》。第二，"刑""法""律"通常互训，带

<hr />

① 李贵连、王志强《中国法律史研究的反思与法律多元的视角》，黄源盛主编《法史学的传承·方法与趋向——戴炎辉先生九五冥诞纪念论文集》，中国法制史学会，2004年，第358页；梁治平《法律史的视界：方法、旨趣与范式》，《在边缘处思考》，法律出版社，2003年，第240页。
② 梁治平《寻求自然秩序中的和谐》，中国政法大学出版社，2002年，第60～61页；高恒《〈汉书·刑法志〉的法律思想——兼论它对中国古代法律文化的继承与发展》，《秦汉法制论考》，厦门大学出版社，1994年，第257～270页。
③ 按，关于正史《刑法志》的新近概述，参见赵晶《正史〈刑法志〉》，中国政法大学法律古籍整理研究所编《中国古代法律文献概论》，上海古籍出版社，2019年，第183～199页。

有刑即法、法即刑的意味。法是刑罚的同义语，[①] 与刑无关的"律"，[②] 也逐渐带有刑（罚）的意味，以至于与"正罪名"相连。汉代"刑法"观的形成，与反思秦亡于暴政酷法相关，也与儒家对法的认知观念有关，更主要的是延续战国以来的历史看法。

杜正胜指出，古代的"法"包罗万象，内容驳杂，"举凡封建城邦时代的政治结构、军政措施、贵族礼仪、平民农事无不涵盖在'法'的范围内"。战国以降，"法度之'法'的古典意义逐渐消失，刑罚之'法'的后世意义逐渐普及，故又称作'法禁'。法遂成为刑的依据，刑变成法的手段"。也就是说，"法"的具体所指，呈现出缩小的历史趋势。[③] 当注意到这种潜在的变化时，自然会提出质疑：刑罚性的法律是否可解决所有问题？治理国家是否只需要刑罚性法律？春秋战国时代，不仅是变法纷争的年代，也是国家逐渐统一的年代。伴随着国家机器的不断完善，也伴随着统一进程及统治需要，以法律形式对方方面面进行规定，不仅是必要的，也是完全可能的。作为刑罚性的规定，如通常所说的那些《盗律》《贼律》等篇，的确具有维护秩序的重要功能，但它们并不能取代其它方面的规定。国家机器的正常运转及日常政务，也是需要做出文字性规定的。视法或律为刑忽略了其它方面：法固然可作为刑罚性的规定出现，也可作为制度性的规定出现。秦汉律令的特殊性正在于此，魏晋律令之分途发展概亦肇因于此。[④]

魏晋时代对秦汉法律研究的关键影响，主要表现在一些概念性的称

---

① 陈顾远《"法"与"刑"之史的观察》，范忠信等编《中国文化与中国法系——陈顾远法律史论集》，中国政法大学出版社，2005 年，第 380～384 页；桓宽撰、王利器校注《盐铁论校注（定本）》卷一〇《诏圣》，中华书局，1992 年，第 599 页；陈松长《帛书〈黄帝书〉中的刑、德观念》，《简帛研究文稿》，线装书局，2008 年，第 112～113 页。

② 祝总斌《"律"字新释》，《材不材斋文集——祝总斌学术研究论文集上编》，三秦出版社，2006 年，第 405～412 页。

③ 杜正胜《编户齐民：传统政治社会结构之形成》，联经出版事业公司，1990 年，第 230～231、235 页。

④ 张忠炜《秦汉律令法系研究初编》，社会科学文献出版社，2012 年，第 137～145 页。

谓：一是"九章律"提法的固定，二是"正律""旁章"的提出，三是李悝及其"法经"的出现。这三组称谓是魏晋人叙述秦汉法史的框架，也从而建构起律令学的发展系谱：李悝及其"法经"—商鞅受之以相秦—萧何定律九章。从这个角度来说，魏晋时代的这些概念性称谓，对秦汉法史的叙述起着决定性作用。问题是，这些概念性的提法是否符合历史实际？司马迁的时代只字不言"九章""正律"与"旁章"，班彪、班固的时代始言"九章"而不言"正律""旁章"，为何魏晋时人却对汉律体系如此熟稔？排比典籍中关于"法经""九章"的文献史料，不难发现古典法制"层累"构建而又清晰可寻的痕迹；参照出土简牍所见秦、汉律，也无法找见"六篇""九章"与"非六篇""非九章"的区别。故而，"法经""九章"之说，对秦及汉初的法制而言，未必可信、可从；"正律""旁章"之说，如徐世虹所言，"是价值判断而非事实叙述"，[①]"是以刑法为核心地位的意识下的表述"。[②] 这些概念性称谓出现的年代略后，"正律""旁章"似可明确其源头，"法经""九章"隐约感觉与律令学发展有关联。[③]

之所以会有这样的新认知，与秦汉简牍的接连出土相关。根据出土遗址的不同，可将这些资料粗分为三类：屯戍简、墓葬简、井窖简；按性质似可分为废弃简、丧葬简两类。[④]

屯戍简主要发现于西北地区的疏勒河、额济纳河等流域的汉代遗址

---

① 徐世虹《说"正律"与"旁章"》，孙家洲、刘后滨主编《汉唐盛世的历史解读——汉唐盛世学术研讨会论文集》，中国人民大学出版社，2009年，第293页；徐世虹《近年来〈二年律令〉与秦汉法律体系研究述评》，中国政法大学法律古籍整理研究所编《中国古代法律文献研究》第三辑，中国政法大学出版社，2007年，第215～235页；又，陶安あんど也持类似看法，参见《法典编纂史再考——汉篇：再び文献史料を中心に据えて》，《東洋文化研究所紀要》第140册，2000年，第1～57页。

② 徐世虹《文献解读与秦汉法律本体认识》，《中研院历史语言研究所集刊》第86本第2分，2015年，第240页。

③ 按，对"正律""旁章"研究的学术史梳理及当下研究进展，参见张忠炜《秦汉律令法系研究续编》，中西书局，2021年，第86～87、91～105、147～155页。

④ 张忠炜《浅议井窖出土简牍的二重属性》，《中国史研究》2022年第2期，第204～208页。

中，以敦煌简、居延简、肩水金关简、悬泉简等为大宗。1907 年，斯坦因在敦煌西北的烽燧遗址中发掘而得，此后陆续又有或多或少的发现（含采集），尤以 1979 年在小方盘城以西的马圈湾烽燧遗址为多，前后总计 2 000 余枚。这批材料集中收录于《敦煌汉简》，融高清图版与资料注释于一体的则是近年出版的《敦煌马圈湾汉简集释》。居延简主要发掘于额济纳河流域的烽燧遗址，时间集中在 1930、1970 年代，数量总计约 30 000 余枚。现在，采用最新技术拍摄的居延简资料，分别以《居延汉简》《居延新简集释》之名出版。1973 年在肩水金关遗址出土（含少量采集）的万余枚汉简资料，近年以《肩水金关汉简》之名陆续出版完毕；1986 年在地湾遗址发掘（含少量采集）的 800 余枚汉简，以《地湾汉简》之名出版；敦煌博物馆历年采集、发掘及收藏的汉晋简牍 700 余枚，以《玉门关汉简》之名出版；如此一来，除正陆续刊布的《悬泉汉简》外，西北地区所出汉简大体全部发表。屯戍简的内容以行政文书为主。辑录敦煌简、居延简所见法律资料（含律令佚文、诏书残简、狱讼文书等）的著作，首推李均明、刘军主编的《汉代屯戍遗简法律志》。[①] 不过，新近陆续刊布的资料有待进一步系统梳理、辑录，而此前刊布的资料因图像采集及处理技术的进步，不仅使释文的质量有了质的提升，且使某些资料的价值被发现或再次发掘，均可充实并拓展李、刘之作。

　　墓葬简虽说出土地较为广泛，就法律简而言，主要集中见于今湖北地区，尤以睡虎地秦简及张家山汉简为知名。1975 年，在今湖北云梦县睡虎地的秦墓中出土，有 1 000 余枚，主要有《秦律十八种》《秦律杂抄》《效律》《法律答问》《封诊式》等法律简（600 余枚），另有官府文告、官箴书等资料。这是国内最早发现的秦简，也是秦法律的第一次发现。1983 年岁末之交，在今湖北荆州江陵发掘的张家山 247号墓出土竹简有 1 000 余枚，以法律简为主，主要有《二年律令》《奏谳书》。前者抄录近 30 种律与令（500 余枚），后者是疑狱奏谳的记录

---

① 李均明、刘军主编《汉代屯戍遗简法律志》，科学出版社，1994 年。

（200 余枚）。这是汉律令的第一次大发现。两批资料广泛受到海内外学界关注，英文、日文等译本均已面世，为秦汉史研究，尤其是秦汉法律史的研究，注入了源源不断的动力。1985 年，湖北江陵张家山 336号墓出土竹简 800 余枚，也以法律简为主，主要有《功令》《汉律十六章》（500 余枚）。《功令》与《汉律十六章·朝律》具有填补文献记载空白的重要意义，现已成为当下研究的焦点之一。散见的墓葬法律简，还有云梦龙岗秦厩苑简、西北地区的王杖十简及诏书令册、荆州王家台秦《效律》简等。已发掘而待刊布的材料，主要有睡虎地 77 号墓律简，墓葬年代在文帝末至景帝时；胡家草场 12 号墓律令简，墓葬年代不早于汉文帝后元年（前 163）；①荆州印台汉墓也有律令资料出土，但年代、内容不详。②

墓葬所出律令简，多出土于今湖北地区的秦末汉初的墓葬中，大概是特定地区、特殊时段存在的现象。当古人将简牍作为随葬品放入墓中，既讲求摆放的位置，又选择不同的内容，当是有心之举。秦汉之际，江陵地区既未见镇墓兽，也无埋藏"告地策"的墓葬中，却不止一次地出现以大宗律令为随葬品的现象，恐怕不能孤立视之。随着秦厉行"法治"的传统被推广，律令在现世中所拥有的强烈震慑力，是有可能被移置于冥间且被赋予特殊的功能。从这个角度看，富谷至的"镇墓说"尽管没有文献支持，但从楚地丧葬习俗的演变看，完全是有可能成立的。③

井窖简的大规模发现，始于 1996 年的长沙走马楼三国吴简。考古工作者在走马楼古井群进行发掘，在编号为 22 的古井中（J22）发现

---

① 李志芳、蒋鲁敬《湖北荆州市胡家草场西汉墓 M12 出土简牍概述》，《考古》2020 年第 2 期，第 21～33 页；蒋鲁敬、李志芳《荆州胡家草场西汉墓 M12 出土的简牍》，中国文化遗产研究院编《出土文献研究》第十八辑，中西书局，2019 年，第 168～182 页；荆州博物馆、武汉大学简帛研究中心编著《荆州胡家草场西汉简牍选粹》，文物出版社，2021 年。按，为避免文繁，下文若涉及胡家草场汉简资料，不再出注。
② 郑忠华《印台墓地出土大批西汉简牍》，荆州博物馆编著《荆州重要考古发现》，文物出版社，2009 年，第 207 页。
③ 张忠炜《秦汉律令法系研究续编》，第 9～26 页。

了数量巨大的三国吴简。这批简牍的摆放有一定顺序，层层相叠，似有意为之，^①但应属于废弃的文书。它可能是临湘侯国主簿与主记史经手与处理的部分文书簿册的遗存，^②其中也有少量的与法律相关的文书，如"许迪割米案"等。此地区陆续发现出土简牍的井窖 20 余口，大批发现有两宗：2003 年，在编号为 8 的古井中（J8），出土简牍 2 000 余枚，主要是西汉长沙国废弃的司法行政文书；^③2010 年，在编号为 1 的窖穴中（J1），出土简牍 6 000 余枚，内容以司法文书为主，主要是东汉和帝至安帝时的资料，目前已出版《长沙五一广场东汉简牍》（壹）至（陆）。此外，在长沙东牌楼、尚德街等地方亦有少量的井窖简出土，详见《长沙东牌楼东汉简牍》《长沙尚德街东汉简牍》等书。长沙之外，以里耶简、益阳简最为重要。2002 年，湘西州龙山县发现秦迁陵城遗址，并在城内一号井中发掘简牍 30 000 余枚，主要是秦迁陵县的行政文书；2013 年，在益阳兔子山遗址中，出土简牍的井窖有 11口。简牍在井窖堆积中分布不均、大多散乱无序，大体都是废弃或销毁的资料。略有不同的是，从兔子山遗址 7 号井（J7）所出纪年简可知：靠下层位出土简牍的年代较早，靠上层位出土简牍的年代略晚，并非无序堆积。^④

不论是律令简，还是司法简，文本自身的错讹脱漏在所难免，更重要的是资料自身也存在局限性。^⑤简牍书写或抄录的内容当有一定的依凭，但是否属实可信，需要像对待传世文献那样，进行史料的批评与辨析。如何凭借有限的史料，辨析是非，是对研究者能力、

---

① 长沙市文物考古研究所等编著《长沙走马楼三国吴简·嘉禾吏民田家莂》，文物出版社，1999 年，第 7 页。

② 侯旭东《湖南长沙走马楼三国吴简性质新探——从〈竹简（肆）〉涉米簿书的复原说起》，长沙简牍博物馆编《长沙简帛研究国际学术研讨会论文集》，中西书局，2017年，第 59～97 页。

③ 长沙简牍博物馆、长沙市文物考古研究所（宋少华执笔）《长沙市走马楼西汉古井及简牍发掘简报》，《考古》2021 年第 3 期，第 35～62 页；陈松长《长沙走马楼西汉古井出土简牍概述》，《考古》2021 年第 3 期，第 97～108 页。

④ 张忠炜《秦汉律令法系研究续编》，第 88～89 页。

⑤ 张忠炜《秦汉律令法系研究续编》，第 27～56 页。

识见的考验。裘锡圭指出，出土古书研究中存在的"趋同""立异"问题，即或"将简帛古书和传世古书中意义不相同之处说成相同"，或"将简帛古书和传世古书中彼此对应的、意义相同或很相近的字说成意义不同"，①对文书或律令简研究而言，同样具有借鉴意义。实际上，不论是"趋同"，还是"立异"，都源于出土文献与传世典籍的差异。记载差异正是问题的切入点，差异背后的世界更值得关注。面对出土文献与传世典籍记载的差异，简单的是此非彼并不能解决任何问题；合理解释差异及其成因，是打破旧说、建构新说之前提。讲求实证是一方面，但也不能排斥解释，两者相辅相成，或许会有事半功倍之效。

传世典籍、出土文献之外，律令的辑佚与考证成果，也需要给予足够的重视。从宋人王应麟开汉律辑佚之先河到清末民初，汉律令的辑佚与考证成果可谓蔚为大观。②代表性的论著是沈家本的《汉律摭遗》二十二卷与程树德的《汉律考》七卷。沈氏之书，以《总述》为开端，叙述汉代律令的承袭因革及汉代"法治"之得失利弊；以《目录》为总纲，考稽"九章律"的律目、条目，并以按语形式辨析史料，阐明是非。辑佚、考证过程中，又多以唐律为参，"《唐律》之承用《汉律》者不可枚举，有轻重略相等者，有轻重不尽同者，试取相较，而得失之数可藉以证厥是非。是则求《唐律》之根源，更不可不研究夫《汉律》矣"。③沈氏终生究心于古律之用意在于，"当此法治时代，若但征之今而不考之古，但推崇西法而不探讨中法，则法学不全，又安能会而通之以推行于世？"换言之，在"三千年未有之大变局"的背景下，中国既有的律令法系不能不变革；"耆年硕德治法家言名于时"的沈家本，"当

---

① 裘锡圭《中国古典学重建中应该注意的问题》，《裘锡圭学术文集》第二卷《简牍帛书卷》，复旦大学出版社，2012 年，第 339 页。
② 徐世虹《秦汉法律研究百年（一）：以辑佚考证为特征的清末民国的汉律研究》，中国政法大学法律古籍研究所编《中国古代法律文献研究》第五辑，社会科学文献出版社，2011 年，第 1～22 页。
③ 沈家本撰，邓经元、骈宇骞点校《历代刑法考》，中华书局，1985 年，第 1365～1366 页。

变法之初，能融合古今中外之律使定于一而推行无碍，蔚为一代不刊之盛典"，绝非偶然。^①与沈氏政学结合有别，程书可视为清代汉学的延续。《汉律考》成书晚于沈书，却稍早于沈书刊行。是书以律名考为始，依次是刑名考、律文考、律令杂考（分上下两卷）、沿革考、春秋决狱考，终于律家考（初为七卷，后增订为八卷）。是书长于文献引证，但凡与法制相关的资料，几乎被程氏钩索殆尽；"通律义"方面，似逊色于沈书。虽如此，诚如王式通所言："他日薛书复出（图一），沈书刊行，并此而三，其为有功于律学者为何如也。"^②

图一　北京大学图书馆藏薛允升《汉律辑存》钞本书影

二、法 律 载 体

秦汉时代的法律载体有律、令、科、比、品等，其中又以律与令最为重要。

---

① 王式通《吴兴沈公子惇墓志铭》，徐世虹主编《沈家本全集》第八卷，中国政法大学出版社，2010年，第978页。

② 王式通《〈汉律考〉序》，程树德《汉律考》，1919年京师刻本。按，程氏后辑补曹魏至杨隋时代的律令，与修订的《汉律考》合刊而成《九朝律考》，并删除王式通《序》；王式通所说的"薛书"，是指薛允升所撰《汉律辑存》，目前已发现该书稿本三种：傅斯年图书馆本、关西大学内藤文库本、北京大学图书馆本，内藤文库本、北大本均源自傅图本，北大本尚存今人批校痕迹，参见张忠炜辑校《〈汉律辑存〉合校》，待刊。

先秦时期，各国成文法的名称并不统一，或称为"刑"，或称为"法"，或称为"令"，等等，又以"令"的使用为普遍。"令"字的本义是召集众人而发号施令，① 亦即《说文》所谓的"令，发号也"。沈家本结合文献记载说道："令者，上敕下之词，命令、教令、号令，其义同。法令则著之书策，奉而行之，令甲、令乙是也。"② 正因为此，"令"不一定专指王者之命，上命下也可以称为"令"。从法律意义来说，王者之令才是法律的渊源之一，故《管子》有言，"令者，人主之大宝也"，又言"凡君国之重器，莫重于令"。③ 与其它国家成文法或常法相比，令具有极大的随意性、灵活性，它既可以作为一时之政而宣告、颁行，也可作为国家常制而载入典章之中。令或多或少都带有以下特征：口语色彩较重，训告意味甚浓，篇幅也不很大。律作为法律载体的称谓，出现年代是比较晚的。"律"字在先秦典籍中频繁出现，多指音律、约束、纪律、效法，而非通常意义上所说的律令之律。④ 战国中后期以来，"律"字逐渐取代其它而成为通用的称谓。然而，法律意义上的"律"虽出现，却是以"令"为其表达形式，亦即，早期"律"所表达的是"令"的内容，其中又以王者之命（或令）形式出现的法律为主。所以，与汉代以来的"律"不同，秦及汉初的"律"所表达的，并非都是相对稳定少变的内容，实则也包含着诏令性质的规定。

青川木牍所见"为田律"、睡虎地简中的"魏户律"，等等，即如此；以后者为例，引录释文如下，以便窥见其形式：

---

① 于省吾主编《甲骨文字诂林》，中华书局，1996 年，第 366 页。

② 沈家本《历代刑法考》，第 812 页。

③ 黎翔凤撰，梁运华整理《管子校注》卷六《法法》、卷五《重令》，中华书局，2004 年，第 309、284 页。

④ 祝总斌《"律"字新释》《关于我国古代的"改法为律"问题》，《材不材斋文集：祝总斌学术研究论文集上编》，第 405～412、326～327 页。按，高明士对此有不同看法，参见《法文化的定型：礼主刑辅原理的确立》，柳立言主编《中国史新论：法律史分册》，联经出版事业公司，2008 年，第 60～63 页。

·廿五年闰再十二月丙午朔辛亥，〇告相邦：民或弃邑居壄（野），入人孤寡，徼人妇女，非邦之故也。自今以来，叚（假）门逆吕（旅），赘婿后父，勿令为户，勿鼠（予）田宇。三茉（世）之后，欲士（仕）士（仕）之，乃（仍）署其籍曰：故某虑赘婿某叟之乃（仍）孙。　魏户律[①]

大意是说，魏王命令相邦（相国），百姓离开城邑而到郊外居住，或入赘女家而成为赘婿或后父，[②]这不是国中旧有的现象；对于那些在郊野居住，入赘成为赘婿或后父的，不准立户，也不分给田地屋舍；他们的后裔想要出仕做官，要到三代以后才被准许，簿籍上仍要标注其为某旅、赘婿某人的曾孙。律文后缀有"魏户律"字样，故视之为"律"应无大碍。这是战国魏安釐王发布的"律"，以上告下的"令"的形式出现，[③]与习见之"律"的面貌不尽同，大概可视为早期"律"的雏形。对此，祝总斌指出，"这当是一种'律'的原始形式，或最早的单行律文，名虽为'律'，实和殷周以来君主发布的诰令、单行法令在形式上颇为相似"。[④]故而，与其否认"魏户律"等并非律文，倒不如说它们是以"王命"形式表达"律"的内容。

秦及西汉初期，到底有多少单篇的律与令，因认识分歧而难以给出精确统计。虽如此，单篇律与令的数量庞大是确定无疑的。以汉律为例，张家山247号汉墓简中有汉律28种，张家山336号汉墓简中有汉

---

① 睡虎地秦墓竹简整理小组编《睡虎地秦墓竹简》，文物出版社，1990年，第174页。

② 张继海《汉代城市社会》，社会科学文献出版社，2006年，第85～88页；张继海《睡虎地秦简魏户律的再研究》，《中国史研究》2005年第2期，第43～51页。

③ 大庭脩著，徐世虹等译《秦汉法制史研究》，中西书局，2017年，第10页。按，大庭脩据"魏户律"说道，"这是王命直接成为律文"；指出"魏户律"及"奔命律"，"具有'教令'的性质"。

④ 祝总斌《关于我国古代的"改法为律"问题》，《材不材斋文集：祝总斌学术研究论文集上编》，第333页。按，祝氏认为作为法律、成文法意义上的"律"字，其使用不可能始于比商鞅变法略晚的公元前四世纪末、三世纪初，而应当始于更晚的公元前260年左右，大概比"魏户律"或"奔命律"早一点。

律 16 种，^① 睡虎地 77 号汉墓简中有汉律 39 种，^② 胡家草场 12 号汉墓简中有汉律 45 种，^③ 益阳兔子山所见汉律律名木牍（彩版五）中有 44 种律名（参见表一）。^④ 汉初以来律篇数量如此之多，愈发显现《晋书》记载的纰漏：

> 汉承秦制，萧何定律，除参夷连坐之罪，增部主见知之条，益事律兴、厩、户三篇，合为九篇。叔孙通益律所不及，《傍章》十八篇，张汤《越宫律》二十七篇，赵禹《朝律》六篇，合六十篇。^⑤

按，上述梳理的各种律篇名，年代均早于汉武帝时。也就是说，汉武帝之前，汉律已有 40 多篇，而非此处所说的 27 篇（《汉律》九篇、《傍章》十八篇）；除非经由大规模的删定，并将张汤、赵禹之律计入，方与六十篇之说吻合。问题是，大规模删定律令之举，并未见于文献记载。更重要的是，秦律篇目绝非六篇，汉初律篇也非九章，六篇或九章以外的律篇该如何看待？它们与六篇或九章会构成什么样的法律体系？在未能给出合理解释前，《晋书》所载不可轻易信从。所以，不得不尝试寻求新的解答，尽管尝试中可能会存在缺憾。

---

① 荆州地区博物馆（院文清执笔）《江陵张家山两座汉墓出土大批竹简》，《文物》1992 年第 9 期，第 4 页；彭浩《湖北江陵出土西汉简牍概说》，大庭脩编辑《漢簡研究の現状と展望》，関西大学出版部，1993 年，第 171～172 页；荆州博物馆（彭浩执笔）《湖北江陵张家山 M336 出土西汉竹简概述》，《文物》2022 年第 9 期，第 71～72 页。按，最初公布的信息是存律名 15 种，新近改为 16 种，"简文有《贼律》条文，章名简已残损，原应有十六个章名"。

② 湖北省文物考古研究所、云梦县博物馆（熊北生、蔡丹执笔）《湖北云梦睡虎地 M77 发掘简报》，《江汉考古》2008 年第 4 期，第 35 页；熊北生、陈伟、蔡丹《湖北云梦睡虎地 77 号西汉墓出土简牍概述》，《文物》2018 年第 3 期，第 47 页。

③ 按，据"凡十四律""凡十八律""凡十三律"统计，胡家草场汉律当有 45 种；不过，"凡十八律"目录简实际仅写有 17 种律名。究竟是漏写 1 种律名，还是"凡十八律"有误，目前尚无从判断。参见陈伟《秦汉简牍所见的律典体系》，《中国社会科学》2021 年第 1 期，第 105 页；张忠炜《秦汉律令法系研究续编》，第 143 页。

④ 张忠炜《秦汉律令法系研究续编》，第 89～81 页。

⑤ 《晋书》卷三〇《刑法志》。

表一　出土简牍所见汉律律名表

	张家山 247 号汉墓		兔子山遗址 7 号井		睡虎地 77 号汉墓		胡家草场 12 号汉墓
1	贼律 ×		告律√		盗律		贼律
2	盗律 ×		盗律√		告律		亡律
3	具律 ×		贼律√		具律		告律
4	囚律 ×		囚律√		贼律		盗律
5	告律 ×		亡律√		捕律		具律
6	捕律 ×		捕律√	□律·十五种	亡律	凡十四律	复律
7	亡律 ×	狱律·十七章	杂律√		杂律		捕律
8	收律 ×		具律√		囚律		囚律
9	杂律 ×		收律		兴律		杂律
10	钱律 ×		兴律√		关市		钱律
11	置吏律○	二年律令·律令二十九种	效律√		复律		兴律
12	均输律○		关市律√		效律		关市律
13	传食律○		厩律√		厩律		厩律
14	田律○		复律√		钱律		效律
15	□市律 ×		钱律√		迁律		金布律
16	行书律○		迁律√		金布律		均输律
17	复律 ×		朝律√		均输律		户律
18	赐律○		田律		户律		田律
19	户律○		户律		田律		徭律
20	效律 ×		仓律		徭律		仓律
21	傅律○		市贩		仓律		尉卒
22	置后律○		金布	旁律·二十四种	司空	旁律甲·凡十八律	置后
23	爵律○	旁律·廿七章	司空		尉卒		傅律
24	兴律 ×		徭律		置后		爵律
25	徭律○		史律		傅律		市贩
26	金布律○		腊律		爵律		置吏
27	秩律○		祠律		市贩		赐律
28	史律○		治水		置吏		秩律
29	津关令		均输		传食		奔命律
30			传食		赐律		史律 / 赏律
31			工作课		史律		行书
32			赏律		奔命律		朝律

173

续　表

	张家山 247 号汉墓	兔子山遗址 7 号井		睡虎地 77 号汉墓		胡家草场 12 号汉墓	
33			外乐	旁律·二十四种	治水律		腊律
34			秩律		工作课		祠律
35			置吏		腊律		司空律
36		旁律·廿七章	置后		祠律	旁律乙·凡十三律	治水律
37			爵律		赍律		工作课律
38			诸侯秩律		行书		传食律
39			傅律		葬律		外乐律
40			尉卒律				葬律
41			奔命律				蛮夷复除律
42			行书律				蛮夷土律
43			葬律				蛮夷律
44			赐律				蛮夷杂律
45							上郡蛮夷间律

说明：1.《二年律令》中无"囚律"律名，此处据李均明的相关研究析出。2.《二年律令》中有"津关令"，是令而非律，为保持其结构起见，故亦列出；"律令二十九种"句，"种"字存疑，或疑为"章"。3.《二年律令》中律名后的"×"，是指它们属于律名木牍中的"狱律"；"○"，是指它们属于律名木牍中的"旁律"。4.律名木牍"狱律"后的"√"，是指它们均见于张家山 M336 的"汉律十六章"，后者不见"收律"，对确定律篇年代尤为有益；5.律名木牍中篇题下添加下划线的，是指这些篇题不见于睡虎地汉简；律名木牍中的"收律、迁律、诸侯秩律"三种，不见于胡家草场汉简。6.睡虎地汉简中的律篇排序及数量单位"种"，系暂从整理小组的说法；具体为何，有待资料的正式发表。7.睡虎地汉简中律名加下划线的，是指此律名不见于胡家草场汉简。8.胡家草场汉律简分三卷，第一卷尚未见自题，"凡十四律"；第二卷自题"旁律甲"，"凡十八律"；第三卷自题"旁律乙"，"凡十三律"。不过，"旁律甲"小结作"凡十八律"，目录所见律名仅 17 种。是目录统计有误，还是漏写某律名，尚不可知。若属遗漏，遗漏的可能是"史律"，也可能是"赍律"，故表中两者暂存；若统计有误，则见于律名木牍的"史律""赍律"可能均不见于胡家草场汉简。究竟如何，有待资料的正式公布。9.胡家草场汉简中律名加下划线的，是指这些篇题不见于睡虎地汉律；蛮夷诸五篇，亦不见于律名木牍。10.释文均采用常见字，个别错字或异体字径改正。

秦汉时代律令体系真实面貌如何呢？与曹魏新律、晋泰始律的律典不同，秦汉律令体系是由单篇律与令共同构成的，①且内部又以"狱

---

① 陶安あんど《漢魏律目考》，《法律史研究》第 52 号，2002 年，第 101 页；徐世虹《说"正律"与"旁章"》，《汉唐盛世的历史解读——汉唐盛世学术研讨会论文集》，第 285～298 页。

律""旁律"为区分。①

单篇律内容相对单一，篇名即其内容之反映。譬如，《仓律》是关于粮食贮存、保管及发放的规定，《田律》是关于农田水利、刍稿征收等方面的规定，《钱律》是关于规范货币使用、严惩盗铸钱的规定，《效律》是关于官府物资检核的规定，《赐律》是对不同人等进行赏赐的规定（个别条文具有救助性质），《傅律》是关于不同人等傅籍以及优抚年老人的规定，《捕律》是关于缉捕罪人的规定，《传食律》是关于不同人等享受传车、传舍及饮食等方面的规定，《行书律》是关于邮传设置、文书传递等方面的规定，《秩律》是关于官吏秩禄的规定，《盗律》是关于盗窃钱财、挟持人质、买卖人口等方面的规定，《亡律》是关于脱籍逃亡及藏匿亡人的规定，不一而论。律篇规范的内容相当广泛，并不仅仅局限于通常所说的刑罚，如《贼律》《盗律》等；制度性规定占有较大的比重，如《秩律》《行书律》等；军事制度或军法方面的规定，如《尉卒律》《奔命律》等；礼仪性质的规定，如《葬律》《朝律》等；以及属于章程一类的规定，如《工作课律》等，应有尽有。这些律令的制定并非成于一人之手，"萧何次律令，韩信申军法，张苍为章程，叔孙通定礼仪"，揭示出是诸人共同参与之结果。②

司法实践中，定罪量刑的依据主要是律而非令，尽管有部分令文也带有刑罚性质。比如，张家山汉简《奏谳书》中引录有这样一条令文：

> 令曰：诸无名数者，皆令自占书名数，令到县道官，盈卅日，不自占书名数，皆耐为隶臣妾，锢，勿令以爵、赏免，舍匿者与同罪。【65～67】

按，令文大意是说，凡是没有在官府占籍的，要自行到官府进行占籍；下令三十日而仍不占籍，一旦被发现，要被耐为隶臣妾，禁锢，不能以

---

① 张忠炜《秦汉律令法系研究续编》，第91～101页。
② 《史记》卷一三〇《太史公自序》；张忠炜《秦汉律令法系研究续编》，第113～130页。

爵位或购赏免罪，藏匿不占籍的则以同罪论处。从"狱史平舍匿无名数大男子种"来看，官府确实是以此条令文进行判决的；很可能因为是律中不存在此类规定，故以令的形式对某类行为进行规范，官吏裁判时也只能引令而非律。有的时候，律与令或同时作为定罪量刑的依据，《奏谳书》中收录有醴阳令盗县官米案，即是如此。醴阳县令伙同属下盗卖官米，获赃金 6 斤 3 两、钱 15 550。官吏一方面依据《盗律》中盗赃超过 660 钱、黥为城旦舂的规定，一方面也引用"吏盗，当刑者刑，毋得以爵减、免、赎"的令文（简 73），对醴阳令进行定罪。从这个事例看，律是定罪的根本依据，当律文没有规定时，则引令作为量刑参照（前提是存在诸如此类的令文），两相结合以定罪。

如上所言，秦汉律篇的内容包罗广泛，不仅局限于所谓的"刑"。针对"西京之时，刑律而外，遂无制度法式之书邪"的疑问，依据汉律残文，章太炎便已提出"汉律有官制""汉律有驿传法式""汉律有度数章程"，"汉律之所包络，国典官令无所不具，非独刑法而已"。他还敏锐地指出：

> 周世书籍既广，六典举其凡目，礼与刑书次之，而通号以《周礼》。汉世一切著之于律。后世复以官制仪法与律分治，故晋有《新定仪注》《百官阶次》诸书，而诸书仪杂礼，公私间作。讫唐，有《六典》《开元礼》。由是《律》始专为刑书，不统宪典之纲矣。上稽皇汉，则不然也。①

后来，程树德也指出：

> 周室凌夷，诸侯各自立制，刑书、刑鼎，纷然并起。李悝始集诸国刑典，著《法经》六篇，然犹未以律为名也。商鞅传《法经》，改法为律，律之名盖自秦始。汉沿秦制，顾其时去古未远，礼与律

① 章炳麟《检论》卷三《原法》"附汉律考"，《章太炎全集（三）》，上海人民出版社，1984 年，第 438 页。

之别犹不甚严。《礼乐志》叔孙通所撰礼仪与律同录藏于理官，《说文》引汉律"祠宗庙，丹书告"，《和帝纪》注引汉律"春曰朝，秋曰请"，是可证朝觐、宗庙之仪、吉凶丧祭之典，后世以之入礼者而汉时多属律也。魏晋以后，律令之别极严，而汉则否。

按，程氏先是综论三代情形，认为当时"八成之法、三宥三赦之制，胥纳之于礼之中，初未有礼与律之分也"，秦汉时代大体延续这一特征，"礼与律之别犹不甚严""后世以之入礼者而汉时多属律也"。[①] 早期律篇有如此特质，故魏晋时有律令分途：一方面是律的转化问题，其内容以令或礼的形式出现；[②] 一方面是令的纯化，令成为制度性或规范性的法律，刑罚性的内容基本被剔除。杜预"律以正罪名，令以存事制"之语，[③] 清楚揭示晋律与令功能的划分，亦可折射秦汉时代律与令的特质。[④]

律具有恒久而稳定的法律效力，令则是相对灵活的法律载体。王命可随时以令的形式颁行，"天子诏所增损不在律上者为令"，[⑤] 或是补充旧有的律文，或是重新制定新条文，具有短暂或长久的法律效力。皇帝所下的命令文书，名目较多。秦始皇时，"命为'制'，令为'诏'"；[⑥] 汉代，皇帝的命令文书有策书、制书、诏书、诫敕等。[⑦] 但是，并非所有的命令文书都可以成为令文。只有经过一定的立法程序，命令文书才有可能成为法律条文。对此，大庭脩从文书学的角度入手，以制书、诏书为例，

① 程树德《九朝律考》卷一《汉律考一》，中华书局，2006 年，第 11 页。
② 按，东汉末，应劭"删定律令为《汉仪》"，揭示出律令有向礼嬗变之一面。参看《后汉书》卷四八《应劭传》、《晋书》卷三〇《刑法志》。
③ 李昉等撰《太平御览》卷六三八《刑法部》，中华书局，1960 年，第 2859 页。
④ 按，富谷至认为晋律、晋令均源自汉律，是以为秦汉律令带有"未熟性"，与笔者此处的论述有一定的相似性，参见《秦漢律令の未熟性》，林信夫、新田一郎编《法が生まれるとき》，創文社，2008 年，第 207～232 页。
⑤ 《汉书》卷八《宣帝纪》文颖注。
⑥ 《史记》卷六《秦始皇本纪》。
⑦ 孙星衍等辑，周天游点校《汉官六种》，中华书局，1990 年，第 23 页。按，这几种文书形式，是一开始就如此，还是有其发展历程，玺书是否当包含在内，均有较大争议，不赘。

深入细致地研究令的制定方式。第一，皇帝以自己的意志单方面下达的命令，附有"明知朕意"或"以称朕意"等语，多用于政令宣布、恩典赐予、官吏任免等场合，行使立法权时使用"著为令""著令"等特定用语。第二，官僚在被委任的权限内提出献策而获得皇帝认可，作为皇帝的命令而公布，原则上有官僚的奏请，附有皇帝的"制可"或"制曰可"，多用于日常行政事务的处理。第三，是以上两种形式的复合。即，皇帝向相关官僚指示政策大纲或自己的意向，制诏末尾带有"具为令""议为令"等用语；经由臣下商对或草拟相应的方案并呈上，若奏文获得皇帝"制可"或"制曰可"，即可成为令文或进入律文。① 张家山汉简所见津关令，三种形式的令文均有，证实大庭脩之说完全可信。

提及秦汉的令尤其是汉令，学界一般感叹其种类之多：以甲、乙、丙命名的干支令，以事类命名的事类令，以地区或衙署命名的挈令，以及所谓的单行令。随之而来的疑问是，皇帝制诏经过立法程序成为令后，究竟是以何种标准，被分类、编纂入不同的令集或令典？为何有的令被归入令集或令典而有的仍为"单行令"？从某种情况而言，这些困惑的出现似源于对两个不同问题的混淆：令的分类与令的编纂。我以为事类令和单行令是令的两种基本分类；干支令及挈令，属于令的编纂。

所谓单行令，通常是人君就某一具体事况颁行的具有法律效力的单一法规。譬如，文帝时颁行的"养老令"，是关于优待年老者的规定；景帝时颁行的"箠令"，规定"箠"的形制及笞打之法。以后者为例，简要说明如下。景帝令臣下"定箠令"，丞相、御史拟定具体方案：

> 笞者，箠长五尺，其本大一寸，其竹也，末薄半寸，皆平其节。当笞者笞臀。毋得更人，毕一人乃更人。②

按，有鉴于加笞与死刑无别，以及有人被笞死的情形，重新定律：先是

---

① 大庭脩《秦汉法制史研究》，第 139～162 页。
② 《汉书》卷二三《刑法志》。

将笞 500 减为笞 300，后又将笞 300 为笞 200、笞 200 减为笞 100；仍有犯人笞毙而笞未尽的情况，故又“定箠令”。此令属于大庭脩所说的第三种类型。

所谓事类令，是具有令文汇编或编纂性质的令典或令集。张家山汉简所见《津关令》，是津关通行的令文，目前所见竹简 38 枚，20 条令文，只是令文编号已过 20；张家山 336 号墓所见《功令》，主要是关于官吏考课升迁的规定，升迁的最重要依据是功劳，有竹简 184 枚，令编号从“一”至“百二”，其中有少量令的编号残缺，居延汉简所见为“功令第卅五”（285.17）。① 这些事类令性质的令典具有开放性，② 令文数量并不固定，可根据情况进行增补。增补的基础是单行令。换言之，以单行令的形式进行某方面的规定，然后再将这些单行令编入令典中，所以事类令中诸令的颁行年代或有先后之别。武帝时，立五经博士，兴立太学，并建立博士弟子员制度。结合武帝意旨，丞相公孙弘等人草拟出具体措施，其中有“请著功令，佗如律令”之语。③ 也就是说，新的令文将被编入功令这一令典或令集中，这大概是基于其具有选拔与升迁的性质。

无法归入事类令的单行令，该如何处理呢？可能的情形是：或以单行令的形式存在，或被著录于其他令典中。被著录于其他令典中，干支令即为典型。干支令是以甲、乙、丙等天干命名的令典或令集，似侧重于对单行诏令的编纂，此前仅见令甲、令乙、令丙三种，胡家草场汉令简中还有令丁、令戊两种。干支意指令的第一、二、三篇，④ 是指几个不同的令典或令集。松柏汉墓简牍新见“令丙第九”，是文帝时颁行后

---

① 李均明《秦汉简牍文书分类辑解》，文物出版社，2009 年，第 209～211 页。
② 孟彦弘《秦汉法典体系的演变》，《历史研究》2005 年第 3 期，第 19 页。按，孟氏认为汉律是开放性的体系，此处借用他对汉律的说法，来叙述汉令。
③《史记》卷一二一《儒林列传》。
④《汉书》卷八《宣帝纪》颜师古注；张忠炜《秦汉律令法系研究续编》，第 145 页。按，概括以往诸说，有年代先后、篇目次第、诸令各有甲乙丙及集类为篇等四种意见。笔者认可颜师古、余嘉锡的说法，亦即篇目次第说。

来被编入令典的令文，是关于地方向朝廷进献枇杷的规定。[①] 挈令似是多出于实用目的而对令进行再编纂，或是基于地域而命名，如"北边挈令""乐浪挈令"；或是基于官署而命名，如"大鸿胪挈令""御史挈令""光禄挈令"，等等。有的挈令带有编号，如"北边挈令第四""北边挈令第六"，内容多与功劳制度相关，我认为"北边挈令"可能是基于某种原则而对功令条文进行再选择、编纂的产物。

"科""品"作为法律载体，通常并称，较之律与令的规定，则更为具体、细致。对于品，以居延新简所见"罪人得入钱赎品"为例，略加说明：

> 大司农臣延奏罪人得入钱赎品
>
> 赎完城旦舂六百石　　　直钱四万
>
> 髡钳城旦舂九百石　　　直钱六万【EPT56：35、36、37】[②]

按，此品内容是关于入钱赎罪的。有的是缴纳谷物赎罪，有的是缴纳货币赎罪，故以"品"的形式确定谷物与货币的折算关系；不同时期赎刑的标准或数量或有变动，[③] 依据某法令而衍生的细则规定"品"，除去个别规定外，多是一时之政，可能未必具有长久的法律效力。今所见个别规定以《烽火品约》最为知名（EPF16：1～17），[④] 内容是发现匈奴入塞传递烽火信号的具体规定，大概具有长久的法律效力。

"科"从品式、程类的本意引申出法律之意，就其内容而言，大概是关于某事的规定，亦即注疏中所说的"事条"。关于科的实物，被复原的居延新简"购偿（赏）科别"册书最为典型（EPF22：221-235、691、692、825）。[⑤] 该册书中有"今以旧制律令，为捕斩匈奴虏反羌购

---

① 朱江松《罕见的松柏汉代木牍》，《荆州重要考古发现》，第209～212页。

② 李均明《秦汉简牍文书分类辑解》，第224页。

③ 徐世虹主编《中国法制通史》第二卷《战国秦汉》，第284页。

④ 李均明《秦汉简牍文书分类辑解》，第224～225页。

⑤ 张忠炜《〈居延新简〉所见"购偿科别"册书复原及相关问题之研究——以〈额济纳汉简〉"购赏科条"为切入点（修订本）》，《秦汉律令法系研究初编》，第225～248页。

赏各如牒"一语，清晰地揭示出"购偿（赏）科别"的法源所在。复原的"购偿（赏）科别"册书，内容与定罪正刑无关，刑罚性的规定当在律令中。据睡虎地秦简及张家山汉简可知，与购赏相关的规定多出自"捕律"。如此一来，所谓科是指律、令、比中的事项条目之说，不攻自破——当汉科中已经规定的很细密、清楚时，似乎没有必要舍近求远而指向律、令、比的条款；加之汉律条款称引自有其方式，[①]"购赏律"中习见的相关言语是"购如律"，似乎也没有特意以"科"来指代的必要。科与律令确实存在关联，但并非指代或称引的关系。以"购赏科"为例可知，它是以律令的基本精神为原则，随着时代的变迁及事情的变化，做出具体的、细化的诠释性规定，有弥补律令规定不周的用意，以期适应不同情况、解决新问题。典籍中记载的"旧令制度，各有科品"之语，[②]亦可从此角度理解。东汉中后期以来，尤其是魏晋时代，有些科确实具有刑罚性，走马楼吴简所见"得据科治罪，自以州言本府……如诏书科令"（简3696）即如此。[③]秦汉常见的"如律令"至此时为"如科令"取代，魏科、蜀科及吴科条不约而同地出现于典籍，曹魏新律系"删约旧科，傍采汉律"而来，[④]西晋则是采择魏科而定丧葬令，等等，无不显现出"科"这种法律载体在魏晋时代所发生的根本性改变。

"比"作为法律载体，就其实质而言，类似今天所说的判例。法吏在决狱定罪时，若无法从现有条文中找到适合的法规依据，通常会参照类似的法规进行比附性的定罪量刑。张家山汉简所见"和奸案"中，不孝罪当弃市；女子甲的行为近于不孝，故依照"不孝之次，当黥为城旦舂"来判案。[⑤]这是秦末或汉初的案例，正可见比附定罪行为的出现是

---

① 徐世虹《说"正律"与"旁章"》，《汉唐盛世的历史解读——汉唐盛世学术研讨会论文集》，第288～289页。

② 《后汉书》卷五《安帝纪》。

③ 长沙简牍博物馆等编著《长沙走马楼三国吴简·竹简（肆）》，文物出版社，2011年，第709页。

④ 《晋书》卷三〇《刑法志》。

⑤ 邢义田《秦或西汉初和奸案中所见的亲属伦理关系——以江陵张家山二四七号墓〈奏谳书〉简180～196考论》，《天下一家：皇帝、官僚与社会》，中华书局，2011年，第497页。

比较早的。汉高祖七年（前 200），下谳疑狱诏：案件需逐级奏谳，廷尉也无法判决的，"谨具为奏，傅所当比律令以闻"。[①] 一般来说，能够成为比或决事比的，是法无明文的疑难案件；当皇帝对疑难案件做出判决时，也就意味着一个新的决事比诞生。东汉章帝初，有人将侮辱父亲的人杀死，按律当处以死刑，章帝大概念及其杀人初衷，故免除死罪而减罪论处，自此成为"比"，并由此产生所谓的"轻侮法"。在当时人看来，此举不过是章帝的权宜之举，且并未明确颁行、载入律令，却由此滋生出更多的决事比，故废除之声日隆。从这个事例看，决事比虽有类似成文法判罪定刑的效用，但并未经过修订而提升或进入律或令的层次。廷尉对疑难案件的判决，大概也有部分会成为比。睡虎地秦简所见"廷行事"，即"法廷成例"，[②] 就属于此类性质。它们可能需要朝廷认可，才具有法律效力。比的出现本来具有弥补律令规定不周的用意，但也开启了作奸犯科之门，也极大地冲击了"罪刑法定"的原则。汉武帝时，比的数量急剧膨胀，据说死罪决事比有 13 472 事，奸吏上下其手，"所欲活则傅生议，所欲陷则予死比"，危害甚大。[③]

此外，在汉代的"故事"中，既包含有成文的诏书、律令，也包含有不成文的惯例，常常发挥与此类似的功能，具有弥补律令规定不周的用意。对此，邢义田早已梳理，不赘。[④]

三、刑 罚 体 系

相对准确地认识秦汉时代的刑罚制度，不得不把握以下几个基本原

---

① 《汉书》卷二三《刑法志》。
② 睡虎地秦墓竹简整理小组编《睡虎地秦墓竹简》，第 102 页。
③ 《汉书》卷二三《刑法志》。
④ 邢义田《从"如故事"和"便宜从事"看汉代行政中的经常与权变》，《治国安邦：法制、行政与军事》，中华书局，2011 年，第 380～449 页。按，邢氏辑录的汉代"故事"中，有"刑法"一类，如冬刑春赦等。上引"轻侮法"的事例，或亦被汉人视为"故事"；邢氏引郑玄注语，"已行故事曰比"，似已显见某些端倪。

则。一则，与《尚书》《周礼》等经典中记载的墨、劓、剕（或作刖）、宫、杀五刑不同，也与唐律中载明的笞、杖、徒、流、死五刑不同，秦汉的立法语言或文献中并没有此类明确说法。二则，关键概念的理解存在不少分歧，如完与耐，又如劳役刑与徒刑，等等，随着时代变迁而其内涵有变，故使用时需加辨析，避免不必要的纠纷。三则，刑罚有广义、狭义之别，此处主要针对狭义而言，即用于惩戒犯罪人的强制性制裁方法；至于法外之罚，因人、因事、因时、因地而存在，不能因此迷失重心，以至于倒果为因。

中国古代刑罚的起源，一般认为是出于对不同群体的强制性制裁，可适用于氏族群体内的不同人群，也可适用于氏族群体以外的人群。对于尚未听命的氏族集团，采用军事手段以臣服之，是很自然的举动。古书有"大刑用甲兵，其次用斧钺"之语，且要刑诸原野或市朝。当在军事战阵或市朝执行死刑时，与最早刑罚形式之一的放逐刑一样，它们实际上都是众人弃绝为恶者，并将其驱逐于社会之外。次于甲兵、斧钺的，"中刑用刀锯，其次用钻凿"，[1] 亦即通常所说的肉刑，是以不同的形式部分地实现死刑或放逐刑的目的。[2] 次于肉刑的，则是鞭扑。籾山明认为可以与秦汉刑罚相衔接的，或者说真正可以称之为法秩序的秩序原理，源于春秋时期军事集团约束士兵的规范。这种秩序原理，扩展到日常的社会整体中；法从单纯的规范发展为强制性的命令，刑则成为法强制的手段。[3]

秦汉时代的刑罚，主要有死刑、肉刑、劳役刑、财产刑四种；汉文帝十三年（前167），有刑罚改革之事，劳役刑发生重大变化，名副其实的徒刑由此蜕变而来；此外，迁刑及大赦，对刑罚制度也有重大影

---

[1]《汉书》卷二三《刑法志》。

[2] 滋贺秀三著，徐世虹译《中国上古刑罚考——以盟誓为线索》，杨一凡总主编、籾山明主编《中国法制史考证》丙编《日本学者考证中国法制史重要成果选译·通代先秦秦汉卷》，中国社会科学出版社，2003年，第193～221页。按，关于中国古代刑罚的意义及机能，均源自滋贺氏文，不一一标注。

[3] 籾山明《法家以前——春秋时期的刑与秩序》，《中国法制史考证》丙编《日本学者考证中国法制史重要成果选译·通代先秦秦汉卷》，第222～256页。

响，是刑罚体系演进中不可或缺的考察对象。

死刑是剥夺犯罪人生命的刑罚，是刑罚序列中最严重的惩罚。其中，腰斩、弃市作为主刑，意在剥夺犯人的生命。腰斩，是将犯人拦腰斩杀。行刑时，犯人要裸露形体，趴伏于锧，行刑人以斧钺拦腰斩杀之。弃市，即杀之于市，① 当众行刑。弃市的行刑方式，是斩刑，还是绞刑，存有争议，一般认为是斩首；② 曹魏以降，弃市之名虽存，其实是绞刑，与秦汉有别。张家山汉简《二年律令·贼律》中有如下规定：

> 以城邑亭障反，降诸侯，及守乘城亭障，诸侯人来攻盗，不坚守而弃去之若降之，及谋反者，皆要（腰）斩，其父母、妻子、同产，无少长皆弃市。【1～2】

案，律文大意是说，谋反、投降或临阵脱逃者，一律处以腰斩之刑，亲属不论老幼一律弃市。这些罪行威胁到朝廷的安危，故惩罚也严厉。腰斩、弃市都是死刑，但从简文来看，前者明显重于后者。弃市尚杀之于市，腰斩恐怕亦如此。秦朝末年，李斯被"论腰斩咸阳市"。③《贼律》中有"伪写皇帝信玺、皇帝行玺，要（腰）斩以匀（徇）"的条文（简9），即腰斩示众；汉武帝时，丞相刘屈氂亦"要斩东市"，④ 均可证明此点。被判处腰斩、弃市刑的，主要是危害政府安全、侵害皇帝威严以及挟毒、贼杀、斗杀、不孝等重罪。

---

① 湖南省文物考古研究所、益阳市文物处（张春龙、张兴国执笔）《湖南益阳兔子山遗址九号井发掘简报》，《文物》2016 年第 5 期，第 43～44 页；湖南省文物考古研究所、益阳市文物管理处（张兴国、张春龙执笔）《益阳兔子山遗址九号井发掘报告》，湖南省文物考古研究所编《湖北考古辑刊》第十二辑，科学出版社，2016 年，第 158 页；何有祖《再论秦汉"弃市"的行刑方式》，《社会科学》2018 年第 11 期，第 141 页。按，兔子山九号井的牍文，经何有祖改释后，可见弃市本义，"刑杀尊市，即弃死（尸）市"。
② 陈侃理《弃市新探——兼谈汉晋间死刑的变迁》，《文史》2022 年第 1 期，第 5～18 页。按，在认可何氏上述改释的基础上，陈氏从字形及其用法入手，认为弃市是以锋刃割颈而死。
③《史记》卷八七《李斯列传》。
④《汉书》卷六六《刘屈氂传》。

　　磔、枭首、车裂作为附加刑，并非法定正刑中的刑名，而是对犯人遗体的处置。磔，是张开尸体曝晒之刑；枭首，是斩杀犯人后，将其首级悬挂于高处，晒首；车裂，是以车撕裂犯人遗体。[①] 被处以附加刑者，主要是强盗、劫持、间谍、谋杀父母及奴婢杀主等恶性犯罪。譬如，子女谋杀父母，弃市；子女贼杀父母，枭其首市。谋杀、贼杀性质有别，故量刑有弃市、枭首之分。从剥夺生命的角度看，两者无别；后者要悬挂首级于高处，似又显现出彼此别。腰斩、弃市刑执行完毕的，或仍陈尸数日，然后家属、故旧或官府可为其收尸，掩埋；[②] 处以磔刑、枭首的，一定期限内无法收尸。汉初，梁王彭越以"谋反"罪被夷三族，枭首洛阳。刘邦下诏，"有收视者辄捕之"，但梁国大夫栾布仍"奏事彭越头下，祠而哭之"。[③] 按，栾布出使齐国，后返回梁国，再来到洛阳，绝非一朝一夕。此时，彭越被枭首当有一段时间，故栾布仍可奏事于彭越头下。附加刑正是通过对犯人遗体的处置，以不同的形式示众，强化对特殊犯罪的惩戒，凸显震慑意义。汉景帝时，"改磔曰弃市，勿复磔"；应劭注曰，"自非妖逆不复磔也"，[④] 也可以从这个角度加以理解。

　　死刑及死刑的附加刑之外，还可以见到其他非常之刑。定杀、生埋仅见于睡虎地秦简《法律答问》：患有麻风病之人假若犯罪，要将其活生生地投入水中淹死，是为定杀；定杀与生埋有别，后者是指活埋。战争中坑杀降卒，始皇时的坑儒事，均为活埋。囊扑，是指将人盛入囊袋中扑打而死，据说秦始皇曾囊杀同母弟两人；烹杀，又称"汤镬"之刑，是将人投入釜鼎中煮杀而死，或出于泄愤心理而烹煮尸首。楚汉之际，项羽争取刘邦部下王陵不果，盛怒，烹煮已自刎死的王陵之母。高

---

① 富谷至著，徐世虹译《剥夺生命与处理尸体的刑罚》，《中国古代法律文献研究》第三辑，第125～152页。按，此处关于剥夺生命与处理尸体的论断，如不特别标注，均源自富谷至文。
② 湖南省文物考古研究所、益阳市文物处（张春龙、张兴国执笔）《湖南益阳兔子山遗址九号井发掘简报》，第44页。按，J9③2号缀合简记载女子尊择不取行钱而被处以弃市刑，"盈十日，令徒徙弃冢间"。
③ 《汉书》卷三七《栾布列传》。
④ 《汉书》卷五《景帝纪》。

祖诛杀彭越后，除枭首示众外，又将其遗体剁为肉酱，即古书所说的"菹醢"，然后将之分赐诸侯王，大概仍以震慑诸侯王为用意，告诫其安分守己、俯首听命。此后，类似法外酷刑或不时见到，尤其是在王莽把持朝政时。譬如，翟义兴兵反对王莽失败后，其人被抓，磔尸，王莽下令毁去翟义的宅第，并挖池蓄水，又发掘其父祖坟茔，烧其棺椁，诛灭三族，将所有尸骨连同荆棘、五毒埋于一坑（或以为是在坑的周边移种荆棘等有毒植物）；后来，又将翟义同党王孙庆进行近乎今天所谓的"人体解剖"，参与其中的除掌管医药的太医、尚方外，还有"巧屠"，也就是说，是以宰解牲畜之法解剖其体。[①]对异乎寻常的案件，官吏或用非常之刑。元帝初，京畿女子告发假子不孝，以之为妻并笞打之；县令王尊以"律无妻母之法"为由，将不孝子四肢张开、悬吊于树，然后令骑吏五人拉弓射杀其人，吏民为之惊骇不已。[②]

法外酷刑在一时间可能会有震慑意义，但并无长效，反倒成为穷凶极恶的恐怖泄愤手段。两汉之际的桓谭为此说道，王莽刑杀人，又复加以毒害，以至活活烧杀人，以五毒侵蚀死者肌体，又以荆棘覆盖其上；只是人既然已经死去，便与土木无异，即便重加以毒害，（对死者）又有什么意义？适得其反，"王翁之残死人，（观人五脏，）无损于生人，生人恶之者，以残酷示之也"。[③]

肉刑又称身体刑，有黥、劓、刖、腐四种，是毁坏身体部位的刑罚。黥，又称墨，在脸上刺青；劓，割鼻；刖，斩左右趾；腐，又称宫刑，通常认为，男子去势，女子幽闭。刀锯、钻凿之痛是一时的，肉体毁伤却是终身的。一旦受刑，丧失自由人的身份，被称为刑人、刑臣或刑余之人，成为不洁、不祥、不齿的非社会成员，不得不以残疾之躯终其余生。从上古时代到春秋，肉刑是仅次于死刑的正刑。刑人或可在一

---

① 李建民《王莽与王孙庆——记公元一世纪的人体剈剥实验》，《新史学》10 卷 4 期，1999 年，第 1～30 页。
② 《汉书》卷七六《王尊传》。
③ 朱谦之校辑《新辑本桓谭新论》卷四《言体篇》，中华书局，2009 年，第 14 页。按，"王翁之残死人"，"观人五脏"两句，各本或载或否，俱见朱谦之辑本。

些机构中充任贱役。《周礼》记载，受墨刑者可用来守门，受劓刑者可用来守关，受刖刑者可用来守苑囿，受宫刑者可用来守宫内。^① 不排除此处记载有理想化的成分，但被社会抛弃的刑人可充任贱役，利用价值渐渐被发现。肉刑一方面仍可独立使用，一方面逐渐与劳役刑结合，附加刑的性质越来越浓厚。

劳役刑是强迫罪犯进行劳作的刑罚。从事劳役的刑徒，早期可能来源于战俘，后来主要是遭受肉刑者。从这个角度看，劳役刑本是肉刑的附加刑；战国时代以来，情势反转，劳役刑成为主刑，肉刑则为附加刑。当时，称刑徒为胥靡，是关东诸国的普遍现象。胥靡，即縲靡，是在刑徒颈上或脚上系缚绳索，用对待牲畜的办法来对付刑徒，目的是防止逃跑。与从事贱役等劳作不同，战国时代以来的刑徒多从事艰苦繁重的体力劳动，参与筑城、修路、冶炼、制器等工作。^②

秦及西汉初所见劳役刑名，主要有城旦与舂，鬼薪与白粲，隶臣与隶妾，司寇与舂司寇。这四组称谓因性别差异而名有不同。比如，城旦，起初是指男性罪犯从事筑城的劳役；女子因体力无法承担，只能从事舂米的劳作，故名舂。又如，司寇，即伺寇，犯人去边远地区劳作，或承担伺望的职任，女子处以司寇刑的则从事舂米等劳作。有时候，女性刑徒也参加土木工程等重体力劳作。男女刑徒从事劳役的具体内容，从动态角度看，与劳役刑名的本义愈发不符，后来则成为刑期的符号标识。有一技之长的刑徒，或可成为工隶臣，不担任赶车、烹炊等杂役。刑徒从事的劳作固然有相同的一面，也会因地域之别而带有地域特色。从里耶秦简 9-2249+9-2305+8-145、10-1170 看，男女刑徒均可从事诸如作务、作庙、除道、上省、捕羽、为笥、徒养、文书传递、农

187

田生产、与吏上计、市工用、取茅等劳作；男性刑徒还可以从事守囚、学车、为炭、伐椠、伐材、治邸、缮官、养牛、输铁官、具狱、与吏上事守府等事务；女性刑徒可从事取芒、守船、为席、治枲、取薪、输服（葭）弓、取黍（漆）、牧雁、作园等事务。更令人匪夷所思的是，从10-1170来看，女性刑徒（大隶妾）累积的工量，竟比男性刑徒（大隶臣、小隶臣）还多。①

就秦及汉初的劳役刑内部而言，极可能如宫宅洁所言："不存在与犯罪轻重相对应的'城旦舂—鬼薪白粲—隶臣妾'这样的直线型体系，无论是在刑罚的累加抑或是递减关系中，鬼薪白粲都被置于完全不同的另一个框架内。……鬼薪白粲刑在劳役刑体系中具有独特地位……是适用于犯了应判处城旦舂刑的特权阶层（上造以上有爵者、葆子、皇族）的刑罚，处在依存于城旦舂刑的地位。"②

标识劳役刑内部有轻重之别的，虽与劳役的种类（内容）或强度有关，但更多的是作为附加刑的肉刑与耐刑，及囚服、刑具、住居等外在标识（详下）。肉刑已如上述，不赘。耐，剃去须鬓；与之相对，髡，剃去头发，且重于耐。身体发肤，受之父母，不可毁伤。一旦剃去须发，即异于正常人，成为耻辱的标识。从睡虎地秦简看，耐以附加刑的形式出现，而髡则是私刑而非法定刑。③ 剃去的须发仍可长出，恢复如初，肉刑的伤害却是终身的。故而，劳役刑内部又可细分为三个层次：其一，与城旦舂相配合，以肉刑为附加刑，有斩左右趾城旦舂，劓为城旦舂，黥为城旦舂，而斩右趾重于斩左趾。受肉刑者再次犯罪，要承受

---

① 张忠炜《里耶秦简博物馆藏秦简概说》，里耶秦简博物馆等编著《里耶秦简博物馆藏秦简》，中西书局，2016年，第8页。按，9-2249+9-2305+8-145涉及城旦、鬼薪及隶臣等男性刑徒，10-1170涉及男女刑徒。

② 宫宅洁著，杨振红、单印飞等译《中国古代刑制史研究》，广西师范大学出版社，2016年，第87～88页。按，宫宅氏以为，城旦舂与鬼薪白粲的差异直接体现在是否适用肉刑上，对特权拥有者不合并施加肉刑而仅适用鬼薪白粲，随着公士数量的增加及不附加肉刑的完城旦舂刑出现，开始区分上造以上者判为耐鬼薪白粲、公士判为完城旦舂、庶人判为刑城旦舂三类刑罚，按照犯罪者的身份而分开使用。又，关于劳役刑的结构，若无标注，均源自宫宅洁此书。

③ 栗劲《秦律通论》，山东人民出版社，1985年，第253页。

其他肉刑；受尽黥、劓、斩左右趾刑等肉刑，即所谓的"刑尽"。其二，城旦舂作为独立刑，不附加肉刑，保持形体完全，即完城旦舂。耐本是相对（肉）刑而言，可包含完城旦舂刑。龙岗秦简所见耐城旦舂，若抄写无误，则可知完城旦舂亦需剃去须鬓。完城旦舂似即耐城旦舂。[①] 其三，与其余的劳役刑配合，以耐为附加刑，有耐为鬼薪白粲，耐为隶臣妾，耐为司寇。

刑徒身份低于编户民，且有明显的外在区分。城旦舂需要穿赤色囚衣，带红色毡巾，还要施加刑具（首枷、索、足钳）。外出服役，不准前往市场和在市门外停留或休息，路经市场时需绕行。鬼薪白粲亦需穿赤色囚衣，施加刑具（首枷、索、足钳）。隶臣妾、司寇可能在衣着上与编户民也有区分，尽管现在还没有见到明确的记载。城旦是按天发放口粮，若从事诸如筑墙等强度大的劳作，较之从事其他诸如站岗或较轻劳作的，早饭的口粮标准有所增加而晚饭标准不变；隶臣妾若在官府劳作，按月支付口粮，因劳作强度及性别、老小等差异，具体内容也会有所不同。刑徒的家属成员在社会上也会受到歧视。汉初法律规定，隶臣妾、城旦舂、鬼薪白粲的家室若位于普通民众的聚落中，将以逃亡罪论处。司寇或其他有期劳役刑（系城旦舂某岁），与上述刑徒身份略微有别。根据汉律规定，司寇也在国家授予田宅范围之列，极可能仍是居住于民里中，被征发时服役。[②] 隶臣妾是一个特殊群体。一方面，是因犯罪而被判处为劳役刑的刑徒；一方面，是被俘为奴或被收孥的犯人家属，是官奴婢。从汉初所见《收律》看，被处以完城旦舂、鬼薪以上刑

[①] 按，富谷至认为（肉）刑与耐是表示某类刑罚的总称。相较于肉刑而言，完刑属于广义的轻刑——耐刑，只是完城旦舂不需要剃去须鬓。龙岗秦简129号简有残损，但关键部分完整，"人及虚租希（稀）程者，耐为城旦"。从龙岗秦简来看，富谷舍弃的另一种解释，即耐刑中含有完刑，可能会是正确的。韩树峰认为汉初以前"完"同于"耐"，并非指身体发肤完好无损，而是相对终身无法复原的肉刑而言。参见富谷至《秦汉刑罚制度研究》，柴生芳、朱恒晔译，广西师范大学出版社，2006年，第30～31页；中国文物研究所、湖北省文物考古研究所编《龙岗秦简》，中华书局，2001年，第116页；韩树峰《汉魏法律与社会——以简牍、文书为中心的考察》，社会科学文献出版社，2011年，第4～10页。

[②] 孙闻博《秦及汉初的司寇与徒隶》，《中国史研究》2015年第3期，第76～80页。

罚的，以及因奸罪而被处以宫刑的，罪人之妻、子女（及财产、田宅），均在官府收孥之列。①从秦简看，以立功或爵位等方式摆脱隶臣妾身份的，以官奴婢居多；②若其中也有刑徒，无疑也会冲击无期刑制。李力认为秦及汉初时，隶臣妾已由刑徒、官奴婢的混合体逐渐走向刑徒的单一称谓。③

汉文帝刑罚改革前，劳役刑是无期刑，刑徒要终身劳役。因为大赦的不定期实行，刑期也并非绝对无期，劳役刑实际成为不定期刑。④不过，睡虎地秦简及张家山汉简中的"系城旦舂六岁""系（城旦舂）三岁"以及"偿日作县官罪"等成罚作刑的记载，⑤属于有期劳役刑。故而，邢义田提出从无期到有期"可能是从偶然、权宜、局部和非常态，逐步变成一种原则，走向常态化、全面化和系统化"的论断。⑥公元前167年，汉文帝废除肉刑，改革劳役刑，使刑期有年。当受黥刑者，改为髡钳城旦舂刑；当受劓刑者，改为笞300；当受斩左趾刑者，笞500。笞刑遂成为正刑。⑦当受斩右趾刑者，归入死刑，弃市；宫刑大概也废

---

① 按，若罪人子女有妻、夫，或立户、有爵位，以及年满十七岁以上，或已为人妻而离异、守寡的，不在收孥之列。因奸罪、抢掠他人为妻及殴伤妻子而被收孥时，妻子亦不在收孥之列。参见张家山汉墓竹简整理小组《张家山汉墓竹简〔二四七号墓〕（释文修订本）》，第32页。

② 裘锡圭《为〈中国大百科全书〉撰写的辞条》，《裘锡圭学术文集》第六卷《杂著》，第264页。

③ 李力《"隶臣妾"身份再研究》，中国法制出版社，2007，第483～484页。

④ 富谷至《秦汉刑罚制度研究》，第106页。

⑤ 按，系城旦舂刑适用于以劳作来抵偿财产刑、负债、逃亡（不满一年）的场合，或者作为附加刑使用，参见徐世虹《"三还之"、"刑复城旦舂"、"系城旦舂某岁"解——读〈二年律令〉札记》，中国文物研究所编《出土文献研究》第六辑，上海古籍出版社，2004，第83～87页。

⑥ 邢义田《从张家山汉简〈二年律令〉重论秦汉的刑期问题》，《中国古代法律文献研究》第三辑，第191～214页；游逸飞《说"系城旦舂"——秦汉刑期制度新论》，见简帛网，2009年12月18日。

⑦ 冨谷至《漢唐法制史研究》，創文社，2016年，第320～349页；中译本见周东平、朱腾主编《法律史译评》，朱腾译，2013年，北京大学出版社，第47～62页。按，笞刑见于秦及汉初的律文，是一种轻微的惩戒手段，还可以适用于家内成员。文帝刑罚改革中，其地位陡然上升，但并未取得正刑的地位。对此，富谷均有详尽考察，不赘。

除了，景帝时"死罪欲腐者，许之"，① 成为死罪的替换刑。髡钳城旦舂，刑期六岁；完城旦舂，刑期五岁；鬼薪白粲，刑期四岁；隶臣妾，刑期三岁；（作如）司寇，刑期二岁。髡钳，剃去头发、颈束铁圈，有时还要戴脚镣；与之相对，完城旦不需要髡发，也不用铁圈束颈。汉武帝太初元年（前 104），改正朔，易服色，数用五，刑期可能也随之改变：髡钳城旦舂，五岁；完城旦舂，四岁；鬼薪白粲，三岁；司寇，二岁。② 此外，文献中还有劳役一岁到三个月的复作。刑期中的岁与月，均有特定所指：以 360 日为一岁，以 30 日为一月，并不涉及闰月或大小月的问题。③

劳役刑改革虽已开启，但恐仍是渐进进行的；新旧体系的演进进程，仍有待进一步观察，而新制度也有待完善。景帝定"箠令"，恢复肉刑议，等等，无不揭示此端。有期徒刑是劳役刑变革之产物，变革的主要原因仍有待探讨。

财产刑是经济惩罚，主要分为赀与赎两种。

"赀"或"赀罚"，用来惩治相对轻微的犯罪，是秦时特有且普遍存在的刑罚。④ 多以甲、盾为名，有赀一盾、二盾，赀一甲、二甲，还有赀二甲一盾，以及络组（穿连甲胄的条带）。里耶秦简中有赀三甲、四甲的记载。早期可能是缴纳实物，后来则成为赀罚标准，缴纳一定的对等物即可。从里耶秦简"赀三甲，为钱四千卅二"的记载看（8-60+8-657

---

① 《汉书》卷五《景帝纪》。

② 张建国《前汉文帝刑罚改革及其展开的再探讨》，《帝制时代的中国法》，法律出版社，1999 年，第 191～206 页；籾山明著，李力译《中国古代诉讼制度研究》，上海古籍出版社，2009 年，第 201～328 页；李天虹《汉文帝刑期改革——〈汉书·刑法志〉所载规定刑期文本与胡家草场汉律对读》，《江汉考古》2023 年第 2 期，第 62～69 页。按，胡家草场汉律所见，证实张建国之说可信；至于《刑法志》与胡家草场汉律之差异，有待进一步研究。

③ 张忠炜《里耶秦简 10-15 补论——兼论睡虎地 77 号汉墓功次文书》，中国政法大学法律古籍整理研究所编《中国古代法律文献研究》第十三辑，社会科学文献出版社，2019 年，第 106～116 页。

④ 石洋《战国秦汉间"赀"的字义演变与其意义（修订稿）》，童岭主编《皇帝·单于·士人：中古中国与周边世界》，中西书局，2014 年，第 135～152 页。

+8–8–666+8–753），一甲折算为 1 344 钱。[①] 当事人无力承担缴纳实物或对等物，可以在官府服劳役的形式来抵偿，此即"居赀"或"居作"。居赀期间，按日计算，每日抵 8 钱；若在官府就食，每日抵 6 钱，直至偿还完毕。赀盾、赀甲之外，还有赀布、赀戍与赀徭。赀布可以是实物，也可以折算为钱。布符合长 8 尺、幅宽 2 尺 5 寸的标准，可折算为 11 钱。赀戍与赀徭，是以劳役来抵偿惩戒。赀戍分为戍一岁、戍二岁，赀徭所见有三旬。由此看来，赀罚以财产刑的面目出现，一定程度上又是有期劳役刑。

汉初以来，赀罚几乎全然不见，而罚金刑大行于世。罚金刑亦施于轻罪小过。常见的有罚金一两、二两、四两；罚金一斤也见诸文献，应该不是常态。可以缴金，也可用钱：依据每年十月金的平贾而予钱。

赎刑有正刑、换刑之分。前者先判本刑，又以财易刑，主要针对所犯罪行而非身份；后者是直接判罚，多以"令赎某刑"为标识，主要是针对具体人、具体犯罪而颁布的具体惩罚措施。[②] 张家山 M247 汉简《具律》中有如下条文：

> 赎死，金二斤八两。赎城旦春、鬼薪白粲，金一斤八两。赎斩、府（腐），金一斤四两。赎劓、黥，金一斤。赎耐，金十二两。赎辠（迁），金八两。【119】

这是迄今为止所见赎刑等级的最全面叙述。作为正刑的赎刑，与所犯之罪存在某种对应原则。比如，斗杀、贼杀人，弃市；过失及戏而杀人，赎死；（过失及戏而）伤人，除罪。这是基于所犯之罪而做出的量刑。作为

---

① 陈伟主编，何有祖、鲁家亮、凡国栋撰著《里耶秦简牍校释（第一卷）》，武汉大学出版社，2012 年，第 41～42 页。

② 富谷至《秦汉刑罚制度研究》，第 38～43、125～134 页；张建国《论西汉初期的赎》，《政法论坛》2002 年第 5 期，第 36～42 页；韩树峰《汉魏法律与社会——以简牍、文书为中心的考察》，第 25～48 页。按，韩树峰将作为正刑（或本刑）的赎刑称为"独立赎刑"，作为换刑的赎刑称为"附属赎刑"，并对张建国之说有所商榷。

正刑的赎刑，要缴纳一定的钱财。秦时可用劳役抵偿赎刑，此即为"居赎"，与"居赀"相近。汉代大概也类似秦时，但罕见居赀、居赎的记载。

作为换刑的赎刑，实际是减轻处罚，是基于身份的特权，在特定情形下是正刑的替代刑。比如，通常情况下，殴笞人致死的为死刑；但是，父母殴笞子女及奴婢，且在保辜期内去世，可以令父母赎死；官吏因公事而笞打城旦舂等刑徒，且后者在保辜期内去世，可以令官吏赎死。因身份有别，量刑亦从轻。作为换刑的赎刑，主要是以爵位抵罪，也有以钱财抵罪。后来，它不再局限于特定群体，而是逐渐面向社会大众；当政府遇到财政危机，或出于特定原因考虑，往往会扩大赎刑的适用范围。汉惠帝时，朝廷下令：百姓有罪的，可以买爵三十级，以免除死罪；应劭注曰，"一级直钱二千，凡为六万，若今赎罪入三十匹缣矣"。[①]武帝时规定，死罪之人出赎钱五十万的，可以减死罪一等进行论处。宣帝时，鉴于平叛西羌而可能引发来年用度不足，故京兆尹张敞向朝廷倡议，若非盗窃、贪赃、杀人及犯法而不应被赦免之人的，均可缴纳谷物赎罪；不过，此处的谷物恐怕也有货币对等物，前引"罪人得入钱赎品"中的对应关系，似可证明此点。东汉时，多以缣帛进行赎罪。譬如，明帝时下诏，除亡命、殊死外，一律可以进行赎罪：死罪纳缣二十匹，斩右趾至髡钳城旦舂十匹，完城旦舂至司寇、（复）作者三匹；罪刑尚未暴露而先到官府自首的，可以按上述规定的一半进行赎罪。[②]故而，以买爵、纳谷或纳缣赎罪的，会因为财富不等而造成刑罚不公，富者得生，贫者独死，"贫富异刑而法不壹"，[③]故备受指斥。

关于"迁""迁徙"或"徙"的记载虽频见于文献，但与隋唐时代作为五刑之一的"流刑"相比，至今也没有足够的证据表明，迁或徙在秦汉刑罚序列中属于法定刑——也就是说，它还不是以次于死刑一

---

① 《汉书》卷二《惠帝纪》及应劭注。
② 《后汉书》卷二《明帝纪》。按，后来明帝又下诏，除亡命、殊死外，死罪缴纳缣三十匹，斩右趾至髡钳城旦舂十匹，完城旦舂至司寇五匹；吏民罪刑尚未暴露而到官府自首的，可以缴纳上述规定的一半进行赎罪。这大概是应劭注的依据所在。
③ 《汉书》卷七八《萧望之传》。

等的重刑或替代刑的面目出现；从秦、西汉前期所见关于迁的条文，以及西汉中晚期以来愈发多见的徙边刑来看，迁刑正处于激烈的变动中。迁刑或徙刑的研究，早期以大庭脩、邢义田为代表，新近研究以辻正博、富谷至为代表；[①] 张家山汉简的发现与贯通汉唐的视野，是"新"之原因所在。[②]

　　迁或徙是将犯人强制性移处他地的刑罚，多要承担强制性的劳役。从《法律答问》"加罪"条看（简1～2），迁作为刑罚要轻于黥城旦；从上引汉初关于赎刑的律文看，赎䙵（迁）作为惩罚轻于赎耐。它适用于在职的官吏，也适用于普通百姓。邢义田指出，迁可以单独使用，也可与赀刑、釱足（釱足，在脚上施加铁制或木制的刑具）、夺爵等处罚或戍边、筑城等徒刑配合，从而到达加重惩罚的目的。[③] 秦及西汉前期的迁刑如此，自西汉中后期以来，迁刑少见而减死徙边频见诸文献。对于"减死罪一等徙边"的含义，恐当如富谷至区分的那样，一方面是正刑体系中轻于死罪一等的髡钳城旦舂刑，被强制迁徙至边地劳役，属于有期刑；一方面是作为新制设立的具有死刑替代刑性质的徙边刑，若不遭遇大赦，则是终身刑，通常将无法返回本郡乡里。这对安土重迁、返归乡里则死无所恨的生民乃至罪犯而言，是严重的惩罚；晁错在政论中有"秦民见行，如往弃市"的论说，[④] 更显见其严酷性。尽管徙边刑具有死刑替代刑的性质，但多以皇帝下诏的形式不时颁告天下，将其视为本刑恐未必妥当。从文献记载看，秦及西汉前期多迁于西南、西北之地，西汉中晚期以来多为西北、南方边地；犯人之外，其父母、同产、妻小等家属亦可同行，有时是强制被迁。徙边刑的存在及其发展，尤其是衍生为死刑的替代刑，成为连接死刑、生刑的过渡刑；恢复肉刑之议

---

① 大庭脩《秦汉法制史研究》，第136～164页；辻正博《遷刑・"徒遷刑"・流刑—"唐代流刑考"補論—》，冨谷至编《江陵張家山二四七號墓出土漢律令の研究　論考篇》，朋友書店，2006年，第305～339页。
② 冨谷至《漢唐法制史研究》，第272～319页。
③ 邢义田《从安土重迁论秦汉时代的徙民与迁徙刑》，《治国安邦：法制、行政与军事》，第62～100页。
④ 《汉书》卷四九《晁错传》。

只是停留在论说的层面上，迁徙刑则经历魏晋南北朝的实践与完善，最终以"流刑"之名而位居五刑之列。

最后，围绕大赦制度，简单叙述如下。

严格来说，赦免并非刑罚制度，更多的是皇帝的恩典。秦朝罕见关于赦免的记载，就汉代而言，新帝践祚、改元、立后、建储乃至女主临朝时，会大赦天下；皇帝巡行天下、有军事克捷乃至有祥瑞出现时，也会大赦天下；灾异谴告之说兴起后，遇有日食、地震、旱涝等异常现象时，皇帝或因之下罪己诏，颁行大赦，与民更始。[1]颁行大赦时，通常是有条件地减免刑罚。悬泉简有如下记载：

> ·铸伪金钱，奴婢犯贼杀主、主適妻以上，律皆不得赦。在蛮夷中得毋用期。赦前有罪，后发觉，勿治。奏当上，当上勿上。诸以赦令免者，其死罪令作县官三岁，城旦舂以上二岁，鬼薪、白粲一岁。【Ⅱ T0216 ②：615】[2]

案，上引简文图版尚未公布，释读可能存在不确定性，将其视为赦令似无碍。大意是说，盗铸金钱、奴婢贼杀伤主人、主人嫡妻等罪的，不在赦免之列；对蛮夷亦不适用；赦令颁行前犯罪而颁行后方才发觉（犯罪）的，不予追究；因赦令免死者，需在官府劳作三岁，城旦舂以上劳作二岁，鬼薪、白粲需劳作一岁。

如上，不是所有罪刑都可以被赦免的，"殊死"——死罪之明白者，如谋反、大逆等死罪，不赦；死罪轻者则可赦免；经大赦后，或以宫刑代替死刑，或减死罪一等而徙边，不一而论；非死罪者则可缴纳钱物赎罪。[3]结合文献及简牍所见，大赦施行程序似如下：基于某种起因而草

---

① 沈家本《历代刑法考》，第529～567页。
② 张俊民《悬泉汉简：社会与制度》，甘肃文化出版社，2021年，第386～387页。
③ 陶安《殊死考》，《法制史研究》第10期，2006年，第1～29页。按，陶安以为殊死并非身首异处，也非作为刑名或刑罚使用；与赦免制度有密切关系，是对"不当得赦者"一类罪名的高度概括。

拟大赦诏书，昭告天下；地方官吏接到大赦诏令后，统计符合赦免条件的人数，并呈报上级部门，经过一定的手续后，犯人即被赦免其罪。[①]大赦颁行后，此前所犯罪刑不加追究，此即"赦前有罪，后发觉勿治"的原则（Ⅱ 0214 ②：565）；[②]与之相类似，是传世文献所见的"有司无得举赦前往事"。[③]作为权宜之举的赦免，究竟该何时颁行，以何种频度颁行，是对执政者的考验。沈家本统计汉代诸帝在位时的赦免次数，有"大抵盛时赦少，乱时赦多"之论断；[④]桓帝、灵帝时尤甚，赦免太频繁，故有奸人占卜将赦而教子杀人，后来桓帝果真大赦天下，杀人之罪也在宽宥之列，但河南尹李膺依然将之处死，成为引发党锢之祸的导火索。从这个角度看，汉人政论中频频见到反对赦赎的论说，认为大赦导致了奸邪之人受益而良民受害，不是没有道理的。

四、司法制度

律令仅仅是具体的条文规定，保障其公平、公正、有效地实施，则不得不依赖于司法制度。就古代中国而言，虽没有明确的制度规定，但相关内容是可以被梳理的。这套制度涉及组织机构、管辖、诉讼程序、狱政等方面。

秦汉时，廷尉是中央政府部门中专职的司法机构，负责公卿及郡国守相等特殊群体的案件，对地方呈报的疑难案件也有最终裁判权（个

---

① 邬文玲《大赦制度研究》，孙家洲主编《秦汉法律文化研究》，中国人民大学出版社，2007 年，第 80～93 页；邬文玲《走马楼西汉简所见赦令初探》，《社会科学战线》2022 年第 4 期，第 114～124 页。按，邬文玲根据新见材料指出，赦令与复作存在密切关系：罪行较重的刑徒遇到大赦时，会被减免为相应的复作，而刑等较轻的刑徒如司寇等遇到大赦时，则径直免为庶人；她还指出，大赦除具有减免刑事责任的效力外，还具有免除民事责任（诸如债务）的效力。
② 胡平生、张德芳《敦煌悬泉汉简释粹》，上海古籍出版社，2001 年，第 15～16 页。
③ 《汉书》卷一一《哀帝纪》。
④ 沈家本《历代刑法考》，第 586～587 页。

别疑案，由皇帝裁决）。廷尉还参与律令的改订，参加特殊案件的议罪
会议。作为专职的司法机构，任职也有特别要求。若能书、会算、知律
令是官吏任职的基本条件，则廷尉寺长官、佐官与属吏的选择当更强调
知律令。早期任职官署者，多出身于刀笔吏，奉法行事；罢黜百家、表
彰六经以来，任职廷尉者渐沾染儒风，律学、经学兼修，儒家观念逐渐
渗入、影响乃至改造法律。张汤任职廷尉时，廷尉府"尽用文史法律之
吏"，[①] 亦即善于书写的文法吏，兒宽以儒生身份处其中，难免受冷落；
后来，兒宽因草拟疑案奏疏而受赏识，张汤由此向学，任命兒宽为奏谳
掾，以古法、经义处理疑狱；朝廷有政议时，武帝多次派张汤向董仲舒
求益，据说仲舒因此而作《春秋决狱》一书。"世掌法"家族的出现，如
西汉的杜周、杜延年父子，于公与于定国父子，东汉的郭弘与郭躬父子，
陈宠与陈忠父子，更展示汉代律学兴盛之一面。廷尉之外，皇帝与中央
机构也不同程度地参与司法活动。汉文帝出行，有人误惊乘舆。文帝意
欲严惩，廷尉张释之却判处罚金轻刑，说道：若皇帝当时下令诛杀，则
可；交付廷尉判处，只能依法判处。从这个故事看，不管合理与否，皇
帝有擅断之权，掌握臣民的生死。皇帝可以决狱、录囚，不定时颁行赦
令，等等，无不影响到法律实践。三公府是否有独立的司法审判权可存
疑；府中的辞曹、贼曹、决曹，多是与法律相关部门，承担一定的司法
职能，则无异议。有些部门，如宗正、大鸿胪、太常等，或亦参与个别
案件的审理。行政、司法不分的体制，是律令法系的特征之一。

　　郡国守相是地方的行政长官，统理郡国庶务，决讼断辟自是分内
职责。[②] 负责辞讼事的辞曹、盗贼事的贼曹、罪法事的决曹等诸曹属
吏，是郡级司法事务的具体承担者，无疑也会强调法律素养。郡府判
处死刑的，需奏请朝廷；朝廷批准后，则可行刑。死刑以下，疑案之
外，郡守有处置权。郡对辖县上报的案件拥有定案的权力，可以改判
乃至直接审理县邑的案件。有的郡守以"酷吏"著称，如杀人多而被

---

① 《汉书》卷五八《兒宽传》。

② 严耕望《秦汉地方行政制度》，中研院历史语言研究所，1990 年，第 74、88～89 页。
　　按，关于郡县政府的组织形式及职能，若不特意标注，均取自此书。

称为"屠伯"的严延年，又如杀人多而流血十余里的王温舒，多躬亲狱讼之事，被视为好杀、行威、不爱惜人命的"代表"。县级机构类如郡府，不赘。县府是拥有审判权的最末端组织。[①] 县府之下的乡亭，亦兼掌民刑武事。乡啬夫、亭长有听讼的职责，有时也参与由县府主导的审讯。里耶秦简所见 9-2352 "诊死马爰书"即如此：居赀赎债之人传送传马一匹到迁陵，马匹跌落溪谷而死；当事人向迁陵乡报告此事，迁陵乡派人勘验现场，写成"诊死马爰书"，并呈报迁陵县府，迁陵守丞责令田官听书从事，当事人可能要按律令规定进行赔偿。[②]

诸侯王国的司法机构与管辖权有其自身特色。汉初，诸侯王掌治封国。王国相统帅王国官，内史治民、典狱；封国所辖郡县，与诸郡辖地似无别。地方的司法事务，由郡县负责；疑难或死刑案件，大概也要奏呈王国官，王国似乎有终审权。张家山汉简《奏谳书》中不见王国奏谳案例，可能与王国拥有独立的司法权有关。[③] 跋扈的诸侯王，不听天子诏，不行用汉法，擅为法令，如淮南王刘长。有鉴于七国之乱，景帝时剥夺诸侯王的治民权。虽如此，仍有诸侯王喜吏事，好法律，如赵王刘彭祖；有的刑讯逼供，判属下死罪，如衡山王刘赐（但王国内史拒不受理此案）。自此之后，王国衰落一发不可收拾，诸侯王惟得衣食租税，不与政事，司法权归于王国相及辖县。

通常，由案发地所在的县级政府实施管辖，亦即宫宅洁所谓的"发现地原则"。[④] 上引里耶 9-2352 "诊死马爰书"及张家山汉简《奏谳书》所见，多属于在地管辖，不赘。当嫌犯或证人不在管辖地域内时，辖地

---

① 宫宅洁《秦汉时期的诉讼制度——以张家山汉简〈奏谳书〉所见》，《中国法制史考证》丙编《日本学者考证中国法制史重要成果选译·通代先秦秦汉卷》，第 292 页。按，关于管辖权、审判程序的叙述，若无特殊情况，亦参见此文，不另出注。
② 里耶秦简博物馆等编著《里耶秦简博物馆藏秦简》，图版第 53、127 页，释文校订第 195 页。
③ 陈苏镇《〈春秋〉与"汉道"：两汉政治与政治文化研究》，中华书局，2011 年，第 96～98 页；蔡万进《张家山汉简〈奏谳书〉研究》，广西师范大学出版社，2006 年，第 110～115 页。
④ 按，所谓的"发现地原则"，如宫宅洁所言，实则源自彭浩的意见，见彭浩《谈〈奏谳书〉中的西汉案例》，《文物》1993 年第 8 期，第 34 页。

官吏可以"逮书"的形式，通告嫌犯、证人或家属所在地的官府，将其拘捕收系并押送至辖地接受讯问。比如，《奏谳书》中收录的秦时"盗牛案"，嫌犯两人的籍贯属于沂县，盗牛亦在沂县，买牛是在雍县，并在雍县被抓捕；审讯过程中，还将在咸阳服役的同犯押送至雍县受审。有时，或由抓捕地实行管辖。东汉时，安丘男子因母亲被侮辱而杀人，逃亡于胶东侯国，后被安丘县吏抓获于胶东侯国；此男子并未被押送回安丘受审，而是由胶东侯国进行审讯。按一般常理，此案是由安丘县受理管辖，派遣官吏缉捕嫌犯，但似又移交胶东侯国管辖。胶东侯相吴祐认为此案事出有因，同情其人，将其妻子由安丘解送至胶东侯国，令其宿于狱中，为当事人留下血脉，嫌犯在此受审，最终"投缳而死"。[①] 由此可知，涉及跨地域管辖时，情况多会比较复杂；目前所见资料有限，无法更进一步观察。京师地区，也实行在地管辖，部分案件的审理，朝廷也可参与，甚至负责。特定群体或特殊案件由朝廷直接指定官吏，或在中央，或在地方，进行审讯、议罪，不少案件还需要皇帝进行最终裁决。军队属于专门管辖。战时，将军有逮捕、讯问乃至专杀之权，幕府中也有负责法律事务的属吏。军民纠纷的案件，原则上由地方官吏进行审理。居延简所见"粟君所责寇恩事"，是军民交涉的案件，由居延县廷受理，并经都乡讯问。[②]

告劾、讯问、论罪，构成秦汉时代诉讼的主要程序：告劾是前奏，讯问是核心，论罪是结果。通常，告劾之后，需拘捕相关当事人；论罪以后，有的犯人或提出上诉。[③]

① 《后汉书》卷六四《吴祐传》。
② 徐世虹主编《中国法制通史》第二卷《战国秦汉》，第543～559页。
③ 需要说明的是，此处行文不区分刑事与民事之别，而所举案例以前者居多。笔者认同徐世虹所言，尽管细节上会有些许差异，但汉代民、刑诉讼无根本区别。张朝阳则力主刑事、民事之分。相关讨论参看徐世虹《汉代民事诉讼程序考述》，《政法论坛》2001年第6期，第122～130页；徐世虹《汉代社会中的非刑法律机制》，柳立言主编《传统中国法律的理念与实践》，中研院历史语言研究所，2008年，第309～342页；籾山明《中国古代诉讼制度研究》，第125～144页；张朝阳《汉代民事诉讼新论》，《华东师范大学学报（哲学社会科学版）》2013年第4期，第71～80页。

"告劾"，亦即提起诉讼。告与劾都是提起诉讼，不同的是：前者适用范围广，可以是以下告上，也可以相互告发；后者适用范围窄，主要是政府行为的上告下，亦即"由各级官司立法处理的人犯，皆需由具体办案官员向有关机构进行举劾"。[①] 告诉者以口头或书面形式，向在地官府提出诉讼，有时或越级上诉。编户民若离县府远，可就近向乡官提告；乡官有听讼之责，需将告诉之辞记录下来，呈报给县道官。若是书面诉讼，可以直接呈报县道官，亦可由乡官转呈。自告或自出者，即主动向官府认罪或检举其他犯罪，可以减免惩处，甚者可获得官府的购赏。若是杀伤祖父母、父母，奴婢杀伤主人及主人之父母或妻子儿女，即便是自告，也不减轻论处。不满六尺或十岁之人，不具备行为责任能力，与城旦舂、鬼薪白粲等群体一样，均无诉讼权。子女告发父母，儿媳告发婆婆，奴婢告发主人、主人的父母及妻子儿女，官府不仅不听告讼，告发者反要被处以弃市刑。

"劾"可以是司法用语，也可以是监察用语，有时又无法截然区分。或是先劾奏而后案治，或是先案治而后劾奏，有的是基于执掌而举劾。劾奏者可以是朝廷公卿，也可以是监察之官，郡县也可劾奏属下；被劾奏者，上至公卿、守相、侯王，下至令长、丞尉、属吏。盖宽饶任职司隶校尉时，无所回避，劾奏众多，廷尉对其举劾之人或事，或加以按验。加以按验者，或进入司法程序；不加按验者，劾奏似具有监察性质。如《汉书·晁错传》中丞相、廷尉劾奏晁错的记录，核心是举劾晁错之罪，并建议如何处置。居延简所见比较完整的劾状，主要由呈文、劾文、状文构成：劾重在陈述被举劾者的不法行径，状是对被举劾不法行径及当事人基本情况的确认，状末还有保证劾奏公正的文字；由于基层无审判权，故需将劾状呈报给上级部门，此即呈文。[②]

告劾不审，或诬告他人，需要承担相应罪责。前者属于"失"，罪

① 徐世虹主编《中国法制通史》第二卷《战国秦汉》，第 585 页。
② 李均明《简牍所反映的汉代诉讼关系》，《简牍法制论稿》，广西师范大学出版社，2011 年，第 55～57 页；刘庆《秦汉告、劾制度辨析》，《中国史研究》2016 年第 4 期，第 45～60 页。

责相对轻些，减轻一等论处。比如，死罪要减为黥为城旦春，城旦春罪减为完城旦春，等等。后者，则要严厉惩治。诬告他人死罪的要被黥为城旦春，其他一律以诬告他人的罪名反坐之。告劾之事是讯问的对象，非告劾事不得论治；擅自讯问非告劾事，以"不直"罪名论处——"轻罪也而故以重罪劾之"，是谓"不直"（《二年律令》简112）。

提起诉讼且被受理，需拘捕被告劾的当事人，并将之押送至审判机构，[①] 接受讯问。执行逮捕的机构，属于特别管辖的群体或事件，一般由廷尉、执金吾、司隶校尉等实施逮捕；地方性案件，多由郡国守相及县令长命令佐官或属吏拘捕，基层的游徼、亭长亦可拘捕人犯。实行逮捕时，需要出示书面凭证，有时或是口头传达。书面凭证或是诏书，或是逮书，此即传世文献及出土简牍所见的诏捕（诏所名捕）、逮书或系牒。[②] 人犯若逃亡他乡，受理部门需要移书他地政府，请求代为逐捕；或者是委派官吏到他地，与在地官府联合进行逐捕。以"诏所名捕"——通缉令的形式——布告天下，叙述人犯的体貌特征、籍贯年岁及所犯罪行。不管是否发现或逮捕人犯，地方官府均须对上禀报。若抓捕不到人犯，或收捕人犯家属。抓捕人犯时，负隅顽抗而被杀伤的，或者走投无路而自尽的，逮捕之人免除杀伤之罪，或仍可获得奖赏，尤其是在缉捕盗贼时。

依据睡虎地秦简及张家山汉简，秦汉时代的审判程序得以复原。[③] 宫宅洁认为当时的审判可分为五个阶段：第一，属吏听取嫌疑人及相关者的供述，且每个人的供述都需被记录下来。口头陈说转变为文字记录，成为

---

① 关于犯人的押解，参见宋杰《秦汉罪犯押解制度》，《南都学坛》2009年第6期，第1～11页。

② 逮书，简文多作"逯书"。相关情况参见刘自稳《逯书新探——基于湖南益阳兔子山遗址J7⑥：6木牍的考察》，《文物》2021年第6期，第87～92页。

③ 籾山明《秦代审判制度的复原》，刘俊文主编《日本中青年学者论中国史·上古秦汉卷》，徐世虹译，上海古籍出版社，1995年，第246～295页；籾山明《中国古代诉讼制度研究》，第47～102页；张建国《汉简〈奏谳书〉和秦汉刑事诉讼程序初探》，《帝制时代的中国法》，第294～314页；宫宅洁《秦汉时期的诉讼制度——以张家山汉简〈奏谳书〉所见》，《中国法制史考证》丙编《日本学者考证中国法制史重要成果选译·通代先秦秦汉卷》，第300～319页。

具有诉讼功能的自证爰书。① 此时，以听取、记录各方陈述为重心；明知对方欺诈，也不加以诘问。第二，就诉讼状及供状的矛盾处，或者是供状中的不明之处，进行诘问。受诘问的对象，或包含亲属、证人。诘问时需将辩解的话语记录下来，口供或有所改变，不清楚的地方要反复进行诘问，直至嫌犯认罪。若嫌犯不认罪，可依法进行刑讯，嫌犯或因刑讯逼供而"认罪"。这两个阶段的事务，由下僚分工承担。第三，诊问是上官（县令长）对案件诸事项的发问，意在总括事实关系，答"问"的是下僚而非被告嫌犯。下僚依据已有的卷宗记载、证据，以及可能影响量刑的身份、赃额等，进行作答，以"如供述"结束诊问。第四，经综合诊问、确定犯罪事实——"鞫"，以"皆审"结束；第五，援引相关律令条文进行判决——"当"。最后，还要当着嫌犯面宣判——"读鞫"。②

讯问过程中，人证、物证是主要证据。证人作证时，为保证证人证言可靠可信，属吏先告以"证不言情"律：若无故加重或减轻嫌犯之罪，构陷嫌犯于死罪者，证人将被黥为城旦舂；其他罪各以出入罪反坐之。证据的获得，多有赖于现场勘验。

《封诊式》所见勘验水平之高，"贼死""经死"两例尤为典型。某亭求盗甲发现有无名男子被贼杀，向官府进行报告；官府派令史同牢隶臣跟随甲前往现场进行勘验，令史将调查写成"爰书"：无名男子尸体发现于某家之南，仰身躺地，头上左额角有刃伤一处，背部有刃伤两处，刃伤均是纵向，长各四尺，刃伤流血沾渍，宽各一寸，伤口中间陷入，疑似用斧头砍伤；脑部、额角和眼眶下部出血，流血渍染头、背及地面，无法测量伤口大小，其他部位完好无损。该男子身穿单布短衣、下体穿裙各一件，短衣背部与伤口相对处，有两处被凶器砍破，且

---

① 关于"爰书"的综合研究，参见大庭脩《秦汉法制史研究》，第 502～541 页；籾山明《中国古代诉讼制度研究》，第 145～200 页。
② 关于"鞫"的新近研究，参见徐世虹《西汉末期法制新识——以张勋主守盗案牍为对象》，《历史研究》2018 年第 5 期，第 5 页。按，"读鞫"是犯罪事实的认定，还是依据事实而定罪、宣判；是在一审判决后"读鞫"，还是在行刑时"读鞫"，学界均有不同意见。徐氏认为，"鞫"除"认定犯罪事实"的程序之义外，也具有指代诉讼全部程序的涵义。

与伤口位置吻合，短衣背部和衣襟处沾有血迹。尸体西边有涂漆且带纹饰的麻鞋一双，一只离尸体有六步有余，另一只有十步的距离；把鞋子穿到尸体上，正好适合，证明为该男子之履。地面坚硬，没有查见贼杀的遗迹。该男子系壮年，肤色白，身长七尺一寸，发长二尺；腹部有灸疗疤痕两处。尸体距离某亭一百步，距离某里士伍丙的农舍二百步，令史命令求盗甲用布裙将男子掩埋在某处，并等候命令。将短衣和鞋子送交县府。询问与甲同亭的人员及丙，问他们是否知晓男子何日死亡，有无听到有贼的呼喊求救声？"贼死"爰书就此结束，尽管看起来好像不完整，但案发地点、尸体检验、物证提取、询问证人、遗体处理等诸要素，均包含在内。"经死"是勘验某人上吊而死的现场，详细记录其吊死的位置、绳套打结方法、尸体的局部特征，等等，从而确定是自杀还是他杀伪装成自杀的情形；[1]自杀者必定事出有因，故要询问"同居"之人，调查原因。以此现场勘验记载为据，想象当时案发或自缢的现场，并不困难，由此也不得不佩服当时的勘验水平。

嫌犯不服一审判决，可以提出上诉——"乞鞫"。乞鞫时若有不实的情形，罪加一等论处；行刑之后，犯人可再次乞鞫。若判决已满一年，不得乞鞫。死罪不得由嫌犯自行乞鞫，由其父母、兄妹、妻子代为乞鞫，十岁以下者不得乞鞫；若乞鞫不审，乞鞫者需受刑。乞鞫时，向所在县道官提出，县道官需审慎听取，加以记录，然后呈报郡国，二千石官派遣属史复案。朝廷及郡国的案件，移交至邻近的郡国重审；御史、丞相复审的案件，大概需要移交廷尉。对于死罪及过失、戏杀人之类的判决案件，县道及侯邑无终审权，需将治狱材料呈报郡国。二千石官派遣"毋害都吏"进行复案，复案情况需向郡国守相汇报；确认无误后，郡国告知县道官，判决始生效，死刑通常于秋冬行刑。对于有异议的案件，可以退回县道重审。县道官审判定罪时，若遇到疑难案件，需

---

[1] 按，舌头是否吐出（舌头吐出与嘴唇齐）、口鼻有无叹气貌（解开绳套，口鼻有气排出，如叹息貌；若死去已久，则无）、绳索是否在尸体上（颈部）留下瘀血的痕迹、绳索是否牢牢套在颈上而不能把头脱出，是确定自杀、他杀的关键证据。从本案的尸体检验看，无疑属于自缢而亡。

逐级奏谳，由上级裁决；奏谳至廷尉而不能判决者，需将案件及比附定罪的律令条文一并呈上，由皇帝裁决。《奏谳书》中的大部分记载，即为疑狱奏谳的实证。此处以"狱史阑案"为例，略见其面貌之一斑。高祖刘邦时，内史治下的胡县向朝廷奏谳：齐国女子田氏南要被徙居长安，徙送她的临淄狱史阑却娶南为妻，并且让她冒用他人的出入凭证出关，未出关而被抓获。此案争议的焦点在于如何给阑定罪：是以从诸侯国来诱汉民论处，还是当以奸罪及藏匿人罪论处。若以前者定罪，根据汉律残文"来诱及为间者，磔"（《二年律令》简3），即招诱汉朝廷治下的百姓及当奸细的，一律处以磔刑；若按后者定罪，要被处以黥城旦刑。两者有别，是生是死，不可不慎，故胡县奏谳廷尉。那时，太仆代理廷尉职事，判决阑当黥为城旦。

狱政是司法制度的内容之一，主要涉及监狱及其管理。监狱是收监嫌犯及其家属、证人以及死刑刑犯的场所，有时也是讯问的场所。朝廷各部门乃至宫内，往往设置监狱，用于收监本署的人犯。譬如，掖庭狱多收押宫内犯罪的妇人，廷尉狱多收监将相大臣。属于特别管辖的案件，多由此类监狱收禁，据说武帝时有中都官狱三十六所。东汉初，除廷尉及洛阳保留诏狱外，光武帝将其余中都官狱一律裁撤。除去具有精简机构、裁汰冗职的意义外，也有使各部门职责明确、权限分明的另层含义吧。[1] 郡县乃至乡亭，普遍设有监狱。狱卒夜间需查监，清点囚犯人数。[2] 成帝时任职京兆尹的王章，上封事举奏辅政大臣王凤，被王氏陷害、系狱，妻小亦被收系。王章之女年十二岁，夜间突然哭号，说道：平时夜间点阅囚犯，通常要点九人之名，今天却仅呼问八人；父亲生性刚直，最先死去的一定是他；第二天询问的结果，果真如其所言。将兵刃、绳索等禁物给囚徒，囚徒自杀、杀伤人，或自戕、伤人在二十天内死亡的，给予器物者将被处以

---

① 张忠炜《"诏狱"研究》，《秦汉法律文化研究》，第46～63页。

② 关于狱政研究的新见资料，参见李均明、宋少华《走马楼西汉简牍狱政资料的整理与考证》，中国文化遗产研究院编《出土文献研究》第十八辑，中西书局，2019年，第150～158页。按，由这批资料可知狱政管理分内外层管理，内层牢房区是核心，由狱史率狱卒把守；外围有扩门、狱门等多重分层管理。

髡钳城旦舂刑。[①]一入牢监，就要遭受精神肉体的双重折磨，因刑讯、饥寒、疾病而死于狱中者——"瘐死"——不在少数，而酷刑逼供之痛尤非人所能堪。开国功臣周勃出狱后的慨叹，"吾尝将百万军，然安知狱吏之贵乎"，[②]正可见监狱恐怖之一面。"故治狱之吏皆欲人死，非憎人也，自安之道在人之死"。[③]改革狱政的呼声虽有之，善待囚犯的官吏亦有之，个别权宜之举偶亦见之，如无子听妻入狱（参上引吴祐的事例）、孕妇缓刑等，[④]但狱政之弊始终是长久存在的痼疾。

诉讼程序终结后，行刑便提上日程。除了谋反、大逆等大罪外，一般死刑的执行时间，多安排在秋冬执行（后来则固定为冬月），春夏间不执行死刑。[⑤]秦朝时是否如汉人所说，实行暴虐之政而四时行刑，已不可知；《奏谳书》中收录的汉代案例，尽管有符合季秋论囚的例证，但事例终究太少，也难以断言；从汉武帝以来，"顺气行罚"或"顺时之法"逐渐成为汉代的故事。[⑥]王莽时，在春夏公开行刑杀人，引发百姓恐惧，道路以目，"除顺时之法"也成为讨伐王莽的理由之一。[⑦]从时令观念看，春夏为万物复苏生长的季节，也是农忙时间，不仅要尽可能地少役使民众，也要尽量不抓捕审讯犯人，[⑧]还要与民更始而颁行大赦，故以昭帝、宣帝为分界线，昭帝之前大赦多颁行于夏月，宣帝以来多于

---

① 甘肃省文物考古研究所、中国社会科学院历史研究所等编《居延新简：甲渠候官与第四燧》，文物出版社，1990年，第561～562页；荆州博物馆编、彭浩主编《张家山汉墓竹简〔三三六号墓〕》，文物出版社，2022年，第187页。按，据新见张家山汉简可知，居延简所见无疑源自汉律，因时代差异，具体文字略有差异，此不赘。

② 《史记》卷五七《绛侯周勃世家》。

③ 《汉书》卷五一《路温舒传》。

④ 程树德《九朝律考》卷四《汉律考四》，第115～116页。按，孕妇缓刑是指有孕妇有罪当系狱的可不带刑具，产子后方行刑。

⑤ 西田太一郎《中国刑法史研究》，北京大学出版社，1985年，第173页。

⑥ 影山辉国《汉代"顺气行罚"考》，《东洋文化研究所纪要》第133册，1997年，第1～32页；薛梦潇《东汉的行刑时间——以〈月令〉的司法实践为中心》，《魏晋南北朝隋唐史资料》第二十八辑，上海古籍出版社，2012年，第1～24页。

⑦ 《后汉书》卷一三《隗嚣传》。

⑧ 孙思贤《四时与汉代司法——以行刑、赦免时间为中心》，中国人民大学硕士学位论文（指导教师张忠炜），2016年。按，冬月行刑与春夏大赦的关联性研究，以及由此带来的"逾冬减死"等问题，俱参见此文，不另出注。

春月大赦，至东汉初则成为一代定制，此即"每春下宽大之诏，奉四时之令"；[①]秋冬为万物渐趋凋零的季节，肃杀的气氛笼罩，故在此时执行死刑，此即所谓的"汉旧事，断狱报重，常尽三冬之月"。[②]冬月决狱终两汉之世似无明文规定，作为普遍认可的习惯而被遵行不替。武帝时，俱为外戚的魏其侯、武安侯争宠，支持魏其侯的灌夫在十月被处决，魏其侯在十二月的最后一天被弃市；之所以如此，一般认为是冬月结束则不得行刑。与此遥相呼应的，是王温舒的事例。他曾顿足感叹道，假若冬月可延长一月，则可诛杀更多的死犯，就不会留下什么遗憾了。言外之意，也透漏出冬月结束不执行死刑的信息。此外，上引安丘男子杀人案，直到"至冬尽行刑"，也是冬月行刑的例证。

于是，也就有了两种看似完全不同而实则均是利用制度的法律现象：有些官吏为了避免时间拖延至春季而无法行刑，故加快刑讯速度而可能导致擅自诛杀犯人；有些人基于春日多颁行大赦的习惯，或可以减死一等论处，亦即"逾冬减死"，故存侥幸心理。关于前者，汉人已发现冬月刑杀之弊。桓帝时，有鉴于巴郡辖地太广，统治不便，太守但望上奏朝廷，提出分郡而治的建议。他在上奏中写道：关押囚犯，等待上级批复定案，或者是弹劾嫌犯，往往经历许久；（官吏）判决若因过误而存在偏差，有违律令，也当坐罪；为了不错过行刑的三冬时节，对那些拟判处死刑之人，还未被上级批准而被（有的官吏）迫害致死，或者是擅自加以刑戮。[③]关于后者，可以西汉末的两桩宗室案例为例。当时，东平王刘云被奸邪告发祝诅之罪，由朝廷要臣共同审判，此时距离冬月结束尚有二旬；审判者以为此案有冤情，狱讼之辞多有文饰，故欲将东平王传送至长安接受审讯，但哀帝认为廷尉等人心怀恶意，操持两心，为的是将时间拖延过冬天，如此使东平王刘云免去死罪；故怒而罢免廷尉诸人以为庶人，东平王刘云最后自杀，王后弃市。也是在哀帝时，梁王刘立因再次杀人而被讯问、治罪，他在承认自己的罪状时，有

---

① 《后汉书》卷二六《侯霸传》。
② 《后汉书》卷四六《陈宠传》。
③ 常璩撰，刘琳校注《华阳国志校注》卷一《巴志》，巴蜀书社，1984年，第48～52页。

如此自述之语：冬月即将结束，又贪生怕死，故假装倒地生病，期冀熬过冬月而减罪论处。当"逾冬减死"已成故事，利用"故事"而实现利己，也算是与法律规定的有趣博弈了。不过，不论是冬季行刑，还是春日大赦，固然可以以将其与《礼记·月令》进行关联的考察，但时令观念毕竟是当时人的一般知识背景，有可能是多元而非单一的。

五、结　语

本章从秦汉律令研究的基本史料及研究范式入手，结合传世及出土文献所见，梳理、扩充学界既有论断，重建秦汉律令法系研究的基本框架。就今后而言，以下诸端仍应继续留意。

其一，汉初律令文献的大宗发现已有四批，年代前后相继，清晰呈现出律令演变之轨迹：张家山 M247—张家山 M336—睡虎地 M77—胡家草场 M12。释文、编连及译注等基础工作，需要长时间地付出辛劳，才能尽量减少谬误。揣摩文字，梳理律意，并以此为切入点而深入考察秦汉社会。在学术研究内卷严重的今日，能否沉潜下来，一一消化资料，是研究者首先要面临的考验。

其二，传世律令典籍中，以《唐律疏议》为最古，学者或借唐律而窥汉律，或以唐律为源而观其流。出土文献使得汉唐律的比较研究成为可能。赓续薛允升《唐明律合编》之伟绩，撰著《汉唐律合编》当提上日程，打破断代研究的桎梏、提倡贯通汉唐的理念，无疑会使汉唐史研究再次焕发蓬勃生机。

其三，从古代世界法系看，中华法系的特征为何，特征又是如何形成的，等等，多局限于以《唐律疏议》为主体的考察。秦汉律令文献的接连发现，使得古代世界法系的横向比较研究成为可能，尤其是秦汉与罗马帝国法律的比较研究。从他者的视角审视自我，以自我为主体而旁观他者，有助反思、深化对自我与他者的认知。

其四，就秦汉刑罚体系而言，争议的焦点仍是劳役刑。除劳役刑期的有无及演变外，完刑与耐刑的区分，以及劳役刑的属性，仍是今后研究的重点。特别是劳役刑的属性，基于刑罚体系所具有的身份性质，学界越发强调其与身份制的结合。陶安的系列研究，尤具有冲击性（参见表二），新旧材料的综合解读，将验证既有论说之是非，也将继续推动秦汉刑罚体系的深入研究。

其五，司法制度方面，就核心的诉讼程序而言，大概不会再有太大的改变，但关键术语的含义分析、文书功能的动态把握，[①] 等等，在某些细节方面有可能继续深化。长沙走马楼西汉简、五一广场东汉简及益阳兔子山遗址简牍中，均包含大量的司法文书。随着资料的陆续刊布，在进行个案研究的同时，借鉴文书学的研究方法，以集成式的资料分类为基础，使残篇断简各复其位，未尝不可以建立起新的研究范式。[②]

---

① 籾山明《日本东洋文库研究员籾山明：在简牍学、古文书学、法制史与秦汉史之间》，文汇网，2017 年 2 月 3 日。
② 籾山明著，广濑薫雄译《简牍文书与法制史——以里耶秦简为例》，柳立言主编《史料与法史学》，中研院历史语言研究所，2016 年，第 37～67 页。按，籾山明以标题简和标签为基础，复原官署内的文书流程，或有助于集成当时制作的文书和纪录，具有示范意义。

表二　秦律的刑罚与身份

刑名 ＼ 身份		上造（隶子）以上	公士	士伍	司寇	隶臣妾	鬼薪白粲	城旦舂
死	腰斩	？	？	？	？	？	？	？
	弃市	？	？	？	？	？	？	？
刑	斩左趾为城旦舂	耐鬼薪白粲	完城旦舂（注）	斩左趾城旦舂	斩左趾城旦舂	斩左趾城旦舂	斩左趾城旦舂	斩左趾城旦舂
	黥为城旦舂	耐鬼薪白粲	完城旦舂（注）	黥城旦舂	黥城旦舂	黥城旦舂	黥为城旦舂→劓→斩趾	黥→劓→斩趾
完	完（为城旦舂）	耐隶臣妾（？）	完城旦舂（注）	完城旦舂	完城旦舂	完城旦舂	黥为城旦舂→劓→斩趾	黥→劓→斩趾
耐	耐为隶臣妾	耐司寇（？）	耐隶臣妾（？）	耐隶臣妾	耐隶臣妾（？）	系城旦舂六岁→完城旦舂		
	耐为司寇	耐司寇（？）	耐司寇	耐司寇	耐隶臣妾	系城旦舂六岁→完城旦舂		
赎	赎死	赎赀/居赀（官府）	赎赀/居赀（官府）	居赎（城旦舂）	居赎（城旦舂）	居赎（城旦舂）	笞百	笞百
	赎刑	赎赀/居赀（官府）	赎赀/居赀（官府）	居赎（城旦舂）	居赎（城旦舂）	居赎（城旦舂）	笞百	笞百
	赎耐	赎赀/居赀（官府）	赎赀/居赀（官府）	居赎（城旦舂）	居赎（城旦舂）	居赎（城旦舂）	笞百	笞百
赀	赀二甲	赎赀/居赀（官府）	赎赀/居赀（官府）	赎赀/居赀（官府）	赎赀/居赀（城旦舂）	赎赀/居赀（城旦舂）	笞百	笞百
	赀一甲	赎赀/居赀（官府）	赎赀/居赀（官府）	赎赀/居赀（官府）	赎赀/居赀（城旦舂）	赎赀/居赀（城旦舂）	笞百	笞百
	赀一盾	赎赀/居赀（官府）	赎赀/居赀（官府）	赎赀/居赀（官府）	赎赀/居赀（城旦舂）	赎赀/居赀（城旦舂）	笞百	笞百
	谇	谇	谇	谇	谇	谇		

说明：对于"完城旦舂"，陶安注曰："'斩左趾为城旦舂'或许处以'黥为城旦舂'，上造以上亦同。"他指出"刑"与"城旦舂"搭配，"耐"与"鬼薪白粲"、"司寇"和"候"搭配，仅适用于犯了"完为城旦舂"（或"完为城旦舂"）的上造以上身份者；"耐为司寇"系换刑，日曰以"耐司寇"罪则处以肉刑时，即，"庶人以上"、"庶人犯了'耐'"罪处以'耐为隶臣妾'；"耐为司寇"只能施加一次，故再次使用肉刑时，"耐"刑依次转换为"候"。未详。"刑"为肉刑总称，当作刑名使用时指"黥"刑，它具有毁坏肌体的功能，日曰一肉刑只能施加一次，是固定组合，是刑罚体系中"刑""耐"各成一等的具体表现。"斩左趾""斩右趾""劓"分别与"刑""城旦舂"或"隶臣妾"等固定组合，是刑罚体系中"刑""耐"各成一等的具体表现。他还认为"耐"或"候"。他还认为"刑"分别认为"刑"及耐刑三等组成，肉刑及耐刑由死刑，而秦时的刑罚体系由死刑、肉刑及耐刑三等组成。参见陶安《秦汉刑罚等序研究序说》，《秦律研究》，第266页。

第四章 徭役制度

凌文超（北京师范大学历史学院）

杜佑《通典》卷四《食货四·赋税上》云：

> 古之有天下者，未尝直取之于人。其所以制赋税者，谓公田什之一及工商衡虞之入，税以供郊庙社稷、天子奉养、百官禄食也，赋以给车马甲兵士徒赐予也。言人君唯于田及山泽可以制财贿耳。其工商虽有技巧之作，行贩之利，是皆浮食不敦其本，盖欲抑损之义也。古者，宅不毛有里布，地不耕有屋粟，人无职事出夫家之征。言宅不毛者出一里二十五家之泉，田不耕者出三家之税粟，人虽有闲无职事，犹出夫税家税。夫税者谓田亩之税，家税者谓出士徒车辇给徭役也。盖皆罚其惰，务令归农。是故历代至今，犹计田取租税。
>
> 夫夏之贡，殷之助，周之藉，皆十而取一，盖因地而税。秦则不然，舍地而税人，故地数未盈，其税必备。

周秦之际，赋役制度经历了深刻的变革。[1]三代"因地而税"，田地是赋役征派的主要对象，征收"里布""屋粟""夫税家税"（含徭役）等；秦以后则"直取之于人"，人口取代田地成为赋役的主要来源。对于这一变革，杜佑称之为"舍地而税人"。

"舍地而税人"基本上反映了周秦汉赋役制度变革和发展的整体趋向。秦汉时期赋役的主要来源有户口、财产、田地和工商衡虞等，分别有户赋、（更）口算钱、訾税、田地租税、刍稿税、关税、市租、牲畜税、赀贷税、山泽税和徭役（狭义）、更役、兵役、杂役等种类。[2]在这些赋役种类之中，基于编户民"人口"（相当于丁中制时期的"丁口"）的赋役征派是王朝最基本的财政收入，无论是税额，还是所起的作用，相比其他种类的赋役都更重要一些。整体而言，秦汉时期的赋役大类中，"赋"重于

---

① 赋役，顾名思义，即赋税和徭役。无论赋税还是徭役，都是官方强制征派的而由在籍民众承担的无偿钱物与劳动。赋役最终缴纳的形式是钱物还是劳动，由官府根据形势的需要来确定，或者用准许的财物、劳力折换。赋役不仅是支撑政权存在的经济基础，也是维系官、民关系的基本经济纽带，在控制民众方面发挥着重要作用。

② 另外，徒隶、奴婢、居赀赎债等罚作、专卖收入、鬻爵卖官、贡献等也是秦汉王朝非常重要的财政收入来源。

"租"，"役"重于"赋"，徭役（广义）是赋役收入的重中之重。

秦汉时期基于"人口"征派赋役的前提是，政府能够全面实现对编户民个别人身的有效控制。春秋战国以降，争霸、兼并战争愈演愈烈，为了更多地征发人力资源，针对个人的户籍制、爵制、法制、赋役制度等逐步建立并日益推广（先秦时期主要在"田地""家族"等的基础上建制），个人随之被国家机器直接控制。不过，这一时期国家对个人的控制主要体现在经济方面，无论是爵级授赐、刑罚论处，还是赋税收缴、徭役征发，归根结底都是经济支配与统制，而血缘宗法关系遭到削弱，思想文化（意识形态）上的控制则远不如后世那么强烈。可以说，秦汉时期，赋役制度是国家系统控制民众的主要手段，并且与户籍制度、爵制、田制等密切相关，配套施行，共同塑造着秦汉社会经济秩序。

秦汉时期，徭役是编户民最重的负担。在传世典籍中，涉及徭役制度的史料很少。集中记载的文献如《汉书·食货志》中的相关内容，与其说是汉代徭役制度的真实记载，毋宁说是意识形态引导下轻徭的理想建设。古代史家片言只语的相关注解也不足以完全反映秦汉徭役结构的整体状况。不过，这类传世史料中的制度性论述，为秦汉徭役研究提供了基本的解释框架，是引导我们处理和解读相关出土文献的基准。过去，学界主要依据传世文献的相关记载，运用"二重证据法"，对秦汉徭役制度进行了系统梳理与研究，为后续研究奠定了坚实基础。[①]

---

① 相关专著如：钱剑夫《秦汉赋役制度考略》，湖北人民出版社，1984 年；黄今言《秦汉赋役制度研究》，江西教育出版社，1988 年；山田勝芳《秦漢財政収入の研究》，汲古書院，1993 年；重近啓樹《秦漢税役体系の研究》，汲古書院，1999 年；王彦辉《秦汉户籍管理与赋役制度研究》，中华书局，2016 年；臧知非《秦汉土地赋役制度研究》，中央编译出版社，2017 年；朱德贵《新出简牍与秦汉赋役制度研究》，中国人民大学出版社，2021 年。资料集有：马怡、唐宗瑜编《秦汉赋役资料辑录》，山西人民出版社，1990 年。另外，在一些赋役、财政、经济史著作中，有专门的秦汉赋役章节，如：林甘泉主编《中国经济通史》第十五章《赋税》、第十六章《徭役》（马怡执笔），经济日报出版社，1999 年；郑学檬主编《中国赋役制度史》第一编第三章《秦汉的租、赋与力役制度》（陈明光执笔），上海人民出版社，2000 年；赵德馨《中国经济通史》第二卷第十四章《田租、赋税、徭役和财政支出》（范传贤执笔），湖南人民出版社，2002 年；杨际平《秦汉财政史》第九、十章《秦汉财政收入》（上、下），叶振鹏主编《中国财政通史》第二卷，湖南人民出版社，2013 年。

　　传世文献对秦汉徭役有一个基本的框架性描述，这固然是秦汉徭役研究的基础。然而，因传世文献注重整体性、结构性、非常性的政策、事件，对于个别的、一般的、日常的事物，则采取"常事不书"的态度，对于后者的基本情形，我们往往要借助出土文献才有可能掌握得更加具体。特别是那些变动不居以及形成中的制度，如课役身份、前"丁中制"，史籍很少记载，而散见于简牍文书之中，只有凭借后者才能探索出其制度衍生的大致轨迹。

　　二十世纪以来，以睡虎地秦简、里耶秦简、岳麓秦简、居延汉简、张家山汉简、松柏汉简、天长汉简、居延新简、肩水金关汉简、悬泉汉简、青岛土山屯汉简、渠县城坝遗址汉简、尚德街东汉简、走马楼吴简、苏仙桥晋简为代表的简牍不断出土和刊布，其中的户口简、徭律、派役文书为研究秦汉徭役制度及其实际运作提供了不少新材料。学界利用这些新材料解答了不少秦汉徭役研究中的遗留问题，然而，由于简牍文献比较零碎、简略，研究中也产生了很多新问题，一些过去争议较多的疑难问题并未因此而得到较好的解答，反而更加聚讼纷纭。可以说，徭役仍是秦汉赋役研究中定论少而疑点多的难点问题。

　　本篇在简要回顾秦汉徭役制度研究的基础上，尝试着对近年来学界利用新出简牍文献研究秦汉徭役制度的新进展进行简要的论述。由于走马楼吴简、苏仙桥晋简中的赋役资料对于理解秦汉徭役制度颇有"后见之明"的助益，本篇论述时多有涉及。

一、徭役结构

　　关于秦汉徭役制度，其核心史料是《汉书·食货志》载董仲舒上书中的描述：

> 古者……使民不过三日，其力易足……至秦则不然，用商鞅之法，改帝王之制……<u>又加月为更卒已复为正一岁屯戍一岁力役三十</u>

<u>倍于古</u>……汉兴，循而未改。

其中"又加"一句（下称史料Ⅰ）与秦汉徭役结构密切相关。然而如何理解这句话，学界一直以来存在很大的争议。[①]
唐代颜师古对此句的注解是：

> 更卒，谓给郡县一月而更者也。正卒，谓给中都官者也。率计今人一岁之中，屯戍及力役之事三十倍多于古也。

他将"更卒""正（卒）"理解为两类徭役身份，并且认为秦汉时人一年之中所服屯戍和力役之事多于先秦三十倍。按照颜师古的注解，史料Ⅰ当句读如下：

> Ⅰa：又加月为更卒，已复为正〔卒〕，一岁屯戍，一岁力役，三十倍于古。

混言之，颜师古认为，秦汉时期徭役者分为更卒、正卒两类身份。他们负责的职事——屯戍、力役，远比先秦沉重，多达三十倍。
史料Ⅰ常常与《汉旧仪》所载的有关汉代兵役制的史料Ⅱ相对读。学界根据史料Ⅰa的标点，将史料Ⅱ句读如下：

> Ⅱa：民年二十三为正，一岁而以为卫士，一岁为材官骑士，习射御骑驰战阵。[②]

---

① 早期学术史回顾，请参见陈大志、王彦辉《秦汉时期徭戍制度研究述评》，《中国史研究动态》2015年第3期，第19～27页。
② 卫宏撰，孙星衍辑《汉旧仪》，周天游点校《汉官六种》，中华书局，1990年，第81页。"而以为卫士"，《史记》卷七《项羽本纪》集解引如淳曰、《汉仪注》无"而以"二字，《续汉书·百官五》刘昭注补引《汉官仪》无"而"字。

史料 II 明确提到"民年二十三为正"。"年二十三"该如何理解？学界都从"傅"的角度加以分析，但是，由于西汉先后存在不同的始傅年龄，对"年二十三"的解读存在两种意见。

汉初傅籍年龄与爵级密切相关，爵级越高，傅年越大（参见张家山汉简《二年律令·傅律》）。汉景帝二年（前 155）调整为年二十岁。汉昭帝时又调整为年二十三岁。至于"傅"与徭役的关系，《史记·项羽本纪》集解引曹魏孟康曰：

> 古者二十而傅，三年耕有一年储，故二十三年而后役之。

但同时代的如淳提出了不同的意见：

> 律：年二十三傅之畴官……《汉仪注》："民年二十三为正……"

基于孟康和如淳的不同看法，历代学者对"民年二十三为正"也有两种理解。如南宋钱文子《补汉兵志》云：

> 汉法，民二十始傅，二十三为正卒。[1]

此说显然建立在孟康注释的基础上，认为庶民始傅三年后（汉景帝二年以后，年二十岁始傅）才能为正卒。睡虎地秦简《秦律杂抄·内史杂》规定："除佐必当壮以上，毋除士五新傅。"[2] "新傅"一开始有所优免，一般情况下，应当不会立即从役。[3] 因此，孟康和钱文子的观点是值得重视的。

---

① 钱文子《补汉兵志》，《二十五史补编》第 1 册，中华书局，1955 年，第 409 页。
② 睡虎地秦墓竹简整理小组编《睡虎地秦墓竹简》，文物出版社，1990 年，第 62 页。
③ 参见张金光《论秦徭役制中的几个法定概念》，《山东大学学报（哲学社会科学版）》2004 年第 3 期，第 30 页。

南宋陈傅良《历代兵制》卷一则云：

> 凡民年二十三傅之畴官，则给公家徭役…………汉大抵依秦
> 制，凡民二十三为正。①

此说依据如淳注引的汉律，汉昭帝以后，男子年二十三岁始傅。此说法
的制度依据非常明确，现代学者多从其说。

钱文子与陈傅良不仅对"民年二十三为正"的理解有分歧，而且
对材料Ⅰ、Ⅱ所反映的徭役结构有不同的认识。钱文子《补汉兵志》
认为：

> 自始傅为更卒，岁一月；正卒，为卫士一岁，材官骑士一岁。②

庶民年二十岁始傅为更卒，年二十三岁为正卒，更卒始龄在前，正卒在
后；正卒服两年兵役，一年卫士，一年材官骑士。该理解与Ⅰa、Ⅱa
句读相一致。钱文子虽然将Ⅱa中的两个"一岁"理解为"一年"期
限，但是，他质疑Ⅰa中相关论述，认为"其实汉人无一岁屯戍、一岁
力役之事"。③总的看来，钱文子认为，秦汉时期徭役者分为更卒、正卒
两类，正卒服两年兵役，一年卫士和一年材官骑士。

陈傅良《历代兵制》卷一则认为：

> 凡民年二十三傅之畴官，则给公家徭役。给郡县一月而更，谓
> 更卒；已复给中都一岁，谓正卒；已复屯边一岁，谓戍卒。④

---

① 陈傅良《历代兵制》，《景印文渊阁四库全书》第663册，台湾商务印书馆，1986年，
第442、444页。
② 钱文子《补汉兵志》，第409页。
③ 钱文子《补汉兵志》，第409页。
④ 陈傅良《历代兵制》，《景印文渊阁四库全书》第663册，第442页。

秦代徭役者的身份主要有三：更卒、正卒、戍卒。[①] 傅籍之后给公家徭役，并无年龄差。更卒一月而更，正卒给中都一年，戍卒屯边一年。按照陈傅良的理解，材料 I 当句读如下：

> I b：又加月为更卒，已复为正〔卒〕一岁、[②] 屯戍一岁，力役三十倍于古。

他对材料 II 的理解则同于 II a。

此外，南宋章如愚在《山堂考索·后集》卷四八中提出了另一种解读：

> 自其二十三为正卒，于是傅之畴官，以给公家徭役。给于中都官则为卫士，给于郡国则为材官，给于边徭则为戍卒，皆正岁而戍；其给于县则为更卒，一月即更。[③]

正（卒）是给公家徭役者的身份。其岁代者有给事中都官的卫士，给事郡国的材官，给事边徭的戍卒；月更者则为更卒。"卫士""戍卒"与"更卒"皆为"正卒"的次属身份。"卫士""戍卒"岁代，而"更卒"月更，差异在于服役期限的不同。

唐宋学者对秦汉徭役、兵役制度作出了多种且富有启发的注解，但遗留了相当多的问题，各种意见之间的分歧也很大。近现代的相关研究，无论是否参考了上述研究，对材料 I 和 II 的新解读，大体上是在上述句读基础上的申论。兹例举几种如下：

瞿兑之据 I b 和 II a 认为汉代役卒"所应徭役有曰更卒者，有曰正

---

① 钱剑夫等学者亦这样理解，将秦汉徭役分为更卒徭役、正卒徭役、戍卒徭役三种，分别加以论证。参见钱剑夫《秦汉赋役制度考略》，第 128～240 页。
② "已复为正一岁"，有的学者又读作"已复，为正一岁"或"已，复为正一岁"，与 II b 句读所反映的徭役结构基本一致。本章不再细分。
③ 章如愚编撰《山堂考索》，中华书局，1992 年，第 763 页。

卒者，有曰屯戍者"三种，^① 基本上延续了陈傅良的见解。

滨口重国结合Ⅱa细致分析了Ⅰa与Ⅰb两种句读的难解之处。他认为，"正"为正卒之略，正卒即兵士之义；其任务为一年卫士，一年材官、骑士（警备地方之兵士）。在此基础上，他进而认为Ⅰa的文意是"有更卒、正卒、边戍三个义务，重于古制三十倍"，但是，"'一岁力役'之一岁，全成蛇足"。对此，他认为"力役"为劳役之总称，当从下读，句读从Ⅰb。Ⅰb主要叙述更卒、正卒、屯戍三者义务之重（此点与陈傅良、瞿兑之意见近同）。他还指出，按Ⅰb，正卒期限仅为一年，与制度实际不免有矛盾。但他的理解是，董仲舒的议论以正卒最重的负担——卫士为主眼。^②

劳榦率先依据西北汉简中所见的兵卒材料，对材料Ⅰ、Ⅱ作出新解读。他注意到汉简上所记的兵卒，大致可以分为骑士、戍卒两种。骑士、材官等属于正卒，而卫士、屯戍是戍卒（如《汉书·魏相传》云"河南卒戍中都官者"），属于"外徭"（正卒以外的徭戍）；服徭役的则是更卒。据此，他赞同Ⅰb的句读。同时，他还提到"据《汉官仪》却是一岁作正卒，一岁作卫士"，^③ 似乎将材料Ⅱ读作：

> Ⅱb：民年二十三，为正一岁，而以为卫士一岁，为材官骑士，习射御骑驰战阵。

大庭脩亦利用汉简对此展开了讨论。他指出汉代兵制中的"士"与"卒"是有区别的。正卒和卫士是一般男子的兵役，而材官、骑士是专门兵种，不属于正卒。这一理解将"材官骑士"单列，更加明确地将材

① 瞿兑之《汉代风俗制度史》之《税役篇·徭役》，广业书社，1928年，第64～66页。
② 滨口重国《秦漢時代の徭役労働に関する一問題（关于秦汉时代徭役劳动的一个问题）》，《秦漢隋唐史の研究》，東京大学出版会，1966年，中文版《秦汉之徭役》，杨鍊译《中国历代社会研究》，商务印书馆，1935年，第29～43页。
③ 劳榦《汉代兵制及汉简中的兵制》，《中研院历史语言研究所集刊》第10本，1948年，第23～55页。李昭毅认为，材料Ⅰa与Ⅱa分别针对专门兵役与一般兵徭立说，一般兵徭兼具劳役、兵役、吏役三重属性。参见其作《汉代地方军的组成再探》，《东吴历史学报》第33期，2015年，第45～94页。

料Ⅱ断句为Ⅱb。[①]

　　韩连琪赞同Ⅰa和Ⅱa，并且将两者对应起来进行理解。他认为，Ⅰa中的"一岁屯戍"即Ⅱa中的"一岁而以为卫士"。"屯戍"包括京师的卫士和边境的屯戍；同时也提出"卫士和戍边因为都是在自己郡县以外服徭役，所以同称'外徭'"，卫士也称"戍卒"，而边境屯戍者也称"卫卒"（此点与劳榦意见近同）。相应地，Ⅰa中的"一岁力役"，实亦即Ⅱa中的"一岁为材官骑士"，"力役"是泛称，"材官骑士"则是指力役的具体项目。[②]

　　黄今言、高敏主张兵役与徭役应有所区分。他们均认同句读Ⅰb，将"更卒"之役与"正卒""屯戍"之役区分为二。"更卒"之役属于徭役、劳役，正卒与屯戍之役属于兵役。[③]高敏认为睡虎地秦简中的《徭律》《戍律》反映了一般徭役与兵役的区别。高敏比对Ⅰb与Ⅱa，认为Ⅰb中的"屯戍一岁"相当于Ⅱa中的"一岁而以为卫士"，"正〔卒〕一岁"（Ⅰb）应该指"一岁为材官骑士"（Ⅱa）。"正卒"指服役于所属郡县的地方兵。黄今言则根据Ⅰb将材料Ⅱ句读为Ⅱb，Ⅰb中的"为正一岁"即Ⅱb中的"为正一岁"，具体指"为材官骑士"。

　　陈伟注意到，荀悦《汉纪·孝武皇帝纪》"元狩四年"对"又加"一句进行了删节，并将之点读为：

　　　　又加月为更卒，征卫、屯戍一岁，力役三十倍于古。

两相对照，他倾向于句读作Ⅰb。他还根据《太平御览》卷六二六引

---

①　大庭脩《材官攷—漢代の兵制の一斑について—（材官考——汉代兵制管窥）》，《龙谷史坛》第36期，1952年；大庭脩《地湾出土の騎士簡册（地湾出土的骑士简册）》，《漢简研究》，同朋舍，1992年（徐世虹译《汉简研究》，广西师范大学出版社，2001年）。

②　韩连琪《汉代的田租口赋和徭役》，《文史哲》1956年第7期，第59～66页。

③　黄今言《西汉徭役制度简论》，《江西师院学报（哲学社会科学版）》1982年第3期，第54～63页；高敏《秦汉徭役制度辨析（上）》，《郑州大学学报（哲学社会科学版）》1985年第3期，第56～64页；黄今言《秦汉兵徭期限问题商兑》，《江西师范大学学报（哲学社会科学版）》1987年第2期，第19～28页。

作"为正卒"，以及颜师古注"正卒"，认为《汉书》此处有可能曾写作"为正卒"。"为正卒"可能是担当"征（正）卫"（卫士）的意思，是"民给徭役者"。①

杨振红、广濑薰雄根据秦汉律令、文书中关于"徭"（狭义）的特性（详见第二节），主张从Ⅰa断句。不过在具体理解上，两人存在分歧。杨振红赞同Ⅰa与Ⅱa，"正（卒）"的两项基本义务是：一年"戍"（屯戍兵役），一年"徭"（力役）；而Ⅱa中的材官骑士是从正卒中选拔出来的职业军人，每年集中一个月的"春秋射"或"都试"可以冲抵"徭"，因而不必服一岁力役的"徭"。②广濑薰雄赞同Ⅰb与Ⅱb，不过，他将"正（卒）"理解为一种劳役类型，而并非课役身份，从而认为Ⅰb中的"更卒"、"正（卒）"（兵役）、"屯戍"（边境守卫）、"力役"（徭役）应该是四种不同的劳役。③

王彦辉不赞同杨振红、广濑薰雄对于"一岁力役"的理解。他认为，徭或徭役并不能对应董仲舒讲的"一岁力役"，而所谓正卒所服地方兵役就是"一岁屯戍"，从秦汉兵役制度（两年兵役制的传统观点）来说也是不能成立的。一般正卒不服地方兵役，只服一年的"戍边"兵役，社会治安由选自材官骑士的亭卒负责。④

陆德富赞同Ⅰb与Ⅱa，其理由是：Ⅰb"为正一岁"即Ⅱa"一岁而以为卫士"，由"征（正）、卫"合称可证；Ⅰb"屯戍一岁"是秦和西汉前期的制度，不过，到了西汉后期，由于边境威胁减小，一年戍边之制逐渐松弛；随着国内矛盾日益加剧，在秦和西汉初年役期尚未固定为一年的

① 陈伟《也谈董仲舒上言"又加"句的解读问题》，《第一届中日学者中国古代史论坛文集》，中国社会科学出版社，2010年，第190～195页。
② 杨振红《徭、戍为秦汉正卒基本义务说——更卒之役不是"徭"》，《中华文史论丛》2010年第1期，后收入《出土简牍与秦汉社会（续编）》，广西师范大学出版社，2015年，第181～209页。
③ 广濑薰雄《更徭辨》，《简帛研究论集》，上海古籍出版社，2019年，第476～491页。
④ 王彦辉《秦汉徭戍制度补论——兼与杨振红、广濑薰雄商榷》，《史学月刊》2015年第10期；《论秦汉时期的正卒与材官骑士》，《历史研究》2015年第4期，修订并收入《秦汉户籍管理与赋役制度研究》第六章第二、三节，中华书局，2016年，第241～289页。

材官骑士等，至西汉后期逐步固定为一年，即Ⅱa"一岁为材官骑士"。[①]

上述研究均结合材料Ⅰ与Ⅱ研究秦汉徭役结构。然而，值得指出的是，史料Ⅰ旨在通过论述秦和西汉前期徭役整体负担沉重，建议"省徭役，以宽民力"；史料Ⅱ则是汉代某一时期兵役制的记载。前者是西汉董仲舒上书内容，后者是东汉卫宏的著述。两者论述的内容有所差异，目的亦不相同，时代也有先后，势必会存在难以对应的地方。至于兵役与徭役的关系，虽然秦汉很长时期内延续兵农合一的传统，直至汉代，一般的劳役与兵役仍然混杂在一起，并未完全分离，[②]但是，在秦汉律令中有徭律、戍律、兴律之分，材料Ⅱ也应是专记兵役制度。我们不主张秦汉时期兵役、徭役截然两分，但秦汉时期，兵役与徭役日益分化，或者说这一时期兵役是徭役（广义）中特殊而极为重要的一类，应当符合秦汉时期的实际状况。考虑到这些，即使史料Ⅰ与Ⅱ存在不少差异，史料Ⅱ所记载的兵役与史料Ⅰ所描述的徭役也应存在诸多重合、混杂之处。因此，将两者联系起来进行解读，也能够增进我们对秦汉徭役制度的理解。只是，我们在结合两者进行分析时，应留心两者的差异。

归纳上述研究结论，学界关于秦汉徭役结构大致有四类看法：

（1）一分论：秦汉徭役即"正卒"之役，分别有岁代的"卫士""戍卒"，月更的"更卒"。

（2a）二分论①：秦汉徭役分为"更卒"与"正卒"之役。"正卒"服两年兵役，一年卫士，一年材官骑士。或者一年"戍"（屯戍兵役），一年"徭"（力役）。

（2b）二分论②：秦汉徭役分为"更卒"之役与"正卒""屯戍"之役。前者属于徭役、劳役；后者属于兵役，其中，正卒含材

---

① 陆德富《〈汉书·食货志〉"已复为正一岁"考》，《中国社会经济史研究》2017年第3期，第86～93页。

② 参见滨口重国著，孔繁敏译《践更和过更》（原刊《东洋学报》第19卷第3号，1931年），《日本学者研究中国史论著选译》第三卷《上古秦汉》，中华书局，1993年，第391～392页。

官骑士，而屯戍含卫士、戍卒。

（3）三分论：秦汉徭役分为"更卒""正卒""戍卒（屯戍）"之役。材官骑士，或认为属于正卒，或认为是专门兵种。

（4）四分论：秦汉劳役分为"更卒"、"正（卒）"（兵役）、"屯戍"（边境守卫）、"力役"（徭役）。

依据现有的史料，我们几乎无法对上述任何一种看法证伪或证实。不仅如此，关于"更卒""正（卒）""屯戍""卫士""材官骑士""力役"以及"已复""一年"的具体理解，均存在分歧，留下了诸多疑问。兹简要地总结几点如下：

（1）更卒。更卒之役的具体理解，下节详述。这里主要谈更卒的始龄问题。古代学者大都认为，傅籍之后才为更卒。具体看法有二：陈傅良认为更卒、正卒始龄皆为傅籍之年；而钱文子认为始傅为更卒，三年后为正卒。但是，近来陆续有学者认为，庶民年十五岁开始服更役。其理由主要有二：① 秦汉时期年十五岁既是始算之年，也是起役年龄；② 材料Ⅰ"月为更卒已复为正"之"已（已经）复"表明"为更"与"为正"的始龄有个时间差，"更卒"起役年龄应为年十五岁，而"正（卒）"起役标准是始"傅"。①

不过，这两点理由尚不充分。首先，年十五岁虽然开始服役，但是否更卒之役，迄今并无直接证据。其次，将"已"理解为"已经"，只是多种解读之一（详后）。假定该说成立，表明"更"与"正"在起役年龄点上有一个先后的时间差，② 也无法明确年十五岁始服更役。例如，按前述孟康、钱文子的意见，"为更"也可能始于傅籍，而"为正"则在三年

---

① 施伟青《关于秦汉徭役的若干问题——与钱剑夫同志商榷》，《中国史研究》1986年第2期，第18～22页；渡边信一郎著，庄佩珍译《汉代国家的社会性劳动的编制》，佐竹靖彦主编《殷周秦汉史学的基本问题》，中华书局，2008年，第291页。杨振红《徭、戍为秦汉正卒基本义务说——更卒之役不是"徭"》，第354页。

② 张金光《论秦徭役制中的几个法定概念》，第30～31页。与传统看法一致，张金光认为，自傅籍之年，即始服"更"，自年二十三即可"为正"。

之后，亦可体现先"更"后"正"。总之，更卒的始龄，至今尚不确定。

（2）已复。唐宋史家将"已复"视作虚词，不作解释。现代学者多认为具有实际的内涵。或将"复"理解为"复除"，[①]或认为"复"为"傅"之讹，[②]或释"已复"为"再又"，[③]或认为"已复"表明"更""正"之先后。陈伟例举不少汉魏时期"已复"表示"再""又"之意的用法，应当可从。[④]

（3）正。古代史家多理解为"正卒"。何谓"正卒"，按《史记·孝景本纪》索隐引"荀悦云：傅，正卒也。"正卒为傅籍者的身份（丁男）。现代学者亦多将"正"理解为"正卒"，并视之为兵士身份。也有将"正卒"宽泛地理解为服徭役者之身份。张金光认为"正"是凡在可为正卒的年龄段之人，而"正卒"是军戍现役之名。[⑤]他还注意到"正"是汉代法律文本和社会民事的习惯通称，其所大量使用的概念又通称曰"卒"，分言之则用专称"卫卒""卫士""屯戍""戍卒""徒卒"。"正卒"是后世注家所使用的概念，当世所无。南阳都乡正卫弹碑"上供正卫，下给更贱"，[⑥]东汉张景碑"调发十四乡正"，刘熊碑"〔士无逸〕为正，以卒为更。愍念烝民，劳苦不均，为作正弹，造设门更"。[⑦]"正"与"更"、"正弹"与"门更"相对，应是一组相对概念。然而，秦汉时期，"更卒"常见，而"正卒"几乎不见，其原因颇值得探究。

（4）屯戍。学界皆认为"屯戍"为兵役，包括京师的卫士和边境的戍卒。也有学者认为屯戍专指边境守卫。杨振红则认为，"屯戍"兵役并不限定为戍边或到京师为卫士，而是指所有的兵役，包括在郡县服兵役。其

① 王毓铨《〈汉书·食货志〉"一岁力役"为句非是》，《文史》第十三辑，中华书局，1982 年，第 307 页；钱剑夫《试论秦汉的"正卒"徭役》，《中国史研究》1982 年第 3 期，第 3 页。

② 高敏《秦汉徭役制度辨析（上）》，第 61 页。

③ 黄今言《秦汉兵徭役期限问题商兑》，第 21 页。

④ 陈伟《也谈董仲舒上言"又加"句的解读问题》，第 192 页。

⑤ 张金光《论秦徭役制中的几个法定概念》，第 29～32 页。

⑥ 俞伟超《中国古代公社组织的考察——论先秦两汉的单—僤—弹》，文物出版社，1988 年，第 135～137 页。

⑦ 永田英正编《漢代石刻集成〔圖版·釋文篇〕》，同朋舍，1994 年，第 136、276 页。

主要是依据是张家山汉简《奏谳书》载征召蛮夷大男子毋忧"为都尉屯"，从后文"南郡尉发屯有令"来看，此次"屯"是南郡征发的"屯"役。

（5）力役。学界对"力役"的理解主要存在四种看法：①"力役"是更卒、正卒、屯戍之役的总称。②"力役"对应"材官骑士"，材官骑士是力役的具体项目。③"力役"是狭义的徭役。④"力役"或许是"外徭"（详下）。[1] 亦无定论。

（6）一岁。颜师古将"一岁"理解为"一岁（年）之中"。近来，广濑薰雄将"一岁"理解为"年年"。然而，学界多将"一岁"理解为一年期限。关于"屯戍一岁"，史籍中还有相近的记载，如《史记·汉兴以来将相名臣年表》载，高后五年"令戍卒岁更"。《汉书·晁错传》载："然令远方之卒守塞，一岁而更。"《汉书·盖宽饶传》载："及岁尽交代，上临飨罢卫卒，卫卒数千人皆叩头自请，愿复留共更一年，以报宽饶厚德。"《汉书·沟洫志》颜师古注引如淳曰："律说，戍边一岁当罢。"由此看来，"戍边一岁"曾是西汉兵役的定制，持续时间很长。但是高后五年之前是否如此，存疑。至于"正一岁""一岁力役""一岁为材官骑士"等，是否一年服役期，仍然有待证实。

（7）外徭。学界利用"外徭"概念对秦汉时期不同类型的劳役更好地进行了区分。劳榦、韩连琪指出，卫士和戍边因为都是在自己郡县以外服徭役，所以同称"外徭"。或者说"外徭"即屯戍之役，与在郡县所服的更卒之役相对。陈直依据《史记·律书》汉文帝时期"百姓无内外之徭，得息肩于田亩"，提出"内徭"与"外徭"这组相对概念。不过，他认为，汉时更卒、正卒，谓之内徭；戍卒谓之外徭。[2] 然而，将"正卒"视为"内徭"似乎并不准确。还有学者提出其他的看法。如高敏认为"外徭"是征调到其他郡县去服超期的"更役"。《汉书·贾山传》云，文帝即位之初，"减外徭卫卒"，"外徭"与"卫卒"并列，可证"外徭"非卫士之役。[3] 张金光则认为，此"外徭卫卒"是指"外徭

---

① 王彦辉《秦汉时期的"更"与"徭"》，《中国社会科学》2022 年第 2 期，第 187 页。
② 陈直《史记新证》，天津人民出版社，1979 年，第 68 页。
③ 高敏《秦汉的徭役制度》，《中国经济史研究》1987 年第 1 期，第 15～16 页。

（中）之卫卒"，是大名与小名的关系。《汉书·文帝纪》诏曰"今纵不能罢边屯戍，又饬兵厚卫，其罢卫将军军"，此言边屯不能罢，京师卫屯可罢，正可注"外徭卫士"之意。[①] 渡边信一郎的意见是："内徭"即郡内徭役，包括更徭（更卒之役），正（正徭、正卒）主要承担郡内的兵役、力役，如材官骑士以及楼船兵。"外徭"即郡外（包括首都）徭役，虽然有戍卒和卫卒之分，但是主要服其中任意一种为期一年的劳役义务，此外还有治水工程。[②] 王彦辉的看法是，"外徭"主要指由朝廷征发或郡国承命兴发的徭役，亦称"大徭役"。徭卒需要离开本县到徭所从事转漕等，一生累积服一年"外徭"，即董仲舒所云"一岁力役"。[③]

　　总之，秦汉时期的徭役结构和各种劳役类型，学界存在不同的看法，很少形成定论。先行研究多从传世文献史料Ⅰ与Ⅱ的对读进行分析，而出土文献中与此直接相关的材料不多见。部分学者利用秦简《徭律》，居延汉简中的骑士、戍卒简以及东汉碑刻中与"正"相关的铭文，对"屯戍""正（卒）""力役"与"材官骑士"作出新的理解，但尚不足以完整揭示秦汉徭役结构。学界还尝试通过"内徭""外徭"这组相对概念对秦汉徭役进行分类，但是，对于"正（卒）""材官骑士"等而言，他们似乎并不完全符合这一分类。从整体上看来，有关秦汉徭役结构的史料稀少，学界已作出各种可能性的解释，仍然遗留了相当多的难题，未来只能期待随着相关新史料的出现而作出新的解答。

二、更 徭 异 同

　　近年来，有学者尝试着从更、徭两分的角度对秦汉徭役类型进行新的探讨。与过去学界普遍将一般徭役或者说狭义的徭役理解为"更徭"不同，持更、徭两分论的学者主张更与徭（狭义）的内涵存在明

---

① 张金光《论秦徭役制中的几个法定概念》，第 32 页。
② 渡边信一郎《汉代国家的社会性劳动的编制》，第 287～300 页。
③ 王彦辉《秦汉时期的"更"与"徭"》，第 186～191 页。

显的差异。

（一）学界对更卒之役的传统认识

《史记·吴王濞列传》载："卒践更，辄与平贾。"集解引《汉书音义》曰：

> （A）以当为更卒，出钱三百文，谓之"过更"。自行为卒，谓之"践更"。吴王欲得民心，为卒者顾其庸，随时月与平贾，如汉桓、灵时有所兴作，以少府钱借民比也。

《汉书·吴王濞传》颜师古注引服虔曰与 A 基本相同。关于"践更"，《史记索隐》提出了另一种解释：

> （B）案汉律：卒更有三，践更、居更、过更也。此言践更辄与平贾者，谓为践更合自出钱，今王欲得人心，乃与平贾，官雠之也。

B 与如淳注解 C 相近。《汉书·昭帝纪》载："三年以前逋更赋未入者，皆勿收。"颜师古注引如淳曰：

> （C）更有三品，有卒更，有践更，有过更。古者正卒无常人，皆当迭为之，一月一更，是谓卒更也。贫者欲得顾更钱者，次直者出钱顾之，月二千，是谓践更也。天下人皆直戍边三日，亦名为更，律所谓徭戍也。虽丞相子亦在戍边之调。不可人人自行三日戍，又行者当自戍三日，不可往便还，因便住一岁一更。诸不行者，出钱三百入官，官以给戍者，是谓过更也。《律说》：卒践更者，居也，居更县中五月乃更也。后从《尉律》，卒践更一月，休十一月也。《食货志》曰："月为更卒，已复为正，一岁屯戍，一岁力役，三十倍于古。"此汉初因秦法而行之也。后遂改易，有谪乃

戍边一岁耳。逋，未出更钱者也。

关于更卒的服役方式，B、C 均提到有三种。B 依据汉律提到"卒更有三，践更、居更、过更"，而 C 如淳认为"更有三品，有卒更，有践更，有过更"。两相比较，B"居更"似与 C"卒更"相对应，居更≈卒更。然而，C 又引《律说》"卒践更者，居也"，似认为"践更"即"居更"（卒更），践更≈居更。由此看来，《汉书音义》所谓"自行为卒，谓之'践更'"，此"践更"应当就是"居更"的意思。

不过，《史记·游侠列传·郭解》集解引如淳曰也提到《律说》：

  （D）《律说》：卒更、践更者，居县中五月乃更也。后从《尉律》，卒践更一月休十一月也。

D "《律说》：卒更、践更者，居县中五月乃更也"与 C "《律说》：卒践更者，居也，居更县中五月乃更也"相比，存在异文。[①] D 似将"卒更""践更"视为一类，在本县更役（居更），或者可以说：卒更、践更≈居更，这与 B、C 提到的"卒更有三""更有三品"的对应关系完全一致。C《律说》似将"践更"视同"卒更""居更"，即：践更≈卒更（如淳说）≈居更（当然，按 D，似乎也可以将 C 点读为"卒、践更者"，《史记·吴王濞列传》载"卒践更"似乎亦可如此点读）。由此看来，所谓"卒更""践更"与"居更"似乎都是指在本县服更役。从这个角度而言，所谓"更有三品"，实际上是二品，即属于"内徭"的卒更、践更，以及属于"外徭"的过更。[②]

---

① 渡边信一郎认为，C"卒践更者"之"践"为衍文，而 D"卒更践更者"之"践更"为混入。参见其著《中國古代の財政と國家》第二章《漢代更卒制度の再檢討——服虔＝濱口説批判》（原刊《東洋史研究》第 51 卷第 1 号，1992 年），汲古書院，2010 年，第 81～82 页。
② 参见田泽滨《汉代的"更赋""赀算"与"户赋"》，《东北师大学报（哲学社会科学版）》1984 年第 6 期，第 45 页。

关于 B、C 提到的 "更三品"，历来有不同的理解。

①更一品。钱文子《补汉兵志》"更卒曰践更"条云：

> 案：更卒非正卒也。人直一月，犹践履而去，故曰践更。践更
> 即更卒也。若雇人为之，当随其月缓急贵贱为之直，谓之平贾。汉
> 钱重，不得定为二千也。若不直而入钱于官，是为更赋也。[①]

钱文子认为，更卒履行更役即践更，践更既可以亲自服役，也可以雇人
为之，还可以入钱于官。换言之，钱文子并不认为更卒之役有三种类
型，而是一种类型即践更，不过，践更（履行更卒之役）有三种方式：
自为、雇人或缴纳更赋。然而，此说并不能弥合 C 提及的践更钱二千与
过更钱三百的差异。

②更二品。何焯《义门读书记》主张：

> 如淳曰："更有三品，有卒更，有践更，有过更。"按：其实则
> 二也。践更即是代人卒更，但以月计，私得雇直。过更则是总代人
> 徭戍，以岁计。人输戍边三日之直于官，官为给与久住之人也。盖
> 卒更即古者田赋出兵之制，戍边三日则仿力役之制为之，雇更即雇
> 役之法所昉。[②]

即将卒更、践更（月计）与过更（岁计）分为两大类。

③更三品。沈家本《汉律摭遗》就 "更二品" 提出异议：

> 按：卒更，本卒自行者也。践更，本卒出钱顾人者也。过更，
> 本卒入钱于官，官以给戍卒者也。实是三品，何氏谓其实则二者，
> 以卒更、践更以月计，过更以日计耳。然律既分为三品，则践更

---

① （南宋）钱文子《补汉兵志》，第 409 页。
② 何焯《义门读书记》第十五卷《前汉书·纪》，中华书局，1987 年，第 250 页。

者，实官许之其行也，亦必闻于官，非私自替代之比，故自为一品，不得以代人卒更即混而为一也。过更输钱于官，谓之更赋，为赋税中之一项名目。昭帝有勿收逋更赋之诏。明帝以后复除更赋，甚多并载于纪，兹不备录。[①]

此说不过是忠实于如淳注解 C；同时，明确指出"更赋"即过更钱，并且强调"过更以日计"（与何焯理解的以岁计的徭戍不同）。[②]

从整体上看来，传统研究很少质疑如淳注解 C，而是在 C 的基础上提出自己的见解。更为详细的分析可参见马端临《文献通考》卷一五〇《兵考二》：

> 按：《汉书》如淳注言更有三品，窃详其说。卒更者，正身供正役也。践更者，以钱雇直，所直者内地，其役一月，其钱则不行者自以雇代行者。过更者，亦以钱雇直，所直者边疆，其役三日，其钱则不行者输之县官，县官以给代行者。
>
> 但所谓一岁而更者，恐是并往回行程言之。远戍且以两月为行程，则每岁当役者十月。如是，践更则是一人替九人之役。如是，过更则是一人替九十九人之役。夫戍边重事，而百人之中，行者才一人，则兵之在戍者无几矣。然《晁错传》明言远方之卒守塞一岁而更，则似明立此法，非是并行程及雇募而言（一岁是并行程与雇募通言之，乃如淳注说），殊与三日之说背驰。窃意一岁而更，是秦以此待谪戍者，本非正法，及其穷兵黩武，则虽无罪者及元系复除者，皆调发之，而侪之谪戍矣（七谪科所谓吏有谪者，罪人也。

[①] 沈家本《汉律摭遗》卷一四《户律一》，《历代刑法考》第 3 册，中华书局，1985 年，第 1629～1630 页。

[②] 关于"更赋"具体所指，近代以来有泛化的趋势，或将"践更""过更"之钱合二为一；或认为更卒、正卒之役皆可出钱代役，统称为"更赋"。诸家见解的总结详见田泽滨《汉代的"更赋""赀算"与"户赋"》，第 45～47 页；崔曙庭《汉代更赋辨析》，《中国历史文献研究集刊》第二集，湖南人民出版社，1981 年，第 116～126 页。

所谓贾人、赘婿及有市籍者，皆无罪之人也。间左者，已复除之人也。详见下晁错疏中）。汉初亦遵其法，后来乃著令，有罪者乃边戍一岁。而凡民之当戍者，不过三日，若不愿行者，则听其出钱县官，以给戍者，为过更之法耳。

其中，马端临特别强调"戍边三日"与"一岁而更"的矛盾。据 C 所引《汉书·食货志》材料Ⅰ，所谓"一岁而更"或有可能指的就是"一岁屯戍"。"一岁屯戍"的更替也称为"更"，如《史记·汉兴以来将相名臣年表》载，高后五年"令戍卒岁更"。《汉书·晁错传》载："然令远方之卒守塞，一岁而更。"又如《汉书·盖宽饶传》载："及岁尽交代，上临飨罢卫卒，卫卒数千人皆叩头自请，愿复留共更一年，以报宽饶厚德。"但是，卫士、戍卒属于"正"，迄今未见称"更卒"之例（关于"正卒"与"更卒"的异同，学界并无定论，如前所论）。然而，无论如何，以岁计或以日计的"过更"（"戍边三日"何时推行，如何理解，存疑），与以月计的"卒更""践更"应是不同性质的徭役："过更"应是徭戍，而"卒更""践更"（居更）则是我们通常所理解的更役。

关于更卒之役的史家注解是比较明确的，诸说之间虽然有所差异，但是传统研究并不认为它们之间存在不可解释的矛盾。然而，二十世纪三十年代以来，滨口重国认为如淳之说 C 与服虔之说 A 根本不同，并且在肯定服虔注 A 的基础上，对如淳注 C 进行了全面批判。① 其主要看法可以作如下归纳：

① 如淳将一月一更的劳役者称为"正卒"是完全没有根据的，这是如淳说最基本的误断。更卒不是兵役，而是力役。

② 按服虔说理解史籍所记载的"践更"文意通畅。如《史记·游侠列传·郭解》"'至践更时脱之。'每至践更，数过"，《汉

---

① 参见滨口重国《践更和过更》，第 389～409 页。

书·游侠传·郭解》改作"'至践更时脱之。'每至直更，数过"。班固以"践更"作"直更"，即将"践更"解作服当番之义（服虔说），而不是出钱免番（如淳说）。

③ 汉是统一的大国，"戍边三日"从常识上考虑是不可能的（如淳说）。《盐铁论·执务》"若今则徭役极远，尽寒苦之地、危难之处，涉胡越之域，今兹往而来岁旋"，《律说》"戍边一岁当罢"，可证当时戍边期限为一年。

④ 既然"践更"仅意味着服更卒当番，就应有允许出钱免番的用语。由于更卒之役由不在兵籍的一般民丁承担，在更卒的场合没有涉及戍边的必要。因此，"过更"并不意味着出钱代戍（如淳说），而是意味着出钱免番（服虔说）。

⑤ 按如淳说，更卒的当番者打算免番而雇人代劳的二千钱，大致相当于后汉延平年间小县丞及尉的月俸，赁银过高令人无法接受。以"顾山钱三百（一月出钱）"为旁证，并参考三百钱的购买力等，赞同服虔说以每月三百钱为过更钱。

⑥ 如淳说将免除更卒的当番误断成践更，才以"卒更"表示服更卒的当番，实际上所谓"卒更"的用语是多余的。当时文献中"践更""过更"屡次出现，而"卒更"之类的用语完全不见，实际是否存在尚有疑问。

总之，滨口重国认为，如淳说整体上错误。然而，当我们审视上述六点证据，除了第②条大致算是理解"践更"的直接证据外，其他几点都是在片面肯定服虔说正确的前提下进行的文意分析和逻辑推导，缺少确凿的史实依据。例如，关于"正卒"与"更卒"身份的异同，如上节所述，历来学界就存在不同的理解。又如，以女徒"顾山钱月三百"比照丁男过更钱三百是否妥当，还可以再讨论。再如，"戍边三日""卒更"是否存在，似乎也难以遽然否定。

即使如此，滨口重国对如淳说的质疑在学术界也产生了很大的影响。此后，学者们更多地接受服虔说，并且利用其他史料以及新出简牍文书对如淳说进行新的驳议、提出新的认识。兹例举几种意见如下：

劳榦指出，汉初一年一月的服役，有时要男女都发，如《汉书·惠帝纪》"三年春，发长安六百里内男女十四万六千人城长安，三十日罢"，"（五年）春正月，复发长安六百里内男女十四万五千人城长安，三十日罢"。不过，这属于特殊情形，平时征发更卒（丁男）。按如淳说，卒更为一种，过更、践更为一种，只有二品，如何可算成三品；使民不过三日是董仲舒、《禹贡》所说的上古之法，戍边三日之事在汉人所说汉制与此不符；三日出钱三百，一月合钱三千，在更卒报酬为多；又谪戍一事并不能全代一般人戍边，据简牍及文献证据，终西汉未尝改易，不足以释昭帝时事。①

韩连琪指出，据《盐铁论·耕禁》"故盐冶之处，大傲皆依山川，近铁炭，其势咸远而作剧。郡中卒践更者，多不勘，责取庸代"，可证卒践更指"自行为卒"而非"庸代"者。雇更钱究竟是钱三百（服虔说），还是月二千（如淳说），二说都不能偏信。服虔说"为卒者雇其庸，随时月与平贾"（A），《汉书·吴王濞传》颜师古注引晋灼曰"谓借人自代为卒者，官为出钱，顾其时庸平贾也"，雇更钱当随着物价的涨落而有所变更。崔寔《政论》云"长吏虽欲崇约，犹当有从者一人，假令无奴，当复取客，客庸一月千"，更卒每月的雇更钱不应与"客庸一月千"钱相去太远。过更既是更卒的免役钱，更赋当即正卒的免役钱。②

于豪亮注意到居延汉简中取庸代戍的简例：

张掖居延□□卒弘农郡陆浑河阳里大夫成更，年廿四，庸同县阳里大夫赵勋，年廿九，贾二万九千。【170.2】

中为同县不审里庆丑来庸，贾（价）钱四千六百，戍诣居延。六月旦，署乘甲渠第【159.23】

---

① 劳榦《汉代兵制及汉简中的兵制》，第42～45页。
② 韩连琪《汉代的田租口赋和徭役》，第59～66页。

简文所记价钱与"戍边三日""诸不行者，出钱三百入官"不符。他认为西汉高后五年至武帝时规定每个适龄男子戍边一年，昭、宣以后改为半年，东汉或东汉后期才为戍边三日。[①]

于琨奇据睡虎地秦简《徭律》的规定，秦代征发徭役的单位有县和中央政府的区别，认为"践更"有二义：其一指本人亲自服行徭役；其二指离开本县至它郡、它县服徭役（如睡虎地秦简《法律答问》云"行到徭所"），即秦律所说的"上之所兴""邦中之徭"。所谓"外徭"，并不是秦汉兵役中的戍边役，而是中央政府征发的徭役。他又据睡虎地秦简《司空律》："有罪以赀赎及有责（债）于公，以其令日问之，其弗能入及赏（偿），以令日居之，日居八钱，公食者，日居六钱。"秦代劳动力日价为八钱，官方提供伙食费二钱，服役之人日价即为十钱，月正好为三百钱。由此看来，"出钱三百文，谓之'过更'"之三百文为一个月的庸值。[②]

马怡认为，"戍边三日"有可能是源于古制，到了后世，这种役制已不能再施行，遂蜕变为一种税制。具体而言，更赋应是汉武帝晚年以后边境和平而少戍卒的形势下出现的，即不去服戍边之役的成年男子缴纳的代役金。更赋被用来支付戍边的费用。居延汉简中提到的"赋钱"有可能是更赋，或是主要指更赋。[③]

张金光认为，秦的"更"与"更"卒，在法律上是一个狭义的概念，即仅指月更之役与月更之卒。如淳认为"月更之役"与"戍边"之役统谓之"更"，既不合秦制，也不合汉制。张家山汉简《奏谳书》"践更咸阳""践十一月更"云云，确证"践更"即亲自去服更卒之役。[④]

还有一些学者的看法，与滨口重国说存在明显的差异，并不完全否认如淳说，而是尽量依据 C 作出新的解读。例如，蒙文通试图弥合应劭（如淳）、服虔二说。他认为应该是卒更之法依汉律居更县中，一月一

---

① 于豪亮《西汉适龄男子戍边三日说质疑》，《考古》1982 年第 4 期，第 407～409、380 页。

② 于琨奇《更三品新探》，《中国社会经济史研究》1988 年第 2 期，第 98～102 页。

③ 马怡《汉代的诸赋与军费》，《中国史研究》2001 年第 3 期，第 32～33 页。

④ 张金光《论秦徭役制中的几个法定概念》，第 27～29 页。

更。自往应役，就是践更；雇人代役，出钱二千，就是过更。人当戍边三日，依汉律是为徭戍，亦名为更。自往应役，也是践更，雇人代役，出钱三百，也是过更。女徒"顾山钱月三百"，女子劳动力弱，又是罪人出钱给政府，所以较轻；"客庸月一千"，这是轻役，且食主人，居更是重役，就要二千，汉律说"平贾一月得钱二千"。在汉代很难想象人民可能有年出钱二千的能力。想当时实际情况是：在"居更县中一月"的制度中，人人自往应役，是践更多。在"戍边三日"的制度中，不能人人自往应役，多雇人代役，是过更多。①

崔曙庭认为："如淳的解释具体而详尽，是历来言更赋的人所依据的。但是对某些具体问题，也还有交代不清楚的地方，甚至有自相矛盾之处，因而引起后人的非议和怀疑，以至认为如淳之说不可靠。我觉得在没有十分可靠的材料证明如淳之说不可信之前，还只有根据他的解释来看待更赋的内容，不可以轻易否定他的解释。毕竟他所处的时代距离汉代近，见到的材料多，听到的传闻广，耳闻目睹，比起后来史家的记载，是要真切可靠的。"例如，苏林也说"过更"是戍边的代役钱，数量为三百，与如淳之说相同。《汉书·卜式传》颜师古注引苏林曰：

> 外徭，谓戍边也。一人出三百钱，谓之过更。式岁得十二万钱也。

从这里进一步证明如淳之说的可信。至于"践更"，他认为"就是履行更役负担的意思，不论是自行服役，还是出钱代役，都是履行更役负担"。因此，"卒更和践更，事实上是一回事，卒更是说每个人有轮流担负一个月徭役的负担，而践更则是履行这种负担的形式"。所谓"更有三品"实际上只有过更和践更。②

高敏认为，"更有三品"指的是服更役的三种方式，并非更役的三

---

① 蒙文通《中国历代农产量的扩大和赋役制度及学术思想的演变》，《四川大学学报（社会科学版）》1957年第2期，第59～60页。
② 崔曙庭《汉代更赋析辨》，第116～126页。

种类型。从更役类型来说，只有两种类型的"更"：即"一月一更"的更役与戍边三日的"徭戍"之役。后者为"过更"三百钱所代替，成为"更赋"，戍边三日之役实际上已不存在；实际存在的是"一岁一更"的"徭戍"之役，即董仲舒说的"屯戍一岁"之役，与"更役"不是一回事。因此，若论"更"的类型，只有一种，即"卒更"一月之役。①

黄今言认为，如淳讲的"戍边三日"，不是讲西汉男子屯戍的实际役期，即年限问题，而是着重阐明更赋的性质及内容问题。②

渡边信一郎对服虔、滨口重国说进行了批判。他认为，"更"具有更替的意思，而且与"作""居"一样具有服劳役的意思，指一定期间的劳役义务。"更"有时也指官吏一定的职务期间。更卒的卒更（更徭）义务有践更、居更、过更三种形态。践更是卒更（更徭）在当番期间通过实际的劳动履行居更、卒更（更徭）的义务，也可以雇人履行义务。过更是如果无法通过力役完成践更，就必须缴纳过更钱来完成这个义务。昭帝始元六年以盐铁会议为契机，将过更钱缴纳作为原则赋钱化。更徭的赋钱化，使与口赋、算赋总合成为可能，并以"更赋"作为制度用语。③

鹫尾祐子则认为，践更指从事者以轮番更替劳动的形式在一定期间就役当番。像更卒这样，让人轮番从事一定期间役务的就役形式，是各种徭役、兵役普遍采用的方式，不能说所有记载践更的例子都是更卒之役。更卒是由尉征发的一种兵卒（负责不定期徭役事务的是乡的长官），但从秦到汉初开始转用到其他徭役中，到汉中期转化为从事徭役的卒。为了减轻徭役，昭帝以后出现了免除更卒之役而代之以缴纳更钱，官府再雇佣他人代替的一系列方式。④

---

① 高敏《秦汉徭役制度辨析（上）》，第57～60页。
② 黄今言《秦汉兵徭服役期限问题商兑》，第24～27页。
③ 渡邊信一郎《中國古代の財政と國家》，第75～107页。
④ 鹫尾祐子著，杨振红译《汉代的更卒——试论徭役、兵役制度》（原题《更卒について——漢代徭役試論》，立命馆东洋史学会丛书四《中国古代史论丛》续集，2005年，后有修订），《简帛研究二〇一二》，广西师范大学出版社，2013年，第182～205页。

总之，学界历来对"更有三品"存在不同的理解，尤其是对"践更""戍边三日""过更"以及更赋存在多种不同的看法，迄今尚无定论。随着睡虎地秦简、里耶秦简、岳麓秦简、张家山汉简、松柏汉简为代表的秦汉简牍不断刊布，学界在"月为更卒""更徭"等的理解上有了新的进展。

（二）理解"月为更卒"的新进展

对于"月为更卒"，学界一般认为是每年服更卒之役一个月。如高敏依据睡虎地秦简《厩苑律》规定："为皂者除一更，赐牛长日三旬。"证明"更"为服一月之役的专称。[①]

不过，对于C、D《律说》"居（更）县中五月乃更"，先后有不同的理解。滨口重国认为是每隔数年践更五个月（每次五个月）。[②]王毓铨则认为，在《尉律》之前，更卒每年服一般力役两个月，但与董仲舒说"月为更卒"不合，不可为训。[③]渡边信一郎的意见是，秦及汉初更徭义务一年二更，即每半年一更一个月，昭帝盐铁会议后改为一年一更。[④]广濑薰雄的看法大致相同，"五月乃更"的意思当为"过五个月就践更"，即六个月一次践更。[⑤]这样就消弭了"五月乃更"与"月为更卒"的矛盾。但是，秦及汉初一年二更的服役模式尚未得到证实。

随着秦汉律令、松柏汉简等资料的出土和刊布，不少学者对秦汉更役的轮换形式产生了新的认识。先来看秦汉律令的规定：

> 以四月、七月、十月、正月肤田牛。卒岁，以正月大课之，

---

① 高敏《秦汉徭役制度辨析（上）》，第58页。

② 滨口重国《践更和过更》，第390、395、396页。

③ 王毓铨《"民数"与汉代封建政权》，《中国史研究》1979年第3期，第64页。他同时指出："居更县中"一语不可拘泥，有的力役远在本县之外。

④ 渡邊信一郎《中國古代の财政と國家》，第75～107页。

⑤ 广濑薰雄《张家山汉简所谓〈史律〉中有关践更之规定的探讨》，《人文论丛（2004年卷）》，武汉大学出版社，2005年，第278页。

最，赐田啬夫壶酉（酒）束脯，为旱〈皂〉者除一更，赐牛长日三旬。【睡虎地秦简《秦律十八种·厩苑律》13】

·戍律曰：戍者月更。君子守官四旬以上为除戍一更。遣戍，同居毋并行，不从律，赀二甲。【《岳麓书院藏秦简（肆）》184/1299】

其非从军战痍也，作县官四更。【张家山汉简《二年律令·徭律》408～409】

卜 学童能风（讽）书史书三千字，诵卜书三千字，卜六发中一以上，乃得为卜，以为官佐。其能诵三万以上者，以为卜，上计六更。缺，试修法，卜六发中三以上者补之。

以祝十四章试祝学童，能诵七千言以上者，乃得为祝，五更。大祝试祝，善祝、明祠事者，以为冗祝，冗之。

史、卜年五十六，佐为吏盈廿岁，年五十六，皆为八更；六十，为十二〔更〕。五百石以下至有秩为吏盈十岁，年当睆老者，为十二更。践更□□。畴尸、茜御、杜主乐，皆五更，属大祝。祝年盈六十者，十二更，践更大祝。【张家山汉简《二年律令·史律》477～480、484～486】

朱德贵根据秦《戍律》的规定"戍者月更"，认为秦"月为更卒"是"戍"而非"徭"。[①]这与以往学界将"月为更卒"视为徭役而非戍役的观点完全不同。"戍者月更"表明秦代戍者一般情况下按月轮番戍守，里耶秦简中大量记载的"更戍"（8-149）、"更戍卒"（9-757、885）应是其反映。结合《史记·汉兴以来将相名臣年表》所载高后五年"令戍卒岁更"来看，秦代"更戍卒"一开始"月更"服役，至汉初改为"岁更"。为了与地方上的"月更"之卒（更卒）相区分，"岁更"之卒改称为"戍卒"，徭役可能随之分化为"更徭"与"徭戍"。这一假说是否成

---

① 朱德贵《岳麓秦简所见〈戍律〉初探》，《社会科学》2017年第10期，后收入《新出简牍与秦汉赋役制度研究》，第285页。

立还有待新材料来论证。

对于律令规定的"若干更"，臧知非认为即若干次更役。"乃得为祝五更"即可以免除五次更役。在此认识的基础上，他将"月为更卒"理解为每个月为更卒一次，每月服役天数相等。"更"是劳役的计量单位，一月一更，一年要服十二次更役。农民可以钱代役，官府无事也把更役折合成货币征收，最终演变为更赋。[①] 广濑薰雄指出，更数表示践更轮到的比例，即践更几个月轮到一次，最大的更数是十二更。他还根据张家山汉简《奏谳书》99～123 号简所记案件，指出践更的就更期限从一开始就是一个月。[②] 杨振红注意到秦汉简中屡见"冗"与"更"同时出现的情况，认为冗指长期供役，更指轮更供役。[③] 王彦辉特别提出，张家山汉简《二年律令·史律》中的"若干更"属于职役的"当值"，不能与徭役性质的"更"混同视之。入为卜、祝、乐人等每年要在郡国或到京师践更。每更的更期，到京师践更者或者为一个月，而其在郡国践更的时间比照徭役性质的更，或者可多可少。[④]

松柏汉简 47 号木牍为理解卒更服役的形式提供了直接的材料。兹节录如下：

> 巫卒千一百一十五人，七更，更百卌九人，余卅九人。
>
> 秭归千五十二人，九更，更百一十六人，其十七人助醴阳，余八人。
>
> 夷陵百廿五人，参更，更三十六人，余十七人。
>
> 醴阳八十七人，参更，更卌二人，受秭归月十七人，余十二人。

---

① 臧知非《从张家山汉简看"月为更卒"的理解问题》，《苏州大学学报（哲学社会科学版）》2004 年第 6 期，后收入《土地、赋役与秦汉农民命运》，苏州大学出版社，2014 年，第 120～125 页。

② 广濑薰雄《张家山汉简所谓〈史律〉中有关践更之规定的探讨》，第 271～284 页。

③ 杨振红《秦汉简中的"冗""更"与供役方式——从〈二年律令·史律〉谈起》，《简帛研究二〇〇六》，广西师范大学出版社，2008 年，后收入《出土简牍与秦汉社会（续编）》，第 210～222 页。

④ 王彦辉《秦汉时期的"更"与"徭"》，第 195～199 页。

......

· 凡万四七十人。

月用卒二千一百七十九人。[①]

彭浩认为，该牍内容是南郡属县和侯国的用卒数量。基本格式是在县或侯国名后依次列出用卒的人数、更替的批数、每批人数及余数、不足数或调剂至他处的人数。各县、侯国的每更之卒的服役（即践更）时间是一个月，多在本县或侯国服役，少数调往外县，但不出本郡。[②]

陈伟将该牍定名为"南郡卒更簿"。他结合同墓出土的其他木牍进行分析，认为承担卒更任务的应该只是"使大男"中已经傅籍的那部分人。西汉前期普通卒更可能曾实行三更之制，即每隔两个月，就更一月。各县更卒的人数与使大男中需要承当卒更任务的人数大致相当或相去不远，女性不存在充任卒更的可能。[③]杨振红认为，该牍应是《简报》所称的"见（现）卒簿"，其中的卒即傅籍的正卒。[④]广濑薰雄利用该牍证成前说，指出若干更也可以理解为若干人轮番。[⑤]

张金光将该牍定名为"南郡卒编更簿"，其性质像是一个为实征徭役提供的理论预算编制。如"三更"即三个更次，亦即将全县更卒分组编制成为三部分。秦汉月更徭役制度不论采取何种编制，对于一个更卒个体而言，其年内践服更役之总量是不得超过一个月。[⑥]与张金光看法

① 朱江松《罕见的松柏汉代木牍》，荆州博物馆编著《荆州重要考古发现》，文物出版社，2009 年，第 209～212 页。该文仅公布图版而未作释文，相关释文可参见彭浩《读松柏出土的四枚西汉木牍》，《简帛》第四辑，上海古籍出版社，2009 年，第 333～343 页。松柏汉简材料皆参见这两篇文章，下不再注。

② 彭浩《读松柏出土的四枚西汉木牍》，第 340～343 页。

③ 陈伟《简牍资料所见西汉前期的"卒更"》，《中国史研究》2010 年第 3 期，第 23～35 页。

④ 杨振红《松柏西汉墓簿籍牍考释》，《南都学坛》2010 年第 5 期，后收入《出土简牍与秦汉社会（续编）》，第 230～238 页。

⑤ 广濑薰雄《论松柏 1 号墓出土的记更数的木牍》，《出土文献与传世典籍的诠释——纪念谭朴森先生逝世两周年国际学术研讨会论文集》，上海古籍出版社，2010 年，第 407～416 页。

⑥ 张金光《说秦汉徭役制度中的"更"——汉牍〈南郡卒编更簿〉小记》，《鲁东大学学报（哲学社会科学版）》2011 年第 2 期，第 67～72 页。

不同，王彦辉认为《南郡卒更簿》是南郡存档的年度考核县道侯国行徭情况统计数据的抄件，反映了秦汉时期"行徭"制度的实际，即国家对地方的行徭采取的是总量控制（徭卒每年服役控制为一个月）、县道侯国根据实际需要自行安排行徭的次数和每更徭员数的总体方针。[①]

从整体上看来，学界倾向于将该牍中的"更"理解为批次、班次、更次，一年服役一个月（大多数学者认为一个更次服役一个月）。这或许是"月为更卒""卒践更一月休十一月"的具体反映。另外，据青岛土山屯西汉简"堂邑元寿二年（前1）要具簿"记录：

> 凡卒二万一千六百廿九，多前五十一；
>
> 罢癃皖老卒二千九十五；
>
> 见甲卒万九千五百卅四；
>
> 卒复除徭使千四百卅一；
>
> 定更卒万七千三百八十三；
>
> 一月更卒千四百卅六。[②]

"凡卒"的分计数值并不能完全对应，但是，诸数值的关系还是比较明确的：见甲卒数＝凡卒数−罢癃皖老卒数，定更卒数≈见甲卒数−卒复除徭使数，一月更卒数≈定更卒数/12月。这里"一月更卒"也应是"月为更卒"的反映。

（三）对"更徭"性质的新认识

对于"月为更卒""更徭"的性质，学界也有不同的理解。传统看法认为，更役即徭役，是徭役的重要组成部分。例如，高敏认为，秦汉时期狭义的徭役即"更役"或"更徭"。睡虎地秦简《厩苑律》规定：

---

① 王彦辉《秦汉时期的"更"与"徭"》，第199～203页。
② 青岛市文物保护考古研究所、黄岛区博物馆《山东青岛土山屯墓群四号封土与墓葬的发掘》，《考古学报》2019年第3期，第427页。

"为皂者除一更，赐牛长日三旬。"可证"更"为服一月之役的专称。《徭律》规定"勿计为徭"，表明服徭役的时间是固定的。《徭律》又云："御中发征，乏弗行，赀二甲。失期三日到五日，谇；六日到旬，赀一盾；过旬，赀一甲。""乏弗行，赀二甲"相当于误了该次徭役的全部时间，其惩罚是"过旬"的二倍，可见秦徭役的期限也应为一个月左右。[①] 张荣强分析了旱滩坡东汉简 5 号简文"民占数以男为女，辟更徭，论为司寇"，[②] 指出"更徭"即董仲舒所说的"月为更卒"，是汉代的正式徭役。他结合秦汉律令简，进一步指出，更役为秦汉两代的正式徭役，并非地方政府所征。[③]

　　近来，开始有学者结合传世文献和出土文献，对"更""徭"的不同内涵进行辨析。广濑薰雄详细区分了"更"与"徭"的差异。更卒是定期要服的常规劳役，而徭役是临时补充的劳役，只有在常规的劳动力不够的情况下才可以征发。按睡虎地秦简《秦律十八种·徭律》的规定：

> 县为恒事及谦有为殹（也），吏程攻（功），赢员及减员自二日以上，为不察。上之所兴，其程攻（功）而不当者，如县然。度攻（功）必令司空与匠度之，毋独令匠。其不审，以律论度者，而以其实为徭徒计。【122～124】

徭役计算以日数为单位，与定期轮流的更卒完全不同。又据里耶秦简所记：

> 廿七年二月丙子朔庚寅，洞庭守礼谓县啬夫、卒史嘉、叚（假）卒史谷、属尉。令曰："传送委输，必先悉行城旦舂、隶臣

---

① 高敏《秦汉徭役制度辨析（上）》，第 57～60 页。
② 武威地区博物馆《甘肃武威旱滩坡东汉墓》，《文物》1993 年第 10 期，第 32 页。
③ 张荣强《〈二年律令〉与汉代课役身分》，《中国史研究》2005 年第 2 期，第 54、59～60 页。

妾、居赀赎责。急事不可留，乃兴繇。"今洞庭兵输内史及巴、南郡、苍梧，输甲兵当传者多。节（即）传之，必先悉行乘城卒、隶臣妾、城旦舂、鬼薪白粲、居赀赎责、司寇、隐官、践更县者。田时殹（也），不欲兴黔首。嘉、谷、尉各谨案所部县卒、徒隶、居赀赎责、司寇、隐官、践更县者簿，有可令传甲兵，县弗令传之而兴黔首，兴黔首可省少弗省少而多兴者，辄劾移县。县丞以律令具论当坐者，言名史泰守府。嘉、谷、尉在所县上书。嘉、谷、尉令人日夜端行。它如律令。【J1⑯5正】[1]

践更者与服繇役者明显有所区分。征发繇役前要先使用践更者，只有在刑徒、债务者、践更者等常规的劳动力不够的情况下才可以发繇。不仅如此，他认为繇役还包括吏繇。[2]

杨振红也认为更、繇是并列的概念。根据张家山汉简《二年律令·繇律》等的规定：

> 免老、小未傅者、女子及诸有除者，县道勿敢繇使。节（即）载粟，乃发公大夫以下子、未傅年十五以上者。补缮邑院，除道桥，穿波（陂）池，治沟渠，堑奴苑；自公大夫以下，☐勿以为繇。市垣道桥，命市人不敬者为之。县弩春秋射各旬五日，以当繇。戍有余及少者，隤后年。【412～414】

她指出秦汉"繇"的内涵包括：（1）"繇"是国家承认的正式劳役。（2）"繇"征发的主体对象是在傅籍的男子，是正卒的义务，只有"载粟"等强度较轻的劳役可征发免老或公大夫以下子年十五岁以上未傅者。（3）"繇"应有法定的期限，秦汉"繇"期可能是每年30天。（4）"繇"

① 湖南省文物考古研究所等《湖南龙山里耶战国—秦代古城一号井发掘简报》，《文物》2003年第1期，第27、33页。
② 广濑薰雄《张家山汉简所谓〈史律〉中有关践更之规定的探讨》，第271～284页；《更繇辨》，中国社会科学院简帛学国际论坛论文，2006年11月。

多是临时征发的。^①秦汉徭期法定每年 30 天与学界通常所理解的更卒之役每年一个月，两者的期限居然完全相同。这是一个颇具启发性的观点。

朱德贵根据里耶秦简"更成卒士五城父成里产"（简 9-757）等记录，指出秦"更卒"的全称应为"更成卒"，其身份既是兵，更是务本之民。更卒应是"戍役"（包含更戍、屯戍和冗戍等）中的一种形式，更卒除了履行军事职能外，还必须承担繁重的劳役。^②

渡边信一郎结合里耶秦简和张家山《二年律令·徭律》的内容，将秦及汉初的徭役、兵役分为五种类型：徭成（戍卒）、县卒（甲卒）、徭、徭使、践更（更徭）。其中，徭成（戍卒）、县卒（甲卒）征发傅籍的"正"承担的兵役，以一年为单位；践更（更徭）征发年十五岁以上的男子主要在本县从事地方徭役，以月为单位。践更（更徭）与徭戍（戍卒）、县卒（甲卒）是制度化的徭役、兵役。而徭、徭使是更徭、徭戍等制度化徭役之外补充性的临时徭役。^③

孙闻博不赞同更、徭截然两分。在他看来，秦汉"徭"有广、狭义之分，"月为更卒"即更徭。广义"徭"还包括"奴徭"等人身役使，如里耶秦简仓课志记有"徒隶行徭课"（简 8-495），睡虎地秦简《秦律十八种·司空》记有"春城旦出徭者"，岳麓秦简《为吏治官及黔首》提到"行徭奴徭□役"（简 1590）。狭义"徭""戍"，集中指国家正役。秦及汉初，男子傅籍后，主要以"月为更卒"行徭，也因需临时兴发。^④对于"吏徭""奴徭"，高敏曾指出，尹湾汉简《考绩簿》所载的"右十三人徭"有因公出差的职役性质，同一般徭役是有区别的。^⑤

① 杨振红《徭、戍为秦汉正卒基本义务说——更卒之役不是"徭"》，第 197～203 页。

② 朱德贵《新出简牍与秦汉赋役制度研究》，第 248 页。

③ 渡邊信一郎《中國古代の財政と國家》，第 108～112 页。

④ 孙闻博《秦及汉初"徭"的内涵与组织管理——兼论"月为更卒"的性质》，《中国经济史研究》2015 年第 5 期，后收入《秦汉军制演变史稿》第四章第一节，中国社会科学出版社，2016 年，第 264～290 页。

⑤ 高敏《尹湾汉简〈考绩簿〉所载给我们的启示——读尹湾汉简札记之三》，《郑州大学学报（哲学社会科学版）》1998 年第 3 期，第 8～10 页。他还指出，从"送罚戍上谷"之事中可以看出汉代赀戍制度的一些具体内容。"送徒民敦煌"有可能是西汉末年谪戍之制的反映。

王彦辉也认为，"吏徭"属于职事范畴，不宜用来讨论劳役性质的"力役"。[1]"奴徭"属于"服刑"，也不是法律意义上的"徭"。[2]

　　王彦辉也反对更、徭截然两分说。他认为，秦汉时期广义的徭役包括"更卒"徭役、外徭和戍徭，狭义的徭役主要指"更卒"徭役和外徭。"更卒"徭役指丁男在本县所服徭役，徭役性质属于法定的"恒事"或经"上请"所行徭役。外徭即董仲舒所云"一岁力役"，由朝廷征发或郡国承命兴徭，徭卒要离开本县到徭所从事转漕作等。丁男每年行徭不止一次，每次行徭的天数由徭事的性质和工期决定，全年累积践更一个月，一生累积服外徭一年。年终更换徭券时，徭卒践更的天数超出或不足法定日期，都要记录于新券"颓（隤）计后年"。岳麓书院藏秦简《徭律》的相关规定：

　　　　徭律曰：岁兴徭徒，人为三尺券一，书其厚焉。节（即）发徭，乡啬夫必身与典以券行之。田时先行富有贤人，以闲时行贫者，皆月券书其行月及所为日数，而署其都发及县请。∟其当行而病及不存，署于券，后有徭而聂（蹑）行之。节（即）券徭，令典各操其里徭徒券来，与券以异徭徒，勿征赘，勿令费日。其移徙者，辄移其行徭数徒所，尽岁而更为券，各取其当聂（蹑）及有赢者日数，皆署新券以聂（蹑）。[3]

为此说提供了依据。[4]

　　根据里耶秦简8-488记录，"徭计"由户曹主管；而"更卒"由尉史（尉曹）负责，如《史记·游侠列传》云，郭解阴属尉史"至践更

① 王彦辉《秦汉徭戍制度补论——兼与杨振红、广濑熏雄商榷》，第241～257页。
② 朱德贵《岳麓秦简所见"徭"制问题分析——兼论"奴徭"和"吏徭"》，《江西师范大学学报》2016年第4期，后收入《新出简牍与秦汉赋役制度研究》，第269～276页。
③ 陈松长主编《岳麓书院藏秦简（肆）》，上海辞书出版社，2015年，第149～150页。相关疏解参见陈伟《岳麓书院藏秦简〈徭律〉的几个问题》，《文物》2014年第9期，第82～84页。
④ 王彦辉《秦汉时期的"更"与"徭"》，第185～194页。

时脱之"。前引里耶秦简 J1⑯5 云，传送委输必先悉行"县卒""践更县者"，不足才"兴黔首"，行徭一开始由更卒之役承担，必要时才临时征发黔首；前者似乎是固定更役的转换，后者则是临时徭役。总的看来，秦和西汉前期，"徭徒"（黔首）与"更卒"的身份有别，主管者不同，所服之役应当也是有所差别的。

青岛土山屯西汉简"堂邑元寿二年（前 1）要具簿"则为分析西汉后期更、徭异同提供了新材料。除前引"凡卒"诸数值外，该簿书还具体登记了诸卒逋钱：

> 逋二年罢癃卒钱十五万七百五十。
> 逋二年所收事它郡国民更卒钱九千二百。
> 逋二年过更卒钱五十九万六百。
> 逋三年戍卒钱八十一万六百五十。①

结合起来看，"更卒"就是"甲卒"，也可笼统地称为"卒"（或者说：卒＝甲卒＋罢癃卒，甲卒＝更卒＋戍卒？＋复除之卒）。甲卒一旦"复除徭使"就无需服更卒之役等，"更卒之役"也应属于"徭使"，应即"更徭"。诸类逋卒钱数额巨大，似乎透露出西汉后期更卒之役多征收钱。其中，"罢癃卒钱"即"罢癃睆老卒"的代役钱（睆老课役大都相当于罢癃可事者，故可省称其中之一，分析详后），"更卒钱""过更卒钱""戍卒钱"则分别是更卒、戍卒的代役钱。戍卒数在诸卒统计数据中没有直接表现出来，但是，见甲卒数（19 534）－卒复除徭使数（1 431）=18 103，相比定更卒数（17 383）要多出 720 人；不仅如此，一月更卒数（1 436）×12=17 232 人，相比定更卒数（17 383）要少 151 人。这类多出的"见甲卒""定更卒"的去向或有可能是"戍卒"（后者也可能与大小月有关）。由此看来，西汉后期，无论是更卒之役

---

① 青岛市文物保护考古研究所、黄岛区博物馆《山东青岛土山屯墓群四号封土与墓葬的发掘》，第 428 页。

（更徭），还是戍卒之役（徭戍），[①]似乎都可以称为"徭使"。难道西汉中后期更卒、戍卒之役多改收钱，逐渐消弭了更徭与徭戍的差异，更、徭性质随之发生了变化，甚至趋同？这种可能性值得进一步思考。如果承认这种可能性，前述"一分论"也就具有相当的合理性。

总的看来，学界对于"更有三品"的理解，"更赋"的形成，"月为更卒"的完成方式，"更""徭"性质的异同，虽然有大量的讨论，但皆未达成共识，当前似乎也只有期待相关新史料的出现，从而继续推动相关问题的深入探讨。

三、傅 籍 标 准

无论是秦汉徭役结构，还是更徭性质的异同，其中的关捩点是"傅"（傅籍）。[②]不仅如此，杜佑《通典》卷七《食货七·丁中》还将汉代"始傅"视为丁中的前身。可以说，在秦汉徭役结构和课役身份之中，最为重要的就是"傅"。

影响傅籍的因素有多种。征发徭役与人的劳动能力直接相关，因此，人的身高、年龄、健康状况等生理条件自来就会作为徭役征发的依据。秦汉时期，爵制之下的编户民具有不同的社会身份和权益，婚姻与否也意味着不同的社会责任，这些对徭役征发也有影响。

在秦王政十六年（前231）九月"初令男子书年"（《史记·秦始皇本纪》）之前，政府并未全面掌握编户民的年龄，此时年龄不可能是征派赋役的主要依据。据睡虎地秦简《仓律》《法律答问》和《封诊式》，

---

① 关于"徭戍"，学界有不同的理解。朱德贵认为，徭戍可能包含两种含义，一为"徭"（劳役）与"戍"（兵役）的合称，二为以"徭"的方式戍边，应根据不同语境来理解。相关学术史请参见朱德贵《岳麓秦简所见"徭"制问题分析——兼论"奴徭"和"吏徭"》，第246～250页。

② "傅籍"，并非秦汉时期固有的提法，而是学界结合出土文献的记录与传世文献的注解逐渐产生并约定俗成的专有名词，特指《傅律》以及其他文献中含义相同的"傅"。"傅"（傅籍）当即少壮男子著籍以给公家徭役。

秦律中涉及廪食、赎身、论罪、人口登记时，都使用身高标准，[①] 傅籍也当如此。

秦和西汉前期，傅籍年龄还受到爵制的强烈影响。张家山汉简《二年律令·傅律》规定：

> 不更以下子年廿岁，大夫以上至五大夫子及小爵不更以下至上造年廿二岁，卿以上子及小爵大夫以上年廿四岁，皆傅之。【364】

爵位越高，傅籍年龄越大。汉景帝二年（前155）调整为年二十岁。汉昭帝时又调整为年二十三岁。汉景帝、昭帝对傅籍年龄的调整未提爵制的影响，可能是爵制对傅籍年龄的影响逐渐消退。上述三个标准为学界研究汉代徭戍的征发提供了基本依据（如前所述），也为秦代傅籍标准的探讨提供了间接参考。

然而，秦代的傅籍标准，不仅出土秦律之中没有具体的规定，传世典籍中也无明确记载。迄今所能讨论的直接材料仍然只有睡虎地秦简《编年记》（今多称《葉书》）所载喜的生年和傅籍之年：[②]

---

① 睡虎地秦简出土后，学界曾就秦代傅籍的依据展开了充分的讨论。归纳起来，有四种观点：① 年龄说，参见高敏《关于秦时服役者的年龄问题探讨——读云梦秦简札记》，《郑州大学学报（哲学社会科学版）》1978 年第 2 期，后收入《云梦秦简初探》，河南人民出版社，1981 年，第 16～25 页。② 身高说，参见栗劲《〈睡虎地秦墓竹简〉译注斟补》，《吉林大学学报》1984 年第 5 期；杜正胜《编户齐民——传统政治社会结构之形成》第 1 章 2《傅籍与课役》，联经出版事业有限公司，1990 年，第 10～22 页；马怡《秦人傅籍标准试探》，《中国史研究》1995 年第 4 期。③ 先是年龄、身高并用，后皆以年龄为准说，参见张金光《秦自商鞅变法后的租赋徭役制度》，《文史哲》1983年第 1 期。④"隶臣妾"依身高傅籍，"公民"依年龄傅籍。参见陈明光《秦朝傅籍标准蠡测》，《中国社会经济史研究》1987 年第 1 期。出土于湖南里耶的"秦代迁陵县南阳里户版"中无年龄记录，不仅先秦文献，而且目前刊布的秦简中，年代越早（尤其是秦王政十六年之前）的秦简对于身高的记录要比年龄常见一些，先秦以身高作为征派赋役的主要依据当是可以接受的。

② 参见李零《视日、日书和叶书——三种简帛文献的区别和定名》，《文物》2008 年第12 期，第 77～78 页；陈伟则读为《世书》，参见其作《秦汉简牍〈葉书〉刍议》，《简帛》第十辑，上海古籍出版社，2015 年，第 85～89 页。

〔昭王〕卅（四十）五年，攻大樱（野）王。十二月甲午鸡鸣时，喜产。

今（秦王政）元年，喜傅。

学者们围绕这两条材料，就秦代的傅籍标准进行了大量讨论，并提出了多种意见。归纳起来，大致可以分为四说：

一是"十七岁傅籍说"，此说为学界的主流意见。《发掘简报》最早提出：秦昭襄王四十五年（前262）喜出生，秦王政元年（前246）喜傅，"这年他十七岁，这在秦代，就是成年男子按规定在政府的户籍上登记服徭役"。[①] 后来，中华书局编辑部编《云梦秦简研究》收录的多篇论文均持此说。[②]

不过，持此说的学者之间，也有一些不同的认识。例如，整理者注："本年喜十七周岁。"[③] 黄盛璋认为是"年满十六岁，虚年十七岁"。[④] 舒之梅则申明，喜虚年十七，秦的傅籍年龄为十七岁。[⑤] 对此，张金光指出，当时本无所谓周岁、虚岁之分，生年即为一岁；喜自生年至傅籍之年，其间恰历十七个年头，应定为十七岁始傅（不应说"十七周岁"，更非"十五周岁"）。不仅如此，秦人始傅还有个六尺六寸身高标准，与年十七岁相当。[⑥] 陈明光则认为，隶臣妾以身高标准傅籍，而公民以年龄标准傅籍，法定年龄为十七岁。[⑦]

二是"十六岁傅籍说"。陈直认为"秦代以十六岁为傅"。[⑧] 马非百

---

① 孝感地区第二期亦工亦农文物考古训练班《湖北云梦睡虎地十一号秦墓发掘简报》，《文物》1976年第6期，第6页。

② 舒之梅《珍贵的云梦秦简》，马雍《读云梦秦简〈编年记〉书后》，吴树平《云梦秦简所反映的秦代社会阶级状况》，于豪亮、李均明《秦简所反映的军事制度》，中华书局编辑部《云梦秦简研究》，中华书局，1981年，第7、30、92、152页。

③ 睡虎地秦墓竹简整理小组编《睡虎地秦墓竹简》，第9页。

④ 黄盛璋《云梦秦简〈编年记〉初步研究》，《考古学报》1977年第1期，第9页。

⑤ 舒之梅《珍贵的云梦秦简》，第7页。

⑥ 张金光《秦自商鞅变法后的租赋徭役制度》，第20～22页。

⑦ 陈明光《秦朝傅籍标准蠡测》，第20～27页。

⑧ 陈直《略论云梦秦简》，《西北大学学报（哲学社会科学版）》1977年第1期，第47页。

认为："喜在登记服役时，计虚岁为十七岁，实岁为十六岁。"[①]

三是"十五周岁傅籍说"。高敏指出，喜傅"只能说已满十五周岁，进入了十六岁"。故他认为当时以年满十五周岁作为傅籍标准。[②] 不少学者的见解与此基本相同，如黄今言认为，从喜出生到始傅"前后相去十七个年头，十五周年。可见，喜是十五周岁就登记服役的"。[③]

四是"身高标准傅籍说"。高恒认为，身高是秦民傅籍的主要依据。秦民傅籍的法定身高很可能是六尺五寸，喜傅籍的年龄是满十六岁、虚十七岁，这个年数恰与"高六尺五寸"合。[④] 前述张金光则认为，秦人始傅的身高标准是六尺六寸，与年十七岁相当。栗劲、马怡亦认为，喜之所以傅于秦王政元年，决不是达到了法定的年龄，而是身高达到了法定的标准。但两人对秦始傅的身高标准有不同的看法。栗劲认为是六尺五寸；马怡认为是六尺七寸或七尺。[⑤] 渡边信一郎亦认为，与隶臣妾傅籍标准不同，秦代庶民男子身高七尺（相当于二十岁左右）傅籍为大，开始承担兵役、力役，亦取得受爵资格。[⑥] 这类说法在学界产生了广泛的影响，但始傅的身高标准各持己见。

回顾以往四类意见，学者之间的分歧主要集中在两个方面：一是年龄的计算；二是当时傅籍的依据究竟是年龄，还是身高。

首先，分析秦人年龄计算的问题。虽然学界存在秦人十五周岁、十六岁、十七周/虚岁始傅三说，但是，出现三种年龄的原因主要在于

① 马非百《云梦秦简中所见的历史新证举例》，《郑州大学学报（哲学社会科学版）》1978 年第 2 期，第 68 页。

② 高敏《关于秦时服役者的年龄问题探讨——读云梦秦简札记》，第 16～25 页。

③ 黄今言《秦代租赋徭役制度研究》，《江西师院学报（哲学社会科学版）》1979 年第 3 期，第 86 页。持十五周岁傅籍的还有：杨宽、吴浩坤《战国会要》，上海古籍出版社，2005 年，第 1141 页；王子今《秦"小子军"考议》，《人文杂志》2009 年第 5 期，第 128～130 页。

④ 高恒《秦律中的徭、戍问题——读云梦秦简札记》，《考古》1980 年第 6 期，第 530～532 页。

⑤ 栗劲《〈睡虎地秦墓竹简〉译注斟补》，第 90 页；马怡《秦人傅籍标准试探》，第 16～21 页。

⑥ 渡邊信一郎《〈呂氏春秋〉上農篇蠡測—秦漢時代の政治の社會編成—》，《中国古代国家の思想構造—専制国家とイデオロギー》，校倉書房，1994 年，第 100～107 页。

计算年龄的依据与方法不同。确定喜始傅年龄应按照当时官方的纪年模式与计岁方法，才能得出符合当时行政习惯的年龄。

过去学界计算喜始傅的年龄主要存在两个问题：其一，喜出生的自然年推算失误。以往常括注喜的生年和傅年所对应的自然年，然后通过加减计算其始傅年龄。这种计算方法看起来方便，实际上容易产生误差。喜于秦昭襄王四十五年"十二月甲午鸡鸣时"出生，喜出生前后秦就已经使用颛顼历，以十月为岁首，而且月名次第不变。[①] 据此，秦昭襄王四十五年十二月，实际上是公元前 263 年 12 月，[②] 因此，喜的生年不能括注为公元前 262 年。由于当时秦官方的计岁与自然年关系不大，且自然年与昭王纪年之间有时（十月至十二月）存在一年的差别，通过自然年计岁容易有误差。

其二，秦代"本无所谓周岁、虚岁之分"。例如，秦汉时期的计数法中没有"零"概念，[③] 自然不会有"零岁"。不仅如此，侯旭东还指出，从官方的制度层面观察，自秦至清末官方户籍对百姓年龄的记录仅限于生年与岁数，未具体到生月与日。[④] 秦王政十六年九月"初令男子书年"，[⑤] 也只是年龄的记录。因此，秦代制度层面就不会有"周岁"计年，也无虚岁的提法。

秦代官方如何登记并计算年龄，里耶秦简有简要的记录（彩版二）：

---

① 睡虎地秦简中出现的干支纪日均与推定的颛顼历相合，具体分析请参见黄盛璋《云梦秦简〈编年记〉初步研究》，第 14～15 页。

② 参见朱桂昌编著《颛顼日历表》，中华书局，2012 年，第 211、553～554 页。

③ 参见梁宗巨《零的历史》，《自然杂志》1984 年第 9 期，第 695、712 页；桂质亮《古代数学符号的发展与演变》，《华中师范大学学报（自然科学版）》1989 年第 3 期，第 451～452 页；傅海伦《"0""零""〇"的起源与传播》，《数学通报》2001 年第 8 期，第 44～45 页。最近，程少轩《汉简无"零"》（《文汇报》2017 年 7 月 28 日第 W13 版）发现肩水金关汉简考课功绩的文书中，只有"负"和"得"若干，而没有"零"，证明了当时还不存在"整数零"这个数学概念。

④ 侯旭东《秦汉六朝的生日记忆与生日称庆》，《中华文史论丛》2011 年第 4 期，第 130～136 页。

⑤ 《史记》卷六《秦始皇本纪》，第 232 页。此记载得到睡虎地秦简《编年记》秦王政十六年"自占年"的印证。睡虎地秦墓竹简整理小组编《睡虎地秦墓竹简》，第 7 页。

　　廿六年五月辛巳朔庚子，启陵乡庳敢言之。都乡守嘉言：渚里不□劾等十七户徙都乡，皆不移年籍。令曰：移言·今问之劾等徙□书，告都乡曰：启陵乡未有枼，毋以智（知）劾等初产至今年数，□皆自占，谒令都乡自问劾等年数，敢言之。□【16-9 正】

“启陵乡未有枼”之“枼”，整理者括注“牒”，理解为牒书。① 从“启陵乡未有枼，毋以智（知）劾等初产至今年数”来看，该“枼”记录的内容至少包括庶民的“初产（年）”；而“初产至今年数”，则是根据生年推算年龄。官方获取庶民生年的途径是“皆自占”“自问年数”。具体而言，秦代官方获取并计算庶民年龄的一般方式是：民众申报，官方讯问并登记其生年，再根据生年计算年龄。

　　汉代产子占年一般集中在八月案户比民之后，这也应是庶民傅籍之时。如睡虎地秦简《秦律十八种·仓律》规定：“小隶臣妾以八月傅为大隶臣妾，以十月益食。”八、九月也是庶民年龄增加一岁的节点。如岳麓秦简：“爽初书年十三，尽廿六年年廿三岁。”（简 552）② 据此大抵可知，秦代傅籍、增年都在“户时”，学界称之为“岁尽增年”。③

　　由于秦代官方一般只掌握民众的年龄和生年资料，如：

　　□□□□自占：昭王卌二年产□【里耶 9-947】

此应为自占年时申报生年——昭王四十二年产。秦官方在计算庶民年龄时一般只有“昭王卌二年”这类王在位年次的年份作为计岁依据。同时，秦汉时期生子即一岁，岁尽增年。因此，秦代官吏计算年龄最可行

---

① 何有祖理解为《枼（世）书》，并认为其性质与《编年记》相近，可备一说。何有祖《里耶 16-9 号简“枼”与秦汉简中的〈枼〉、〈枼书〉》，简帛网，2018 年 8 月 16 日，http://www.bsm.org.cn/show_article.php?id=3206。
② 陈松长《岳麓书院所藏秦简综述》，《文物》2009 年第 3 期，第 77 页。
③ 具体分析请参见侯旭东《秦汉六朝的生日记忆与生日称庆》，第 133～136 页；张荣强《从“岁尽增年”到“岁初增年”——中国中古官方计龄方式的演变》，《历史研究》2015 年第 2 期，第 55～58 页。

而简便的方法是：累计诸王纪年数，并在岁尽增年，得出的就是庶民的年龄。据此，喜在昭王卅五年出生，历昭王计十二年，孝文王一年，庄襄王三年，秦始皇一年，再加上"户时"傅籍增年，累积纪年数十七，增年一，年十八岁。喜始傅登记在册的年龄是十八岁，年满十八岁正式拥有"新傅"身份。

喜的始傅年龄有多大的代表意义，当时课役的主要依据是身高，年十八岁能够作为秦代傅籍标准的判定依据吗？《周礼·地官司徒·乡大夫》云："国中自七尺以及六十，野自六尺以及六十有五，皆征之。"贾公彦疏："七尺谓年二十"，"六尺亦谓十五。"在起役时存在身高与年龄对应的标准，傅籍也应如此。喜的始傅年龄（年十八岁）也应当是与傅籍的身高基准相对应的年龄，亦为秦王政十六年以后的始傅年龄。

参照秦人负完全刑事责任的始龄亦为十八岁，而身高标准是六尺七寸，年十八岁与身高六尺七寸应当存在对应关系。秦代傅籍的身高标准也应是六尺七寸。[①] 至于秦代爵制对傅籍标准的影响，缺乏相关史料，尚不可考。至汉代，傅籍标准又根据形势的变化（特别是赋役需求）进行了多次调整（如前所述）。例如，在张家山汉简中"年十七（岁）"也是一个重要的年龄分界点。秦汉之际，傅籍标准与爵制等级紧密相连，后来，傅籍逐步摆脱了爵制的影响，进而形成了统一的标准，这一发展历程的具体情况现在还不清楚，是今后需要进一步探讨的课题。

四、课 役 身 份

以"傅"为转折划分秦汉徭役结构，涉及更卒与正卒身份的转换，徭役与兵役的分界，"大"与"傅"年的异同等问题。对于庶民而言，不考虑其他因素的影响，根据秦汉律令和文书明确的记载，年十五岁开

---

① 参见凌文超《秦代傅籍标准新考——兼论自占年与年龄计算》，《文史》2019 年第 3 辑，第 5～16、38 页。

始成为"大男""大女",大男开始服徭役甚至是兵役。这与传世文献和出土文献记载的傅年有数岁之差。为了弥合始"大"与始"傅"的年龄差,不少学者怀疑两者的年龄一度是相同的。例如,前述秦十五周岁傅籍说主要考虑到了这一点。重近启树亦认为,秦代傅籍时转换"小""大"身份,秦的力役、赋、兵役负担皆始于十五岁傅籍;汉初仍承秦制,至景帝二年改革后,徭役仍与算赋一样始于十五岁,但傅籍已与徭役无关,仅以承担兵役义务的成年男子为对象。①

近年来,学界倾向于分别看待这两种标准。例如,杨振红认为秦汉时期的徭役兵役制度制定了两种起役年龄标准——十五岁和"傅"年。十五岁以上未傅者和皖老,相当于后代的次丁,只须服"更"的劳役和部分正役"徭",不须服"屯戍"兵役。傅籍为"正(卒)"或"卒",相当于后代的"丁",其基本义务是更役和徭、戍。②这两种起役年龄标准与更卒、正卒的关系还可以再考论(如前所述),不过,这两种起役年龄以及免役年龄与秦汉"课役身份"直接相关,并且逐步衍生为"丁中身份"。③从课役身份的衍变探讨秦汉徭役制度,成为近年来秦汉徭役研究的新动向。④

---

① 重近启树《秦汉税役体系の研究》,第 183～188 页。

② 杨振红《徭、戍为秦汉正卒基本义务说——更卒之役不是"徭"》,第 181～209 页。

③ 杜正胜认为,晋唐的赋役结构(丁中老小)基本上沿袭汉代的傅籍和课役类别"小""未使""使""大""卒""老",甚至可以追溯到秦朝。杜正胜《编户齐民——传统政治社会结构之形成》第 1 章 2《傅籍与课役》,第 10～22 页。"课役身份",即为征派编户民赋税和徭役而划分的不同身份,秦汉时期诸如"敖童""(小)未傅""罢癃""算""卒""皖老""免老"。这类课役身份有的对应着比较固定的赋役义务而被写入户籍,例如"算""卒",连同户籍中具有统计意义的"小""大"身份等,本章统称之为"户籍身份"。"课役身份""户籍身份"后来衍生为"丁中身份"。值得指出的是,"未使""使"主要作为廪食身份使用,其年龄分层固定,本质上属于自然身份,与赋役征派没有直接关系。具体分析请参见凌文超《秦汉魏晋"丁中制"之衍生》,《历史研究》2010 年第 2 期,第 27～28 页;凌文超《秦汉注籍身份异同论——以簿籍分类为前提》,《中国史研究》2022 年第 1 期,第 33～38 页。

④ 相关研究成果如:张荣强《〈二年律令〉与汉代课役身分》;凌文超《秦汉魏晋"丁中制"之衍生》;张荣强《"小""大"之间——战国至西晋课役身分的演进》,《历史研究》2017 年第 2 期。

（一）两类"小""大"身份

始"大"与始"傅"反映出秦汉时期存在两类"小""大"身份。秦和西汉前期户口簿籍中按"小"和"大"结计人口，例如里耶秦简9-2295：

> 南里户人官大夫布☒，口数六人☒，大男子一人☒，大女子一人☒，小男子三人☒

又如松柏汉简48号木牍《二年西乡户口簿》：

> 户千一百九十六，息户七十，耗户卅五，相除定息卅五户，大男九百九十一人，小男千卅五人，大女千六百九十五人，小女六百卅二人，息口八十六人，耗口卅三人，相除定息口卅三。·凡口四千三百七十三人。①

秦、汉王朝通过大、小口的结计，能够大致判断人口的结构，为人口管理、赋役征派提供基本依据。然而，在松柏汉简53号木牍中出现了"使大男"身份，如：

> 江陵使大男四千七百廿一人，大女六千七百六十一人，小男五千三百一十五人，小女二千九百卅八人。·凡口万九千七百卅五人。延大男八百卅九人，延大女二百八十九人，延小男四百卅三人，延小女三百六十八人，延口千九百卅九人，其千五百卅七人外越。

---

① 朱江松《罕见的松柏汉代木牍》，第209～212页，释文参见彭浩《读松柏出土的四枚西汉木牍》，第333～343页。

关于"使大男"的身份，学界存在不同的意见。彭浩认为，牍文的"使大男、大女"是指年十五至免老年龄的身体健全的男、女性。"使"为当时户籍中之专门名词、登记之通用语，并非指实际服役。[①] 陈伟认为，"使大男"应该是"大男"的另外一种称谓。[②] 孙闻博则认为，秦汉时期年龄称谓存在省略的现象，如"未使〔小〕男""使〔小〕男""〔使〕大男"（〔〕里为省去的内容）。[③] 然而，松柏汉简 53 号木牍中江陵分"使""延"两类进行人口统计，[④]"使"应是与"延"相对而言的。"延"，彭浩认为是来自外地的移民；[⑤] 魏斌认为是东晋南朝史书中常见的"蛮"（蛮夷）。[⑥] 这里的"使"民应当是当地长期在籍的华夏化属民，而"延"民可能包括当地的归义蛮夷、强制迁移而来的移民。前者是国家赋役的承担者，故官方以"使"役视之；后者因为是其他族属或新入籍而往往享有优待，故官方以"延"请对待。[⑦]"使""延"主要用来区分两类民众的身份，"使大男"并不能独立成词。

总的看来，秦和西汉中前期"小""大"是常见的户籍身份。不过，西汉后期的尹湾西汉简"集簿"、朝鲜平壤贞柏洞西汉简户口"集簿"、青岛土山屯西汉简"要具簿"中已不再详细登记"小""大"男女，[⑧] 具体课役身份则日益常见，如青岛土山屯西汉简"要具簿"详细集计了"复口""事口"以及"算""复除罢癃算""事算"和"卒""罢癃、㿑

---

① 彭浩《读松柏出土的四枚西汉木牍》，第 339～340 页。
② 陈伟《简牍资料所见西汉前期的"卒更"》，第 31 页。
③ 孙闻博《秦及汉初"徭"的内涵与组织管理——兼论"月为更卒"的性质》，第 283 页。
④ 高智敏《秦及汉初长江中游地区编户化进程研究》，北京师范大学硕士学位论文，2015 年，第 50～53 页。
⑤ 彭浩《读松柏出土的四枚西汉木牍》，第 339 页。
⑥ 魏斌《古人堤简牍与东汉武陵蛮》，《中研院历史语言研究所集刊》第 85 本第 1 分，2014 年，第 61～101 页。
⑦ 凌文超《秦汉注籍身份异同论——以簿籍分类为前提》，第 46 页。
⑧ 韩树峰根据吴简中"小""大"不再严格著录，且在年龄上存在交叉，认为吴简"小""大"并非政府制定，也非政府指令写入簿籍之中，它们只是民间或社会惯用已久的称谓（参见其作《走马楼吴简"大""小""老"性质解析》，《文史》2011 年第 1 辑，第 94～103 页）。我们认为，"小""大"是制度性身份，只是西汉中期以后重要性降低，逐步让位于其他内涵明确的课役身份。

老卒""见甲卒""卒复除徭使""定更卒"等数据，这类课役身份的重要性日益凸显，逐步取代了户籍身份"小""大"。

秦代与汉代户籍身份"小""大"的性质相同，这一点学界素无异议。然而，张荣强提出了不同的看法："虽然户籍上的标注和分类统计同样是以'大''小'名之，涵义大不相同。""事实上，汉代的'小'指 14 岁以下，'大'为 15 岁以上；但战国时期'小''大'是以男子身高六尺五寸（150 厘米）、女子身高六尺二寸（143 厘米），相同于标准年龄的 17 岁为界限。"① 换言之，他认为秦代户籍身份"小""大"以傅籍（年十七岁）为标准，而汉代户籍身份"小""大"以年十五岁为界，两者划分标准不同，性质有别。朱德贵则认为，秦汉官府对"小""大"的区分完全不同，秦"小"的年龄上限为十八岁以下，而汉代将"大"的年龄界限降至十五岁。② 这些意见为理解秦汉时期两类"小""大"身份提供了启示。

以年十五岁为界划分"小""大"，在汉代的简牍文献中例证甚夥，无烦赘举。③ 同时，年十五岁也是秦汉庶民的起役标准。秦汉《徭律》规定：

> 凡免老及敖童未傅者，县勿敢傅（使），节（即）载粟，乃发敖童年十五岁以上。【岳麓肆 1294、1236】
> 免老、小未傅者、女子及诸有除者，县道勿敢徭使。节（即）载粟，及发公大夫以下子、未傅年十五以上者。【张家山汉简《二

① 张荣强《"小""大"之间——战国至西晋课役身分的演进》，第 21 页。
② 朱德贵《岳麓秦简课役年龄中的几个问题》，《简牍学研究》第七辑，甘肃人民出版社，2018 年，后收入《新出简牍与秦汉赋役制度研究》，第 294～303 页。
③ 杨联陞《汉代丁中、廪给、米粟、大小石之制——劳榦〈居延汉简考释〉钱谷类跋》，《中国语文札记——杨联陞论文集》，中国人民大学出版社，2006 年，第 1～2 页；陈槃《汉晋遗简识小七种》，历史语言研究所专刊之 63，1975 年，第 27～30 页；耿慧玲《由居延汉简看大男大女使男使女未使女小男小女的问题》，《简牍学报》第 7 期，1980 年，第 249～274 页；彭卫、杨振红《中国风俗通史·秦汉卷》，上海文艺出版社，2002 年，第 354 页；王子今《两汉社会的"小男""小女"》，《清华大学学报》2008 年第 1 期，第 39～45 页。

年律令》412～413】

年满十五岁的未傅敖童（小未傅），虽然地方官府在一般情况下不能使事，但是，面临"节（即）载粟"这类紧急事役时，就可以徭使。由此看来，虽然年十五岁是秦代庶民派役的开始，但是只针对一些比较特殊的"徭使"。如前所述，春秋战国以来，身高六尺与年十五岁存在对应关系。总的看来，秦汉起役的身高、年龄应当是身高六尺＝年十五岁，并以参此为界划分编户齐民的"小"与"大"身份，且这一界线长期保持稳定。

　　然而，传世文献和出土文献中，出现了越来越多的年过十五岁仍然称"小""小未傅""小爵"等例子。例如，刘向《别录》云：

　　　　长平之役，国中男子年十五者尽行，号为"小子军"。[1]

"男子年十五者"这里却称"小子军"。这类身份"小"与"傅"直接相关。秦律规定：

　　　　▢▢，乡部吏赀一甲，占者赎耐，莫占吏数者，赎耐。典、老占数小男子年未盈十八岁及女子，县、道啬夫谇，乡部吏赀一盾，占者赀二甲，莫占吏数者，赀二甲。【岳麓肆 2037、2090】

所谓"小男子年未盈十八岁"，按秦代庶民傅籍基准是六尺七寸＝十八岁，这里身份"小"是相对傅籍而言的。

　　由此看来，秦汉时期有两类"小""大"身份，一类以"身高六尺＝年十五岁"为界，另一类以傅籍为标志，傅籍之前称"小未傅""小爵"。前者保持稳定，而后者前后经历了多次变化。

---

[1]　董说原著，缪文远订补《七国考订补》卷一一《秦兵制》引，上海古籍出版社，1987年，第575页。

这两类"小""大"身份混杂、交织状态之处是，年十五岁至傅籍之前的男子兼具两类"小""大"身份。如前引未满十八岁的男子被称为"小男子"；又如里耶秦简9-142+9-337中广的隶属臣，身高可六尺，年十五岁，其爵位为小爵"小上造"；再如前引刘向《别录》，长平之战中，年十五岁男子行军号为"小子军"。汉代也有明确的例证，如肩水金关汉简：

> 黄龙元年（前49）六月辛未朔壬辰，南乡佐乐敢言之：杨里公乘泠□年廿岁，小未傅，为家私市居延，乏彭祖，告移过所县道毋苛留，ノ六月壬辰雒阳守丞殷移过所毋苛留如律令。ノ掾良、令史阳。【73EJT33：41A】①

泠□年廿岁，其身份为"小未傅"（爵位也可写作小爵"小公乘"），之所以称为"小未傅"，是因为昭帝以来以年二十三岁傅籍，泠□未到傅籍之年。

不过，有迹象表明，秦一开始试图避免这种混乱，称未傅男子为"敖童"。"敖童"作为秦律中常见的身份，见于睡虎地秦简、秦封宗邑瓦书和岳麓秦简。学界围绕"敖童"身份的具体内涵有过大量的讨论，但未达成倾向性意见。②不过，据秦、汉《徭律》异文："敖童未傅"与"小未傅"，"敖童年十五岁以上"与"未傅年十五以上"，③秦代"敖童"可替换为汉代"未傅"，且可简称"小"。秦汉《徭律》中的"敖童""未傅""小"的内涵一致，均是相对傅籍而言的，即"未傅"为"敖童"，亦为"小"。

未傅男子称"敖童"，与傅籍相继以身高、年龄为主要依据有关。

① 甘肃简牍博物馆等编《肩水金关汉简（肆）》，中西书局，2015年，第6页。
② 研究综述请参见凌文超《敖童新解》，《祝总斌先生九十华诞颂寿论文集》，中华书局，2020年，第84～106页。
③ 参见周海锋《秦律令研究——以〈岳麓书院藏秦简〉（肆）为重点》，湖南大学博士学位论文，2016年，第94～95页。

秦代以身高为傅籍的主要依据时，身高在罢癃标准（六尺二寸）以上、傅籍标准（六尺七寸）以下的男子，相比罢癃，他们承担的赋役义务更多，自然也应有个固定的身份。这个身份应当就是"敖童"。有的敖童日后长到六尺七寸以上而延迟傅籍；有的确为身材矮小者（身高在六尺二寸至六尺七寸之间），则在及冠后成年。

据此，秦代"敖童"成年应有两个标准：一为傅籍，一为及冠。"敖"相对"傅籍"而言，含义为遨、游，相当于"未傅"；而"童"与及冠相对，为"未冠"之称。"敖童"兼具未傅、未冠两层涵义。具体而言，"敖童"一开始特指傅籍时身高在罢癃与傅籍标准之间的未冠男子，后来泛指未达到傅籍身高标准的未冠男子。

当秦傅籍的主要依据由身高转变为年龄，健康男子一到傅籍之年，身高超过罢癃标准即为"正"，不再存在身高在罢癃标准以上、傅籍标准以下男子的傅籍问题，"敖童"身份因而失去存在的价值。然而，作为一种长期使用的法律身份，敖童的消退乃至废除需要经历一段历史时期。继"敖童"之后出现了"敖童未傅""小敖童""小未傅"等新的身份称谓。这里"小""敖童""未傅"均是相对"傅"而言的，"小未傅""小敖童""敖童未傅"均为同义连用，实际上都是指"敖童"。因"小""未傅"相比"敖童"更为简易，"敖童"后来为"（小）未傅"所取代。

总之，秦汉时期存在两类"小""大"身份。第一类以"身高六尺＝年十五岁"为界。这类"小""大"身份相对稳定，不受爵制等的影响，身高六尺、年十五岁以上即为"大"，其属性偏重于自然身份。作为自然身份的"小""大"，主要是客观地表示身状与劳动能力，用以标明"小"不可徭戍；而"大"可以开始徭使，但刚开始时有所减免，或根据情况使役。

第二类是以傅籍为标志划定的"小""大"身份。从"敖童"发展而来的未傅意义上的身份"小"，多称作"小未傅""小爵"。庶民傅籍之后后来多称"新傅""卒"等。作为社会身份的"小""大"，身状不再是考虑的重点，而是根据现实政治的需要，在自然身份"大"的人群之内，根据爵级等制定不同的傅籍年龄，从而调整赋役的轻重。[①] 傅籍之后，还有相应的制度确定赋役的减免，如"新傅""卒""睆老""免老""罢癃（不）可事"等。户籍及其集计的"小""大"逐渐让位于这类课役身份。这些课役身份不断化合逐渐衍生为丁中身份。

（二）从"小""敖童（小未傅）"到"小""（小）次丁"

秦汉时期，一般情况下，徭役不涉及自然身份"小"。社会身份"小（未傅）"则有所不同，秦和西汉时期，年十五岁至新傅，需要服"节（即）载粟"一类的紧急事役或"小役"，与正役相比，劳动强度可能较轻。至东汉时期，课役身份"算"与"卒"的年龄分层逐渐趋同，庶民可能在年十五岁至六十岁时承担一般的赋役，"小未傅"身份很可能合并到"算""卒"之中，成为赋役的承担者。至此，"小"成为庶民年十四岁及以下群体的身份，意味着免课。[②]

然而，三国时期徭役繁重，课役对象突破自然身份"小""大"之界，不少原来免课的"小"，也被征赋派役。例如，走马楼吴简中年十四岁及以下的庶民，不仅有算人收钱的记录，也有给吏的注记，如：

> 子男德年十四　算一【捌 1639】
>
> 思男姪儿年十四　算一【捌 2523】
>
> 郡吏黄士年十二【壹 7638】
>
> 郡吏黄士年十三　士兄公乘追年廿三荆□【贰 1623】

秦律禁止"典、老占（吏）数小男子年未盈十八岁"，并规定"除佐必

---

① 参见凌文超《秦汉时期两类"小""大"身份说》，《社会科学战线》2019 年第 12 期，第 102～110 页。

② 不少学者认为，"小"之下还划分有："使"与"未使"，"作"与"未能作"，然而，这些是庶民、徒隶的廪食身份，与赋役征派没有直接联系，不能直接用来探讨课役身份。参见凌文超《秦汉魏晋"丁中制"之衍生》，第 27～28 页。

当壮以上，毋除士五新傅"，任吏一般在傅籍若干年之后。孙吴官府在
文书中可以直接注记年十四岁以下庶民赋役征派情形，表明当时不仅向
"未傅"而且向"小"庶民课役已经是常见的现象，秦汉以来始"大"
课役的制度规定和传统习惯已经不再具有完全的约束力。

　　不过，吴简中更多的年十五岁以下的庶民没有赋役注记，表明向
"小"课役尚未形成定制。部分"小"承担赋役之责，其依据可能是身
体是否强壮。吴简中有不少"小"男子注记"丁"，如：

　　　　亭男弟好年十一　丁【捌 1213】
　　　　□男弟青年十三　丁【柒 5144】
　　　　亘男弟得年十四　丁【捌 1214】

这里注记的"丁"并无赋役内涵，只是表明这些少年男子身体健壮，必
要时可以课役。

　　西晋"丁中制"以年十二岁以下为"小"，年十三至十五岁为
"（小）次丁"，无疑是根据三国以来征赋派役实际情况的定制。西晋将
原本从属于"小"而免役的年十三、十四岁男女确定为"（小）次丁"，
承担半役。原来免役的群体缩小到年十二岁以下。秦汉时期，"小未傅"
一般服"小役"，劳动强度相对较轻。西晋象征性地延续这一传统做法，
将"小未傅"中的年十五岁者亦确定为"（小）次丁"。

　　总的看来，西晋"小""（小）次丁"由秦汉时期的两类身份"小"
分化、融合而来。自然身份"小"（年十五岁以下）分化为年十四、
十三岁的"（小）次丁"和年十二岁以下不事之"小"。社会身份"小
（未傅）"分化为年十五岁的"（小）次丁"和年十六岁以上的"丁"。原
本属于自然身份"大"和社会身份"小未傅"的年十五岁庶民，最终与
年十三、十四岁的"小"化合为"（小）次丁"。"（小）次丁"由秦汉两
类身份"小"化合而来的，反映在晋制当中，即"（小）次丁"登记形
式为"年十三以上十五以还小男"（郴州晋简 2-139），年十三至十五岁
的次丁仍然保留了"小"的身份。

（三）从"大""算""正/卒"到"丁"

秦汉时期，年十五岁以上的"大"是课役对象（特殊时期甚至服兵役，如《史记·白起列传》载"发年十五以上悉诣长平"）。至于老年免课，官方先后设置了"请老"之制和"免老"的规定。秦和西汉前期，徭役征发的对象主要是"未傅年十五以上者""新傅""正卒""睆老"和"罢癃可事者"。其中，"未傅年十五以上者""新傅""睆老"和"罢癃可事者"有所优待，课役相对较轻。因此，徭戍承担者主要是"正卒"（傅籍后至睆老前的健康男子）。口算钱征收有所不同，虽然部分"小口"乃至"大口"要缴纳口钱，算人收钱则主要针对年十五至五十六岁的健康男女。这一时期，"算人"与"正卒"的年龄段尚不重合。

西汉昭帝以后至东汉时期，例行的"正卒"更役可能逐渐改为收钱，"卒"随之可能成为更赋的注记。[①] 原来定期的更役可能逐渐改由不定期的徭役来完成。因徭役的承担者自"未傅年十五以上者"起，故

---

① 这突出地表现在户口集计和户籍简中常并记"算""卒"。例如，青岛土山屯西汉简"堂邑元寿二年（前1）要具簿"中"凡算"与"凡卒"并记。"凡卒"的统计方式虽然延续了课役的模式，如"罢癃睆老卒""见甲卒""卒复除徭使""定更卒""一月更卒"，但是，从后文所记的诸逋卒钱如"罢癃卒钱""更卒钱""过更卒钱""戍卒钱"且数额巨大来看，当时"更三品"的派役似乎多以代役钱的形式征收。至东汉户籍简中，常见"算卒"的连记，例如，东牌楼东汉户口简：曹其 建宁四年益成里户人公乘其〔年〕卅九算卒笃笔 子公乘石…… ……卅七算卒笃笔囗（79）、区益 子公乘朱年卅囗算卒九十复（80）。其统计类型可参：囗中。凡口五事，算三事二，甲卒一人，訾五十。囗（82）尚德街东汉户口简更为完整：〔囗囗〕囗囗里户人士伍囗年囗囗算卒，十四年产子复。囗妻大女姜年十八，算一，十四年产子复。（第一栏）子士伍官年一。（第二栏）新囗户。（第三栏）凡囗囗（口三）事，算二复，甲卒一人。（第四栏）訾二千六百。（第五栏）（069+068）这类户籍简中的"算卒"分别指算一（人）和甲卒一人，与孙吴户口简中的更口算钱注记"算一、更一"存在源流关系，如：斗弟公乘床年廿八算一更一（壹3939）。关于"算卒"，学界有不同的理解，学术史回顾请参见凌文超《汉晋赋役制度识小》，《简帛》第六辑，上海古籍出版社，2011年，第483～487页。尚德街东汉户口简释文校订及"算卒"分析，参见凌文超《长沙尚德街东汉户口简考释》，《文物》2021年第3期。

各类劳役的征发对象从年十五岁开始，与算人收钱的始龄开始趋同。有迹象表明，算人收钱的最大年龄也随之延后至免老前（吴简中有不少年五十六以后的庶民注记"算一"）。至此"算人"与徭役承担者（年十五岁至免老）的年龄层趋同。①

原"睆老"年龄层的群体逐渐成为"算人"和正役的承担者，这一演变过程的具体情况现在还不甚清楚。但是，可以确定的是，"睆老"并非完全被吞并而成为正役、算赋承担者，而是分化为两类人群："睆老"中的体健者成为正役、算赋的承担者；而"睆老"中的衰弱者与"罢癃"合并（详后），至迟在东汉时期衍生为"微癃"与"笃癃"，并为西晋所继承，如郴州晋简"计阶簿"记：

　　　　口一百卅笃癃男【1-36】
　　　　口七百六微癃男【1-60】

这类"微癃""笃癃"也非单纯由秦汉时期的"罢癃"可事、不可事者衍生而来，而是罢癃与部分睆老融合、分化而来。

秦汉时期，制度上规定的兵役从傅籍为"正卒"开始。三国时期，随着征役的日益繁重，兵役可能扩展至年二十三岁以下的男子。例如，吴简所记年二十三岁以下的军吏：

　　　　军吏谷幼（？）年廿一【贰2397】
　　　　军吏张春年十八【叁2963】

孙吴临湘侯国"军吏"的编制虽然属于民政系统，但其职事与军政相关，其身份逐渐兼具"吏""兵"两重属性。魏晋史籍中所载的兵役征发年龄也比汉代始傅年龄提前不少。《三国志·吴书·三嗣主传》载：

---

① 另请参见杨振红《从出土"算""事"简看两汉三国吴时期的赋役结构——"算赋"非单一税目辨》，《中华文史论丛》2011 年第 1 期。

"科兵子弟年十八已下十五已上。"西晋武帝《伐吴诏》曰："今调诸士，家有二丁三丁取一人，四丁取二人，六丁以上三人，限年十七以上。"[1] 魏晋时期的兵役与一般正役征发的始龄（年十五岁）日益接近。

魏晋时期正役、兵役的承担者与汉代"正卒"身份，无论是年龄层，还是赋役义务都无法契合，这就需要为正役、兵役承担者（两类人群日趋一致）创设一个与"老""小"一样的具有固定年龄层且课役内涵明确的新身份。这一新身份就是"丁"。[2]

吴简中不少少年男子注记"丁"，如：

> 定男姪平年十五算一 ……丁【柒 5328】
>
> □男弟黑（？）年十六算一 丁【柒 5383】
>
> 铁妻男弟丰年十七 算一 丁【捌 1304】

不仅少年男子，其他健壮男子也被称为"丁男"，如吴简"兵曹徙作部工师及妻子簿"统计师佐为"其一百六十六人丁男"（叁 2354），在该簿书中，师佐最小年龄十六岁，最大年龄六十四岁，如：[3]

---

[1] 许敬宗编，罗国威整理《文馆词林校证（日藏弘仁本）》，中华书局，2001 年，第 221～222 页。

[2] 迄今没有明确的证据表明"丁"在秦汉时期已成为像"更卒""戍卒""正（卒）"那样的课役身份。但是，一些律令条文明确提到了"丁者"，例如，岳麓秦简《尉卒律》规定："为它里典、老，毋以公士及毋敢以丁者，丁者为典、老，赀尉、尉史、士吏主者各一甲，丞、令、令史各一盾。"［陈松长主编《岳麓书院藏秦简（肆）》，第 115～116 页］这里的"丁者"应当有个判断标准。秦代律令、文书中常见"丁粼""丁壮"一类身状的记录，如睡虎地秦简《秦律十八种·仓律》规定："隶臣欲以人丁粼者二人赎，许之。其老当免老、小高五尺以下及隶妾欲以丁粼者一人赎，许之。"《封诊式·贼死爰书》："男子丁壮，析（皙）色，长七尺一寸，发长二尺。"（睡虎地秦墓竹简整理小组《睡虎地秦墓竹简》，第 35、157 页）里耶秦简：□丁壮者四人，因适□☑。（8-1878）由此看来，《尉卒律》中的"丁者"应当就是《仓律》中的"丁粼（龄）者"（"丁"具体描述身体强壮），可能指"小"与"免老"之间的壮年男子，包含了"敖童未傅""新傅""正（卒）"等课役身份。"丁"此时应当还不是独立的课役身份。

[3] 凌文超《走马楼吴简采集簿书整理与研究》第五章《兵曹徙作部工师及妻子簿与征讨武陵蛮》，广西师范大学出版社，2015 年，第 170～263 页。

舮慰佐醴陵蔡束年十六　单身【叁 2379·89/25】

治皮师吴昌黄仙年六十四　见【壹 7466/13】

由此看来，吴简所记的"丁男"，不仅指强壮的十多岁少年男子，还包括年六十岁以上的健壮老男。总的看来，"丁"的年龄层与三国时期突破"小""免老"年龄界限进行征赋派役的情形相一致，进而衍生为西晋制度上的丁中身份。

（四）从"免老"到"（老）次丁""老"

秦和西汉时期，与"老"相关的不仅有"免老"，还有"睆老""受杖""受鬻"以及优养"高年"等，它们的年龄限制也有差别。正因为"老"的含义较为驳杂，年限亦不相同，故很难统一使用身份"老"登录到户口簿籍当中，各类名籍也往往将年六十以上称作"大"，基本不称"老"。[①]

从西汉户口簿籍来看，虎溪山汉简"黄簿"按爵位记录了"免老"人数，松柏汉简中有"免老簿"，尹湾汉简《集簿》则按年龄记录了"受杖"人数，青岛土山屯汉简"堂邑元寿二年要具簿"记有"高年二百廿八人"，[②]但在秦和西汉户口簿籍中尚未见到课役身份"老"。不过，随着"睆老"的分化，"赐杖""受鬻"和二十等爵制的废弛，而高年优复者包含在"免老"之中，"老"才逐渐注入户口簿籍。

在东汉、孙吴户籍简中，"老"逐步成为户籍中的身份用词。例如，四川渠县城坝遗址 J9 户口简中，户人年六十九岁、其妻年六十二岁，两人皆直接注记了"老"：

[①] 杨联陞最早指出这一点，参见其作《汉代丁中、廪给、米粟、大小石之制——劳榦〈居延汉简考释〉钱谷类跋》，第 2 页。

[②] 青岛市文物保护考古研究所、青岛市黄岛区博物馆《山东青岛土山屯墓群四号封土与墓葬的发掘》，《考古学报》2019 年第 3 期，第 427 页。

☑　平乡□里户人公乘郡年六十九老
　　妻□年六十二老　　　　　　　　　　　□①

吴简中也有"老女"的记录：②

　　吉阳里户人老女赵妾年八十一【壹 10111】

其中，渠县城坝遗址东汉户口简注记的"老"已经成为与"算""卒""笃癃"并列的课役身份，并且已注入户籍。

　　秦和西汉初年"老"应当尚未成为课役身份，③其中一个很重要的原因是，与年老相关的身份名目甚多，如：睆老、免老、受杖、受鬻；而且因为爵级的不同，睆老、免老、受杖、受鬻等的年龄存在差异。"老"要成为课役身份，最基本的要求是便于日常管理，且含义不能过于驳杂。

　　课役身份"老"因年老而不事，应是从"免老"发展而来的，与半役的"睆老"无甚关联。荆州纪南松柏汉简中，"免老簿、新傅簿、罢癃簿"登记在同一枚木牍上，未见"睆老簿"。按汉代律令"罢癃可事如睆老"，"罢癃"（可事者）与"睆老"的课役应当基本相同，可以合并。居延汉简有这样一枚简：

　　明君年卅一睆老不□【58.20】

_____

① 四川省文物考古研究院《宕渠之城 跃然简上——四川渠县城坝遗址考古发掘取得重大收获》，《中国文物报》2018 年 10 月 9 日第 4 版。该文最早公布了这枚简牍的图版。四川省文物考古研究院、渠县历史博物馆《四川渠县城坝遗址》，《考古》2019 年第 7 期，第 74 页。该文公布了图版并作了部分释文。

② 吴简释文中的其他"老男""老女"皆为"大男""大女"的误释。参见凌文超《走马楼吴简"小""大""老"研究中的若干问题》，《中国国家博物馆刊》2013 年第 11 期。

③ 也有不少学者认为秦时期一直存在包含睆老、免老的课役、刑法身份的"老"。如赵宠亮《先秦秦汉的年龄分层与年龄称谓》，《湖南科技学院学报》2010 年第 2 期，第 10 页；韩树峰《论秦汉时期的"老"》，《简帛》第十三辑，上海古籍出版社，2016 年，第 165～184 页；张荣强《"小""大"之间——战国至西晋课役身分的演进》，第 9、16 页。

"明君年卅一"远未达到皖老之年，这里标注"皖老"，实际上相当于罢
癃（可事者），其课役如同皖老。

除了与"罢癃"（可事者）合并之外，还有一部分"皖老"逐渐分
化，分别与"免老""正卒"相融合。西汉中后期，"免老"优待扩大并
逐步整合年龄。例如，《汉旧仪》云：

> 秦制二十爵。男子赐爵一级以上，有罪以减，年五十六免。无
> 爵为士伍，年六十乃免老。①

这里反映的应当是在《汉旧仪》的制作年代，不再按爵等制定多个免老
年龄，统一规定有爵者五十六岁，无爵者六十岁免老，《汉旧仪》即以
此来比附秦制。《盐铁论·未通》云：

> 御史曰：……今陛下哀怜百姓，宽力役之政，二十三始傅，
> 五十六而免，所以辅耆壮而息老艾也。丁者治其田里，老者修其唐
> 园，俭力趣时，无饥寒之患。
> 文学曰：……今五十已上至六十，与子孙服挽输，并给徭役，
> 非养老之意也。②

御史、文学分别以五十六岁、六十岁为免老始龄，应当也是有爵者
五十六岁、无爵者六十岁免老的反映。"免老"制度的调整，应是将
"不更年五十八，簪褭五十九，上造六十，公士六十一"皖老划入有爵
者免老，同时将"公卒、士五六十二"皖老划入无爵者免老。后来，
"算""卒"课役调整至年六十岁免老，原属"皖老"而后属"免老"的
部分健壮的男子转而成为正役、赋调的承担者，其中，老衰的男子则并
入"微癃"或"笃癃"。

---

① （清）孙星衍等辑，周天游点校《汉官六种》，第 85 页。"老"，孙星衍改作"者"。
② 王利器校注《盐铁论校注》卷三《未通》，第 192 页。

"皖老"与"罢癃""免老""正卒"的化合，为"老"剥离混杂的内涵，进而形成课役身份提供了条件。西汉中期已降至东汉的传世文献中，基本上只见课役身份"免老"。随着民爵的轻滥，免老的年龄进一步统一为六十或六十一岁。①"免老"年龄的固定化，为课役身份"老"的形成做好了准备。

既然东汉后期"老"已成为与"算""卒""笃癃"等性质相同课役身份，为何孙吴户口简中未见普遍著录"老"？值得注意的是，吴简户口簿籍中，常见对"老顿"的集计，如：

> 其十六户老顿穷独女户下品【贰 634】
> ·其五户尫羸老顿贫穷女户【贰 1705】

"老顿"在有的集计简中省记作"老"，如：

> 其卅户各穷老及刑踵女户下品之下不任调役【叁 6375】
> 其十三户刑踵贫穷老孤寡不任役【捌 490】

"老顿"，在"隐核州、军吏父兄子弟簿"中作"老钝"。②"老钝"，顾名思义，即年老迟钝。他们与"细小"一样，为免役群体，如：

> 军吏烝昭【叁 1793/24】
> 昭父尾年七十老钝【叁 1762/24】

---

① 参见高敏《吴简中所见"丁中老小"之制》，《新乡师范高等专科学校学报》2006 年第 3 期，后收入《长沙走马楼简牍研究》，广西师范大学出版社，2008 年，第 103～108 页；张荣强《〈二年律令〉与汉代课役身分》，第 35～41 页；于振波《略说走马楼吴简中的"老"》，《史学月刊》2007 年第 5 期，后收入《走马楼吴简续探》，文津出版社，2007 年，第 153～158 页。
② "隐核州、军吏父兄子弟簿"的整理与研究，请参见凌文超《走马楼吴简隐核州、军吏父兄子弟簿整理与研究——兼论孙吴的吏民分籍及在籍人口》，《中国史研究》2017 年第 2 期，后收入《吴简与吴制》，北京大学出版社，2019 年，第 103～136 页。

昭子男聪年七岁细小【叁 1812/24】

其二人老钝细小【叁 3009/27】

孙吴为了尽可能地扩大役力来源，免除课役（不任役）的条件，仅仅年老还不够，还需要附加行为迟钝等不能任役的要求。孙吴时期的"老钝"同时需要满足年龄和课役（不任役、免役）两个条件，这就为丁中身份"老"的创设提供了基础。

孙吴户口简中编户民年六十岁以后注记"算""吏役"的简例常见。如：

大男周庆（？）年六十二算一【肆 308】

窟姊掣五坐年六十二算一【捌 1140】

□阳里户人公乘何统年六十一真吏【壹 9356】

县吏黄讳年六十四　讳妻大女州年五十　讳子男原年廿九　给县吏【陆 1066】

民男子蔡乔年六十二给驿兵　桥妻大女典年卅八算【贰 1903】

民男子杨明年八十六给驿兵　明妻大女敬年六十二【贰 1778】

孙吴时期男子年过六十岁给吏、给役是比较常见的现象，更多地集中在年六十多岁老年男子身上。不过，总的看来，这类年过六十岁的男子服吏役较少，而给杂役较多，应是考虑了他们的身体状况而多从事较轻的力役。

汉代的"免老"到魏晋时期分化为两类老年群体：身体仍然强健者仍为课役的对象（多从事较轻力役），年高且迟钝者免役（老钝）。西晋创设丁中制时，将前者的年龄确定为年六十一至六十五岁，是为《晋书·食货志》记载的"（老）次丁"。"（老）次丁"在郴州晋简"计阶簿"中的登记格式"年六十一以上六十五以还老男"（2-33），反映了"（老）次丁"脱胎于"（免）老"的事实。"（老）次丁"半课，但它与"睆老""罢癃"却无甚关联，而是魏晋时期向部分原本免课而身体康健的"免老"者课役的结果。"老钝"则衍生为"老"，不事。

总而言之，秦和西汉初年，"老"可能还不是课役身份，当时具体的课役身份是"免老"和"睆老"。西汉中期以后，一部分"睆老"汇入"正卒"，另一部分"睆老"逐渐与"罢癃"合并；"免老"始龄逐渐固定为六十岁或六十一岁，并逐步发展成为身份"老"。至迟东汉后期，"老"演变为与"算""卒"等性质相同的课役身份。三国时期，为了尽可能扩大赋役来源，"免老"在要求年老的同时，还附加了"钝（迟钝）"等条件，以致六十岁以上有行动能力的老者大都从役。西晋建立后，局势缓和，事役需求减少，除了部分年龄较小（六十一至六十五岁）的老者服半课（这类"老次丁"后来被取消）；六十六岁以上为老免，丁中身份"老"正式形成。①

总之，丁中制在先秦秦汉三国经历了漫长的衍生期，至西晋初年才形成比较系统的制度。秦汉课役身份经过多个阶段的数次调整与演变，才逐渐形成兼具年龄分层与赋役义务的丁中身份，进而发展为成熟的丁中制。

五、结　　语

传世文献中关于秦汉徭役的记载很少，二十世纪以来，学界一方面对传世文献中的相关史料和注解进行了各种可能性的释读，批判的意味浓厚，另一方面利用以简牍为代表的出土文献，不仅尝试着对传世文献中的相关记载进行新解读，也从课役身份等新途径探索秦汉徭役制度的演变。虽然出土文献与日俱增，拓展了学界对秦汉徭役律令和征发实况的了解，但是，还不足以从整体上解决秦汉徭役结构、更徭性质异同等遗留难题，甚至因此而引发诸多新问题。

出土文献记录的内容如徭役律令、卒更形式、徭役身份、实际派役等，大多在传统文献中描述薄弱，甚至阙如。学界利用这些简牍文献往往能够

---

① 详参凌文超《四川渠县城坝遗址 J9 汉代户口简考释——兼论课役身分"老"的形成与演变》，《出土文献》第十四辑，中西书局，2019 年，第 332～343 页。

提出新说，但是，新的研究大多就新材料论新问题，面的扩展有余，而点的深化有所不足，有时甚至忽略了那些基础性、关键性的旧问题。旧的问题尚未得到解决，也很少达成倾向性意见，而新的问题又众说纷纭，争议颇大。在这种情况下，可以预见，在未来一段时期内，即使相关新史料将陆续增加，秦汉徭役研究也依然会延续着常写常新却难以形成定论的态势。

这种现象的出现，很大程度上是因为出土文献的局限性：不但残断零散，多为残篇落简，释文、整理殊为不易，而且所记录的大多是基层的、局部的事件。除墓葬律令简外，与徭役制度直接相关的史料依然较少。出土文献与传世文献记载内容的差异，导致两者有时很难直接结合起来进行分析。一直以来，利用简牍文献研究秦汉徭役大都是在传世文献提供的解释框架内进行的，由于两者的关系比较疏离，导致相关研究未能全面推进我们对秦汉徭役制度的认识，也未能较好地解决遗留的疑难问题，无论新旧问题，大多仍然存在着明显不同的看法。

从利用出土文献研究秦汉徭役的现状来看，出土文献的价值可能并不在于改写传世文献记载的历史，而在于补充历史的细节，而且可能是特定时期和地域的具体情形。因此，在利用传世文献与出土文献研究秦汉徭役制度时，区别对待是必要的。无论利用传世文献，还是出土文献，首先都需要对史料的性质有所判断，不能将两者混为一谈。当然，个别的研究（出土文献）终究要以整体的把握（传世文献）为归依，但将两者融合起来进行解读可能还有很长的路要走，毕竟不是所有问题的解答都有联系出土文献与传世文献的津梁。为此，我们提倡"二重证据分合法"研究，分是前提，合是发展方向。① 即随着史料的增加和方法的改进，分别就出土文献、传世文献开展研究；随着研究的推进，不断求同存异，逐步提高我们对秦汉徭役制度的整体认识。

2020 年 2 月初稿于北京

2022 年 4 月修订于科尔雷恩

---

① 凌文超《走马楼吴简采集簿书整理与研究》，第 469～471 页。

第五章 军事制度

孙闻博（中国人民大学国学院）

国家之"兴亡治乱","自战国、秦、汉以来,鲜不以兵"。[①]就中国古代历史上的秦汉时期而言,军事制度有着特殊意义。

帝国时代的开启——秦,[②]在战国激烈的铁血战争中出现。军事制度不但在其中发挥关键作用,而且实际参与帝国体制的构建。军制后续的演进,对汉王朝的历史走向也多有影响。两汉之际人即云"兵者,帝王之大器,古今所不能废也"。[③]秦汉四百年间武官制度、军队构成、兵员征集、军政运作的特征及演变,揭示秦汉帝国确立的历史"变革"意义("周秦变革"),[④]反映西汉、东汉之间的社会历史变化。

军事制度是政治制度的重要组成。同时,它又有自身特征。军制的较大调整变动,往往是政治、社会、族群形势变化的敏感反映,对认识历史变动而言,更为直接,也更有帮助。

相对于日本学界提出的"唐宋变革论",中国学界近年揭举"制度史观",尝试从中国史自身的历史逻辑,用"常态—变态—回归"模式对二千年帝制中国的发展进行思考与把握。[⑤]这一视角下,战国、秦汉作为帝国体制得以确立的关键时期,就显得十分重要。而理解帝国从"军国体制"向"日常行政体制"的演进及相关问题,秦汉军制研究成为一个基础的方面。

秦汉军制虽很早为学人所重视,成果积累丰厚,但以往学界对秦汉军事制度的学术回顾与评述,措意较少。这是我们尝试进行学术史梳理的初衷所在。[⑥]日本京都大学宫宅洁近年主持中国古代军事制度的研究

---

① 《新唐书·兵志》。

② "帝国",应指领土广阔,统治民族众多,具有悠久传统的强大"集权君主制"国家。当时该国虽不一定使用这一用语,但它在当时世界或地区的影响力却得到普遍承认。鉴于学界认识尚不统一,本章所用"帝国"一语主要作为"帝制国家"的简称。

③ 《后汉书·公孙述传》。

④ 关于"周秦变革"概念的提出,参见孙闻博《初并天下:秦君主集权研究》绪论,西北大学出版社,2021年,第1~3页。

⑤ 阎步克《中国古代官阶制度引论》第一章,北京大学出版社,2010年,第7~9页;阎步克《川本芳昭的〈中华的崩溃与扩大〉》,《读书》2012年第4期。

⑥ 孙闻博《八十年来秦汉军制研究述评》,《中国史研究动态》2014年第3期;《秦汉军制研究述评——以武官系统与军队构成为中心》,《中国中古史研究:中国中古史青年学者联谊会会刊》第五卷,中西书局,2015年,第177~204页。

课题，也曾组织学者对中国、日韩、欧美学界的先秦至隋唐军制研究史有所总结。[①] 在此基础上，倘将关注时段略作扩展，我们还会注意到：秦汉军制常被纳入汉晋兵制或汉唐兵制变迁的大主题下而得到关注。鉴于过往长时段考察对制度演进由简而繁的先入之见，[②] 战国、秦、西汉、新莽、东汉这六百余年的历史，多被视作一个整体、一个静态化的"初级阶段"。而重新揭示秦汉军制研究旨趣后，下面的问题就值得注意了：战国、秦至两汉军制在划时代剧烈变革中怎样生成、确立，又如何调整、演进？在每一阶段呈现出哪些具体特征？军事制度与秦汉帝国建立、政治制度发展及社会变迁存在怎样的关系？

历史学的史料利用，须充分参考出土文献等考古文物资料。某种意义而言，出土文献为实现包括军事制度在内的制度史研究的进步，提供了重要助力。它对历史学的帮助，不仅在材料上，也在于理路方法。

目前简帛学研究，因材料数量与性质差别，存在不同的研究理路，大体可分为三种：一是以简帛为主体的文书学研究；二是以简帛作为缺环、用以衔接的历史重构研究；而对于一些看似孤立、性质特别的简帛如何利用，其实是存在困惑的，这里实际蕴含第三种可能的研究思路：以简帛为线索，对历史文献梳理、辨析的探微性研究。其中，第二种失去简帛，或许无法构建起来；而第三种实际更多来自对旧有文献的重新审视。简帛主要起激活既往史料的特别提示作用，同时也是积极的论据组成。在二重证据法、古文书学、考古学的基础上，扩展简帛学的研究理路，有望对历史研究产生新的推动。就秦汉军制而言，出土文献对阶段性的动态演变、制度的实际运行、军政管理的日常性、时间线索外的空间特征等问题探讨，可以提供新的启示。

---

① 宫宅洁《中国古代軍事史研究の現状》；Enno Giele《中国古代の戦争史・軍事史に関する欧米での研究》；金秉骏《韓国における中国軍事史研究（秦漢～南北朝时代）の概観》，均收入宫宅洁主编《中国古代軍事制度の総合的研究（研究課題番号：20320109）》［平成20～24年度科学研究費補助金基盤研究（B）研究成果報告書］，京都大学人文科学研究所，2013年，第1～28页。首篇又收入宫宅洁编《多民族社会の軍事統治出土史料が語る中国古代》第一章，京都大学学术出版会，2018年，第11～30页。

② 这固然受到材料方面的制约，然史料积累在时代先后上的寡多，并非全部原因。

一、出土文献中的军制资料

出土文献通常指涉考古学城址、墓葬出土的古书与文书。考虑到下面将以秦汉军制若干专题为中心，呈现出土文献在研究中的作用与意义。此处介绍出土文献所含军制信息时，特按类别及时序展开，且提示易被忽略或专题探讨无法兼及者。

（一）简牍帛书

战国、秦相关文献主要为睡虎地秦简、里耶秦简与岳麓书院藏秦简。[①] 彼此内容侧重，各有不同。睡虎地秦简的时代范围从战国末期至秦王政二十年。其中，《编年记》（或称《葉书》）记秦昭襄王元年以来的军事活动，兼录名喜者生平事项。除多有助于军事史研究外，所记秦昭王"〔五十〕三年，吏谁从军"（53 壹）、秦王政"十三年，从军"（20 贰）、"十五年，从平阳军"（22 贰），及秦王政元年"喜傅"、十六年"自占年"等内容，为探讨从军、傅籍、"男子书年"制度，提供了帮助。而《秦律十八种·军爵律》《仓律》《兴律》、《秦律杂抄》、《法律答问》、《封诊式·夺首》的发现，[②] 更使对武官、兵种、徭役、军政管理的探讨，成为可能。特别是整理者命名的《秦律杂抄》，"许多律文与军事有关，其中关于军官任免、军队训练、战场纪律、战勤供应以及战后赏罚奖惩的法律条文，是研究秦兵制的重要材料"。[③] 里耶秦简是秦洞庭郡所辖迁陵县文书遗存。更名木方（8-461）涉及秦地方武官"郡

---

① 简牍定名，依考古学习惯，应取小地名，如睡虎地、张家山、尹湾等。因此，"岳麓书院藏秦简"不宜简称作"岳麓秦简"或"岳麓简"。这如同商鞅方升不宜简称作上博方升一样。称引简牍名称，应注意收藏整理单位与出土地点的区分。
② 关于《兴律》，参看王伟《〈秦律十八种·徭律〉应析出一条〈兴律〉说》，《文物》2005 年第 10 期。
③ 睡虎地秦墓竹简整理小组编《睡虎地秦墓竹简》，文物出版社，1990 年，释文注释第 79 页。

邦尉""邦司空"等更名变动。简文还出现有"卒长"（8-193、8-657、8-743）、"敦长"（8-349、8-537）与"什长"（8-439）。军队编制中三个相邻等级官长在边地行政文书中出现，有助于认识秦代军队在地方社会的活动。里耶简还记录有多种行戍身份，除传世文献习见的"屯戍"外，又有"更戍""冗戍""罚戍""適戍"，反映秦边地、"新地"的戍役推行。此外，有关兵器储备、修缮、输送记录，在《里耶发掘报告》《里耶秦简》（壹）（貳）及《湖南出土简牍选编》中多有出现，体现秦的军事装备管理。岳麓书院藏秦简最初发布简报及部分资料时，已有两点值得注意。一是秦法令对"罚戍"具体往统一战争所据"荆新地"何郡戍守，依原籍所在郡皆有明确规定，如"缩请许而令郡有罪罚当戍者，泰原署四川郡；东郡、叁川、颖川署江胡郡；南阳、河内署九江郡……"（0706），"……泰原署四川郡；东郡、叁川、颖川署江胡郡；南阳、河内署九江郡；南郡、上党□邦道当戍东故徼者，署衡山郡"（0194、0383）。[①] 二是秦政府在徭役征派、从军遴选时，有较为细致的规定。[②] 而《岳麓书院藏秦简（肆）》刊布的《尉卒律》《戍律》《奔敬（警）律》《内史郡二千石官共令》，《岳麓书院藏秦简（伍）》刊布的《卒令》《尉郡卒令》，《岳麓书院藏秦简（陆）》刊布的"廷戍"，多有涉及地方军事管理、兵员征集、军种类型、兵器监管的内容。

两汉简牍中，张家山汉简《二年律令·傅律》《爵律》《兴律》《徭律》《秩律》及《奏讞书》"南郡尉发屯有令""南郡卒史盖庐、挈、朔、假卒史鴄复攸庳等狱簿"，反映秦及汉初军制规定及实态。特别是《秩律》有助于研究秦及汉初中央与地方武官制度，[③] 并可与尹湾汉简《东海

---

① 陈松长《岳麓书院藏秦简中的郡名考略》，《湖南大学学报（社会科学版）》2009 年第 2 期，第 7～9 页。

② 陈松长《岳麓书院所藏秦简综述》，《文物》2009 年第 3 期；陈伟《岳麓书院秦简考校》，《文物》2009 年第 10 期；陈松长《岳麓秦简中的〈徭律〉例说》，《出土文献研究》第十一辑，中西书局，2012 年；陈伟《岳麓书院秦简〈徭律〉的几个问题》，《文物》2014 年第 9 期。

③ 廖伯源《汉初郡吏考》，《国学学刊》2009 年第 1 期；《汉初郡长吏杂考》，《汉学研究》第 27 卷第 4 期，2009 年，后收入《秦汉史论丛续编》，中华书局，2018 年，第 193～213 页。

郡吏员簿》比对。银雀山竹简除为人熟知的《孙子兵法》外,《孙膑兵法》《尉缭子》《守法守令十三篇》及"论政论兵之类"涉及战国以来作战指挥、军事守御、城池设施,一些可与《墨子》《管子》对读,一些属首次闻知。青海大通上孙家寨汉简所见军制资料丰富,关涉兵法、军法、军令、军爵等多个方面。西北汉简可分居延、肩水金关、额济纳、地湾、玉门关汉简与敦煌、悬泉汉简两类,是以往研究河西汉塞军事组织的基本材料。帛书较集中见于马王堆汉墓,除兵阴阳类古书外,还包括《驻军图》等地图。东汉简牍此前发现较少。张家界古人堤简牍、长沙东牌楼汉简对东汉地方军队建制、军事活动有部分反映。长沙五一广场简涉及东汉临湘县的治安及军事活动。长沙走马楼22号井出土孙吴简牍近10万枚。这批以临湘侯国为主体的文书遗存对孙吴将军及所领部曲、军吏、州郡县卒、诸种兵士、师佐等身份多有记录,为了解孙吴初年军制提供一些可能。①

(二)铭刻、图像及其它考古文物

秦的武官制度及军队构成,以往研究开展较少。然秦官僚组织所具复杂特征,已引起学者注意:"秦的职官系统非常庞大复杂,汉初制度虽由之脱胎,但似已多有减省。"②扩展和发掘史料,可做的工作还有很多。兵器题铭就是研究秦武官制度的珍贵资料。李学勤是相关研究的开创者,在二十世纪五六十年代之交发表《战国题铭概述》《补论战国题铭的一些问题》。③此外,黄盛璋、袁仲一、陈平对战国、秦兵器题铭也多有探讨。王辉的《秦铜器铭文编年集释》《秦文字集证》《秦出土文献

---

① 森本淳《三国軍制と長沙呉簡》,汲古書院,2012年;凌文超《走马楼吴简采集簿书整理与研究》第五章,广西师范大学出版社,2015年,第170～282页。

② 李学勤《张家山汉简研究的几个问题》,《郑州大学学报》2002年第3期,第6页。

③ 李学勤《战国题铭概述》,《文物》1959年第7、8、9期;《补论战国题铭的一些问题》,《文物》1960年第7期,后收入《李学勤早期文集》,河北教育出版社,2008年,第301～330、431～434页。

编年》及《订补》，① 既为学界提供便利，本身又有研究推进。董珊、苏辉依国别对战国兵器题铭做有系统考察。② 青铜兵器外，铭刻资料实际还包括铜器铭文、漆器文字、陶文、瓦书等多种。

另一类重要资料为封泥玺印。特别是秦封泥的确认，意义重要。早年资料多属采集与室内整理类，周晓陆、傅嘉仪、孙慰祖、吴镇烽等对此多有贡献。③ 俟后为考古发掘类，主要是刘庆柱、李毓芳所做工作。④ 前述王辉《秦文字集证》《秦出土文献编年》及《订补》也多有汇总，⑤ 近年搜集较备者为杨广泰、任红雨、刘瑞。⑥ 秦汉玺印的整理研究，先后有罗福颐、王人聪、叶其峰、施谢捷、赵平安等学者从事。这些资料为思考战国秦汉中央、地方武官设置及演变，提供重要支撑。当然，时段临近材料的断代问题，仍须多予注意。

战国秦汉兵符是研究调兵制度、地方军队构成的基本材料，罗振玉此前所汇较为丰富，1949 年后又有新的发现。数量巨大的骨签发现于西汉长安城未央宫遗址，属地方工官制作、输送的弩机构成部件，⑦ 反映汉代的兵器制造。

---

① 王辉《秦铜器铭文编年集释》，三秦出版社，1990 年；王辉、程学华《秦文字集证》，艺文印书馆，1999 年；王辉《秦出土文献编年》，新文丰出版公司，2000 年；王辉、王伟《秦出土文献编年订补》，三秦出版社，2014 年。

② 董珊《战国题铭与工官制度》，北京大学博士学位论文，2002 年；董珊《吴越题铭研究》，科学出版社，2014 年；董珊《秦汉铭刻丛考》，上海古籍出版社，2020 年；苏辉《秦三晋纪年兵器研究》，上海古籍出版社，2013 年。

③ 周晓陆、路东之《秦封泥集》，三秦出版社，2000 年，刊布零散资料的论文还有多篇；傅嘉仪《秦封泥汇考》，上海书店出版社，2007 年。

④ 刘庆柱、李毓芳《西安相家巷遗址秦封泥略考》，《考古学报》2001 年第 4 期。

⑤ 后者整理又见王伟《秦玺印封泥职官地理研究》，中国社会科学出版社，2014 年。

⑥ 杨广泰《新出封泥汇编》，西泠印社出版社，2010 年；任红雨《中国封泥大系》，西泠印社出版社，2018 年；刘瑞《秦封泥集存》，中国社会科学出版社，2020 年；刘瑞《秦封泥集释》，上海古籍出版社，2021 年。

⑦ "签文当是和弩有关"，"为弩的铭文"，参吴荣曾《西汉骨签中所见的工官》，《考古》2000 年第 9 期。佐原康夫等日本学者指出，此为附在弓两端扣弦处的"弓弭"，记录弓弩制作者的信息。参佐原康夫《漢長安城未央宮 3 号建築遺址について》，《史林》第 74 卷第 1 号，1991 年。中国社会科学院考古研究所编著《汉长安城未央宫骨签》（文字编）、（考古编），中华书局，2018 年、2020 年。

至于石刻资料，除裴岑纪功碑等纪录战事外，东汉碑刻也涉及地方武官信息。陈梦家将碑刻、封泥与传世文献相结合，对西汉都尉的设置、治所及前后变化有所考察。[①]

战国铜器纹样，秦汉壁画、画像石、画像砖，甚或巴蜀印章，都有涉及战国秦汉军制的直观材料。学界以往虽较早就将图像资料纳入关注视野，但仍有开拓空间。

除诸种文字、图像资料外，考古发掘的城址、墓葬及其它考古实物同样包含秦汉军制的史料信息。如汉长安城、洛阳城发掘对两汉中央宿卫研究，地方城址、鄣塞、烽隧对内地、边郡军事守御研究，秦始皇帝陵兵马俑坑、咸阳杨家湾汉墓、临淄山王村兵马俑坑、徐州狮子山、北洞山西汉楚王墓及凤栖原张安世家族墓兵俑坑对军队编制研究，都具有重要的学术意义。

二、战国秦汉武官制度的形成与发展

以往研究秦汉军制，多从兵员征集开始。不过，细按文献并参之考古文物资料，征兵、募兵的集兵方式在战国、秦代通常并存。而无论公、私视角下的家兵，还是良、贱视角下的罪徒兵，在长时段内也都有较稳定的存在。这里先从组织机构论起，思考秦汉武官制度。

（一）爵官转移与文武分职：相邦、将尉的出现

秦及汉初军事组织体系的发展，首先涉及相邦、丞相、将、尉的出现。这一文武分职问题，在既往论作中多归入"统御机构"或"军事领导体制"。不过，相关勾勒多就东周诸国的普遍情况而论，较为宏观宽泛。秦制虽后进于山东诸国，但对后世影响更为直接，也更为深远。围

---

① 陈梦家《西汉都尉考》，《汉简缀述》，中华书局，1980年，第125～134页。

绕传世文献，秦相邦研究已有一定积累。[①] 下面来看利用出土文献，我们又能获得哪些新知，有望梳理出制度发展的哪些线索。

相邦之置，需与战国秦出现的大良造相联系。商鞅实行变法，至孝公十年，更为大良造。"大良造"一名于文献始见。而秦兵器题铭较早者，为大良造商鞅所造兵器、量器。有此称者监管国家兵器、度量衡器制造，是当时君主之下的最高主政者。目前发现的商鞅监造铜器已达九件（兵器 8，量器 1），依学界习惯，可称"商鞅九器"。其中，有与文献所载相合，作"大良造"者：

> 十三年大良造鞅之造戟 [②]【戟】
>
> 十四年大良造鞅之造，咸阳右支詹（？）[③]【殳镦】
>
> 十六年大良造鞅之造，咸阳惛 [④]【殳镦】

但不少作"大良造庶长"，计有 5 例：

> 十六年大良造庶长鞅之造，雍黾 [⑤]【镦】
>
> 十六年大良造庶长鞅之造，毕湍侯之铸 [⑥]【铍】

---

① 近年考述参见森谷一树《戰國秦の相邦について》，《东洋史研究》第 60 卷第 1 号，2001 年。

② 中国社会科学院考古研究所编《殷周金文集成（修订增补本）》（以下简称《集成》）11279，中华书局，2007 年，第 6065 页。"十三"，图版不清。李学勤指出，此器中"十三"二字，为锈掩覆，近年始得辨出，蒙上海博物馆马承源馆长见告。参李学勤《秦孝公、惠文王时期铭文研究》，《中国社会科学院研究生院学报》1995 年第 5 期，第 19 页。

③ 北京息见堂藏。释文据照片、拓本录出。命名暂从学界习惯。此类可能为殳首的圆筒形帽。朱凤瀚《中国青铜器综论》第四章，上海古籍出版社，2009 年，第 404～406 页。

④ 北京息见堂藏。

⑤ 《集成》11911。"黾"，于省吾、李学勤、何琳仪、王辉原释作"矛"。王辉、王伟《秦出土文献编年订补》改释作"竈"（第 32 页）。今按：施谢捷《东周兵器铭文考释（三则）》（《南京师大学报》2002 年第 2 期）作"黾"。《集成》11911 图版作"𩆜"，与秦系"黾"及"竈"字下半部相同，当从《集成》作"黾"为是，即"黾"。

⑥ 首阳斋、上海博物馆、香港中文大学文物馆编《首阳吉金——胡盈莹、范季融藏中国古代青铜器》，上海古籍出版社，2008 年，第 182～183 页。

十七年大良造庶长鞅之造殳，雕爽①【殳镦】

十九年大良造庶长鞅之造殳，犂郑②【殳镦】

☐造庶长鞅之造殳，雍骄☐③【殳镦】

又，上海博物馆藏商鞅方升提道：

十八年，齐达（率）卿大夫众来聘，冬十二月乙酉，大良造鞅，爰积十六尊（寸）五分尊（寸）一为升。\临。\重泉。（下略）④

作"大良造"。然开篇格式近似的秦封宗邑瓦书云：

四年，周天子使卿夫＝（大夫）辰来致文武之酢（胙），冬十一月辛酉，大良造庶长游出命曰："取杜才（在）丰丘到潏水，以为右庶长歜宗邑。"乃为瓦书，卑司御不更顝封之……顝以四年冬十一月癸酉封之（下略）⑤

瓦书制于秦惠文王前元四年（前334），时代紧接孝公。它与商鞅方升的题铭格式，"都是当年大事，以之系年，和楚国文字常以大事纪年（如"献鼎之岁"等）意同"，⑥又是作"大良造庶长"。上述两组，分别形成对应，"大良造庶长"当连读，为一名，即"大良造"之全称。

战国秦兵器又有"相邦樛游二戈"：⑦

---

① 吴镇烽《商周青铜器铭文暨图像集成》18549，上海古籍出版社，2012年。

② 咸阳市文物考古研究所《咸阳石油钢管钢绳厂秦墓清理简报》，《考古与文物》1996年第5期，第3、5页。

③ 李学勤目验原物，言"大""良""鞅"等字，只存残笔，但依稀可辨（《秦孝公、惠文王时期铭文研究》，第20页）。

④ 《集成》10372。"达"，释文原作"遣"，据图版及前人研究改。

⑤ 录文多种，此据王辉、王伟《秦出土文献编年订补》，第34页。

⑥ 李学勤《秦四年瓦书》，《李学勤学术文化随笔》，中国青年出版社，1999年，第336页。

⑦ 我们倾向内上有刃为戟，内上无刃为戈。唯考古发掘中配套戟刺的资料较少，除自铭或有配套器件外，权从学界习惯，暂称为戈。

四年相邦樛斿之造，栎阳工上造（内正）　吾（内背）【戈】

四年相邦樛斿之造，栎阳工上造　【戈】[①]

参据铭文字体、器物形制、所记事宜、纪年格式，及《史记·六国年表》《张仪列传》载秦惠文王后元三年（前322）张仪免相，"相魏以为秦，欲令魏先事秦而诸侯效之"，广州南越王墓出土"王四年相邦张义戟"，[②] 即惠文王后元四年张仪虽在魏，仍为秦相邦等因素，此"四年"当为秦惠文王前元四年（前334），瓦书所见"大良造庶长游"应即"相邦樛斿"。瓦书记事在"冬十一月癸酉"。秦从昭王四十二年（前265）改用"颛顼历"，此前原用周历。[③] 是年十一月甲辰朔，"癸酉"为三十日，迫近年终。这时尚称"大良造庶长"，说明"相邦"在封右庶长歜宗邑后才予任命的可能性，相对较小。换言之，樛斿同时拥有上述称号。"相邦"是秦国后期设置的最高官职，汉称"相国"，或避"邦"讳改。商鞅只称大良造，后为封君，未见称相邦。惠文王前元四年，樛斿官为相邦，爵为大良造庶长。惠文王前元五年，阴晋人犀首为大良造。惠文王前元十年，张仪为相。此后直至始皇一统，文献、题铭均以相邦及丞相称之，不再仅以爵称。因此，惠文王统治阶段是个关键时期：秦开始设置"相邦"，官僚组织顶端由爵官不分、以爵统摄，逐步向爵官两立、以官定位发展。这一背景下，国家最高官员逐步以官称而非爵称，来标示身份。当然，相邦、丞相以下，秦国官员仍多使用爵称，整体的重爵取向明显。但最高官职"相邦"的出现，仍然意义重大。这是落后关东而将引领历史的秦国，在中央官僚组织建置上迈出的关键一步，也可视作秦军事组织系统的新开端。

商鞅以前，庶长作为高爵，公子、贵戚多有冠之。变法后特重军功，庶长主要依战功累至。大良造也是如此。相邦、丞相制建立后，

---

① 《集成》11361；黄盛璋《秦兵器分国、断代与有关制度的研究》，《古文字研究》第二十一辑，中华书局，2001年，第233页引传世拓本。释文据拓本略有调整。

② 广州市文物管理委员会等《西汉南越王墓》，文物出版社，1991年，图版二二。

③ 杨宽《战国史》第十一章，上海人民出版社，2003年，第557页。

大良造公孙衍、白起并非秦相，而是领兵征行的高级将领。至昭王六年（前301）"庶长奂伐楚"后，"庶长"开始较少见诸史乘。昭王八年"使将军芈戎攻楚"，名前冠以将军。稍后不久，名前冠以尉的事例也出现了：昭王十二年"秦尉错来击我襄"，"二十三年，尉斯离与三晋、燕伐齐，破之济西"。[①] 将帅征战开始较多以军职为称，显示秦军事组织也出现重爵向重官取向的发展。军职进一步纳入日常官僚系统，成为常设武职的一部分，从而引起文武分职。当然，这一过程并非由文武不分，进而形成一文一武。率先设置的相邦，在秦及东方诸侯都是总管国政、权兼文武。相邦时常将兵征战，即便昭王以后出现将、尉，相邦魏冉、吕不韦仍有出兵征讨事。文武分职是在一个权兼文武的相邦旁侧，将高级军职人员行政化，形成一个形式文、武两分，实际重武的官僚机构上端。这一组合方式，对帝国各层级日常武职系统构建，如郡守、尉，县令、尉等，都有影响。

阎步克先生在《品位与职位：秦汉魏晋南北朝官阶制度研究》《中国古代官阶制度引论》中提出"中国官阶发展的五阶段"与"职阶转化律"。上述工作立足职位向品位"职阶转化"的大背景，更侧重以爵位为重到新职名出现的变动情形。这里称为"爵官转移"，整体发展可概括为：

职→爵→新职名（将、尉等）[②]

（二）玺印与太尉、将军

1. 邦尉与大尉

文雅堂藏秦封泥有"邦尉之玺"。[③] 关于"玺"称。以往多据《史

---

① 《史记·六国年表》《秦本纪》。
② 详见孙闻博《爵官转移与文武分职：秦国相将的出现》，《国学研究》第三十五卷，北京大学出版社，2015年，第41～64页。
③ 周晓陆等《在京新见秦封泥中的中央职官内容——纪念相家巷秦封泥发现十周年》，《考古与文物》2005年第5期，第3～4页。

记·秦始皇本纪》集解引卫宏曰"秦以前，民皆以金玉为印，龙虎钮，唯其所好"，①《后汉书·徐璆传》李贤注引卫宏曰"秦以前以金、玉、银为方寸玺"，认为"玺"为秦统一后皇帝用印专称，之前社会玺、印混用。其实，卫宏只说"秦以前"玺印在材质、用钮上并不严格，实未言及玺、印存在混用情形。睡虎地秦简《法律答问》记：

> 亡久书、符券、公玺、衡赢（累），已坐以论，后自得所亡，论当除不当？不当。【146】

《为吏之道》篇末又云：

> 舌者，符玺也。玺而不发，身亦毋薛（辥）。【32 伍至 34 伍】

按"《法律答问》所引用的某些律文的形成年代是很早的"，有些"律文应形成于秦称王以前，很可能是商鞅时期制订的原文"。②而《为吏之道》作为"官员守则类"文书，内容具有稳定性。秦代官印称"公玺"，或"符玺"之"玺"，而非"印"。除"邦尉之玺"外，秦封泥文字称"玺"者，还见有"中车丞玺""寺工丞玺""客事之玺"等。相对于"玺""印"称呼混用，称"印"官印时代应较称"玺"者为晚。由"玺"到"印"，体现秦玺印制度的前后变化。③"邦尉之玺"之外，秦印又见有"邦尉之印"。

再说"邦尉"所指。秦有国尉，较早见于《商君书·境内》，地位在将军下。商鞅时整合境内乡聚，集为大县数十，当时尚未设郡。故

---

① 集解引卫宏曰上有"蔡邕曰"，中华书局 1959 年、1982 年、2014 年点校本均断作两段引文。《文选》卷二二李善注引相关减省文字，称"蔡邕《独断》曰"。我们认为，此非两段引文。卫宏所论，实转引自蔡邕《独断》。中华本引文句读可调整。
② 《法律答问》"说明"。睡虎地秦墓竹简整理小组编《睡虎地秦墓竹简》，释文注释 93 页。
③ 这是战国诸国的普遍情形。传世战国文献虽偶见"玺""印"并提，但多数史料涉及时称"玺"或"鉨"。

《商君书》中邦尉、邦司空之"邦"指整个秦国。不过，"邦"的含义后来有所变化。伴随对外扩张，秦在关中内史区域以外，开始逐步设郡。所设郡地，相当于一封国，故郡早期也称邦。里耶秦简 8-461 更名木方（彩版一）提道：

> 郡邦尉为郡尉【二栏二十五行】
> 邦司马为郡司马【二栏二十六行】

邦司马改称"郡司马"。联系"汉代通例，除了中央朝廷之外，郡府也是可以称'朝'的，因为汉人视郡如邦国，视郡守如'君'"，[1] 统一之前的秦郡也可称邦。相家巷出土秦封泥有"南阳邦尉"。《里耶秦简（贰）》出现"☐洞庭邦尉府☐☐☐"（9-430）简文。《史记·秦始皇本纪》载望夷宫之变，二世向阎乐请求免死，"吾愿得一郡为王"。[2] 睡虎地秦简《秦律杂抄》"军人买（卖）禀稟所及过县，赀戍二岁；同车食、敦（屯）长、仆射弗告，戍一岁；县司空、司空佐史、士吏将者弗得，赀一甲；邦司空一盾"（12～14），在"县司空、司空佐史、士吏将者"之上，提到"邦司空"。整理小组注："邦司空，朝廷的司空。"现在来看，它应指管理辖县相关工作的郡司空。木方在"邦司马为郡司马"之上，尚提到"郡邦尉为郡尉"（8-461）。此指郡尉在名号调整前，也称邦尉。邦尉在调整名号时加"郡"字，可能是与中央邦尉相区别。由此反推，"邦司马"前不加"郡"字，主要设置于郡。邦司空的情形，或与邦司马近似。

　　与此同时，中央邦尉可能也有变化。"邦尉之玺""邦尉之印"外，

---

[1]　阎步克《汉代乐府〈陌上桑〉中的官制问题》，《北京大学学报（哲学社会科学版）》2004 年第 2 期，第 54～55 页。

[2]　两汉史例包括：《盐铁论·除狭》大夫曰"今守、相亲剖符赞拜，莅一郡之众，古方伯之位也。受命专制，宰割千里，不御于内"，《后汉书·陈球传》"太守分国虎符，受任一邦"，《后汉书·酷吏列传》"其并兼者则陵横邦邑"，《后汉书·循吏列传》"〔卫飒〕迁桂阳太守。……期年间，邦俗从化"。

秦封泥又见"大尉之印""大尉府襄"。①大尉即太尉。秦代后来确曾有此官称。马王堆帛书《刑德》乙篇记录军吏，依职位高低为"将军、尉、司马、候、司空、冢子"，《淮南子·兵略》作"将、大尉、司马、候、司空、舆"。②《商君书·境内》记国尉官职位在将军下。"尉"与"大尉"对应，所指为一职。"大尉"即"太尉"，同样位次将军。邦尉、太尉可初步建立起联系。由此，秦玺印制度变化与职官名号更动并不同步，前者早于后者。"秦以来""秦以前"，严格讲并非是在秦统一、称皇帝前后。

2. 东汉武官用印

关于东汉将军的属吏设置，玺印本是极重要参考。《秦汉南北朝官印征存》"后汉官印·朝官及其属官印"条多有收录：

> 立节将军长史【682】、宗正偏将军章【689】
> 牙门将印章【693～697】
> 部曲将印【698～708】、副部曲将【709】、骑部曲将【710～723】
> 部曲督印【723～727】、副部曲督【728】、骑部曲督【729】
> 骑督之印【730～731】、千人督印【732～735】③

然征诸文献，其中仅"部曲将""骑督"有载，始见已至汉末灵、献之际。两职主要设置于魏晋时期。至于其它职官，正史中"立节将军"较早见于《晋书·惠帝纪》。"宗正偏将军章"，有认为是晋代"皇子封王为宗正者领兵出征之属官也"。④而牙门将及部曲督、骑部曲督等更多

① 周晓陆等《在京新见秦封泥中的中央职官内容——纪念相家巷秦封泥发现十周年》，第3、10页；周晓陆等《秦封泥再读》，《考古与文物》2002年第5期，第68～69页。
② 刘乐贤《简帛数术文献探论（增订版）》第三章，中国人民大学出版社，2012年，第78～81页。
③ 罗福颐主编《秦汉南北朝官印征存》，文物出版社，1987年。
④ 瞿中溶《集古官印考》卷一一，《续修四库全书》影印清道光十三年刻本，上海古籍出版社，1996年，第408页。

"督"官，也主要出现在魏晋时期。与这些同名的官印，不少被《征存》编入三国、两晋部分。对照拓影，印文相同官印在文字摹刻上其实近似。因此，诸官印除少量属东汉末期外，大多当改归入三国、两晋甚至南北朝时期为宜。东汉将军下辖军事组织，目前仍当以《续汉书·百官志一》"将军"条为主要参考。[①]历史分析在使用玺印材料时，首先须做好时代断限等文物学研究。

（三）中央宿卫

中央除太尉、将军外，依政治空间形成宿卫体系。杨鸿年将宫内分为省外与省中；廖伯源将宫内分为宫内殿外、殿内省外与省中；曲柄睿又从"省中"分出"禁中"，以指皇帝具体起居之处。宿卫研究应注意时人观念及表述。卫宏《汉官旧仪》一则材料，过去似少留意。卫氏在记少府、光禄勋、执金吾、卫尉后，称"右中二千石、二千石四官，奉宿卫，各领其属，断其狱"。两汉宫省宿卫以皇帝为中心，由内而外最初分属少府（宦者署）、郎中令、卫尉与中尉。宿卫人员分别由宦者、宦皇帝者、番上卫士、京师地区兵士构成，具体对应狭义省中（禁中）、殿内省外（殿中）、[②]宫内殿外、宫外的京师地区。秦与西汉前期的中央宿卫面貌模糊，出土文献为相关探讨提供了可能。

1. 宦者系统

秦王政九年（前238），嫪毐作乱，《史记·秦始皇本纪》云"战咸阳……及宦者皆在战中，亦拜爵一级"。秦二世时，赵高发动兵变，突袭"望夷宫"，婿咸阳令"〔阎〕乐遂斩卫令，直将吏入，行射，郎宦者大惊，或走或格，……旁有宦者一人，侍不敢去"。汉初平诸吕之乱时，

---

① 详参孙闻博《秦汉太尉、将军演变新考——以玺印资料为中心》，《浙江学刊》2014年第3期。

② 关于"殿中"概念的分析，以及西汉中朝官的行政空间主要在"殿中"，参见孙闻博《西汉加官考》，《史林》2012年第5期。

侍从少帝"不肯去兵"之"左右执戟者"，由宦者令张泽出面，始解除武装。① 有趣的是，徐州北洞山西汉早期楚王墓墓道两侧龛内出土"执兵俑"151 件、"背箭箙俑"64 件。部分俑右胯绶带有半通印墨书"中郎""郎中"。发掘者提到"东 1 龛（EK1）的位置较为特殊，处于阙内最北侧，与其余六龛间有土坯相隔"，"龛内所有的俑皆朱唇无须，与其余六龛全部有胡须不同"。② 东 1 龛实际最为靠近墓室，独自位于最北部，龛内俑大体对应宦者群体。

秦封泥有"宦者""宦者丞印"，及"宦走""宦走丞印"。据汉初《二年律令·秩律》，"未央宦者"（"未央宦者令"省称）秩三百石。③ 律文还提到"未央宦者，宦者监，仆射……长信宦者中监"（466）。当时宦者"长吏"主要有令、（中）监、仆射。而"宦走""宦走丞印"显示，除直卫省门、出行侍从外，省内或有徼循群体。《秩律》简 445 "枸（勾）指发弩"，当释作"枸（勾）盾发弩"，"读为钩（钩）盾，古书亦作'句盾'"。④ 钩盾与宦者同属少府下"八官令丞"，汉初设有发弩官。秦咸阳宫目前可分南宫、北宫等多组宫殿。⑤ 每宫有一套宿卫系统，从整体的官僚组织看，可视作相关组织的"别部"。秦封泥所见宦者系统多见"高章宦者""高章宦丞"。"高章"未见史载，是一处重要宫殿。

2. 郎中系统

宦者以外，就是诸郎，由郎中令统领。秦封泥见"郎中丞印""郎中左田""郎中西田"。《秩律》称中央官为"汉郎中"（"汉郎中令"省称），秩二千石。因律文中不加"汉"字的"御史大夫，……内史，典

---

① 《史记·吕太后本纪》。

② 徐州博物馆等《徐州北洞山西汉楚王墓》，文物出版社，2003 年，第 100 页。

③ 周波《说张家山汉简〈二年律令·秩律〉的编联及其相关问题》，《简帛研究二〇一七》春夏卷，广西师范大学出版社，2017 年，第 208 页。

④ 郭永秉《张家山汉简〈二年律令〉和〈奏谳书〉释文校读记》，《古文字与古文献论集》，上海古籍出版社，2011 年，第 237～238 页。

⑤ 秦封泥见有"中宫""北宫工丞""北宫弋丞""北宫榦丞""北宫宦丞""北宫私丞""北宫库丞""北宫御丞""西中谒者"；秦印有"南宫尚浴""西宫中官"。

客，中尉，车骑尉，大仆，……少府令"（440）在汉初王国也多有设置，故书写为"汉＋某官"者，并非仅在官称上以与王国区分，还反映秩级略高于王国同类职官。《汉书·百官公卿表上》记：

> 郎中令，秦官，掌宫殿掖门户。

历代对此多有称引，影响很大。所谓"掌宫殿掖门户"，细化句读可作"掌宫、殿、掖门户"。按门、户对称时，门强调建筑外垣墙之门，户为建筑本身之门。卫尉不仅"掌宫门卫屯兵"，殿门外侧也屯驻卫士，宿卫仍与卫尉关系密切。而郎中令是否掌掖门宿卫，汉代宫门、殿门、省门是否均有掖门？也非不证自明。西汉殿门情况可参考长安未央宫遗址。前殿自南向北由三座建筑基址构成。"在前殿台基遗址南边，基本东西居中位置有一门址，东西宽46米，现存南北进深约26米，其北距南部宫殿建筑遗址约50米，门址东西两边各有一南北向夯土墙，其长16～26米，宽3～4米。东西夯土墙北端分别与前殿南墙东段和西段夯土墙相连。东西段夯土墙东西长分别为140米和86米"。[1] 因而，西汉未央宫前殿南端相当于端门的殿门旁侧，并未辟有掖门。两汉特别西汉宫省中出现的"掖门"，主要指宫门司马门旁边的宫门掖门。[2] 郎中令并不承担掖门宿卫，所负责区域主要是殿门以内至殿户周边。

　　秦封泥有"南宫郎中""南宫郎丞"等。[3] 同宦者系统近似，较重要宫殿之郎吏宿卫，另设别部郎中长吏统领。《百官表》记景帝中六年（前144）改卫尉为中大夫令，后元年（前143）复故，视二者为同职异

---

[1] 中国社会科学院考古研究所编著《汉长安城未央宫（1980～1989年考古发掘报告）》第一章第三节，中国大百科全书出版社，1996年，第17页。

[2] 此种情形延续至后代。东晋南朝建康城的西掖门、南掖门、东掖门皆在宫门之大司马门左右旁侧。

[3] "出土'秦代封泥'的相家巷遗址在相家巷村南部，考古勘探发现的汉长安城桂宫宫城东北角"，"相家巷遗址应该属于秦南宫一部分，很可能是南宫南部之'一角'"。刘庆柱、李毓芳《西安相家巷遗址考古与秦封泥相关问题》，《青泥遗珍——战国秦汉封泥文字国际学术研讨会论文集》，西泠印社出版社，2010年，第3～6页。

名。然据《史记·秦始皇本纪》嫪毐之乱时，"卫尉竭、内史肆、佐弋竭、中大夫令齐等二十人皆枭首"，张家山汉简《二年律令·秩律》"衞〈卫〉尉，汉中大夫令"连称，最初中大夫令实与卫尉并置。《史记·樊郦滕灌列传》"乃拜灌婴为中大夫，令李必、骆甲为左右校尉，将郎中骑兵击楚骑于荥阳东"。依职官省称，"中大夫令"虽可省作"中大夫"，但据上下文意，"令"字当从中华点校本《资治通鉴·汉纪一》"高帝二年"条，属上读，作"乃拜灌婴为中大夫令，李必、骆甲为左右校尉"。[①] 中大夫令灌婴可统领郎中骑兵，早期具有武职特征。[②]

3. 卫尉系统

殿门以外至宫门，由卫士屯卫，卫尉统领。秦封泥有"卫尉之印""卫□""卫士丞印""公车司马""公车司马丞"等。《二年律令·秩律》在卫尉之外，复有卫将军。此与文帝以降情形有别，卫将军不统卫尉，两官同秩，皆为二千石，各领一个系统。卫将军置长史，秩级八百石；军事系统有卫将军司马，秩千石；卫将军候，秩六百石，"有丞者二百石"；卫将军士吏，秩百廿石。卫尉佐吏有丞，秩六百石，下辖卫尉司马，千石，有丞，四百石，及公车司马，八百石，"有丞、尉者，半之"。司马之下有卫尉候，六百石，"有丞者二百石"，及卫尉士吏，秩百廿石。后续清理中，张家山汉简又发现残简，作"衞〈卫〉将军、衞〈卫〉尉五百将，秩各三百石"（X4）。[③]卫将军、卫尉系统由此构成"卫将军/卫尉（二千石）—卫将军司马/卫尉司马（千石）—卫将军候/卫尉候（六百石）—卫将军五百将/卫尉五百将（三百石）—卫将军士吏/卫尉士吏（百廿石）"的军事组织序列。《百官表》还提到"长乐、建章、甘泉卫尉皆掌其宫，职略同，不常置"。西汉卫尉实指未央卫尉，汉封泥有"未央卫丞"。另外设置的长乐卫尉、建章

---

① 万尧绪已指出，见《汉初中大夫令考辨》，《鲁东大学学报》2012 年第 1 期，第 29 页。
② 景帝中六年改卫尉为中大夫令时，后者统郎卫职掌应已归属郎中令。卫尉改称选择以中大夫令为名，也反映后者早期具有武职特征的一面。
③ 周波《说张家山汉简〈二年律令·秩律〉的编联及其相关问题》，第 206～207 页。

卫尉、甘泉卫尉，与秦宦者、郎中宿卫依宫殿而设别部，情形类似。

4. 中尉系统

卫尉之外，就是"掌徼循京师"的中尉。《百官表》言中尉"秦官……有两丞、候、司马、千人"。《二年律令·秩律》对汉初中尉系统有所反映。中尉秩二千石，丞六百石。之下有中发弩、中司空、中轻车，秩皆八百石，"有丞者三百石"（445）。又有中候、骑千人，秩皆六百石，"有丞者二百石"。此外，"（前略）中司马，郡司马，骑司马，中轻车司马，备盗贼，关中司马□□关司☑"（468），竹简下端残断，中司马以下诸职秩级不明。过去认为无论在秦汉，或是楚汉之际，司马的级别都不高。故"中轻车司马"，容易被视作中轻车之司马。中轻车秩八百石，有丞者秩三百石，而八百石县，丞、尉秩四百石。如此，中、郡司马秩级当在三百石左右。[①]据简文逻辑关系，并参以出土层位，原本顺次编号的简443、442、468、444应重新排列如是，归为一组。中尉属官中司马、骑司马、中轻车司马的秩级，旧有认识偏低，应均为千石。中轻车司马并非中轻车的司马，或与中司马并列，属中尉或车骑尉司马。[②]

（四）地方军事组织的演变

秦汉政治、军事制度的发展，有由"军国体制"向"日常行政体制"转变的宏大背景。而地方武官制度的演进，是认识这一问题的重要线索。下面以"内史—内郡—边郡"武官制度为中心，结合出土文献，从动态角度予以观察。

《二年律令·秩律》依秩级等次载录汉初职官，内史、诸郡武官设置实有非常瞩目的一面：

---

① 目黑杏子将中司马、中轻车司马归入二百石，郡司马归入五百石。富谷至编《江陵张家山二四七號墓出土漢律令の研究　譯注篇》，朋友書店，2006年，第336～337页。
② 详参孙闻博《秦汉军制演变史稿》第一章第三节，中国社会科学出版社，2016年，第69～98页。

内史……中尉……备塞都尉，郡守、尉……秩各二千石。
【440、441】

……中司马，郡司马，骑司马，中轻车司马，备盗贼，关中司
马□□关司☑司马，衛〈卫〉尉司马，秩各千石，丞四百石。·丞
相长史正、监，衛〈卫〉将军长史，秩各八百石。二千石尉丞六百
石。【468、444】

中发弩、枸（勾）指（盾）发弩，中司空、轻车，郡发弩、司
空、轻车，秩各八百石，有丞者三百石。·卒长五百石。【445】

中候，郡候，骑千人，衛〈卫〉将军候，衛〈卫〉尉候，秩各
六百石，有丞者二百石。【446】

内史、中尉、郡守、郡尉秩皆二千石，不仅内史、中尉同秩，郡守、郡
尉同秩，而且内史与诸郡属吏也完全同秩。"汉景帝时曾调高中央二千
石俸额"，"'中二千石'变成了一个新秩"。① 郡守、郡尉仍为二千石，
相形失色。汉元帝又曾一度提高大郡太守秩级，自中二千石至八百石，
有七级之别。尹湾汉简记成帝时东海郡尉秩级为真二千石，低于中央诸
卿与太守。至《百官表》载录，郡尉进一步降为比二千石。中尉属官有
中司马、骑司马、中轻车司马，皆为千石，"丞四百石"；中发弩、中司
空、中轻车，秩皆八百石，"有丞者三百石"。又有中候、骑千人，秩皆
六百石，"有丞者二百石"。与内史相对，汉初郡尉下有郡司马、骑司
马，秩皆千石，丞四百石，与中司马、卫将军司马、卫尉司马同；又有
郡发弩、郡司空、郡轻车，皆八百石，有丞者，三百石；复次有郡候、
骑千人，皆六百石，有丞者，二百石；边地军事要冲，另置备塞都尉，
秩二千石，丞六百石。前后对照，我们发现：中尉、郡尉系统不仅属官
设置基本相同，而且从长吏到各级属吏的秩级，也完全一致。京师与诸
郡在军事上没有高下之别。秦及西汉早期的郡，可以视作内史地区的平

---

① 阎步克《从爵本位到官本位：秦汉官僚品位结构研究》下编第三章，三联书店，2009
年，第357～358页。

行延伸，而非完全意义的"中央—地方"格局形态。

指称京师之"中"，多相对地方郡国而言。中尉所统属官，可为认识郡级武官提供进一步参考。《汉书·百官公卿表》记中尉"有两丞、候、司马、千人"，又言"属官有中垒、寺互"（"寺互"应为"寺工"之讹）。相对"属官"云云，前列诸种为佐官及军事系统。与之对照，秦郡设司马，里耶秦简 8-461 木方提到有"邦司马为郡司马"，紧接"郡尉"条书写。秦封泥有"东郡司马""临菑司马""琅邪司马""南阳司马"。[①] 又有候，封泥、印章有"琅邪候印""城阳候印""南郡候印"；[②] 且郡候有丞，如"上郡候丞""恒山候丞"。[③] 郡候本身属于机构。早期中尉所统中候，也当类似。琅邪，依裴骃集解，始皇廿六年初并天下、划定三十六郡时即有。城阳，也非《秦封泥集》编者所认为的县名，而是郡称。[④] 学者有据卫宏《汉官旧仪》"边郡……置部都尉、千人、司马、候、农都尉"，以"候为秦边郡武官，非内地所设官职"。不过，如果恒山候之置，尚可以秦俯临赵国而暂设来疏通的话，那么城阳为何同样设候就有些不好理解了："西汉城阳国系秦城阳郡之延续，今一般以为汉城阳郡不临海疆，属于内郡；然而据此'城阳候印'，则可知秦城阳国又一定属于濒海之边郡，二者之间的矛盾，还需要仔细分析。"[⑤] 今据《二年律令·秩律》"中候，郡候，骑千人，衞〈卫〉将军候，衞〈卫〉尉候，秩各六百石，有丞者二百石"（446），郡候与中候对举，并各有候丞。中候属中尉，郡候属郡尉。依《秩律》"中发弩……中司空、轻车，郡发弩、司空、轻车……"（445）的对称体例，

① 周晓陆、路东之《秦封泥集》，第 252、263 页；陈晓捷、周晓陆《新见秦封泥五十例考略——为秦封泥发现十周年而作》，《碑林集刊》第十一辑，2005 年，陕西人民美术出版社，第 315～316 页。
② 周晓陆、路东之《秦封泥集》，第 264、300 页；王辉、王伟《秦出土文献编年订补》，第 369 页。秦汉官印有"邦候"两种，罗福颐定为"汉初期"，王人聪、王辉归入秦。罗福颐主编《秦汉南北朝官印征存》卷二，第 14～15 页。
③ 周晓陆、路东之《秦封泥集》，第 249 页；傅嘉仪《秦封泥汇考》，第 180～181 页。"候"，旧释作"侯"，对照图版，作"候"，为武职。
④ 辛德勇《秦汉政区与边界地理研究》，中华书局，2009 年，第 60～61、66～67 页。
⑤ 辛德勇《秦汉政区与边界地理研究》，第 20～21、67 页。

律文所言"郡"是与内史相对的诸郡。上述武官在秦代及汉初地方各郡，实际普遍设置。这是秦及汉初地方武官系统的重要特征之一。

《汉书·百官公卿表上》记郡级官吏简要，郡守有丞，边郡有长史；郡尉有丞，凸显郡中最重要的是两官：守、尉。郡守兼文武，郡尉"佐守典武职甲卒"，军事色彩突出。秦郡长吏为三：守、尉、监。尉、监始设，并非郡守的单纯佐官、监官，而是平级的组织机构。《百官表》虽言"县令、长，皆秦官"，但秦县主官仅称"令"。[①]与郡分郡守、郡尉及郡监诸府，郡尉与郡守平级不同，县令之下往往设丞、尉二长吏，县尉秩级较县令为低。《二年律令·秩律》叙诸县后，多称"有丞、尉者半之"。《百官公卿表》记西汉后期县令、长秩千石至三百石，丞、尉秩四百石至二百石。由此，郡、县组织的构成形态，特别是长吏设置，在历史早期存在较大差别。

综上，秦汉帝国建立初期，军国体制特征突出，地方武官设置普遍。内史、诸郡武职（"中、郡"武职），在类别与秩级上基本一致。内郡、边郡的差别并不突出。秦及汉初的地方军事组织，呈现中外平等格局。

武帝以后，内地郡县出现武职的消退。不少秦、西汉早期存在的武官系统，仅在边郡都尉府下有设。秦郡尉以下除司马、候以外，所设郡发弩、郡司空、郡轻车等，至西汉中期已无，《百官表》不载，显示郡都尉系统武官的退缩。这一演进，称为地方军事组织的"边地化"。"边地化"并非指内郡或其它地区出现边地的军事组织设置，而是指军事机构日益集中在与京师、内郡相对的边郡地区。换言之，由于内郡去军事化，逐步废除多数武职，而边郡的军事功能加强、凸显，地方军事组织整体呈现边地化的趋势。

---

① 于振波《说"县令"确为秦制——读里耶秦简札记》，《中国历史文物》2006 年第 3 期；孙闻博《里耶秦简"守"、"守丞"新考——兼谈秦汉的守官制度》，《简帛研究二○一○》，广西师范大学出版社，2012 年，第 67～70 页；孙闻博《商鞅县制的推进与秦における县·乡关系の确立—出土史料と伝世文献による再检讨—》，藤田勝久、關尾史郎编《簡牘が描く中国古代の政治と社会》，汲古书院，2017 年，第 51～74 页。

秦及汉初郡级组织中，郡尉府系统尤为瞩目。严耕望《中国地方行政制度史：秦汉地方行政制度》之《汉代地方行政组织系统图》，实际反映西汉中期至东汉情形。图中太守下有"司马"，文中未说明，应置于都尉下，且多出现于边郡。所列郡尉下佐官、属吏，只有丞、功曹、主簿、议曹几种，与历史前期差别明显。尹湾木牍记成帝时东海郡吏员设置，相较于太守府 27 名吏员，都尉府为"都尉一人，丞一人，卒史二人，属三人，书佐五人，凡十二人"（1 正），吏员不及太守府一半，又皆为文吏。《集簿》所列依秩级而非职事，与严氏制图互为表里，又与《二年律令·秩律》郡尉统有众多武官，对比鲜明，显示西汉中期以后郡尉府的置吏变化。

武帝以降，边郡军事组织继续演进。二十世纪西北汉简的发现，使我们在《汉书·百官公卿表》"边郡又有长史，掌兵马，秩皆六百石"，《汉旧仪》边郡"置部都尉、千人、司马、候、农都尉"记载之外，对边郡军事组织有了更多认知。《二年律令·秩律》所见汉初中央、地方军事组织虽设置普遍，但常设武官属吏有长史者，仅见于将军一级。今边郡已置长史，且长史属太守而非都尉。边郡太守于军事上专任一面，有所体现。相对内郡只有郡都尉，此阶段边郡在郡都尉外，设部都尉、属国都尉、农都尉中的几种。至于秦及汉初内史、诸郡设置的司马、千人、候、士吏，此时也主要存在于边郡系统。以往学者对西北汉简所见"士吏"多有关注。[1] 然据睡虎地秦简《秦律杂抄》、岳麓书院藏秦简《尉卒律》《戍律》《田律》及《二年律令·具律》，秦及汉初，作为与治安关系密切的低级吏员，士吏在地方各县普遍设置。《为吏治官及黔首》出现"〔士〕吏捕盗"（1563），[2] 更显示此职设置的常态化特征。置于秦汉地方武官的演进脉络中，武帝以来相关变化正是地方军事组织"边地化"发展的一环。

及至东汉，内郡不仅郡尉武官多已不存，而且连长官都尉也基本不

① 黎明钊《士吏的职责与工作：额济纳汉简读记》，《中国文化研究所学报》第 48 期，2008 年。
② 朱汉民、陈松长主编《岳麓书院藏秦简（壹）》，上海辞书出版社，2010 年，第 28 页。

设。地方军事组织"边地化"，由此进入又一阶段。两汉太守府列曹有兵曹，关涉史料多属东汉。东汉太守全面主管军事后，此曹地位更为重要。张家界古人堤东汉简牍 10 号封检正面中行"'兵曹掾猛'为收件人。此兵曹或为长沙郡之兵曹"。^①东汉边郡发展中，原有候官系统也逐渐退出舞台，候、士吏、候长、隧长很少出现。与之同时，濒临胡羌之地设立黎阳、雍、扶风等营兵，度辽将军等领护武职及属国都尉也有所发展。边郡防务调整，更多伸张中央权威。"节约之制"下的东汉，全国军事组织的一体化进一步发展。而这又多是通过中央与边郡的联结来实现。^②

三、秦汉的军队构成及编制

（一）军队构成

1. 内郡兵

秦汉四百年间，地方行政建制经历县、郡（国）县、州郡县的变化。地方兵的发展，一般也被归纳为郡县兵向州郡兵的演变。

《二年律令·秩律》记西汉初年地方职官有一个突出特点：县令、长按秩级分作五等，并将每一秩等的县令长逐一枚举。而郡守只有一个秩级：二千石，相应也就不再列举郡名。汉代县长官分令、长，乡啬夫分有秩、斗食。区分多依所辖户数。西汉后期及东汉，诸郡也分有不同等级。^③此背景下，汉初诸郡却没有进一步分等，引人注目。联系《秩律》记诸郡职官设置、秩级与中尉基本一致，郡是以内史为中心横向派生的军事管理区。而相对唐代县、州、中央三级掌有户籍，秦汉"户籍

① 湖南省文物考古研究所等《湖南张家界古人堤简牍释文与简注》，《中国历史文物》2003年第 2 期，第 75 页。红外线图版及释文修订又见张春龙《湖南张家界市古人堤汉简释文补正》，《简牍学研究》第六辑，甘肃人民出版社，2016 年，图版第 4 页、正文第 4 页。
② 详参孙闻博《秦汉军制演变史稿》第一章第四节，2018 年 2 印修订，第 98～118 页。
③ 阎步克《从爵本位到官本位：秦汉官僚品位结构研究》下编第三章，第 355～362 页。

臧乡""副上县廷"，只县、乡保存，却没有郡。[①] 这也可溯源至郡、县的最初差别上来。自战国以来，郡所具有的军事色彩依然较为浓重。[②]

秦汉赋役制度中的"役"，学界习惯以"徭役"称之。使用"徭役"一语时，又多与兵役相对。倘以秦及汉初而言，与"徭"连称的往往是"戍"，合称"徭戍"。《说文·殳部》："役，戍边也。""徭戍"即"徭役"。考虑到成年男子傅籍服正役，又服兵役，二者年龄起征点一致，这里使用"徭戍"一语。"徭戍"包括国家征发的正役与兵役（也属于广义的"正役"）。换言之，成年男子傅籍后成为正卒，在服正役之外，所服兵役主要以戍卒身份从事"徭戍"之"戍"。秦汉地方从戍卒中选拔保留有常备兵。《秦律杂抄》规定"驾驺除四岁，不能驾御，赀教者一盾；免，赏（偿）四岁徭戍"（简3）。地方驾驺除任四年仍不能驾车者，本人免职，并补服四年徭戍。用语称"赏（偿）"，显示驾驺可用以折抵，本身却不属"徭戍"范畴。《二年律令·徭律》又提到"县弩春秋射各旬五日，以当徭。戍有余及少者，隤后年"（简414）。"县弩"类似"驾驺"，同样不属"戍"的范畴。考虑到秦汉律令中"徭""戍"往往连称，此处句读有误，应改作：

县弩春秋射各旬五日，以当徭戍。有余及少者，隤后年。

相对于西汉中后期地方实行秋射，战国、秦及西汉初年训练多为春、秋两季。[③] 此记汉初县发弩可用春秋两季共三十天的训练，充抵"徭戍"。当年军事训练多出或不足的天数，归入来年计算。由此可知，汉初傅籍

---

① 孙闻博《秦汉三国乡吏与乡政研究》第三章第一节，北京师范大学硕士学位论文，2009年，第50～64页。

② 《史记·匈奴列传》载，文帝十四年（前166），匈奴十四万入北地，"而拜昌侯卢卿为上郡将军，宁侯魏遬为北地将军，隆虑侯周竈为陇西将军……大发车骑往击胡"。三将军号以"上郡""北地""陇西"三郡郡名命名，后世少见。

③ 《管子·七法》"春秋角试，以练精锐为右"；岳麓书院藏秦简《为吏治官及黔首》"春秋肄试，谢室毋庑"（0931、0937），《廷内史郡二千石官共令》"令所谓春秋试射者，皆必以春秋闲时殹（也）。今县或以黔首急耕、种、治苗时已乃试之，而亦曰春秋试射之令殹（也），此非明吏所以用黔首殹（也）"（0317、0318、0319）。

男子每年需服"徭戍"为一个月；"县弩"并非一岁一更，而是服役期限较长的常备兵。

商鞅在秦国推行县制，地方军队以县为单位建立。秦后来扩地立郡，县仍是军队组建的重要层级。不过，汉代地方兵是否依然定性为"县的常备军"[①]呢？考察地方兵性质，应当关注两个层面，一是军队的训练校阅，二是军队的调动指挥。自郡县制确立以来，军队的训练、校阅及兵士选拔多由郡守、尉负责。县令、长虽有参与，但并不单独主持。至于兵符制度，秦汉也有一个发展过程。秦杜虎符、新郪虎符记秦君称君、称王以来，左符多由县令所掌。然西汉早期以后，情形似已变化。《史记·孝文本纪》记文帝二年（前178）"九月，初与郡国守相为铜虎符、竹使符"。西汉、新莽虎符，罗振玉编《增订历代符牌图录》收录有二十件、十九种，[②]1949年之后又有发现：

> 与堂阳侯为虎符第一【脊部】
> 汉与鲁王为虎符【脊部】 鲁左五【肋部】
> 与齐郡太守为虎符【脊部】 右二【右肋部】 齐郡左二【左肋部】
> 与西河太守为虎符【脊部】 西河左三【肋部】[③]

西汉文帝以降地方持有虎符者，多为郡国一级。[④]联系郡、县差异及

① 重近启树《秦汉税役体系の研究》第六章第二节，汲古书院，1999年，第218～242页；《围绕秦汉兵制的若干问题》，佐竹靖彦主编《殷周秦汉史学的基本问题》，中华书局，2008年，第258～259页。
② 《罗雪堂先生全集》七编2，台湾大通书局，1976年，第468～482页。除郡、王国虎符外，"安国侯虎符""临袁侯虎符"之"安国""临袁"，属高帝六年八月、十一年二月所置侯国（马孟龙《西汉侯国地理》"附录"，上海古籍出版社，2013年，第380、393页），显示西汉前期列侯持有虎符。
③ 傅振伦《西汉堂阳侯错银铜虎符考释》，《文物天地》1990年第1期；时瑞宝《西汉鲁王虎符》，《考古与文物》1988年第3期；景明晨、刘晓华《咸阳发现汉齐郡太守虎符》，《文博》1990年第6期；王望生《汉长安城发现西汉西河太守虎符》，《文物》2012年第6期。
④ "至于在县，县令长丞尉，虽然管番上郡试之事，并无主甲卒的明文。《百官表》只云，'县令长皆秦官，掌治其县，……皆有丞尉'，其统率似仍受成于郡的，所以'郡兵'一词在汉代常用，而'县兵'却不常用。"劳榦《汉代兵制及汉简中的兵制》，《历史语言研究所集刊》第十本，1948年，第29页。

《汉书·刑法志》"天下既定，蹱秦而置材官于郡国，京师有南北军之屯"，西汉地方兵主要属于郡兵性质。

地方发兵之制，秦杜虎符、新郪虎符记"凡兴士被甲，用兵五十人以上，必会君（王）符，乃敢行之"。"兴"指军兴，五十人在军队编制中对应"屯"或"队"。调动这一规模兵力，"会符"乃可。不过，符文又称"燔燧之事，虽毋会符，行殹"。"燔燧"指敌人突然入侵，燔积薪，举燧表，组织抵抗。遇"燔燧之事"，虽未"会符"，也可发兵。

特须指出，秦汉郡守、尉所统郡兵除接受中央征调外，一般只在郡界范围内活动。地方政治危机可以分为"盗""反"两种。前者主要由"郡守尉"在郡界内"捕论"。后者须皇帝"急发兵击之"。《潜夫论·救边》议东汉羌乱，"乃者，边害震如雷霆，赫如日月，而谈者皆讳之，曰焱并窃盗"，"不一命大将以扫丑虏，而州稍稍兴役，连连不已"，正对应二者。定性差别，直接影响危机的具体应对。《史记·叔孙通传》载，陈胜起义后，秦二世喜纳谀言，粉饰太平，"诸生言反者下吏，非所宜言，诸言盗者皆罢之"。在此定性之下，地方官吏针对农民暴动，多只能在郡界范围内开展军事行动，这是"张楚"政权得以迅速壮大，周文所统偏师在较短时间即兵临咸阳的重要原因。

从地域整合角度，"州"一级的军事作用愈受重视。不过，西汉后期刺史、州牧的制度反复，并未涉及州军事职能的增减。州军事权力实际在新莽以后得到发展。更始、东汉受新莽影响，州军事权力大增。不过，东汉初年著名的罢地方武备之举，却未涉及对州、州牧的直接调整。州一级独立掌握的兵力有限，东汉地方兵的构成与性质相对稳定，仍属于郡兵。[①]

2. 边兵

秦汉帝国的建立是一个"新地"拓辟、延展，边界扩张、确立的过程。这一过程中，帝国夺取"新地"，巩固边界，往往推行徙、戍，或以蛮夷葆塞。随着政治、军事形势的变化，实现方式往往存在徙民实

---

① 详参孙闻博《两汉的郡兵调动：以"郡国""州郡"的行政变化为背景》，《中华文史论丛》2014 年第 3 期。

边、行役戍边采取何者的选择。而选择背后，又反映秦汉时期的内外观念与内外政策特征。

孝公以降，秦国势日强，对外积极攻战，蚕食鲸吞关东诸国领土。与设置新郡同时，秦巩固边界多有"出其人取其城""赦罪人迁之"之法。与早期秦郡相对，秦王政灭国战争所设新郡称"新地"，新占楚地称"荆新地""故荆"，官吏称"新地吏""新地守"，民众称"新黔首"。睡虎地秦墓 M4 所出 6 号木牍是名叫惊的从军者写给家中书信，其中提到"闻新地城多空不实者且令故民有为不如令者实☒"。① 徙民与戍边，当时往往并行。后来发展中，实边较戍边更为边策所重。这既涉及财政支出、社会舆论，又有政府对防御效能的考虑。

关于"新地吏"，岳麓书院藏秦简所见律令有所规定，现对断句重作调整：

> ……以上及唯（虽）不盈三、一岁病不视事盈三月以上者，皆免。病有瘳，令为新地吏及戍，如吏有適过废免为新地吏及戍者。·迁吏令甲【1865、1791】
>
> 诸吏为诈（詐）以免、去吏者，卒史、丞、尉以上上御史，属、尉佐及乘车以下上丞相，丞相、御史先予新地远轚害郡，备以次予之，皆令从其吏事新地四岁。日备免之，日未备而詐（诈）故为它赀、废以免、去吏，驾（加）皋一等。【1866、1720】②

新地吏主要有两种来源：病免有瘳，谪过废免。作为非正常去职的"故吏"，前往新地任职。③ 这与"故民有为不如令者实""新地"，有类似

① 李均明、何双全编《散见简牍合辑》，文物出版社，1990 年，第 84 页。

② 陈松长主编《岳麓书院藏秦简（伍）》，上海辞书出版社，2017 年，第 190 页；陈松长主编《岳麓书院藏秦简（陆）》，上海辞书出版社，2020 年，第 178 页。

③ 王夫之论晁错徙民实边策，"后世之吏于边者，非赢贫无援之乙科，则有过迁补之茸吏；未有能入而为台谏郎官者，未有擢而为监司郡守者"（《读通鉴论》卷二"文帝"条，中华书局，1975 年，第 43 页）。其实，秦代已是如此。

处。被免职秦吏依原职等级，分别上报御史大夫寺、丞相府。具体而言，卒史、丞、尉以上报御史大夫，属、尉佐及乘车以下报丞相。

两汉新莽，内地又称"中县""中土""中国之都""中州内郡"及"近郡"。《秦律十八种·仓律》提到"隶臣欲以人丁粼者二人赎，许之。……边县者，复数其县"（61、62），隶臣妾如原籍边县，一旦赎免，"名数"仍回边县。户籍管理的内外之别，秦代已存在。两汉内地、边郡差别有所扩大，影响朝廷的内外政策。"文景之治""光武中兴"向为人所乐道者，为减田租之半及租税全免。这些实际与边政状况密切相关。国家募民输粟或军士屯田，是轻徭薄赋得以实现的直接原因。边地粮食自给以至供应充足，又是相关诏令发生的基本前提。[①]

3. 胡骑

秦置属邦管理内附蛮夷。秦戈戟题铭及封泥多次出现"属邦"。这些"属邦"，实际对应《汉书·百官公卿表上》中的典属国。及至西汉早期，典属国一职尚多用避讳而改的"属国"一称。秦及西汉前期，归附蛮夷不以"属邦"称之，而称"臣邦"。[②]后世熟悉的属国，在武帝以降多有设置。所处地理位置，《史记·卫将军骠骑列传》记"居顷之，乃分徙降者边五郡故塞外，而皆在河南，因其故俗，为属国"。匈奴五属国虽安置在诸郡内，但皆在"故塞外"。"故塞"指始皇三十三年（前214）蒙恬攻匈奴、取河南地之前的秦边塞。此称上限，里耶更名木方记：

> 边塞曰故塞，毋塞者曰故徼【8-461】

可知"故塞"之称不始于汉，秦统一就已使用。至于属国胡骑名籍，二十世纪三十年代所出居延汉简木楬题作：

---

① 详参孙闻博《秦汉帝国"新地"与徙、戍的推行——兼论秦汉时期的内外观念与内外政策特征》，《古代文明》2015 年第 2 期。
② 《法律答问》简 72、113～114、176～178、180。

元凤五年尽本始元年九月以来秦【512.35A】骑属国胡骑兵马
名籍【512.35B】①

然名籍格式，过去不很清楚。直到肩水金关汉简出现：

属国胡骑充国佰县泉里呼淦年廿五长七尺五寸黑色□□□
【73EJT14：2】
张掖属国破胡佰三里杨忠年五十一长七尺三寸　　十二月甲午
入【73EJT37：710】

作为属国胡骑出入肩水金关的名籍简，"充国佰县泉里"可断作"充国
佰、县（悬）泉里"，"破胡佰三里"作"破胡佰、三里"，是偏重军队
编制的"佰"与偏重民户编制的"里"相结合的书写。属国内居民组织
存在形式上的"里"规划，为以往所未知，是属国体制与臣邦、边臣、
保塞蛮夷的区别之一。

劳榦认为"汉初确有用车兵的事实"，"但武帝自己用兵时，却又
不见兵车的实际应用，所以武帝的前后应当是中国战术革命的关键"。②
《史记·廉颇蔺相如列传》《孝文本纪》记多兵种参战时，战车数量较
多，往往叙述在先。《秦律杂抄》云：

轻车、赿张、引强、中卒所载傅〈传〉到军，县勿夺。夺中卒
传，令、尉赀各二甲。【8】

所叙四个兵种，以车兵的"轻车"居首。"赿张""引强"为弩兵。前者
是用脚张弩的蹶张士，后者是用臂张弩的擘张士。"中卒"居末，或指

---

① "秦骑"二字据邢义田意见改释（《"秦胡"小议——读新出居延汉简札记》，《地不爱
宝：汉代的简牍》，中华书局，2011 年，第 78 页）。
② 劳榦《汉代兵制及汉简中的兵制》，第 27 页。

中军持长兵的步卒。当时，骑兵数量及重要性仍较有限。这与秦始皇帝陵一、二号兵马俑坑的兵种分布可以联系。秦俑骑兵只出现在兵种多样的二号坑，且位于四个单元中次要的第三、四单元。[①] 传自西安六村堡西汉前期官府手工业遗址所出陶范，题铭以兵车俑为主：

> □车御足法一合第□【106】
> 长轻御身【81】
> 长轻右身第【82】
> 长轻御足第四【83】[②]
> 长轻御身第一[③]

"足""身""右身"指范所塑部位，"法"通"范"。身份多称"长轻御"。尹湾汉简《武库永始四年兵车器集簿》显示车兵在西汉后期军中地位大为下降。不过，部分属骑兵装备的"马甲鞮督五千三百卅""鞍荐二千八十""上马鞯八百廿五"，比重仍然较小。[④]

（二）军队编制

　　蓝永蔚《春秋时期的步兵》对先秦步兵的组成、编制、战阵及野战、要塞战情形，多有探讨。《中国大百科全书·中国历史》"典章制度"在"先秦兵制"外，另设"车战""徒兵"条。随着兵马俑与大通上孙家寨木简的发现，秦汉相关研究逐步展开。王学理、朱国炤、宋治民、李零、白建钢、曾布川宽、陈公柔、藤田胜久、久保田宏次、刘

① 始皇陵秦俑坑考古发掘队《秦始皇陵东侧第二号兵马俑坑钻探试掘简报》，《文物》1978 年第 5 期。
② 熊长云《孚堂藏秦汉陶范所涉名物丛考》，未刊稿。
③ 王锋钧《御俑陶范》，《文博》2001 年第 5 期。
④ 详参孙闻博《秦汉边地胡骑的使用——基于新获史料与传世文献的再考察》，《简牍学研究》第六辑，甘肃人民出版社，2016 年。

占成与杨泓等学者有专题讨论。其中，李零《中国古代居民组织的两大类型及其不同来源》《〈商君书〉中的土地人口政策与爵制》《青海大通县上孙家寨汉简性质小议》，揭示军队编制的基本内涵，并在方法论上予人启示：1. 东周军队编制的史料向为纷杂歧互，研究将史料划分为齐系、秦系等不同系统；2. 注意将军队编制与早期居民组织、爵位制度、土地授给等重大问题结合思考；3. 上孙家寨简与传世文献相互参照，并考虑同一编制下官称可能数种并存。[①]

随着西北简，特别是肩水金关汉简的发表，汪桂海将新、旧史料结合，分析《续汉书》《通典》"五五制""二二制"的差异，指出汉代部曲编制基本以五五制为主，个别辅以二二制。上孙家寨汉简、《续汉书·百官志》分记西汉、东汉军队编制，均属五五制。而《通典·兵一》与上述不符，当是先秦旧制。汪氏还注意步兵、骑兵、车兵的作战编制及军阵问题。[②]秦汉军队编制研究，未来应注意两个问题：1. 出土、传世相关文献的时间范围、兵种特征；2. 文献梳理辨析与兵马俑群史料发掘的并重。

四、军制与爵制、刑罚、徭役制度

（一）爵制、法制与军制

秦汉时期的兵员征集，是认识社会演进、历史转向的重要线索。以往讨论丰富，但多孤立分析集兵方式，较少置于国家对社会群体人身役使的大背景下思考。欲推进相关研究，直接而要紧的是弄清秦汉的社会结构、身份秩序。秦汉集兵方式由征兵为主向募兵发展，与军队组建背

---

① 李零三文分别见于：《文史》第二十八辑，中华书局，1987 年，第 59～75 页；《古籍整理与研究》第 6 期，1991 年；《考古》1983 年第 6 期。
② 汪桂海《汉代军队编制、军阵及二者之关系》，《简帛研究二〇一五》春夏卷，广西师范大学出版社，2015 年，第 142～151 页。

景的变化有关。秦汉社会身份结构以秦及汉初为关键期，具体又可分为爵制与爵制以下的刑罚序列。

1. 二十等爵

秦汉爵制，前人研究甚夥，几无剩义。其中，结构与分层是基础问题，这里引入内、外爵概念，从二十等爵的确立说起。所谓内、外爵，是战国秦汉人为方便理解周代等级结构所做的一种划分，内爵系统指公卿大夫士，外爵系统指公侯伯子男五等爵。[①]商鞅以军功拜爵，有意打破传统的世卿世禄制。但秦汉爵制并非一次形成。这一初始的结构特征，并不能代表二十等爵。商鞅爵制大体有卿、大夫、士三个分层，而二十等爵不仅有驷车庶长等卿爵，还出现关内侯、列侯。秦汉列侯有封国食邑，所享特权明显与它爵有别。虽然《商君书》、汉高帝五年诏显示，卿爵及某些大夫爵在秦及汉初或可食邑。不过，《二年律令·置后律》规定"疾死置后者，彻侯后子为彻侯，其毋適（嫡）子，以孺子□□□子。关内侯后子为关内侯，卿 侯〈后〉 子 为公乘，〈五大夫〉后子为公大夫"（367）。列侯、关内侯置后仍能保留原有爵位，但卿爵以下置后要降爵两级。后子授田数量依《户律》同样降低两等。故大夫、卿爵授田虽与侯爵衔接，然权益仅止己身。侯爵"世爵"，卿、大夫爵后代权益依爵而降，差别明显。军功爵创制之初，针对五等爵而具有明显的内爵性质，但进一步形成的二十等爵，在卿大夫士爵秩序列上叠加侯爵，实际糅合内爵、外爵两套系统。在强调功绩制同时，上端实际保留"世爵"世禄的某些特征。这是我们对爵制结构的重新定位。

刘劭《爵制》侯、卿、大夫、士四分层，影响较大。按侯、卿、大夫、士，其实并非与先秦周爵分别对应，而是在渊源上比附周爵，实际已成分层的标签。张家山汉简《二年律令》公布后，学界略有调整：公大夫、官大夫、大夫被划入士一层，大夫一层只保留了五大夫、公乘两

[①] 阎步克《从爵本位到官本位：秦汉官僚品位结构研究》上编第二章，第34～35页。外爵五等在西周春秋是否皆存虽尚有争议，但内、外爵概念可以涵盖相应内容，且它对王畿内官爵等级与分封诸侯等级的区分也大体合适，有助于分析的展开。

级。西汉初年，附丽爵位的权益要素除授田外，尚涉及傅籍、睆老、免老、置后等多项，《二年律令》所涉分层实际多在大夫处。大夫、士爵分界仍应以大夫、不更处为宜。力役之征，与爵制关系密切。当时徭役分派，从属于爵位。此外，爵制还存在细部分层，如大夫爵内的公大夫、官大夫处；士爵内的不更与上造、上造与公士处。公卒、士伍作为无爵者，又与司寇、隐官构成爵制下端的衔接外延。里耶秦简还出现"小上造"等小爵，以及"大夫寡""上造寡""大夫子"等户人身份，显示当时爵制"纵向延伸"的同时，相关功能还存在一定程度的"横向扩展"。

列侯在东汉划分更为具体。除县、乡、亭侯外，依位次礼遇又有特进、朝侯、侍祠侯、猥诸侯之别。[①] 至于关内侯，《二年律令·户律》"自五大夫以下，比地为伍，以辨券为信，居处相察，出入相司"（305），至《盐铁论·周秦》已变为"故今自阙内侯以下，比地于伍，居家相察，出入相司"。"阙"，四部丛刊景明嘉靖本作"关"。昭帝以后，关内侯仅有爵号者被纳入民伍。

卿爵包括左庶长至大庶长九级爵位，占二十等爵几近一半。作为酬奖的高爵所在，原本设计的作用当十分重要。然而秦及汉初，卿爵便呈现"早衰"特征。《二年律令》涉爵规定多言具体爵位，唯卿爵以"卿"的统称面目出现。《置后律》后子袭爵，"卿 侯〈后〉子 为公乘"（367）。卿爵作为整体而降两等继承，与其它爵层有异。《傅律》"卿以上子"（364）二十四岁傅，不为后而傅者，"卿子二人为不更，它子为上造"（359），同样反映这点。而《户律》涉及授田宅时，卿爵各爵少见地被逐一罗列。今以授田为例（授宅数量值相同）：

---

① 与学界一些认识有别，这里不包括下土小国侯。《后汉书·邓禹传》李贤注引《汉官仪》"诸侯功德优盛，朝廷所敬者，位特进，在三公下；其次朝侯，在九卿下；其次侍祠侯；其次下土小国侯，以肺腑亲公主子孙，奉坟墓于京师，亦随时朝见，是为猥诸侯也"，虽似在"侍祠侯""猥诸侯"间出现"下土小国侯"，然《续汉书·百官志五》"列侯"条"中兴以来，唯以功德赐位特进者，次车骑将军；赐位朝侯，次五校尉；赐位侍祠侯，次大夫。其余以肺附及公主子孙奉坟墓于京都者，亦随时见会，位在博士、议郎下"，实未言及。细按上引，"下土小国侯"当从下读，即指"猥诸侯"。中华书局点校本句读可取，且正呈现这一认识。

大庶长九十顷，驷车庶长八十八顷，大上造八十六顷，
少上造八十四顷，右更八十二顷，中更八十顷，左更七十八顷，右
庶长七十六顷，左庶长七十四顷，五大夫廿五顷，公乘廿顷，公
大夫九顷，官大夫七顷，大夫五顷，不更四顷，簪褭三顷，上造二
顷，公士一顷半顷，公卒、士五（伍）、庶人各一顷，司寇、隐官
各五十亩。【310～312】

卿爵内部由高到低依次递减 2 顷、2 宅。联系五大夫至公乘在 25 顷、
25 宅基础上递减 5 个单位，公大夫至司寇、隐官，在 9 顷、9 宅基础上
递减 2～0.5 个单位，卿爵各爵在 90 顷、90 宅基础上仅依次递减 2 个
单位，分等作用仍不突出，激励意味不明显。由于卿爵实为官、民爵中
的官爵主体，故官爵序列的衰落早于吏、民爵。东汉爵制分层的发展
中，伴随卿爵衰落、吏爵式微与民爵等齐化，外爵性质的列侯、关内侯
变得相对突出。爵制结构向外爵的这一转向，为认识五等爵复兴的魏晋
爵制改革，提供了线索。[1]

2. 刑罚身份

秦及汉初社会存在数量较为可观、身份相对稳定的徒隶与司寇。从
社会结构而言，他们所具有的社会身份、阶层意义，[2] 应予重视。

学界惯用的"刑徒"一语，实际少见于秦及汉初文献。法律用语
"刑"，特指施加肉刑。而司寇、隶臣妾等附加刑称"耐"，与"完"同
义。[3] 当时更多称"徒""徒隶""隶徒"。"刑徒"概念无法涵盖司寇至
城旦舂的全部群体。因此，探讨秦及汉初相关问题，不使用"刑徒"概念。

这一时期，城旦舂、鬼薪白粲、隶臣妾以"徒隶"统称。岳麓书

---

① 详参孙闻博《二十等爵确立与秦汉爵制分层的发展》，《中国人民大学学报》2016 年第 1 期。
② 这里更强调徒隶的社会身份特征。所谓"社会身份"，不取仅与"自然身份"相对的
宽泛概念，而指国家法定的社会等级身份。
③ 韩树峰《秦汉律令中的完刑》，《中国史研究》2003 年第 4 期；《耐刑、徒刑关系考》，
《史学月刊》2007 年第 2 期。

院藏秦简包含的秦令还提道："黔首、徒隶名为秦者，更名之。敢有弗更，赀二甲。"（2026）以往将秦汉"刑徒"作为综合群体的考察较多。对"刑徒"内部的关注，也较多从法制史角度着眼，集中于刑罚等级本身。司寇与"徒隶"、隶臣妾与城旦舂、鬼薪白粲之间究竟存在怎样的差异，并不十分清楚。实现对刑罚序列的更整体性认知，显有必要。

秦及汉初，司寇属国家编户，籍附县乡，可单独立户；徒隶不入户籍，不居民里，簿籍另立。司寇免老、傅籍、名田、名宅大体例比无爵者。司寇课役不同于百姓，在尉、狱等机构从役。配偶身份较低。司寇既与被视作财产、可以买卖的奴婢不同，又有别于一般编户。

私奴婢主要称"臣""妾""臣妾""人奴""人奴妾"。里耶秦简所见"隶"，"自占书名数"；平民转化为"隶"，也以"徙"的方式实现。"隶"计入户口的男女统计，而奴婢不被计入。岳麓书院藏秦简又见主人不仅为"同居"之"隶"组建家庭、分予财产，而且"隶"改变身份，非由主人放免，而经"异"之，从户中分出。"隶"本有附属、隶属义，《说文·隶部》"隶，附箸也"。他们与"私属"类似，为依附人口。

秦及汉初，"冗指长期供役，更指轮更供役"。[1] 徒隶中，存在"冗""更"供役的是隶臣妾，且以隶妾多见。城旦舂、鬼薪白粲并不以"冗""更"供役，当为长役无番。官府廪给隶臣妾称"稟"，多以月计；供应城旦舂、鬼薪白粲称"食"，多以日计。城旦舂存在"仗城旦"身份，有别于隶臣妾，城旦即便老衰，不过特名"仗城旦""丈城旦"，官府仍加役使。

秦代郡县使用大量罪徒役作，并制有"徒作簿""作徒簿"。里耶秦简所见诸官作徒来自另外调拨，而提供的机构较为固定。城旦舂、鬼薪白粲及居赀赎责（债）均来自司空，隶臣妾来自仓。司空与仓是秦代地

---

[1] 杨振红《秦汉简中的"冗"、"更"与供役方式——从〈二年律令·史律〉谈起》，《简帛研究二〇〇六》，广西师范大学出版社，2008年，第81～89页。

方管理徒隶的主要机构。各种罪徒在县下诸官劳作，实是二官因需散配诸司的呈现。

就军事活动而言，《左传》哀公二年记赵简子军誓："克敌者，上大夫受县，下大夫受郡，士田十万，庶人、工、商遂，人臣隶圉免。""人臣隶圉"主要指私属、奴婢。他们参与军事，有望改变身份。《秦律十八种·军爵律》记"隶臣斩首为公士，谒归公士而免故妻隶妾一人者，许之，免以为庶人。工隶臣斩首及人为斩首以免者，皆令为工。其不完者，以为隐官工"（155、156）。隶臣如斩首立功，可直接成为一级爵的公士；归还爵位，可使故妻为隶妾者免为庶人。这是徒隶不仅从役军中，而且参加战斗的明证。不过，规定实际只涉及隶臣。考虑到拥有技艺、受严格控制的工徒尚且参战，这里却不涉及城旦、鬼薪，恐非偶然。

相对于"人臣妾""人奴婢"等私奴婢称谓，秦及汉初文献很少出现"官奴婢"用语。徒隶来源除战俘、罪犯及没入的家属外，里耶简还出现"上所买徒隶数""买徒隶用钱"等内容。"隶臣妾"之"隶"，应作附属、隶属解。我们认为，隶臣妾是隶属于官府的臣妾。

战国、秦及汉初的旧有贵族瓦解，平民崛起、上升，并非伴随原有贱民的消减。汉文帝刑罚改革之前的秦及汉初，乃是身份低于平民群体数量较多、官私拥有奴婢较为普遍化的历史时期。[①]

（二）徭役制度与军制

秦汉时期的军事征发，涉及徭戍、军兴等基本问题。这些关系当时国家对社会人群的组织与役使。过去因资料所限，探讨实际以西汉景帝以来情形为多。《里耶秦简（壹）》发表后，结合睡虎地秦简、岳麓书院藏秦简、张家山汉简等资料，秦及汉初"徭戍"研究，有了新的基础。

---

① 详参孙闻博《秦及汉初的司寇与徒隶》，《中国史研究》2015 年第 3 期。此文最初于 2012 年 10 月提交北京大学中国古代史研究中心主办"简牍与早期中国"学术研讨会暨第一届出土文献青年学者论坛，基本观点没有改变。

1. 徭

"徭"的涵义有宽泛一面。"行徭"一语，反映"徭"多受差使而外出服役的特征。狭义的"徭"指国家正役。秦汉时期男子先后以身高及十七、二十、二十三岁傅籍，每年一般服役三十天，也因需临时兴发；成年男子免老前，大体还需服两年兵役，一岁番上或戍边，一岁在本郡县；若进一步选拔为材官、骑士、楼船士等常备兵，每年以训练折抵徭戍。唐制，"二十一为丁，六十为老"，丁男每年服徭役减至二十天，前期也实行征兵制，若点检为府兵，免除徭役。

需要补充，秦存在以"傅"划分大、小的方式。广义的"小"，包括十五岁以上的未傅籍群体。至少在汉代，存在两种不同的大、小划分。如何把握两种大、小划分及其性质，便成为关键问题。小"傅"籍为大，意味着"大"对应国家承认的成年群体。以"傅"划分大小的年龄的"社会分层"，核心在人身役使，即力役之征。这与身体条件直接相关，进而与年龄的"自然分层"颇显类似，存在对应关系。而年龄的"自然分层"所对应的，是"童"与成人，儿童可用于指未成年人。《说文·人部》"僮，未冠也"。《周易·蒙》"童蒙"，郑玄注"童，未冠之称"。《诗·鄘风·芄兰》孔颖达疏"童者，未成人之称，年十九以下皆是也"。与之同时，"敖童""小未傅""敖童未傅"作为社会身份出现，显示未傅籍群体仍存在被国家役使的情形，且属儿童中年龄较大者。而秦汉儿童恰恰有幼童、成童之分。《礼记·内则》"成童舞象"，郑玄注"成童，十五以上"。《白虎通·辟雍》出现"十五成童"。《四民月令》"命成童以上入大学，学五经"，本注"谓年十五以上至二十"。至于以十五岁划分的另外一种大、小，对应口算钱交纳，《汉仪注》以为源自"为治库兵车马"。《周礼·地官司徒·乡大夫》"以岁时登其夫家之众寡，辨其可任者，国中自七尺以及六十，野自六尺以及六十有五，皆征之"，贾疏"七尺谓年二十"，"六尺谓年十五"，恰好也反映了这两套大、小划分。秦汉的正役兵役之制从严取高，与"国中"标准一致。遇临时紧急情况，徭役、兵役仍有征调十五岁以上未傅籍者，这又对应"野自六尺"。算赋溯至戎事，却无须亲为，标准便采取从宽取低的做法。①

关于徭戍的制度规定，见于董仲舒上书与《汉官仪》（或《汉仪注》）两种。今移录如下，重做句读：

（1a）又加月为更卒，已复为正〔卒？〕一岁，屯戍一岁，力役三十倍于古。②

（1b）又加月（有吏）〈为更〉卒，征卫、屯戍一岁，力役（四）〈三〉十倍于古。③

（2）民年二十三为正，一岁为卫士，一岁为材官骑士，习射御骑驰战阵。④

（1a）连读为"正〔卒？〕一岁"，参考颜注"正卒，谓给中都官者也"，指征戍京师作卫卒一年。马端临解释为"复给中都一岁谓正卒，复屯边一岁谓戍卒"。⑤（2）"民年二十三为正"以下，虽未涉及更卒之役，但不宜由此认为傅籍后所服正役不包括更役。细按（2），卫士、材官、骑士等皆言兵役及从军事宜，"习射御骑驰战阵"下"八月，太守、都尉、令、长、相、丞、尉会都试，课殿最。水家为楼船"至"亭长持二尺板以劾贼，索绳以收执贼"，均与军事、治安相关。⑥《史记·项羽本纪》《汉书·高帝纪上》如淳引《汉仪注》节略文字，也是为注解"萧何亦发关中老弱未傅悉诣荥阳"句。因此，（2）实际侧重论述兵役制度。

关于（1a）"为正〔卒？〕一岁，屯戍一岁"与"力役三十倍于古"。

---

① 孙闻博《从图史互证诠释秦汉"童""小"》，《中国社会科学报》2021年3月29日5版。
② 《汉书·食货志上》。
③ 《汉纪》卷一三"孝武帝元狩四年"条，张烈点校，中华书局，2002年，第219页。
④ 《续汉书·百官志五》。又见《史记·项羽本纪》《汉书·高帝纪上》注如淳曰引《汉仪注》。
⑤ 《文献通考·兵考一》"秦兵制"条，中华书局，1986年，第1305页下栏。
⑥ 《盐铁论·未通》御史曰"古者十五入大学，与小役；二十冠而成人，与戎事"，文学曰"二十而冠，三十而娶，可以从戎事"，也都侧重服兵役的方面。

此与（2）"一岁为卫士，一岁为材官骑士"所记服兵役年数均为两年，内容略有差异。一言赴边屯戍，一言在地方郡国服役。如果注意（2）下文"边郡太守各将万骑，行障塞烽火追虏。……置部尉、千人、司马、候、农都尉，皆不治民，不给卫士"的内容，可知"内郡的士兵不可以免除卫士的义务"。换言之，这里的番上一年及在地方服兵役一年，乃指内郡而言。《汉书·刑法志》"天下既定，蹑秦而置材官于郡国，京师有南北军之屯"，与（2）所言较为对应。按屯戍兵役包括在边境地区服戍卒之役，也包括到京师服卫士之役。这种情况下，（1a）将番上、赴边分而论之，或属选择关系，即（1b）所谓"征卫、屯戍一岁"。服兵役以二年计，当一岁番上或戍边，一岁在本郡县服役。

秦及汉初，"徭"与爵制关系密切。大夫以上使用同一年龄标准；大夫以下的不更、簪褭、上造、公士及无爵者，依次递增，使用不同的年龄标准。《傅律》简357记皖老年龄，只提及不更以下诸爵即无爵的公卒、士伍，同样未做统一规定。其中，不更的皖老年龄为五十八岁。这正是大夫以上的免老年龄。故二十等爵只有不更以下的士级爵、无爵者，才有皖老阶段。他们达到大夫以上的免老年限时，尚需服半役四年。律文对不更以下各爵服役年龄标准做如此细致规定，反映国家在管理上对低爵的重视。作为当时社会的主要人群，他们是官府役使的重心所在、徭戍的主要承担者。[1]

2. 戍

秦及汉初，"徭""戍"分指两类，不仅睡虎地秦简《秦律十八种》《秦律杂抄》存在《徭律》《戍律》律名，岳麓书院藏秦简也发现《徭律》《戍律》。《史记·项羽本纪》"诸侯吏卒异时故繇使屯戍过秦中，秦中吏卒遇之多无状"，"繇使屯戍"分指两事，可与"徭戍"语对应。

---

① 详参孙闻博《秦及汉初"徭"的内涵与组织管理——兼论"月为更卒"的性质》，《中国经济史研究》2015 年第 5 期。

里耶秦简所见"屯戍"，只是戍卒身份中的一种。"更戍"与"冗戍"对称，前者分番行戍，后者行戍期限较长。"罚戍""適戍"为一组，前者因罪戍边；后者因身份而被征发。秦代戍卒类别多样，展现行戍制度在历史早期已较复杂。

3. 兴

与日常性"徭""戍"相别，战时征发、调集称"军兴"，与"从军"关系密切。《二年律令·兴律》既有"当戍，已受令而逋不行盈七日，若戍盗去署及亡盈一日到七日，赎耐；过七日，耐为隶臣；过三月〈日〉，完为城旦"（398）一类行戍规定，又有"当奔命而逋不行，完为城旦"（399）的内容。后者偏重募兵，与军兴关系更近。

秦、汉有《兴律》，前者见睡虎地秦简、岳麓书院藏秦简，后者见张家山汉简《二年律令》等，[①] 与徭、戍密切相关。不过，《兴律》未见明显与军兴相关的内容。由汉律《兴律》到唐律《擅兴律》的发展，《唐律疏议·擅兴》："《擅兴律》者，汉相萧何创为《兴律》。魏以擅事附之，名为《擅兴律》。晋复去擅为《兴》。又至高齐，改为《兴擅律》。隋开皇改为《擅兴律》。"[②] 从《唐律疏议》"大事在于军戎，设法须为重防。厩库足讫，须备不虞，故此论兵次于厩库之下"的分析看，汉、唐涉及《兴律》内容并不对应。唐律《擅兴律》二十四条，军事类在前，徭役类居后，体现"大事在于军戎"的立意。《兴律》在汉唐间存在一个逐渐发展和调整的过程。张家山汉简《奏谳书》"发屯"案例中，夷道蛮夷男子毋忧征召为屯而逃亡，最后被处腰斩，以往多视作冤案。賨钱"以当繇（徭）赋"，可用于抵徭。一旦"发屯"，蛮夷被征者仍需接受调发，参与屯戍。犯罪男子虽为蛮夷，但因逃亡即被腰斩，处理当以军事行为界定，量刑又依军法做出。这一处理，有助

---

① 张家山 M336 竹简、兔子山 J7 木牍、睡虎地汉简、胡家草场 M12 汉简也有《兴律》内容。
② 《唐律疏议》，中华书局，1983 年，第 298 页。

于理解汉代《兴律》多不载军兴内容。当时军兴规定仍属军法范畴。

五、秦汉军事生活的制度史考察

（一）女子参战与亲属随军

古代女子从军，是中国军事史上引人注目的现象。前人对历代"女军"有梳理分析，侧重唐代以后。[①]战国秦汉妇女不服正役、兵役。这一阶段，"女子从军"多是临时征发妇女从役，且在守城时较多出现。战国晚期魏律、秦律均出现"从军"，[②]显示当时已为固定用法，就是投入军队，当兵入伍。分析战国秦汉妇女参与军事活动，可考虑使用"参战"一语。

民众行徭、戍边，亲属多不跟从。西汉中期以后，西北边地屯戍始多有妻子从者随往。居延、敦煌汉简中见有大量吏卒亲属的居处记录，如：

"卒家属名籍"【203.15】

"卒家属见署名籍"【194.3，194.13】

"卒家属在署名籍"【185.13】

"戍卒家属居署名☐"【E.P.T65：134】

"家属妻子居署省名籍"【E.P.T40：18】

"卒家属廪名籍"【276.4A】

"戍卒家属在署廪名籍"【191.10】

森鹿三研究居延戍卒家属廪名籍，认为候官下辖"每个部每个月都配给了

---

① 王子今《中国女子从军史》，军事谊文出版社，1998 年。
② 《为吏之道》附"魏奔命律"以及《秦律十八种·军爵律》《秦律杂抄》。

隧卒家属将近一百石谷物"，估算下来，"隧卒几乎都有家属"。^① 王子今又指出"汉代西北边塞简牍资料中这种女性，并非都是'下级军吏的家属''下级军吏的妻子家属'，数量更多的是士兵'家属'，即'卒妻'"。^②

出入边地关卡的亲属记录，以戍吏为多，如：

"竟宁元年正月吏妻子出入关致籍"【E.P.T51：136】

"鸿嘉五年吏妻子及葆出入关名籍"【73EJT21：35A、B】

家属符多为基层戍吏持有，如：

"橐佗延寿隧长孙时符"【29.1】

"橐佗吞胡隧长张彭祖符"【29.2】

"橐他通望隧长成褒建平三年五月家属符"【73EJT3：89】

"橐他勇士隧长井临建平元年家属符"【73EJT6：42】

"橐他石南亭长符"【73EJT9：87】

"橐佗圣宜亭长张谭符"【73EJT9：275】

"橐佗野马隧吏妻子与金关关门为出入符"【73EJT21：136】

相对于戍卒来自边郡、内郡者皆有，低级戍吏主要从河西边郡选用。制度允许与居官去家较近，是戍吏亲属出入关多见、流动性较强的原因之一。

居延汉简提到戍卒家属，往往称"见署""在署"或"居署"。"署"，过去认为指吏卒的驻守岗位。然据勘察可知，各隧面积很小，隧

---

① 森鹿三著，金立新译《论居延出土的卒家属廪名籍》，《简牍研究译丛》第一辑，中国社会科学出版社，1983 年，第 108～109 页。又，管东贵《汉代边塞眷廪的范围与分级》，李亦园、乔健编《中国的民族、社会与文化——芮逸夫教授八秩寿辰论文集》，食货出版社，1981 年，第 205～222 页；施伟青《汉代居延随军戍卒家庭人口的若干问题》，《中国社会经济史研究》1998 年第 3 期。

② 王子今《汉代军队中的"卒妻"身份》，《秦汉称谓研究》，中国社会科学出版社，2014 年，第 271～283 页。

中房址数量有限，主要供吏卒生活，无法容纳大量亲属入居。并且，目前所见卒家属廪名籍，口粮基本为家属自领，很少见吏卒代家属领取。大量吏卒廪食简也显示，吏卒廪食基本为自取或同隧隧卒代领。吏卒家属可能并不与吏卒居处在一起。部隧戍吏俸禄一般由部派官吏前往候官集中领取，领回后，再通知部内戍吏赴部领取。后种领取也基本为自取，或同隧隧卒代领。我们注意到，卒家属名籍多以候官下的部为单位进行统计，如简 122.1 原作"第十七部建平四年十二月戍卒家属当廪"，简 203.15 作"·右城北部卒家属名籍　凡用谷九十七石八斗"，简 E.P.T40：18 作"·第廿三部建平三年七月家属妻子居署省名籍"，提到了十七部、城北部、廿三部。由此，"署"并非吏卒驻守岗位，而指吏卒家属集中居住的区域。署所多以"部"为单位，与烽隧线距离不远，家属由此可与吏卒时常发生联系。

世入东汉，诏令进一步规定罪徒减死从军，妻子自随，占籍边县。军人与亲属共居至汉末三国扩大与普遍化，反映军队组织形态的变化。

军人违法对家属的连坐，据《墨子·旗帜》《号令》及银雀山汉简《守法守令十三篇》简 787，涉及父母、妻子；扩展而至同产；家庭之外，涉及左右同伍之人。本人及家属量刑，从斩首、枭首以至车裂，刑罚严酷。汉初《二年律令·贼律》简 1、2 区分为两种情形：一是主动行为，又分"反""降"两种；二是应对性被动行为，分"不坚守弃去之""（不坚守）降之"。触犯者皆腰斩，父母、妻子、同产不论年纪，皆处弃市。敦煌马圈湾汉简《捕律》，时属宣帝，提到"亡入""弃亭鄣逢（烽）燧者""不坚守降之""从塞徼外来绛（降）而贼杀之"，同样皆处腰斩。不过西汉后期，连坐范围已有收缩，对亲属责罚只及妻子，量刑也有所减轻。曹魏加重"士亡"处罚后，虽较东汉末年的原本规定严苛许多，但与《墨子·号令》《尉缭子·兵令》对照来看，它的多次加重不过是接近战国时期的规定罢了。然而，这些调整仍遭大臣的明确反对，反映社会观念、风气的转移。《三国志·魏书·高柔传》"金有母妻及二弟皆给官"，固然显示曹魏时期对兵士家庭成员人身役使的加深。

然而，从战国、秦汉的整个发展趋势看，有关连坐的法律规定，无论在范围还是量刑上，均向转轻的方向变化。它与人身役使的发展，并不完全同步。[①]

（二）边塞军人的"日常"生活

半个多世纪前，杨联陞作《帝制中国的作息时间表》，分两部分对中国两千年来皇帝、官员的办公时间与假日，农人、商人等普通社会群体的营业与劳动时间，做了通贯而简要的考察，于汉代有所涉及。[②]西北汉简发现后，学界对河西边塞屯戍军人的日常"生活"多有梳理。而以"时间表"为题，我们还可进一步措意他们生活的"日常"。

关于汉代官吏的办公时间，以往关注很少。《说文·申部》："申，……吏以餔时听事，申旦政也。"段注："餔者，日加申时食也。申旦政者，子产所谓'朝以听政，夕以修令'；公父文伯之母所谓'卿大夫朝考其职，夕序其业。士朝而受业，夕而习复也。'"[③]按餔时对应申时，属东汉十二时系统。十二时制在西汉虽已出现，但只被历法家等少数人使用。[④]至东汉章帝颁行四分历，十二时制才在官方系统得到相当推行。[⑤]而"旦政"多对应"朝以听政"，指在清晨厘务。许氏解字，揭示东汉官吏分别在早间与下午正式办公。段注联系先秦卿大夫处理政务的时间，在体现制度承续性同时，于清早时段称"朝"。勾稽史料，东汉时期例证其实尚有一些。《潜夫论·爱日》云：

---

① 详参孙闻博《秦汉的女子参战与亲属随军》，蒲慕州主编《礼法与信仰——中国古代女性研究论考》，商务印书馆（香港）有限公司，2013 年，第 52～74 页。

② Lien-sheng Yang, Schedules of Work and Rest in Imperial China, *Harvard Journal of Asiatic Studies*, Vol. 18, No. 3/4（Dec., 1955），pp. 301～325. 中译文见杨联陞《国史探微》，辽宁教育出版社，1998 年，第 44～65 页。

③ 许慎撰，段玉裁注《说文解字注》，上海古籍出版社，1988 年，第 746 页下栏。

④ 于豪亮《秦简〈日书〉记时记月诸问题》，《于豪亮学术文存》，中华书局，1985 年，第 159～160 页。

⑤ 任杰《秦汉时制探析》，《自然科学史研究》2009 年第 4 期，第 459～461 页。

> 万官挠民，令长自炫，百姓废农桑而趋府庭者，非朝晡不得
> 通，非意气不得见。

王符批评地方官员扰民自恃，百姓赴县廷办事时，非"朝晡"时段，非馈赠礼物，不能获取接待。而平日"得通"之"朝晡"，应是官员办理公务的常规时间。高诱《淮南子叙》自云：

> 除东郡濮阳令，……于是以朝餔事毕之闲，乃深思先师之训，
> 参以经传道家之言，比方其事，为之注解。

可知这部《淮南子注》是高诱在任东郡濮阳县令时，于"朝餔"理事之外的空闲时间完成的。又，《太平御览·职官部六二》引《钟离意别传》、《三国志·费祎传》注、萧绎《纂要》分云：

> 太守窦翔召意署功曹吏，意乃为府立条式，威仪严肃，莫不靖
> 恭。后日，窦君与意相见曰："功曹须立严科，太守观察朝晡。"①
> 〔费祎〕常以朝晡听事，其间接纳宾客，饮食嬉戏，加之博弈，
> 每尽人之欢，事亦不废。
> 施于府寺曰朝晡鼓。②

所谓"太守观察朝晡"，"常以朝晡听事"，也与前举含义相同③。至南朝萧梁，官府置鼓尚有"朝晡鼓"之称。联系前论，"朝餔""朝晡"具体指朝时、餔时。

秦至东汉初年时制与之有异，可能主要为十六时。此时制的时段划分与命名，还可能采取夏至日昼十一、夜五各自均分的方式，不同季节

---

① 李昉等《太平御览》，中华书局，1960年，第1237页下栏。
② 徐坚等《初学记·乐部下鼓七》，中华书局，1962年，第399页。
③《后汉书·赵熹传》言寓京藩王面见皇帝，又有"朝晡入临"语。

随时调整。^①悬泉汉简Ⅵ 92DXT1222 ②：19 木牍记录某年"十月十二月"一日夜时称 32 个。^②据出土层位，时属王莽至东汉初期。^③此为依季节变化而在冬季使用的时制，符合太初历系统且时称衔接完整，初步建立起当时冬季时制同今时的对应关系。

永田英正曾通过集成"诣官"簿，探讨候官一级组织的军务运作。^④这类簿书，实属候官所辖部、隧戍吏被召或因事而赴候官会办事务的报到登记簿。格式为：职务—姓名—事宜—"诣官"—某月—某日—某时入，按月初步编册，然后进一步汇总。部隧吏卒诣官时间固然源自启程时刻，然因距离相对较近，应是在充分估计抵达大致时间下进行的，反映候官一级的办公状况。今以甲渠候官为对象，在考虑时制随季节可能发生的变化下，共搜集前后所刊资料中关涉者 111 例，分析可知：河西汉塞军事组织的日常办公，大体从平旦延续至下餔，甚至日入。候官的接待工作在上、下午各形成一次高峰。

属吏协助长官厘务，承担大部分具体工作，并需"直符"检视府库。"直符"除陈梦家所言"由尉史任之"外，从事者还有令史。更直一日一夜，次日平旦交接：

> 建始二年十月乙卯朔丙子，令史弘敢言之："乃乙亥直符，仓库户封皆完，毋盗贼发者。敢言之。"【E.P.T52：100】
>
> 建平三年七月己酉朔甲戌，尉史宗敢言之："乃癸酉直符一日一夜，谨行视钱财物臧内户封皆完，毋盗贼发者。即日平旦付令史宗。敢言之。"【E.P.T65：398】

---

① 任杰《秦汉时制探析》，456～459 页；吕世浩《汉代时制初探——以悬泉置出土时称木牍为中心的考察》，张德芳主编《甘肃省第二届简牍学国际学术研讨会论文集》，上海古籍出版社，2012 年，第 111～118 页。

② 图版、释文参见张德芳《悬泉汉简中若干"时称"问题考察》，《出土文献研究》第六辑，上海古籍出版社，2004 年，第 190～191 页；张德芳《简论汉唐时期河西及敦煌地区的十二时制和十六时制》，《考古与文物》2005 年第 2 期，第 69 页。

③ 胡平生、张德芳《敦煌悬泉汉简释粹》"前言"及"凡例"，上海古籍出版社，2001 年，第 1～2 页。承张俊民先生告知，此木牍时代或可早至西汉宣元时期。

④ 永田英正著，孙言诚译《试论居延汉简所见的候官——以破城子出土的"诣官"簿为中心》，《简牍研究译丛》第一辑，中国社会科学出版社，1983 年，第 197～222 页。

候官之下的部隧吏卒，主要负责"惊烽火明天田谨迹候候望"（278.7A），即按时传递信号，平治天田，巡查踪迹，候望敌房。其中，日迹巡视大体分两类群体，工作范围有别。一是部的候长、候史及士吏。候长、候史每日巡视，要在一个月中将部界内全部隧所巡视一遍。[①] 四面书写的"■第十候史日迹梼"（99ES16SF2：4），是候史使用的日迹筹。居延新简有"将军令月生民皆布在田野以塞候望为耳目檄到恭等令隧长旦蚤迹士吏候长常以日中迹"（E.P.F22：167），提到士吏、候长日迹通常在一天的日中。此简出土于甲渠候官 F22，与编号相邻简 E.P.F22：166、168 构成一组册书，时代为"建武黍年六月"。在 F22 西侧，与之相邻的 T49、T48，[②] 还见有"第六日中梼"（E.P.T48：131、E.P.T49：1、E.P.T49：2）、"第六日中迹梼"（E.P.T49：24、E.P.T49：25、E.P.T49：26）。这类提到"日中"时称的日迹筹，可能同样为候长、候史持有。另一群体是隧的隧长、隧卒，负责烽隧周边区域的天田巡察。四面书写的"■甲渠第七隧长日迹梼"（2000ES7SH1：25）、"■第七隧卒日迹梼"（2000ES9SF1：1）、"驿北亭卒日迹梼"（73EJT23：286），由他们使用。与候长有异，隧长的日迹时间是"旦蚤"，即平旦至蚤食。敦煌、居延汉简显示，为保证巡徼工作到位，相邻烽隧当直者还须至界上刻券：

十二月戊戌朔博望隧卒旦徼迹西与青堆隧卒会界上刻券～ ≠
十二月戊戌朔青堆隧卒旦徼迹东与博望隧卒会界上刻
券～　显明【1392】
四月威胡隧卒旦迹西与玄武隧迹卒会界上刻券【2296】

无论昼夜，他们还须定时、应时击鼓，举表，举火，报送信号，传递指令。接旁隧信号后的应时举表如：

---

① 汪桂海《简牍所见汉代边塞徼巡制度》，《秦汉简牍探研》，文津出版社，2009年，第154页。
② 《甲渠候官遗址发掘探方分布图》，甘肃省文物考古研究所等编《居延新简：甲渠候官》附录。

十一月丁巳

平旦表四　　　　日食坐时表四☑　　日餔时表三

日出时四　　　　日东中时表三　　　日下餔时☑

日蚤食时表七　　日中时表四

日食时表三　　　　　　　　　　　　　　【74EJT23：972】

　食表一通　　日未中表一通　　　　　　　日蚤食时表一通

☑□时表一通　日餔时表一通　六月己亥十通　日食时表一通　☑

　□中表一通　日下餔时表一通　　　　　　日未中表一通

　□表一通　　日夕表一通　　　　　　　　日中表一通

【73EJT9：267A】

两简出土于肩水金关，应为一日内举表次数的汇总。所见时段从平旦延续至夕时。这要求守望戍卒时刻关注左右邻隧动静，不得有片刻懈怠。

进入夜间，亭隧间的常规信息传递依旧：

乙夜一火　　丙夜一火　　丁夜一火

和木辟　　　和临道　　　和木辟

卒光　　　　卒章　　　　卒通　　　【88.19】

此出土于居延地区 A10 瓦因托尼。该地早期是通泽第二亭，后来发展为殄北候官第二隧。[1]汉代已行五更之制。木辟、临道之间某亭隧隧卒光、章、通三人，在当晚乙夜、丙夜、丁夜接相邻亭隧信号后，分别举火。夜间。亭隧戍卒似依更轮直。《新书·解县》提到"斥候者望烽燧而不敢卧，将吏戍者或介胄而睡"。[2]边塞长夜，有烽火辉映的景象，有隧卒辛劳的身影。

　　边塞军政多依文书实现，各项事务随时记录书写，类似后代的到簿

---

[1] 陈梦家《汉简考述》，《汉简缀述》，第 32 页。对照图版，此简上端微残，下端断裂，残存文字模糊难辨。

[2] 贾谊撰，阎振益、钟夏校注《新书校注》，中华书局，2000 年，第 128 页。《汉书·贾谊传》作"斥候望烽燧不得卧，将吏被介胄而睡"。

与点检，保证各级组织的人事纪律与办事效率。戍吏在月旦、晦日最为忙碌。月簿、四时簿上报多在此时。政务的实际运作中，上报时间常存一定浮动，钱粮的发放时间更不严格。年度簿籍还存在"九月制"与"十二月制"之别。在日常戍守的岁月里，吏卒从事巡视侦查、维修设施、运储物资，涉及日迹，画天田，除沙，作橿格，伐茭、慈其、蒲、苇，治绳，治壍，涂屋、亭，负物，取薪，谪运，置井，积冰，垦田等诸多劳务。下举"作橿格"一项，予以说明。

秦汉边塞除垒筑土墙外，依所处环境而灵活使用多种方案。《汉书·匈奴传下》载，西汉元帝时，中郎侯应言"起塞以来百有余年，非皆以土垣也，或因山岩石，木柴僵落，溪谷水门，稍稍平之，卒徒筑治，功费久远，不可胜计"。以往多留意"土垣""因山岩石"，而较少关注"木柴僵落"。居延新简出现有"作橿格"的内容：

> 二里五十步可作橿格，下广丈二尺，上广八尺，高丈二尺，积
> 卅六万八千尺，人功百五十六尺，用积徒三千人，人受袤尺三寸
> 【E.P.T58：36】

按僵、橿皆从畺得声，例可相通，落、格也可通假。"僵落"可写作"橿格"。汉代长城城墙基宽"窄的只有2～3米，宽的可达6～7米，甚至近10米"，而"一般高度当在2.5～3米左右"。[①]简文所记橿格"下广丈二尺"，与基宽较窄者相合；而"高长丈八尺"，正在2.5至3米之间；复联系"二里五十步"的修筑距离，所谓"橿格"应即文献中的"僵落"。简文所记橿格，截面为上底8尺、下底12尺、高12尺的梯形，面积120平方尺。长度2里50步，合3 900尺。二者相乘所得体积数，正合"积卅六万八千尺"。这种"橿格"应非完全使用木材，可能是"以泥土、树枝、木栏为之"。[②]斯坦因早年考察敦煌汉代边塞遗

---

① 孙机《汉代物质文化资料图说（增订本）》"塞防设施"，上海古籍出版社，2008年，第183页。

② 谢桂华、李均明、张俊民《中国简牍集成（标注本）》第11册，敦煌文艺出版社，2001年，第103页。

址，提到"把一薄层流沙清除之后，就看见了用苇秆捆在一定的间隔，同泥层交互砌成的一道正规的城墙。全部经过盐卤渗透之后，坚固异常。墙外面，同内部成捆的苇秆成直角形，还放有别的苇秆，捆扎得很仔细，形如束柴，砌成堤形，苇秆束一致长八尺，厚约八寸"。[①]"用积徒三千人"非指参与劳作人数，而是 3 000 个出工单位。计算可知，每个单位的平均工作量为 156 立方尺，对应塞墙长度为 1 尺 3 寸。[②]

　　河西汉简军人的劳作时间、任务、定额相对明确。一定劳动强度背后也体现着一定的效率。辛勤工作之余，他们获得相应的休沐。各类节日也在一定程度上放松他们的神经，调节他们的心绪。边塞军人有着自己的娱乐休闲，有着自己的情感诉求，在这紧张与舒缓的张弛之间，实现着个人义务与帝国安全。[③]

六、结论与展望

　　秦汉首次建立起大一统"集权君主制"帝国，军事制度对帝国体制的构建影响直接。秦、西汉早期的军事组织体系，呈现京师与诸郡平等，内、边郡差别不甚突出的横向派生格局，直接反映军国体制的特征。西汉武帝以降，军国体制向日常行政体制发展。京师、诸郡的中外格局日益凸显。随着军事组织的"边地化"，内郡、边郡差别也更为突出。

---

① 斯坦因著，向达译《斯坦因西域考古记》，中华书局，1936 年，第 119～120 页。又，敦煌中部都尉下辖烽燧及塞墙构筑也有"用湖沼中碱化的泥土，间以柴木筑成的"。林梅村、李均明编《疏勒河流域出土汉简》之《疏勒河流域汉代边塞遗址概述》，文物出版社，1984 年，第 20 页。

② 边塞鄣城等军事设施外围，还常周绕虎落以防卫。简文作"彊落"（239·22、E.P.T59：15），用字与"榬格"接近，形制却有差别。发掘甲渠候官，"坞四周 3 米以内的地面，埋设四排尖木桩，完整者高 33 厘米、间距 70 厘米左右，三角形排列"，报告执笔者认为"即史书和汉简所谓的'虎落''强落'"。甘肃居延考古队《居延汉代遗址的发掘和新出土的简册文物》，《文物》1978 年第 1 期，第 2 页。

③ 详参孙闻博《河西汉塞军人的生活时间表》，《简帛研究二〇一五》春夏卷，广西师范大学出版社，2015 年，第 152～183 页。

秦汉帝国初期，社会身份序列上端为二十等爵，下端以徒隶、司寇的刑罚序列，及相平行的私奴婢、隶所组成。国家通过律令，从制度上实现对人群的广泛役使与军事征调。二十等爵以侯、卿、大夫、士四分层为主，逐渐向官、民爵分层为主发展。卿爵衰落、民爵等齐化，使爵制的身份秩序意义日益消失。与此类似，汉文帝刑罚改革后，身份刑向劳役刑过渡，刑期开始"有年而免"。旧有的刑罚序列也无法维持。帝国建立时依靠的社会身份秩序，多有调整变动。

西汉、东汉社会，深处军国体制向日常行政体制过渡、演变的历史背景之下。曾经贯通上下、作用重要的社会身份序列逐步弱化、消亡。而"京师—内郡—边郡"从中外平等走向内外之别，并日益发展。

目前，宫宅洁集合日、韩、中、欧的学者力量，继续开展秦汉军制的研究。关注点扩展至军事与民族的关系问题，思考中国古代多民族社会的军事统治。我们在发掘出土文献史料价值，扩展研究面向与深度同时，对今后秦汉军事制度研究，有以下期待：

一、加强战国、秦军事制度的体系性研究。

二、开展对秦汉军事文化的制度史考察。

三、注重秦汉军制的演变特征及与其它制度的互动关系。从制度演变角度思考秦、西汉、东汉社会的历史变化。

四、探讨军制对秦汉帝国体制构建的作用及影响，重新认识秦汉帝国建立的历史"变革"意义。

第六章　政区地理

马孟龙（复旦大学历史学系）

明晰历代政区设置，是历史研究的基础。《汉书·地理志》（以下简称《汉志》）、《续汉书·郡国志》（以下简称《续汉志》）完整载录两汉全国政区建制，是了解秦汉时期政区面貌的主要来源，历来受到学人重视。

　　虽然今人与古人均看重两《汉志》，但两者的研究理念存在本质不同。在传统沿革地理思维框架内，正史地理志和地理总志被当作某朝代固定不变的定制。在古人看来，《汉志》即西汉二百余年的政区设置，《续汉志》即东汉二百余年的政区设置，若能订正两部史志的讹误，即可厘清两汉政区建制。①因此古代学人对秦汉政区的研究，几乎等同于两《汉志》研究。

　　二十世纪七十年代，随着国家学术工程——《中国历史地图集》——编绘完成，历史地理研究者意识到正史地理志或地理总志只是某一特定年份的政区建制，以往将其视为一代定制的思维模式已与历史地理学的整体发展不相适应。进行更为精细的断代政区地理研究成为新的需要，今日学术意义上的政区地理研究孕育而生。具体到秦汉政区地理研究，其体系的建立始于周振鹤。他开创性地以《汉志》作为汉末"政区地理断面"，爬梳文献记载逆推西汉一代郡国级政区演变过程。②该研究体系的建立，具有划时代的意义。此后利用某朝代正史地理志或地理总志复原一个或几个"政区地理断面"，再结合传世文献讨论不同"政区地理断面"之间的演变过程，成为断代政区地理研究的基本模式。

　　继此之后，李晓杰又以《汉志》《续汉志》为两个"政区地理断面"，复原东汉一代的郡国级政区演变过程。③上述两项研究，几乎囊括了传世文献有关两汉政区建制的全部记载，奠定了汉代政区地理研究的基本格局。此后虽然有零散研究成果出现，基本是对已有政区地理演变体系的补缀。

---

① 笔者相信，并非所有古代学者把两《汉志》看作固定不变的政区建制。但由于当时尚不具备复原两汉不同时期政区建制的手段，所以只能暂且坚守传统的看法。
② 周振鹤《西汉政区地理》，人民出版社，1987 年。
③ 李晓杰《东汉政区地理》，山东教育出版社，1999 年。

进入二十一世纪，秦汉政区地理相对沉寂的研究状态发生变化。随着相家巷秦封泥和张家山汉简《二年律令·秩律》等出土文物、文献的公布，学界相关研究成果逐渐增多；随之而来的尹湾汉牍、里耶秦简牍、松柏汉牍等新资料的公布，使秦汉政区地理研究呈现繁荣面貌。时至今日，秦汉政区地理的研究面貌大为改观。本章即试图梳理二十世纪七十年代以来出土文献及文物资料对秦汉政区地理研究的推动作用。

一、出土文献所见秦汉政区地理信息

出土文献对秦汉政区地理研究的推进，首先表现为研究资料的丰富。进行相关介绍前，有必要先归纳，出土文献究竟包含哪些秦汉政区地理信息。

（一）秦汉郡县二级行政建制

秦汉时期行政区划基本为郡县二级制。[①] 国家利用郡县二级行政区划把全国编户纳入管理体系。明确不同时期郡县二级政区一直是秦汉政区地理研究的重点。完整载录汉代全国郡县二级行政建制的两《汉志》，其突出的学术价值正在于此。

二十世纪初至今，尚未发现载录秦汉全国郡县政区建制的出土文献。但反映郡县隶属关系的资料却不断被发现。根据内容，将这些资料分为某郡辖县记录和某县行政隶属关系记录两类。

1. 某郡辖县记录
这类资料完整记录了某郡的辖县名目。目前共发现三种，按照出土

---

① 州、郡、县的三级行政区划层级制度则晚到东汉末年才逐渐形成。参见周振鹤《中国历史政治地理十六讲》第六讲《行政区划层级变迁的三循环》，中华书局，2013年，第122～123页。

时间顺序分别是：

《乐浪郡初元四年县别户口簿》。1991 年出土于朝鲜民主主义人民共和国平壤市贞柏洞 364 号汉墓，分记于三块木牍，完整记录了汉元帝初元四年（前 45）乐浪郡辖县名目。[①]

尹湾 M6 号汉墓 2～4 号木牍。1993 年出土于江苏省东海县尹湾汉墓群。其中 2 号木牍记录了东海郡各县的吏员数量（整理者定名为《东海郡吏员簿》），3 号、4 号木牍记录了东海郡各县长吏姓名、籍贯和履历信息（整理者定名为《东海郡下辖长吏名籍》）。[②] 两份资料完整记录了汉成帝元延年间东海郡辖县名目。

南郡《免老簿》《新傅簿》《罢癃簿》《户口簿》《更卒簿》。2004 年出土于湖北荆州市纪南镇松柏 M1 号汉墓，分见于 35 号、47 号、53 号木牍。[③] 以上几种簿籍保存了汉武帝早期南郡辖县名目。[④]

2. 某县隶属关系记录

在目前公布的出土文献中，数量最大的是某县行政隶属关系记录。"郡县里"是汉代文书记录人员籍贯的基本形式，根据人事籍贯，可以了解特定时期某县的隶属关系。这类记录集中见于河西烽燧、湖南古井以及全国各地墓葬出土的名籍类文书。

河西烽燧所见名籍类文书数量庞大，[⑤] 载录人事籍贯信息丰富且零散。从二十世纪八十年代开始，陆续有吴昌廉、何双全、周振鹤、大庭

---

① 尹龍九《平壤出土〈樂浪郡初元四年縣別户口簿〉研究》，中国出土資料学会编《中国出土資料研究》第十三号，2010 年。

② 连云港市博物馆等编《尹湾汉墓简牍》，中华书局，1997 年。

③ 荆州博物馆《湖北荆州纪南松柏汉墓发掘简报》，《文物》2008 年第 4 期；朱江松《罕见的松柏汉代木牍》，荆州博物馆编著《荆州重要考古发现》，文物出版社，2009 年，第 210～211 页。

④ 具体年代断限应在武帝建元三年至元光二年（前 138～前 133）之间。参见李炳泉《松柏一号墓 35 号木牍与西汉南郡属县》，《中国历史地理论丛》2010 年第 4 期。

⑤ 相关名籍分类参见李天虹《居延汉简簿籍分类研究》第一章《吏卒及其他人员》，科学出版社，2003 年。

脩加以汇录，极大方便学人使用。① 其中周振鹤《新旧汉简所见县名和里名》收集资料较为完备，且对简牍释文和相关政区建制有所校证。不过，该文总体反映二十世纪八十年代的简牍研究水平，存在地名误释、缺释和漏释等问题，排版时还出现了一些文字、编号讹误。有鉴于此，笔者曾作补释，以方便学者使用该文。②

二十一世纪相继公布的肩水金关汉简、悬泉汉简名籍文书所见汉县隶属关系，可以使用晏昌贵《增补汉简所见县名与里名》。③ 但此文仅收集部分汉简资料。随着肩水金关汉简的不断公布，陆续有研究生收集其中汉县隶属关系，相关汇录成果集中发布于武汉大学简帛研究中心主办的"简帛网"。

尹湾汉牍《东海郡下辖长吏名籍》所见汉县隶属信息极为丰富。廖伯源作过初步阐释。④ 东汉洛阳南郊刑徒墓砖、诸侯王墓葬墓石刻铭、碑刻是另外三种集中载录人员籍贯的文物资料。⑤ 两汉画像砖铭文以及墓葬石质构件也保留有丰富的墓主和工匠籍贯记录。与秦西汉行

① 吴昌廉《居延汉简所见郡国县邑乡里统属表》，《简牍学报》第 7 期，1980 年；何双全《〈汉简·乡里志〉及其研究》，《秦汉简牍论文集》，甘肃人民出版社，1989 年；周振鹤《新旧汉简所见县名和里名》，《历史地理》第十二辑，上海人民出版社，1995 年，后收入《周振鹤自选集》，广西师范大学出版社，1999 年；大庭脩主编《居延漢簡索引·地名索引》，関西大学出版部，1995 年。

② 马孟龙《〈新旧汉简所见县名和里名〉订补》，《历史地理》第三十辑，上海人民出版社，2014 年。

③ 晏昌贵《增补汉简所见县名与里名》，《历史地理》第二十六辑，上海人民出版社，2012 年。

④ 廖伯源《〈东海郡下辖长吏名籍〉释证》，《简牍与制度：尹湾汉墓简牍官文书考证》，广西师范大学出版社，2005 年。

⑤ 洛阳南郊刑徒墓砖著录见中国社会科学院考古研究所编《汉魏洛阳故城南郊东汉刑徒墓地》，文物出版社，2007 年；王木铎、王沛《东汉刑徒砖捃存》，国家图书馆出版社，2011 年。东汉诸侯王墓葬墓石刻铭目前公布有两批资料：一是河北省定县北庄汉墓墓石，相关著录见河北省文化局文物工作队《河北定县北庄汉墓发掘报告》，《考古学报》1964 年第 2 期；何慕《河北定县北庄汉墓题铭的整理》，《河北北方学院学报（社会科学版）》2015 年第 4 期；定州市旅游文物局编著《中山王汉墓出土黄肠石题刻精拓百品》，文物出版社，2018 年。二是山东省济宁市肖王庄汉墓墓石，见济宁市文物管理局《山东济宁市肖王庄一号汉墓》，《考古学集刊》第十二辑，中国大百科全书出版社，1999 年。

政建制多见于简帛不同，东汉行政信息多保留在石刻文物上。截至目前，尚无学者对其进行汇录。对此类信息的利用和发掘，仍然是学界面临的难题。

（二）秦汉郡县地名

在数量庞大的秦汉出土文献中，郡县隶属关系记录只占少数，更多是郡县地名。载录地名的出土文献种类繁多，包括简牍、帛书、石刻、器物铭文（青铜器、铁器、漆器、陶器、骨签）、印章、封泥等。

此类散见地名的搜集极为不易。汇集出土文献所见秦代地名较全的是《秦代政区地理》，但收集资料的下限为 2006 年。[①]晏昌贵集中汇录里耶秦简所见地名。[②]王伟则整理了秦代印章、封泥所见地名。[③]河西烽燧汉简地名搜集已见前文所述。至于其他汉代简牍、文物资料的地名搜集，则没有可以利用的工具书或文献。就目前秦汉出土文献巨量地名而言，未来很有必要建立一部可供检索的电子信息数据库。

相对于秦汉郡县隶属关系记录，地名在政区地理研究的学术价值较为有限，归纳起来主要有两点：一是某些不见于传世文献的郡县地名可以丰富对秦汉政区的认识；二是出土文献可以纠正以往对传世文献地名的误读。例如《汉志》北地郡"方渠除道"，以往理解为"方渠"和"除道"。张家山汉简《秩律》"方渠除道"以及秦封泥"方渠除丞"、汉印"方除长印"表明"方渠除道"为一个县级政区。[④]表面看来，这是利用出土文献对《汉志》所作的文献校订，却可以解决秦汉县级政区建

---

① 后晓荣《秦代政区地理》，社会科学文献出版社，2009 年。

② 晏昌贵《里耶秦简牍所见郡县名录》，《历史地理》第三十辑，上海人民出版社，2014年；《里耶秦简牍所见郡县订补》，《历史地理研究》2019 年第 1 期。

③ 王伟《秦玺印封泥职官地理研究》第六章《秦玺印封泥所见地理名称分类研究》，中国社会科学出版社，2014 年。

④ 周天游、刘瑞《西安相家巷出土秦封泥简读》，《文史》2002 年第 3 辑；彭浩、陈伟、工藤元男《二年律令与奏谳书：张家山二四七号汉墓出土法律文献释读》，上海古籍出版社，2007 年，第 281 页。

制问题。

张家山汉简《秩律》完整载录了吕后初年朝廷直辖 280 余县道邑，本来属于载录地名的出土文献资料。然而很多学者注意到，《秩律》县道地名排序与所属郡存在密切联系。[①]由于学界对西汉初年置郡已有了解，因而可以利用《秩律》间接复原吕后初年汉廷直辖区域的郡县二级行政建制。这使《秩律》具有了"地理志"的特征，成为目前出土文献所见最重要的汉代政区地理研究资料。截至目前，学界围绕《秩律》已经取得丰硕的成果，相关研究将在下文作以介绍。

二、出土文献与秦代政区地理研究

由于秦代延续时间短，再加上文献记载缺乏，可供讨论的政区地理问题非常有限。以往秦代政区研究主要集中在秦郡目研究，随着秦代出土文献的发现，秦代政区地理研究的广度不断拓展，引发新的研究课题。本节即介绍出土文献对秦代政区地理研究的推动状况。

（一）秦郡目研究

《史记·秦始皇本纪》二十六年（前 221）"分天下以为三十六郡"，未开列三十六郡目。虽然两《汉志》追述汉郡建置会涉及秦代置郡情况，但相关记载存在诸多问题。南朝裴骃的《史记集解》开列了一份秦代三十六郡的名单，成为此后研究秦郡的重要依据。

清代乾嘉时期，学者们对这份名单产生怀疑，最终将其舍弃，选择从《史记》《汉书》等原始文献辑补秦郡目，从而掀起了一波热潮。这

---

① 晏昌贵《〈二年律令·秩律〉与汉初政区地理》，《历史地理》第二十一辑，上海人民出版社，2006 年；何慕《张家山汉简〈二年律令·秩律〉所见吕后二年政区及相关问题》，武汉大学历史学院硕士学位论文，2006 年。

一热潮至二十世纪四十年代谭其骧《秦郡新考》的问世而告一段落。[①] 随着《中国历史地图集》和《中国大百科全书》两项国家学术工程先后采纳《秦郡新考》的秦郡体系，谭先生的结论成为学界共识。

二十一世纪以来，随着秦代出土文献的陆续公布，谭其骧秦郡体系受到冲击。二十世纪末公布的相家巷秦封泥中，[②] 出现河间、清河等新郡名，并未引起学者关注。直至周晓陆、路东之编辑《秦封泥集》，才系统阐发秦封泥在政区地理研究上的学术价值。二位学者指出相家巷秦封泥的发现，使世人对秦代封泥形制有了较为清晰的认识。从而可以从晚清民国封泥谱录中辨识出"即墨太守""济北太守""河间太守""临菑司马""赵郡左田""泰山司空"等秦代封泥。[③] 而其中的河间郡、赵郡、泰山郡不见于谭其骧复原的秦郡体系。另外，相家巷秦封泥"淮阳弩丞"所显示的淮阳郡也未见谭先生论及。[④] 周晓陆、路东之对秦封泥地理价值的阐发影响较大，此后学界讨论秦郡大多基于二位先生的结论。随着相家巷秦封泥资料的后续公布，学界又获知河外郡、巫黔郡、汾□郡三个新郡。[⑤] 不过，秦封泥资料并未引起历史地理学界足够关注，直到里耶秦简牍的发现才使局面有所改观。

2003 年部分里耶秦简牍公布，首度出现洞庭、苍梧两郡。这时学界才意识到，1995 年公布的张家山汉简《奏谳书》提到的秦代地名"苍梧"实际为郡名。[⑥] 里耶秦简的公布，随即引发学界关于秦代苍梧、

---

① 有关乾嘉时期至二十世纪四十年代的秦郡研究状况，可以参考辛德勇《秦始皇三十六郡新考》，《秦汉政区与边界地理研究》，中华书局，2009 年；何慕《秦代政区研究》第一章第一节《学术史回顾》，复旦大学历史地理研究中心博士学位论文，2009 年。

② 有关相家巷秦封泥的公布状况，可以参见王伟《秦玺印封泥职官地理研究》第二章第三节《相家巷出土秦封泥大事记》。

③ 周晓陆、刘瑞《90 年代之前所获秦式封泥》，《西北大学学报（哲学社会科学版）》1998 年第 1 期。

④ 周晓陆、路东之《秦封泥集》上编第二章第三节《封泥与秦地理研究》，三秦出版社，2000 年。

⑤ 周晓陆、陈晓捷、汤超、李凯《于京新见秦封泥中的地理内容》，《西北大学学报（哲学社会科学版）》2005 年第 4 期。

⑥ 陈伟《秦苍梧、洞庭二郡刍论》，《历史研究》2003 年第 5 期。

洞庭二郡的热烈讨论。^① 苍梧、洞庭两郡的发现，动摇了既有秦郡体系。正如周振鹤所说，苍梧郡、洞庭郡"可谓是一项颠覆性的发现，致使诸有关学人不得不对秦郡问题重新进行探讨"。

出土文献出现新郡名后，学界对秦郡体系大致存在三种倾向。一是尽量维持谭先生的秦郡体系。如后晓荣基本延续了谭先生对秦统一初年三十六郡的考证结论，只是把黔中、陈、齐、泗水等郡根据秦封泥改为巫黔、淮阳、临菑、四川，另外用九原郡替换闽中郡。^② 二是完全否定谭先生的秦郡体系。如何介钧又退回到清代钱大昕的秦郡研究思路，坚持《汉志》注记的三十六秦郡即秦代置郡名目。^③ 三是在原有秦郡体系基础上补充出土文献新见郡目。面对学界的各种动向，辛德勇写作《秦始皇三十六郡新考》对秦郡研究思路进行系统探讨，影响了日后秦郡研究的走向。

《秦始皇三十六郡新考》首先强调秦始皇二十六年"分天下以为三十六郡"是一个带有明确年代断限的秦代"政区地理断面"，日后揭示秦代郡级政区演变必须以此为基础。而清代以来，通过各类文献辑补秦郡的思路并不能得到三十六郡名单。至于钱大昕将《汉志》注记秦三十六郡视为秦郡体系，既与史料相悖，也不符合政区建置的基本规律，根本无法成立。辛先生充分肯定了裴骃三十六郡名单的史料价值，认为其有独特且可靠的史料来源，就是秦始皇二十六年的郡级行政建制。之后辛先生以裴骃名单为基础，复原秦代的郡级政区演变过程，指出秦代大致存在"统一前""秦始皇二十六年初并天下""秦始皇

---

① 周宏伟《传世文献中没有记载过洞庭郡吗？》，《湖南师范大学社会科学学报》2003 年第 3 期；陈伟《秦苍梧、洞庭二郡刍论》；王焕林《里耶秦简释地》，《社会科学战线》2004 年第 3 期；赵炳清《秦洞庭郡略论》，《江汉考古》2005 年第 2 期；周振鹤《秦代洞庭、苍梧两郡悬想》，《复旦学报》2005 年第 5 期；钟炜《楚秦黔中郡与洞庭郡关系初探》，《湖北大学学报》2005 年第 4 期；徐少华、李海勇《从出土文献析楚秦洞庭、黔中、苍梧诸郡县的建置与地望》，《考古》2005 年第 11 期；钟炜《洞庭与苍梧郡新探》，《南方论刊》2006 年第 10 期。
② 后晓荣《秦统一初年置三十六郡考》，《殷都学刊》2006 年第 1 期。
③ 何介钧《"秦三十六郡"和西汉增置郡国考证》，《黄盛璋先生八秩华诞纪念文集》，中国教育文化出版社，2006 年。

三十三年”三个重要时间截点。“秦始皇二十六年初并天下”的郡级政区设置以裴骃名单为准。至于传世文献、出土文献不见于裴骃名单的秦郡名，辛先生将其分为统一前置郡、统一后置郡两种，从而得出统一前有四十二郡，秦始皇三十三年有四十八郡的结论。这篇文章还有一处新颖思路，即秦始皇于三十三年一次性增设十二郡以凑成四十八郡，这样做是出于对数字"十二"的迷信。辛先生强调"数"在秦郡设置中的特殊内涵，显然是受王国维、周振鹤既有观点的影响。[1]

　　《秦始皇三十六郡新考》对于之后的秦郡研究具有重要意义。首先，该文把历史政区地理研究中的"年代断限"理念引入秦郡研究，指出以往不区分时代先后，盲目辑补秦郡做法的"非科学性"。而该文将秦始皇二十六年"分天下以为三十六郡"视为带有明确年代断限的秦郡建制。[2] 这一观念奠定了日后秦郡研究的学术规范。其次，该文总结了有秦一代郡级政区设置的基本特征，将秦郡演变划分为"统一前""统一之初""统一后"三个阶段。统一前，秦郡设置带有明显的军事性、临时性以及对六国置郡的继承性。统一之初，秦始皇对全国郡级政区重新规划，调整为三十六郡。而三十六郡的数目则与秦人的数字观念有密切联系，郡界划分也带有帝国地域控制的目的。在统一之后，随着对外扩张导致的疆域拓展，以及帝国内部地缘政治格局的变化，需要调整郡级政区设置。这一时期的秦郡设置带有"调整性"，以适应新的政治形势的需要。辛先生对秦代不同阶段郡级政区设置特征的把握应当说是非常准确的。

　　不过，该文研究思路也存在一些缺陷。首先文章对秦代郡级政区演变的认识以裴骃三十六郡名单为基础。这份南朝才出现的名单，真实性很令人怀疑。其实，裴骃名单乃脱胎自徐广《史记音义》，而徐广的名

---

[1]　王国维《秦郡考》，《观堂集林》卷一二，中华书局，1959年；周振鹤《汉郡再考》附《秦一代郡数为四十八说》，《学腊一十九》，山东教育出版社，1999年。

[2]　谭其骧既往研究已经隐含了视秦始皇二十六年三十六郡为秦郡研究首要前提的想法。如在《秦郡新考》中，谭先生首先考证秦始皇二十六年三十六个郡的名目，再增补统一后增置、分置的十个郡目，即是这种思路的应用。

单乃是以《汉志》班固注为来源，并非裴骃见到一份史源独特的文献。再看这份名单构成，其中的"内史"能否归入三十六郡，历代有较大争议。[①] 名单中还有"齐郡"，但从秦代不用灭国名称呼郡级政区的规律来看，当时不会有"齐郡"之称，[②] 而就目前所见出土文物资料来看，临淄周边地区在秦至西汉初年设置的是"临菑郡"。2009 年，复旦大学历史地理研究中心举办暑期研修班，学员胡恒（现为中国人民大学清史研究所教师）在讨论《秦始皇三十六郡新考》时指出，裴骃名单带有明显的"封闭性"，如果日后发现名单中的任何一郡不存在于秦始皇二十六年，或是发现秦始皇二十六年存在不见于名单中的秦郡，即可将其证伪，由此构建的秦郡体系自然崩塌。当时大家都未料到，胡恒的预言很快就应验了。

2009 年，部分岳麓书院藏秦简公布，其中出现了衡山郡。[③] 岳麓秦简《为狱等状四种》"癸、琐相移谋购案"有"五月甲辰，州陵守绾、丞越、史获论令癸、琐等各赎黥，癸行戍衡山郡"的内容，其中的"五月甲辰"属秦始皇二十五年，[④] 而传世史籍亦有秦始皇于二十八年途径衡山郡的记载。这表明衡山郡设置于秦始皇二十五年之前，并且在二十八年依然存在，显然是秦始皇二十六年的三十六郡之一，却不见于裴骃的名单。2012 年，里耶秦简陆续公布，一份秦始皇三十四年的文书出现了"苍梧为郡九岁"，据此可以推算苍梧郡设置于秦始皇二十五年，[⑤] 而裴骃的名单同样没有苍梧郡。这些出土文献都表明裴骃秦郡名单并不可信，因而尝试以该名单为基础复原秦代郡级政区建制的途径也可以放弃了。

---

① 相关研究成果参见何慕《秦代政区研究》第一章第二节"内史非郡辨"部分。
② 王国维《齐鲁封泥集存序》，《观堂集林》卷一八；马孟龙《再论"秦郡不用灭国名"——以秦代封泥文字的释读、辨伪为中心》，《中国历史地理论丛》2017 年第 2 期。
③ 陈松长《岳麓书院藏秦简中的郡名考略》，《湖南大学学报（社会科学版）》2009 年第 2 期。
④ 朱汉民、陈松长主编《岳麓书院藏秦简（叁）》，上海辞书出版社，2013 年，第 12～13 页。
⑤ 陈伟主编《里耶秦简牍校释（第一卷）》前言，武汉大学出版社，2012 年。

既然传世文献没有一份可靠的秦郡名单，未来对秦始皇三十六郡名目的研究，恐怕要退回到乾嘉以来的"辑补"道路。其实此方法并非毫无价值，只是以往学者在采取此方法时，常忽视秦郡置废年代。如果充分重视秦郡的存在时限，仍然可以求得秦代郡级政区设置的大致面貌。例如，当明确某秦郡设置于统一之前，并延续至秦始皇二十六年之后，便可以将其补入"三十六郡"（像前面提及的衡山、苍梧两郡）。在求得秦始皇三十六郡名单后，便可以据此复原有秦一代的郡级政区设置。当然，就目前的资料来看，通过这种方式辑补的三十六郡名单必然是不完整的。但是随着出土文献的不断发现，笔者坚信终有补全的一天。

《秦始皇三十六郡新考》研究思路的另一处缺陷是过于强调秦人对数字十二的迷信，并据此推论秦郡数目必以十二为基数，秦始皇三十三年由三十六郡一次性增加为四十八郡。这种观点显然与行政区划设置的基本原则违背。当秦始皇初并天下时，对全国疆域进行规划，不排除依照数术观念分设秦郡。但是当统一后，帝国疆域不断拓展，内部统治环境也在变化，便很难按照数术理念来维系秦郡体系。辛先生的这种推论同样带有"封闭性"，假如日后出土文献出现秦始皇二十六年以后置郡及废郡的任何记载，只要其置废年代不在三十三年，那么上述推论就无法成立了。

虽然《秦始皇三十六郡新考》存在上述不足，但仍极大地推进了秦郡研究。尤其使得秦郡年代断限理念深入人心，日后的研究都无法回避这一问题。例如后晓荣在《秦代政区地理》一书中指出秦始皇统一之初分天下为三十六郡，此后不断增置新郡，于秦末形成五十四郡。何慕在《秦代政区研究》中对秦郡的研究也是以复原秦始皇二十六年三十六郡为基础。张莉认为秦始皇在二十六年分天下为三十六郡，后来又于二十八年、三十三年各增六郡，以足四十二郡、四十八郡之数。[①] 以上三位学者的研究思路，明显受《秦始皇三十六郡新考》影响。不过，三人都没有采纳裴骃的名单，也没有强调三十六郡一次性激增至四十八

---

① 张莉《秦郡再议》，《历史地理》第二十九辑，上海人民出版社，2014 年。

郡，显然是对《新考》的缺陷有所警惕。只是后晓荣、张莉复原的秦末五十四郡、四十八郡体系，仍然是以数字六为基础，还在延续王国维、周振鹤等学者的思路。另外，晏昌贵注意到睡虎地秦简"十二郡"的记载，尝试建立另一个秦郡研究的"政区地理断面"。① 也有学者另辟蹊径，如凡国栋基本放弃了"政区地理断面"的做法，而是分列传世文献、出土文献所见秦郡，逐一考订各郡的置废年代和辖域，不强调某一特定年代的秦郡体系。②

近十年来，又不断有新的秦郡涌现。学者们在探讨这些新郡时，已经充分注意到年代断限问题。例如对秦封泥中出现的河外郡、巫黔郡，岳麓秦简中的江胡郡，学者们基本认定为秦统一之前的短暂置郡，并不在秦始皇二十六年三十六郡之列。③ 而对于秦封泥、印章中出现的浙江郡，里耶秦简出现的武陵郡，学者们则将其定为统一之后置郡，也不在秦始皇二十六年三十六郡之列。④ 另外秦封泥和秦代兵器铭文见有"汾□""临汾"等名称，⑤ 对于这些名称是否为郡名，目前学界还有争议。

可以想见，未来公布的出土文献还会出现新的秦郡信息。对于日后的秦郡研究，笔者认为存在两种途径。一是充分考订每一个秦郡的置废

---

① 晏昌贵认为秦简中的"十二郡"反映的是秦昭王三十五年至秦庄襄王元年之间的郡级政区建制。见氏著《秦简"十二郡"考》，《舆地、考古与史学新说——李孝聪教授荣休纪念论文集》，中华书局，2012年。

② 凡国栋《秦郡新探——以出土文献为主要切入点》，武汉大学历史文化学院博士学位论文，2010年。

③ 关于河外郡的探讨见何慕《秦代政区研究》；晏昌贵《秦简"十二郡"考》。关于巫黔郡的讨论见何慕《秦代政区研究》；凡国栋《秦郡新探——以出土文献为主要切入点》。关于江胡郡的讨论见陈松长《岳麓书院藏秦简中的郡名考略》；周运中《岳麓秦简江胡郡新考》，简帛网，2009年9月12日；陈伟《"江胡"与"州陵"——岳麓书院藏秦简中的两个地名初考》，《中国历史地理论丛》2010年第1期；于薇《浅谈岳麓秦简中的"江胡郡"与"衡山郡"》，《古文字研究》第三十辑，中华书局，2014年。

④ 关于浙江郡的讨论见孙慰祖《官印封泥中新见秦郡考——关于浙江、江东、江南、豫章四郡始置年代》，《美术报》2011年2月26日；章宏伟《秦浙江郡考》，《学术月刊》2012年第2期。关于武陵郡的讨论见郑威《出土文献所见秦洞庭郡新识》，《考古》2016年第11期。

⑤ 周晓陆、陈晓捷、汤超、李凯《于京新见秦封泥中的地理内容》；王辉、王伟《秦出土文献编年订补》，三秦出版社，2014年。

年代，如果是史籍未见的新郡，则要搞清其与传世文献所见秦郡、汉郡之间的关系。二是时刻关注秦郡"政区地理断面"的复原。随着新资料的公布，要密切关注秦始皇二十六年三十六郡名目问题，随时对这份名单进行增补和修订。如果资料条件成熟，还可以尝试建立新的秦郡"政区地理断面"。通过上述努力，将有望深入了解秦代郡级政区体系的演变过程。

在研究出土文献所见秦郡时，还有一个问题需要注意，即对地名文字释读和地名性质的判定。例如有学者根据"赵郡左田"封泥讨论秦代赵郡，而事实上"赵郡"二字乃误释。[①] 又如学界讨论的齐郡、州陵郡、江南郡、江东郡，源于文字含义误解，实际并不存在。[②] 这提醒我们，在使用出土文献之前，需要进行文物辨伪、文字释读校对、文字信息重读等程序，切忌进行"拿来就用"式的研究。

（二）苍梧郡、洞庭郡研究

二十一世纪以前，所谓秦代政区研究就是秦郡目研究，受史料限制，还无法展开针对某郡的专项研究。二十世纪九十年代，秦封泥、印章文字中陆续识别一些新郡名，学界开始出现针对某一秦郡的研究文章，但这些研究的主要目的和价值是确认新秦郡的存在（如前面提到对江胡、浙江等秦郡的讨论），还无法展开更为深入的讨论。真正改变这一局面的，是里耶秦简的公布。

2003 年披露的里耶简牍出现了秦代苍梧郡、洞庭郡，随即引发学界热烈讨论。纵观 2012 年里耶秦简正式公布之前相关研究文章，主要

---

① 马孟龙《再论"秦郡不用灭国名"——以秦代封泥文字的考释、辨伪为中心》。
② 关于齐郡的讨论见周晓陆、路东之《秦封泥集》。关于州陵郡的讨论见陈松长《岳麓书院藏秦简中的郡名考略》；陈伟《"江胡"与"州陵"——岳麓书院藏秦简中的两个地名初考》；王伟《岳麓书院藏秦简所见秦郡名称补正》，《考古与文物》2010 年第5 期。关于江南、江东郡的讨论见孙慰祖《官印封泥中新见秦郡考——关于浙江、江东、江南、豫章四郡始置年代》。

围绕两郡辖域、置废年代，以及如何将两郡纳入已知秦汉郡级政区体系而展开。相关研究中，尤以陈伟《秦苍梧、洞庭二郡刍论》影响最大，说这篇文章奠定了日后苍梧郡、洞庭郡研究的基本格局不足为过。该文讨论了秦代苍梧郡、洞庭郡的辖域，指出苍梧郡辖有攸县，范围约当湘水流域；洞庭郡则包括沅水流域及洞庭湖区。两郡辖域与传统认识中的秦代长沙郡、黔中郡相当。秦始皇二十五年乃是将黔中郡拆分为苍梧、洞庭二郡。陈先生上述结论后来得到众多学者响应，[①] 成为 2012 年以前有关苍梧郡、洞庭郡的主流认识。

当然，也有学者对某些具体问题持不同看法。如徐少华认为秦国的黔中郡位于长江以北，不可能析置苍梧郡、洞庭郡，两郡乃延续楚郡而来。[②] 赵炳清也认为秦洞庭郡是延续楚洞庭郡而来，楚、秦洞庭郡即传世文献中的长沙郡，苍梧郡则是秦代从洞庭郡南部析置而来，在秦代并不存在长沙郡的名称。[③] 虽然学者们的具体意见有所不同，但就关注的问题而言，基本不出《秦苍梧、洞庭二郡刍论》的讨论范畴。

在 2012 年以前，有关洞庭郡治所问题是学界另一个研究热点。在里耶秦简部分信息公布之初，王焕林注意到里耶秦简 16–52 道里簿记载南郡至洞庭郡交通里程，路线延伸至临沅县后，便直接跳跃到迁陵，据此推测临沅为洞庭郡治所。[④] 钟炜、晏昌贵与王焕林观点近似，但认为不能排除索为郡治的可能。[⑤] 赵炳清则认为洞庭郡即传世文献长沙郡，郡治即临湘。[⑥] 徐少华推测洞庭郡郡治在沅陵。[⑦] 这一时期关于洞庭郡

---

① 周振鹤《秦代洞庭、苍梧两郡悬想》；钟炜《楚秦黔中郡与洞庭郡关系初探》；钟炜、晏昌贵《楚秦洞庭苍梧及源流演变》，《江汉考古》2008 年第 2 期；何慕《秦代政区研究》；凡国栋《秦郡新探》。
② 徐少华、李海勇《从出土文献析楚秦洞庭、黔中、苍梧诸郡县的建置与地望》。
③ 赵炳清《秦洞庭郡略论》；《秦代无长沙、黔中二郡略论——兼与陈伟、王焕林先生商榷》，《中国历史地理论丛》2005 年第 4 期。周振鹤也认为秦代没有长沙、黔中郡的名称，见《秦代洞庭、苍梧两郡悬想》。
④ 王焕林《里耶秦简释地》。
⑤ 钟炜、晏昌贵《楚秦洞庭苍梧及源流演变》。
⑥ 赵炳清《秦洞庭郡略论》。
⑦ 徐少华、李海勇《从出土文献析楚秦洞庭、黔中、苍梧诸郡县的建置与地望》。

郡治的看法可谓众说纷纭，但是分析各家的依据，除了王焕林根据里耶秦简文书特征展开讨论外，其他学者基本都是根据地理形势做出的推测，其结论并不能让人信服。

2012 年里耶秦简的正式公布随即引发洞庭郡第二波研究热潮。随着简牍信息的日益丰富，学者可以对既往研究进行检讨。例如随着洞庭郡内部行政文书的大量公布，洞庭郡属县名目逐渐清晰，其辖域与汉代武陵郡基本重合。又如简牍出现的"苍梧为郡九岁""迁陵廿五年为县"等信息，说明苍梧、洞庭二郡应是秦始皇二十五年王翦"定荆江南地"的产物。琴载元即据此指出，洞庭、苍梧二郡由黔中郡析置而来的观点不能成立，二郡乃秦始皇二十五年攻占江南后新置。[①] 这验证了此前赵炳清、徐少华等学者的看法。

里耶秦简载录了大量洞庭郡属县信息，陆续有学者据此勾稽洞庭郡属县名目。这种工作相当于间接复原了洞庭郡辖域，意义尤为重要。早期代表性的研究成果是庄小霞和晏昌贵的两篇文章，对秦代洞庭郡属县的复原基本以《汉志》武陵郡辖县为基础。[②] 这种将汉代武陵郡等同于秦代洞庭郡的研究思路，是存在问题的。所以两篇文章的汇录结果，还不能直接使用。笔者认为，未来仍有重新辑录洞庭郡属县的必要，具体操作要以简牍文书所反映的行政隶属关系为基础。[③]

里耶秦简的正式公布对洞庭郡郡治的研究也有很大推进。随着洞庭郡辖域的逐渐明晰，"洞庭郡即传世文献中的长沙郡，郡治在临湘"的观点不攻自破。而里耶秦简 8-657 "新武陵别四道，以次传"、简8-1677 "一人与佐带上虏课新武陵"，揭示洞庭郡治于新武陵。[④] 不

---

① 琴载元《秦洞庭、苍梧郡的设置年代与政区演变》,《鲁东大学学报（哲学社会科学版）》2013 年第 6 期。

② 庄小霞《〈里耶秦简〔壹〕〉所见秦代洞庭郡、南郡属县考》,《简帛研究二○一二》,广西师范大学出版社，2013 年；晏昌贵《里耶秦简牍所见郡县名录》。

③ 游逸飞已意识到这一问题，在对洞庭郡属县进行复原时，充分参考了文书本身所反映的隶属关系，见《里耶秦简所见的洞庭郡》,《中国文化研究所学报》第 61 期，中国文化研究所，2015 年。

④ 陈伟主编《里耶秦简牍校释（第一卷）》前言，第 6 页。

过，关于洞庭郡治于临沅的看法还不能轻易否定。于洪涛、晏昌贵通过里耶秦简 8-159、9-712、9-718 所示文书传递路线的分析，都指出临沅是文书的发出地点，即洞庭郡治。^① 另外，郑威注意到某些洞庭郡守发出的文书，存在"以沅阳印行事"的记录，推测沅阳也是洞庭郡郡治。^② 不过，里耶秦简所见洞庭郡守下发的文书也有"以新武陵印行事""以临沅印行事""以上衍印行事"等情况。如果说文书出现"以某县印行事"即是郡治，那么在秦始皇二十五年到秦二世二年的十四年间，洞庭郡的郡治竟然更换了四次，实在有悖常理。游逸飞结合里耶秦简"以上衍印行事"指出，"可能反映洞庭郡守在巡视属县上衍时处理公文，遂于上衍县发出洞庭郡公文。如此一来，仅凭文书发出地探讨郡治所在，便不够稳妥"。^③ 其实，如果仔细分析这些"以某某印行事"的公文，发文者皆为"假守"，因此"以某某印行事"只是代理洞庭郡守的职官，与郡守治所并无联系。^④ 排除这些"以某某印行事"的资料，则洞庭郡先后治于新武陵、临沅两县，^⑤ 至于其他属县为郡治的意见并无坚实证据。

里耶秦简所见洞庭郡属县还有一些不见于传世文献，这些新知秦县的方位，也引发了学者的关注。关于"新武陵"县，郑威注意到魏晋《义陵记》有刘邦更武陵为义陵之记载，指出秦代新武陵即汉代义陵县；至于"沅阳"，郑威则根据湖南省黔阳县出土的"沅阳"楚印章将其定位于当地。郑威还根据里耶秦简 8-159，认为索、门浅、上衍、零阳处在一条交通路线上，分别考订了门浅、上衍的地望。^⑥ 此后晏昌贵指出，学界对 8-159 木牍的解读存在偏差，文书中索、门浅、上衍、零阳是从临沅出发，向四个不同方向路线的首站。根据这种理解，晏昌贵重新

① 于洪涛《试析里耶秦简"御史问直络脾程书"的传递过程》，《长江文明》第十三辑，重庆出版社，2013 年；晏昌贵《里耶秦简牍所见郡县名录》。
② 郑威《出土文献所见秦洞庭郡新识》。
③ 游逸飞《里耶秦简所见的洞庭郡》。
④ 此观点承蒙邓博方同学提示。
⑤ 鲁家亮推测"新武陵"后更名为"临沅"，故秦代洞庭郡郡治并未发生变更。可备一说。
⑥ 郑威《出土文献所见秦洞庭郡新识》。

考订了门浅、上衍的方位。[①]

2012 年以后，与洞庭郡研究的火热局面相比，苍梧郡研究极为冷清。值得一提的有刘专可根据张春龙提供的里耶秦简 14-177 "苍梧郴县"的信息，提出苍梧郡郡治在郴县，其地域范围与汉代桂阳郡相当。[②]这与此前徐少华、赵炳清等学者主张苍梧郡地域范围在九嶷山附近的观点相契合。不过，"苍梧郴县"只能表明郴县隶属苍梧郡，并不能说是郡治。结合《史记·项羽本纪》"〔项羽〕乃使使徙义帝长沙郴县"，不排除苍梧郡即汉代长沙郡的可能。

截至目前，里耶秦简仅公布了一小部分。相信随着更多材料的公布，里耶秦简还将大大推进秦代政区地理，特别是洞庭郡的相关研究。

（三）秦县目辑补

由于秦代没有"地理志"，后人很难搞清秦代县级政区的设置情况。二十世纪初开始，陆续有学者对秦县目进行辑补。辑补的方式为收集各类文献中的秦县记录。但在具体操作上，却出现两种倾向。一种是采取比较宽泛的辑补标准，即尽可能地辑补文献中提及的秦县，如马非百采用这种方法辑补了四百二十四县。[③]一种是采取比较严格的辑补标准，例如《中国历史地图集》辑得三百二十三县。[④]可见使用传世文献，即便采取比较宽松的标准也只能辑录四百余县，远远不能反映秦代置县的总体面貌。

二十世纪以来大量出土文献的发现改变了这一局面。出土文献中大量县名的出现，为秦代县目的辑补创造新的条件。进入本世纪，开始有学者对秦代置县名目重新辑补，主要研究成果有两部：后晓荣《秦代政

---

① 晏昌贵《里耶秦牍 9-712、9-758 补释》，简帛网，2013 年 12 月 24 日；《里耶秦简牍所见郡县名录》。

② 刘专可《郴州与古苍梧郡》，《湖南省博物馆馆刊》第十辑，岳麓书社，2014 年。

③ 马非百《秦集史·郡县志》，中华书局，1982 年。

④《中国历史地图集》辑录秦县的标准见第二册"秦时期图组编例"，中国地图出版社，1982 年。

区地理》、何慕《秦代政区研究》。

后晓荣利用出土文献共辑得秦县七百三十二个，大大超过前人所取得的成绩。不过，《秦代政区地理》对出土文献的使用不够严谨，很多补出的"秦县"源于误读，实际并不存在。另外，《秦代政区地理》把辑录得出的七百三十二个县按照五十四郡目进行编排。根据书中对秦代郡目的考证结论，五十四郡反映的是秦始皇三十三年以后的政区建制。而书中补录的县名却没有进行时代区分，一律混排在五十四郡目之下，没有体现"年代断限"理念。正因为存在以上问题，何慕《秦代政区研究》又对秦代置县重新辑补。《秦代政区研究》在出土文献使用上较为严谨，在时代上将秦县划分为"始置于战国时期""始置年代不详"和"可能为秦代始置"三种情况，共辑补秦县四百五十五个。虽然数量不及《秦代政区地理》，但更为准确。

除以上两种综合辑录秦县的研究成果，还有一些分门类的秦县辑补。如晏昌贵、王伟辑录里耶秦简，秦代印章、封泥所见秦县名，[①] 所做工作较为完备，同时对相关资料的文字释读和文字解读进行了考辨，使用价值较高。

道是秦汉时代管理蛮夷的县级行政单位。以往学者多关注秦道目的辑补，主要依据传世文献，可信度不高。出土文献的发现，为秦道目辑补提供了可靠证据。周伟洲、刘瑞曾利用秦封泥讨论秦道目。[②] 张家山汉简《秩律》公布后，刘志玲、后晓荣、刘瑞认为《秩律》道目与秦道存在承继关系。[③] 此后公布的里耶秦简也出现一些秦道名。[④] 不过，学

① 晏昌贵《里耶秦简牍所见郡县名录》；王伟《秦玺印封泥职官地理研究》第六章第五节《秦玺印封泥所见县名及分布》。
② 周伟洲《关于秦汉地方行政体制中的"道"》，《陕西博物馆馆刊》第四辑，西北大学出版社，1997年；刘瑞《秦汉"道"制新考》，秦始皇兵马俑博物馆编《秦俑博物馆开馆三十周年秦俑学第七届年会国际学术研讨会论文集》，三秦出版社，2010年，第385～402页。
③ 刘志玲《秦汉道制问题新探》，《求索》2005年第12期；后晓荣《秦代政区地理》；刘瑞《秦汉"道"制新考》。
④ 晏昌贵《里耶秦简牍所见郡县名录》；郑威《里耶秦简牍所见巴蜀史地三题》，《四川师范大学学报（社会科学版）》2015年第2期。

界并未综合出土文献对秦道目进行重新辑录，似乎对此问题的关注有所减弱。

随着日后出土文献的不断公布，秦代置县名单仍然可以不断增补。不过在出土文献的征引上，还需持更谨慎的态度。另外，在对秦代置县进行补录时，还要对其置废年代进行判断。当然，就目前的研究条件而言，秦统一前后的文物断代是一个难点，但"年代断限"仍然是政区地理研究者必须持有的理念。

（四）未来秦代政区地理研究需要拓展的方向

在传统沿革地理框架内，为某些朝代补写"地理志"是一项重要任务。乾嘉以来，学者致力于秦代郡目和县目的辑补，也是基于同样的学术旨趣。[①] 二十世纪以来秦代出土文献的大发现，极大地推动了秦代置郡、置县研究，《秦代政区地理》排列的秦代郡县隶属表，在面貌上已非常接近"地理志"。然而，就目前的学术条件来看，这一目标的达成尚不现实。因为出土文献中的秦郡、秦县断代信息有限，无法得出具有时代断限的郡县政区建制。因此目前学界有关秦代郡目、县目的辑补成果，只能当作一份秦代置郡、置县资料汇编。这并不是说此类工作没有意义，这种资料汇编对于了解秦代政区面貌仍然具有价值。出土文献对秦代政区地理研究的主要意义正在于此。

就目前研究而言，出土文献对秦代政区研究的推动作用主要体现在秦郡、秦县辑补，以及引发了洞庭郡、苍梧郡个案研究。出土文献的价值不仅于此，未来仍然有许多课题有待扩展。例如关于秦郡辖域的研究仍是"盲区"。即便在出土文献大量涌现的今天，学界对秦郡辖域的认识仍然停留在谭其骧《秦郡界址考》的水平。只有少数学者对秦郡辖域

---

① 马非百把对秦代郡县名目的辑补成果汇集为《秦集史·郡县志》，将这一学术理念展现无遗。

偶有探讨。而除了洞庭郡，更看不到关于其他秦郡辖域专论文章。其实出土文献蕴含丰富的秦郡辖域信息，尚有待于学者深入发掘。

另外，关于秦郡郡治的研究也没有得到充分关注。除洞庭郡、苍梧郡外，其他郡治尚未得到讨论。其实，很多秦代行政公文隐含着秦代郡治信息。例如睡虎地秦简《语书》中有"以次传，别书江陵布，以邮行"的文字，以往有学者据此认为秦代南郡治所不在江陵，而在郢县。① 里耶秦简载有"别书临沅下洞庭都水"，当时临沅正为洞庭郡郡治，可见《语书》的记载恰恰表明江陵是南郡的郡治。② 类似的文书信息还有待进一步发掘，相信会大大推进秦郡郡治的研究。

仔细分析出土文献中的行政隶属信息，还可以讨论某些秦郡的分并关系。里耶秦简 8-657 是一份琅邪郡守发给各郡的文书，告知琅邪郡尉徙治即墨县的消息。里耶秦简牍校释小组敏锐地指出，秦代的即墨郡是从琅邪郡分置而来。③ 此后又有学者根据这份文书的历日信息，指出即墨郡的分置发生于秦始皇二十八年之后。④ 类似信息的阐发，无疑将推进秦代政区地理的研究。

以往关于秦县的研究，主要为县目辑补。出土文献的发现，为探讨秦代县域范围、置废沿革、隶属关系创造了新的契机。例如根据北京大学藏秦代《道里书》，原本被认为是秦县的当阳在统一之初只是乡，升格为县是后来的事情。⑤ 利用同一份资料，还可以讨论某些秦县的辖域。⑥ 而利用里耶秦简还可以复原迁陵县的乡里基层组织结构。⑦ 这些都是以往难以触及，而极具前景的学术研究新方向。

---

① 黄盛璋《江陵凤凰山汉墓出土称钱衡、告地策与历史地理问题》，《历史地理与考古论丛》，齐鲁书社，1982 年。

② 晏昌贵《里耶秦简牍所见郡县名录》。

③ 陈伟主编《里耶秦简牍校释（第一卷）》前言，第 6 页。

④ 郑威《里耶简牍所见秦即墨考》，《江汉考古》2015 年第 5 期。

⑤ 辛德勇《北京大学藏秦水陆里程简册初步研究》，《石室賸言》，中华书局，2014 年。

⑥ 马孟龙《北京大学藏秦代水路里程简册释地五则》，《简帛研究二〇一六》秋冬卷，广西师范大学出版社，2017 年。

⑦ 晏昌贵、郭涛《里耶秦简所见秦迁陵县乡里考》，《简帛》第十辑，上海古籍出版社，2015 年。

三、出土文献与汉代政区地理研究

相较于秦代，出土文献对汉代政区地理研究的推动作用更为显著。这是因为汉代有"地理志"存世，可以为出土文献所见政区信息提供参照。另外，与秦代出土文献大多仅载录地名不同，汉代出土文献更多地保留了郡县隶属关系，故学术价值更为突出。本节主要介绍出土文献对《汉志》文献学研究，以及对汉代郡、县行政建制研究的推进情况。

（一）《汉书·地理志》文献学研究

《汉志》完整载录了西汉末年全国郡县二级行政建制，班固的附注则保留了大量汉代以前的政区设置信息，在秦汉政区地理研究具有基础性作用。不过受研究条件限制，《地理志》的性质存在诸多不明，而大量出土文献的发现，可以重新审视《地理志》的史料来源。表面看来，这只是一种文献学研究，却可以更新秦汉政区研究的基本理念，纠正以往研究存在的误区，对推进秦汉政区地理研究具有不可估量的价值。

首先，关于《地理志》载录西汉政区的年代断限，受到京兆尹注记"元始二年户十九万五千七百二"，以及后序"讫于孝平，凡郡国一百三"的影响，直到二十世纪七十年代学界公认为汉平帝元始二年（2）。八十年代，周振鹤延续清人钱大昕的思路，明确《地理志》载录郡县二级行政建置断限在汉成帝元延、绥和之际，这才扭转了学界的固有认识。[①]

钱大昕、周振鹤限定《地理志》年代断限，主要依据侯国建置沿革。因为《地理志》所见侯国最晚封置于汉成帝元延三年（前10）二月，而不见绥和元年（前8）二月以后分封的侯国，所以《地理志》反

---

① 周振鹤《西汉政区地理》，第22～23页。

映的行政建制应在元延三年二月至绥和元年二月之间。而出土文献所反映的汉代簿籍计纳制度为再度缩小《地理志》年代断限提供了可能。根据文献记载，汉代存在"计断九月"的计纳制度，全国相关资料的年度汇总以九月为断限。二十世纪以来，全国各地出土了各类汉代行政簿录，这些簿籍清晰地显示了年度簿录的计纳时间截点为九月。汉代如果编录与地方行政相关的全国簿录，其时间截点也应以每年九月为准。这样看来，《地理志》所反映的全国行政建制的时间截点必在元延三年九月或元延四年九月。而笔者通过对西汉梁国建置沿革的分析，排除了元延四年九月的可能性，所以《地理志》载录西汉全国行政建制信息的年代断限应为汉成帝元延三年九月。

明确《地理志》载录行政建制的年代断限，可以建立更为精确的"政区地理断面"，对于两汉政区地理研究而言，其学术意义不言而喻。

大量汉代行政文书的出土，还可以深化《地理志》文献来源的认识。早在清代，钱大昕开创性地指出《地理志》为两份年代断限不同资料的混合物。①周振鹤更进一步，提出《地理志》郡国名目得自元始二年户口籍，各郡所辖县、道、侯国状况得自元延、绥和之际行政版籍。目前，全国各地已发现多种秦汉三国时期的户口簿和户口籍，可以明确户口籍以记录人名为主，户口簿以记录人口数据为主，"簿"和"籍"是两类性质迥异的文书。②《地理志》各郡国名目均附有人口数据，其来源为户口簿，而非户口籍。

另外，《地理志》后序还载录了一份全国各类项的统计资料。这份资料的来源，以往没有受到充分重视。二十世纪九十年代，尹湾汉牍东海郡集簿文书格式和用语与《地理志》后序几乎完全一致，显然两者同属一种文书类型。③这意味着，《地理志》除了元始二年全国户口簿、元

---

① 钱大昕《廿二史考异》卷九，上海古籍出版社，2004 年，第 182 页。

② 李均明、刘军《简牍文书学》，广西教育出版社，1999 年，第 278 页。

③ 谢桂华已注意到尹湾汉牍所录集簿与《汉书·地理志》后序文字具有高度相似性。见《尹湾汉墓所见东海郡行政文书考述》，《尹湾汉墓简牍综论》，科学出版社，1999 年。

延三年行政版籍，还存在第三种数据来源——全国集簿。至于这份集簿的年代断限，《地理志》后序"侯国二百四十一"提供了重要线索。通过推算可知，二百四十一个侯国反映的是汉成帝绥和二年的侯国建置，所以《地理志》采录集簿的年代断限为绥和二年。

总而言之，《汉志》全国行政建制存在三份资料来源：郡国名目及户口数字得自元始二年户口簿；各郡国属县名目得自元延三年行政版籍；全国各类项统计数字得自绥和二年集簿。由于三份资料年代断限不同，所以《地理志》户口数字与县邑名目、县邑统计数字皆无法对应。二千年后的我们，能够详尽分析班固编纂《地理志》的方式和资料来源，这一学术进步正是凭借大量出土文献才得以实现。

明确《地理志》资料来源，可以颠覆以往西汉政区研究的某些理念。《地理志》后序载录西汉县级政区总量是 1 587，而《地理志》所有县级政区名目相加，总数为 1 578，比后序少了九个。清代以来，包括钱大昕在内的很多学者都认为，缺失的九县是《地理志》流传过程中文字脱漏造成，并不断对九县进行辑补。现在明确《地理志》后序载录的数字与《地理志》所录县目得自不同年份的数据，那么类似的辑补工作显然是有问题的。同样的道理，《地理志》后序载录"道三十二"，而《地理志》正文只录有三十个道，无数学者尝试通过各种途径对"缺失二道"进行辑补，这样的研究思路从本质上讲，已陷入误区。

以上围绕《汉书·地理志》展开的各种讨论，其论证过程可参阅笔者《汉成帝元延三年侯国地理分布研究》一文。[①]

2003 年，湖南省郴州市苏仙桥出土了一批西晋简牍。[②] 由于简牍出现"桂阳郡上城邑户口田租绵绢贾布计偕上书"的文字，且内容多有与《汉志》相类之处，因而有学者推测《地理志》的资料来源即"上计

---

① 马孟龙《汉成帝元延三年侯国地理分布研究》，《历史研究》2011 年第 5 期，修订后改题为《〈汉书·地理志〉侯国地理分布》，收入《西汉侯国地理》中编第一章，上海古籍出版社，2013 年。

② 湖南省文物考古研究所、郴州市文物处《湖南郴州苏仙桥遗址发掘简报》，《湖南考古辑刊》第八辑，岳麓书社，2009 年。

书"。① 这一判断虽不无道理，但仍有几点需要作进一步辨析。首先，前面提到《地理志》的数据来源应是全国分类簿籍，虽然这类全国簿籍的编制要参考各郡"上计书"，但不宜将"上计书"视为《地理志》的直接资料来源。其次，苏仙桥晋简"计偕上书"是一种内容繁杂的文书，明显经过编纂加工，已经脱离了纯粹的行政公文模式，而更类似一种独立的地方文献，但在传世文献、出土文献中找不到西汉存在此类文献的证据。相反就目前研究来看，汉代的"上计书"应当是由诸如集簿、户口簿、吏员簿、行政版籍等一系列簿籍组成的"文书群"，而非一种特定文献。也就是说，汉代的"上计书"与晋代的"上计书"存在较大差异。不能因为两者同名，就想当然地认为是同一性质的文献。所以，若想探求《汉志》与"上计书"之间的关系，还需要作更多深入的分析，而不宜以时代很晚的西晋"计偕上书"来做简单对应。

（二）张家山汉简《秩律》研究

二十一世纪初公布的张家山汉简《秩律》是一份非常特殊的资料。《秩律》本来是标识朝廷官员禄秩级别的律文，却逐一列出汉廷直辖二百八十余县道。如此丰富的置县信息无疑是研究西汉政区地理的宝贵资料。公布伊始，学者们意识到可以据之复原汉廷直辖区域的郡县政区建制。这相当于间接得到一份汉初"地理志"，对秦汉政区研究的意义不言而喻。

不过要想利用《秩律》复原一份汉初"地理志"存在诸多困难。如果这些困难不能妥善解决，将极大限制《秩律》在西汉政区地理研究上的价值。

首先是《秩律》载录行政建制的年代断限问题。关于《秩律》年代

---

① 孔祥军《从新出土湖南郴州苏仙桥晋简看〈汉书·地理志〉之史源》，《南京晓庄学院学报》2014 年第 4 期。另外根据孔祥军的比对，西晋"计偕上书"与《汉志》相类似的文字集中于班固自注的"小字"部分，而《汉志》大字部分与小字部分明显来源于不同性质的资料，不应混为一谈。

断限，"二年"无疑是重要线索。学界倾向"二年"为"吕后二年"。从汉代政区建置的角度来看，《秩律》出现大量惠帝时期设置的县邑和机构，也将"二年"指向吕后二年。^①因此，学界多将《秩律》政区信息作为吕后二年行政建制直接使用。

但是，把《秩律》年代断限定为吕后二年并不合适，因为不论这份律令是制定于吕后二年，还是抄写于吕后二年，都有可能反映吕后二年以前的情况。要想合理使用《秩律》，还需要对年代断限重作限定。侯国建置是限定西汉政区类文献年代的重要依据。此前也有学者尝试使用侯国建置讨论《秩律》年代断限，但是由于不清楚《秩律》与侯国的关系，所得出的结论还不能让人信服。^②

周振鹤称，汉初侯国直属中央，故《秩律》记录侯国。^③但汉初侯国甚多，绝大多数不见于《秩律》。陈苏镇则以为，汉初侯国归所在郡国管辖，故《秩律》只载录分布在汉郡的侯国。^④但是吕后初年大多数封置于汉郡的侯国同样不见于《秩律》。为了搞清《秩律》与侯国的关系，笔者逐一确定《秩律》侯国名目，分析各侯国在律文中的位置，意外发现《秩律》侯国几乎全部排列于各秩级律文的最后。而根据晏昌贵对《秩律》文本构成形态的分析，《秩律》存在以"旧本"为基础，补充新律文的特征。^⑤《秩律》侯国除了沛、轵、壶关、襄城以外，都位于各秩级律文的最后，可以视为后补入的信息。而沛、轵、壶关、襄城四侯国全部封置于吕后元年。这表明《秩律》旧本的年代断限在吕后元年以前，并没有载录侯国。

作为标识汉廷官员秩禄级别的法律文书，《秩律》并不载录王国官员，而诸如相、家丞、仆等侯国官员也不见于《秩律》，所以《秩

① 晏昌贵《〈二年律令·秩律〉与汉初政区地理》。
② 周波《从三种律文的颁行年代谈〈二年律令〉的"二年"问题》，简帛研究网，2005年5月9日。
③ 周振鹤《〈二年律令·秩律〉的历史地理意义》（修订），中国社会科学院简帛研究中心编《张家山汉简〈二年律令〉研究文集》，广西师范大学出版社，2007年。
④ 陈苏镇《汉初侯国隶属关系考》，《文史》2005年第1辑。
⑤ 晏昌贵《〈二年律令·秩律〉与汉初政区地理》。

律》不载录侯国是非常合理的现象。但问题是，《秩律》为何又在"旧本"之上补入一些侯国呢？通过分析后补入的侯国，可以发现这些侯国有可能废除于吕后元年，其被补入《秩律》是因为重新纳入朝廷行政体系。总而言之，张家山汉简《秩律》是在惠帝七年"旧本"的基础上，补入吕后元年行政区划、职官变动而形成的新文本，所载录行政区划建制的年代断限为吕后元年四月末。以上是笔者对《秩律》行政建制年代断限，以及《秩律》与侯国关系的基本看法，另有专文详细论证。[①]

利用《秩律》复原郡县政区的第二个难点是对吕后元年汉廷直辖郡目的确定。张家山汉简并没有载录吕后时期的郡级政区建制，尽管学界对西汉初年置郡体系已有研究，却属"构拟"性质，并非西汉初年的实态。例如周振鹤根据《西汉政区地理》将吕后初年汉廷直辖郡目限定为十六郡，另有东郡存疑；[②]晏昌贵则增补东郡，为十七郡；[③]而笔者剔除广汉郡，为十六郡（参见下表）。[④]虽然各家看法大同小异，但是对于随后的郡县政区复原还是会有影响。

表　各家对高后初年汉廷直辖区域郡级政区复原结论

	内史	河东	上党	河内	河南	东郡	颍川	南阳	南郡	汉中	广汉	蜀	巴	陇西	北地	上郡	云中
周振鹤	内史	河东	上党	河内	河南	东郡？	颍川	南阳	南郡	汉中	广汉	蜀	巴	陇西	北地	上郡	云中
晏昌贵	内史	河东	上党	河内	河南	东郡	颍川	南阳	南郡	汉中	广汉	蜀	巴	陇西	北地	上郡	云中
马孟龙	内史	河东	上党	河内	河南	东郡	颍川	南阳	南郡	汉中		蜀	巴	陇西	北地	上郡	云中

---

① 马孟龙《张家山二四七号墓〈二年律令·秩律〉抄写年代研究——以汉初侯国建置为中心》，《江汉考古》2013 年第 2 期。

② 周振鹤《〈二年律令·秩律〉的历史地理意义》（修订），《张家山汉简〈二年律令〉研究文集》。

③ 晏昌贵《〈二年律令·秩律〉与汉初政区地理》。

④ 马孟龙《西汉侯国地理》中编第三章《惠帝七年侯国地理分布》。

利用《秩律》复原汉初政区第三个难点是各县的上属郡不明。《秩律》没有标识二百八十余县道的上属郡。早在《秩律》公布之初，整理者尝试复原各县隶属关系。[①] 由于对汉初郡级政区设置状况不甚了解，很多县并未指明上属郡。某些县虽然复原了上属郡，却存在诸多问题，甚至还出现了西汉中期、晚期置郡。整理者的复原结论问题较大，无法被历史地理学界采用，所以周振鹤又对《秩律》各县隶属关系重新整理。[②] 周先生的复原结论较整理者更为精确，但主要根据以往研究经验，没有重视《秩律》反映的汉初制度特征和文本书写规律，所以其复原方案也存在一些不足。例如周先生的复原方案中，很多县隶属王国。而随着研究深入，学界意识到《秩律》并不载录王国官员，自然不会出现王国辖县。[③] 正因如此，晏昌贵又对《秩律》政区重新复原。在晏先生的复原方案中，原来被列入王国的县，被重新归入汉郡。此外，晏先生还注意到《秩律》存在"同郡属县集中排列"的规律，以及以"旧本"为基础增补新政区变动的现象。这两项《秩律》"书例"的发现，大大提高了各县上属郡复原的精确性。此后周先生在修订复原方案时，部分吸收了晏先生的研究成果。[④] 很长一段时间，晏昌贵复原方案代表了历史地理学界的主流认识。

自 2006 年晏昌贵的复原方案公布至今，学界对《秩律》的文字释读、文本构成，以及西汉初年郡级政区设置又有新的认识，很有必要对现有复原方案作进一步修订。笔者在博士学位论文中做了一些尝试。[⑤] 此后张莉又综合周振鹤、晏昌贵和笔者的研究成果，推出了一套

---

① 张家山二四七号汉墓竹简整理小组《张家山汉墓竹简〔二四七号墓〕》，文物出版社，2001 年。

② 周振鹤《〈二年律令·秩律〉的历史地理意义》，《学术月刊》2003 年第 1 期。

③ 陈苏镇《汉初王国制度考述》，《中国史研究》2004 年第 3 期。

④ 周振鹤《〈二年律令·秩律〉的历史地理意义》（修订），收入《张家山汉简〈二年律令〉研究文集》。

⑤ 马孟龙《西汉侯国地理》上编第一章《利用〈汉书·地理志〉复原汉初侯国方位的可行性》，复旦大学历史地理研究中心博士学位论文，2011 年。该章未收入正式出版的《西汉侯国地理》一书。

复原方案。[①] 笔者后来又注意到《秩律》的某些新问题，重新复原吕后元年朝廷直辖区域郡县隶属关系，是目前此类研究的最新成果。[②]

在目前所见各类汉代出土文献中，《秩律》是对秦汉政区地理研究意义最重大的资料。《秩律》的发现，使得复原一份西汉初年朝廷直辖区"地理志"成为可能，这将全方位推动秦汉政区地理研究。正因如此，目前历史地理学界对《秩律》的研究基本围绕着"《秩律》政区复原"展开，另外对《秩律》所见汉初西北边境也有所关注（详见后文）。但对于《秩律》所蕴含的其他政区地理信息尚未充分发掘。其实，《秩律》还有可供发掘的新议题，这是日后有待推进的领域。

（三）汉代边界研究

以往学界对西汉边界的认识，主要基于《汉志》。至于西汉初年的状况，只能根据传世文献的零散记载大致推测。而出土文献则呈现了西汉初年某些边界的走向，使今人可以了解汉帝国早期的疆域状况。

关于汉初长沙国与南越国的分界，以往难于讨论，只能根据地理形势大致推测以南岭为界。马王堆三号墓帛书《地形图》（彩版三）清晰描绘了汉初长沙国南部边境状况，谭其骧利用《地形图》复原出一条较为精确的长沙国、南越国边界。[③] 此后随着另一份帛书地图《驻军图》的拼接完成，[④] 张修桂、梁国昭又对大宁河上游地区的长沙国边界进行了更为细致的限定，可以视为对谭先生研究结论的细化。[⑤]

---

① 张莉《西汉吕后二年郡国政区面貌考》，简帛网，2013 年 1 月 21 日。
② 马孟龙《张家山汉简〈秩律〉与吕后元年汉朝政区复原》，《出土文献》2021 年第 3 期。
③ 谭其骧《马王堆汉墓出土地图所说明的几个历史地理问题》，《文物》1975 年第 6 期。
④ 关于《驻军图》的性质，邢义田先生有不同的看法。邢先生认为图中的"箭道"为管理蛮夷的县级政区"道"，故将此图重新命名为"箭道封域图"。说见邢义田《论马王堆汉墓"驻军图"应正名为"箭道封域图"》，《治国安邦：法制、行政与军事》，中华书局，2011 年。笔者认为，图中的"箭道"不能排除为军事设施，命名为"驻军图"更为恰当。
⑤ 张修桂《西汉初期长沙国南界探讨马王堆汉墓出土古地图的论证》，《历史地理论丛》第二辑，陕西人民出版社，1985 年，后收入《中国历史地貌与古地图研究》，社会科学文献出版社，2006 年；梁国昭《汉初南越国北界及有关问题》，《热带地理》1995 年第 4 期。

马王堆古地图的发现，将两千年前长沙国与南越国的边界清晰地展现出来，使学界意识到汉初两国并非完全以南岭为界，长沙国南界部分嵌入岭南。《汉书·南越传》提到，文帝以不愿变更汉高帝"犬牙相入"划界原则为由，回绝了赵佗上书变更两国边界的要求。至于相关历史背景，后人并不清楚。马王堆古地图的发现使今人获知，汉初长沙国在连江、大宁河上游分别有两块领土嵌入岭南，严重威胁到南越国北疆安全，所以赵佗才会极力争取变更边界，而文帝不肯放弃。谭先生提到，汉初长沙国、南越国边界乃是继承秦郡分界而来，而秦代将长沙郡南部边界嵌入岭南，具有防范岭南诸郡割据的用意。此后周振鹤更进一步，总结出古代政区边界划分的"犬牙交错"原则，深化了对传统政治地理理论的认识。[①]

二十一世纪初公布的张家山汉简《秩律》展现出汉帝国早期北部、西部边疆状况。西汉中期，武帝击败匈奴，夺"河南地"，设置五原、朔方二郡，这在史籍中有较为清晰的记载。历代学者认为五原郡属县也是武帝夺取河南地后设置。然而在《秩律》中，却出现数个五原郡属县。周振鹤率先注意到这个现象，提到《秩律》对探讨西汉初年西北边界具有重要意义。[②] 此后，辛德勇更进一步，利用《秩律》详细探讨了西汉初年阴山一带边界，指出汉初西北边界大致沿着阴山南麓的赵武灵王长城向西延伸至阴山山口"高阙"。这表明，自从赵武灵王拓边至阴山后，这条边界一直被秦汉王朝继承。[③] 辛先生关于汉初阴山一带边界走向的复原基本得到学界认可，但是他对该区域县邑在汉初所属郡的意见，却引发了学界热议。

《秩律》阴山一带的县邑，张家山汉简整理者认为有一部分汉初属九原郡，周振鹤、晏昌贵则认为汉初无九原郡，这些县应隶属云中郡。辛先

---

① 周振鹤《中国历史上行政区域划界的两大原则——犬牙交错与山川形便》，《中国方域》1996 年第 5、6 期，后收入《学腊一十九》。
② 周振鹤《〈二年律令·秩律〉的历史地理意义》。
③ 辛德勇《张家山汉简所示汉初西北隅边境解析》，《历史研究》2006 年第 1 期，后收入《秦汉政区与边界地理研究》。

生注意到《汉志》五原郡注记"秦九原郡，武帝元朔二年更名"，认为汉初仍有九原郡，《秩律》中阴山西段的七个县隶属九原郡。对此观点，台湾学者郑宗贤提出批评，认为汉初存在九原郡的说法并不合理。① 笔者在梳理西汉初年郡级政区建制时，也认为西汉初年没有九原郡，理由如下：

九原郡、云中郡各辖七县，均不足一郡之规模。况且《史记·绛侯周勃世家》载高帝十一年周勃"定雁门郡十七县，云中郡十二县"，则汉初云中郡至少辖有十二县。再看上述县名在《秩律》中的排序，均混杂在一起，无法区别出九原、云中两组。另据史籍，高帝六年刘邦"以云中、雁门、代郡五十三县立兄宜信侯喜为代王"，其意图是让刘喜为汉廷守边，如果当时有九原郡，刘邦为何要自领该郡？纵然刘邦领有九原郡，但在云中郡划属代国后，九原郡已被阻隔于代国之外，汉廷又如何对九原郡实施管辖？还有，汉初阴山一带为汉廷与匈奴反复争夺的地带，史籍所载汉初西北战事，多次提到云中郡，却从未出现九原郡。结合这些疑点，笔者认为汉初无九原郡之建制。②

此后，尤佳又接连发文质疑辛先生的观点，依据也是《秩律》阴山一带七县不足构成一郡，且传世史籍汉初纪事从未出现九原郡。③ 张莉也认为西汉初年没有九原郡，理由为：《秩律》中云中、五原两郡县目混杂一处，且《史记》《汉书》中汉初至卫青取河南地前，从未提及九原郡。"④ 以上二人所论，基本不出笔者的讨论范围。除了质疑之声，也有学者支持辛先生的观点，⑤ 还有学者持阙疑态度。⑥ 总之，目前关于汉初阴山一带的置郡问题，学界仍然不能得出统一认识，有待日后进一步研究。

---

① 郑宗贤《国境之北：西汉云中郡的政区变迁蠡测》，《兴大历史学报》第 21 期，2009 年。
② 马孟龙《汉高帝十年侯国地理分布研究》，《历史地理》第二十六辑，上海人民出版社，2012 年，后收入《西汉侯国地理》，第 119 页。
③ 尤佳、吴照魁、崔建华《汉初九原地区置郡问题再探讨》，《历史地理》第二十九辑，上海人民出版社，2014 年；尤佳《与匈奴在阴山南麓毗邻——汉初九原地区置郡问题》，《中国社会科学报》2014 年 7 月 30 日第 6 版。
④ 张莉《西汉吕后二年郡国政区面貌考》。
⑤ 赵志强《秦末汉初北部边界略考》，《中国历史地理论丛》2011 年第 3 期。
⑥ 朱郑勇《西汉初期北部诸郡边界略考》，《中国历史地理论丛》2008 年第 2 期。

截至目前，学界利用《秩律》所进行的汉初边界研究，都集中于阴山一带，而对其他边界的研究仍有待推进。例如《秩律》出现了甸氐、阴平两道，两道在《汉志》属广汉郡。以往学界认为，两道所在地区是汉武帝开白马氐所置武都郡的一部分，后来划属广汉郡。[1] 现在《秩律》表明该区域在汉初即属汉帝国疆域，这对于探讨汉初西部疆域，以及西汉武都郡、广汉郡辖域沿革具有非常重要的意义，可惜至今未有学者就此展开讨论。

（四）郡级政区研究

1. 郡级政区辖域

复原几个"政区地理断面"，探讨各断面政区构成及演变过程是秦汉政区地理研究的基本模式。虽然出土文献尚未发现载录全国政区建制的资料，却有三份完整载录某郡辖县名目的资料，利用这些资料，可以复原某郡之"政区地理断面"。

在上述三份资料中，尹湾汉牍、贞柏洞汉牍载录东海郡、乐浪郡辖县名目，与《汉志》完全一致，不具有讨论辖域变迁的作用。相较而言，载录汉武帝建元、元光年间南郡辖县名目的松柏汉牍，与《汉志》差别较大，学术价值尤为突出。2008 年松柏汉牍一经公布，便立刻引起了学界高度关注。

刘瑞《武帝早期的南郡政区》是第一篇系统讨论松柏汉牍所见南郡政区地理的文章。该文把松柏汉牍与张家山汉简《秩律》、《汉志》对照，探讨了西汉南郡辖域的演变过程。[2] 此后学界又出现多篇采用类似方法的研究文章，所得结论大同小异。[3] 根据松柏汉牍，汉武帝之前南

---

① 周振鹤《西汉政区地理》，第 146 页。

② 刘瑞《武帝早期的南郡政区》，《中国历史地理论丛》2009 年第 1 期。

③ 袁延胜《荆州松柏木牍所见西汉南郡的历史地理问题》，《中国历史地理论丛》2009 年第 3 期；李炳泉《松柏一号墓 35 号木牍与西汉南郡属县》，《中国历史地理论丛》2010 年第 4 期；邓玮光《简牍所见西汉前期南郡属县（侯国）考》，《中国历史地理论丛》2011 年第 4 期。

郡辖域并无明显变化，大规模的变化发生在武帝中期以后，体现为南郡东部分置江夏郡，南部两县划属长沙国，以及中部"云梦泽"地区增设新县。

学者们利用张家山汉简《秩律》可以间接复原汉初朝廷直辖区域政区面貌，因此可以利用张家山汉简《秩律》探讨很多汉郡辖域变迁。上面提到利用张家山汉简《秩律》、松柏汉牍探讨南郡辖域变迁便是很好的例证。除此以外，很少有学者结合《秩律》讨论其他汉郡的辖域变迁，这一研究领域仍有很大空间。

直接或间接载录某郡辖县名目的出土文献数量极少，但如果使用得当，一些只载录县名的文物资料也可以用来复原特定时期的郡级政区建制。二十世纪五十年代，定县北庄汉墓出土 400 余块载录有地名信息的墓石。笔者注意到，墓石工匠大多来自中山国，根据墓石题铭复原了东汉永平二年（59）至元和三年（86）中山国辖县名目，探讨了东汉时期中山国辖域变迁。①

二十世纪末，江苏省徐州市北洞山楚王陵、狮子山楚王陵出土了数量可观的印章和封泥，其中载录了 20 余个汉初楚国辖县。也有学者试图利用这批资料复原西汉初年的楚国辖域，并探讨西汉楚国疆域变迁。②不过，对于这批资料的使用，要持以谨慎的态度。首先，北洞山、狮子山楚王陵出土印章、封泥所见县名仅仅是楚国辖县的一部分，并不能反映楚国辖县全貌。其次，印章、封泥地名年代信息并不清楚，即便是出自同一座墓葬，也不能证明印章、封泥所见县邑为同一时期的行政建制。而且关于北洞山、狮子山楚王陵的墓主存在很大争议。所以，目前无法利用这批资料复原出一幅年代清晰、内容可靠的楚国疆域图，在此基础上进行的种种讨论也不能得出让人信服的结论。

---

① 马孟龙《定县北庄汉墓墓石题铭及其相关问题研究》，《考古》2012 年第 10 期，增订后收录于余欣主编《瞻奥集：中古中国共同研究班十周年纪念论丛》，上海古籍出版社，2021 年。
② 韦正《从出土印章封泥谈汉初楚国属县》，《考古》2000 年第 3 期；郑宗贤《西汉七国之乱以前的楚国政区推定》，《早期中国史研究》2011 年第 1 期；张莉《西汉吕后二年郡国政区面貌考》。

2. 郡级政区边界

利用出土文献探讨郡级政区辖域变迁的同时，即可附带解决郡界划分问题。例如利用松柏汉牍分析南郡辖域演变，可以了解南郡与长沙国边界变化。[①] 赵志强在分析松柏汉牍时，指出战国晚期到汉武帝时期，南郡东界一直稳固在安陆、沙羡、州陵一线，此即岳麓秦简提到的"东故徼"。[②] 此后北京大学藏秦简《道里书》释文的公布，基本验证了这一判断。

很少有学者利用《秩律》分析汉郡辖域变迁，主要原因在于以往对《秩律》各县道上属郡并不明晰。不过，《秩律》清晰地展现了一条汉初郡国分界，很多学者围绕这条郡国分界进行研究。如笔者曾讨论汉初上党郡东界由太行山以东，退缩至太行山一线的变化过程。[③] 郑宗贤分析了汉初梁国北界。不过他对汉代县邑的定位完全依赖《中国历史地图集》，延续了《图集》县邑定点的错误，影响到结论的准确性。[④] 笔者后来对汉初梁国北界和西界重作修正。[⑤]

出土文献载录的郡县隶属关系常与《汉志》不同，有助于了解某些郡国局部边界变动。周振鹤曾利用居延汉简"济阴郡廩丘""淮阳郡长平"讨论了昭帝、宣帝时期济阴郡北界和淮阳郡南界变迁。[⑥] 新近公布的肩水金关汉简也包含许多类似信息。笔者分别利用肩水金关汉简"淮阳郡儌""淮阳郡谯"讨论了汉初淮阳郡与梁国分界，[⑦] 利用"魏郡郇""魏郡屌""魏郡贝丘"讨论了西汉昭帝至成帝时期清河郡（国）与魏郡分界，[⑧] 利用"淮阳郡赞""淮阳郡栗"讨论了西汉初年淮阳郡与楚

① 刘瑞《武帝早期的南郡政区》。
② 赵志强《西陵县与"东故徼"》，《出土文献》第五辑，中西书局，2014 年。
③ 马孟龙《汉武帝"广关"与河东地区侯国迁徙》，《中华文史论丛》2012 年第 1 期，后收入《西汉侯国地理》下编第五章。
④ 郑宗贤《东郡政区变迁考察——兼论汉初梁国北界》，《台湾师大历史学报》第 40 期，2008 年。
⑤ 马孟龙《西汉梁国封域变迁研究（附济阴郡）》，《史学月刊》2013 年第 5 期。
⑥ 周振鹤《西汉政区地理》，第 42、61 页。
⑦ 马孟龙《西汉梁国封域变迁研究（附济阴郡）》。
⑧ 马孟龙《谈肩水金关汉简中的几个地名》，《中国历史地理论丛》2012 年第 3 期。

国分界。① 黄浩波则综合西北汉简中与淮阳郡（国）有关的行政建制信息，对《西汉政区地理》淮阳郡的边界变迁进行了修订；② 此后又根据肩水金关汉简"河东定阳"讨论了新莽时期河东郡、上郡分界。③ 不过，后人指出所谓"河东定阳"乃"河东周阳"之误释，④ 所以黄浩波相关讨论失去了意义。这再度体现了文字释读乃是进行出土文献相关研究的前提。出土文献中汉代郡县隶属关系的记载很多，但是此类记载并不系统，而且大多难以断代，其对西汉郡级政区边界研究的价值有限。

二十世纪八十年代以来，四件汉代界石的发现为郡级政区边界研究提供了实物证据。分别是江苏省连云港市连岛镇的新莽界石；⑤ 河北省武安市活水乡"赵国易阳南界"刻石；⑥ 山西省芮城县的"汉大阳檀道界"刻石；⑦ 山西省繁峙县神堂堡乡"冀州常山南行唐北界"刻石。⑧ 这类界石虽然展现政区分界较为直观，但仅为分界中的一个节点，且往往缺乏年代信息，尚不能深入探讨郡级政区分界的演变过程。

3. 郡级政区置废沿革

《汉志》注记了各郡国的建置沿革，这也是后世研究秦汉郡级政区的主要依据。然而从王国维开始，《汉志》郡国沿革注记的可信性遭到质疑。时至今日，历史地理学界普遍认为《地理志》注记郡国沿革并不可靠。

---

① 马孟龙《谈肩水金关汉简中的几个地名（二）》，《中国历史地理论丛》2014 年第 2 期。
② 黄浩波《〈肩水金关汉简（壹）〉所见淮阳简》，《历史地理》第二十七辑，上海人民出版社，2013 年。
③ 黄浩波《〈肩水金关汉简（贰）〉所见"河东定阳"简试释》，《历史地理》第二十九辑，上海人民出版社，2014 年。
④ 崔建华《肩水金关汉简"河东定阳"辨正——兼论宋人著录"周阳侯瓺鋀"的真伪》，《中国历史地理论丛》2020 年第 2 期。
⑤ 连云港市文管会办公室、连云港市博物馆《连云港市东连岛东海琅邪郡界域刻石调查报告》，《文物》2001 年第 8 期。
⑥ 孙继民、郝良真、马小青《"赵国易阳南界"石刻的年代及价值》，《中国历史文物》2004 年第 1 期。
⑦ 景宏波《"汉大阳檀道界"摩崖刻石考析》，《文物世界》2016 年第 1 期。
⑧ 李裕民《汉代南行唐地界碑与卤城的考察》，《考古与文物》2007 年汉唐考古增刊。

　　《汉志》江夏郡、汝南郡皆注记"高帝置"，王国维结合《史记》《汉书》予以否定。[①]二十世纪七十年代湖北荆州凤凰山 9 号汉墓出土了三枚木牍，为文帝十六年安陆守丞呈送南郡守的文书。黄盛璋敏锐指出，三枚木牍表明安陆县于文帝十六年仍隶属南郡，当时并不存在江夏郡，验证了王国维的结论。[②]张家山汉简《奏谳书》分别载录了高帝六年淮阳郡守处理新郪县官员、高帝八年南郡守处理安陆县官员的两起案件。阎晓君认为，在《地理志》中分属汝南郡、江夏郡的新郪、安陆两县，《奏谳书》分属淮阳郡、南郡，表明高帝时期并不存在汝南郡、江夏郡。[③]不过这两起案件分别发生于高帝六年、八年，尚不能据此否定两郡"高帝置"的可能。而在后来公布的肩水金关汉简中，多次出现"淮阳郡新郪"，年代约在昭宣时期，其时汝南郡明确存在，可见利用《奏谳书》推论高帝时期不存在汝南郡存在风险。2008 年荆州松柏汉牍的公布，终于明确直到汉武帝早期安陆县仍隶属南郡，江夏郡的设置要在武帝元光年间以后，这使王国维的观点得到落实。

　　《汉志》广汉郡注记"高帝置"，再加上《华阳国志》载高帝六年分置广汉郡，因此广汉郡被视为高帝置郡。张家山汉简《秩律》存在"同郡属县集中排列"的规律，从巴蜀地区县名排列来看，当时并不存在广汉郡。[④]综合传世文献对西汉初年巴蜀政区设置的记载，广汉郡的设置要晚至武帝元光年间。[⑤]这一认识的转变正获益于出土文献。

　　《汉志》与《汉书·武帝纪》关于河西四郡设置年代的记述互相矛盾，可谓一笔"糊涂账"。自清代以来，不断有学者试图厘清河西四郡的设置年代，但所采取的方法无外乎坚守《地理志》或《武帝纪》，并没有实质性的突破。二十世纪西北汉简的发现则为这一问题的解决提供

---

① 王国维《汉郡考》，《观堂集林》卷十二，河北教育出版社，2001 年。
② 黄盛璋《江陵凤凰山汉墓简牍及其在历史地理研究上的价值》，《文物》1974 年第 6 期，后收入《历史地理与考古论丛》。
③ 阎晓君《〈奏谳书〉所反映的汉初政区地理与司法管辖——张家山汉简研究之三》，《烟台师范学院学报（哲学社会科学版）》2004 年第 3 期。
④ 马孟龙《西汉侯国地理》，第 112 页。
⑤ 马孟龙《西汉广汉郡置年考辨——兼谈犍为郡置年》，《四川文物》2019 年第 3 期。

了新的机遇。

《地理志》记载武威郡设置于太初四年（前101），《武帝纪》为元狩二年（前121）。二十世纪四十年代，张维华留意到《昭帝纪》"〔始元六年〕取天水、陇西、张掖各二县置金城郡"没有提及武威郡，指出直到昭帝始元年间仍未设置武威郡。[①]与此同时，劳榦注意到居延汉简303.12记述"元凤三年十月戊子朔戊子……丞行事金城、张掖、酒泉、敦煌郡"未提及武威郡，而在宣帝初年居延县骑士名籍册中，骑士籍贯全部在《地理志》张掖郡境内，无一属于《地理志》武威郡，因此推断武威郡的设置年代在元凤三年（前78）至地节三年（前67）之间。[②]但日本学者日比野丈夫指出，劳榦对骑士名籍的断代并不准确，其对武威郡置年下限的论证"不足为信"。[③]日比野氏从《汉书·霍光传》检出王汉于地节三年出任武威郡太守的记载，得以将武威郡的置年下限认定为地节三年。[④]此后，陈梦家又对居延汉简7.7"地节二年六月辛卯朔丁巳，肩水候房谓候长光：官以姑臧所移卒被兵本籍为行边兵丞相史王卿治卒被兵，以校阅亭隧卒被兵……"进行分析，指出此文书记载张掖郡肩水候官为准备接受丞相史的校阅，而核对姑臧县的被兵名籍。此简表明，至迟地节二年六月姑臧县仍属张掖郡管辖，姑臧县人仍要到肩水候官服役，因此当时不存在武威郡。陈先生随后结合《汉书·赵充国传》神爵元年（前61）武威太守击羌的记载，限定武威郡的设置年代在地节二年（前68）至元康四年（前62）之间。[⑤]值得注意的是，陈梦家并没有继承劳榦把武威郡置年下限定为地节三年的观点。估计陈梦家也意

① 张维华《汉河西四郡建置年代考疑》，《中国文化研究汇刊》第二卷，1942年，收入《汉史论集》，齐鲁书社，1980年。

② 劳榦《居延汉简考释·考证之部》卷一，收入《汉简研究文献四种》下册，北京图书馆出版社，2007年。

③ 日比野丈夫《汉简所见地名考》，《简牍研究译丛》第二辑，中国社会科学出版社，1987年，原载《东洋史研究》第12卷第3号，1953年。

④ 日比野丈夫《论河西四郡的设置年代》，《日本学者研究中国史论著选译》第九卷《民族交通》，中华书局，1993年，原载《东方学报》京都第25册，1954年。

⑤ 陈梦家《河西四郡的设置年代》，《汉简缀述》，中华书局，1980年。

识到劳榦对居延汉简骑士名籍的断代不可信。可惜陈梦家未能看到日比
野丈夫的研究成果，其从《汉书》检索出的武威郡置年下限并非最早记
录。二十世纪八十年代，周振鹤综合日比野丈夫和陈梦家研究结论，把
武威郡的设置年代断于地节二、三年间。[①]此说后来成为学界主流观点。

二十世纪九十年代以后，在陆续公布的西北汉简中再未出现有关武
威郡设置年代的信息。值得一提的是，郝树声指出当年陈梦家未能正
确理解"被兵本籍"的含义，所谓"被兵籍"是兵器簿籍，而非士兵
簿籍。简7.7是说肩水候官告知属下核对从姑臧发来的兵器籍册，与戍
卒来源没有关系。这样一来，居延汉简7.7就不能作为武威郡设置的年
代上限。传世文献记载本始二年（前72）汉廷发西北边郡兵出击匈奴，
未提及武威郡，本始二年才是武威郡的置年上限。[②]需要引起注意的是，
郝树声推定武威郡置年上限是根据《汉书·匈奴传》本始二年出兵未提
及武威郡，而劳榦则是依据居延汉简303.12未提及武威郡而将元凤三
年视为武威郡置年上限。然而在后来公布的悬泉汉简中有如下两支简：

> 元康四年五月丁亥朔丁未，长安令安国、守狱丞左、属禹敢言
> 之：谨移髡钳亡者田势等三人年、长、物、色，去时所衣服。谒移
> 左冯翊、右扶风、大常、弘农、河南、河内、河东、颖川、南阳、
> 天水、陇西、安定、北地、金城、西河、张掖、酒泉、敦煌、武
> 都、汉中、广汉、蜀郡……【Ⅱ0111④：3】
>
> 黄龙元年四月壬申，给事廷史刑寿为诏狱，有逮捕弘农、河
> 东、上党、云中、北地、安定、金城、张掖、酒泉、敦煌郡，为驾
> 一封诏传。外二百卅七。御史大夫万年谓胃成，以次为驾，当舍传
> 舍，如律令。【Ⅱ0114③：447A】

以上两支简在列举河西四郡时都没有提到武威郡，如果按照劳榦、郝树

① 周振鹤《西汉政区地理》，第161～163页。
② 郝树声《汉河西四郡设置年代考辨》，《开发研究》1996年第6期、1997年第3期。

声的思路，两支简可以作为武威郡尚未设置之"铁证"。然而两支简的纪年均在地节三年以后，当时显然已经存在武威郡。木简没有提到武威郡应该另有原因。这提示我们，前人讨论武威郡置年上限所采用的"默证"思路存在风险。[①] 若采取更为严谨的态度，武威郡的置年上限还是以《昭帝纪》之始元六年（前81）更为可靠。

通过以上介绍可以看到，武威郡置年的上限、下限最终还是依靠传世文献确定的。但不能忽视的是，正是学者对出土文献相关信息反复讨论，才将这一问题的研究推向深入。

《地理志》载敦煌郡为武帝后元年设置，《武帝纪》记为元鼎六年（前111）分酒泉郡设置。学者历来认为传世史籍已有太初、天汉年间关于敦煌郡的记载，《地理志》之说不可信。敦煌汉简、居延汉简发现后，劳榦又从中检出几支与敦煌相关的太初、太始纪年简，进一步落实此说。但日比野丈夫认为，《武帝纪》敦煌郡置郡年代显然偏早，因为河西四郡中最早设置的酒泉郡也在元鼎六年，汉廷不可能初置酒泉郡即分置敦煌郡。日比野氏认为敦煌郡是武帝出兵大宛的产物，主张敦煌郡设置于天汉年间。大约同时，陈梦家注意到玉门关遗址2438号汉简有"酒泉玉门都尉护众"的信息。陈先生指出，玉门关最初隶属酒泉郡，则玉门都尉初置时，尚无敦煌郡，因此玉门关的始置年代也就是敦煌郡置年上限。陈先生随后从敦煌遗书《寿昌县地境》检出玉门关"武帝元鼎九年置，并有都尉"的记载，指出敦煌郡必置于元鼎第九年即元封三年（前108）之后。不过，敦煌遗书《寿昌县地境》抄录于五代，其有关汉代玉门关设置年代的可信性，遭到学界普遍怀疑。因此陈梦家利用玉门都尉设置年代限定敦煌郡置年的思路虽然为学界接受，但其结论却没有得到广泛认同。学界对敦煌郡设置年代的认识仍不能统一。

刘光华在讨论敦煌郡设置年代时，也注意到了敦煌2438号汉简。他指出在整个敦煌地区出土汉简纪年未有早于天汉三年（前98）的，所以敦煌汉简所见"酒泉玉门都尉护众"的信息一定在天汉三年之后。

---

① 此处承蒙复旦大学历史学系本科生朱亦文提示。

刘先生认为天汉、太始、征和年间敦煌地区仍属于酒泉郡管辖，《地理志》武帝后元年置敦煌郡的记载更为可信。[①] 此后，管东贵注意到"玉门都尉护众"亦出现于敦煌 1922 号简，而此简有明确纪年"大始三年"，故 2438 号简的时代也应在太始三年（前 94）前后，可证直到太始三年仍无敦煌郡。[②] 这是对刘光华观点的有力证明。

总的来说，西北汉简对河西四郡设置年代研究的价值主要集中于武威、敦煌两郡，而对酒泉、张掖二郡的研究贡献较小。这主要与西北汉简的时代特征有关。西北汉简主要出土于疏勒河流域和额济纳河流域的汉代烽燧，而这些烽燧大多于太初以后设立。因此西北汉简对于太初以前的情况基本没有涉及，日后能在西北汉简中发现酒泉、张掖置年信息的可能性微乎其微。未来对酒泉、张掖二郡置年的研究，恐怕还是要基于对传世文献的合理分析。

（五）县级政区

两汉时期县级政区数量庞大。两《汉志》载录了西汉末年、东汉中期的县级政区建制。其他传世文献也有关于汉县的零散记录。但是与郡级政区情况不同，传世文献对汉县置废信息记录较少，因此绝大多数的汉县都不能明确建置沿革。

出土文献的发现，使情况大为改观，很多汉县的建置沿革得以明晰。例如把大量秦代出土文献，以及张家山汉简《秩律》，与《汉志》进行比对，可以明确很多汉县早在秦代、汉初便已设置。还有学者通过比对张家山汉简《秩律》、松柏汉牍、《汉志》讨论了西汉南郡县邑的始置年代。[③]

---

① 刘光华《敦煌建郡于汉武帝后元元年辨》，《秦汉史论丛》第二辑，陕西人民出版社，1983 年，后收入《秦汉西北史地丛稿》，甘肃文化出版社，2007 年。
② 管东贵《汉河西四郡建置时间问题的检讨》，宋文熏、李亦园、张光直主编《石璋如院士百岁祝寿论文集：考古·历史·文化》，南天书局，2002 年。
③ 参见前面引述的刘瑞、袁延胜、李炳泉、邓玮光等人对荆州松柏汉牍的研究文章。

出土文献对于了解某些汉县的废年也有帮助。司马彪叙述《续汉志》体例"凡《前志》有县名今所不载者，皆世祖所并省也"。所谓"世祖并省"是指光武帝建武六年六月"条奏并省四百余县"之事。司马彪的说法，长期被人信从。而从出土文献来看，实际情况并非如此。例如《汉志》颍川郡有郏县，《续汉志》无。洛阳南郊东汉刑徒墓地P11M36：1砖有"无任颍川郏髡钳贯纪，元初六年闰月十二日死"之铭文，表明郏县至少延续到汉安帝元初年间，并非光武帝省并。①西汉时期分封了数量庞大的侯国，以往学界认为侯国废除之后，其建制即取消。然而在西北汉简所见昭帝、宣帝时期文书，却出现"昌邑国邵""昌邑国郁狼""赵国尉文"，这些县的前身乃武帝时期废除的侯国，说明侯国废除后仍会以县邑的形式存续。②类似的例子还有很多，限于篇幅不能一一列举。可以说，明晰某些县级政区置废状况，是出土文献的主要学术贡献。

出土文献载录了汉代县邑的隶属关系，与两《汉志》时有不同，为探讨汉县隶属关系变化创造了条件。例如贝丘县，《汉志》属清河郡，居延汉简载有"东郡贝丘""魏郡贝丘"。松柏汉牍南郡辖孱陵，《汉志》属武陵郡。尹湾汉牍"广陵郡全椒"，《汉志》全椒属九江郡。③这种县邑隶属关系变动往往与郡级政区的省并及辖域变化有关，可以与汉代郡级政区问题一并讨论。

与秦县一样，汉代出土文献还载录了很多传世文献从未提及的县名，大大丰富了我们的认知。例如松柏汉牍之显陵，居延汉简之东邠、西邠，狮子山汉墓印章之北平，河南省平舆县出土东汉封泥之女贲、女父，马王堆三号墓《地形图》之齕道，都是不见于传世文献的新县名。另外湖南省出土汉代印章中的门浅，张家山汉简《秩律》中的销县、薄道虽然不见于传世文献，却见于里耶秦简、相家巷秦封泥，可以证明这

---

① 马孟龙《西汉侯国地理》，第 41 页。
② 马孟龙《谈肩水金关汉简中的几个地名》《居延汉简地名校释六则》，《文史》2013 年第 4 辑。
③ 赵平安《尹湾汉简地名的整理与研究》，《尹湾汉墓简牍综论》。

些汉县乃继承秦县而来。像这类县名还有很多，相信未来也会发现，细心收集这类新知汉县，可以深化两汉县级政区研究。需要特别注意的是，受出土文献本身保存状况，以及早期研究水平的制约，某些地名释读并不准确。例如前人讨论的居延汉简"淮阳郡嚣""昌邑国邨""魏郡轵阳""淮阳郡莱"，其实分别是"淮阳郡赞""昌邑国邵""魏郡轑阳""淮阳郡华"的误释，[①]并非新见汉县名称。

秦汉时期，县邑更名非常普遍。传世史籍保留了很多县邑更名的信息。而出土文献的发现，表明传世史籍某些记载并不准确。例如右扶风槐里县，《汉志》注记高帝三年由废丘更名而来。但是秦代文物铭文既有槐里，也有废丘，表明两地在秦代都是县级政区，并非更名关系。又如《陈留风俗传》曰："〔考城〕秦之谷县也，后遭汉兵起，邑多灾年，故改曰甾县。"然而肩水金关汉简出现"梁国载县"，传世汉代封泥有"载丞之印"，此载县即甾县的前身，大约在西汉宣帝以后更名甾县。《陈留风俗传》的说法并不可信。[②]当然，也有出土文献验证传世文献的例子。像秦代出土文献常提到的南郡鄢县，张家山汉简《秩律》写为"宜成"，这就验证了《汉志》宜成"故鄢，惠帝三年更名"之注记。

秦汉时代，常存在不同郡国辖有同名县邑的情况，即所谓"异地同名"。汉代为了区别同名县邑，往往会添加东、西、南、北、上、下以及内、外等方位词。出土文献表明，这种添加方位词的做法可能只存在于文书行政层面，而在基层，其县邑名称并未添加方位词。如东郡东武阳县，悬泉汉简书为"武阳"；东平国东平陆县、南平阳县，洛阳南郊东汉刑徒墓砖写作"平陆"、定县北庄汉墓墓石写作"平阳"。这种省写方位词的做法，在进行汉代政区研究时要多加留意，否则会得出错误的结论。

除了添加方位词，秦汉时代还会通过其他形式来区别同名县邑。里耶秦简出现"新武陵"，秦封泥出现"新城父""新襄陵""新襄城"，这

① 马孟龙《谈肩水金关汉简中的几个地名（二）》《居延汉简地名校释六则》。
② 马孟龙《谈肩水金关汉简中的几个地名》。

些县邑添加了"新"，表明是新设置的县邑，由此来区别秦国原有同名县邑。最新研究揭示，这些带有"新"的秦县，都位于"新地"，是秦国接收六国同名县邑的权宜之举，在秦统一以后逐渐更改新名。①《汉志》南阳郡、沛郡都有酂县，而出土文献表明，南阳郡酂县写为"酂"，而沛郡酂县写为"赞"。②荆州松柏汉牍载有便侯国，此即《汉志》南郡编县的前身。便侯国废除后改名为编县，很有可能是为了区别桂阳郡便县。③这提示我们，汉代会采用不同写法的同音字来区别同名县邑，这些都是出土文献带来的新认识。

汉代的县级政区除了县，还有道、侯国、邑三种类型。出土文献对道、侯国、邑之研究推动，也呈现出不同的价值。

先看汉道。《汉志》正文共载录三十道，而《汉志》后序称全国有三十二道。清代以来，不乏学者利用传世文献对《汉志》"失载"两道进行辑补。前面提到，这种研究思路本身就是错误的。随着出土文献不断发现，陆续有学者意识到这个问题。二十世纪七十年代发现的马王堆汉墓《地形图》载录了龁道，而张家山汉墓《秩律》又出现了薄道、武都道、昫衍道、辨道等道名，如果按照传统的辑补思路，最终求得的道目数量将超过三十二。刘志玲指出，两汉的道目不断变动，因此把两汉不同时期的道补为西汉末年之道，是行不通的。④

《续汉志》载录的某些道，在《汉志》中为县，传统观点认为是《地理志》脱漏了"道"字，并在此思路影响下利用《续汉志》对《汉志》道目进行辑补。而张家山汉墓《秩律》发现后，人们注意到《秩律》某些县在《汉志》为道，而《秩律》某些道在《汉志》为县，这表明汉代的道和县常常发生行政建制的转化，与汉代侯国与县的相互转化

---

① 蒋文、马孟龙《谈张家山汉简〈秩律〉简 452 之"襄城"及相关问题》，《中国历史地理论丛》2019 年第 1 期。
② 周波《说肩水金关汉简、张家山汉简中的地名"赞"及其相关问题》，《出土文献研究》第十二辑，中西书局，2013 年；马孟龙《谈肩水金关汉简中的几个地名（二）》。
③ 马孟龙《松柏汉墓 35 号木牍侯国问题初探》。
④ 刘志玲《秦汉道制问题新探》，《求索》2005 年第 12 期。

十分类似。当某地需要处理的蛮夷事务增加时，可能改置为道，而当蛮夷事务减少又恢复为县。①《秩律》还同时出现了昫衍县和昫衍道、雕阴县和雕阴道。《汉志》同样是雕阴县和雕阴道并存。以往学界对这个现象并未给予充分重视。现在看来，秦汉时期会分设县、道两套系统分别管理汉人和蛮夷，这对于理解秦汉道制具有非常重要的意义。

张家山汉简《秩律》保留了西汉初年中央直辖区域的道之设置状况。郑威通过对比《秩律》和《汉志》，揭示出汉代的道主要分布在巴蜀、秦陇等西部地区，数百年内空间格局变化不大。②这是学界首次尝试分析汉代道的空间分布格局及演变过程。不过，《秩律》仅仅载录了中央直辖地区的道目，并未涉及关东地区，因此上述结论的得出，仍然存在不确定性。

至于西汉的侯国，由于《汉书》"侯表"详细载录了侯国的置废年代，因此出土文献对限定西汉侯国建置沿革几乎没有价值。但《东观汉记》"侯表"未能保存，出土文献对于了解东汉侯国设置情况以及侯国置废时限具有很大作用。东汉的侯国信息散见于碑刻、石刻资料。遗憾的是，截至目前尚无学者专门收集东汉出土文献中的侯国信息。东汉侯国研究也是未来有待拓展的学术领域。

对于两汉侯国而言，出土文献最大的作用在于明晰侯国行政隶属关系。西汉时期先后分封八百余个侯国，东汉分封的侯国数量估计接近一千。这些侯国的行政隶属关系过去只能依靠两《汉志》和《汉书》"侯表"，以及传世史籍的零散记载。即便传世史籍记载了某些侯国的行政隶属信息，也仅仅是某一时期的状况，并不能反映侯国隶属沿革变化。对此，出土文献发挥了重要作用。例如西汉桃侯国、南侯国，传世史籍没有载录任何行政隶属信息。随州孔家坡告地策以及河南省平舆县西汉"南侯国丞"封泥的发现，表明两侯国分别地处南阳郡、汝南郡。又如《汉志》江夏郡有轪县，但江夏郡设置较晚，西汉初年轪侯国行政

① 杨建《略论秦汉道制的演变》，《中国历史地理论丛》2001 年第 4 期。
② 郑威《试析西汉"道"的分布与变化——从张家山汉简〈二年律令·秩律〉谈起》，《江汉考古》2008 年第 3 期。

隶属关系不明。① 而松柏汉牍的发现，表明西汉初年轪侯国隶属南郡，这有助于解决文帝"迁淮南国三侯邑"悬案。②《汉志》清河郡东阳侯国、沛郡栗侯国，肩水金关汉简分别载录为"魏郡东阳侯国""淮阳郡栗侯国"，保留了汉宣帝时代的侯国隶属关系。这些资料为讨论汉代的侯国地理方位和行政隶属变化提供了宝贵的信息。

汉代时而变更列侯的封地，从而引发"侯国迁徙"。对于汉代这种独特的政区地理现象，传世文献只有寥寥几处记录，而出土文献提供了更多侯国迁徙的线索。元鼎三年为配合"广关"政策，汉武帝将太行山以西的侯国全部迁徙到太行山以东，《汉书》"侯表"仅载录部分侯国的迁徙信息。居延汉简"昌邑国郡"，以及居延新简 EPT53.63"东郡遣利昌侯国相力"的记录，表明原处太行山西的邵侯国和利昌侯国后来分别迁徙到山阳郡和东郡，这对于探讨汉武帝的"广关"政策以及侯国地理分布格局的变化具有非常重要的学术意义。③ 荆州松柏汉牍记载汉武帝时期的南郡辖有便侯国，为长沙王子侯国。对于长沙王子侯国为何出现在南郡，笔者认为也是"侯国迁徙"的结果。④ 传世文献常有武帝以后迁徙长沙王子侯国到江夏郡、南阳郡的记载。⑤ 松柏汉牍表明这种做法早在景帝时代便已施行。

汉代的县级政区中，"邑"的研究最为薄弱。首先《汉志》载录的县级政区哪些是"邑"？目前仍然无法搞清。《汉志》后序列举绥和二年全国县级政区统计数字，将县邑数量合计。《汉志》只有南阳郡湖陵、九江郡寿春可明确为"邑"。虽然还有很多县名带有"邑"字，但似乎是地名的一部分。西汉末年全国不可能只有几个邑。尹湾汉牍明确记录"朐邑"和"况其邑"，因汉牍载录东海郡行政建制年代与《汉志》相

---

① 李开元《西汉轪国所在与文帝的侯国迁移策》，《国学研究》第二卷，北京大学出版社，1994 年；陈苏镇《汉文帝"易侯邑"及"令列侯之国"考辨》，《历史研究》2005年第 5 期。
② 马孟龙《西汉侯国地理》下编第四章《文帝"迁淮南国三侯邑"史事考辨》。
③ 马孟龙《西汉侯国地理》下编第六章《武帝"广关"与河东地区侯国迁徙》。
④ 马孟龙《松柏汉墓 35 号木牍侯国问题初探》。
⑤ 马孟龙《西汉侯国地理》下编第二章附篇《长沙王子侯国迁徙考》。

近，故可补《汉志》之阙。^① 郑威还根据尹湾汉牍《东海郡下辖长吏名籍》载录的五个邑名，对《汉志》之邑进行辑补。^② 不过考虑到《东海郡下辖长吏名籍》载录的行政建制常与《汉志》不同，两者存在时代差异，恐怕不能作为辑补来源。西北汉简时常见到"邑"，有学者对其进行辑录。^③ 对于此类成果，更不能用于辑补《汉志》邑名，因为西北汉简中"邑"大多年代断限不明，无法确定其是否为元延年间置邑；另外从尹湾汉牍、松柏汉牍来看，汉代的"邑"字常常省写，所以对汉简中"邑"的辑补必然难以完备，把这类辑补成果视为资料汇编更为合适。

关于汉代邑的类型，《汉书·百官公卿表》只提到贵族汤沐邑。周振鹤又归纳出陵邑和奉郊邑。^④ 出土文献进一步丰富了邑的类型。

宣帝时期富平侯张安世权倾一时，除受封之陈留郡富平侯国，在魏郡领有一处"别邑"。但对于"别邑"是魏郡何县，以往并不清楚。居延汉简 EPT51.533 "魏郡富平侯元城邑安昌里王青☐"的发现使这一谜团终告破解。松柏汉牍有"襄平侯中庐"，笔者指出"中庐"为襄平侯在南郡领有之"别邑"。^⑤ 由此可见，史籍中关于益封列侯封户的记载，很多应当属于赏赐"别邑"，这有助于理解汉代的列侯封赐制度，而"列侯别邑"也可归入贵族汤沐邑。

西汉常在皇帝、太后陵园周围设置奉邑。史书记载外戚和诸侯王也可以设置陵园奉邑，但相关记录十分有限，对于奉邑名称更是罕有提及。出土文献出现一些陵园奉邑。例如张家山汉简《秩律》之"黄乡"即高祖母亲陵园奉邑。^⑥ 笔者结合松柏汉牍南郡户口信息，将"显陵"

---

① 周振鹤《西汉地方行政制度的典型实例——读尹湾六号汉墓出土简牍》，《学术月刊》1997 年第 5 期，收入《周振鹤自选集》；谢桂华《尹湾汉墓所见东海郡行政文书考述》，收入《尹湾汉墓简牍综论》。

② 郑威《简牍文献所见汉代的县级政区"邑"》，《简帛》第十一辑，上海古籍出版社，2015 年。

③ 冯小琴《居延敦煌汉简所见汉代的"邑"》，《敦煌研究》1999 年第 1 期。

④ 周振鹤《西汉县城特殊职能探讨》，《历史地理研究》第一辑，复旦大学出版社，1988 年。

⑤ 马孟龙《松柏汉墓 35 号木牍侯国问题初探》。

⑥ 晏昌贵《张家山汉简释地六则》，《江汉考古》2005 年第 2 期。

考订为临江哀王刘阏的陵园奉邑。[①] 这些发现对于深化西汉陵园奉邑制度研究尤为重要。

西汉皇帝的陵邑本属太常管辖，在汉元帝永光年间转属三辅。关于陵邑转属三辅的时间，《汉书》存在永光元年和永光四年两种记载。有学者从文献学的角度认为"永光元年"为讹误。[②] 笔者则通过西汉陵园制度的考察，得出同样的结论。[③] 而悬泉汉简 V T1309 ③：17 有"永光三年正月丁亥朔癸丑，敦煌大守千秋属陈孝辟诏狱囚单武证大三辅、大常界"，[④] 表明永光三年太常仍然管辖陵邑。这可以落实前人的判断。

汉代"邑"形式多样，存在怎样的共性？目前看来，邑的共性是将赋税收入作为专项支出。汤沐邑赋税为邑主的私奉养，陵园奉邑赋税用于陵园日常运转，奉郊邑赋税用于奉祀。另外，通过对张家山汉简《秩律》的分析，可以发现所有的邑均隶属朝廷诸卿。[⑤] 邑直属诸卿，而非隶属所在郡国，这可能是汉初"邑"区别于"县道"的重要特征。

四、出土文献与新莽政区研究

王莽建立新朝后，对西汉政区进行全面改革。由于新朝历时其短，导致新莽政区地理研究很难展开。出土文献、文物发现后，研究状况也未有本质性的改观，诸如秦汉政区地理研究所关注的政区建置沿革、政区辖域等问题都无从下手。目前对新莽政区的研究主要围绕"新莽政区名称"展开。

---

① 马孟龙《荆州松柏汉墓简牍所见"显陵"考》，《复旦学报》2015 年第 3 期。
② 汤其领、陆德富《关于西汉陵县制度研究的几个问题》，《徐州师范大学学报（哲学社会科学版）》2006 年第 6 期；孔祥军《肩水金关汉简所见"太常郡"初探》，《中国历史地理论丛》2012 年第 3 期。
③ 马孟龙《荆州松柏汉墓简牍所见"显陵"考》。
④ 张俊民《敦煌悬泉置出土汉简所见人名综述（一）》，《陇右文博》2006 年第 2 期。
⑤ 马孟龙《张家山汉简〈秩律〉与吕后元年汉朝政区复原》。

为了与旧王朝划清界限，王莽对汉代政区名称进行改易，参见《汉志》政区附注"莽曰"，亦散见于《汉书·王莽传》和东汉史籍。二十世纪三十年代，谭其骧以《汉志》"莽曰"为基础，综合各种传世史籍，编成《新莽职方考》，成为研究新莽政区名称的集大成之作。[1]

不过，传世史籍对新莽政区更名的记载并不完整，出土文献和文物具有补证作用。早在清末，吴式芬、陈介祺即根据"文阳大尹章"封泥论定新莽存在"文阳郡"。[2] 此后，陆续有学者依据新莽简牍、漆器、印章、封泥补出传世史籍未载的武亭、子同、成都、灵武、集降、无盐、谷成、延亭等郡。[3] 就目前出土资料的丰富程度而言，已具备增补《新莽职方考》的条件。

后晓荣《新莽置郡考》可以视为此类尝试。[4] 该文吸收前人辑补新莽郡名成果，汇集新莽郡名十个，[5] 在与《汉志》新莽郡名相加后，共一百二十五郡，恰好与《王莽传》所载始建国天凤元年（14）全国置郡数目相合，文章宣称完整复原了新莽郡级政区建置。但细读此文，不难发现文章并未考虑年代断限，乃是将不同时期的新莽郡名混排在一起。若采取这种思路，随着日后新资料的发现，新莽置郡数量必将超过一百二十五个。果然，新近公布的西安卢家口村出土新莽封泥中，又出现得道、富生、夙敬、原平、兹平、桓宁、聚降等新莽郡名，[6] 将《新莽置郡考》的研究缺陷展露无遗。总而言之，笔者认为在现有文献资料的基础上，无法复原出一份具有明确年代断限的新莽郡级政区名单，未来的新莽政区资料收集，还是定位为"新莽政区资料汇编"更切合实际。

---

[1] 谭其骧《新莽职方考》，《长水集》上册，人民出版社，1987 年。

[2] 陈介祺、吴式芬《封泥考略》卷八。

[3] 王国维《记新莽四虎符》，《观堂集林》卷一八；谭其骧《新莽职方考》"八三年校后记"；罗福颐《秦汉南北朝官印征存》，文物出版社，1987 年；孙慰祖《两汉官印汇考》，上海书画出版社，1993 年；饶宗颐、李均明《新莽简辑证》，新文丰出版公司，1995 年。

[4] 后晓荣《新莽置郡考》，《中国史研究》2013 年第 2 期。

[5] 文章依据居延汉简所列举的"延城郡"，乃出于对简牍文字的误读，并不可信。

[6] 杨广泰《新出封泥汇编》，西泠印社出版社，2010 年。

出土新莽文献资料还有数量可观的县级政区名称，其中不乏《汉志》失载的王莽更名县邑，但未有学者对新莽置县名称进行汇集。笔者期待日后能出现类似汇集成果，进一步完善《新莽职方考》所构建的新莽政区框架。

《汉志》很多郡县并未标注"莽曰"，以往认为这是新莽沿用了汉代政区名称。然而就目前出土文献所见新莽郡县名的丰富程度而言，《汉志》应漏载了很多新莽更名信息。显然王莽改易汉代政区名称的决心远超以往认知。

出土文献的发现，还有助于了解王莽改易地名的时间。传世文献虽然载录了很多王莽更改的政区名称，但没有保留更名时间。西北烽燧简牍保留相当数量的新莽简，时代序列完整，始建国年间的新莽简仍在使用汉代政区名称，故王莽大规模变更政区名称应在始建国年间之后。[①]在新莽出土文献和文物中，也存在沿用汉代政区名称的现象。不过，也有新莽初年更改政区名称的情况。沙畹、王国维根据敦煌烽燧简指出敦煌郡在始建国元年更名为文德郡，变更为敦德郡则是后来的事情。[②]此后饶宗颐、李均明、陈文豪又根据后来公布的汉简把敦德名称出现的时代下限限定在始建国天凤三年。[③]明晰王莽大规模改易政区名称的年代断限，对于新莽政区研究以及新莽出土文献、文物断代具有十分重要的意义。

在传世、出土新莽文物铭文中，常见"郡名＋县名＋卒正／连率"的结构，如新莽虎符所见"敦德广桓连率"、新莽封泥所见"豫章南昌连率"。对于这种铭文结构中郡名与县名的关系，学界一直存在争议。吴荣曾推测，此类铭文中的县名皆是郡治。[④]新近西安卢家口村出土新

---

① 黄东洋、邬文玲《新莽职方补考》，《简帛研究二〇一二》，广西师范大学出版社，2013年。

② 罗振玉、王国维《流沙坠简》卷二《屯戍丛残考释》。

③ 饶宗颐、李均明《新莽简辑证》；陈文豪《"文德"地名考释》，《简牍学研究》第二辑，甘肃人民出版社，1998年。

④ 吴荣曾《新莽郡县官印考略》，《先秦两汉史研究》，中华书局，1995年。

莽封泥又出现大量此类铭文，基本可以验证吴先生的推断。此类铭文格式的正确释读，有助于日后对新莽郡治和郡域范围的判断，是很值得注意的研究方向。

五、出土文献与秦汉县址定位

进行秦汉政区地理研究，县址的准确定位是立论前提。清代乾嘉以来，凡治沿革地理者必强调古城"地望"的重要。以往进行秦汉县邑定位，主要依靠传世文献。然而传世文献在流转、传抄的过程中，常常出现讹误。历代行政区划的改易也会引发秦汉县邑方位记述的误差。对于传世文献从未提及方位的秦汉县邑，其地理定位更是无从谈起。就此而言，出土文献、文物的发现，对于考订秦汉县邑方位无疑具有非常重要的价值。

在对古城遗址进行发掘时，时常发现出土文献、文物，这些资料上的地名往往是判定古城性质的重要依据。例如湖南省龙山县里耶古城遗址发现大量秦代迁陵县政府档案表明里耶古城就是秦代迁陵县，这纠正了传世文献对秦代迁陵县方位记述的错误。[①] 而甘肃崇信县刘家沟古城遗址大量带有"卤""卤市"戳记陶器的发现，表明此地即秦汉卤县，使得这个历代地志都不曾载录的秦汉县邑方位得到明确。[②] 另外，古城遗址周边墓葬所出简帛、文物中的地名，也是古城定性的重要依据。黄盛璋分别根据和林格尔汉墓壁画"武成县"注记、云梦睡虎地秦简大量与"安陆"有关的信息，论证榆林古城即是两汉武成县、云梦古城即秦汉安陆县。[③] 一些墓葬附近的秦汉古城遗址虽然尚未找到，但是根据墓

---

① 湖南省文物考古研究所《里耶发掘报告》第二章《里耶古城遗址》，岳麓书社，2007年。
② 张多勇《汉代卤县古城遗址考察研究》，《宁夏师范学院学报（社会科学）》2012年第5期。
③ 黄盛璋《和林格尔汉墓壁画与历史地理问题》，《文物》1974年第1期；《再论和格林格尔汉墓壁画的地理和年代问题——兼评〈和林格尔汉墓壁画〉》，《考古与文物》1982年第1期。黄盛璋《云梦秦墓出土的两封家信与历史地理问题》，《文物》1980年第2期。皆收入黄盛璋《历史地理论集》，人民出版社，1982年。

葬文物地名信息，也可以限定大致方位。吴镇烽根据陕西省绥德县、米脂县东汉画像石墓墓石题记，明确了西汉至东汉中期的圜阳、平周二县方位。在此基础上，吴先生将古圜水重新判定为今无定河。[①] 这一发现，可以改写陕北地区秦汉郡级、县级政区的很多固有认识。类似的秦汉县邑定位研究，数量非常庞大，本章无法一一列举。毫无疑问的是，此类研究对于秦汉县邑定位具有极重要的价值，日后很有必要利用此类研究修订《中国历史地图集》秦汉县邑定位，一系列与秦汉政区相关的研究也有改写的可能。

使用出土简牍、文物资料所见地名进行古代县邑定位，还需要持有谨慎的态度。因为很多器物具有流动性，在使用此类资料时，切忌仅凭文物资料而得出结论。特别是印章、封泥、陶器、漆器、铜器等便于移动的文物，在使用时更要小心，否则完全可能会得出错误的结论。

对古城定位作用最大的出土文献资料，无疑是古地图。地图包含丰富地理信息，使古代城邑的地理定位更为便利。马王堆三号汉墓《地形图》标绘了8处长沙国南部县道。对于这些古城的定位，马王堆古地图展现了三方面的价值。一是对于传世文献从未提及的秦汉县邑定位，如龁道。二是可以弥补传世文献对古城邑方位记述的模糊不清，如春陵县。[②] 三是判别传世文献各种说法的正确性，如南平县。[③] 总体而言，马王堆汉墓《地形图》对汉代县址的标绘非常精确，甚至有学者按图索骥，找到了几座古城遗址，[④] 足见其宝贵的学术价值。

---

① 吴镇烽《秦晋两省东汉画像石题记集释——兼论汉代圜阳、平周等县的地理位置》，《考古与文物》2006年第1期。
② 张修桂《马王堆〈地形图〉绘制特点、岭南水系和若干县址研究》，《历史地理》第五辑，上海人民出版社，1987年，收入《中国历史地貌与古地图研究》。
③ 谭其骧《马王堆汉墓出土地图所说明的几个历史地理问题》。
④ 周世荣《马王堆汉墓帛书古地图城邑要塞调查记》，《文物天地》1986年第6期。不过，周先生对泠道城址的定位并不准确，参张修桂《马王堆〈地形图〉绘制特点、岭南水系和若干县址研究》。

在出土秦汉行政文书中，"道里簿"对于县邑定位的价值最高。此类文献主要载录交通沿线的城邑和道路里程。在明确某一城邑方位的前提下，很容易根据道路里程确定其他城邑方位。较早被学界利用的"道里簿"是居延新简 EPT59.582 木牍。据初师宾研究，该木牍是都城长安至张掖郡郡治觻得县《道里簿》的一部分，目前完整保留了长安至义置，月氏至高平，媪围至小张掖，删丹至氏池四段道路的里程。[①] 其中月氏至高平一段的县邑自东向西依次排列为月氏、乌氏、泾阳、高平，然而根据传世文献记载，自东向西为泾阳、乌氏、月氏、高平，[②] 而且乌氏、月氏两县方位并不在交通干线，显然传世文献对四县方位的记载并不可靠。吴礽骧因囿于传世文献的记载，推测该《道里簿》记载的是驿道支线。[③] 张多勇则意识到传世文献存在不足，通过对今地实地考察，再结合《道里簿》里程，重新考订了乌氏县、月氏道地理方位。[④] 张先生的研究可谓传世文献、出土文献与城址实地调查相结合的典范。而李并成通过对简牍媪围至小张掖，删丹至氏池两段里程的分析，对汉代张掖县、揟次县、媪围县、删丹县、日勒县、氏池县进行了重新定位。[⑤] 这些定位，或纠正了以往传统观点的错误（如汉代张掖县、删丹县、日勒县、氏池县），或是做出了更为精确的定位（如汉代揟次县、媪围县），学术价值极高。

随后在敦煌悬泉置遗址又发现了一份《道里簿》（Ⅱ90DXT0214①：130）。这份《道里簿》载录了武威郡苍松县至敦煌郡渊泉县沿途所经县邑的部分道路里程，其中一部分与之前的居延汉简《道里簿》重

① 初师宾《汉简长安至河西的驿道》，《简帛研究二〇〇五》，广西师范大学出版社，2008 年。

② 《中国历史地图集》第二册，第 33～34 页。

③ 吴礽骧《河西汉代驿道与沿线古城小考》，《简帛研究二〇〇一》，广西师范大学出版社，2001 年。

④ 张多勇《从居延 E·P·T59·582 汉简看汉代泾阳县、乌氏县、月氏道城址》，《敦煌研究》2008 年第 2 期。

⑤ 李并成《河西走廊历史地理研究》第一编第二章第二节《武威郡及其所属诸县城址》、第三节《张掖郡及其所属诸县城址》，甘肃人民出版社，1995 年。

合。郝树声根据悬泉汉简《道里簿》，修订了汉代张掖县、鸾鸟县、苍松县、显美县的地理定位。此后她又延续这一做法，对悬泉汉简《道里簿》载录的张掖郡县邑道路里程进行分析，修订了汉代氏池县和表是县的定位。① 吴礽骧也利用悬泉汉简《道里簿》考订河西走廊沿途县邑方位，与郝树声的考证结论大致相同，只有苍松县的定位略有差别。②

悬泉汉简《道里簿》还记录了一段汉代酒泉郡县邑道路里程，可惜郝树声未对这些县邑方位进行考订。而这一段道路里程的学术价值也很大。根据悬泉汉简《道里簿》，沙头在干齐以东，而传世文献对两县方位的记述恰好相反，显然传世文献记载有误。早在悬泉汉简公布之前，李并成已根据传世文献和实地踏查，纠正了传世史籍有关沙头、干齐两县位置关系的错误。悬泉汉简《道里簿》的发现，完全验证了李先生的判断。此后，李先生又利用悬泉汉简《道里簿》重申先前的研究结论。③不过，李先生对沙头、干齐两县的定位与《道里簿》所记载的里程并不吻合，此后又有学者结合尚未公布的悬泉汉简里程记录，对两县方位进行了修订。④

不可否认的是，居延汉简和悬泉汉简《道里簿》是迄今为止研究河西走廊地区汉代县邑定位最重要的资料。虽然各学者对交通路线的具体走向还有不同的理解，但相关研究都要遵循这两份《道里簿》的县邑空间排列顺序和里程。可以说，它们奠定了日后河西走廊汉县定位的基本格局。另外，如前所述，居延汉简《道里簿》与悬泉汉简《道里簿》有部分路段重合，因此将两份《道里簿》的里程信息叠加，可以复原出一条从长安至敦煌渊泉县的完整交通干线，若再叠加上悬泉汉简所记录的

---

① 郝树声《敦煌悬泉里程简地理考述》，《敦煌研究》2000 年第 3 期；《敦煌悬泉里程简地理考述（续）》，《敦煌研究》2005 年第 6 期；俱收入郝树声、张德芳《悬泉汉简研究》，甘肃文化出版社，2009 年。
② 吴礽骧《河西汉代驿道与沿线古城小考》。
③ 李并成《汉敦煌郡境内置、骑置、驿等位置考》，《敦煌研究》2011 年第 3 期；《汉酒泉郡十一置考》，《敦煌研究》2014 年第 1 期。
④ 宁瑞栋《汉敦煌郡渊泉县城新考》，《丝绸之路》2011 年第 18 期；张俊民《有关西汉渊泉县的几个问题》，《简帛研究二〇一五》春夏卷，广西师范大学出版社，2015 年。

敦煌郡内部各县里程，还可以将这条河西交通干线延伸至玉门关，从而把汉代河西地区的县邑里程、相对方位完整地展现出来，初师宾《汉简长安至河西的驿道》便是一篇很具代表的研究文章。[①]

2003 年，湖南省文物考古研究所公布了里耶遗址发现的一枚道里簿残牍（16-52）。[②]这枚残牍仅保存了鄢县到迁陵县的道路里程，由于其中有鄢到销，销到江陵的里程，可以把销县定位于今湖北省荆门、钟祥一带。[③]2006 年，里耶秦简整理者又公布了编号为 16-12、17-14 两枚道里簿残牍，分别载录了高阳至宜成，□阳至许的道路里程。其中 16-12 号简残缺非常严重，除了少数几个地名，没有保存任何里程信息。而根据 17-14 载录的里程，顿丘方位在今河南省浚县境内，可以纠正传统认识。[④]笔者也曾利用这枚残简考订秦汉衍氏县地理方位。[⑤]

北京大学藏秦简《道里书》是一份最新公布的道里簿，由 66 枚竹简构成，内容十分丰富，包含秦代南郡、南阳郡的水路、陆路交通，涉及县、乡、里、亭等基层行政组织。辛德勇对这份道里簿有详尽研究。这份道里簿不仅可以解决众讼纷纭的竟陵县、沙羡县、安陆县、销县定位，还可以重新定位西陵县、汝阳县，阳新侯国、乐成侯国、辉渠侯国方位，学术价值极高。[⑥]

除了"道里簿"，对秦汉城邑定位比较重要的出土文献是"质日"。虽然质日类文书不像道里簿载录了城邑之间的里程，但可以根据事主途径县邑的先后次序，大致判断各城邑之间的相对位置。另外，由于秦汉时代人员出行每日里程大体相当，所以也可以根据"质日"日程估测城

---

① 初师宾《汉简长安至河西的驿道》，《简帛研究二○○五》。
② 湖南省文物考古研究所《湘西里耶秦代简牍选释》，《中国历史文物》2003 年第 1 期。
③ 周振鹤《秦代汉初的销县——里耶秦简小识之一》，简帛研究网，2003 年 12 月 11 日；王焕林《里耶秦简释地》，《社会科学战线》2004 年第 3 期；晏昌贵《张家山汉简释地六则》。
④ 张春龙、龙京沙《里耶秦简三枚地名里程木牍略析》，《简帛》第一辑，上海古籍出版社，2006 年；黄锡全《湘西里耶地理木牍补议》，简帛网，2007 年 1 月 27 日。
⑤ 马孟龙《西汉侯国地理》附录，第 394 页。
⑥ 辛德勇《北京大学藏秦水陆里程简册初步研究》；马孟龙《北京大学藏秦水陆里程简册释地五则》。

邑之间相对距离。尹湾汉简《元延二年质日》和周家台秦简《秦始皇三十四年质日》公布较早，但当时学界并未意识到质日简的县邑定位价值。直到岳麓书院藏秦简《秦始皇二十七年质日》《秦始皇三十五年质日》的公布，才引起学者注意。这两份质日是事主在南郡境内出行，以及前往咸阳出行的记录，有丰富地名信息。学者首先利用《秦始皇三十五年质日》对销县做出了更为精确的定位。^①此后又对若乡（汉代若县）做出精确定位。^②就目前的研究而言，学界研究重点仍然集中在岳麓秦简两份质日，而对于尹湾汉牍质日政区地理信息的发掘依然有待推进。

总体而言，学界利用出土文献主要集中在古地图、道里簿、质日三种，其他类型的出土文献仍有待发掘。例如张家山汉简《秩律》反映了西汉初年朝廷直辖区域的政区面貌。将《秩律》与西汉初年郡国辖域相结合，可以修正传统看法。早在《秩律》公布之初，周振鹤就注意到《秩律》中阳、平周两县属上郡，上郡位于黄河以西，这意味着传世地志把两县定位于黄河以东是错误的。^③此后，吴镇烽根据陕北画像石把平周定位于今陕西绥德县，笔者根据传世文献把中阳县定位于今陕西神木县境，^④验证了周先生的判断。另外，西汉初年西北边界为秦昭襄王长城，然而按照传统意见，《秩律》部分县名却在长城之外，显然与史实不合。基于《秩律》，这些城邑都应重新位于秦昭襄王长城以内。^⑤类似《秩律》这种仅排列县名的出土文献，也可以用于秦汉县邑定位。可见

---

① 蒋文《岳麓秦简〈三十五年质日〉地理初探》，复旦大学出土文献与古文字研究中心网站，2011年4月5日；王琢玺《秦汉销县小考》，《中国历史地理论丛》2014年第3期。

② 陈伟《岳麓秦简〈三十五年质日〉地名小考》，《历史地理》第二十六辑，上海人民出版社，2012年；李都都《岳麓秦简〈质日〉释地九则》，《楚学论丛》第二辑，湖北教育出版社，2012年。

③ 周振鹤《〈二年律令·秩律〉的历史地理意义》。

④ 马孟龙《西汉归德、中阳、西都地望新考——以张家山汉简〈二年律令·秩律〉为中心》，《陕西师范大学学报（哲学社会科学版）》2020年第2期。

⑤ 马孟龙《眴衍抑或龟兹——宁夏盐池县张家场古城考辨》，《中国边疆史地研究》2019年第4期；《西汉北地郡灵州、方渠除道地望考证——以张家山汉简〈秩律〉为中心》，《敦煌研究》2019年第5期；《秦汉上郡肤施县、高望县地望考辨》，《文史》2020年第2辑；《西汉归德、中阳、西都地望新考——以张家山汉简〈二年律令·秩律〉为中心》。

我们对出土文献学术价值的发掘仍然存在局限。在出土文献不断涌现，学界奋力追逐新资料的大背景下，已公布出土文献的发掘是否充分？这是每一位出土文献研究者都应该自省的问题。

六、结　　语

大量出土文献的发现绝非只为秦汉政区地理研究提供了丰富了史料，还深刻改变了研究的方向和广度。在出土文献的推动下，秦汉政区地理逐渐摆脱县邑定位和政区置废年代、辖域变迁等议题，开始关注传统地志文献的生成、郡级政区分布体系、政区隶属关系特征等面向，相关研究出现更为深入和微观的趋势。某些领域甚至完全摆脱传世文献。在"简帛学"日益发展、壮大的今天，学者有必要思考"简帛学"视域下政区地理研究模式的建立与展开。就此而言，传统政区地理有望在出土文献的刺激下，实现"蜕变"，或许这才是出土文献带给秦汉政区地理研究者的历史机遇。

第七章　信仰世界

田天（北京大学考古文博学院）

本章将探索秦汉出土文献中的信仰世界。"信仰"是现代学术关心的话题，难以在古代图书分类法中找到精确对应，其边界也非不言自明。在"出土文献"这一主题下，界定本章讨论范围的不是概念，而是现有材料，以及对材料的理解。

在传统秦汉史写作中，对信仰的讨论常集中于东汉中晚期开始发生影响的佛教与道教，相关文献稀缺是重要原因。随着出土文献发现的不断积累，近三十年来情况已大为改观。学者对古代知识结构的认识挣脱了传统框架，早期思想、信仰的研究，也因此有了完全不同的呈现。《中国方术正考》《续考》、《剑桥中国上古史》等，[①] 都是其中的卓越成果。以信仰为题的专著，如蒲慕州在《追寻一己之福：中国古代的信仰世界》中，从官方、民间、日常生活诸方面勾画早期中国的信仰世界。[②] 劳格文和马克合编的《早期中国的信仰》涵盖时段更长，以专题形式综论古代中国信仰世界中的重大问题。[③]

本章将在前人研究的基础上展开讨论，有必要先对相关定义及讨论

① 李零《中国方术正考》《中国方术续考》，中华书局，2006 年。二书初名《中国方术考》《中国方术续考》，分别于 2000 年、2001 年由东方出版社出版。李零以《汉书·艺文志》中数术略、方技略为纲，对出土文献与考古发现作了系统梳理，重新建构了先秦知识体系中重要的组成部分，对后来的研究有很大影响。《剑桥中国上古史》的第 12 章的主题是方术与早期信仰，作者为芝加哥大学教授夏德安（Donald Harper）。他讨论战国方士与方术文本、星占与历法、蓍龟、阴阳五行、宗教与巫术、医学等几个方面，以出土文献与考古发现为主要研究对象。他使用的材料和关注的问题，都与本章有重合交叉之处（Donald Harper: "Warring States Natural Philosophy and Occult Thought", Michael Loewe, Edward L. Shaughnessy eds.: *The Cambridge History of Ancient China: From the Origins of Civilization to 221 BC*, Cambridge University Press, 1999, pp. 818–884）。

② 蒲慕州《追寻一己之福：中国古代的信仰世界》，上海古籍出版社，2007 年。蒲著中文版最初由允晨出版社于 1995 年出版，英文版于 1998 年由纽约州立大学出版社（SUNY Press）出版。

③ John Lagerwey, Marc Kalinowski eds.: *Early Chinese Religion Part One: Shang through Han*（*1250 BC–220 AD*），Brill Press, 2009. 该书讨论广义上的信仰问题，包括自商代至汉代的神灵、祭祀、礼仪、宗教，也包含方术、经学、医学中的相关内容，各专题由相关领域的专家写作，是近年来有关早期中国信仰最重要的综论之一。其中秦汉部分由 10 篇论文构成，为呈现秦汉时代信仰的整体情况，利用的材料仍以传世文献为多数，兼及考古发现。

的路径略作说明。

其一，本章从最广义的范围界定"信仰"，偏重于实践层面。信仰不仅包括超越世俗生活的"神圣"，[①] 也包括其他超人的力量、成系统的行为方式及其背后的认知等等。[②] 系统、宏观的宇宙观表述，多见于传世文献。秦汉出土文献的不同门类中，信仰往往通过礼仪、祭祀的实践来呈现。这决定了本章的叙述方式。本章关心信仰的实践形式，并不一定尝试探索其背后宏观的思维体系。[③] 在材料不够充分的情况下，尝试从历史层面构拟一个完善的系统，有可能非常危险。因此，本章不轻易将各类现象放入同一谱系中，也不以"精英信仰"和"民间信仰"作为划分的标准。

其二，本章尝试讨论，出土文献可以如何深化对秦汉信仰世界的认识。通过数十年来不断发现的出土文献，学者积累了大量新知识。在此基础上，本章还想探索，出土文献可以如何引导我们重新理解、整合传世文献，并使自身成为常规史料的一部分。更进一步，出土文献及其带来的新问题，是否有可能拓展既有的秦汉史研究的边界与方法。出于这一考虑，本章不拟巨细靡遗地罗列材料，而是从材料相对比较丰富的领域入手，以问题为线索展开讨论。

其三，本章将主要涉及三方面的材料与问题。第一部分，以数十年来

---

① 伊利亚德充分论述了何谓与世俗对立的神圣，参米尔恰·伊利亚德《神圣与世俗》，华夏出版社，2002 年。

② 蒲慕州即认为，就古代中国的情况而言，宗教不仅是对超自然力量的信仰，而是对所有人之外的力量的信仰，他使用"人外力量"（extra-human power）一词来表达这个概念。见蒲慕州《追寻一己之福：中国古代的信仰世界》，第 8 页。

③ 伊利亚德说："当一位女术士点燃含有其牺牲者一束头发的蜡像时，她心中并不存有关于这个小小巫术的全部理论，但是这个事实并不影响我们对于交感巫术的理解。对于我们的理解而言，关键是要知道这样一个行为只有在人们已经试验成功或者在理论上论证之后才有可能发生……即使那些行巫术的人并不认可巫术背后的理论，他们的实践也能够说明它们来自怎样一个世界。我们并不是要通过合乎逻辑的研究或是通过人类清晰的信仰内容而达到古人的精神世界；这个世界就是通过神话、象征和习俗而保留下来的，虽然残缺不全，但是仍然清楚地表明了它们当初的含义何在。"（米尔恰·伊利亚德《神圣的存在：比较宗教的范型》，广西师范大学出版社，2008 年，第 8 页）我认同伊利亚德的说法，但并不抱持同样的信心。

大量发现的遣策和其他丧葬相关的出土文本为基础，讨论秦汉时代的丧葬礼仪与生死观。第二部分蒐集与神灵、祭祀相关的材料，探索如何理解秦汉的神灵世界，勾勒部分祭祀活动的实际操作。第三部分关注通常定名为"病方"的文献类型，特别是其中的祝由方与疾病和身体观念之间的关系。需要说明的是，本章材料的选取与讨论，尽量与数术/方术有所区分。对数术的考察，往往重在技术的发展及其内在逻辑；信仰则更为宽泛，既包括神灵信仰、祭祀、礼仪活动，也包括身体观念、生死观等一般性的认识。

以出土文献为界，不得不面对的问题是材料的限制。对不同种类的材料，本章采用不同的叙述方式。遣策、病方等资料相对丰富，可以进行系统总结。与祭祀和神灵相关的材料数量有限，也比较零散，本章仅就个别问题展开讨论，不再罗列材料。①

一、遣策与生死

二十世纪五十年代，长沙仰天湖 25 号战国楚墓中发现了一组记录随葬品的竹简。叶恭绰根据《仪礼》"书遣于策"之说，将之命名为"遣策"。② 这一定名为学者沿用至今。③ 随着信阳长台关 M1、曾侯乙墓、包山 M2 等几批重要遣策的发现，楚遣策研究取得了极大进展。刘国胜《楚丧葬简牍集释》对已公布的六批楚地遣策做了全面整理。④ 此外，曾侯乙墓遣策也已全文公布，⑤ 并积累了相当数量的研究成果。

---

① 本章初稿完成的时间为 2016 年初，2018 年修改时，又补充了一些新出的材料与研究。遣策与病方两部分原始材料搜集的时间下限大致在 2018 年初，其它部分材料搜集的时间下限为 2015 年 12 月。
② 叶恭绰《长沙仰天湖出土楚简研究·序》，史树青《长沙仰天湖出土楚简研究》，群联出版社，1955 年，第 3 页。
③ 英语学界常将遣策译为 inventory of sent items 或 inventory，将"赗书"译为 funeral gift list，也有学者将二者合称为 funeral-object list。
④ 刘国胜《楚丧葬简牍集释》，科学出版社，2011 年。
⑤ 湖北省博物馆编《曾侯乙墓》，文物出版社，1989 年。

遣策之"遣"，来自《仪礼·士丧礼》对随葬品来源的区分。《士丧礼》将墓主家自办的随葬财物称为"遣"，亲友赠送的助丧品称为"赗"。《士丧礼》记载二者记录于不同的载体，"遣"记录在简册上，"赗"则书于牍上，即"书遣于策""书赗于方"。在研究包山楚简时，陈伟最早识别出记录他人赙赗财物的竹牍，并据《士丧礼》提出"赗书"这一称谓。① 根据出土实物，学者也对遣与赗的定名与性质做过不少探讨。② 秦汉时代的随葬物品清单中，偶见亲友或上级赙赗的记录。这些记录数量不多，独立抄写者更为有限。从形式与数量上看，似难将秦汉的"遣策"与"赗方"分开讨论。本章以"遣策"称呼所有墓葬出土的、记录随葬物品的清单。

研究遣策的首要一步是正确释读文字、识解名物。遣策多是没有上下文的单纯物品清单，也给理解增加了困难。因此，名物制度考证成为遣策研究的主要倾向。③ 随着出土遣策数量的增加，以及学者认识的不断深入，遣策研究也展现出新的可能性。遣策因内容单一，曾被认为缺乏思想内涵。事实上，遣策与丧葬仪式直接相关，也是出土文献中不多的与死亡观念直接相关联的文献种类。观念可以呈现在抽象的讨论中，也可以呈现于实际操作中。遣策提供了重建秦汉丧葬礼仪的可能性，建立了出土文献与传世礼书的联结。本章将从"礼仪"的维度构建遣策研究的框架。

（一）秦汉遣策的发现与研究

自战国直至明代的墓葬中均有随葬物品清单的发现。汉晋墓葬中随

---

① 陈伟《包山楚简初探》，武汉大学出版社，1996年，第191～192页。

② 如陈直《长沙马王堆一号汉墓的若干问题考述》，《文物》1972年第9期；高大伦《"遣策"与"赗方"》，《江汉考古》1988年第2期；米如田《"遣策"考辨》，《华夏考古》1991年第3期；郑曙斌《遣策的考古发现与文献诠释》，《南方文物》2005年第2期；杨华《禭·赗·遣——简牍所见楚地助丧礼仪研究》，《古礼新研》，商务印书馆，2012年。

③ 相关讨论数量众多，不胜枚举。楚简遣策名物总结性的研究可参田河《出土战国遣册所记名物分类汇释》，吉林大学博士学位论文，2007年。

葬品清单发现尤多，不过其中秦与东汉均只见一例，且断代皆有疑问。西汉遣策已积累了相当数量，不同时段都有比较重要的发现，墓葬的等级、地域等也具有一定多样性。马王堆汉墓、凤凰山汉墓、张家山汉墓、尹湾汉墓出土的几批重要遣策都有质量较高的整理本。进行全面、综合研究的时机已经比较成熟。

目前所知的秦汉遣策约 51 批。[①]除香港中文大学所藏简牍中的 11 枚遣策外，皆为科学发掘所得。其中 28 批已全文公布，大部分保存情况较好，出土信息也较为清晰。下文先按时间顺序介绍这些遣策，以全文公布者为主，也将提及一些尚未公布全文，但较为重要的发现。遣策记录随葬品，它本身也是随葬品，与出土环境联系格外紧密。下文的叙述也将尽量展示遣策出土的位置与形态。

目前发现的遣策中，可能属于秦代的只有江陵扬家山 M135。[②]简报据出土器物的风格判断该墓年代属秦，上限不会超过秦拔郢（前 278），下限在西汉以前。扬家山 M135 共发现竹简 75 枚，出于边箱靠头箱一端的椁底板上。这批遣策尚未全文发表，从简报公布的照片来看，随葬品记在简的上端，一简记一物，竹简中段有勾画符号。

西汉遣策可以分三个时段介绍。西汉前期（汉高祖至景帝时期）的遣策数量很大，也颇有一些重要发现，如马王堆 M1、M3，凤凰山汉墓群等。西汉中期（大约为武、昭、宣三朝）遣策发现相对较少，也有一些重要发现尚未全文发表，情况不太明朗。元帝以降的西汉中

---

① 另有与丧葬相关的发现为江苏盱眙东阳汉墓 M7，M7 西棺棺内出土一件木札，简报认为其内容为祝祷辞令。参南京博物院《江苏盱眙东阳汉墓》，《考古》1979 年第 5 期；吕志峰《江苏盱眙东阳汉墓祝祷辞令考释》，《中国文字研究》2013 年第 1 期。另外湖南长沙砂子塘西汉墓（详后）以封泥匣记载随葬物品。为讨论方便，本章也宽泛地将之归入遣策的范围中。

② 湖北省荆州地区博物馆《江陵扬家山 135 号秦墓发掘简报》，《文物》1993 年第 8 期。陈振裕在一篇文章中提出与简报相异的意见，认为扬家山 M135 的年代定为秦汉之际至西汉初年较为妥当。见陈振裕《湖北秦汉简牍概述》，《新出简帛研究》，文物出版社，2004 年，第 56 页。如是，则目前发现的所有遣策都属西汉。

后期遣策主要书写在木牍上，内容以衣物为主，即学界习称的"衣物疏"。不同时段中，遣策的放置位置、形制及内容皆有明显变化。

1. 西汉前期

属西汉前期的遣策有 22 批，发现地点集中于今天的湖北、湖南两省境内。大致按时代顺序排列，分别是江陵张家山 M247 与 M336、[①] 荆州谢家桥 M1、[②] 荆州高台 M6 与 M18、[③] 长沙马王堆 M1 与 M3、[④] 胡家草场 M12、[⑤] 江陵毛家园 M1、[⑥] 江陵凤凰山 M8、M9、M10、M167、M168、M169 六座汉墓、[⑦] 随州孔家坡 M8、[⑧] 长沙望城坡渔阳汉墓、[⑨] 长沙砂子塘西汉木椁墓、[⑩] 云梦大坟头 M1、[⑪] 关沮萧家草场 M26、[⑫] 广西贵县

---

① 分别见张家山二四七号汉墓竹简整理小组《张家山汉墓竹简〔二四七号墓〕》，文物出版社，2001 年；荆州博物馆编、彭浩主编《张家山汉墓竹简〔三三六号墓〕》，文物出版社，2022 年。

② 荆州博物馆《湖北荆州谢家桥一号汉墓发掘简报》，《文物》2009 年第 4 期；杨开勇《谢家桥 1 号汉墓》，荆州博物馆编著《荆州重要考古发现》，文物出版社，2009 年。后者公布了三件牍的照片。

③ 湖北省荆州博物馆编著《荆州高台秦汉墓：宜黄公路荆州段田野考古报告之一》，科学出版社，2000 年。

④ 湖南省博物馆、中国科学院考古研究所编《长沙马王堆一号汉墓》，文物出版社，1973 年；湖南省博物馆、湖南省文物考古研究所编《长沙马王堆二、三号汉墓》第一卷《田野考古发掘报告》，文物出版社，2004 年；马王堆简帛最新整理本见裘锡圭主编《长沙马王堆汉墓简帛集成》，中华书局，2014 年。

⑤ 荆州博物馆《湖北荆州市胡家草场墓地 M12 发掘简报》，《考古》2020 年第 2 期；李志芳、蒋鲁敬《湖北荆州市胡家草场西汉墓 M12 出土简牍概述》，《考古》2020 年第 2 期。

⑥ 湖北省博物馆编《书写历史——战国秦汉简牍》，文物出版社，2007 年。

⑦ 湖北省文物考古研究所编《江陵凤凰山西汉简牍》，中华书局，2012 年。

⑧ 湖北省文物考古研究所、随州市考古队编《随州孔家坡汉墓简牍》，文物出版社，2006 年。

⑨ 长沙市文物考古研究所、长沙简牍博物馆《湖南长沙望城坡西汉渔阳墓发掘简报》，《文物》2010 年第 4 期。

⑩ 湖南省博物馆《长沙砂子塘西汉墓发掘简报》，《文物》1963 年第 2 期。

⑪ 湖北省博物馆、孝感地区文教局、云梦县文化馆汉墓发掘组《湖北云梦西汉墓发掘简报》，《文物》1973 年第 9 期。

⑫ 湖北省荆州市周梁玉桥遗址博物馆《关沮秦汉墓简牍》，中华书局，2001 年。

罗泊湾 M1 和荆州印台汉墓，^①其中绝大部分已经全文公布。^②

目前所知的战国遣策皆为楚简。刘国胜总结了战国楚地遣策的主要特征：① 出于大夫、下大夫级墓葬中。② 均用竹简书写（仅包山 M1 有竹牍一件），中前期遣策用简较长，中晚期以后趋用短简。长简连简书写、段落提行，短简一简一器。③ 遣策开头写有记录时间等信息的题记，物品记录中包含赗赠。④ 遣策上有勾画符号。⑤ 遣策登记的物品，包括车马、兵器、饮食、起居、衣冠服饰等。^③高级楚墓中，遣策常置于一个或多个墓室中，也有置于边箱者。^④

西汉前期的遣策的主要特征，可以归纳为如下几点：① 遣策基本出土于墓葬的头箱或边箱，即椁室中。② 遣策的主要书写载体从竹简变为简牍并行。③ 遣策上记载的物品种类多样，包括偶人、生活用品、饮食、衣冠服饰等。④ 简册上多有表示核对的勾画符号。⑤ "告地策"类文献出现。其中 1、3 两点比较明确，第 5 点将于下一部分详论。下文结合此时段遣策的具体情况，详述 2、4 两点特征。

先谈遣策形制的变化。战国楚地遣策均书写于竹简上。唯一的例外是包山 M1 竹牍。包山竹牍记录赗赠的正车及车载装备，功能与书于竹简的遣策有所区别。至西汉初年，遣策的载体不拘于竹简，有时也记录在牍上。这一时期遣策的载体可分三种类型：① 全部记录于竹简，如张家山 M247、M336，萧家草场 M26，马王堆 M1，凤凰山 M9、M8、

---

① 分别参广西壮族自治区博物馆《广西贵县罗泊湾汉墓》，文物出版社，1988 年；郑忠华《印台墓地出土大批西汉简牍》，《荆州重要考古发现》。

② 上举数批遣策中尚未全文公布的有荆州谢家桥 M1、毛家园 M1、望城坡渔阳汉墓和印台汉墓。

③ 刘国胜《楚丧葬简牍集释》，第 viii～x 页。

④ 如长台关 M1 遣策出自前室与左后室（河南省文物研究所编著《信阳楚墓》，文物出版社，1986 年，第 18～21 页）；包山 M2 遣策分别出土于东室、西室和南室（湖北省荆沙铁路考古队编著《包山楚墓》，文物出版社，1991 年）；望山 M2 遣策出土于边箱东部（湖北省文物考古研究所编著《江陵望山沙冢楚墓》，文物出版社，1996 年，第 19 页）；曹家岗 M5 遣策出于边箱竹筒中（黄冈市博物馆等撰《湖北黄冈两座中型楚墓》，《考古学报》2000 年第 2 期，第 262 页）。

M167、M169，荆州高台 M6 等墓葬所出遣策全部为竹简。[①][②] 简牍并载，如毛家园 M1，荆州谢家桥 M1，马王堆 M3，凤凰山 M168、M10 等。[③] 全部记录于竹、木牍上，如荆州高台 M18、大坟头 M1、罗泊湾 M1 等墓。[②] 从总数看，这一时期遣策的主要载体仍为竹简，但竹、木牍已不罕见。马王堆 M1、M3 两座墓葬及凤凰山汉墓群，都出现了简牍同出的情况。在一些墓葬中，还出现了简牍混编的情况。如马王堆 M3 遣策中编号为 39、53、87 的小结竹牍，应原即与竹简编连在一起。可以说，西汉初年的遣策进入了简、牍并行的时代。

这一时期遣策形制的变化，首先可能与简牍本身的发展有关。入秦以后，以木牍为载体的文字记录数量明显增加。[③] 如云梦睡虎地秦墓 M4 的家信木牍、[④] 云梦龙岗秦墓 M6 法律文书木牍、[⑤] 青川郝家坪秦墓 M50 为田律木牍，[⑥] 以及近年出土的里耶木方等等。[⑦] 进入西汉，木牍的使用更为频繁，不烦枚举。虽然如此，木牍还不能取代竹简的地位。上举数件木牍，内容基本限于文书，古书仍以简册形式流传。进入西汉后，古书偶有使用木牍书写的情况，但不占多数。与之形成对照的是，竹简书写的遣策自西汉中期以来便基本绝迹了。[⑧] 这种改变，可能与遣策性质的改变关系更大，后文还将详述。

---

① 其中凤凰山 M9 出土木牍三件，但内容不是遣策。

② 孔家坡 M8 仅出一件"告地策"，前文将之归于宽泛意义上的"遣策"中。因孔家坡竹牍没有记载随葬品，因此不属于这三类中的任何一类。

③ 胡平生、骈宇骞等学者在研究简牍制度时，将简牍按年代分类整理表列，从中可较为清楚地了解木牍出土的地点及其年代。可参胡平生《简牍制度新探》，《文物》2000 年第 3 期；骈宇骞、段书安《二十世纪出土简帛综述》，中华书局，2006 年，第 43～50 页。

④ 《云梦睡虎地秦墓》编写组《云梦睡虎地秦墓》，文物出版社，1981 年，第 25～26 页。

⑤ 中国文物研究所、湖北省文物考古研究所《龙岗秦简》，中华书局，2001 年。

⑥ 四川省博物馆、青川县文化馆《青川县出土秦更修田律木牍——四川青川县战国墓发掘简报》，《文物》1982 年第 1 期。

⑦ 湖南省文物考古研究所《里耶秦简（壹）》，文物出版社，2010 年，彩版第 14 页，释文第 32～33 页。

⑧ 风仪诚（Olivier Venture）注意到遣策载体形式的变迁，并梳理了其发展过程。参风仪诚《古代简牍形式的演变——从丧葬物疏说起》，《简帛》第四辑，上海古籍出版社，2009 年。

西汉初年用木牍书写的遣策，可分为两种情况。其一，木牍或木方上记录所有随葬物品的信息，如大坟头 M1 木方记录了铜器、漆器、偶人、饮食等物；再如广西贵县罗泊湾 M1 所出两块木方，分别自名为"从器志"和"东阳田器志"，前者记录衣饰、布帛、兵器等，后者主要记录农具。其二，木牍上书写文书形式的内容，将墓主人与其财产移交地下，常与简册或与其他木牍配合使用，即所谓"告地策"。

中小型墓葬的遣策形态相对简单，高规格墓葬记录、清点随葬品的文字载体更为复杂。比如，长沙马王堆汉墓出土遣策数量很大，M3 遣策总数 404 枚，M1 遣策 312 枚。两墓盛放随葬品的竹笥上还有指示内容物的签牌，可与遣策所载内容对应。望城坡渔阳汉墓简报中公布了三件木楬，形制与马王堆签牌基本相同。不同的是，马王堆签牌记录笥内物品种类，细目书于遣策中。渔阳墓未出遣策，木楬详载内容物名称与数量，楬末有总数及编号。[①]长沙砂子塘西汉木椁墓的四个边箱中发现了 73 枚封泥匣，其中 43 枚写有墨书文字，记载笥内随葬器物。[②]如此看来，高等级墓葬不仅使用遣策，也在随葬物品上再做文字标记。记有随葬品的木楬、签牌、封泥匣等，应看作与遣策功能、性质相近的材料。

再谈勾画符号。学者一般认为，遣策上的勾画符与随葬品核对相关。如长沙仰天湖楚墓 M25 遣策简下方往往有一"已"或"句"字，这些文字较小，与遣策记录随葬品的文字字体有别。郭若愚已指出，这是器物入圹前核对时所目标符号。"已"字表示经核对无误，"句"字表示勾销不予入圹。[③]简文中有：

---

① 长沙市文物考古研究所、长沙简牍博物馆《湖南长沙望城坡西汉渔阳墓发掘简报》，第 32～33 页。

② 湖南省博物馆《长沙砂子塘西汉墓发掘简报》，第 24 页。简报推测砂子塘西汉木椁墓的墓主为长沙靖王吴著，时代在前 157 年。

③ 郭若愚《长沙仰天湖战国竹简文字的摹写和考释》，《上海博物馆集刊》第三集，上海古籍出版社，1986 年，第 22 页。按中山大学古文字研究室楚简整理小组认为"句"如"钩"，与"已"同义。参刘国胜《楚丧葬简牍集释》，第 123 页。若如此理解，则无法解释为什么要使用两种不同的标注符号。也不能解释下引第 15 号简中仅"新屦"标明"句"的情况。此从郭若愚说。

一新智（鞻）缕（屡），一炁（旧）智（鞻）缕（屡），皆又（有）蕈（苴）疋缕（屡）。新缕（屡），句。【15】①

其中"新缕（屡），句"三字，字体较小，与前文有别，应为补写。仰天湖 M25 的遣策并非全部标有"已"或"句"。勾画符号在楚简遣策中也并非普遍现象，如包山 M2、望山 M2、曹家岗 M5 等墓葬所出遣策，都没有勾画符号。

西汉的遣策中，勾画符号变得普遍起来。②最常见的是写成一条竖线的核对符，如凤凰山汉墓 M8、M168，张家山汉墓 M247 遣策所见。③此外还有其它勾画符号，如下葬时间为吕后五年（前 184）的荆州谢家桥 M1，现公布的遣策下方都可见表示核对的符。④萧家草场 M26 遣策中也有这一类勾画符号，写作"方"与"甲"。⑤属西汉早期的广西贵县罗泊湾汉墓 M1 出土的《从器志》木牍上也可见勾画符号，如正面第一栏：

·从器志

衣袍五十领二笥，笥皆缯缘　卩

有州二小统一，一笥，缯缘

冠十金籍一，一笥，缯缘

比（篦）鍊（梳）二，一笥，缯缘

① 释文引自刘国胜《楚丧葬简牍集释》，第 117 页。照片见湖南省文物管理委员会《长沙仰天湖第 25 号木椁墓》，《考古学报》1957 年第 2 期。又，发掘报告中文中引用的竹简编号为 1 号，与《长沙楚墓》不同。

② 对简牍中钩校符的系统总结，可参程鹏万《简牍帛书格式研究》，上海古籍出版社，2017 年，第 201～212 页。

③ 张家山二四七号汉墓竹简整理小组《张家山汉墓竹简〔二四七号墓〕》，第 121～124 页。

④ 荆州博物馆《湖北荆州谢家桥一号汉墓发掘简报》。

⑤ 这两种符号有何区别，尚不能确定。萧家草场 M26 的遣策 35 枚竹简中，仅 13 枚有勾画符号。遣策记录中未加勾画符号的器物，在墓葬中也有发现。参《关沮秦汉墓简牍》，第 138～142 页。

　　缯六十三四三丈绪三衣一笥，笥缯　　卪

　　布十七卷一笥缯缘　　卪[①]

　　"卪"是清点器物的记号，也常见于西汉时代其他种类的简册。此外，马王堆遣策中还有"雠到此"的标注，表示随葬品"清点到这里"。[②] 以上诸例皆可证明，西汉前期遣策上常见的勾画符号，就是核对入圹器物的标识。确认这一点，有助于理解遣策与丧葬仪式的关系。

2. 西汉中期

　　明确断代在西汉中期的遣策数量有限，情况也不太明朗。全文发表且文字清晰的遣策仅江苏邗江胡场汉墓 M5 和江苏扬州平山养殖场汉墓 M3 两批。[③] 此外还有湖北随州周家寨汉墓 M8、[④] 荆州纪南松柏汉墓 M1、[⑤] 山东临沂金雀山 M11 和 M13、[⑥] 湖南光化五座坟 M3、[⑦] 江苏仪征烟袋山、[⑧]

---

① 释文本于《广西贵县罗泊湾汉墓》，第 79～80 页，对原释文中未能准确释读的重文，也有所修改，并据中国国家博物馆、广西壮族自治区博物馆编《瓯骆遗粹：广西百越文化文物精品集》（中国社会科学出版社，2006 年，第 96～99 页。此为《从器志》木牍目前最清晰的照片）中的照片略作调整。对《从器志》的改释可参陆锡兴《关于罗泊湾汉墓〈从器志〉的重文号》，《文物》1984 年第 4 期；王贵元《广西贵县罗泊湾一号汉墓木牍字词考释》，《西北大学学报（哲学社会科学版）》2011 年第 1 期。

② 参蒋文《说马王堆三号墓遣策简 408 的勾划符和"雠到此"》，《文史》2014 年第 1 期。

③ 分别参扬州博物馆、邗江县图书馆《江苏邗江胡场五号汉墓》，《文物》1981 年第 11 期。更清晰的照片可参连云港市博物馆、扬州博物馆等编《江苏连云港·扬州新出土简牍选》，每日新闻社、（财）每日书道会，2007 年，第 177、182～190 页。扬州博物馆《扬州平山养殖场汉墓清理简报》，《文物》1987 年第 1 期。

④ 湖北省文物考古研究所、随州市曾都考古队《湖北随州市周家寨墓地 M8 发掘简报》，《考古》2017 年第 8 期。

⑤ 荆州博物馆《湖北荆州纪南松柏汉墓发掘简报》，《文物》2008 年第 4 期。根据简报，出土木牍中有"遣书"，具体情况尚未公布。

⑥ 临沂市博物馆《山东临沂金雀山周氏墓群发掘简报》，《文物》1984 年第 11 期。

⑦ 湖北省博物馆《光化五座坟西汉墓》，《考古学报》1976 年第 2 期。按这 30 枚竹简中仅 5 枚仍存文字，且字迹模糊，发掘者判断这些竹简"似为遣策"。

⑧ 南京博物院《江苏仪征烟袋山汉墓》，《考古学报》1987 年第 4 期。按烟袋山所出木牍多残，字迹已无法辨认，发掘者推测它们应为遣策。

连云港唐庄高高顶、[①] 江西南昌海昏侯墓数墓所出遣策。[②]

根据现有发现，西汉中期遣策的特点大致可归纳如下：① 遣策仍出于墓室椁内，如头箱、边箱中。光化五座坟 M3 遣策出土地点不详，仪征烟袋山、平山养殖场汉墓遣策出于头箱，胡场汉墓 M5 随葬简牍中性质不详的"神灵名位牍"置于棺盖上，其余皆出于边箱。② 牍板替代简册成为遣策的主要载体。仅光化五座坟 M3 所出遣策记在竹简上，其余皆为木牍。江苏仪征烟袋山、连云港唐庄高高顶诸墓木牍残损严重，难以展开讨论。可略作介绍的是纪南松柏 M1 和江苏邗江胡场 M5 两座汉墓所出的木牍。松柏汉墓 M1 时代在武帝早期，共出土木牍 63 件，木简 10 枚。木简单面墨书，是置于各类木牍后的标题简。木简之一云"右方遣书"，可见抄写于木牍上的内容即为遣策。[③] 胡场 M5 共出木牍 13 件，其中 6 件有字，可识读者 5 件。简报分别定名为"神灵名位牍""日记牍""文告牍"（2 件）和"丧祭物品牍"。所谓"丧祭物品牍"仅右下角隶书六字"伤人各隋其实"，似非严格意义上的遣策。综合其他墓葬的情况，以木牍作为随葬文书，应是这一时段的整体趋势。一简记一物的遣策书写习惯，已逐渐消失。

胡场 M5 所出的 6 件木楬也值得一提。这些木签的形制与马王堆签牌基本相同。木楬上书写竹笥内容物，如"集台肉笥""金钱笥""鲍笋笥"等。墓中又出"木瓠"7 件，上书"粱米囊""酒米囊"等字，作用与木楬相同。[④] 与此相仿，江苏平山养殖场也出土了 3 件木楬，形制与马王堆签牌相似，整理者称之为"木牍"。上书"大食笥""大鸡

---

① 周锦屏《连云港市唐庄高高顶汉墓发掘报告》，《东南文化》1995 年第 4 期。

② 江西省文物考古研究所、南昌市博物馆、南昌市新建区博物馆《南昌市西汉海昏侯墓》，《考古》2016 年第 7 期。此外，安徽天长纪庄汉墓 M19 出土木牍 34 件，简报称其中有"礼单"，不知是否与遣策有关。参天长市文物管理所、天长市博物馆《安徽天长西汉墓发掘简报》，《文物》2006 年第 11 期。

③ 荆州博物馆《湖北荆州纪南松柏汉墓发掘简报》；朱江松《罕见的松柏汉代木牍》，《荆州重要考古发现》。

④ 扬州博物馆、邗江县图书馆《江苏邗江胡场五号汉墓》，第 19 页。简报中所称之"木瓠"，上有封泥斗，是封缄用具。

笥""鲍笋一笥"。[①]胡场木楬、木觚和平山养殖场的签牌,功能与前述马王堆、砂子塘、望城坡的签牌功能相同。西汉晚期,仍能找到这种悬挂在容器上的随葬品标识的踪迹。[②]

签牌、封泥匣的功用相同,都是指示随葬品容器中的内容物,与随葬品的准备、清点有关,战国楚墓中就已出现。西汉前期使用签牌的仅有高等级墓葬。至西汉中期,高等级墓葬中依然保留了用签牌记录随葬物品的习惯。如海昏侯墓所出记录随葬品的木牍,记录方式与形制都与望城坡渔阳汉墓高度相似。[③]与此同时,中下层官吏的墓葬中也出现了签牌。胡场墓主王奉世是普通官吏,平山养殖场 M3 与长沙伍家岭 M201 墓主身份不详,但显非侯王级别。望城坡与海昏侯木楬所记文字较多,功用几同于遣策。西汉中期中小型墓葬所出签牌或封检上的文字简单,但仍能透露出随葬品入圹的蛛丝马迹。与西汉前期不同,这一时期的签牌似不再与遣策配合使用,而是部分取代了后者记录随葬品的功能。

3. 西汉后期

西汉中后期的遣策数量丰富,其中大部分已全文公布,保存情况也相对较好。下文据以讨论的、已全文公布的西汉中后期遣策出自下述墓葬:山东日照海曲汉墓 M129 和 M130、[④]江苏连云港海州侍其繇墓、[⑤]连

---

① 简报称为"木牍",形制与马王堆木楬、胡场 M5 木签相同。扬州博物馆《扬州平山养殖场汉墓清理简报》。释文参王辉《扬州平山汉墓遣策释读试补》,《文物》1987 年第 7 期。

② 1951～1952 年发掘,属西汉晚期的长沙伍家岭 M201 出土封检 9 枚,其中 1 枚墨书"鱼鲊一斛",其他 8 枚字迹模糊。参李均明、何双全《散见简牍合辑》,文物出版社,1990 年,第 131 页。因无简报发表,具体情况难以探明。这些封检应与前述马王堆 M1、M3 的签牌、胡场 M5 的木觚性质相近。

③ 海昏侯汉墓签牌目前仅公布了一张照片,见《南昌市西汉海昏侯墓》,第 60 页。

④ 刘绍刚、郑同修《日照海曲汉墓出土遣策概述》,《出土文献研究》第十二辑,中西书局,2014 年。

⑤ 南波《江苏连云港市海州西汉侍其繇墓》,《考古》1975 年第 3 期。

云港西郭宝墓、[①] 海州霍贺墓、[②] 尹湾汉墓 M2 和 M6、[③] 连云港海州西汉墓 M1、[④] 仪征胥浦汉墓 M101、[⑤] 盐城三羊墩汉墓 M1、[⑥] 山东青岛土山屯汉墓群。[⑦] 尚未全文公布，或因保存情况较差无法获知全部内容的遣策发现于海州小礁山戴盛墓、[⑧] 泗阳大青墩西汉泗水王冢、[⑨] 连云港海州网疃庄木椁墓、[⑩] 湖南长沙伍家岭 M201 等墓葬。[⑪]

这一阶段，牍板已成为遣策唯一的载体，随葬品不再书写在简册上。尹湾汉墓 M6 可作一佳例：墓葬中同时出土了竹简与木牍。竹简内容包括《元延二年日记》《刑德行时》《行道吉凶》和《神乌赋》等古书。属于遣策类的君兄衣物疏、君兄缯方缇中物疏、君兄节司小物疏（后两种同属 YM6D13，分书正背面），以及可能与丧葬相关的"赠钱名籍"，都书于木牍上。[⑫]

除书写载体的变化外，西汉中后期遣策还有两点显著变化。其一，遣策不再置于椁室的头箱、边箱，改为置于内棺之中。[⑬] 目前所知的西汉中晚期遣策，绝大部分出于内棺，男、女棺中都有发现。唯一的例外是日照海曲汉墓。海曲汉墓 M129、M130 皆出土遣策。因墓葬被盗，M130 的情况已不能确知。M129 为一棺一椁，棺北侧及东南角，即棺

---

① 连云港市博物馆《连云港市陶湾黄石崖西汉西郭宝墓》，《东南文化》1986 年第 2 期。
② 南京博物院、连云港市博物馆《海州西汉霍贺墓清理简报》，《考古》1974 年第 3 期。
③ 连云港市博物馆、中国社会科学院简帛研究中心、东海县博物馆、中国文物研究所《尹湾汉墓简牍》，中华书局，1997 年。
④ 连云港市博物馆《江苏连云港海州西汉墓发掘简报》，《文物》2012 年第 3 期。
⑤ 扬州博物馆《江苏仪征胥浦 101 号西汉墓》，《文物》1987 年第 1 期。
⑥ 江苏省文物管理委员会、南京博物院《江苏盐城三羊墩汉墓清理报告》，《考古》1964 年第 8 期。
⑦ 参青岛市文物保护考古研究所、黄岛区博物馆《山东青岛市土山屯墓地的两座汉墓》，《考古》2017 年第 10 期；青岛市文物保护考古研究所、黄岛区博物馆《山东青岛土山屯墓群四号封土与墓葬的发掘》，《考古学报》2019 年第 3 期。
⑧ 李洪甫《江苏连云港市花果山出土的汉代简牍》，《考古》1982 年第 5 期。
⑨ 江苏省大青墩汉墓联合考古队《泗阳大青墩泗水王陵》，《东南文化》2003 年第 4 期。
⑩ 南京博物院《江苏连云港市海州网疃庄汉木椁墓》，《考古》1963 年第 6 期。
⑪ 李均明、何双全《散见简牍合辑》，第 131 页。
⑫ 《尹湾汉墓简牍》，图版见第 23～24 页，释文见第 129～132 页。
⑬ 首先指出这一点的是洪石，这是一个重要的发现。洪石《东周至晋代墓所出物疏简牍及其相关问题研究》，《考古》2001 年第 9 期。

椁之间出土了两枚遣策。[①] 其二，遣策所记内容以衣物为主，间有少量
文具或生活用品，即学界习称的"衣物疏"或"衣物券"。这两个变化，
改变了遣策的面貌。作为随葬品清单的衣物疏，一直到元、明墓葬中仍
偶有发现。目前中古衣物疏已出土近百件，书写材质有木牍、纸、石、
砖等。[②] 至南北朝时期，随着佛、道教影响的增强，汉代以来的"衣物
疏"，又逐渐演变为"移文"。[③] 西汉中前期的遣策仍与战国遣策有明显
的承继关系，西汉中后期的遣策则与东汉魏晋的衣物疏关系更为密切。
前述两个主要变化的原因相互联系，下文简要说明。

　　认识西汉中后期的衣物疏，首先要解决的问题是，衣物何以成为随
葬品清单的主要内容。洪石提出，武帝以后合葬墓流行，棺内随葬品为
个人所有，棺外随葬品则为合葬者共同享有。置于棺内的衣物疏只记录
明确属于墓主人的棺内随葬品。[④] 这一推测有其合理性，但只适用于一
椁两棺的墓葬。这一时期的合葬墓，也有一穴两椁的。如江苏连云港海
州侍其繇墓即为夫妻合葬墓，内有两椁，两椁内各放棺木一具，北椁北
侧和南椁南侧各有一边箱，内置部分随葬品。[⑤] 在这种情况下，两椁边
箱内的随葬品，也为墓主人各自所有，但衣物疏仍仅记棺内物，未载边
箱中的随葬器物。[⑥] 因此，衣物的特殊性，未必仅与棺椁制度的变化有
关，也应有其他方面的原因。

　　衣物疏的出现及其放置位置，可以从丧葬礼仪的角度来解释。衣物

① 刘绍刚、郑同修《日照海曲汉墓出土遣策概述》，第 203 页。
② 关于中古衣物疏源流演变及学界对中古衣物疏的研究，可参刘安志《中古衣物疏的源
　流演变》，《新资料与中古文史论稿》，上海古籍出版社，2014 年。目前对汉晋衣物疏
　整理、注释最详的是窦磊，参窦磊《汉晋衣物疏集校及相关问题考察》，武汉大学博
　士学位论文，2016 年。
③ 刘安志《中古衣物疏的源流演变》，第 63 页。
④ 洪石《东周至晋代墓所出物疏简牍及其相关问题研究》。按洪石主张将这些清单都称
　为"物疏"，本章对此有不同看法，详后。
⑤ 南波《江苏连云港市海州西汉侍其繇墓》，第 172 页。
⑥ 侍其繇墓男女棺内各出一件衣物疏，南棺内的字迹已经消失，北棺内的正面有三栏文
　字，皆记载衣物。据简报，背面还有几行文字，均已模糊不清，不能判断具体内容。
　从文字数量来看，不太可能记录了边箱内的铜器、漆器，应该还是对棺内物品的记录。

在西汉中后期的遣策中，成为最重要甚至唯一的内容，其渊源可以上溯至西汉初年。西汉初年遣策中记录衣物的简册可称为"衣物简"。衣物简已表现出与其他遣策不同的特征，或单独成卷，或勾画符有异于其他遣策，如凤凰山 M8、张家山 M247、罗泊湾 M1 等墓遣策均是如此。[①]衣物简区别于其他遣策，意味着在葬礼中衣物区别于其他随葬品。这就需要理解衣物在葬礼中的使用方法。《仪礼》中对丧葬礼仪记载较详，虽非当时制度的实录，但仍可以作为理解先秦丧葬流程的重要参考。

在《仪礼》的记载中，衣物主要出现在始死、小敛、大敛三个阶段。析言之，即"始死"中招魂、迁尸、宾客吊禭、袭四个环节；"小敛"中的陈衣、小敛、致禭三个环节；以及"大敛"中陈衣、大敛两个环节。[②]除了招魂时需要使用死者的衣物作为道具外，[③]衣物在丧葬过程中的作用主要可以总结为两点：一为陈列、展示；二为给死者装裹。在这两个用途中，死者亲属自办的衣物与亲友所赠之"禭"的作用基本相同。大敛完成之后，衣物便与死者尸身一起封入内棺之中。葬日天明时于庙门之外举行的祭祀，称为"大遣奠"。大遣奠后，随葬物品排列于门外道上，开始读赗、读遣等环节。最后发引入圹。衣物之外的随葬品，在入葬这一环节方始出现。按照《仪礼》所记，随葬衣物与其他随

---

① 详参田天《从"衣物简"到衣物疏——遣策与西汉的丧葬礼仪》，《古代墓葬美术研究》第五辑，湖南美术出版社，2022年。

② 这里对《仪礼》丧礼步骤的叙述，参考钱玄《三礼通论》的总结。钱玄《三礼通论》，南京师范大学出版社，1996年，第597～605页。钱玄的总结全本于《仪礼·士丧礼》，现撮述如下：（一）临终：1. 移居正寝，2. 君、友问疾，3. 祷五祀；（二）始死：1. 招魂，2. 迁尸，3. 楔齿、缀足，4. 设奠、帷堂，5. 讣告，6. 众亲入哭位哭泣，7. 君及宾客吊、禭，8. 设铭，9. 沐浴尸体，10. 饭含，11. 袭，12. 设重、设燎；（三）小敛：1. 陈小敛衣，2. 陈小敛奠，3. 小敛，4. 冯尸、变麻，5. 设小敛奠，6. 送宾、代哭，7. 致禭，8. 设燎；（四）大敛：1. 陈大敛衣，2. 陈大敛奠具，3. 为殡具，4. 陈鼎，5. 大敛，6. 大殡，7. 设大敛奠，8. 送宾、就次；（五）成服：1. 成服，2. 拜君命及众宾客，3. 朝夕哭，4. 朝夕奠；（六）入葬：1. 筮宅，2. 视椁及明器，3. 卜葬日，4. 启殡，5. 朝祖，6. 君及宾客赗赠，7. 设大遣奠，8. 发引，9. 入圹；（七）葬后：1. 反哭，2. 虞祭，3. 卒哭之祭，4. 班袝，5. 小祥、大祥、禫。

③ 《仪礼·士丧礼》："升自东荣，中屋，北面，招以衣，曰：'皋，某复。'三，降衣于前。受用箧，升自阼阶，以衣尸。"《仪礼注疏》，阮元校刻《十三经注疏》，中华书局，1980年，第1128页下栏～1129页上栏。

葬品，以大敛为分界点，分属丧葬仪式的两个不同环节。

在《仪礼》的框架中理解葬礼中的衣物，衣物简的使用方法就迎刃而解。在葬礼的"读遣"环节中，衣物不参与核对，也无需使用衣物简。前文已述，西汉初年遣策上常见的勾画符号是核对入圹器物的标识。凤凰山 M8 多数遣策末端有一段竖线形式的勾画符号，但所有衣物简上皆无勾画符。这一现象能够说明，衣物不与其他随葬品同时核对，与《仪礼》的记载相符。换言之，衣物简只在大敛前使用，在大敛之后的葬礼中不再发挥作用。至西汉中晚期，记录随葬物品的衣物疏木牍上多数不再有勾画符号。遣策内容与记录方式的变化，说明丧葬仪节发生了变化。在入圹环节进行的"读赗""读遣"这一环节被取消了。不过，尹湾汉墓 M6 出土"君兄衣物疏"仍有核对符号，作一条竖线，或 L，核对符号的数量与牍中所载衣物数量相同。其中有一些条目又标注了"衣"字。[①] 研究者指出，这些"衣"字所记衣物入葬时已穿在死者身上。[②] 这使得我们可以确切指出衣物核对的具体时间。假设遣策中记载的是所有随葬衣物。那么，核对应完成在大敛这一阶段中的"大敛"之后、"入殡"之前。

综上所述，在西汉初年，根据遣策中是否有衣物简，其流程可以分为两种：一、衣物不记入遣策，流程为：书遣→小敛、大敛→读遣／入圹；二、衣物记入遣策，流程为：书遣→小敛→核对衣物简／大敛→读遣／入圹。在西汉中前期有时不记入遣策的衣物，成为西汉中晚期遣策的核心内容。这表明遣策在丧葬流程中使用的环节发生改变，从中可以窥知丧葬仪式主要流程的变革。从这一方面理解遣策的功用，有可能通过礼仪，将出土文献与考古发现的其它现象联结起来。[③]

---

① 《尹湾汉墓简牍》，第 129 页。

② 程鹏万《简牍帛书格式研究》，第 138 页。

③ 礼书是一种非实用文本，不可能直接套用于考古发现。不过，大量发现的先秦秦汉墓葬，有可能也应该推进我们对古代礼制乃至先秦礼书的理解，已不断有学者在这一方面做出尝试。与本文直接相关的研究如陈公柔与沈文倬的讨论（陈公柔《士丧礼、既夕礼中所记载的丧葬制度》，《考古学报》1956 年第 4 期；沈文倬《对〈士丧礼、既夕礼中所记载的丧葬制度〉几点意见》，《考古学报》1958 年第 2 期），高崇文的研究（如《试论先秦两汉丧葬礼俗的演变》《论西汉时期的祭奠之礼》，皆收入高崇文《古礼足征：礼制文化的考古学研究》，上海古籍出版社，2015 年），等等。

以上按照时间顺序介绍西汉遣策，归纳其主要特点。需要说明的是，上文并未强调地域因素。目前所知遣策的空间分布，可大致以武帝时期为界划为两区：武帝之前的遣策，多出于两湖地区；自武帝开始，绝大部分遣策出于今江苏，特别是连云港地区。本章所归纳的不同时段遣策的特征，也许受到地域因素的影响。但是，在取得更丰富的材料之前，很难确知其影响程度及影响方式。我们的论述，仅能基于已知做归纳与判断。

（二）"告地策"及其性质

在与丧葬相关的随葬文书中，"告地策"需做单独说明。所谓"告地策"，指模仿官文书用语，移送死者、奴婢及随葬品至地下世界的文书形式，一般书写于木牍上。"告地策"一名，由黄盛璋提出，[①]学界亦有称"告地下文书""告墓牍""文告牍""告地书"者。"告地策"是这类文书最通行的名称，学者的探讨多在肯定"告地策"这一定名的基础上进行。

目前可归入告地策范畴内的文书共有9件，[②]分别为江陵凤凰山M10、M168木牍，马王堆M3木牍，江陵毛家园M1、江陵高台M18木牍，随州孔家坡M8木牍，荆州谢家桥M1木牍，江苏邗江胡场M5"文告牍"，周家寨M8木牍。其中胡场"文告牍"是否为告地策，学界仍存不同意见。[③]此外，云梦龙岗六号秦墓出土一件木牍，也有学

---

① 黄盛璋《江陵凤凰山汉墓出土称钱衡、告地策与历史地理问题》，《考古》1977年第1期。

② 对告地策详情及其研究的综述可参张文瀚《告地策研究评述》，《中国史研究动态》2013年第1期。

③ 对胡场M5"文告牍"的研究可参黄盛璋《邗江胡场汉墓所谓"文告牍"与告地策谜再揭》，《文博》1996年第5期，第56页；梁勇《江苏邗江胡场五号汉墓木牍、铜印及相关问题再考》，《东南文化》2011年第2期。胡场五号汉墓"文告牍"与告地策的相同之处在于由地上官员向地下世界移发文件，证明死者身份。不过，比起与遣策联系密切的告地策，"文告牍"在内容与行文上都有很大区别，不宜将二者视为完全相同的文书。参田天《江苏邗江胡场五号汉墓木牍的再认识》，《出土文献》第三辑，中西书局，2012年。

者认为应归于告地策中。^①从时代上看，告地策的使用集中在西汉前期。上述 9 件告地策，属于西汉中期的仅邗江胡场 M5 的"文告牍"一件，其余 7 件都分布在吕后五年（前 184）到武帝初年之间。^②

告地策类文书的格式相对稳定。它们模仿官文书，每件开头都有具体日期。内容绝大部分为证明墓主人身份，写明其携带奴婢的数量，有时也记录车马等财产。部分告地策还说明移送的对象及文书收发双方的负责官吏。如孔家坡汉墓 M8 木牍：

> 二年正月壬子朔甲辰，都乡燕、佐戎敢言之：库啬夫辟与奴宜马、取、宜之、益众，婢益夫、末众，车一乘，马三匹。正月壬子，桃侯国丞万移地下丞，受数【正】毋报。　定手。【背】^③

宜马、取、益夫等，都是随葬奴婢的名字。据木牍纪年，孔家坡 M8 的下葬时间为汉景帝后元二年（前 142）。^④江陵毛家园木牍格式与之相仿：

> 十二年八月壬寅朔己未，建乡畴敢告地下主，□阳关内侯寡大女精死，自言以家属、马牛徙。今牒书所与徙者七十三牒移。此家复不事。可令吏受数以从事，它如律令。敢告主。^⑤

---

① 黄盛璋《云梦龙岗六号秦墓木牍与告地策》，《龙岗秦简》，第 152～155 页。对于这件木牍性质的争论，参上引张文瀚文的总结。
② 周家寨 M8《简报》根据告地策中的"元年后九月丙戌"将时代定在武帝建元元年（前 140）或元光元年（前 134）。周家寨 M8 的所出文书，与孔家坡高度相似，二者很可能时代接近。从告地策分布的整体情况来看，周家寨 M8 的时代也应该偏早而非偏晚，建元元年的可能性更大。
③ 壬子朔不应有甲辰日，简文当作"正月甲辰朔壬子"，参王强《孔家坡汉墓简牍校释》，吉林大学硕士学位论文，2014 年，第 176～177 页。
④ 李学勤认为，孔家坡木牍所载之"二年"为淮南王国纪年，淮南厉王二年即高祖十二年（前 195）。具体年代不影响本文的结论，暂置而不论。参李学勤《随州孔家坡 8 号墓的年代学问题》，艾兰、邢文编《新出简帛研究》，第 326～328 页。
⑤ 毛家园告地策及释文见湖北省博物馆编《书写历史——战国秦汉简牍》，第 75 页。本章所引释文采用刘国胜《读西汉丧葬文书札记》，《江汉考古》2011 年第 3 期。

毛家园木牍明言，墓主人使用此文书的目的是迁徙（徙）。即通过模仿地上官文书的形式，合法地将人口迁移至地下。[①]值得注意的是，文书称"今牒书所与徙者七十三牒移"。即这份文书与书写随葬物品的"七十三牒"同属一件文移，共同交付"地下主"。这种说法也见于其他告地策。荆州谢家桥M1竹牍（彩版四）即曰：

> 郎中〔五〕大夫昌自言母大女子恚死，以衣器葬具及从者子、妇、偏下妻、奴婢、马、牛、物，人一牒，牒百九十七枚。[②]

以上两例都可说明，告地策与记录随葬人员、牲畜与物品的"牒"（即遣策）同属一份文件。[③]马王堆三号墓木牍亦云："家丞奋移主臧（藏）郎中，移臧（藏）物一编，书到光（圹）迳（垗），具奏主臧（藏）君。"[④]所谓"藏物一编"，也指书写随葬物品的遣策。[⑤]

除了与竹简配合使用，告地策也与写于木牍上的遣策配合。江陵高台18号汉墓出木牍四块。木牍甲上有六字，上写"安都"，下写"江陵丞印"。木牍丙曰："新安大女燕自言与大奴甲、乙、〔大〕婢妨徙安都。"木牍乙有"大奴甲、大奴乙、大婢妨。家复，不算不徭"等

---

① 黄盛璋已指出，"告地策移文地下，目的就是为登报户籍"，即"地上削籍、地下著籍"。参黄盛璋《邗江胡场汉墓所谓"文告牍"与告地策谜再揭》，第57、58页。

② 竹牍照片及释文皆见荆州博物馆《湖北荆州谢家桥一号汉墓发掘简报》。刘国胜《谢家桥一号汉墓〈告地书〉牍的初步考察》，《江汉考古》2009年第3期。

③ 刘国胜已经提出，谢家桥一号汉墓木牍3可看作"告地书"正文，其余两件可看作是正文的附件。参《谢家桥一号汉墓〈告地书〉牍的初步考察》，第121页。纪安诺（Enno Giele）则推断，告地书最初是作为随葬品清单的封面。转引自傅敏怡《论马王堆3号汉墓"告地书"》，《湖南大学学报（社会科学版）》2010年第4期，第47页。

④ 裘锡圭主编《长沙马王堆汉墓简帛集成》第六册，第227页。本文所引马王堆释文皆出自《长沙马王堆汉墓简帛集成》，后文不再一一加注。

⑤ 对于马王堆三号汉墓"主藏郎中"的身份，学者看法不同。陈松长认为，"主藏郎中"和"主藏君"并非地下世界的官吏，而是主持埋藏随葬器物的郎官和主持葬礼仪式的人。参陈松长《马王堆三号汉墓木牍散论》，《文物》1994年第6期；《马王堆三号汉墓纪年木牍性质的再认识》，《文物》1997年第1期。傅敏怡认为，"主藏君"很有可能指长沙地方王室或长安中央朝廷派出的"视葬"代表，见《论马王堆3号汉墓"告地书"》，第42～47页。

字样。① 木牍丁是陪葬物品清单，上记有"壶一双、鬃杯二双一奇、盛一双"等。据简报，这四块牍同出于头箱东南部，出土时四牍叠放，背面可见丝绸捆缚痕迹。② 无论是从内容还是出土时的位置关系看，这四件木牍都应看作一份文书，前三件共同完成告地策的功能，牍丁是随葬品清单。以上诸例，都说明告地策不独立存在，而是遣策的组成部分。

解明了告地策与遣策之间的关联，还需要对其性质略作陈说。告地策不单独使用，而与遣策中记载随葬人俑的"偶人简"配合，③ 功能在于合乎手续地迁徙人口。如江陵毛家园"告地策"木牍所言，墓主人使用此文书的目的是"徙"，地下吏要"受数"。徙即迁移，数即名数，也就是户籍。从现在的发现看，告地策是西汉中前期的特殊葬俗，这可能与当时的社会背景有关。《汉书·高帝纪》载汉五年夏五月诏曰：

> 民前或相聚保山泽，不书名数，今天下已定，令各归其县，复故爵田宅。

天下甫定，汉王朝就开始了对流亡人口的清查与登记。所谓"名数"，颜注曰："谓户籍也"。"名数"二字，正见于前引孔家坡、江陵高台M18"告地策"。西汉初年，政府进行了大规模的人口普查、户籍登报工作，应给基层社会带来了深刻的影响。告地策就是在这种背景下出现的。

告地策与"偶人简"的配合，在形制上也模仿户口迁移文书。过

---

① 报告原释文本句释为"家优不算不颢"，张俊民指出此句应释为"家复不算不徭"，胡平生、李天虹持相同观点，本文从此说。参张俊民《江陵高台18号墓木牍释文浅析》，《简帛研究二〇〇一》，广西师范大学出版社，2001年；胡平生、李天虹《长江流域出土简牍与研究》，湖北教育出版社，2004年，第373页。

② 简报将牍甲至丁分别命名为"路签""报到书""告地书"和"赗方"。《江陵高台18号墓发掘简报》，第19页。

③ 关于偶人简的论述详参田天《西汉遣策"偶人简"研究》，《文物》2019年第6期。

去，学者一般认为告地策是传、致类的行旅文书。①虽然传、符类文书
用于人口临时移动准行，但"名籍"并不由迁徙者携带，而是放置于相
关部门。这就与告地策和简册配合使用的形式不同。从里耶秦简可知，
户口迁移时，应当携带记录迁徙者具体信息的"牒"。②告地策与偶人简
的配合，与此如出一辙。

综上所述，所谓告地策并非与遣策有所区别的另一种文书，而应
看作西汉初年遣策特有的一种形态。为强调这种文书格式的特殊性，
学界已习用的"告地策"一名，或不必变易，但仍应作出明确定义：
"告地策"流行于西汉前期，形式模仿官文书，由伪托的阳间官吏签
署，发往地下，用于迁徙墓主人及其奴婢的户籍至地下。其内容一般
包括墓主人身份、随行人口数目、随葬品概况及免除赋役的声明等。
告地策与遣策中记录随葬人俑的简册配合使用，是遣策发展中产生的
一种新形式。③告地策流行的时段很短，宣帝之后便完全消失了。这
也与遣策内容的变化相吻合：人口、器用记录退出遣策，告地策也失
去了存在的意义。

除了移徙人口，告地策还透露出另外一个信息：通过将生前所
有的财物、奴仆甚至亲属合法地移送地下，时人将死亡看作一次迁
徙，墓主人将在另一个世界里继续自己在地上的生活。告地策所隐
含的死亡观，在西汉中后期得到继承。西汉中期以来的遣策中有一

---

① 如陈直提出凤凰山 M168 的告地书与后来的过所性质相似（陈直《关于"江陵丞"告
"地下丞"》，《文物》1977 年第 12 期）。大庭脩认为这种文体形式近于汉代发给国内旅
行者的身份证明书，即棨、传类文体（大庭脩《前往冥府的通行证》，大庭脩著，徐世
虹译《汉简研究》，广西师范大学出版社，2001 年，第 247～248 页）。刘国胜认为告
地书"致"更为相近。刘国胜《高台汉牍"安都"别解》，《古文字研究》第二十四辑，
中华书局，2002 年。
② 参里耶秦简 16-9a，里耶秦简博物馆等编著《里耶秦简博物馆藏秦简》，中西书局，
2016 年，第 70、208 页。
③ 鲁西奇曾讨论过"告地策"与东汉及以后买地券之间的关系，认为前者是后者的前
身。参鲁西奇《汉代买地券的实质、渊源与意义》，《中国史研究》2006 年第 1 期，第
64～65 页。事实上，告地策与遣策之间的关系显然更为密切，它与买地券的性质和
目的都大不相同。

个引人注目的现象，即遣策与名谒同出。^①如尹湾汉墓 M6 出土的木牍中有 10 件名谒，其中两件是墓主师饶的自用谒。^②连云港陶湾西郭宝墓出土两件衣物疏、两件名谒，名谒皆为墓主西郭宝本人之物，衣物疏夹于名谒之中。^③连云港海州双龙花园西汉中后期墓葬 M1 二号棺材出土 7 件名谒，1 件衣物疏，二者位置关系不明，三号棺所葬为女性，仅出一件衣物疏。^④西汉以后，也有相似的情况。如江西南昌晋墓 M1 出土 5 件名谒木简，置于男棺中，皆为男性墓主吴应自用，女棺中仅出一方衣物疏。除名谒外，也有其他证明墓主身份的木牍与衣物疏同出的情况。甘肃武威旱滩坡 M19 亦为男女合葬墓，女棺中仅出土衣物疏一件，男棺中出土墓主姬瑜"故驸马都尉板""故建义奋节将军长史板"2 件。^⑤墓主本人名谒与遣策放置甚至夹叠在一起，绝非偶然。名谒强调身份，衣物疏记载随葬物品，都是墓主希望带入地下，以延续地上生活的证明文书。女性没有官职或头衔，因此不使用名谒，她们的名讳和夫家只书于衣物疏上。从这个角度来说，告地策所代表的地下世界观念得到了延续。

（三）遣策研究的其他问题

关于秦汉遣策，还有一些问题难以容纳在历时发展的线索中，需在本部分略作申发。

---

① 随葬的名刺、名谒本身就是一个专门问题，超出了本文研究范围，这里仅能就衣物疏与名谒同出的现象略举几例。白彬也注意到了南方墓葬衣物疏与名谒同出的情况，并给出了解释，参白彬《南方地区吴晋墓葬出土木方研究》，《华夏考古》2010 年第 2 期。

② 连云港市博物馆《江苏东海县尹湾汉墓群发掘简报》，《文物》1996 年第 8 期。简报没有详细描述木牍之间的位置关系，根据其中图 2《M6 平、剖面图》，似可认为遣策与名谒木牍叠放在一起。

③ 连云港市博物馆《连云港市陶湾黄石崖西汉西郭宝墓》。

④ 连云港市博物馆《江苏连云港海州西汉墓发掘简报》，第 8、9 页。

⑤ 李均明、何双全编《散见简牍合辑》，第 26～28 页。释文采用田河《武威旱滩坡十九号前凉墓衣物疏考释》，《社会科学战线》2012 年第 6 期。

1. 遣策的定名及相关文献类型

遣策一名，典出《仪礼》，为学界习用。曾有学者对这一定名提出质疑，[①] 但目前以"遣策"或"遣册"指代墓葬中出土的随葬品清单，仍是学界主流。

西汉中前期发现的随葬品清单，仅三例有自名。两件出自广西贵县罗泊湾汉墓，M1:161 自题为"从器志"，M1:163 自名"东阳田器志"，随葬品称"从器"，以"志"称呼记录本身。第三件出自纪南松柏汉墓 M1。松柏汉墓出土木简 10 枚，其中一枚曰"右方遣书"，[②] 说明在汉代随葬品可称为"遣"。"书"为名词，即写下来的文字。[③] 上述三例定名各不相同，可见西汉初年的随葬品清单尚无统一的自名。

在讨论遣策的定名之前，首先需对秦汉时代其他与随葬品清单有关的文献定名略作分疏。首先是"赗方"。在西汉遣策中，尚无明确的赗钱记录。过去研究者将尹湾汉墓 M6 出土的记录姓名与钱数的 YM6D7、8 两牍称为"赗钱名籍"，[④] 认为江苏盱眙 M101 中记录姓名、钱数的木方、木觚与赗赠有关，[⑤] 皆缺少坚实的根据。不过，西汉遣策中多见衣物赗赠的记录。《仪礼》所谓"书赗于方"，指赗赠记录的载体有别于遣策。西汉的实际发现中，二者的载体并不总是判然有别。长沙望城坡渔阳汉墓中记录"王所祝"木楬的书写格式，与其他木楬

---

① 洪石曾根据尹湾汉墓的《君兄衣物疏》《君兄缯方缇中物疏》、曹操《上杂物疏》等出土、传世文献，提出应将这类清单定名为"物疏"。参洪石《东周至晋代墓所出物疏简牍及其相关问题研究》。首先，疏是一种文体。所谓"疏"，即分条记载，可作名词使用。如《史记·匈奴列传》："于是说教单于左右疏记，以计课其人众畜物。"疏前可加定语，"物"则应与修饰词连读，如"衣物""杂物"，不宜与"疏"连读。再者，即便"物疏"一词能够成立，也仅强调了它作为清单的特质，却无法体现这类清单专门记录随葬品、用以随葬的特殊性。洪文质疑"遣策"定名的原因之一，是遣策并非器物自名。下引松柏汉墓之"遣书"，恰能证明当时的随葬品可称为"遣"。

② 荆州博物馆《湖北荆州纪南松柏汉墓发掘简报》。

③ 李零《简帛古书与学术源流》第二讲《三种不同含义的"书"》，三联书店，2004 年，第 39 页。

④ 《尹湾汉墓简牍》，第 18～20 页、第 119～122 页。

⑤ 扬州博物馆《江苏仪征盱眙 101 号西汉墓》。

大致相同。^①还有一些赗赠物品，更与墓主自办的随葬品混抄。如马王堆 M3 遣策简 216 为小结简，中有"右方凡用笥六十七合，其十三合受中"之语，指随葬食品中有一部分受自长沙王禁中。墓主接收的馈食，并未单独列出。再如尹湾汉墓 M6 君兄衣物疏背面，最后两行有"君直繡绮衣一领，单襦一领送君兄"两条记录，也未另记一牍。由此似可推测，西汉遣策中的赗赠物品多以文字注明，不总是另行记录，形制上也与记录其他随葬品的简、牍也没有明显区别。因此，在西汉，似无必要将"赗方"作为单列的一类文书。

再者是"告地策"，前文已述，这类文件是随葬品清单的组成部分，与其他简册配合使用。

最后需要讨论的是"衣物疏"一名。"衣物疏"是出土随葬品清单的自名。尹湾 M6 中出土的三件木牍中，自名为"君兄衣物疏"者，主要记录随身衣物，并有刀、剑等物；自名为"君兄缯方缇中物疏"者，记录文具书籍；自名为"君兄节司小物疏"者，记录镜、梳篦、手巾等日常起居、洗沐用品。这几块木牍的自名"疏"，即列目、清单之义。西汉中后期的随葬品清单主要记录衣服与文具，呼之为"衣物疏"，所指清晰，也符合出土文献的自名。需要说明的是"衣物疏"与"遣策"的关系。战国及西汉初年书写在竹、木简上的随葬品清单，与西汉中晚期至中古的"衣物疏"时代前后相承。二者是一类文献在不同时期的不同形态，而非"丧葬文书"中互不相属的类目。

总之，"告地策""衣物疏"是秦汉随葬品清单的组成部分或不同形态，而非与"遣策"并列的文献种类。

廓清上述概念，就可以讨论"遣策"一名。首先，究其出典，"遣"与"赗"对言，指的是墓主自办的随葬品。如前文所论，实际出土发现中，墓主自办与他人赗赠之物并不总能明确区分。其次，"策"还与"书赗于方"的"方"相对，专指简册。西汉中期以后，随葬品清单越来越多地书写在木牍上。仅指简册的"策"，在涵括力上似嫌不足。"遣策"

---

① 长沙市文物考古研究所、长沙简牍博物馆《湖南长沙望城坡西汉渔阳墓发掘简报》，封二。

一名行用已久，可以作为惯用名保留。但对于遣策、衣物疏和告地策等文本，最确切的称呼仍应是"随葬品清单"。再者，与记录随葬品有关的这类出土文献，学界有称之为"丧葬简牍"或"丧葬文书"者。[①] 如此定名，是为了与其他随葬文献，如古书、官文书等有所区分，专指与丧葬礼仪相关的文献。墓葬出土的文献，被学者划分为遣策、古书或文书，但功能都是陪葬。"丧葬文书"一词所指不够清晰，还容易涉及随葬古书用途等容易引起争论的问题。从内容与种类上看，学者所谓的"丧葬简牍""丧葬文书"，与随葬的古书或文书最大的不同在于，它们还引导与参与葬礼的仪式，称之为"葬仪文书"更为确切。

在西汉一朝，也有一些与死亡和丧葬有直接关系，却不能划归遣策的文献。如邗江胡场 M5 中有一件出自棺室的"神灵名位牍"，[②] 其内容涉及祷祠与死亡观念。江苏仪征 M101 出土的遗产分配文书《先令券书》，[③] 江苏盱眙东阳汉墓 M7 西棺棺内出土一件长方形木札，内容为祝祷辞令。[④] 此外，放马滩秦简《志怪故事》（《丹》）和北大秦简《泰原有死者》都以死而复生之人的口吻讲述丧葬宜忌。[⑤] 这类明显与丧葬或死亡观念相关的文献，也是理解遣策与死亡观念的重要参考。

2. 文字以外：遣策的考古与礼仪语境

遣策的出土环境及其在葬礼中的作用有必要特别说明。

首先，以遣策所记物品与随葬实物相对照，是行用已久的研究思路。同时，遣策本身也是随葬品的一种，与同一墓葬中的其他随葬品密切相关。

---

① 如刘国胜的定义："楚简中的丧葬记录类简牍，即本书所称的'楚丧葬简牍'，是古人在丧葬活动中专门来记录有关丧葬事务的一类简牍资料。这类文字材料，泛泛而讲，亦可名之为'丧葬文书'，可归属官私文书中的私书类。"刘著还将丧葬简牍分为遣册、赗书、告地书三类。刘国胜《楚丧葬简牍集释》，第 v、vii 页。

② 扬州博物馆、邗江县图书馆《江苏邗江胡场五号汉墓》。

③ 扬州博物馆《江苏仪征胥浦 101 号西汉墓》。陈平、王勤金《仪征胥浦 101 号西汉墓〈先令券书〉初考》，《文物》1987 年第 1 期。

④ 南京博物院《江苏盱眙东阳汉墓》。

⑤ 甘肃省文物考古研究所《天水放马滩秦简》，中华书局，2009 年，第 107 页。李零《北大秦牍〈泰原有死者〉简介》，《文物》2012 年第 6 期。

具体而言，遣策放置的位置、与其他器物和随葬文献的位置关系都含有丰富的信息。前文已述，遣策位置从椁内到棺内的变化，与葬礼流程相关。遣策的相对位置，也同样值得留意。例如张家山 M247 出土的大批文书类竹简位于头箱内紧靠南壁板的底部，盛放于竹笥内。遣策则另置别处，位于头箱内紧贴椁室西部挡板的底部。[①]张家山 M336 的情况与之相仿，绝大部分竹简位于头箱南端的长方形竹笥中，唯遣策出土于边箱西端底部。[②]遣策的放置位置与其他随葬文书不同，原因正在于它们参与葬礼，是仪式的一部分。

再者，遣策既是对随葬品的记录，也是对随葬品的规划，在一定程度上，还能够反映丧葬的程序、礼仪及时人的生死观。目前学界对先秦秦汉丧葬流程与礼仪的认识，往往来自先秦礼书。礼书是不同时空范围内流行的丧葬礼俗的系统综合。数十年来墓葬出土的遣策，则包含着更为原始的信息。前述凤凰山汉简勾画符号与衣物简反映出的丧葬流程，即是一例。再如，遣策还有规划随葬品位置的功能，也不见传世文献记载。马王堆 M1 遣策第 195 号小结简曰：

> ……髹（漆）画小具杯廿枚，其二盛酱、盐。其二郭（椁）
> 首，十八郭（椁）足。

再如马王堆 M3 有两支小结简：

> ■右方臧（藏）左方【398/183】
> ■右方臧（藏）首【399/324】

所谓"左方"和"首"，分别指椁左和椁首。两简字迹工整，字体与格式与大部分遣策一致。这类记载，不是下葬过程中临时书写，而是在葬

---

① 荆州地区博物馆《江陵张家山三座汉墓出土大批竹简》,《文物》1985 年第 1 期, 第 3 页。
② 荆州地区博物馆《江陵张家山两座汉墓出土大批竹简》, 第 4 页。

礼期间就书写完毕，用于椁室空间的规划，以及核对入圹随葬品。[①] 遣策这一方面的特质，或可称为"礼仪性"。通过细读遣策，就有可能复原部分实际使用的葬礼仪节。

此外，遣策与其他同出文献之间的关系也有不少可以继续探索的空间。这种关系可分两个方面，一是同属随葬品记录的文献，如荆州高台M18出土的四方木牍，马王堆遣策与木楬、签牌。这些文献关系极为密切，可作为一个整体研究。二是内容关系尚不明朗，但位置关系极为密切的文献。如邗江胡场M5所出的数件木牍，再如江苏地区夹于名谒中的衣物疏等等。这些文献之间的联系和使用方法，都存有进一步阐发的空间。

3. 小结

至此，本章对秦汉遣策的讨论大致可告一段落。在墓葬中放置记录随葬物品的清单，以及其他与保护死者身份、财物有关的文献，在古代中国有悠久的传统。从战国秦汉的简册，到魏晋隋唐的竹木牍与纸质文书，随葬品清单的形制、格式、内容不断变化，时人对地下世界的认识和生死观念则具有连续性。西汉中期遣策从形制到内容发生的巨大变革，应看作它从先秦传统向中古形态发展的关键转折点。以此为中心向两端探索，不但能够对随葬品清单的发展脉络有更为清晰的认识，也有可能更为深入古代的思想世界。[②]

---

① 详参田天《马王堆汉墓的遣策与丧葬礼》，《文史》2020年第1期。

② 鲁西奇、刘安志在对买地券、中古衣物疏等文献类型的研究中，皆上溯至战国秦汉遣策的传统。鲁西奇《汉代买地券的实质、渊源与意义》，刘安志《中古衣物疏的源流演变》。学者不仅对战国楚地遣策进行研究，近年来也逐渐涉及秦汉及后代随葬品清单。如刘国胜《谢家桥一号汉墓〈告地书〉牍的初步考察》；田河《张家山二四七号汉墓遣册补正》(《社会科学战线》2010年第11期)、《武威旱滩坡十九号前凉墓衣物疏考释》等。巫鸿曾提出，随葬品中有一类"生器"，也对随葬品清单、随葬品及其后的观念给予了长时段关注。参巫鸿《"生器"的概念与实践》，《文物》2010年第1期。不但将遣策放置于中国古代长时段的变化中是有必要的，如有可能，也可将遣策置于比较的视野中。如郭珏将西汉告地策与埃及的"与死人书"比较研究，不失为一种有意义的尝试。参郭珏《生死交通：比较视角下的古埃及"与死人书"与西汉"移地下书"》，"新出土简牍文献整理与研究"会议论文，芝加哥大学，2014年10月。

二、祭祀与神灵

对秦汉祭祀活动的记载与评论，见于传世文献如《史》《汉》《论衡》。这些记载多集中于国家祭祀，对其他层面的祭祀甚少提及。以睡虎地秦简为代表的秦汉出土文献中，发现了少量与地方官方及民间祭祀有关的内容，一定程度上填补了这一缺失。不过，相关记载仍比较零散，若以之为据尝试建立完整的系统，反而有可能阻碍认识的深入。下文拟以宽泛的官方祭祀、非官方祭祀二分，重点讨论其中材料相对丰富、略可深究的问题。

（一）官方祭祀及其稳定性

自秦帝国建立以来，国家层面的祭祀和地方官方祭祀趋于统一。《史记·封禅书》扼要地描述了秦对祭祀的管理：

> 诸此祠皆太祝常主，以岁时奉祠之。至如他名山川诸鬼及八神之属，上过则祠，去则已。郡县远方神祠者，民各自奉祠，不领于天子之祝官。

西汉大致继承了这种管理方式，即国家祭祀中的祠時属太祝管理，不领于太祝的"郡县远方神祠"，则属于地方或民间祭祀。[①] 通过梳理出土文献，有可能获知官方祭祀运转中更为具体的信息。兹以地方官方祭祀的稳定与秦汉祭祀的连续性为例，略作说明。

先谈地方官方祭祀的稳定。在睡虎地秦简《睡虎地秦简·法律答问》中有数条与祭祀相关的简文，如关于"奇祠"的规定：

---

① 参田天《秦汉国家祭祀史稿》，三联书店，2015年，第82页。

> "擅兴奇祠，赀二甲。"可（何）如为"奇"？王室所当祠固有矣，擅有鬼立（位）殹（也），为"奇"，它不为。【161】

简文明确提出，在规定范围外擅自建立包含在王室祠中的"鬼位"，即称作"奇祠"。兴立"奇祠"，会受到惩罚。这条简文说明秦对祭祀有严格控制。《法律答问》中还提出了"王室祠""公祠"等说法。[①]从祭祀的规格、方式与祭品构成来看，睡虎地秦简的"王室祠"，大致相当于《封禅书》所记载的太祝所领之祠。"公祠"，则与《封禅书》中的"郡县远方神祠"有相近之处，可理解为地方官方祭祀。

里耶秦简中存有相当数量的祠祀简，[②]其中有一组祠先农校券，为当地官方先农祭祀的记录。[③]为方便说明，先将相关材料中较为完整的部分节引如下：

> ……卅二年三月丁丑朔丙申，仓是、佐狗出羊一以祠先农。【14-639、14-762】
>
> 卅二年三月丁丑朔丙申，仓是、佐狗出黍米四斗以祠先农。【14-656、15-434】
>
> 卅二年三月丁丑朔丙申，仓是、佐狗出祠先农余彻食七斗，卖……【14-66】
>
> 卅二年三月丁丑朔丙申，仓是、佐狗杂出祠先农余彻羊头一、足四，卖于城旦赫所，取钱四。□……【14-300、14-764】
>
> 卅二年三月丁丑朔丙申，仓是、佐狗出祠〔先〕农余彻豚肉一斗半斗，卖于城旦赫所，取钱四。令史尚视平，狗手。【14-649、14-679】

---

① 整理小组认为王室祠即公祠，彭浩已指出二者有所不同。参彭浩《睡虎地秦简"王室祠"与〈赏律〉考辨》，《简帛》第一辑，上海古籍出版社，2006 年。

② 参张春龙《里耶秦简祠先农、祠窨和祠堤校券》，《简帛》第二辑，上海古籍出版社，2007 年。关于里耶祠先农校券的研究，还可参彭浩《读里耶"祠先农"简》，《出土文献研究》第八辑，上海古籍出版社，2007 年。

③ 学者对里耶祠先农简的研究可参沈刚《秦代祠先农制度及其流变》，《出土文献研究》第十二辑，中西书局，2013 年。

目前所公布的祠先农校券，都来自举行于同一日（秦始皇三十二年三月
丙申）的一次先农祭祀活动。祠祭先农所用物品有米、盐、羼等，祭祀
结束后卖于城旦的剩余祭品有羊的肢体、豚、肉、肉汁、酒等。《续汉
书·祭祀志下》曰："县邑常以乙未日祠先农于乙地，以丙戌日祠风伯于
戌地，以己丑日祠雨师于丑地，用羊豕。"里耶简文中仓吏狗发卖剩余祭
品的日期是三月丙申，在乙未后一日。《续汉书》所载先农祭品也为羊、
豕二牲，与里耶简所记相近。从这两点来看，里耶简所载的先农祭祀，
与《续汉书》中记录的县邑之祭有相似之处，二者性质应大致相同。自
秦以来，国家祭祀的理念与行用都发生了重大变化，但基层祭祀的流程
与细节仍能保持相当的连续性。[①]

再谈秦汉祭祀的连续性。汉承秦制，先贤已做了充分论证，出土文
献也从侧面证明了这一点。里耶简中有一种秦始皇二十六年的令史行庙
记录，节录如下：

> 廿六年六月壬子，迁陵□、〔丞〕敦狐为令史更行庙诏：令史
> 行□ I
> 失期。行庙者必谨视中□各自署所质日。行先道旁曹始，以坐
> 次相属。【Ⅱ8-138+8-174+8-522+8-52】
> 十一月己未，令史庆行庙。【A I 】
> 十一月己巳，令史廮行庙。【A Ⅱ】
> ......
> 端月丁未，令史廮行庙。【B Ⅱ】
> ......
> 五月丙午，史扣行庙。【D I 】
> 五月丙辰，令史上行庙。【D Ⅱ】

---

① 就地方先农祭祀而言，至西晋时仍与秦汉时代有相似性。参湖南省文物考古研究所、
郴州市文物处《湖南郴州苏仙桥遗址发掘简报》，《湖南考古辑刊》第八辑，岳麓书
社，2009 年；田天《先农与灵星：秦汉地方农神祭祀丛考》，《中国国家博物馆馆刊》
2013 年第 8 期。

　　五月乙丑，令史□□□【D Ⅲ】

　　六月癸巳，令史除行庙。【D Ⅳ 8-138 背 +8-174 背 +8-522 背 +8-523 背】

从简文内容看，令史必须谨慎"行庙"，签署"质日"，不得失期。不过，里耶秦简并未说明"行庙"的具体所指。在岳麓秦简中发现了另一种关于"行庙"的记录，节引如下：

　　如下邦庙者辄坏，更为庙便地洁清所。弗更而祠焉，皆弃市。各谨明告县道令丞及吏主。【0624/321 正】

　　更五日壹行庙，令史旬壹行，令若丞月行庙□□□☑【J47/322 正】

　　·泰上皇祠庙在县道者……☑【0055（2）-3/325 正】

　　令都吏有事县道者循行之，毋过月归（？），当缮治者辄缮治之，不□□者□□□□有不□□【326/327 正】

其中有"泰上皇祠庙在县道者"之语，说明县邑有太上皇庙。岳麓简更明确规定，庙在县、道者由令史每旬一巡行，与前引里耶简相合。① 秦王朝国祚短促，传世文献中对秦的宗庙祭祀情况所载甚少。西汉中后期，全国存有长安及郡国庙 176 座。《汉书·韦贤传》记载：

　　初，高祖时，令诸侯王都皆立太上皇庙。至惠帝尊高帝庙为太祖庙，景帝尊孝文庙为太宗庙，行所尝幸郡国各立太祖、太宗庙。至宣帝本始二年，复尊孝武庙为世宗庙，行所巡狩亦立焉。凡祖宗庙在郡国六十八，合百六十七所。而京师自高祖下至宣帝，与太上皇、悼皇考各自居陵旁立庙，并为百七十六。

---

① 关于行庙简与秦汉郡国庙，可参田天《在县道与郡国：论秦及西汉宗庙制度的演进》，《史学月刊》2022 年第 9 期。

从岳麓简可知，西汉的郡国庙制度实自秦制而来。传世文献中对秦宗庙祭祀的记载几付阙如。① 里耶与岳麓秦简的记载，反映了秦汉宗庙事务的承继关系。汉初乃至西汉中后期行用的不少制度，都可上溯至秦。秦汉祭祀应始终作为一个整体进行讨论。

（二）非官方祭祀的广泛与非体系性

神灵与祭祀是古代生活中的重要事项。不同种类的出土文献记载了数量繁多的祭祀种类与对象。如何将他们安置进一个神谱中，是学者热心的问题。出土文献中以楚卜筮祭祷简所见神灵数量最多，学者或将之分为自然神与祖先神两系，或分为天神、地祇、人鬼三类。② 无论如何分类，研究者基本认为，楚卜筮祭祷简中的诸神可以纳入同一谱系。但是，这一分类法难以施用于秦汉出土文献。楚卜筮祭祷简是较短时期内使用的、性质一致的文书，有相对固定的贞人，祭祀对象与方式相对稳定。秦汉简牍中则少见这类求卜人与贞问对象清晰、连续的文献类型。诸神之名常见于日书类文献，从中固然可以钩稽时人的神灵名称，但如何判断它们的性质与关系，需要格外谨慎。关于秦汉时代日书中的神灵，已有学者做系统归纳与分析，③ 此不赘述。本章仅就日书与祭祀相关的几个问题略作申说。

先谈日书所载的基本祭祀门类。日书是选择用书，并非专门的祭祀手册。不过，从日书出发，参考其他文献，能够认识一些秦汉时代相对稳定的祭祀。例如，从日书可见行神是秦汉时代固定的祭祀对象之一。④

---

① 又如汉高祖宗庙祭祀的"衣冠月出游"之制也袭自秦代。参杨宽《中国古代陵寝制度史研究》下篇二《秦始皇陵园布局结构的探讨》，上海古籍出版社，1985年，第1374页；田天《秦汉国家祭祀史稿》，第73页。

② 前者如彭浩、李零、邴尚白等，后者如陈伟、晏昌贵等。参晏昌贵《巫鬼与淫祀：楚简所见方术宗教考》，武汉大学出版社，2010年，第78～79页。

③ 如蒲慕州《追寻一己之福：中国古代的信仰世界》第四章《〈日书〉与〈山海经〉所见战国末年之民间信仰》。

④ 刘增贵曾对秦简日书中的出行礼俗有全面考察，复原了相关文献的数术原理，总结了与出行相关的禁忌与信仰，是此一领域中最值得重视的研究。参刘增贵《秦简〈日书〉中的出行礼俗与信仰》，《中研院历史语言研究所集刊》第72本第3分，2001年。

祭祀行神的仪式，在日书中常称作"行祠""祠道旁"。刘增贵指出，日常生活中常被祭祀的道路行神是"常行"或"大常行"，[①] 如睡虎地秦简《日书》乙种中有记录出行祭祀的"行行祠"：

> 行行祠：行祠，东行南〈南行〉，祠道左；西北行，祠道右。其謞（号）曰大常行，合三土皇，耐为四席，席叕（餟）其后，亦席三叕（餟）。其祝一四五曰："毋（无）王事，唯福是司，勉饮食，多投福。"【146】

主管出行的神灵有"大常行"和"三土皇"，常读为"尚"，即主管。北大秦简《祠祝之道》的有"祠道旁"简，其祭祀对象也有"大尚行主""少尚行主"和"三土皇"。[②] 常行（尚行）神与三土皇合祭，应是秦人"祠道旁"相对固定的神灵组合。

日书和其他出土文献中，还有关于行祠的其他信息。如睡虎地秦简《日书》，对祭祀行神的禁忌也有不少记载，[③] 如：

> 祀常行：甲辰、甲申、庚申、庚申、壬辰、壬申，吉。·毋以丙、丁、戊、壬□☑。【乙种 144】
> 祠行良日，庚申是天昌，不出三岁必有大得。【甲种 79 正贰】

此外，北大秦简《祠祝之道》中还记有"祠樓"简，是为保障水路出行而进行的祭祀，[④] 睡虎地秦简中也有与"船行"有关的简文。由此可知行神祭祀的对象与宜忌在秦汉时代即已较为稳定、明确。但这类较为稳

① 此外另有家内行神"宫行"，此不赘，皆见刘增贵《秦简〈日书〉中的出行礼俗与信仰》，第 528～529 页。
② 参田天《北京大学藏秦简〈祠祝之道〉初探》，《北京大学学报（哲学社会科学版）》2015 年第 1 期。
③ 刘增贵对秦汉行神的禁忌也有全面研究，参刘增贵《禁忌：秦汉信仰的一个侧面》，《新史学》第 18 期第 4 卷，2007 年。
④ 参前引《北京大学藏秦简〈祠祝之道〉初探》。

定、普遍的祭祀在日书中仍属少数。日书记载的大部分祭祀活动的频率、形态与行用普遍性，仍难清晰定位。使用记载宜忌的日书讨论秦汉时期的祭祀与神灵，毋宁说是一种权宜之计。

再谈日书中所载的神怪精魅名称。这些神怪可大致分为帝、鬼、其他神灵三类。姑以睡虎地秦简《日书》为例，例如《日书》甲种有《帝》篇：[①]

> 春三月，啻（帝）为室申，剽卯，杀辰，四废庚辛。【96 正壹】
>
> 夏三月，啻（帝）为室寅，剽午，杀未，四废壬癸。【97 正壹】
>
> 秋三月，啻（帝）为室巳，剽酉，杀戌，四废甲乙。【98 正壹】
>
> 冬三月，啻（帝）为室辰，剽子，杀丑，四废丙丁。【99 正壹】

本条虽出现了"帝"的名称，但目的是讲起室宜忌，"帝"只是虚托。"帝"作为神的特点与执掌均十分模糊。这类托之于"帝"的宜忌守则，在秦汉出土文献中十分常见。它们可能都是"天帝"或"上帝"的简称，此外几乎无法再详细讨论。

记"鬼"最为集中者，应推睡虎地秦简《日书》甲种中的《诘咎》篇，[②]《诘咎》开篇即言：

> 诘：诘咎，鬼害民罔（妄）行，为民不羊（祥），告如诘之，召，道（导）令民毋丽凶（凶）央（殃）。……【25 背壹】

《诘咎》篇记载了诸种精魅妖怪对人的危害，以及祛除灾祸的方法。刘乐贤指出《诘咎》属解除类文献。[③] 在其它出土文献中，也发现了此类

---

① 按所谓"帝篇"，是"帝为室日篇"的简称。即"帝"建造房屋时凡人不能建造。刘乐贤《睡虎地秦简日书研究》，文津出版社，1994 年，第 128 页。

②《睡虎地秦墓竹简》整理本称之为"诘"篇。刘乐贤提出本篇应称为"诘咎"篇，乃禁灾祈福之意，详参刘乐贤《睡虎地秦简日书研究》，第 248～250 页。

③ 刘乐贤《睡虎地秦简日书研究》，第 265 页。

文本。如北大秦简也有《被除》篇，记有召请仪式、祝辞，只是未详细列出被除对象的具体名称。① 不难推断，《诘咎》《被除》中所记载的，都是偶发的禳除活动，不是规律的祭祀。这类文献所被除的对象在秦汉时代是否被常规祭祀，尚需更多材料的支持。②

除《诘咎》篇外，日书中还记载了不少祭祀对象或祭祀活动，即前文所谓"其他神灵"。如睡虎地秦简《日书》甲种：

> 阳日……以蔡（祭）上下群神乡（飨）之，乃盈志。【3 正贰】
> 内居南，不畜，当祠室。【18 背伍】
> 祠史先龙丙望。【125 背】

其中提到对上下群神、室、史先等神的祭祀。有的条目还提到了神煞的名称，如：

> 正月亥，二月酉，三月未，四月寅，五月子，六月戌……十二月辰，是胃（谓）土神，毋起土攻（功），凶。【132 背～133 背】

刘乐贤引用《论衡·解除》"世间缮治宅舍，凿地掘土，功成作毕，解谢土神，名曰'解土'"之说，推断土神是古时广受信奉的神祇，日者在此借用其名。③

日书是目前研究秦汉信仰最重要的材料之一，但这类文本的性质决

① 参田天《北大秦简〈被除〉初识》，《简帛》第八辑，上海古籍出版社，2012 年。
② 还值得强调的是，比起出土文献，考古发掘与信仰有关的发现，往往能体现出惊人的普遍性。仅举一例，各种材质制成的小型人形，在墓葬和边塞遗址中都有极为广泛的发现，时代跨越汉晋，这种时空上的广泛性，远超出土文献所能呈现的范围。参王育成《中国古代人形方术及其对日本的影响》，《考古与文物》1996 年第 2 期；巫鸿《墓俑及其媒质》，《黄泉下的美术：宏观中国古代墓葬》，三联书店，2010 年，第 127～129 页；陆锡兴《考古发现的桃梗与桃人》，《考古》2012 年第 12 期。处理出土文献与考古发现的方法自不相同，但考古发现的广泛性，值得研究者反思何谓"普遍"的信仰。
③ 刘乐贤《睡虎地秦简日书研究》，第 294～295 页。

定了其使用方式。首先，日书所载祭祀常与解除有关，这就将祭祀的对象限制在相对较小的范围中。其性质亦难视为规律的祭祀活动。因此，不宜将日书中的祭祀视为秦汉非官方祭祀的全部。再者，日书中出现的诸神，特征模糊，彼此的关联也很难把握，不宜轻易放入同一谱系。[①]总之，日书的功用，是为使用者按日标明宜忌，而非系统记载时人信奉或祭祀的所有神灵。祭祀、神灵"系统"与宽泛的信仰之间的异同，需谨慎甄别。

最后，还需对日书的"民间性"略作分疏。日书常被不加分别地作为"民间信仰"的代表，与"精英阶层"对立。不过，所谓"民间性"并非不言自明的前提。日书的主要使用人群与使用目的，是首先需要重作讨论的问题。"民间信仰"之"民间"往往被等同于下层、庶民，但所有的日书都发现于知识阶层的墓葬中。在研究战国时代的日书时，夏德安已指出，此时宗教实践不再专属于萨满或巫师，同时也被精英阶层共享。[②]蒲慕州虽然坚持日书适用于中下阶层，但也注意到日书的保有者往往是官吏。[③]除了使用者，日书的使用目的也是重要的考虑标准。目前日书多出自官吏墓葬，如果日书是他们工作中的必需品，用来指导其管辖居民的生活，则可以认为日书与一般民众的联结较为紧密。反之，如果日书只是墓主人自用，以求在日常生活中趋吉避凶，那么日书的适用范围及其代表性就需要谨慎地定义。最后，李零早已提出，日书所占内容涉及古代日常生活的各个方面，对民俗学的研究有参考价值。但日书是世代相传、反复使用的手册，内容高度程序化，并非实际的占卜记录。[④]在理解日书的性质与作用时，这

---

① 蒲慕州也考虑到日书的特殊性，他指出，日书本身并无系统可言。人是否要完全遵守日书的规则，是一个没有一定答案的问题。蒲慕州《追寻一己之福：中国古代的信仰世界》，第 85 页。

② Donald Harper, "Warring States Natural Philosophy and Occult Thought", p.867.

③ 蒲慕州强调日书的保有者与使用者有所分别，认为日书表现出的价值观与精英有别。参蒲慕州《追寻一己之福：中国古代的信仰世界》，第 86～88 页。不过，蒲的这种分别也带来了新的问题，即暗示官吏虽然使用日书，自身却不认同其中的价值观，这就很难解释随葬日书的普遍性。

④ 李零《中国方术正考》，第 171 页。

一点仍然值得强调。

在本部分的最后，还可略作补充的是，秦汉出土文献中的一些祭祀活动的对象名称相同，但祭祀性质则可能区别很大。如周家台秦简中发现了"祠先农"简：

> ·先农·以腊日，令女子之市买牛胙、市酒。过街，即行摖（拜），言曰："人皆祠泰父，我独祠先农。"到囷下，为一席，东乡（向），三朒，以酒沃，祝曰："某以壶露、牛胙，为先农除舍。先农笱（苟）令某禾多一邑，先农柜（恒）先泰父食。"到明出种，即□邑最富者，与皆出种。即已，禹步三，出种所，曰："臣非异也，农夫事也。"即名富者名，曰："某不能肠（伤）其富，农夫使其徒来代之。"即取朒以归，到囷下，先待（持）豚，即言囷下曰："某为农夫畜，农夫笱（苟）如□□，岁归其祷。"即斩豚耳，与朒以并涂囷膺下。恒以腊日塞祷如故。【347～353】

学者或认为周家台简与里耶祠先农校券性质相同。事实上，周家台之"祠先农"简并非官府祠祭记录，而是一种巫术祝祷。首先，周家台简祠祭先农的时间为腊日，与秦汉官方祠先农时间不同。其次，其祝辞云"人皆祠泰父，我独祠先农"，表明祝祷人祠祭的并非常规神衹。祝辞还许愿若先农满足其愿望，则以永置"先农"于"泰父"之上作为报偿。这种媚神之辞，也与郡县官方常规祭祀大异其趣。其三，周家台秦简中的先农祭祀无法在一天内完成，而是分为数个步骤，施行于不同的时间地点，全程杂以禹步、斩豚耳涂囷膺下和反复祝诅等仪式。[1]虽然祭祀对象不同，但仪式与性质与周家台"祠先农"简更为相似的，是睡虎地秦简《日书》甲种中的"祠马禖"简。在处理祭祀性质时应如何选择比较的对象，似颇有探索的空间。

---

[1] 周家台"祠先农"简的祝辞中带有诅咒他人以满足自己愿望的内容，也不可能见于官方祭祀。参田天《先农与灵星：秦汉地方农神祭祀丛考》。

当材料缺乏时，研究者往往倾向于尽可能搜集材料，比对、系联。数十年来，与祭祀相关的出土文献已积累了一定数量，使细致地区分成为可能。日书所载神灵与祭祀不能无止境地延展到社会的各阶层与生活的每个方面。使用日书研究秦汉祭祀与民间信仰，或不惮于再保守一些。

三、病方与祝由

秦汉出土文献中有数量相当的内容可归入《汉书·艺文志·方技略》，如病方、导引书、脉书等。其中"病方"一类所占数量最大，内容与本章主题直接相关。病方类文献的内容既包括狭义的"药方"，也包括相当比例的祝由术。这类古书多无自名，整理者常命名为"病方"或"医方"。为统一，本文通称之为"病方类文献"，简称"病方"。目前发现的秦汉病方类文献，有周家台秦简、里耶秦简、北京大学藏秦简、马王堆汉墓竹简帛书、北京大学藏汉简、成都老官山汉简、武威汉代医简、居延汉简、地湾汉简等数批。

病方类文献的性质较为复杂。首先，从医学、医学史角度对这批病方的研究，已有十分丰厚的积累。[1]不过，秦汉病方还包含了大量祝由术。现代的"医学""医书""医药"的概念，尚不能概括病方的全貌。再者，目前名为"病方""医方"的文献，皆为整理者所题。相似题名的文献间也存有不少差异，需加以区分。其三，将病方作为一种文献类型来看，秦汉两朝正是其体例与结构逐渐形成的时段，可对其变化过程做一总结。

---

[1]　如马继兴《中国出土古医书考释与研究》，上海科学技术出版社，2015年；周祖亮、方懿林《简帛医药文献校释》，学苑出版社，2014年。本章对病方类文献的讨论，主要从信仰的角度入手。从古代医学史角度进行研究的文章，可参考《简帛医药文献校释》附录《简帛医药文献论著目录》，以及刘志梅、张雷《出土秦汉医方文献研究综述》，《辽宁医学院学报（社会科学版）》2015年第2期。本文不赘。

考虑到秦汉病方的复杂性，本章将病方类文献分为出于遗址者和出于墓葬者两类，对其中重要者做简单介绍。下文的讨论最关注的两个问题是，其一，病方类文献的构成；其二，病方中的祝由术。

（一）遗址出土病方

遗址出土的病方简比较零散，数量也不多。此类又可分为官署出土病方和西北边塞病方两类。前者主要有里耶秦简、尚德街医方木牍，[①]湖南张家界古人堤出土的医方木牍两件也可以划入此类。[②]后者有地湾汉简、敦煌汉简、居延汉简等等。

官署所出木牍中里耶秦简时代较早，下文略作介绍，兼及西北边塞病方。

里耶古城遗址所出秦代简牍的第八层中，散见十余枚病方简。[③]竹简公布之后，学者又做了不少修订、缀合的工作，[④]大致可以通读。简文或明确称其记录内容为"某方"，如"治暴心痛方"（8-876）、"治

---

① 编号牍181，长沙市文物考古研究所《长沙尚德街东汉简牍》，岳麓书社，2016年，图片见第133，释文见第236～237页。

② "治赤谷方"编号古-01，另一医方残牍编号古-03。古人堤遗址所出简牍以废弃物形式抛掷于水塘，地层关系已不能确知，与医方牍同出的文书有"永元二年"（90）、"永初四年"（110）等字样，可知简牍时代为东汉。湖南省文物考古研究所、中国文物研究所《湖南张家界古人堤遗址与出土简牍概述》、湖南省文物考古研究所、中国文物研究所《湖南张家界古人堤简牍释文与简注》，《中国历史文物》2003年第2期。2016年，张春龙发布了质量更高的新拍摄照片，同时对释文进行了修正，参张春龙《湖南张家界市古人堤汉简释文补正》，《简牍学研究》第六辑，甘肃人民出版社，2016年。

③ 参陈伟主编《里耶秦简牍校释（第一卷）》第八层释文及校释。

④ 缀合之后的医方简编号为：8-258、8-792+8-1772、8-298、8-837、8-876+8-1376+8-1959、8-1040、8-1042+8-1363、8-1057、8-1221、8-1224、8-1230、8-1243、8-1290+1397、8-1329、8-1369+8-1937、8-1620、8-1718、8-1766、8-1918、8-1976。前述缀合参考的研究有陈伟主编《里耶秦简牍校释（第一卷）》；何有祖《里耶秦简牍释读札记（修订稿）》，简帛网，2015年11月13日；刘建民《读〈里耶秦简（壹）〉医方简札记》，《简帛》第十一辑，上海古籍出版社，2015年；周波《里耶秦简医方校读》，《简帛》第十五辑，上海古籍出版社，2017年。其它关于里耶秦简医方校读的论文，周波文中引用较详，与本章主旨无关者，不再列举。后引刘建民、周波说，皆出此两篇论文，后文不再加注。

令金伤毋痏方"（8-1057），或写明治疗对象，如"病暴心痛灼灼者"
（8-1221）。虽然竹简残断特甚，但仍可见与其它病方简内容相近者。
如刘建民、周波先后指出里耶"治暴心痛方"与周家台《病方及其他》、
成都天回《治六十病和齐汤法》高度相似。为说明三者的关系，现将三
方排列如下。里耶秦简 8-876+8-1376+8-1959：

> ·治暴心痛方：令以□屋左□□□□□取其□□草蔡长一尺，
> 禹步三，析傅之病者心上。因以左足□踵其心，男子七踵，女子
> 二七踵。尝试，勿禁。①

本方属祝由术。周家台《病方及其他》简335～337为"病心者"方，其
中"左足践之"之法与里耶简相似：

> ·病心者，禹步三，曰："皋！敢告泰山，泰山高也，人居之，
> □□之孟也，人席之，不智（知）岁实。赤隗独指，擅某叚（瘕）
> 心疾。"即两手擅病者腹……即令病心者南首卧，而左足践之二七。
> 【337】

与里耶简吻合度更高的是时代稍晚的天回《治六十病和齐汤法》：

> 五十八。治暴心痛。屑枡（椒）覈（核）一升，以酒一杯酓
> （饮）之。·其一曰：印（仰）屋左荣，以左手取其木若草蔡长尺，
> 即禹步三。折，置病者心上。因以左足徐踵之，男七，女二七，
> 已，已试。……②

---

① 释文采取刘建民整理后的释文，后周波根据天回《治六十病和齐汤法》又有一些补
　释，参前引周波文。
② 周琦《天回医简"治心暴痛"祝由方浅析》，《简帛》第二十三辑，上海古籍出版社，
　2021年。

其中第二方与里耶简几乎完全相同。

除了内容相似外，里耶病方简中的用药，也与其它病方有相似之处。如简 8-1057：

> 九十八、治令金伤毋痛方：取鼢鼠，干而☒【Ⅰ】
> 石、薪夷、甘草各与鼢☒【Ⅱ 8-1057】

《里耶秦简牍校释》已指出，此方与马王堆《五十二病方》第23～24行"令金伤毋痛方"十分相似，三者都由鼢鼠、长石、辛夷、甘草几味组成：

> 一，令金伤毋（无）痛方，取鼢鼠，干而冶；取彘鱼，燔而冶；长石、薪（辛）夷、甘草各与〔鼢〕鼠等，皆合挠，取三指冣（最—撮）一，入温酒一音（杯）中而飲（饮）之。不可，财益药，至不癊（痛）而止。·〔令〕。【23/23～24/24】

除了病名、用药的相似之处外，《五十二病方》中常见的"三指撮"等术语，也已见于里耶病方 8-1221：

> ·七、病暴心痛灼灼者，治之，析蓂实，冶，二；枯橿（姜）、菌【Ⅰ】桂，冶，各一。凡三物并和，取三指最（撮）到节二，温醇酒。【Ⅱ 8-1221】

此外，里耶病方中出现的"先食后食次（恣）"（8-1329），在《五十二病方》中也十分多见。以上所举各例，都说明了秦汉之际病方的连续性。

最后，里耶病方的性质与用途也值得注意。里耶秦简牍出土于秦洞庭郡迁陵县官署，内容大部分是迁陵县的往来文书、簿籍等。病方在其中比例极小，内容也与其它文书几乎没有关联。至少有两个问题需要解答：一、里耶病方是否是一种完整的古书；二、病方何以出现于官署文书中。里耶病方简有数枚存有编号，有的编号前有一黑色圆点提示（如8-1230、8-1224、8-1221），数字最大的是"九十八"（8-1057）。据此虽不能说里耶病方是一种经过精心编辑的书籍，但可以推断，它们是经过整理的、有一定体量的病方汇总。接下来需要讨论的就是，应如何理解这种病方汇编在迁陵县廷的作用？这需要与其它遗址出土的病方作一对比。

西北边塞简中有不少与病方相关的内容发现。[1] 它们见于敦煌汉简、[2] 居延汉简与居延新简、[3] 地湾汉简，[4] 罗布淖尔汉简、额济纳汉简中也有零星发现。[5] 不过，与里耶病方不同，西北边塞简并非完全由单方组成的"病方"，往往与诊治记录同出。如居延汉简265：43：

> 第十燧卒高同病伤汗，饮药五齐（剂）。

居延新简 E.P.T.56：367：

> 第七燧卒舒□胡除……饮药三齐（剂）。

敦煌汉简有一条内容更为明确的诊疗记录，不但有患者的症状、病因，还记录了服药后病愈的情况：

---

① 按西北边塞所出土的医方，多未独立成书，散见于其它文书中。研究古代医学的学者对它们进行了搜集与整理，较新的整理可参看张雷《秦汉简牍医方集注》，中华书局，2018 年。

② 甘肃省文物考古研究所编《敦煌汉简》，中华书局，1991 年。

③ 中国社会科学院考古研究所编《居延汉简甲乙编》，中华书局，1980 年。甘肃省文物考古研究所、甘肃省博物馆、文化部古文献研究室、中国社会科学院历史研究所编《居延新简：甲渠候官与第四燧》，文物出版社，1990 年。

④ 如简 86EDT8：9、86EDT5H：209 等，参甘肃省简牍博物馆、甘肃省文物考古研究所、出土文献与中国古代文明协同研究创新中心中国人民大学分中心《地湾汉简》，中西书局，2017 年，彩版一八、九〇。

⑤ 其他两批汉简中的病方详情可参前引张雷《秦汉简牍医方集注》。

股寒，曾载车，马惊，隋（堕），血在凶（胸）中，恩与惠君
方。服之廿日，征下。卅日，腹中毋积，匈（胸）中不复，手足不
满，通利。臣安国。【2013】①

再者，西北边塞病方及诊疗记录中，大多数与伤寒（如居延汉简
89∶20）或马病（如敦煌汉简 1996、2000、2004）有关。西北边塞所
见病方，应非治疗不同疾病的汇编方书，而是针对西北常见病的专门病
方，也未独立成书。

综上，遗址所出病方，可以分为两类。第一类是西北边塞遗址所出
医药类简牍。这些简牍不是独立成书的病方类古书，而是实用性较强的
专门病方，往往与诊疗记录配合。第二类是官署废弃物中的病方。古人
堤、尚德街所出病方木牍数量极少，情况不太明朗。里耶病方格式统
一，已具备病方汇编的形式。它们如何收集、整理，由何人使用，行用
范围如何，都值得进一步探索。如果里耶病方是官署档案的一部分，结
合具体的职官设置考察，也有可能对秦代病方类文献的编辑与传播有进
一步认识。②

（二）墓葬出土病方

出于墓葬的病方，较重要的有关沮周家台秦简、马王堆帛书、成都
天回医简、武威医简等几批。墓葬出土的病方往往独立成书，有的还带
有目录，如马王堆《五十二病方》和天回《治六十病和齐汤法》。不同
时代的病方，内容构成的差异也很明显。下文首先按时代顺序对它们的

---

① 《敦煌汉简》图版壹陆贰，释文见第 298 页。按原书释文漏一"血"字，据图版补。
　《简帛医药文献校释》认为"征下"前有阙字，今暂从原释文。
② 杨勇推测，里耶病方是通过秦朝医政系统下发的。参杨勇《流动中的病方：战国秦汉
　时期病方的流传与命名》，《人文论丛》2015 年第 2 辑。张朝阳认为医方简本身就是迁
　陵县的档案资料，但未作论证。张朝阳《中国已发现最早古医方：里耶秦简之医方简
　略考》，《唐都学刊》2016 年第 5 期。

基本情况略作介绍。

1. 关沮周家台秦墓

周家台三〇号秦墓出土竹简 389 枚，整理者按形制分为甲、乙、丙三组。丙组原自成一卷，70 枚简均为短简。因丙组在墓室中已发生位移，原来的编连次序无法确定，整理者根据内容加以归类，按照病方、祝由术、择吉避凶占卜、农事等分类排序，[①]拟名为《病方及其他》。[②]从定名可见整理者认为本卷构成较为繁杂，不宜全以"病方"名之。周家台病方简中大部分内容与治疗疾病相关，与《五十二病方》也有相合之处，如已龋方、治温病、痿病等等。其中还包含少量治疗马、牛疾病者，如"马心"：

> ·马心：禹步三，乡（向）马祝曰："高山高郭，某马心天，某为我已之，并□侍之。"即午画地，而最（撮）其土，以靡（摩）其鼻中。【345～346】

此外，周家台病方简中有一些与疾病无关的内容，如"垩穴"和"已鼠方"：

> ·以壬辰，已巳、卯溉困垩穴，鼠弗穿。【371】
> ·已鼠方：取大白礜，大如母（拇）指，置晋斧（釜）中，涂而燔之，毋下九日，冶之，以【372】……

"室穴已鼠"之法，也见于北大秦简，分属《杂祝方》《祠祝之道》两种祠祝书。最后，其中还有六枚记录孤虚术的简，后文还将提及。以上内容组合在一起，构成了周家台的《病方及其他》。

---

① 《关沮秦汉墓简牍》，第 126 页。
② 为行文简洁，下文将周家台《病方及其他》这部分竹简，简称为周家台病方简。

　　周家台《病方及其他》竹简的形制也并不统一。从发掘者绘制的竹简《侧视图》来看，丙组竹简严重散乱，[①] 其形制可分为宽窄两种，宽简约 0.7～1 厘米，窄简 0.4～0.6 厘米，宽简较窄简厚，数量上也稍多。二者文字风格差异很大，整理者推断本组竹简非一人一次写就。[②] 分别考察宽、窄二组，它们在内容上的差别并不明显。两组简的内容可表列如下：

表一　周家台病方简分组 [③]

分组	简　　　号
宽组	323（瘕者）、324～325（治瘘病）、335～337（病心者）、338～339（痛）、340～344（有子三月）、355～360（孤虚）、364（令）、365～367（残篇）、374～375（残篇）、379～381（残篇）
窄组	309～310（已肠辟）、311（温病）、312（下气）、313（瘅病）、314（长发）、315～320（去黑子方）、321～322（人所恒吹者）、326～334（已齲方）、345～346（马心）、347～353（先农）、354（种）、361～362（孤虚）、363（五胜）、368～370（浴蚕）、371（坚困垄穴）、372（已鼠方）、373（肥牛）、376（疟）、377～378（女子蚤）

两组简中，都有属于广义的"病方"的内容，[④] 有行禹步、辅以祝祷辞令的"祝由术"。[⑤] 虽然数量多寡略有区别，但似难据言二者之间有本

---

① 以编次没有问题且包含竹简较多的"祠先农"一方（简号 347～353）为例，本方所包含的 7 支竹简在侧视图中距离较远，分布规律也不明显。丙组竹简可能因压在竹简最下层，位移较为严重，难以根据《侧视图》复原。参图一五《周家台三〇号秦墓竹简尾端侧视图》，《关沮秦汉墓简牍》，第 198 页。

② 《周家台三〇号秦墓发掘报告》，《关沮秦汉墓简牍》，第 154～155 页。《秦简牍合集》对周家台秦简进行了重新整理，大致沿用了原整理者的结论和简序，只对个别简的次序做了调整，并添加了小标题。《周家台秦墓竹简·病方及其他》，陈伟主编《秦简牍合集（叁）》，武汉大学出版社，2014 年，第 53～54 页。

③ 为直观表现竹简内容，本表将其每章主要内容附在括号中。拟名参考《秦简牍合集（叁）》，第 54～79 页。

④ 如窄组的 309～310 已肠辟方、315～320 去黑子；宽组的简 324～325 治瘘方。所举诸例，皆为不含祝祷辞令的病方。

⑤ 如窄组简 326～334 所载两种已齲方，宽组简 335～337 所载治病心者方。

质区别。①

综上，周家台《病方与其他》内部虽然从形制到内容都颇有差异，但位置关系较为紧密，内容也难以根据形制做区分。无论是看作一种书，还是两种性质相近的古书，周家台病方简都更像是目的性不强的"诸方"杂抄。这说明早期病方很可能以"单方"形式抄写、纂辑，流动性较大。后文将论及的《五十二病方》《治六十病和齐汤法》等书，带有编号与目录，则是病方作为一种古书更为成熟的形态。

2. 马王堆汉墓 M3 简帛

1973 年发现的马王堆 M3 汉墓简帛中，有数种帛书及 200 枚竹、木简与病方、导引、脉法相关，《报告》通名之曰"医书"。②其中包括竹简《十问》《合阴阳》《天下至道谈》，此外还有木简《杂禁方》。③帛书有《足臂十一脉灸经》《阴阳十一脉灸经甲本》《脉法》《阴阳脉死候》《五十二病方》《去谷食气》《阴阳十一脉灸经乙本》《导引图》《养生方》《房内记》《疗射工毒方》《胎产书》诸种。④其中属宽泛的病方类的有《五十二病方》《养生方》《房内记》《疗射工毒方》《胎产书》《杂禁方》六种。

---

① 只有简 355～360 最为不同。这组简共 6 支，皆属宽简，字体较大，一简约 15 字。简首无墨钉或墨块，内容为"孤虚术"。周家台秦简中与"孤虚"有关的简还有两组，一是乙组的简 260，二是丙组的简 361～362。后者属窄简，内容与 355～360 直接相关。参刘乐贤《从周家台秦简看古代的孤虚术》，《出土文献研究》第七辑，上海古籍出版社，2005 年。简 260 的内容也与丙组简 355～360 有直接联系。但是，简 260 简身较长，应归入乙组，出土位置与丙组诸简也相去甚远。陈伟已指出，二者不会属同一篇简书。参陈伟《读沙市周家台秦简札记》，《燕说集》，商务印书馆，2011 年。三组内容相关联的简，从形制无法归入同一种书，这种可能也反映了周家台秦简形制与内容的复杂性。

② 湖南省博物馆、湖南省文物考古研究所《长沙马王堆二、三号汉墓》第一卷《田野考古发掘报告》。为简洁起见，后文提及时皆称马王堆 M3《报告》。

③ 按《杂禁方》虽为木简，但与《天下至道谈》卷为一卷，马王堆 M3《报告》将之同归入竹简"乙卷"。

④ 按《足臂十一脉灸经》《阴阳十一脉灸经甲本》《脉法》《阴阳脉死候》《五十二病方》五篇合写于两张帛上。《去谷食气》《阴阳十一脉灸经乙本》《导引图》三种书合抄在一张帛上。《房内记》与《疗射工毒方》抄写在一张帛上，最初定为一种书，定名为《杂疗方》，《长沙马王堆汉墓简帛集成》将之区分为两种书，分别单独命名。

迄今为止病方类出土文献中最重要的发现，当推马王堆《五十二病方》。这一判断不仅基于《五十二病方》的长度与完整程度，也基于其过渡性的地位。《五十二病方》已经成为学界认识秦、汉病方的重要基础，不同角度的《五十二病方》专题研究数量极为丰富。[①] 无论是释读、缀合，还是内容讨论，都达到了相当的高度，不必具引。[②] 本章需略作介绍的是《五十二病方》的内容构成。《五十二病方》中包含相当数量的祝由术，学者早有关注。[③] 所谓祝由，指用咒禁治疗疾病的巫术，咒即祝诅，[④] 由与祝同义。[⑤]《中国方术正考》曾辑出马王堆帛书中所有涉及祝由术的内容，为便于讨论，下文再略举几例。

《五十二病方》所载治癫方中颇有几例使用祝由术：

> 颓（癫）：操柏杵，禹步三，曰："贲（喷）者一襄胡，潢（喷）者二襄胡，潢（喷）者三襄胡。柏杵白穿一，毋（无）一。囗，〔囗〕独有三。贲（喷）者橦（撞）若以柏杵七，令某积（癫）毋（无）一。"必令同族抱，令颓（癫）者直东乡（向）囱（窗），道外改橦（撞）之。【208/195～210/197】
>
> 一，以辛巳日，由曰："贲（喷），辛巳日。"三；曰："天神下干疾，神女倚序听神吾（语），某狐父非其处所。巳（已），不巳

① 参张雷《马王堆帛书〈五十二病方〉出土 37 年来国内外研究现状》，《中医文献杂志》2010 年第 6 期。

② 《长沙马王堆简帛集成》整理本开列了相关研究的参考书目，此外《五十二病方》的注释汇总还可参看张雷《马王堆汉墓帛书〈五十二病方〉集注》，中医古籍出版社，2017 年。

③ 时代较早的如李零在《中国方术正考》中的系统整理，参《中国方术正考》，第 261～268 页。夏德安对马王堆各类"方"中的巫术也有整理，他共整理出 56 方。参 Donald Harper, *Early Chinese Medical Literature: The Mawangdui Medical Manuscripts*, New York: Routledge, 2009. Prolegemena, Section Five Magic, pp.148-186. 按本书初由 Kegan Paul International Ltd 于 1998 年出版，本章所引页码皆出自 Routledge 2009 版。

④ 李零《中国方术正考》，第 261 页。

⑤ 李家浩《马王堆汉墓帛书祝由方中的"由"》，《河北大学学报（哲学社会科学版）》2005 年第 1 期。李家浩还指出，《五十二病方》是目前见得到最早记录有"祝""由"字样的祝由方。

（巳）斧斩若。"即操布改之二七。【217/204～218/205】

这两方治疗癫病的祝诅各不相同，第一方中使用柏杵，以及"喷"法，反复祝祷，使癫离去。第二方则是诅咒疾病（狐疝），威胁"狐父"尽快离去，否则就将其斩杀。癫即癫疝，病灶边缘清晰。以祝由术驱逐癫病，说明这种疾病在被确诊后，病灶即等同于病因，可以整体性被移除。第二方认为造成癫的原因是有生命、可以斩杀的"狐父"，这也反映了秦汉祝由术的一个显著特点，即以鬼（或精怪）可以致病。反映这一信仰的内容在《五十二病方》中不止一例，专祛因"魅"致病者是其中典型：

祝曰："潰（喷）者魅父魅母，毋匿，符实□北，皆巫妇，求若固得。县（悬）若四体，编若十指，投若于水，人殹，人殹而比鬼。……"【453/443～454/444】

致病的"魅"是致小儿生病的鬼，病方的处理方式，是威胁捉到他后如何在肢体上加以伤害。这类对致病原因的记载与处理，与睡虎地《日书》中的《诘咎》篇有相通之处。[1] 二者对比，祝由术往往针对明确的疾病，"诘咎"一类的文献则并不总是针对疾病，也包括精怪给人带来的其它困扰。除了《五十二病方》外，马王堆中的其它病方类文献，如《养生方》中也有大量祝由术。李零还指出，这些内容与日书中的病忌、禳除妖祥，以及楚占卜简中的占病、祷祠、解除相关，也涉及择日。[2] 这种联系，对于理解秦汉时代"病方"的构成与性质，十分重要。

除了内容以外，马王堆病方的体例也值得关注。《五十二病方》《养生方》之前都有目录，说明二者都是经编辑的完整古书，内容闭合。目

---

① 刘乐贤已经指出这一点，此外刘乐贤还对《诘咎》篇中的诸鬼名称、作祟的原因及其对策，都有总结，可参看。《睡虎地秦简日书研究》，第250～265页。
② 李零《中国方术正考》，第268页。

前发现的几种秦代病方，尚未见这种体例。西汉中前期的天回《治六十病和齐汤法》、北大汉简医方都带有分栏抄写的目录简。似乎可以推测，病方类文献的体例，到《五十二病方》时期，大致已经形成了。

3. 成都天回医简

2012～2013 年，成都市天回镇发掘了 4 座西汉时期土坑木椁墓，即老官山汉墓群。《简报》判断 M1 的时代在武帝时期，M3 时代应在景帝、武帝时期。[①]M1 出土木牍 50 枚，其中有部分内容被称为"巫术类木牍"，内容是求子巫术。M3 出土竹简 736 支，其中医书分别为《脉书》上下经、《逆顺五色脉臧验精神》《犮理》《刺数》《治六十病和齐汤法》《经脉》。[②]此外，M3 还出土了一种记录治疗马病、相马等方法的书，整理者题名为《疗马书》。《和齐汤法》共有竹简约 212 枚，其中有 15 枚目录简，记载六十种不同的病症，分栏书写，每个题名下有数字编号。绝大部分格式为"治某（病）某某（数字编号）"，唯有一例为"治风痹汗出方一"，多一"方"字。其中有一病名下收集数方的体例，与《五十二病方》相似。[③]与《五十二病方》不同的是，《和齐汤法》中祝由术比例大大降低。此外，老官山 M1 的"求子巫术"牍所载似为祝由术，如现公布的木牍 M1：206 释文有："……女子视欲得男者，禹步三，择日取□……"云云。[④]

4. 武威医简

1972 年，在武威旱滩坡的一座东汉早期墓葬中，出土了医药类简

---

① 上述内容皆引自成都文物考古研究所、荆州文物保护中心《成都市天回镇老官山汉墓》，《考古》2014 年第 7 期；成都文物考古研究所、荆州文物保护中心《成都天回镇老官山汉墓发掘简报》，《南方民族考古》第十二辑，科学出版社，2016 年。

② 天回医简整理组编著《天回医简》，文物出版社，2022 年。

③ 参赵怀舟等《四川成都老官山汉墓出土〈六十病方〉题名简的初步研究》，《南方民族考古》第十二辑，科学出版社，2016 年。

④ 《成都天回镇老官山汉墓发掘简报》，第 222 页。另可参前引周琦《天回医简"治心暴痛"祝由方浅析》。

78 枚、牍 14 枚，[①] 即"武威汉代医简"。因出土时间较早，这批简的整理、研究都比较充分。[②] 武威汉代医简中共存医方 45 个，绝大多数仅由药物组成，类于后代的"药方"。方名有作"治某某病"者，如"治诸癃"，但绝大多数为"治某某方"，如"治目痛方""治百病膏药方""治金创内漏血不出方"等等。从内容上看，武威汉代医简与《五十二病方》的部分内容仍有相似之处，但祝由术至此已几乎消失了。

5. 北京大学藏秦、汉简

除了上述考古发掘所得的病方简外，北京大学藏秦简与汉简医方，也是近年来较为重要的两批病方文献。

北大藏秦简中有一组与祝由、病方相关的竹简，最初的介绍中总称为医方简，现暂定名《病方》。这种书被编入北大秦简第四卷。[③] 卷四由多种书籍杂抄而成，包括《算书甲种》《日书乙种》《道里书》《制衣》《禹九策》《祓除》等 10 种文献。[④]《病方》写于简册背面，前接《算书丙种》《避射 死刃》，全篇缀合后共 83 简左右。《病方》的内容，与周家台秦简和马王堆《五十二病方》皆有相似之处。唯周家台秦简《病方及其他》和马王堆《五十二病方》中，治疗相同病症的病方往往连续抄写。《病方》中，治疗相同病症的病方也分散抄写，看不出明确的顺序。此外，其中还存有少量与疾病甚至身体无关的内容，如止婴儿啼哭、祈求

---

① 甘肃省博物馆、甘肃省武威县文化馆《武威旱滩坡汉墓发掘简报——出土大批医药简牍》，《文物》1973 年第 12 期。

② 重要的整理、注释与研究如甘肃省博物馆、武威县文化馆《武威汉代医简》，文物出版社，1975 年；张延昌主编《武威汉代医简注解》，中医古籍出版社，2006 年；赤堀昭《武威漢代醫簡について》，《東方学報》第 50 卷，1978 年，第 75～107 页。其余研究的综述可参杨耀文《武威汉代医简出土四十年研究综述》，《丝绸之路》2013 年第 2 期。

③ 参北京大学出土文献研究所《北京大学藏秦简牍室内发掘清理简报》，《文物》2012 年第 6 期。

④ 关于北京大学藏秦简卷四其他内容的初步介绍，可参北京大学出土文献研究所《北京大学藏秦简牍概述》，韩巍《北大秦简中的数学文献》、陈侃理《北大秦简中的方术书》，皆见《文物》2012 年第 6 期。

蚕事顺利等。①

北大藏汉代医简数量较大，共 708 枚。根据简文内容，又可分为"医方目录""医方甲""医方乙""医经"四种。其中医方目录分栏书写，每栏记录一个方名，并有编号。编号和方名之间用圆点隔开，如"十二·治病心腹坚"。其中医方甲最大的编号是"百八十七"。医方乙只有 6 枚竹简，医方名称写在内容后面，方名前加一圆点。"医方乙"的医方名以人名命名，如"秦氏方""翁壹方"等等。北大汉简医方中，有不少与《五十二病方》可以对照之处。②

6. 总结与讨论

以上大致梳理了秦汉出土的病方类文献，下面对这些文献的主要特点略作总结与讨论。

一、定名与成书。上述病方类文献皆无自名，唯单方或名"治某病"，或称"治某病方"，或单列病名。《汉书·艺文志·方技略》经方类所收经方合集多名为"某某（数字）病方"，如《五藏六府痹十二病方》《风寒热十六病方》等等。将这些古书总称为"病方"，符合古人的习惯用法。除了西北边塞病方简外，遗址、墓葬中出土的病方多是独立抄写的古书。秦代病方多顺序杂乱，也未见目录。但到了西汉，治疗同一种疾病的方子一般抄写在一起，且多带有目录。可见在西汉，"病方"作为一种文献类型，已经有了较为稳定的形态。

二、"病方"的性质。秦汉之际"病方"的内容与结构随时代不断变化。秦代的周家台病方简、北大藏秦简《病方》中，都杂有大量祝由术。此外，两者中都存有数方，内容不是治疗人的疾病，而与蚕事或马、牛疾病相关。至马王堆《五十二病方》，祝由术仍是其中重要的组成部分，但所有病方都针对人类疾病。"病方"中祝由术逐渐

---

① 参田天《北大藏秦简〈医方杂抄〉初识》，《北京大学学报（哲学社会科学版）》2017年第 5 期。

② 北京大学出土文献研究所《北京大学藏西汉竹书概说》；李家浩、杨泽生《北京大学藏汉代医简简介》，《文物》2011 年第 6 期。

减少，很可能就发生在西汉中期。到了东汉，祝由术几乎从病方中消失，"病方"变成了"药方"，[①]其构成更接近《汉书·艺文志》描述的"经方"。[②]

祝由术是理解秦汉病方的重要切入点。病方类文献中的祝由术，在其它古书中也有出现。学者常撷取不同文献中的祝由术，统归在"巫术"的主题下探讨。[③]不过，本章倾向于把祝由方与其他方看作一个整体。理解病方的完整性，有助于探讨秦汉时代人如何理解疾病与身体。以现代的"医学"框定病方，将"巫"看作医学发展中需要革除的原始、迷信成分，则不免有失。不仅如此，作为一种文献类型，"病方"也具有整体性。唯将早期病方当作一个整体来认识，才有可能推进对秦汉时代于致病原因及诊疗方式的综合研究。[④]

最后，还值得关注的是病方的传抄与使用。官署遗址出土的病方简，已见前论。出土病方的马王堆、老官山汉墓，皆属于高等级汉墓，[⑤]这与发现更为普遍的日书形成了对比。抄写精良、系统性强的病方类书籍，很可能有严格的管理，并非庶民或一般官吏可以轻易获得。随着病方类文献的不断积累，秦汉时代的病方如何传抄、书写；秦汉时代的医者如何取得病方进行诊疗，都是值得期待的研究方向。

---

① 在传统医学典籍中，祝由术从未彻底消失。传世医书如《千金翼方》《医心方》中，都杂有祝由内容。不过，后代医书中的祝由术往往与其它病方有所分别，如在一种书中被归并入一卷或数卷。这种形态，与秦与西汉中前期祝由与他方混抄的病方明显有别。

② 《汉书》卷三〇《艺文志》："经方者，本草石之寒温，量疾病之浅深，假药味之滋，因气感之宜，辩五苦六辛，致水火之齐，以通闭解结，反之于平。"

③ 如吕亚虎即将这类内容统称为"巫术"，进行了系统整理。参吕亚虎《战国秦汉简帛文献所见巫术研究》，科学出版社，2010 年。此外，还有不少以简帛祝由术、《五十二病方》祝由术为题的学位论文，此不赘引。

④ 夏德安已注意到这一点。参 Donald Harper: *Early Chinese Medical Literature: The Mawangdui Medical Manuscript*, p.148。

⑤ 索德浩推测老官山 M1 汉墓墓主是楚景氏后裔。索德浩《成都老官山汉墓 M1 墓主族属考察》，《考古》2016 年第 5 期。

四、结　语

本章的讨论至此大致可以告一段落。以上所论，无论是材料还是问题都非面面俱到。不过，信仰世界的边界本来流动不居，反映信仰的文本与行为也弥散各处，难以巨细靡遗地展示。以出土文献为核心材料展开讨论，就更是如此。本章刻意选取了一些在传统上不常被纳入"信仰"范畴中讨论的文献，意在展现"信仰"存在方式的广泛。

现在，可以回到引言中提出的问题：出土文献应如何拓展秦汉史研究的边界？从本章的主题出发，有三点可以再作强调：拓展材料的边界，将出土文献作为考古发现的一部分理解，用新问题带出新方法。

先谈拓展材料的边界。随着近半个世纪以来不同种类的出土文献的发现，学者有可能从更多角度进入秦汉的信仰世界。系统研究的专著、论文数量丰富，不必赘举。在这些研究的基础上，本章尝试通过引入礼仪、身体等视角，进一步拓宽史料的范围。再者，传世文献中较多对祭祀原则、礼仪大节的记载。丧葬礼仪中的操作细节、鬼神与日常宜忌、致病原因与祛除方式等细节，则是出土文献带来的新知。这些细节，使学者有可能摆脱大而化之的笼统判断，更精细地识别材料的性质，在具体问题上提出新解释。在此基础上，出土文献又可能盘活一些较为零散或晦涩的传世文献，推动学者对历史背景和制度发展作出更确切的解释。《仪礼》所载丧葬礼仪的实用性、秦代的郡国庙等问题，都是其例。

接着，特别需要强调的是，将出土文献作为考古发现的一部分来认识。① 随着学界对出土文献认识的加深，简长、收卷、编痕、划痕等物理特性，早已被学者纳入研究范围。与此同时，出土文献也是考古发现

---

① 在《简帛古书与学术源流》中，李零已经强调这一点。他说："从考古学的眼光看出土古书，出土古书只是出土文字的一部分，出土文字只是古代遗物的一部分，古代遗物只是古代遗址的一部分，在考古学的知识系统中，它的重要性并不一定比其他出土物更大，时间也比较短和比较晚。"见李零《简帛古书与学术源流》，第10～11页。

所得，是墓葬或遗址的一部分。出土文献的位置，与其它随葬品的关系，整个墓葬或遗址的特征，也应作为出土文献本身附着的有效信息加以开掘。比如，在研究某批出土文献时，将未出随葬文献，但等级、形制相似的同时代墓葬纳入考虑，就有可能帮助回答随葬文书的用途、性质、适用程度等更抽象的问题。再如，遣策这类记载随葬品的文献类型，更可以直接建立起出土文献与考古环境的关联，它对丧葬礼仪的复原，可能有助于理解同类墓葬的构成。把出土文献作为考古发现的一部分，就可以把它们放在一个更复杂的系统中。对于墓葬研究而言，出土文献就有可能超越判断墓主人与绝对年代的简单功用，更具有延展性和解释力。

最后，是思考如何用新问题带出新方法。在以传世文献为主体的史料所建立起的研究框架中，信仰从未占据重要的地位。材料的缺乏固然是首要原因，同时，以政治史、制度史为主流的研究导向，也没有给"信仰世界"留下太多空间。是大量发现与出土文献的信仰相关的内容，使得"信仰世界"成为一个需要探索和解释的问题。出土文献研究的整体推进，也刺激着新问题与新解答方法的产生。当学者开始讨论出土文献是否属于"明器"，陪葬文书、古书是否能反映墓主人身份等问题时，也就赋予了出土文献研究更为广泛的意义。这要求研究者跳出文献整理本身，结合文本内容、墓葬形制、丧葬制度的大背景，尝试给出解答。除了宏观的问题外，对同一种文献，也有可能从多个角度发问。如研究病方类文献时，不限于"医药史""医学史"的范畴，同时考虑文献体例的形成、"方"的流传与纂辑方式、病方的搜集者与使用者等信息，就有可能将病方与古书形成、制度等更广泛的问题整合起来，使这类专门文献不再孤悬于秦汉史研究之外。①

总之，出土文献的不断发现，不仅极大地充实了学界对秦汉信仰世

---

① 在《为中国医疗史研究请命》中，梁其姿讨论如何使医疗史成为中国历史的一部分。见梁其姿《为中国医疗史研究请命（代序）》，《面对疾病：传统中国社会的医疗观念与组织》，中国人民大学出版社，2012年。对于秦汉时代，重要的一点是，如何先使所谓"医疗史"文献回到史料中，成为讨论古书制度、文本流传等问题时可以使用的史料。

界的认识，也刺激着研究者在方法和问题上的拓展。除了上文所论以外，"信仰世界"这一议题中，还有不少问题值得关注，如祝由中的仪式如何通过文本传承、礼仪对于讨论古代中国信仰的重要性、秦汉之际信仰的连续性等等。佛教传入后，古代信仰世界的面貌发生了巨变。秦与西汉的信仰在东汉发生了何种变化，又在哪些层面存续并持续发生着影响，都是可以深入探索的话题。在细致解读文本的同时，将出土文献置于更广阔与复杂的背景中，才有可能突破就"出土"言"出土"的惯性，重新定义研究的问题与框架。

第八章　时间秩序

陈侃理（北京大学中国古代史研究中心）

在古代中国的历史叙述中，时间秩序是与政治秩序紧密联系在一起的。鲁国的史记《春秋》"以事系日，以日系月，以月系时，以时系年"，[①] 将两百多年的天下大事编入鲁国的时间序列。每位鲁公的记事都以"元年春王正月"开头，表明全书时间序列的标尺。公羊家认为，《春秋》经文的"元年"和"春"分别表明国君统治和一年岁时的起始。"王"指周王，"王正月"表明采用周天子的正朔。这种书法，是为了尊大王统，突出它的唯一和统一。[②] 汉儒董仲舒也说，"王者必改正朔"，推行自己的时间秩序，"一统于天下"。[③]

不过，对董仲舒来说，时间秩序天下一统是理想而非现实。汉儒刘歆所作的《三统历谱》称"周道既衰，幽王既丧，天子不能班朔，鲁历不正"，颇能反映汉儒的历史认识。他们认为，西周曾经一统的时间秩序遭到破坏，春秋时代的鲁国已经不能真正遵奉周天子的正朔。其后战国扰攘，继以暴秦，汉兴之初仍未能理解正朔服色之真谛。[④] 因此，汉代儒生士大夫多希望改正朔、定汉历，重建统一的时间序列。这样的理想，正说明现实的时间秩序是多元的。

时间不是一个同质的整体。年、月、日、时是以地球上所观测到的天体运动为标尺测度时间之流，人为划分的结果。由于测度方式、计量单位、所在区域以及生活节奏、文化习俗等因素的差异，不同社会群体所采用的时间序列和时间概念也往往有别。[⑤] 同名的某一年、月、日、时，对于不同的人或人群仍可能代表不同的时间。这种差异在政权并立的战国时代尤为突出。抄写于秦统一前夕的睡虎地秦简《日书》甲

---

① 见杜预《春秋序》。

② 参看《春秋公羊》"隐公元年"传。

③ 董仲舒《春秋繁露·三代改制质文》，苏舆《春秋繁露义证》卷七，中华书局，1992年，第185页。

④ 刘歆《三统历》法即汉人的看法，参见《汉书·律历志》。

⑤ 比如，阳历的"月"和阴历的"月"从定义到长度都完全不同，每月开始的时间在不同的人群中也往往有别。对于一天从什么时候开始，人们也常有不同的回答。关于社会时间的多样性，可参看乔治·古尔维奇《社会时间的频谱》，北京师范大学出版社，2010年。

种《岁》篇，包含秦楚月名对照，直观反映了时间概念在名与实之间的不确定关系。其中，楚的七、八、九、十月用数字表示，对应的分别是秦的四、五、六、七月。可见，战国晚期秦人和楚人同时用数字说"某月"时，所指的时间很可能不同。[①] 至于楚国的其他月份，则以特有的时令或祭祀来命名，更与秦月名迥异。秦兼天下，官方用历趋向一元，不再有秦楚月名那样巨大的差异，但仍存在不同的历法和历朔安排。这是此前时间序列多元状况的自然延续。

然而，历代修撰的史书大多奉行"大一统"理想，不断在纸面上整齐时间序列，呈现高度统一的秩序化时间。现代社会"公历"通行，机械和电子计时、标准化报时深入日常生活，人的常识倾向于将时间理解为同质而连续的。后人基于一般生活经验，从《史记》《汉书》中接受的秦汉历史的时间框架，未必能恰如其分地反映历史上的时间秩序。

二十世纪初以来大规模涌现的秦汉出土文献，呈现出一个复杂得多的世界。这些文献零碎而包含歧异乃至讹误，恰好提供了当时人如何计量、安排和利用时间的第一手资料，可以帮助我们突破史书精心构建起来的时间框架，揭示历史上丰富多样的情形。了解了这种多样性，又可以反过来追问："统一"的时间秩序是如何建立的？

时间秩序包括时间单位的划分与命名，年、月、日的调配安排，行政事务和社会生活等的时间节律等多个方面，又涉及国家、社会、个人等多个层次。本章讨论时间秩序，偏重国家层次，即秦汉帝国如何建立和维系统一的时间秩序。下面分几个部分来谈：一、历法与实际用历；二、日期表示方式的变化；三、纪年法的革新；四、时称与漏刻；五、时令与政治。最后简要地总结新知，展望未知。

---

① 见睡虎地秦墓竹简整理小组编《睡虎地秦墓竹简》（文物出版社，1990年），释文注释第190～191页。又参于豪亮《秦简日书记时记月诸问题》，收入《于豪亮学术文存》，中华书局，1985年，第160～161页。

一、历法与实际用历

秦灭六国后，按照本国的旧制，将岁首定在十月。汉初承秦，至文帝时，贾谊、公孙臣等先后主张改正朔，制定新历，革去秦法，但都因故未遂。[①]丞相张苍懂得历法，是反对派的核心人物。司马迁对他颇有微词，《史记·张丞相列传》末太史公曰："张苍文学律历为汉名相，而绌贾生、公孙臣等言正朔、服色事而不遵，明用秦之颛顼历，何哉！"在司马迁等人的推动下，武帝太初元年（前104）终于制定汉历，颁行天下。虽然新历的内容不同于预期，但改正朔毕竟完成了。从此以后，历代王朝所用的历法都有明确记载，奉正朔、大一统的思想也深入人心，成为传统政治文化的重要组成部分。太初元年，可以看作确立帝制中国时间秩序的一个里程碑，很多变化都跟它有关。

过去，学者对秦汉历法的争议主要集中在太初以前。宋人刘羲叟、清人汪曰桢等用传世的"古六历"推算秦汉朔闰，与史书中的记载相比较，发现实际用历并不符合"颛顼历"，反而与所谓"殷历"更加接近，但又不完全密合。[②]秦及西汉太初以前的历法遂成难解之谜。二十世纪初以来，出土秦汉简牍文献不断涌现，提供了大量实用历朔数据，秦汉历法研究才有了继续推进的可能。[③]

---

① 张培瑜和陈久金、陈美东分别根据传世和出土的历法资料，推测汉文帝后元元年（前163）前后，置闰法有过一次调整。张培瑜《新出土秦汉简牍中关于太初前历法的研究》认为，是把冬至总在十一月改为确保雨水在正月；陈久金、陈美东在《从元光历谱及马王堆帛书天文资料试探颛顼历问题》一文中认为这次改革与公孙臣改历有关。分见中国社会科学院考古研究所编《中国古代天文文物论集》，文物出版社，1989年，第72页，第98～99页。即便这个推测成立，历法的基本参数、算法以及岁首均未改变，改正朔、定新历的设想因为新垣平事发而没能实现。
② 推算比较的结果可参看汪曰桢《历代长术辑要》卷三、四，《荔墙丛刻》，清同治六年（1867）刊本。
③ 参看郭津嵩《出土简牍与秦汉历法复原：学术史的检讨》，《浙江大学艺术与考古研究》第三辑，浙江大学出版社，2018年。下文对历法复原学术史的梳理亦参考该文。

出土文献中的秦汉实际用历数据主要包含在两大类材料中，一是历书，二是官私文书的日期题署、记录。西北汉代边塞屯戍遗址出土的大批木简中，有一些书写了干支的残篇零简，可以编缀成历表，反映一年或一月的历朔安排。罗振玉根据《汉书·艺文志》中的门类名称，称之为"历谱"。实际上，《汉志》所谓"历谱"的"历"是讲历法或历术的书籍，而这些历表则是查日子、记行事的文书，与前者源于同类知识，密切相关，但性质却不相同。① 这类历表有时带有自题名，叫"质日""视日""历日""日"或者"记"，称呼单件文书时可以名从其主。为了概括所有不同形式、不同题名的历表，我主张统称为"历书"。"历"说明内容，"书"代表载体。这个符合现代汉语习惯的双音节词，可以用来定义古称难以涵盖的概念范围，指谱排特定时段内年、月、日的实用文书。一些功能、性质类似，而不采取表格形式的文书，也可以归在"历书"概念下来讨论。

截至 2015 年，已经公布出土秦汉历书有 80 余种，涵盖的时段从秦帝国统一初期的秦始皇二十七年直到东汉。汉武帝以前的历书，主要出土于江汉平原等中东部地区的墓葬中，武帝以后的历书则主要在甘肃、内蒙古的边塞屯戍遗址集中发现。西北汉简中的历书发现后，法国汉学巨擘沙畹首先做了复原简册、考定年月的工作。1914 年，罗振玉在与王国维合著的《流沙坠简》一书中，将它们归入"术数类"，用太初历术验证了沙畹的考证。此后，居延汉简发现，历书和文书中的纪日资料大幅度增加。罗振玉以后，森鹿三、陈梦家、陈久金、张永山、吉村昌之、刘乐贤等学者先后对出土秦汉历书做过分类或综合研究。在此基础上，我写过《出土秦汉历书综论》一文，尝试进行更细致的分类和研究。②

---

① 首先质疑"历谱"命名的是法国学者马克（Marc Kalinowski），邓文宽最早撰文论证，认为应改称"历日"。刘乐贤也主张称"历日"，但论证有所不同。李零则主张称这类日历表为"质日"。参看邓文宽《出土秦汉简牍"历日"正名》，《文物》2003 年第 4 期；李零《视日、日书和叶书——三种简帛文献的区别和定名》，《文物》2008 年第 12 期；刘乐贤《秦汉历日的内容及功用》，载《法国汉学》丛书编辑委员会编《古罗马和秦汉中国——风马牛不相及乎》，中华书局，2011 年，第 356～359 页。

② 陈侃理《出土秦汉历书综论》，《简帛研究二〇一六》秋冬卷，广西师范大学出版社，2017 年。下文所论多据此文。

迄今为止，围绕出土历书所做的研究主要包括三个方面：一是文献的复原、定年和分类，二是讨论历书的命名和性质，三是通过所载历朔干支推定秦汉历法。最后一方面与我们所说的时间秩序尤为相关。

1960 年代，陈梦家提出可以利用西北汉简中的历朔资料重构汉代朔闰表，[①] 使散见的历朔从利用已知事物验证的对象，转化为推求未知领域的史料。1972 年，山东临沂银雀山汉墓出土了一种历表，自题 "七年视日"，过去习称 "元光元年历谱"，是武帝即位后第七年的历书。《七年视日》提供了元光元年完整的朔闰数据，时代在太初改历以前，让学者看到了解决秦及汉初历法问题的希望。以此为契机，陈久金、陈美东、张培瑜等一批天文学家都投入到秦汉古历的研究中来。陈久金、陈美东发现，《七年视日》所载的各月朔日与传世的 "颛顼历" 和 "殷历" 推出的结果都不相合，认为它采用了一种经过改造的 "颛顼历"。这种历法增加了 "借半日法"，在小余大于等于 940 分之 471 时进位为大余，在历朔安排上表现为朔日推后一天。[②] 张培瑜的看法与此不同。他结合睡虎地秦简中出现的历朔，主张汉初所用历法不能上通至秦始皇三十年以前，《七年视日》所用不是 "颛顼历"，而是秦统一后制定的一种新历，历元改为公元前 672 年五月甲子朔夜半芒种。[③] 张闻玉则认为其法为一种古 "殷历" 的变体。[④] 这些方案在提出之时都可以自洽，但都无法将后来出土的历朔全部容纳进去。于是，学者纷纷寻找变通之法。张培瑜调小四分历术的朔策（即一个朔望月的日数），使推算结果符合出土朔闰，并且还发挥自己早年提出的秦汉用历不同说，认为在某些时段发生过历法改革。陈久

① 陈梦家《汉简年历表叙》，《考古学报》1965 年第 2 期，收入陈梦家《汉简缀述》，中华书局，1980 年。
② 陈久金、陈美东《临沂出土汉初古历初探》，《文物》1974 年第 3 期；又见《从元光历谱及马王堆天文资料试探颛顼历问题》一文。这里的大余、小余相当于《史记·天官书》后附 "历术甲子篇" 中的前大余、前小余，大余是朔日的干支序数，小余是合朔时刻在一天中的分数。
③ 张培瑜《汉初历法讨论》，《中国天文学史文集》，科学出版社，1978 年。
④ 张闻玉《元光历谱之研究》，《学术研究》1990 年第 5 期。

金、陈美东早在二十世纪八十年代就推测汉文帝后元元年（前163）前后调整过置闰法。[①] 最近，李忠林又提出假说，认为秦及汉初的历法分为三个阶段，以汉高祖五年、汉文帝后元元年为界，进行过两次历法调整，逐次将朔小余改小。[②]

上述研究利用的资料越来越丰富，推算趋于细密，但缺陷仍然明显。无论是改变四分历术的一般原则或数据，还是通过历法改革来解释，在史料中都找不到确实的证据。就方法论而言，将传世和出土文献所见的实用朔闰纳入同一体系，实际上都属于"拟合"，有很强的不确定性，也容易偏离事实。更重要的是，通过拟合来复原秦汉历法，至少有两个前提：第一，秦汉国家在一定的时间段内，严格按照某一种历法制定官方历日；第二，这种官方历日通行于全国政治和社会生活的所有领域，体现在全部实用朔闰中。事实上，这两点都靠不住。

一般认为，太初元年以后，西汉的历法就固定下来，严格执行"太初历"法。陈梦家比较了居延汉简中所见的实用朔闰与前人根据"太初历"法所推的结果，发现两者在绝大多数情况下彼此吻合，证实了太初以后至东汉前期确实使用"太初历"而非四分历法。可是，他也注意到有少数不合的情况。比如，始元元年（前86），各家推定正月戊寅朔，汉简则作己卯朔。陈梦家没有判定孰是孰非，而是指出汉简记月、日都根据了颁布的年历，当时制定年历的天官根据天象可能对朔闰作一些临时的变动，不一定完全按照历法。[③] 由此推测，太初以前的历法与实际用历之间，不能排除也存在类似的关系。通过区分实际用历和历法推

---

① 见陈久金、陈美东《从元光历谱及马王堆帛书天文资料试探颛顼历问题》一文。

② 李忠林《秦至汉初（前246至前104）历法研究——以出土历简为中心》，《中国史研究》2012年第2期。

③ 陈梦家《汉简年表叙》，《汉简缀述》，第231～233页。陈梦家另外举例，元兴元年（105），各家推定当年闰九月，七月壬子朔，九月辛亥朔，十月庚戌朔，汉简则闰在十月，七月癸丑朔，九月壬子朔，闰十月辛亥朔。此已在东汉改行"四分历"以后。斯琴毕力格等学者比较汉简历朔和据"太初历"推算所得结果的差异，认为"太初历"存在一条"特殊置闰"规则，但是否运用存在分歧，结果时用而时不用。说见斯琴毕力格、关守义、罗见今《太初历特殊置闰问题》，《内蒙古师范大学学报（自然科学汉文版）》2007年第6期。这实际上也是不完全按照历法颁行朔闰的例子。

算，陈梦家很好地解释了不同史料之间的歧异。

陈梦家的思路没有被此后的研究者继承。对于秦及汉初朔闰资料内部存在的歧异，从事历法复原的学者往往认定为其中必有一个是"抄写错误"。这是武断的做法。

出土历书抄误是可能存在的，但抄误的产生应有一定的原因，应可通过校勘的一般原则识别和解释。比如周家台秦始皇三十四年历书的26、27、28 号三支简，"辛酉"都误写成"辛丑"。"酉""丑"上古音同属幽部，三支简中的第一个抄误可能是音近致讹，后两个则是涉上文而讹。这是可以认定为抄误的。

有些歧异则不能用抄误来解释。比如周家台秦始皇三十四年历书，研究秦汉历法复原问题的学者多认为，该历书的三月乙丑朔、五月甲子朔、七月癸亥朔都抄写有误，需要移动一日，分别改为三月丙寅、五月乙丑、七月甲子；而后九月为癸巳朔，亦非。[①] 后来公布的岳麓秦简正好也包括秦始皇三十四年历书，历朔安排与学者"校正"周家台历书后的结果完全一致，似乎证明了周家台历书的"抄误"。然而，这样的"抄误"在校勘学上无法解释。很难想象抄写者会将"丙寅"抄成"乙丑"，"乙丑"抄成"甲子"，"甲子"抄成"癸亥"，并且之后所有的干支都移动了一格而浑然不觉。更合理的解释是，周家台和岳麓秦简两种秦始皇三十四年历书本就采用了不同的历朔安排。[②]

类似的情况亦见于岳麓秦始皇二十七年历书。该历书应是地方小吏个人所用，其中载是年八月朔日为癸酉。里耶 8-133 号秦官文书木牍

---

① 较早的代表性论述见张培瑜、彭锦华《周家台三〇号秦墓历谱竹简与秦、汉初的历法》,《关沮秦汉墓简牍》附录三，中华书局，2001 年，第 231～232 页。

② 刘信芳主张周家台历书三、五、七月的朔日并不能确定为抄写错误。他还发现，历书中九月的最后一日"壬""辰"二字分别被涂有一粗笔（第 58 简第六栏），经过了校改，因而历书实际使用中的九月晦日只能是辛卯。此外，简文"后九月"下加注"大"字，意为大月，干支却只有 29 个。显然，校改者有意将壬辰移后，作为九月的朔日。该历书十二月、八月晦日与次月朔日不相接的问题，刘信芳也已说明实系缺简所致，并非历书本身的抄误。见刘信芳《周家台秦简历谱校正》,《文物》2002 年第 10 期，第 80～83 页。我同意刘氏的上述观点，并且赞同他复原出土历书先于复原历法的主张。

则记有"廿七年八月甲戌朔"，较岳麓简晚一日。里耶木牍所载历朔固然可以认为是当地官府所用，但并不能因此断定岳麓历书与之不同必是由于抄写错误。周家台秦简中还有一件与日书合编为一册的秦始皇三十六年历书，末简的简背书有"卅六年日"四字，应是篇题。篇中又加注了秦始皇三十七年的月朔，与原有干支一起组成了三十七年历书。① 加注文字的书体与三十六年历书不同，应是出自使用者的手笔。历书中两年的首尾也不相连续，三十六年历书九月辛巳小，岁末为己酉日，三十七年历书则以辛亥为岁首十月朔日，与己酉间隔了一天庚戌。显然，两年的历朔并非来自同一个源头。抄在一起并由同一个人使用的历书尚且如此，不同地域、不同场合、不同人所使用的历书之间存在差异，更可想而知。与其断定两歧必有一误，不如尊重出土文献本身的记录，承认秦代实际使用的历朔不完全统一。史料中呈现的差异，正可启发我们讨论当时实用历朔的来源和时间秩序的状况。

秦及汉初在十月岁首朝贺时颁布当年的历朔安排，由上计吏带回本郡。根据当时的交通状况和文书传递流程，地方政府收到王朝所颁历朔时，本年可能已经过去一两个月。在这一两个月中，各级官署应需自行安排月朔，可能与王朝所颁布的有差异。另一方面，王朝颁朔的范围大约也仅限于各级官署，而不及于私人。民间存在为数众多的"治历"者，安排出不同的朔闰方案，影响身边的人群。他们所用的历朔，不是简单地通过颁朔之制能够统一的。②

地域差异也是秦汉时期实际用历不统一的原因。春秋战国时期，地域文化各有鲜明的特色，历法亦然。汉代流行的"三正说"和所谓"古

---

① 整理者最初未能正确编连，后经程鹏万等学者讨论，由刘国胜完成了最为准确的复原。参程鹏万《周家台秦墓所出秦始皇三十六、三十七年历谱简的重新编联》，《史学集刊》2006 年第 3 期；刘国胜《关于周家台秦简 69～130 号的简序编排问题》，《简帛》第四辑，上海古籍出版社，2009 年。刘国胜指出，此书应是以三十六年历日为主，三十七年历日可能是利用了上年历日，而在其基础上标注出月份而成。

② 陈侃理《秦汉的颁朔与改正朔》，余欣主编《中古时代的礼仪、宗教与制度》，上海古籍出版社，2012 年。

六历"，与各地各国历法的歧异有很深的关系。[①] 汉初郡国并行，东部地区的诸侯国不用汉法，从俗而治，[②] 历朔也与汉朝不同。《春秋繁露·止雨》载有董仲舒任江都相时的一篇教令，开头是"二十一年八月甲申朔丙午，江都相仲舒告内史、中尉"云云。其中的"二十一年"是江都易王纪年，相当于汉武帝元光元年（前134）。根据董仲舒所称，该年八月朔日为甲申，但银雀山汉墓出土的元光元年历书则载八月乙酉朔，较之晚了一天。按《汉书·五行志》，这一年"七月癸未，先晦一日，日有食之"，则《汉书》所本的汉朝历法也以乙酉为八月朔日，与银雀山汉简同而与《春秋繁露》相异。这种差异，只能是所用历朔不同造成的。这就意味着，董仲舒在教令中所用的江都国历朔不同于汉朝。由此推知，在武帝初年，汉朝历朔尚不通行于诸侯国，王朝颁朔的范围和影响小于秦代。[③]

实际用历的差异之所以存在，还有一个原因是它基本上不会阻碍日常的社会生活和行政运作。一方面，当时流行的历法都是四分历，原理相同，谱排出的朔日相差不过一天，而置闰不同的概率很低。另一方面，干支纪日法采用六十甲子封闭循环，不受历朔歧异的影响，足以确保日期计算、文书期会不出差错。

汉朝正朔不行于诸侯的情况，至迟在武帝后期已经发生变化。山东

[①] 关于战国时期各国历法的情况及其与"古六历"的关系，参看钱宝琮《从春秋到明末的历法沿革》，初载《历史研究》1960年第3期，后收入《钱宝琮科学史论文选集》，科学出版社，1983年，第436～438页；张培瑜等《中国古代历法》，中国科学技术出版社，2007年，第327～335页。

[②] 参看陈苏镇《〈春秋〉与"汉道"——两汉政治与政治文化研究》第一章第三节《郡国并行及其意义》，中华书局，2011年，第66～107页。

[③] 详参陈侃理《〈春秋繁露·止雨〉二十一年八月朔日考》，《史原》复刊第四期，台湾大学历史学系，2013年。最近，汉朝历朔不行于诸侯国，又得到了出土简牍的进一步证明，参看李洪财《从走马楼西汉简歧异干支谈汉初历法混用问题》，《社会科学战线》2022年第4期。顺带说明，汉初诸侯王国各自纪年，而汉境内的侯国则采用汉的纪年。马王堆三号汉墓出土的以軑侯家丞名义发出的遣册称"十二年二月乙巳朔"，经考证，所用为汉文帝纪年。参见《长沙马王堆二、三号墓》第一卷《田野发掘报告》，文物出版社，2004年，第237页。

日照海曲汉简中有一枚简，简文作"天汉二年城阳十一年"。[1] 这是在诸侯王本国纪年前都冠以汉朝纪年的首个用例，[2] 而类似的情况在宣帝以后多有发现。[3] 两种纪年连用，必须在历朔统一的前提下才能施行。这说明，武帝后期以后，汉朝颁历的范围扩展到了诸侯国。天汉二年（前99）可以作为颁历诸侯制度开始施行的下限。

从武帝初到天汉二年之间，与时间秩序关系最为密切的大事只有太初改历。看来，它不仅是变更历法，而且要借改正朔之机，重新确立颁朔制度，提高强制力度，扩大颁朔的范围，从而统一汉朝治下包括诸侯国在内的历日朔闰安排，建立起天下共通的时间秩序。[4] 在此前后，官私文书中表示日期的方式也发生着变化。

二、日期表示方式的变化

中国已知最早的文字纪日法是干支纪日，用干支循环表示的日期，构成了商周时代时间秩序的基干。《左传》襄公三十年记载，晋国绛县的一位老人被问及年龄，他答道：

---

[1] 简文最初披露于山东文物考古研究所《山东日照海曲西汉墓（M 106）发掘简报》，《文物》2010 年第 1 期，第 24 页，简影见董书涛主编《日照博物馆馆藏文物集》，齐鲁书社，2010 年，第 128 页。

[2] 关于这一纪年简的意义，参看秦进才、李艳舒《海曲汉简"天汉二年城阳十一年"简探微》，《四川文物》2016 年第 6 期，第 53～58 页。作者指出城阳十一年是城阳惠王刘武的纪年，这一资料标志着诸侯王纪年形式的重大变化。

[3] 比如鲁孝王泮池刻石文字有"五凤二年鲁卅四年六月四日成"（见王昶《金石萃编》卷五叶一正，"鲁孝王石刻"条，中国书店，1985 年），出于西汉六安国的阳泉使者舍熏炉也刻有〔元康〕五年六安十三年正月乙未"字样。炉铭中"元康"二字原缺，此据陈介祺的考证补，参看陈介祺《汉阳泉使者舍熏炉考释》，《簠斋金文考》，文物出版社，2005 年，第 17～22 页。然陈氏不知为何将神爵之前的年号误为地节，并说所缺字为"地节"，今据文意改正为"元康"。陈介祺还认为，此二字是器物出土后被人凿去的，原因是史书中没有元康五年（是年三月改元神爵）。这一推测也是合理的。

[4] 陈侃理《秦汉的颁朔与改正朔》，第 461～467 页。

> 臣，小人也，不知纪年。臣生之岁，正月甲子朔，四百有四十五甲子矣，其季于今三之一也。

这位老人只记得自出生以来经过了四百四十五又三分之一个甲子周期。他的时间是由日期的干支循环构成的，而不用年、月来计算。这与《春秋》年、月、日相系的时间系统大相径庭，两者之间的换算沟通也不容易。普通官吏的知识不足以将干支周期数换算成年龄，只能请史官或文化贵族师旷、史赵、士文伯等人来解答。可见春秋时代的朝士与野叟、"君子"与"小人"阶级不同，在时间秩序上存在巨大的鸿沟。

这样的鸿沟在秦汉时代趋于消弭。从前文引述的出土历书来看，至少地方小吏阶层已经普遍接受年、月、日构成的时间序列。统治阶级的时间秩序下移影响平民，可能与中央集权统治的建立和文书行政的发达有关。

文书的作用是传递和保存信息，两者都离不开时间记录。以各类形式表示的日期散见于大量的书檄、簿籍、录课等各类文书，几乎不可胜数。这些文书在秦汉帝国的中央与地方、上级与下级之间频繁流转。国家为了法令与信息传递的及时和准确，不能不在全国范围内规范时间秩序，要求使用明晰而统一的时间序列。官吏在这样的时间秩序中治民理事，又不能不对平民的社会生活产生影响，而社会生活中的时间秩序也可能反过来作用于国家行政。

秦及西汉行政文书开头一般会题写日期，标准的完整日期形式是"年＋月＋朔＋日干支"。这种形式在秦统一前就已定型，目前所见最早的例子是青川郝家坪木牍中的"二年十一月己酉朔朔日"，[①]时在秦武王二年（前309）。这个日期因是朔日而省略了日干支，凡非朔日则必以干支表示日期，比如接下来较早的见于睡虎地秦简《南郡守腾文书》的秦王政"廿年四月丙戌朔丁亥"等。这种形式的日期，在里耶秦简和岳麓秦简已公布的部分中数以百计，在西北汉代边塞出土的文书中也极

---

① 陈伟主编《秦简牍合集（贰）》，武汉大学出版社，2014年，第190页。

为常见。陈梦家尝试复原西汉年历，主要就是利用这些纪日中包含的实用历朔信息。私人书信、符券等文书一般也有日期题署，但形式常有简化，多省略月朔。①

秦汉的行政体系对事务处理和文书传递有一定的时限要求，文书的处理和收发一般要注明日期。②比如里耶秦简8-769号：

> 卅三年六月庚子朔丁未，迁陵守丞有敢言之：守府下四时献者
> 上吏缺式，曰放（仿）式上。今牒书应书者一牒上。敢言之。【正】
> 六月乙巳旦，守府即行。　　　　　　　　　履手。【背】

这是迁陵县上报洞庭郡守府文书的留县副本。开头的"卅三年六月庚子朔丁未"是题署日期，用完整式；背面"六月乙巳"字体与正面不同，是发出文书的日期，蒙前文省略了年和朔，而加上"旦"字，标明发出的具体时刻。又如8-768号：

> 廿八年七月戊戌朔辛酉，启陵乡赵敢言之：令曰："二月壹上
> 人臣治（答）者名。"·问之，毋当令者。敢言之。【正】
> 七月丙寅水下五刻，邮人敞以来。丿敬手。　　贝手。【背】

该文书是迁陵县收到的启陵乡所上报告，正面由启陵乡佐史"贝"手书，背面左下角有他的签署。背面左上角的文字，是县令史"敬"书写的收件记录，说明收到日期是"七月丙寅"，时刻用漏刻形式表示，为"水下五刻"。这样记录有收发时间的文书，已发表的里耶秦简牍中数量很多。③

---

① 李均明曾举例说明书檄类文书中的日期，见《秦汉简牍文书分类辑解》，文物出版社，2009年，第128～131页。
② 参看本书第二章《文书行政》。
③ 参看陈侃理《里耶秦简牍所见的时刻记录与记时法》，《简帛》第十六辑，上海古籍出版社，2018年。

在有些文书中，对时间的说明和计量还成为主题。比如张掖肩水候官遗址出土的元康五年（神爵元年，前61）诏书颁下简册（彩版六）：①

御史大夫吉昧死言：丞相相上大（太）常昌书，言："大（太）史丞定言：'元康五年五月二日壬子，日夏至，宜寝兵，大（太）官抒井、更水火、进鸣鸡。'谒以闻，布当用者。·臣谨案，比原泉、御者、水衡抒大（太）官御井，中二千石、二千石令官各抒。别火【10.27】官先夏至一日，以除隧（燧）取火，授中二千石、二千石官在长安、云阳者，其民皆受，以日至易故火。庚戌，寝兵，不听事，尽甲寅，五日。臣请布。"臣昧死以闻。【5.10】

制曰：可。【332.26】

元康五年二月癸丑朔癸亥，御史大夫吉下丞相，承书从事，下当用者，如诏书。【10.33】

二月丁卯，丞相相下车骑将军、将军、中二千石、二千石、郡大（太）守、诸侯相，承书从事，下当用者，如诏书。少史庆，令史宜王、始长。【10.30】

三月丙午，张掖长史延行大守事、肩水仓长汤兼行丞事，下属国、农、部都尉、小府、县官，承书从事，下当用者，如诏书。〢守属宗、助府佐定。【10.32】

闰月丁巳，张掖肩水城尉谊以近次兼行都尉事，下候、城尉，承书从事，下当用者，如诏书。〢守卒史义。【10.29】

闰月庚申，肩水士吏横以私印行候事下尉、候长，承书从事，下当用者，如诏书。〢令史得。【10.31】

以上是文书的正文，可以分出两部分，前3支简是诏书本文，后5支简是诏书的行下之辞。行下之辞开头采用"年+月+朔+日干支"的标准

---

① 诏书的复原依据参看大庭脩《秦汉法制史研究》第三篇第二章第一节《元康五年诏书册的复原》，中西书局，2017年，第163～171页。

格式，从第二层丞相转发的记录开始，省略年和朔，使用简略格式，但每一层级都标明时间。这有助于了解汉代诏书颁下个层级所用的时间，揭示当时中央和地方之间行政事务的运作节奏。

诏书本文的内容是围绕"元康五年五月二日壬子"这一特定时日展开的。这一天是夏至，朝廷决定要求各级官府执行寝兵改火仪式，以配合自然节律。为了明确夏至和寝兵时段所在的日期，诏书还带有一个附件（简179.10），内容是夏至所在的五月的月历，加上四月的最后一天。在四月二十九日庚戌、五月二日壬子、四日甲寅下，分别注有文字"寝兵""夏至""尽"，表示寝兵开始、夏至日和寝兵结束，具体地说明了诏书所谓"庚戌，寝兵，不听事，尽甲寅，五日"。① 通过这道诏书，可以管窥汉廷如何规范时间秩序，并将之推向包括诸侯国在内的"天下"。

簿籍类文书记录或统计财物、人员情况，通常需要设置一定的时间范围或截止期限。比如居延汉简中有这样的记账简：

> 出糜大石一石七斗四升，始元三年五月乙未朔以食吏一人，尽癸亥，廿九日，积廿九人，人六升。【273.13】

"尽癸亥廿九日"与前引《元康五年诏书》中说的"尽甲寅五日"形式相同，其中的"廿九"是积数，指从起算日乙未至癸亥累计得29天。这种日数累计有时也写作"尽某日积若干日"。簿籍文书包含完整年、月、朔、日信息的比较少，但累计日数和相应人次、钱谷的相当多。比如居延汉简中的两个例子：

> 已得三月癸亥尽丁丑积十五日奉，用钱六百，自取。【4.26】

---

① 参看森鹿三《论敦煌和居延出土的汉历》，收入《東洋學研究　居延漢簡篇》，同朋舍，1975年，中译文见中国社会科学院历史研究所战国秦汉史研究室编《简牍研究译丛》第一辑，中国社会科学出版社，1983年，第113～128页。陈久金也认为神爵元年五月月历木牍是同年夏至寝兵诏书的附件，说见陈久金《敦煌、居延汉简中的历谱》，《中国古代天文文物论集》，第113～115页。

雠光，九月癸未尽丁酉，积十五日。李安，九月戊戌尽壬子，
积十五日。凡积卅日□□。【132.29】

在这些场合，用干支纪日计算积日显然并不方便。那么，为何不用数字
来表示日期呢？

后世通行的一日、二日、卅日这类纪日，用从本月朔日起数得的
序次（日序）数字来命名日期，我称之为"序数纪日"。汪桂海借助汉
简资料研究官文书的形式时发现，从东汉初年开始，官府往来文书的
日期题署不再是"年+月+朔+日干支"，而在日干支前加记数字表示
的日序。汪先生推测，上述变化发生在建武以后、永元以前，当时曾
由官方做过专门的统一。[①]官文书日期题署的变化可以看作一个标志性
事件，从此以后，序数纪日得到官方正式承认，作为规范自上而下地
加以推行。

实际上，序数纪日用于官方场合远在东汉之前。上文引述的《元康
五年诏书》称"五月二日壬子"，已在干支前加上了序数，诏书所附月
历更是给每一天都加上了序数纪日。如下这条材料可能包含了目前西北
汉简中所见最早的序数纪日：

受征和三年十一月簿，余谷小石五十五石二斗。【273.22】
余食以八月出谷，到征和四年二月十五日，度尽，余有小斗二
斗。【273.25】

此二简同出瓦因托尼，即居延都尉殄北候官通泽第二亭遗址，编号相
近，应属于同一简册，与某个"食簿"有关。简文大意是说交接收到
征和三年（前90）十一月的记录，剩余谷物若干，预计至武帝征和四
年（前89）二月十五日用尽。简文中的"度"是推测、估计之意，说
明书写此简时尚未到二月十五日。此"二月十五日"应可看作预先指

<hr />

① 汪桂海《汉代官文书制度》，广西教育出版社，1999年，第67～69页。

示特定日期的纪日。可见，最晚到武帝末年，官文书已经开始使用序数纪日。

再往上溯，江陵凤凰山 10 号墓 F 组竹简也采用了序数纪日，用于记载景帝三年（前 154）六月至十月付出笥、枲的数量和价值。比如：

> 六月十六日付司马伯枲一唐，卅二。【113】
> 八月十三日付囗兄与司马伯分二唐，唐卅八，直（值）七十六。【116】
> 九月四日付五翁伯枲一唐，卅。·笥三合，合五十四，直（值）百六十四。【118】

最后有一枚总结简概括该册的内容，并合计天数和付出物品的值钱总数：

> 六月十六日丁卯决乡，至十月十日，·凡三月廿三日。所出·凡千八百卅八。【125】

其中"六月十六日""十月十日"都是序数纪日，而"三月廿三日"是指三个月又二十三天。这组简文表明序数纪日的使用不晚于景帝初年。但它可能只是私人账簿，[①] 还不能证明序数纪日已经用于文书行政。[②]

前文已经指出，秦及汉初存在不同的历法和历朔安排，使用序数纪

---

① 裘锡圭推测墓主人应为江陵西乡啬夫，最初认为这组简是他经营家庭手工业出售产品的记录（见《湖北江陵凤凰山十号汉墓出土简牍考释》，《文物》1974 年第 7 期，第60 页），后来根据同出简牍的性质及末简的"决乡"二字，主张此组应是乡文书（《啬夫初探》，收入《云梦秦简研究》，中华书局，1981 年，第 273 页）。实际上，同出简牍不都是官文书，也有"中服共侍约"及人名出钱木牍这类私文书。而 F 组简涉及的产品价格在短时期内频繁波动，不像官方定价那么稳定。由此推测，它仍有可能是私人所用的账簿。
② 小文《序数纪日的产生与通行》（《文史》2016 年第 3 辑）遗漏了这组资料，误以为序数纪日产生在汉武帝太初改历以后，并认为实现实用历朔统一是序数纪日产生的前提。这个观点已经在本章中改正。

日容易产生沟通上的问题。岳麓秦简秦始皇二十七年质日的持有者根据历书认为这一年八月朔日为癸酉，但对于里耶秦简 8-133 号木牍的抄写者来说，八月朔日是甲戌，前一天癸酉还属于七月。换言之，八月的第一天，在岳麓秦简的使用者那里是癸酉日，在处理里耶秦简文书的迁陵县官员看来则是甲戌。如果当时以序数纪日，两人相约八月的一日、二日或任何一天，恐怕都将期而不遇。正因如此，官文书不仅不用序数纪日，还要标明月朔，以求在全国的行政领域中明确和统一时间序列，确保行政事务顺利运作。

序数纪日用于官文书，需要以实用历朔在全国范围内基本统一为前提。不过，个人为了记录和计算的方便使用序数纪日，通常不以大范围交流为目的，也就无需这个前提。因此，序数纪日在太初改历强化颁朔制度以前就已产生和行用于民间，这为太初以后序数纪日的迅速流行准备了条件。

汉武帝后期，序数纪日开始越来越多地出现在官文书中，说明实用历朔的统一趋于完成。昭宣以后，用于纪日的序数已经具备了指称唯一的确定日期的功能，可以用来约定时间。《汉书·赵充国传》载宣帝神爵元年敕书：

> 今诏破羌将军武贤将兵六千一百人，敦煌太守快将二千人，长水校尉富昌、酒泉候奉世将婼、月氏兵四千人，亡虑万二千人，赍三十日食，以七月二十二日击罕羌。

书中约定发动攻击的时间为"七月二十二日"，已经使用了序数纪日。出土材料可以证明，在军事领域使用序数纪日进行期会在当时并非特例。敦煌悬泉汉简中有一枚木牍文书：

> 效谷长禹、丞寿告遮要、悬泉置：破羌将军将骑万人从东方来，会正月七日。今调米、肉，厨乘假自致受作，毋令客到不办与。毋忽，如律令。【Ⅱ 0114 ④：340A】

此文书没有题署年份，推测应在甘露元年（前53）。[①]史载，是岁，破羌将军辛武贤将兵万五千人至敦煌，欲以讨乌孙。效谷县为了接待大军，提前要求下辖的遮要、悬泉二置做好准备。文书中用于指明接待确切日期的是"正月七日"，说明官方文书已经用序数纪日来进行期会，也可以旁证《汉书·赵充国传》所载敕书中的日期不是后代修史者追改的。涉及军事的文书采用序数纪日，说明从月朔起算的序数已经具备精确指示日期的功能。

汉武帝改历模拟上古帝王，有统一时间秩序的用意。不过，序数纪日终究是新生事物，经典无征。因此，太初改历并未要求自上而下地推行序数纪日，而是在客观上为其通行扫除了障碍。此后，序数纪日被吏民日益广泛地使用，官方地位则仍低于干支纪日。直到东汉初年，正式官文书（特别是书檄类文书）的日期题署还在沿用年月朔日齐备而无日序数字的旧形式。接下来推动序数纪日通行的，又是王朝之力。

根据俞忠鑫的整理，西北汉简官文书使用旧日期表示形式的两个最晚的例子出现于居延新简中，时在建武七年。[②]官文书日期题署中最早的序数纪日，则出现在东汉光武帝建武十九年（43）：

> 建武十九年四月一日甲寅，玉门郭尉戍告，候长晏到任。[③]

此后，官文书的日期标注未见有"年+月+朔+日干支"的形式。《敦煌汉简》收录汉明帝永平七年（64）的一枚简文作：

---

① 整理者认为辛武贤为破羌将军将兵到敦煌有两次，一次在神爵元年下半年至次年上半年，一次在甘露元年，简文所涉以后者的可能性较大。说见张德芳、胡平生编撰《敦煌悬泉汉简释粹》，上海古籍出版社，2001年，第164～165页。案神爵元年以酒泉太守辛武贤为破羌将军，据上引《汉书·赵充国传》所载敕书，任务是配合后将军赵充国击破羌人。两军会合的地点在"鲜水北句廉上，去酒泉八百里，去将军可千二百里"。这里的"将军"即赵充国，时驻金城，而此鲜水即羌谷水，在酒泉与金城之间。辛武贤此次是向东进兵，并不经过敦煌。因此，可以排除简文指神爵二年正月七日的可能性。

② 俞忠鑫《汉简考历》，文津出版社，1994年，第172页。

③ 罗振玉、王国维编著《流沙坠简》，簿书类43，中华书局，1993年，第29、120页。

　　永平七年正月甲申朔十八日辛丑……春秋治渠各一……
【2418（一）】

从此开始，"年＋月＋朔＋日序＋日干支"最终成为新的标准形式。
"年＋月＋日干支"或"月＋日干支"的形式仍然常见，但日序在越来
越多的场合逐渐取代日干支的位置，用"年＋月＋日序"或"月＋日
序"形式表示的日期大量出现。永平七年以前还多有"年＋月＋日干
支"的省略形式，往后则"日干支"全部被"日序"取代，"年＋月＋
日序"成为最常见的日期格式。[①] 这个变化的另一面是，有朔日而无日
序的旧格式自永平以后不再出现。如汪桂海所言，这样整齐划一的变
化，必定是用行政命令加以规范的结果。王朝主动升格序数纪日，既便
于实用，也是承认民间广泛流行的既成事实，为序数纪日的进一步流行
铺平了道路。

　　除西北汉简外，近年在湖南长沙发现的东牌楼和五一广场东汉简
牍，包含长沙太守府和属下临湘县的官文书，均可验证当时序数纪日通
行的情况。五一广场简的时代在东汉和帝永元二年（90）至安帝永初五
年（111）间，已公布的简牍中有"月＋日序""月＋日序＋日干支"两
种月日表示方式。正式公文的开头多会采用最为严格的标准日期格式，
包含年、月、朔、日序、日干支全部五要素，一般的日期题署则多省略
朔日乃至日干支。如木牍 J1 ③：325-1-140 是长沙太守府下临湘县廷
的指令，其中抄录了武陵太守伏波营军守司马朱郢上言长沙太守府的文
书，开头即采用完整形日期"永元十五年闰月丙寅朔八日癸酉"；长沙
太守府的处理意见则以"闰月十日乙亥"开头，省略朔日；末尾有临湘
县收到并打开文书的记录"闰月十一日开"，连日干支也省去了。又如
木牍 J1 ③：285 是一个封检，正面下方有发出文书的题署"永元十五年
五月七日昼漏尽起府"，内文末尾附有开封记录"五月九日开"，都不记
朔日和干支，只用序数纪日。五一广场简已公布的其他简牍和时代更晚

① 相关材料参看俞忠鑫《汉简考历》，第172～182页。

的东牌楼汉简，情况大体都是如此。

序数纪日也见于简牍以外的其他汉代出土文字资料。在刘昭瑞《汉魏石刻文字系年》一书搜集整理的资料中，[①] 比较早的有前面已经引到的宣帝时鲁孝王"六月四日"泮池刻石，此后还有新莽时期莱子侯刻石（题"始建国天凤三年二月十三日"）、[②] 冯君孺人墓题记（题"始建国天凤五年十月十癸日癸巳"）。[③] 这些都在东汉初年官文书改用序数纪日以前，在同类资料中所占比例不小。东汉（特别是明帝即位以后）的出土材料中，序数纪日的使用更为普遍，大大超过不用序数的情况。刘氏同书所收的东汉镇墓文始于永元四年，凡是保存有日期的，均有序数纪日。文字故作古雅的铜镜铭文，在东汉时期也采用了序数纪日。刘永明《汉唐纪年镜图录》一书中所收的铜镜，铭文中最早包含具体日期的是元兴元年（105）造神人神兽镜，题"元兴元年五月丙午日"，而最早的一枚序数纪日镜则在延熹三年（160），题"延熹三年五月五日"。[④] 汉代镜铭多云"五月丙午"，东汉王充云："阳燧取火于天，五月丙午日中之时，消炼五石，铸以为器，乃能得火。"[⑤] 丙午日的干、支均主火，日中又是阳气最盛之时，故汉人认为利以铸器。以序数纪日铭镜，将丙午改为五日，不免削弱数术上的吉祥意味。出现这种做法，足以说明序数纪日在民间十分流行，形成了强大的习惯。

东汉以后，时间标尺逐渐从以干支循环为主转向以日序为主。过去以干支为定的节日也逐渐改以日序为定。比如，上巳节定在三月三，端午节定在五月五，[⑥] 腊祭固定到腊月初八，皆是其例。对普通人来说，序数纪日显得更直观、稳定和便于记忆，而干支纪日反倒成了"不稳定因素"，其运用也局限在文史、数术等少数场合了。

---

① 刘昭瑞《汉魏石刻文字系年》，新文丰出版公司，2001年。
② 陆增祥《八琼室金石补正》卷二，文物出版社，1985年，第5页。
③ 南阳地区文物队等《唐河汉郁平大尹冯君孺人画象石墓》，《考古学报》1980年第2期。
④ 刘永明编著《汉唐纪年镜图录》，江苏古籍出版社，1999年。
⑤ 王充《论衡》卷一六《乱龙》，上海人民出版社，1974年，第246页。
⑥ 参看池田温《中国古代重数节日的形成》，收入《唐研究论文选集》，中国社会科学出版社，1999年。

三、纪年法的革新

先秦时期通行的纪年法，除以君主在位年数纪年外，还有大事纪年、执政官纪年等。秦汉以后，君主在位年数纪年占据了主导地位，并演生出年号纪年。本来用于占验吉凶的岁星演生出的太岁、太阴，逐渐承担起纪年功能，并且演生出干支纪年，与年号配合使用。[①] 出土文献提供的不少新材料，使我们可以更加深入地认识纪年方式的革新及其原因。

以君主即位年为基准的序数纪年，是我们最为熟知的古代纪年方式。商周甲骨刻辞及铜器铭文中常见"唯王某祀""唯王某年"。不过，除了王室和与王室有直接联系的高等级贵族，其他阶层在各自所属的政治和社会共同体中是否仍用商王或周王的王年？诸侯国有各自的国君纪年，诸侯国以下的各级封君是否也有自己的纪年，平民阶层又用什么来命名和记忆年岁呢？前文提到《左传》襄公三十年的故事中，绛县老人自称"不知纪年"，推测其意，他既不知道晋国官方对于年岁如何命名和谱排，也不知道官历的某一年到底有多少天，当然也难以计算从自己的出生年到当前的年数。由此看来，基于君主即位年的序数纪年在当时并没有进入平民的生活。

春秋战国时期，诸侯并立，历法各异。历法与纪年知识只有乐师、史官等少数文化贵族才能掌握，一般平民既没有机会学习，也没有必要运用。不仅《左传》中的绛县老人，连询问年龄的官吏也不懂得，无法根据老人的回答推测年岁，只得跑去请教朝中的士大夫。晋国的乐官师旷回答说：

> 鲁叔仲惠伯会郤成子于承匡之岁也。是岁也，狄伐鲁，叔孙

---

① 参看陈侃理《秦汉的岁星与岁阴》，北京大学历史学系、北京大学中国古代史研究中心编《祝总斌先生九十华诞颂寿论文集》，中华书局，2020年，第50～83页。

> 庄叔于是乎败狄于咸，获长狄侨如及虺也、豹也，而皆以名其子。
> 七十三年矣。

根据四分历的知识，一个太阳年长 365.25 天，以绛县老人自述的天数相除，取其整数，可以得到 73 年。从鲁襄公三十年（前 543）上推，绛县老人的生年应是鲁文公十一年（前 616），即周顷王三年、晋灵公五年。然而，师旷却说"鲁叔仲惠伯会郤成子于承匡之岁也"，不用国君纪年，而用当年发生的大事来指称这一年。①

这种大事纪年，也常见于出土文献中。刘信芳搜集了楚系简帛与铜器铭文中的 35 条大事纪年，时段集中在战国中期到晚期。② 现存战国齐国文字资料中，有不少"某某立事岁某月某日"的日期形式。"立事"即"莅事"，指执政。用某人执政纪年，也可视作大事纪年的一种变体。③

不仅纪年法歧异，而且安排历法、年代有不同的学派。《史记·十二诸侯年表序》中有"太史公读《春秋》《历》《谱》《谍》"的话，可知大事编年、历法、世系、王年皆有专书、专学。④ 司马迁尝试

---

① 《春秋》文公十一年："夏，叔仲彭生会晋郤缺于承筐。""叔仲彭生"，或作"叔彭生"，即叔仲惠伯。郤缺，即郤成子。"筐"通"匡"。参看《春秋左传注疏》卷一九下及阮元校勘记，第 328 页上、341 页上。师旷在先秦时期很有名，除《左传》外，还见于《逸周书·太子晋》《国语·晋语八》。《汉书·艺文志》小说家著录有《师旷》六篇，兵阴阳家又有《师旷》八篇，其书都是后人伪托。或疑《左传》此事出自后人构拟，即便如此，故事的内容仍可以反映春秋战国人的时间概念。

② 关于楚国的大事纪年法，参看李零《中国方术正考》，中华书局，2006 年，第 221 页；刘信芳《楚系简帛释例》，安徽大学出版社，2011 年，第 279～281 页。王胜利认为用大事纪年是楚国历法改革的结果，见王胜利《试论楚国历法的创新工作》，《江汉论坛》2007 年第 8 期。

③ 参看张政烺《"平陵堕导立事岁"陶考证》，收入《张政烺文史论集》，中华书局，2004 年。此纪年为大夫家内纪年还是齐国纪年，似尚有讨论余地。李学勤曾认为书立事者是表示器物的督造者。见李学勤《战国题铭概述》，《文物》1959 年第 7 期，此据《李学勤早期文集》，河北教育出版社，2008 年，第 304 页。

④ 历、谱、谍的性质和相互关系，参看李零《视日、日书和叶书——三种简帛文献的区别和定名》一文。过去学者多混用谍、牒二字，但其实在秦汉文献中两者各有分职，含义不同，可能读音也有差异。纪年的文献皆称为"谍"。参看陈侃理《"葉书"与"谍记"》，田炜主编《文字·文献·文明》，上海古籍出版社，2019 年。

将各国不同来源的历史年代知识整合起来，编成年表，过程相当艰难，留下了不少矛盾之处。

到秦汉时代，大事纪年几不可见，序数纪年则变得普遍。出土战国秦文字资料中，凡有纪年者一律用秦君在位年数。[①]这些文字资料不再局限在贵族的层次，而是属于郡县乡里的一般基层官吏，并且与平民产生关系。近年，在荆州印台 M60 号汉墓和松柏 M1 号汉墓先后出土了两种自题为"葉书"的简牍。"葉书"或读为"牒书"，[②]或读为"世书"。[③]尽管读法有分歧，但学者一致认为，这就是司马迁提到的"谍"这类书籍。印台简目前仅有简单的介绍，据说其中有一种"编年记"，"所记有秦昭〔襄〕王、始皇帝和西汉初年的编年、史实"，[④]应即"葉书"。松柏汉简的发掘简报则称，"葉书"木牍发现于当地小吏公乘周偃的墓中，"记载秦昭襄王至汉武帝七年历代帝王在位的年数"。[⑤]著名的睡虎地秦简《编年记》，近来也被认为与"葉书"相关。该书逐年记载秦从战国晚期到始皇时期的大事，又补录一位南郡属吏"喜"的生平家事。按照整理者的看法，从秦昭王元年到秦王政十一年的大事记是一个层次，这一段内关于"喜"的记载和秦王政十二年以后的简文笔迹较粗，应是后来续补的结果。[⑥]这部书分上下两栏，一年占一栏，逐年书

---

① 参看王辉、王伟《秦出土文献编年订补》，三秦出版社，2014 年。比较特殊者有著名的"秦孝公十八年商鞅铜方升"，铭文曰："十八年，齐遱（率）卿大夫众来聘。冬十二月乙酉，大良造鞅爰积十六尊（寸）五分尊（寸）壹为升。"其中齐人来聘事与商鞅制定升的容量标准并无关系，应是作为该年的标志性事件记于此处，有大事纪年的性质。另有一件战国秦的陶文，其文云"四年周天子使卿大夫广来致文武之酢"（见陈直《秦封右庶长歜宗邑瓦书》，《西北大学学报》1957 年第 9 期），天子致酢事与"四年"并列，也是起纪年作用。在这两个例子中，主要的纪年方式还是国君纪年。
② 李零《视日、日书和叶书——三种简帛文献的区别和定名》，第 77～78 页。
③ 陈伟《秦汉简牍〈葉书〉刍议》，《简帛》第十辑，上海古籍出版社，2015 年，第 88～89 页。
④ 郑忠华《印台墓地出土大批西汉简牍》，荆州博物馆编著《荆州重要考古发现》，文物出版社，2009 年，第 207、208 页。
⑤ 荆州博物馆《湖北荆州纪南松柏汉墓发掘简报》，《文物》2008 年第 4 期。
⑥ 睡虎地秦墓竹简整理小组编《睡虎地秦墓竹简》，释文注释页 3。实际上，在所谓第一个层次中，昭王元年到十二年的书体明显右倾，后文则略显左倾，应非同时书写。

写，即使某年无事，仍存其纪年，独占一个栏格。李零认为这也应属于"葉书"，陈伟主张直接将此书命名为"葉书"。①"喜"长期担任县令史一级的小吏，最高不过做到郡属，②身份算不上贵族，大体只跟询问绛县老人的官吏相似。他却拥有这样一部书，并且将自己出生以来的家族大事系于各年之下。这说明，秦统一前夕与春秋及战国中期以前相比，君主在位年数纪年使用广泛，掌握年代知识的阶层相应下移。前述两种汉代的"葉书"，也都出自地方小吏的墓葬。

出现这种情况的原因，与秦汉帝国的统治方式有关。封建列国时代，国家通过封君和家族实施间接统治，而帝国时代的君主则至少在形式上借助地方行政官僚直接控制作为个体的平民，迫使他们为国家纳税赋役。西岛定生从国家的角度称之为"个别人身支配"，③杜正胜所说的"编户齐民"体制也大致是这个意思。④年龄作为承担国家义务的标准，受到国家的高度重视，而国君纪年成为国家计算年龄最方便的标尺，被嵌入广大臣民的日常生活之中。这也让"天高皇帝远"的老百姓多少直接地感受到君主的权威。

睡虎地秦简《编年记》中的几条记载，可作为印证：

〔昭王〕四十五年，攻大野王。十二月甲午鸡鸣时，喜产。

……

今元年，喜傅。

……

十六年，七月丁巳，公终。自占年。

---

① 见陈伟主编《秦简牍合集（壹）》上册，武汉大学出版社，2014年，第6～28页。

② 参看陈侃理《睡虎地秦简〈编年记〉中"喜"的宦历》，《国学学刊》2015年第4期，第47～50页。

③ 西岛定生《中国古代帝国的形成与结构——二十等爵制研究》，中华书局，2004年，第34～39页。

④ 杜正胜《编户齐民——传统政治社会结构之形成》第一章《编户齐民的出现》，联经出版事业有限公司，1990年，第1～48页。

小吏喜对自己出生的年月日时记忆相当清楚，并且记载了秦王政元年，他17岁，傅籍为成年男子，开始对国家承当相应的义务。秦王政十六年已经进入喜续写的部分，这一年中记载了父亲去世，还记录有大事"自占年"。所谓"自占年"，即《史记·秦始皇本纪》十六年的"初令男子书年"。从此开始，秦要求所有男子都在户籍上登记年龄。不久，女性也被同样要求。里耶秦简中有一枚残简，文字作"大女□自占昭王卌（四十）二年产"（9-956），提供了这方面的直接证据。在秦王政十六年以前，秦虽有户籍，但不书年龄，仅以身高判断是否成年；[①] 而在此后，成年的认定和赋税徭役征发皆以年龄为准。[②]

根据张家山汉简《二年律令·户律》，汉初规定每年八月由乡部啬夫等官吏负责案比户籍，检核人口，登记年龄爵级等。男子在申报年龄登录户籍时，不得不在地方官吏的指导下，将自己的生年安排进帝王纪年的体系，由此计算出现年几岁。荆州松柏M1号汉墓出土的《葉书》木牍，就是一件案比时计算年龄用的"工具书"。这件木牍两面书写，正面释文如下：[③]

> 葉书：
>
> 昭襄王五十六年死。
>
> 大（泰）上皇帝三年死。
>
> 始皇帝卅七年死。
>
> 胡胲（亥）三年死。
>
> 汉高皇帝十二年死。
>
> 孝惠皇帝七年死。

---

① 睡虎地秦简中的法律文献有不少相关的记载，大体以男子身高六尺五寸（约149.5 cm）、女子身高六尺二寸（约142.6 cm）当作傅籍为"大"的标准，参看杜正胜《编户齐民——传统政治社会结构之形成》，第16～20页。此外，张家山汉简《二年律令·户律》规定，对于确切年龄不详的少年，"以高比定其年"（简325，"高"字是据图版补释的），也就是根据实测身高判断其年龄。这应该是秦代制度的余绪。

② 参看本书第四章《徭役制度》。

③ 释文据荆州博物馆陈列木牍原件而作。

吕大后八年死。其七年，发卒击南越尉它（佗）；八年，死，赐户爵各一级。

孝文皇帝廿三年死。

孝景皇帝十六年死。

今皇帝七年。

正面文字的主体是历代帝王在位年数，背面则分三栏逐一列举汉文帝元年（前179）至武帝二元（元光）元年（前134）间的46个年份，并在每年下注"年若干"，如：

孝文皇帝前元年，年卌六。【上栏列1】

孝文皇帝前二年，年卌五。【上栏列2】

……

孝景皇帝前元年，年廿三。【中栏列9】

……

今皇帝元年，年七。【下栏列9】

……

今皇帝七年，年为元年，年一。【下栏列15】

每列末尾的"年若干"，无疑是指年龄，具体来说是该年出生的人在武帝七年也就是二元元年的年龄。文帝以前的年份可能因为不常用而没有逐年列出。这样的年龄速查表，最便于户籍登记。整理者彭浩介绍，根据松柏M1号汉墓出土的墓主自占功劳文书记载，周偃于武帝建元元年（前140）任江陵西乡有秩啬夫，至元光二年（前133）八月迁任他的最高官职南平尉。[1] 元光二年即此《葉书》纪年截止的后一年。周偃离任前最后一次负责本乡的八月案比，[2] 登记户籍、计算乡民年龄，应该就是

---

[1]　见彭浩《读松柏出土的西汉木牍（一）》，简帛网，2009年3月31日。

[2]　元光二年八月案比时，武帝即位的第八年尚未结束，故以七年计算积年。

以这块木牍为参考工具。这样的速查表能够起作用，说明当时每位在户籍上登记年龄的普通乡民，出生年都能够对应上某个帝王纪年。而每次案比登记，都要求乡民确认自己的生年对应于哪个纪年，强化着帝王纪年作为编户齐民生命标尺的意义。政权顶端的时间秩序，通过基层行政的毛细血管，在潜移默化中注入社会肌体的每一个细胞。

　　帝王纪年将君主的时序施于万民，借由时间宣示主权。改元更号，也举国牵动，成了"与民更始"的象征。然而，这样的"更始"并不一定如理念设计的一样整齐划一。先秦纪年通常以帝王即位起数，极少另起新元，秦始皇、汉高祖、惠帝都一元以终，至汉文帝才开始于在位期间改元。武帝即位后，改元成为惯例，但均非事先设计，而是在事后发布诏书追改。如银雀山汉简元光元年历书自题名为"七年视日"，说明编写时并未预知该年将要改元。武帝中期以后，启用年号纪年，仍然常常追行改元更号。① 在改元和收到改元诏书以前，全国吏民自然沿用此前的年号和纪年。比如，前引神爵元年夏至改火寝兵诏书发布在四月改元以前，故诏书本文和行下之辞仍用"元康五年"为纪。又如，根据《汉书》汉哀帝建平年号行用四年，其后改元元寿，而敦煌悬泉汉简中有建平五年纪年简 27 枚，却不见元寿元年简，此外又有建平六年简与元寿二年简并存。② 这种现象在出土汉代官文书和其他文字资料中时有出现，李学勤称之为"纪年超长"。③ 王国维最早用年号追改解释敦煌汉简中的"本始六年"（改元后称地节二年）纪年，④ 陈梦家则根据西北边塞汉简中的此类现象，推测《汉书》阙载的改元月份。⑤ 如此观察帝

---

① 汉武帝的最后一元称为"后元"，即未及确定年号。参劳榦《汉武后元不立年号考》，《中研院历史语言研究所集刊》第 10 本，1938 年。

② 见张德芳《悬泉汉简中若干纪年问题考证》，《简牍学研究》第四辑，甘肃人民出版社，2004 年。

③ 李学勤《论汉简、钱范所见纪年超长现象》，初载《湖南大学学报》2005 年第 5 期，收入《文物中的古文明》，商务印书馆，2008 年。

④ 见罗振玉、王国维编著《流沙坠简》，第 118 页。

⑤ 见陈梦家《汉简年历表叙》，《汉简缀述》，第 233～234 页。利用简牍资料判断改元时间的成果总结和方法论思考，参看辛德勇《建元与改元——西汉新莽年号研究》，中华书局，2013 年，第 128～149 页。

国的时间秩序，可以发现，《汉书》中划一的纪年不过是史家追改的结果。[①]纪年在帝国的范围内并非同步变化，而是以京师为中心向外辐射，沿着文书传递的交通路线，向四面八方渐次推进。从改元更号诏书发布之日起，到抵达行政体系的最后一个神经末梢前，每一个时刻，都可以用新旧纪年为界将帝国一分为二。

四、时称与漏刻

秦汉时期表示一天内时段和时刻的方法，主要有时称和漏刻两种。

时称记时将太阳相对于地平线的视运动以及自然现象和社会生活的节律结合起来，创造出平旦、日出、食时、日中、餔时、下市、日入、黄昏、人定、夜半、鸡鸣等若干称谓，分别指代相应的时段。这种记时法在殷商时期就已产生，但时称之名，以及一日分成多少时，每时长度几何，并没有固定的标准。[②]

秦简中记有将一天分成十六或二十八等份的方法，昼夜所占的份数则随月份调整，以匹配昼夜长短的季节变化。[③]过去有学者将之与时称记时相联系，认为秦汉流行十六时制或二十八时制，现在看来证据还不充分。

于豪亮首先根据睡虎地秦简《日书》中的日夕十六分法和马王堆帛书中的时称，推测秦汉流行十六时制。[④]此后，放马滩秦简《日书》甲、

---

① 《史记》编写过程中已在整齐时间，但仍有改之未尽处。《史记·淮南衡山王列传》载"元朔七年冬"，有司求捕参与淮南王谋反者。而根据后来改元更号的结果，元朔止于六年，而后改元元狩。《汉书·淮南衡山济北王传》此处抄撮《史记》而成，而将时间改为"元狩元年冬"。从这个变化，可以一窥史家整齐时间秩序的工作。

② 宋镇豪《试论殷代的纪时制度——兼谈中国古代分段纪时制》，北京大学考古文博学院编《考古学研究（五）》，科学出版社，2003 年。

③ 昼夜（日夕）十六分法最早见于睡虎地秦简《日书》甲种《岁》章，简 64～67 正面第二、三、四栏以及简 60～68 背面第三栏按月列出日、夕时长的比例，类似内容放马滩秦简《日书》乙种简 78～86，以及香港中文大学文物馆藏汉简《日书》等。二十八分法见于北京大学藏秦简《秦始皇三十一年质日》。

④ 于豪亮《秦简日书记时记月诸问题》，第 159～160 页。

乙两种都出现了按照十六时称占卜生子男女的《生子》章（甲种简 16 贰、17 贰、19 贰，乙种简 142、143），文句相同，如下：

> 平旦生女，日出生男，夙食女，莫（暮）食男，日中女，日过
> 中男，日则（昃）女，日下则（昃）男，日未入女，日入男，昏
> 女，夜莫（暮）男，夜未中女，夜中男，夜过中女，鸡鸣男。

这十六个时称应该完整覆盖了一天中的全部时间，学者普遍认为是十六时制的反映。但如果这十六个时段包含的日出、日入与实际太阳的运行对应，则一定会有季节性变化，其他时称对应的时段和时长也不得不相应调整，不可能保持十六等分，也就不能与昼夜十六分直接对应。因此，昼夜十六分法与放马滩《日书》中的十六时称，不能联系起来共同支撑秦汉流行十六时制的结论。还需注意的是，放马滩《日书》中所见的时称不只有这十六个。《日书》乙种简 179～191 有两组时辰与数字、五音、五行相配，去除重复，约含 20 个时称，编排和名称与《生子》章多有不同，也不是将一日十六分。由此推测，时称记时法在秦代尚无统一、固定的方案。《生子》章中的时称系统以十六为数，可能是受昼夜十六分的影响，但没有资料可以证明它是确定而被广泛接受的时制。

周家台秦简《日书》中还有一章名《戭（击）行》，将一天分为二十八时，以每时北斗所指的星宿为占（图一）。[①] 这种二十八时的时称数目是为了与二十八宿相对应用以占卜而确定的。在这个二十八宿体系中，日出与日入之间的时数固定，因而时长会有季节性变化，与昼夜二十八分的关系也跟上述十六时与十六分类似。由此无法得出秦汉流行二十八时制的结论。

时称用于占卜，除了可以与二十八宿配合外，还可以与十干、十二支相配。孔家坡汉简《日书》中有一章，整理者拟名为《日时》：

---

① 该图出自陈伟主编《秦简牍合集（叁）》，武汉大学出版社，2014 年，第 21 页。

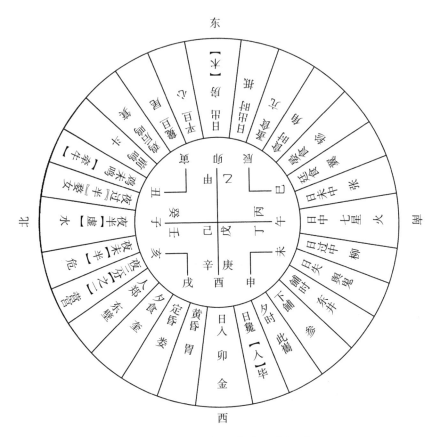

图一　周家台秦简《日书》中的《去行》图

☐食到隅中丁，日中戊，日失（昳）己，日失（昳）到夕时庚，夕时到日入辛，日入到人郑（定）〔壬〕，人郑（定）到夜半癸。【365～366】

由于时称和日干不是一一对应，无法确定一天究竟分为有几个时段。①

---

①　一种可能的复原方案是："鸡鸣到平旦甲，平旦到日出乙，日出到暮食丙，暮食到隅中丁，日中戊，日失（昳）己，日失（昳）到夕时庚，夕时到日入辛，日入到人郑（定）〔壬〕，人郑（定）到夜半癸。"如此，应有 11 个时段。但不能排除其他复原方案，也无法确定对应某一天干的某时到某时之间是否还有其他时段。

睡虎地秦简《日书》乙种中有一支简将时称与十二支
对应，于豪亮认为这是关于十二时制以及十二辰表示
十二时的最早记载。[1] 由于竹简头端"寅"字前和末
端"人定"后均残断，于先生参照《论衡·调时》及
《左传》昭公五年杜注，将之复原为：

> 鸡鸣丑，平旦 寅，日出卯，食时辰，莫（暮）
> 食巳，日中午，昃〈日失（昳）〉未，下市申，春日
> 酉，牛羊入戌，黄昏亥，人定 子。

但比较相邻的竹简可知，简端残缺部分可容纳 6 至 7
字，而不止 5 字（图二）。比照孔家坡汉简《日书》中
十二支与时称的对应，可以提出更为合理的复原方案：

> 子鸡鸣，丑平旦， 寅日出，卯食时，辰莫食，
> 巳日中，午昃〈日失（昳）〉，未下市，申春日，
> 酉牛羊入，戌黄昏，亥人定。

由重新复原的结果可见，《日书》中时称与十二支相
配，跟用十二辰表示的加时与时称的对应不同，两者
并无渊源。它与时称配十干、二十八宿一样，意在将
时称转换为日、辰、星这些占卜的基本要素，而不是
用干支或星宿表示一天中的时段。[2]

除上述以外，日书中还有一些更为粗略的时段
划分法。比如，放马滩《日书》乙种简 207～240 采
用"旦、日中、日入、晨"一日四分法。睡虎地秦简

<hr/>

① 见于豪亮《秦简日书记时记月诸问题》，第 157～159 页。
② 参看陈侃理《十二时辰的产生与制度化》，《中华文史论丛》
　 2020 年第 3 辑。

157 156　157 156

图二　睡虎地秦简
《日书》

《日书》甲种《吏》章将一天中"见人"的时段分为朝、晏、昼、日虒（昳）、夕，放马滩秦简《日书》甲种《禹须臾所以见人日》章则分为旦、安（晏）食、日中、日失（昳）、夕日，孔家坡汉简《日书》与此完全相同。这些时段划分都根据占卜事项的实际情况，将白昼分为五，而不包括夜间的休息时间，比前面介绍的二十八时、十六时、十二时划分法应更接近当时的日常生活。

里耶秦简牍保存有大量官文书收发传递的时间记录，约有半数用时称表示。[1]经检索，共有旦、旦食（亦作旦食时、食时）、日中、餔时（仅一见）、日入、夕六个时称，划分较为疏略且未见夜间的时称。这样的情况也是由当时政府的工作节奏决定的。秦的《行书律》规定："行传书、受书，必书其起及到日月夙莫（暮）。"[2]律文未规定记录文书收发传递应采用何种记时方法，细致到怎样的程度，而仅笼统地要求书明早晚即可。将白昼分为五到六段的记时法，已经能够满足法律要求。

西北汉代屯戍遗址发现的官文书中亦有大量的收发传递记录，所记时间划分比秦简所见的要细致得多。文书收件机构会记录收到文书数量、时间，比照法律规定，对传书人进行考课，形成专门的文书，学者称为"邮书课"。这类简数量不少，试举一例：

> 书一封，居延都尉章，诣大守府。
> 三月癸卯鸡鸣时，当曲卒便收受降卒文，甲辰下餔时，临木卒得付卅井城勢北卒参。界中九十八里，定行十时，中程。【居延新简 EPW.1】

出现这样的文书，是因为汉代法律对文书传递的速度有明确要求。针对

---

① 统计 2017 年以前发表的资料，时间记录中用时称表示的约占 54%。参看陈侃理《里耶秦简牍所见的时刻记录与记时法》，第 179～190 页。

② 睡虎地秦简《秦律十八种》简 184。岳麓书院所藏的秦代律令抄本中作"传书受及行之，必书其起及到日月夙莫（暮）"，改动不大。见陈松长《岳麓书院藏秦简中的行书律令初论》，《中国史研究》2009 年第 3 期，第 31 页。

邮人，汉初的张家山汉简《二年律令·行书律》规定"一日一夜行二百里"（273），西汉中期以后，则规定"书一日一夜当行百六十里"（居延新简EPS4T2：8背），若达不到要求，称为"不中程"，会受到严厉的处罚。上引邮书课简文称九十八里行十时为"中程"，参考其他简文，可证当时以一时行十里即可符合规定。① 结合这个标准和律令规定的"一日一夜当行百六十里"，可知当时应是按照一天分为十六时来考课文书传递速度的。

宋会群、李振宏、李解民都根据上述材料，论证西汉中后期通行十六时制。② 这在逻辑上相当合理，但面对简文中复杂的实际情况，却也存在难以解释之处。首先面临的问题是，西北汉简中所见的时称远不止16个。陈梦家对所见时称加以归并后，得出18项，由此提出两汉以十八时制为官制。③ 此说近来已经少有学者赞同，④ 但他的研究方法影响很大。主张十六时制的学者也试图用类似的方法，归并总结出一个十六时时称系统，至少已提出四种方案。然而，这些方案没有一个能够跟目前所见全部邮书课简中的时长计算完全密合，符合最多的也仅有50%。李天虹指出，之所以如此，除了学者的研究可能存在偏差或失误外，邮书记录本身似乎也存在矛盾。她举出居延汉简157.14及229.4两枚邮书课简，前者计算下餔到鸡鸣（按图版当为"鸡后鸣"）有九时，后者计算下餔到次日蚤（早）食也是九时。⑤ 如此，当然无法构拟出一套同时符合这两条材料的固定十六时称系统。

这样的矛盾应该如何解释呢？ 1992年出土的悬泉汉简中有一枚木牍最近发表出来，⑥ 可能有助于拓宽思路。这块悬泉汉牍分三栏抄写了32

---

① 参看宋会群、李振宏《秦汉时制研究》，《历史研究》1993年第6期，第7页。

② 见宋会群、李振宏《秦汉时制研究》，第7页；李解民《秦汉时期的一日十六时制》，《简帛研究》第二辑，法律出版社，1999年，第87页。

③ 陈梦家《汉简年历表叙》，《汉简缀述》，第245～251页。

④ 参看李天虹《秦汉时分纪时制综论》，《考古学报》2012年第3期，第297～298页。

⑤ 关于十六时制各家之说的得失，参看李天虹《秦汉时分纪时制综论》，第303～310页。

⑥ 最早发表于张德芳《悬泉汉简中若干"时称"问题的考察》，《出土文献研究》第六辑，上海古籍出版社，2004年。

个时称，基本都能从文书记录中找到实际使用的例子。在本木牍中，它们并非独立，而是两两相连构成 16 组，反而可以佐证十六时制。木牍最上端则写有"十月十二月"，吕世浩由此推测，十六时的时称随四季变更，而"这是一份供悬泉置冬季使用的参考文书"。^①这个推测是有理由的。如果以十六时考课行书速度，则每个时称所对应的时段应该相等。在时段相等的前提下，由于昼夜长短四季变化，必须调整昼夜时段分配，从冬至到夏至逐渐增加昼间时段减少夜间时段，从夏至到冬至则反之，如此才能保证日出、日入等自然现象时称名实相符。这种时称昼夜时段分配的调整，也能解释前面提到的邮书记录的矛盾。居延汉简 157.14 及 229.4 分别计算下餔到鸡后鸣和下餔到次日蚤（早）食均得九时，是因为前者是秋九月，而后者是夏五月的记录，夜间时段数少于前者。此前，学者对统计汉简所见时称和时称间的时数，都未考虑月份季节差异。将来利用越来越丰富的资料，分月份加以统计，应该能够找到十六时月份或季节性变化的规律。此外，年份和出土地点也应考虑进来，因为十六时系统在不同时代可能发生过变化，在地区间也可能存在差异。

时称记时主要依靠对太阳位置和环境的感知，很难精确并保证等长。漏刻在这方面更有优势。漏刻记时法是一种利用水钟计量绝对时间的方法。《周官》中"挈壶氏"一职专掌漏刻，应是现实制度的反映，说明此法产生不会晚于战国，只是当时的详情尚不清楚。过去根据《续汉书·律历志》等的记载，可知汉代实行昼夜百刻之制，随着季节变化更换漏箭，调整昼漏、夜漏的刻数，以符合自然的昼夜长短变化。

里耶秦简又显示出，秦代地方政府还使用一种将白天分为十一刻的简易漏刻法，^②它有两种格式，一种作"水十一刻刻下若干"，直至"刻下尽"；一种略去"十一刻"等字，作"水下若干刻"直至"水下尽"。以 16-5 号木牍背面的收发记录为例：

---

① 吕世浩《汉代时制初探——以悬泉置出土时称木牍为中心的考察》，张德芳主编《甘肃省第二届简牍学国际学术研讨会论文集》，上海古籍出版社，2012 年，第 116 页。

② 这一漏刻记时法的最早介绍见李学勤《初读里耶秦简》，《文物》2003 年第 1 期，第 75 页。

　　　丙辰水下四刻，隶臣尚行。

　　　三月癸丑水下尽，巫阳陵士五（伍）丐以来。丿邪半。

　　　二月癸卯水十一刻刻下九，求盗替襄阳成辰以来。丿弱半。

从下到上（在原牍上是从左到右）分别是迁陵县廷的两次收件记录和一条处理后的发件记录，二月癸卯条用完整格式，三月癸丑和丙辰两条用简略格式。它与前述比较粗略的时称记时同时并用，出现在官文书收发记录中。试举简 8-656 背面有两条文书收发记录，其左上作：

　　　□月庚午水下五刻士五宕渠道□邑疵以来。丿朝半。

此为迁陵县廷收到洞庭郡所下文书的记录，用漏刻记时。其右作：

　　　八月甲戌迁陵守丞膻之敢告尉、官主：以律令从事。传，别书
　　　贰春，下卒长奢官。丿□手丿丙子旦食，走印行。

此为迁陵县廷发出给县尉及属官的文书的记录，用时称"旦食"记时。同一机构，同一文书，收发相隔仅六天，所用记时法却不同。如果两者并存是出于某种必要，或许可以作如下推测。时称记时需要观测太阳位置，适用于晴好天气。若逢阴雨，漏刻记时就更为可靠。当代的里耶古城"气候温和，雨水较多，云雾多，湿度大"，"年平均降水量1 303.3 毫米"。[1]若秦代迁陵的气候与此没有太大差异，需改用漏刻记时的雨雪天或云雾浓重的日子应该为数不少。里耶秦简中漏刻记时也有将近一半，与时称记时的记录数量大体相当，很可能是与气候状况相适应的。[2]

　　昼漏十一刻的记时法，在汉代已经不见踪影。西北边塞汉简中多以

---

① 湖南省文物考古研究所《里耶发掘报告》，岳麓书社，2006 年，第 1 页。

② 陈侃理《里耶秦简牍所见的时刻记录与记时法》，第 189 页。

时称记时，以漏刻记时的例子为数极少。马怡曾举出如下两例：[①]

> 建平五年二月辛未，夜漏上水十刻起。【居延汉简 506.5】
> 十二月廿七日甲子，昼漏上水十五刻起。【敦煌悬泉汉简 VIF13C
> ②：10】

两例都是发出文书的时间记录。称"上水"，与里耶秦简称"水下""刻下"不同，说明已经改用浮箭漏。[②] 从刻数看，也不再是昼漏十一刻制，而是行昼夜百刻之制，与两《汉书》所见相同。

实施昼夜百刻之制，要保持漏刻精确相当不易，为使漏水速度均匀适当，需做大量校准和维护工作。汉代边塞埃燧是否有此条件，值得怀疑。马怡认为西北边塞汉简"守御器簿"中的汲器、储水罂等可能与漏刻有关，但也尚无确切证据。更令人疑惑的是，汉简中常见"某时若干分"的记载，可知将十六时的每时分成十分。如此，则一天有 160 分，与昼夜 100 刻难以换算，似乎不是通过漏刻测量得到的。[③] 汉代边塞的时称体系和时间测量方法，还有不少疑问留待进一步研究。

五、时令与政治

秦汉时期，政治活动在时间序列中的安排，除了适应行政的实际需求外，还受到"时令"文化的影响。"时令"的基本内容，是规定某一季节、月份或节气适宜或禁止做某事。在这些规定中，实用经验与阴阳学说、儒家思想互相影响，交织在一起，此消彼长。"时令"本身的性质及其与政治的关系也有一个变化的过程。

---

① 马怡《汉代的计时器及相关问题》，《中国史研究》2006 年第 3 期，第 33 页。
② 早期漏刻如秦代的昼夜十六刻制，采用沉箭漏，仅用一个漏壶，根据水流出漏箭随着水位下沉而读出的刻数来测量时间。西汉中期以后，出现了浮箭漏，以一壶出水，一壶受水，漏箭在受水壶中随着水位升高，从而读取时刻。
③ 参看马怡《汉代的计时器及相关问题》，第 26～34 页。

邢义田曾撰写《秦汉月令与政治》一文，分秦、西汉前中期（昭宣以前）、后期（元成以后）三个阶段，细致讨论了月令的渊源及其与政治关系的变化。[①] 此后，杨振红和邢义田又围绕尹湾汉简集簿中"春种树""以春令成户"两句的释读往复讨论，提出不同的观点，将研究推向深入。[②] 邢先生称，能够做这样的研究，"可以说完全拜近数十年考古发掘之赐"。[③] 的确，出土文献既提供了大量时令类文献的文本，也包含了与时令相关的秦汉法律、政令。这些新材料，不仅补充传世文献的阙遗，而且激活了原先难以确解或不容易引起研究者注意的材料。将两类材料结合起来，可以大致勾勒出秦汉时令与政治的关系史。

早在战国时期，秦国法律中就有时令类的规定。四川省青川县郝家坪出土的战国秦木牍，收录了秦武王时期修订的《为田律》：[④]

> 二年十一月己酉朔朔日，王命丞相戊（茂）、内史匽氏臂更修《为田律》："田广一步，袤八则为畛。亩二畛，一百（陌）道。百亩为顷，一千（阡）道，道广三步。封高四尺，大称其高；捋（埒）高尺，下厚二尺。以秋八月，修封捋（埒），正疆畔，及发（拔）千（阡）百（陌）之大草。九月，大除道及阪险。十月，为桥，修波（陂）堤，利津襻（濮），鲜草。虽非除道之时，而有陷败不可行，辄为之。"章手。【正】

---

① 邢义田《月令与西汉政治——从尹湾集簿中的"以春令成户"说起》，初载《新史学》第 9 卷第 1 期，1998 年，收入《治国安邦：法制、行政与军事》，中华书局，2011 年。

② 杨振红《月令与秦汉政治再探讨——兼论月令源流》，初载《历史研究》2004 年第 3 期，收入《出土简牍与秦汉社会》，广西师范大学出版社，2009 年；邢义田《月令与西汉政治——重读尹湾牍"春种书"和"以春令存户"》，初载《新史学》第 16 卷第 1 期，2005 年，收入《治国安邦：法制、行政与军事》。

③ 邢义田《月令与西汉政治——从尹湾集簿中的"以春令成户"说起》，《治国安邦：法制、行政与军事》，第 137 页。

④ 此处释文据陈伟主编《秦简牍合集（贰）》，第 190 页。该木牍的图版、注释及研究情况，亦参同书。木牍的背面书秦武王四年十二月不除道的人和天数，左下角与正面一样题署"章手"。这应是记录正面《为田律》中关于除道规定的执行情况，与正面所录律令构成完整的一份文书。不过，律文规定大除道在九月，而牍背所统计的却是十二月。为何有此差异，目前还不得而知。

> 四年十二月不除道者：□二日，□九日，□一日，□一日，□
> 一日，丹一日，章一日，辰一日。章手【背】

律文在规定田亩的制度后，又列出了秋季八、九、十三个月份每月应做的事项。抄写于七八十年后的睡虎地秦简《秦律十八种》，包含如下一条《田律》：

> 春二月，毋敢伐材木山林及雍（壅）堤水不〈泉〉。夏月，毋
> 敢夜草为灰，取生荔麛䴠（卵）鷇，毋□□□□□，□毒鱼鳖，置
> 宑罔（网）。到七月而纵之。唯不幸死而伐绾（棺）亯（椁）者，
> 是不用时。……【4～5】

该律文是关于春月、夏月的禁令。邢义田根据这些秦律推测，秦在不同的月份应曾有不同的禁令，其背后有成套的月禁思想。这个推测作出的时间较早，从后来公布的张家山汉简《二年律令》来看，还有商榷的余地。

张家山汉简《二年律令》也有《田律》，其中与时令有关的两条律文，恰与秦律所见对应：

> 田广一步，袤二百卌步，为畛，亩二畛，一佰（陌）道；百亩
> 为顷，十顷一千（阡）道，道广二丈。恒以秋七月除千（阡）佰
> （陌）之大草；九月大除道及阪险；十月为桥，修波（陂）堤，利
> 津梁。虽非除道之时而有陷败不可行，辄为之。乡部主邑中道，
> 田主田道。道有陷败不可行者，罚其啬夫、吏主者黄金各二两。
> □□□□□□及□土，罚金二两。【246～248】
> 禁诸民吏徒隶，春夏毋敢伐材木山林，及进〈壅〉堤水泉，燔草
> 为灰，取产麛（麛）卵鷇（鷇）；毋杀其绳重者，毋毒鱼【249】……

此二条与秦《田律》的内容和文句都高度相似，是汉初承袭秦律，修订而成的。现在所见的秦、汉律，只是当时行用律文中的一小部分。如果

各月皆有禁令，很难想象在两千年后只留下相同的两条，更可能是秦、汉《田律》都仅有这两条或不多的几条采用时令。

邢义田在讨论青川木牍后，认为"秦武王时的秦国尚无颁布时令和依时令行事的制度，诏令要求百姓在各月中所作的事，不过是依循社会上相沿已久的传统而已"。其说甚是。秦及汉初法律中的时令并无系统，没有详细规定十二个月每月应做什么、禁止做什么，[①] 只是对部分社会生活的传统加以条文化、法令化。这些规定，与时代相近的长沙子弹库帛书中的四时、五行时令[②] 以及《吕氏春秋·十二纪·纪首》所见的月令性质不同，也没有直接的联系。

邢义田很早就指出，"时令在西汉中期以前没有系统地反映在政治制度中"，至宣帝亲政以后，若干时令或月令行事才开始有常规化、制度化的趋势。邢先生还推测这与魏相、丙吉相继为丞相有密切的关系。他还引据本章前文提到的《元康五年夏至寝兵诏书》，其中称夏至时令包括寝兵、不听事、抒井、更水火、进鸣鸡等。邢先生查考《白虎通》《管子》《淮南子》以及《周礼》郑玄注、《续汉书·礼仪志》等书，发现诏书所述与诸书记载的各说差异颇大，似另有所本，可能与魏相曾经奏上的《易阴阳》《明堂月令》两书有关。[③] 宣帝时期月令的制度化是否由于魏相本人，尚存疑问。[④] 此时，公卿大夫已经"彬彬多文学之士"，

①《田律》的时令规定不仅时间上不完整，而且春夏仅有禁令，秋三月仅规定应该做的事，内容体例上亦不协调。

② 参看李零《简帛古书与学术源流》，三联书店，2004 年，第 404 页。

③ 见邢义田《月令与西汉政治——从尹湾集簿中的"以春令成户"说起》，《治国安邦：法制、行政与军事》，第 134～150 页。

④ 居延汉简中另有一块残牍（457·19），形式与《元康五年夏至寝兵诏书》所附月历完全一致。第一行大字书"十一月大"，其后用小字罗列本月每一天的干支和序数日期。"乙卯四日"下有一残字，应是"寝兵"之"寝"，"丁巳六日"下残存有一"冬"字，"己未五日"下有一"尽"字。根据《元康五年诏书》附件推测，这应是配合某年十一月冬至寝兵的月历。该月壬子朔，张永山定为本始二年（前 72）十一月，见张永山《汉简历谱》，任继愈主编《中国科学技术典籍通汇·天文卷》第一分册，大象出版社，1993 年，第 223 页。若此定年无误，则根据时节寝兵的开始早于魏相为丞相。按《汉书·百官公卿表》魏相于本始元年自河南太守迁大司农，次年迁御史大夫，四年以后的地节三年（前 67）乃升任丞相。

与魏相、丙吉有类似学术背景和思想的官员应该不是个例。

邢义田认为，月令与政治关系的进一步密切发生在元帝、成帝以后。这个阶段，儒生渐成朝臣主流。根据《汉书》本纪，元帝曾发布诏书要求有司"毋犯四时之禁"（初元三年，前46），成帝则下诏督责臣僚"务顺四时月令"（阳朔二年，前23）。汉廷上下此时对月令仍不够尊重，直到西汉末年，在王莽的主持下，月令才被系统地具体化和制度化。

甘肃敦煌悬泉置遗址中一处房址的北墙，题写了一道西汉平帝元始五年颁布的诏书及其下行文书，末尾大黑框中写有"使者和中（仲）所督察诏书四时月令五十条"凡十六字，是这件文书的题名。[①] 文书的主体部分是诏书中包含的五十条月令，按照春夏秋冬四时为序，每时有分孟、仲、季三月，共十二个月，条列每月的月令，又在其下逐条阐明补充其意，特别是说明本条施行的终止月份。每月之令多则有十一条，如孟春：

· 敬授民时，曰：扬谷，咸趣南亩。

· 禁止伐木。

· 毋擿（摘）剿（巢）。

· 毋杀□虫。

· 毋杀狋（胎）。

· 毋夭蜚（飞）鸟。

· 毋麛。

· 毋卵。

· 毋聚大众。

· 毋筑城郭。

· 瘗骼狸（埋）骴。

· 右孟春月令十一条。

---

① 该文书的释文与研究参见中国文物研究所、甘肃文物考古研究所编《敦煌悬泉月令诏条》，中华书局，2001年。

少则仅一条，如季冬：

> ·告有司□□旁磔〔出土牛〕以送寒气。
> ·右季冬月令一〔条〕。

每月末小结该月月令条数。每季末则由羲和刘秀（即刘歆）率羲和四子羲仲、羲叔、和仲、和叔中的一位领衔应对，表示负责。如季春条后写道：

> ·羲和臣秀、羲中（仲）臣充等对曰：尽力奉行。

这是模拟《尚书·尧典》中尧时代的制度。《汉书·平帝纪》载，元始五年"羲和刘歆等四人使治明堂辟雍"。月令与明堂关系密切，这次月令的颁布可能也是明堂辟雍工程的一个项目。

诏书的中的"月令五十条"与《礼记·月令》有很多相同的条目，但也存在差异。《月令》有而"五十条"未收，"五十条"有而不见于《月令》，两类情况都非个例。可见，"五十条"除了《月令》，也参考了当时与之并行的各类时令文献。这符合《月令》篇在今本《礼记》经典化以前的地位。

西汉时期，《月令》尚未编入今天四十九篇本的《礼记》，更没有取得经书的地位。刘向、刘歆父子校书中秘，六艺礼类中有编次《记》一百三十篇，在此之外还有《明堂阴阳记》三十三篇，[①]其中多有时令书。据郑玄说，《月令》就是这三十三篇《明堂阴阳记》之一。[②]当时与《月令》地位相仿的时令书应该还有不少。刘向、刘歆将这些时令书跟一

---

① 见《汉书·艺文志》，原作"《明堂阴阳》三十三篇"，蒙上文省"记"字。说可参张舜徽《汉书艺文志通释》之《六艺略》"后仓曲台"条，华中师范大学出版社，2004年，第212页。
② 《礼记·月令》正义引郑玄《礼记目录》称其"于《别录》属《明堂阴阳记》"。《隋书·经籍志》称东汉末马融才把《月令》编入当时通行的四十六篇本《礼记》，其说应有所据。

般的礼记区分开，是因为它们本是阴阳家言，较晚才被吸收进儒家礼学。

阴阳家利用阴阳五行理论，极力强调和放大政治中适应自然节律的成分。这类学说建立在天文、数术等实用技术的基础上，在战国秦汉之际，与之互为表里，风靡一时。阴阳家影响最大的主张是时令说。《史记·太史公自序》载司马谈《论六家要旨》，说阴阳家为治的特点是"阴阳、四时、八位、十二度、二十四节各有教令"，正是就此而言。

出土的战国至西汉前中期简帛中有相当多的时令类文献。以往学界熟知的有长沙子弹库战国楚帛书，以及山东临沂银雀山汉简中的《禁》《三十时》《迎四时》《四时令》《五令》《不时之令》等。[①] 最近公布的北京大学藏西汉竹书《节》和《阴阳家言》两篇，主体也是这类文献。[②] 这些时令之书的内容可谓众说纷纭，没有哪一说占据主导。[③] 邢义田认为，正是这种情况导致时令在昭宣以前难以系统地落实为制度。[④] 此说不无道理。不过，即使到了西汉末年，《月令》还只是众多《明堂阴阳记》之一，尚未定于一尊。要是时令之说必须先争论出结果，才能系统影响政治，那么元成以降的变化又该如何解释呢？

从现有的材料来看，时令深入影响政治是两个变化导致的，一是儒家对政治的影响扩大，二是阴阳家的时令之说进入儒家思想体系。前者已无需赘言，对于后者，我曾考察银雀山汉简中《迎四时》篇的目录学分类变化，有所揭示。《迎四时》在银雀山汉简中原被归入阴阳家书，但到西汉后期应已收入《明堂阴阳记》中，化身为礼类文献。曹魏编《皇览》及南朝人刘昭注《续汉书》时，则明确称之为《礼》。此后，有些未能转化的阴阳家说不受重视，终于亡佚。这个变化当是同类时令文

---

① 据李零《简帛古书与学术源流》，第404~405页，具体介绍可研究见李零《读银雀山汉简〈三十时〉》，《中国方术续考》附录一，中华书局，2006年，第301~317页。

② 《阴阳家言》和《节》分别收入北京大学出土文献研究所编《北京大学藏西汉竹书》第三、第五卷，上海古籍出版社，2014、2015年。

③ 李零在《读银雀山汉简〈三十时〉》一文中区分了四时时令和五行时令两大类，这还只是说划分时段的标准。至于每一时段的规定，差异更多。

④ 邢义田《月令与西汉政治——从尹湾集簿中的"以春令成户"说起》，《治国安邦：法制、行政与军事》，第137~139页。

献的共同经历。阴阳书被纳入礼书系统，反映出西汉中期以后儒家对阴阳家思想和文献的吸收和整合。[①] 时令之说儒家化以后，才随着儒学独尊而被统治者相中，获得了政治指导思想的地位。这个过程大致就发生在宣元之际，魏相不失为其中的代表人物。

最后，要谈一谈时令之说制度化以后效果如何。邢义田列举了多件《居延新简》中上报四时禁执行情况的文书，在此抄录一例：

> 建武四年五月辛巳朔戊子，甲渠塞尉放行候事敢言之。府书曰："吏民毋犯四时禁。有无，四时言。"
> ·谨案部吏，毋犯四时禁者，敢言之。　　　　【EPF22：50A】
> 　　　　　　　　　　　　　　　　　　　掾谭。【EPF22：50B】

其中的府应是居延都尉府。东汉初，当地已奉建武年号，西汉王莽时期开始的四时禁仍被重申和奉行。具体效果不得而知，但从文书来看，地方官吏至少在表面上对此保持尊重。[②] 胡平生则对颁布月令的作用表示怀疑。他认为，甲渠候官一律答复没有犯禁者，表明禁令实际上流于形式，并未认真执行。悬泉置周边荒无人烟，敦煌太守命将《月令诏书》抄写于此，只是为了应付上级检查，向过往的使者表示已经将诏书下达落实。[③] 不过，胡先生同时认为悬泉置所抄写的五十条，就是《汉书·王莽传》所谓"增法五十条，犯者徙之西海"的"五十条"。《汉书》称犯五十条"徙者以千、万数"，是否能够说明月令条文至少在王莽时曾被严厉推行过？

《月令诏书》繁文缛节，罔顾地区差异，缺乏可操作性。但它背后的思想在西汉中后期却被各级统治者和被统治者所公认。诏书自述

---

① 参看陈侃理《从阴阳书到明堂礼——读银雀山汉简〈迎四时〉》，《中华文史论丛》2010 年第 1 辑。
② 邢义田《月令与西汉政治——从尹湾集簿中的"以春令成户"说起》，《治国安邦：法制、行政与军事》，第 153～157 页。
③ 胡平生《敦煌悬泉置出土〈四时月令诏条〉研究》，载中国文物研究所、甘肃文物考古研究所编《敦煌悬泉月令诏条》，第 45 页。

下诏原因是"往者阴阳不调，风雨不时"，欲效法古帝王"躬天之曆（历）数"，"钦顺阴阳，敬授民时"。阴阳家的政治学说与儒家经典中的圣王传说结合起来，政治家不能不以之为准则。东汉没有原样继承王莽的五十条，但也未曾将之彻底推翻。敬天顺时、调和阴阳的诉求成为政治文化的重要组成部分，长期存在于传统政治活动中。[①]刘乐贤最近讨论长沙五一广场出土东汉司法文书"王皮木牍"，指出其中长沙太守府指责临湘县"盛春徇（拘）留皮"，"实际是批评临湘县处理此事时没有遵循春令"。[②]这是东汉法律实践中时令影响的又一个实例。

政治事务需要根据时节变化来安排，而时节变化只能通过历法来体现。政治与时令结合，势必要求历法更加准确地反映天时。《续汉书·律历志中》载蔡邕引东汉章帝元和二年（85）二月甲寅制书曰：

> 史官用《太初》邓平术……先立春一日，则《四分》数之立春也，而以折狱断大刑，于气已迕，用望平和，盖亦远矣。

意思是，原本所用的"太初历"立春前一天，根据"四分历"已经立春。汉人以冬季决狱行刑，如果在"太初历"的立春前一天行刑，则实际已经到了春季，违迕时气。因此而废"太初历"改行"四分历"，意在使政治活动符合天道运行的节律，制定历法的终极目的也指向了调和阴阳。

六、新知与未知

通过考察出土文献，可以发现，秦汉帝国的时间秩序从多元趋向统一。出土的秦及汉初历书、行政文书以及传世文献记事所用的朔日、闰

---

① 这方面的系统论述可参看薛梦潇《早期中国的月令与"政治时间"》，上海古籍出版社，2018 年。

② 刘乐贤《长沙五一广场出土东汉王皮木牍考述》，《中山大学学报（社会科学版）》2015 年第 3 期。

月安排，相互间时而会出现差异，不同的朔闰安排并行于世。王朝历法影响的范围有限，历书的制作主体和获得渠道多元，朔闰安排也有官方以外的来源。汉廷允许诸侯国使用不同的朔闰安排，默许民用存在不同于官方的时间序列。这是春秋战国以降历法多元状况的自然延续。太初改历以后，汉武帝受儒家正朔思想的影响，才有意地加以改变，推行稳定、明确而统一的汉家历法。

武帝的历法改革，使实际用历渐趋统一，为序数纪日的通行创造了有利条件。从出土简牍来看，秦及汉初主要以干支纪日，正式文书必须题写包含朔日干支的完整格式日期。序数纪日法大约在文景之际在民间小范围使用，至武帝末年到昭宣时期开始大规模流行，并且进入官文书中。大约在东汉明帝时，朝廷规定在正式日期题署中加入序数纪日，最终促使其取代干支成为最常用的纪日方式。日期序列的基本标尺也随之从干支转变为数字。

秦及汉初的分段记时采用时称和漏刻两种方式。从里耶秦简中行政文书的收发时刻记录可以看出，两种记时方式必要时可以互相替代，却没有整合纳入同一时间体系的迹象。"日书"中常见的日夕十六分、二十八分，与时称记时之间存在明显的鸿沟。区分较细的时称体系通常主要服务于占卜，而日常通用的时称体系则较为粗略。这种情况在西汉中期以后发生了变化。西北边塞行政文书中所见的时称数量在 30 个以上，划分细致，且每个时段又细分为 10 分。这一变化反映出，国家行政体系对时间的控制加强了。

在纪年方式上，通过睡虎地秦简《编年记》、松柏汉简《葉书》等文献可以知道，秦汉帝国的统治将政权顶层的时间秩序注入社会基层，使帝王纪年成为编户齐民生命长度的标尺。

秦及汉初，国家对时间秩序的控制主要集中在行政领域，目的是保证行政运作，基于实用理性。当时的时间秩序，表现为行政体系内的统一与社会生活领域的多元并存。随着儒家吸收阴阳、时令学说，并逐渐确立政治指导思想的地位，国家意识形态中关于时间秩序的内容发生变化。以历法为核心的时间秩序，一方面通过正朔观念，具有了象征统治权的意义，另一方面在应天顺时、调和阴阳的理念下增添了宗教色彩。汉帝国的时间秩序越出实用理性的范畴，而嵌入国家意识形态之中。出土文献所见的太初改历至王莽秉政期间纪年、纪日、记时的发展，以及时令对政治影响的加强，都是上述变化的表现。

在国家对时间秩序要求的变化这条线索以外，研究出土文献也可以发现，随着选择数术的发展，占卜的需求把纪年、记时都拉入选择数术通用的干支系统中来，对时间单位的整齐化和时间秩序的一元化起了促进作用。不过，纪年、纪日、记时方式的变化，又并非完全同步。序数纪日切合社会生活和行政事务的实际需求，在产生之后比较快地通行，最终促使国家对官方纪日方式进行改革；而用十二支表示不随季节变化的匀定时间，则因为缺乏实际的需求，长期只存在于数术和历法的理念中。可见，技术与社会需求，是考察帝国时间秩序形成和发展必须同时关注的两个变量。

出土文献中的时间记录，促使我们突破传统认识框架，接近秦汉时间秩序的实际情况。然而，出土文献所提供的信息仍然是片段而局部的。出土秦汉历书主要集中在长江中游地区和西北边塞，而两个区域的主要资料在时代上又相互错开，难以比较同时段不同区域的历书。汉初至武帝时期诸侯国的实用历朔资料仍属稀缺，彻底厘清太初改历前后历朔差异的变化相当困难。秦汉的记时法也缺乏系统性的资料，汉代十六时制度的时称体系和记时方法依然成谜。

除了资料的限制，时间秩序也仍然是一个刚刚开始开掘的领域，研究的精度、广度和深度都还不够。本章介绍的大部分内容仍限于我自己尝试探索过的少数几个问题，主要涉及时间系统的变化。变化的时间系统如何规范政治、经济、社会、文化等各个方面的事务，影响人的时间观念，并且与之互动，则还需要以更广阔的视野来搜集资料，进一步研究。未来，这些问题也应在前后时代的参照下，通过与其他古代文明的比较来做更深入的阐发。

第九章　里耶秦简

鲁家亮（武汉大学简帛研究中心）

里耶秦代简牍（以下简称里耶秦简）包括 2002 年 6 月出土于里耶古城遗址（位于湖南省湘西自治州龙山县里耶镇）一号井的 38 000 余枚和 2005 年 12 月出土于北护城壕十一号坑中的 51 枚简牍。[①]据报告称，一号井除第 5 层发现少量文字具有战国时期楚文字书写特征的竹简外，[②]其他层位均为秦代木质简牍。其年代亦明确记载为秦始皇二十五年至秦二世二年，即公元前 222 年至公元前 208 年。简牍内容主要为秦

---

① 对于一号井出土简牍数量的记载存在至少三种提法，第一种说法为"36 000 余枚"，见湖南省文物考古研究所、湘西土家族苗族自治州文物处、龙山县文物管理所《湖南龙山里耶战国—秦代古城一号井发掘简报》，《文物》2003 年第 1 期，第 17 页。第二种说法为"37 000 余枚"或"37 000 多枚（含残段和无字简）"，前者见湖南省文物考古研究所编著《里耶发掘报告》，岳麓书社，2007 年，第 179 页；后者见郑曙斌、张春龙、宋少华、黄朴华编著《湖南出土简牍选编》，岳麓书社，2013 年，第 12 页；宋少华、张春龙、郑曙斌、黄朴华编著《湖南出土简牍选编①》，岳麓书社，2013 年，第 15 页。第三种说法为"38 000 余枚"，见湖南省文物考古研究所编《里耶秦简（壹）·前言》，文物出版社，2012 年。今按，综合考虑上述材料发表时间等因素，本文取第三种说法。

② 对于这些楚文字书写特征竹简具体时代的判定，学术界存在争议。整理者在简报中介绍一号井出土简牍分布情况时指出第五层的简为战国楚简（见湖南省文物考古研究所、湘西土家族苗族自治州文物处、龙山县文物管理所《湖南龙山里耶战国—秦代古城一号井发掘简报》，第 17 页）。李学勤则认为这些楚国简牍残片"应系后来混入"（见李学勤《初读里耶秦简》，《文物》2003 年第 1 期，第 73 页）。但李先生未作进一步的讨论。或受这一看法的影响，整理者在正式的考古发掘报告中对原有说法加以修正，他们指出"简上文字具有战国时楚国文字特征，亦未敢遽定为楚国时物。秦简中最晚的为二世二年，极可能秦政权在湘西的崩溃即在这一年，此时去楚未远，仍有熟悉楚字书写的人着意为之"（见湖南省文物考古研究所编著《里耶发掘报告》，第 180 页注释 3）。而在更晚出版的《里耶秦简（壹）》中，整理者并没有明确去讨论这个问题，只是利用这些简牍指出楚国晚期有可能在此设县［见湖南省文物考古研究所编著《里耶秦简（壹）·前言》］。换言之，整理者似还是倾向将这些简看作楚简。但从简牍出土的考古学信息来看，将这些竹简看作楚简令人费解，无法合理解释战国楚简出土的地层年代比秦简牍出土的地层年代要晚这种矛盾。刘瑞从考古学的层面对此进行批评："这就像在第 5 层中出土了楚简，但我们不能将该层时代认为是'秦和楚'一样的道理。"（见刘瑞《里耶古城 J1 埋藏过程试探》，《里耶古城·秦简与秦文化研究——中国里耶古城·秦简与秦文化国际学术研讨会论文集》，科学出版社，2009 年，第 93 页）。2013 年，湖南益阳兔子山的古井中再次发现了简牍，其中一件瓠上发现有"张楚之岁"字样，陈伟将其与马王堆汉墓简帛上的"张楚"文字、里耶秦简中楚国文字书写的简牍联系起来，指出"三者之间应该存在关联，而且在时间所指上可能是一致的"（见《考古新发现：兔子山遗址出土"张楚之岁"文字实物》，新华网 2013 年 7 月 23 日）。准此，将这些楚文字书写特征竹简看作秦亡之后，复辟之楚人的遗留，似更为合理。

洞庭郡迁陵县政府档案，涉及当时社会的各个层面，整理者按照所记内容和名称，将其划分为十类：一、书传类，二、律令类，三、录课类，四、簿籍类，五、符券类，六、检楬类，七、历谱，八、九九术、药方，九、里程书，十、习字简。①

里耶秦简具有十分重要的学术价值，其大量出土，印证、补充了本来十分匮乏的秦代史料，对于洞烛若明若暗的秦代历史具有重要意义。②与以往我们发现的静态法律文本（如睡虎地秦简、龙岗秦简、岳麓秦简等资料中所见的秦代律令）不同，里耶秦简作为实用文书，动态地展现了秦代洞庭郡迁陵县政府行政、居民经济、社会活动等方方面面的内容，透射出鲜活、细腻的历史场景，为我们诠释、解读秦代历史和秦代制度提供了不同的角度。③

里耶秦简的发现已近二十载，相关资料陆续得以公布，其内容所关涉的文字学、文献学、历史学、地理学等领域相关研究成果亦层出不穷，不仅是近年来秦汉出土简牍研究的重点和热点之一，在可以预期的未来也仍将是学界的重要关注对象。基于此，本文拟梳理近二十年里耶秦简的资料发表、文本整理的概况，并就其对秦史研究的价值举例加以说明。希望能为初涉这一领域的读者提供一点帮助。

一、里耶秦简的资料发表

2002 年下半年，里耶秦简发现的消息不胫而走。整理者张春龙、龙京沙撰写的《21 世纪重大考古发现：湘西里耶秦简复活秦国历史》

---

① 相关概述可参看湖南省文物考古研究所、湘西土家族苗族自治州文物处、龙山县文物管理所《湖南龙山里耶战国—秦代古城一号井发掘简报》，第 4～35 页；湖南省文物考古研究所编著《里耶发掘报告》；湖南省文物考古研究所编著《里耶秦简（壹）·前言》。
② 湖南省文物考古研究所编著《里耶发掘报告》，第 234 页。
③ 陈伟主编，何有祖、鲁家亮、凡国栋撰著《里耶秦简牍校释（第一卷）·前言》，武汉大学出版社，2012 年，第 2 页。

问世，该文是最早刊出较清晰里耶秦简图像资料的介绍性文章之一，文章讲述了里耶秦简的发现经过，图文并茂地介绍了部分里耶秦简的内容，并阐述其价值。[①]2003 年年初，《湖南龙山里耶战国—秦代古城一号井发掘简报》（以下简称《简报》）、《湘西里耶秦代简牍选释》（以下简称《选释》）差不多同时发表，前者刊布了经过初步整理后的部分简牍的释文和图版，[②]后者是整理者对这部分简牍的初步注释，可与前者公布的图版和释文配套使用。[③]应当指出的是，《选释》也配有部分图版，但是如凡国栋所云其图版较小且不全，[④]因此在图版质量和内容上均不如《简报》。另外，还有两文与里耶秦简的基本资料有关，值得注意。其一是国家文物局主编的《2002 中国重要考古发现》一书，[⑤]其配发的里耶秦简图版，印刷质量又优于《简报》，因此在里耶秦简研究的初期，具有很强的参考价值。其二是《湖南龙山县里耶战国秦汉城址及秦代简牍》一文，该文从地理位置和历史沿革、发掘概况、发掘意义等三方面对《简报》作了进一步的补充。[⑥]

　　2005 至 2006 年之间，整理者或借学术会议之机，或以专题论文的形式又向学界展示了部分里耶秦简的原始资料。2005 年 5 月 18～19 日，在台湾中国文化大学、晓峰纪念馆主办的"第三届简帛学术讨论会"上，张春龙以《里耶秦简中的祠先农简》为题公布了 22 组相关简牍的释文、注释以及简牍形制方面的信息，主要涉及 J1 号古井的第

① 张春龙、龙京沙《21 世纪重大考古发现：湘西里耶秦简复活秦国历史》，《中国国家地理》2002 年第 9 期，第 42～51 页。

② 湖南省文物考古研究所、湘西土家族苗族自治州文物处、龙山县文物管理所《湖南龙山里耶战国—秦代古城一号井发掘简报》。

③ 湖南省文物考古研究所、湘西土家族苗族自治州文物处《湘西里耶秦代简牍选释》，《中国历史文物》2003 年第 1 期。

④ 凡国栋《里耶秦简研究回顾与前瞻》，《简帛》第四辑，上海古籍出版社，2009 年，第 38 页。

⑤ 国家文物局编《2002 中国重要考古发现》，文物出版社，2003 年，第 62～69 页。

⑥ 湖南省文物考古研究所《湖南龙山县里耶战国秦汉城址及秦代简牍》，《考古》2003 年第 7 期，第 15～19 页。

14 和 15 层，这其中还包括 5 组缀合简。①2006 年 11 月 8 ～ 10 日，在武汉大学简帛研究中心、台湾大学中文系、芝加哥大学顾立雅中国古文字学中心联合主办的"中国简帛学国际论坛 2006"上，张先生则以《里耶秦简校券和户籍简》为题，介绍了两类里耶秦简。其中"校券"类简又包括 5 小类，共计简文 53 条，但只有释文和简要说明，而这其中的第 1 类 30 条简文应是对《里耶秦简中的祠先农简》所涉及内容的进一步扩展。另一类是所谓的"户籍简牍"，这批资料为 2005 年 12 月新发掘所获，复原后的简文共计 27 条，并有简释和说明。②此后，"校券"类简这一部分又以《里耶秦简祠先农、祠窨和祠堤校券》为题正式刊布。③另外，张春龙、龙京沙介绍了 3 枚"地名里程木牍"，涉及 J1 号古井的第 16 和 17 层，论文刊发了 3 枚木牍的黑白照片、释文，并有注释与讨论。④

2007 年 1 月，《里耶发掘报告》（以下简称《报告》）正式出版，该报告包含里耶古城遗址以及与之临近的麦茶战国墓地、清水坪西汉墓地、大板汉代墓地、魏家寨西汉城址、大板东汉遗址等的考古发掘信息，是我们从整体上考察战国秦汉时期本地区人群活动的基本资料。《报告》基本收录了以往发表的里耶秦简，并增配了部分简牍的图版，这些新增的图版主要包括两类：一是《里耶秦简校券和户籍简》中涉及的所谓"户籍简牍"的一部分，共计 14 枚；二是部分笥牌、封泥匣的图版，共计 8 枚。⑤凡国栋曾对 2008 年底之前里耶秦简的发表情况进行过梳理，其中尤其对《简报》与《报告》所刊图版进行了详细比

---

① 张春龙《里耶秦简中的祠先农简》，台湾中国文化大学、晓峰纪念馆主办"第三届简帛学术讨论会"会议论文，2005 年。

② 张春龙《里耶秦简校券和户籍简》，武汉大学简帛研究中心、台湾大学中文系、芝加哥大学顾立雅中国古文字学中心主办"中国简帛学国际论坛 2006"会议论文，2006 年。

③ 张春龙《里耶秦简祠先农、祠窨和祠堤校券》，《简帛》第二辑，上海古籍出版社，2007 年，第 393 ～ 396 页。

④ 张春龙、龙京沙《里耶秦简三枚地名里程木牍略析》，《简帛》第一辑，上海古籍出版社，2006 年，第 265 ～ 274 页。

⑤ 湖南省文物考古研究所编著《里耶发掘报告》，彩版十六至彩版四十。

对。如凡文所说，2007 年出版的《里耶发掘报告》除收录《简报》所公布资料之外，对此前零散公布的资料也多有收录，并增配了部分简文的图版。① 但该书受版面大小等因素限制，部分图版不够清晰。可以弥补这一不足的资料，除凡文中提及的 2008 年出版之《日中书法的传承》一书外，② 尚有稍晚的《简牍名迹选·1·湖南篇一》《中国简牍书法系列·湖南里耶秦简》等。③ 这些书籍多偏重图版的刊布，部分图版还有局部放大，因此质量较高，恰可弥补此前的不足，为文本释读打开方便之门。这其中两种在日本刊出的资料尤其值得参考。

2007 至 2011 年之间，整理者再次展示了部分里耶秦简的原始资料，计有五批。2007 年 10 月 17～19 日，在中国社会科学院考古研究所、中国社会科学院历史研究所、湖南省文物考古研究所共同主办的"中国里耶古城·秦简与秦文化国际学术研讨会"上，张春龙以《里耶秦简中记录疾已等人用餐情况的简牍》为题介绍了新整理的官吏用餐记录，这部分内容后来又以《里耶秦简中迁陵县吏员的用餐记录》为题正式刊发，④ 这其中与吏员用餐记录有关简文 5 条，其中 4 条涉及 J1 古井的第 9 层，1 条来自第 16 层，均为以往未刊，这些资料包含释文、简注但未配发图版。此外，整理者还公布了另外 4 枚简的释文，其中两枚为当时未见的新资料，其编号分别为 9-2320（整理号为 9-2314）和 15-615，⑤ 值得注意。

2008 年 10 月 31 日～11 月 2 日，在武汉大学简帛研究中心、台湾大学中文系、芝加哥大学顾立雅中国古文字学中心共同主办的"中国简帛学国际论坛 2008"上，张春龙以《里耶秦简 8-455 号》为题目介绍

---

① 凡国栋《里耶秦简研究回顾与前瞻》，第 37～43 页。
② 謙慎書道會《謙慎書道會展 70 回紀念·日中書法的傳承》，二玄社，2008 年。
③ 西林昭一編集《簡牘名迹選·1·湖南篇一》，二玄社，2009 年；张春龙主编《中国简牍书法系列·湖南里耶秦简》一～四，重庆出版社，2010 年。
④ 张春龙《里耶秦简中迁陵县吏员的用餐记录》，张德芳、孙家洲主编《居延敦煌汉简出土遗址实地考察论文集》，上海古籍出版社，2012 年，第 145～151 页。
⑤ 今按，本文中里耶秦简编号的使用原则为：除收录于《里耶秦简（壹）》《里耶秦简（贰）》中的简牍使用整理号外，其余则使用原整理者所提供的出土登号。

了著名的"秦更名木方"（彩版一），包含释文、注释及图版。① 此文后题名作《湘西里耶秦简 8–455 号》，并以张春龙、龙京沙二人署名正式刊发。②

2009 年，张先生发表题为《里耶秦简所见的户籍和人口管理》的文章，分类展示了 50 条与户籍和人口管理有关的简文，其中约一半当为以往未见资料，但均未配发图版。③

2010 年发表的资料则与"学官"有关，内容涉及迁陵县"学佴"和徒工学习训练的记录，包含简文 10 条，其中 8 条为新资料，但未配发图版。④ 这其中的 14–18、15–146、15–154、15–172 等简尤其珍贵：⑤

> 廿六年七月庚辰朔乙未，迁陵拔谓学佴：学童拾有鞫，与狱史畸徽执，其亡，不得。上奔牒而定名事里、它坐、亡年日月、论云何、何辠（罪）、赦或覆问之毋有。与狱史畸以律封守、上牒。以书言。勿留。【14–18 正】
> 七月乙未，牢臣分戳以来。丿亭手。⑥ 畸手。【14–18 背】
> ☒直学佴，令教以甲子、算、马、大杂。【15–146】
> □之，如学佴，勿敢私事者，赀二甲。·十六。【15–154】
> 廿六年七月庚辰朔乙未，学佴亭敢言之：今日童拾☒
> 史畸执定言。今问之，毋学童拾。敢言之。☒【15–172 正】
> 即令守□行☒【15–172 背】

---

① 张春龙《里耶秦简 8–455 号》，武汉大学简帛研究中心、台湾大学中文系、芝加哥大学顾立雅中国古文字学中心主办"中国简帛学国际论坛 2008"会议论文，2008 年。

② 张春龙、龙京沙《湘西里耶秦简 8–455 号》，《简帛》第四辑，第 11～15 页。

③ 张春龙《里耶秦简所见的户籍和人口管理》，《里耶古城·秦简与秦文化研究——中国里耶古城·秦简与秦文化国际学术研讨会论文集》，第 188～195 页。

④ 张春龙《里耶秦简中迁陵县学官和相关记录》，《出土文献》第一辑，中西书局，2010 年，第 232～234 页。

⑤ 以下四简的原始释文见张春龙《里耶秦简中迁陵县学官和相关记录》，第 232～233 页。本文对部分句读进行了调整，不俱注。

⑥ 今按，参考里耶秦简所见其它文书的格式，此处的"手"可能是"半"的误释。

已有学者利用这些资料对迁陵县吏员的外郡身份等问题加以讨论。①

2011 年 3 月 25～27 日，台湾中研院历史语言研究所举办的"第三届古文字与古代史国际学术研讨会"上，张春龙以《里耶秦简中迁陵县之刑徒》为题发表了 4 枚徒簿简的基本资料，包括释文、图版和规格信息等，并有简要讨论。② 这其中的 10-1170 号简所记录的"卅四年十二月仓徒簿取"是研究秦代徒簿问题以及刑徒管理制度时不可或缺的代表性资料之一，其与 8-145+9-2294 号（后合并为一个整理号 9-2289）简所见秦始皇三十二年十月二十七日的"司空守圂徒作簿"合观，更能说明问题。

2012 年是里耶秦简发现十周年。该年年初《里耶秦简（壹）》正式出版，刊布了 J1 号井中第 5、6、8 三层简牍的全部释文和图版，③ 意味着里耶秦简的整理与发表进入了新的阶段。此后的两年间，整理者又陆续对各层简牍加以选编、刊出，主要见《湖南简牍名迹》《湖南出土简牍选编》和《湖南出土简牍选编①》三书。④ 三书刊布的资料既有此前已经完整刊布过的，也有首次发表的，这些新刊资料多配发图版，尤其值得注意。我们曾对三书中新刊部分简牍进行过比对、梳理；⑤《里耶秦简博物馆藏秦简》的"图版编·附录二"也就里耶博物馆收藏秦简的图版在《报告》《湖南出土简牍选编》和《湖南出土简牍选编①》等书中的著录情况加以清理。⑥

---

① 游逸飞《里耶秦简所见的洞庭郡——战国秦汉郡县制个案研究之一》，《中国文化研究所学报》第 61 期，2015 年，第 29～66 页；其修订稿又刊于简帛网，2015 年 9 月 29 日。鲁家亮《里耶秦简所见秦迁陵县吏员的构成与来源》，《出土文献》第十三辑，中西书局，2018 年，第 201～221 页。

② 张春龙《里耶秦简中迁陵县之刑徒》，中研院历史语言研究所主办"第三届古文字与古代史国际学术研讨会"会议论文，2011 年。后收入李宗焜主编《古文字与古代史》第三辑，中研院历史语言研究所，2012 年，第 453～464 页。

③ 湖南省文物考古研究所编著《里耶秦简（壹）》。

④ 湖南省文物局编著《湖南简牍名迹》，湖南美术出版社，2012 年；郑曙斌、张春龙、宋少华、黄朴华编著《湖南出土简牍选编》；宋少华、张春龙、郑曙斌、黄朴华编著《湖南出土简牍选编①》。

⑤ 见里耶秦简牍校释小组《新见里耶秦简牍资料选校（三）》附表，简帛网，2015 年 8 月 7 日。

⑥ 里耶秦简博物馆、出土文献与中国古代文明研究协同创新中心中国人民大学中心编著《里耶秦简博物馆藏秦简》，中西书局，2016 年，第 151～162 页。

2012 年之后，散见里耶秦简原始资料的发表仍在继续，整理者张春龙陆续在不同的场合发表了部分新资料，这些资料多数是以专题的形式发表。如张春龙、龙京沙以《里耶秦简中和酒有关的记录》为题，发表的与酒有关简文 21 条，包含释文、缩小图版及简要分析，绝大部分为新刊资料。① 这其中 10-91+9-133 号简的内容是一条与漆的生产相关的奖惩规定：

> 桼（漆）课得钱过程四分一，赐令、丞、令史、官啬夫、吏各襦；徒人酒一斗、肉少半斗。过四分一到四分二，赐襦、绔；徒酒二斗、肉泰半斗。过四分二，赐衣；徒酒三斗、肉一斗。得钱不及程四分一以下，赀一盾；笞徒人五十。过四分一到四分二，赀一甲；笞徒百。过四分二，赀二甲；笞徒百五十。【10-91+9-133】②

这条史料所涉及的"漆课"，可为徐世虹提出的秦汉简牍中"课"是一种法律形式增加新的证据。③ 也有学者利用这条史料中所见吏、徒的奖惩差异，来判断 8-1356 号简中"士五阳里静"的身份。④

2012 年 11 月 17～19 日，武汉大学简帛研究中心、北京大学出土文献研究所主办"中国简帛学国际论坛 2012：秦简牍研究"学术研讨会上，张春龙介绍了 6 枚属于第 9 层的简牍，包括释文和图版，其中 9-31 号简所涉及的与"献鸟"有关的文书尤为有趣。⑤2013 年，张先生发表题为《龙山里耶秦简之"徒簿"》的论文，全面介绍了里耶秦简中此类文书的释文，共计 178 条，其中 80 余简为以往未见，但未配发图版。⑥ 要注意的是，这些资料未必全与"徒簿"有关，使用时需小心甄别。2016

① 湖南省文物考古研究所《里耶秦简中和酒有关的记录》，吴荣曾、汪桂海主编《简牍与古代史研究》，北京大学出版社，2012 年，第 14～20 页。

② 释文见湖南省文物考古研究所《里耶秦简中和酒有关的记录》，第 14 页。

③ 徐世虹《秦"课"刍议》，《简帛》第八辑，上海古籍出版社，2013 年，第 251～254 页。

④ 参鲁家亮《里耶秦简所见秦迁陵县吏员的构成与来源》。

⑤ 张春龙《里耶秦简第九层选读》，武汉大学简帛研究中心、北京大学出土文献研究所主办"中国简帛学国际论坛 2012：秦简牍研究"会议论文，2012 年。

⑥ 湖南省文物考古研究所《龙山里耶秦简之"徒簿"》，《出土文献研究》第十二辑，中西书局，2013 年，第 101～131 页。

年 12 月 12～14 日，在香港中文大学历史系中国历史研究中心、武汉大学简帛研究中心和韩国国立庆北大学历史系合办的"中国简帛学国际论坛 2016：简牍与战国秦汉历史"上，张春龙、杨先云以《里耶秦简中漆的生产与管理》为题，系统梳理了里耶秦简中与"漆"有关的资料，共计 30 条，其中绝大多数为新见简文。[①] 上述零散刊布资料的图版，有相当一部分在前述《湖南简牍名迹》《湖南出土简牍选编》和《湖南出土简牍选编①》三书中得以配发，几种书刊资料可相互配合使用。

2017 年 8 月 8～9 日，在出土文献与中国古代文明研究协同创新中心中国人民大学分中心举办的"第六届出土文献青年学者论坛"上，张春龙以《秦朝迁陵县社会状况漫谈——〈里耶秦简（贰）〉选读》为题，预先介绍了一部分《里耶秦简（贰）》中的简文。[②] 同年底，《里耶秦简（贰）》正式出版，刊布了 J1 号井中第 9 层简牍的全部释文和图版，[③] 使我们可以正式阅读、使用的里耶秦简数量大大增加。

2019 年 9 月 6～8 日，首都师范大学历史学院、中国社会科学院简帛研究中心、日本奈良文化财研究所、日本木简学会、韩国木简学会、韩国国立庆州文化财研究所主办"首届中日韩出土简牍研究国际论坛暨第四届简帛学的理论与实践学术研讨会"上，张春龙介绍了 2 枚属于第 7 层的简牍，附有释文和地名简注，内容涉及苍梧、洞庭二郡的历史地理信息。[④] 同样，引起了学界的高度关注。[⑤]

[①] 张春龙、杨先云《里耶秦简中漆的生产与管理》，香港中文大学历史系中国历史研究中心、武汉大学简帛研究中心和韩国国立庆北大学历史系合办的"中国简帛学国际论坛 2016：简牍与战国秦汉历史"会议论文，2016 年。

[②] 张春龙《秦朝迁陵县社会状况漫谈——〈里耶秦简（贰）〉选读》，出土文献与中国古代文明研究协同创新中心中国人民大学分中心举办"第六届出土文献青年学者论坛"会议论文，2017 年；后收入黄正建主编《中国古文书学研究初编》，上海古籍出版社，2019 年，第 22～26 页。

[③] 湖南省文物考古研究所编著《里耶秦简（贰）》，文物出版社，2017 年。

[④] 张春龙《里耶秦简 7-1 和 7-11》，首都师范大学历史学院、中国社会科学院简帛研究中心、日本奈良文化财研究所、日本木简学会、韩国木简学会、韩国国立庆州文化财研究所主办"首届中日韩出土简牍研究国际论坛暨第四届简帛学的理论与实践学术研讨会"会议论文，2019 年。

[⑤] 陈伟《秦苍梧、洞庭郡研究的重要资料》，简帛网，2019 年 9 月 10 日。

除整理者之外，游逸飞利用去里耶秦简博物馆参观的机会，与陈弘音合作整理、公布里耶秦简博物馆藏简牍的部分释文，主要涉及第9～16层，共计101枚。[①]叶山也对馆藏简牍加以使用，从而披露了一部分简的释文。[②]这批收藏在里耶秦简博物馆中的资料在2016年得到了全面而系统地发表，即前揭《里耶秦简博物馆藏秦简》一书，[③]该书收录馆藏简牍206枚以及后又调拨归湖南文物考古研究所收藏的简牍1枚，总数为207枚。这次整理与发表颇具特色，首先是重新获取了馆藏简牍（脱水后）的彩色和红外照片；其次是注意揭示这批简牍形制方面的信息，除简的长、宽、厚等数据外，还有重量的测量，以及部分简牍刻齿形态的展示；再次是注意整理与研究的结合，除专门的研究编以外，该书"前言"中对这部分里耶秦简所具有价值的分析、简牍室内整理时经验得失的讨论均值得学习、借鉴。

对里耶秦简形制信息的发掘与利用，也是近年来里耶秦简资料公布与研究的一个新动向。最早，关于简牍形制方面信息的披露主要见于《简报》《报告》和《里耶秦简（壹）》之中，但这些信息往往较为笼统，缺乏单枚简的详细信息。不过，我们也注意到在前揭整理者陆续发表的里耶秦简新资料中，有时会提供每一枚简牍的详细尺寸信息并对相关形制信息进行较为详细的文字描述，如《里耶秦简中的祠先农简》《里耶秦简校券和户籍简》《里耶秦简三枚地名里程木牍略析》《里耶秦简中迁陵县吏员的用餐记录》《湘西里耶秦简8-455号》等文中涉及的简牍。此外，整理者也注意对里耶秦简中形制较为特殊的简牍进行集中介绍或讨论，如里耶秦简中的55枚有字"封检"和3枚有字"束"。[④]

---

① 游逸飞、陈弘音《里耶秦简博物馆藏第九层简牍释文校释》，简帛网，2013年12月22日；《里耶秦简博物馆藏第十至十六层简牍校释》，《法律史译评》第四卷，中西书局，2017年，第1～27页。

② 叶山《解读里耶秦简——秦代地方行政制度》，《简帛》第八辑，第89～137页。

③ 里耶秦简博物馆、出土文献与中国古代文明研究协同创新中心中国人民大学中心编著《里耶秦简博物馆藏秦简》。

④ 湖南省文物考古研究所《里耶一号井的封检和束》，《湖南考古辑刊》第八集，岳麓书社，2009年，第65～70页。

2012 年 10 月，中日学者合作调研了里耶秦简中的刻齿信息。[①]
2015 年，本次调研的成果得到系统公布，包含第 8 层中 26 张刻齿形态
的彩色照片以及该层刻齿简信息一览表，该表共收简 116 枚，所观察、
记录之形制方面的信息主要有长度、宽度、残缺、书写面形态、刻齿位
置、刻齿组成情况等。[②] 这些信息有助于我们讨论秦代券书制作、校券
的功能以及与汉简刻齿的区别等问题。[③]

以上，我们对近二十年来，里耶秦简的发表情况进行了简要的梳
理。总体而言，目前已经发表的里耶秦简资料仍然只是全部简牍中的一
小部分，且呈现出新旧资料滚动公布的特征。部分简牍资料最早发表的
只有释文，再次发表时补充了图版；也有部分简牍资料通过再次发表提
供了更为清晰的图像。同时，由于发表场合的局限，导致这些资料零散
而不易汇集，这就给我们利用它们带来了诸多不便。因此，有必要对里
耶秦简的公布情况进行及时、不间断的梳理。

若要对上述里耶秦简的发表进行阶段划分，那么《报告》和《里
耶秦简（壹）》的出版应该是两个最为重要的分界标识。《报告》不
仅将整理者之前发表的简牍资料基本收录，更为重要的是《报告》系
统地提供了里耶古城遗址及其相关墓葬或遗址的考古学信息，其作为
里耶秦简及其相关问题研究时的基本背景资料不可替代。《里耶秦简
（壹）》的出版则意味里耶秦简的整理和发表进入了更为系统的阶段，
简牍信息是集中、系统且完备地发表，而不再是零散且局部地发表。
但《里耶秦简（壹）》出版后，零散的资料发表还在继续。同时又出现
了一个小的插曲，即收藏在里耶秦简博物馆中的这部分简牍的整理与
发表。幸运的是，2016 年《里耶秦简博物馆藏秦简》出版，意味着这
一插曲的终结。因此，今后的里耶秦简仍然是以集中、系统而完备的

---

① 与闻《中日学者合作调研里耶秦简刻齿获突破性成果》，简帛网，2012 年 10 月 12 日。
② 张春龙、大川俊隆、籾山明《里耶秦简刻齿简研究——兼论岳麓秦简〈数〉中的未解
读简》，《文物》2015 年第 3 期，第 53～69、96 页。
③ 参张驰《里耶秦简所见券类文书的几个问题》，《简帛研究二〇一六》秋冬卷，广西师
范大学出版社，2017 年，第 125～139 页。

发表为主线，以零散且局部的发表为辅。新旧资料呈现出交替、滚动发布的特征。

笔者在搜集、整理和使用这些资料时，感觉有以下几点需要加以注意。

第一，图版。涉及里耶秦简图版资料的书籍和文章众多，但其来源大体有三：首先，当为整理者所提供的各类图版。整理者所提供的图版数量最大，主要为彩色或黑白图片，这批图像拍摄时间较早，更接近里耶秦简出土时的原始面貌。其主要的不足是，由于拍摄、出版条件的限制，①导致目前发表的部分图版存在效果不理想、图片比例信息不明确等问题。其次，是日本二玄社所拍摄的部分简牍彩色图版。这部分图版数量较少，但是无论是拍摄还是后期制作、印刷均十分精细，且配发了局部放大图，对整理者提供的图版是一个很好的补充，其主要刊于《日中书法的传承》《简牍名迹选·1·湖南篇一》二书，他们是研究里耶秦简时十分重要的原始资料。再次，是《里耶秦简博物馆藏秦简》所提供的图版，这部分简牍的图版为 2015 年 11 月重新采集，包含了彩色（拍摄）和红外（扫描）两种，其采集所使用的技术、设备均属国内一流，后期制作、印刷的效果亦佳。具体而言，彩色图版的色泽明丽，对简牍纹路等细节还原度好，具有立体感。但同时我们也应注意，这次采集的时间距简牍出土的时间基本已超过了 10 年，且这批简牍经过了脱水处理。因此，部分彩色图版文字的墨迹较淡，尤其对漫漶不清的简文影响较大。这一不足则可以通过其所提供的红外图版加以补充。

第二，形制信息。形制信息的来源主要有两个：一是整理者提供的数据；二是再次整理时重新测量所得数据，如《里耶秦简博物馆藏秦简》所提供馆藏简的数据、《里耶秦简刻齿简研究——兼论岳麓秦简〈数〉中的未解读简》所提供第 8 层刻齿简的数据等。这两个来源的数据有时存在一定的差异，如下表所示：

---

① 今按，据整理者所言当时使用的是传统胶片拍摄。转引自里耶秦简博物馆、出土文献与中国古代文明研究协同创新中心中国人民大学中心编著《里耶秦简博物馆藏秦简》，《前言》第 2 页。

表一　里耶秦简不同来源形制数据比较表（单位：厘米）

序号	简号	整理者提供信息①	《里耶秦简博物馆藏秦简》
1	9－19	46.5 × 2.8 × 0.4	46.0 × 2.8 × 0.3
2	9－20	46.5 × 3.5 × 0.4	46.4 × 3.6 × 0.4
3	14－4	23.9 × 1.0 × 0.4	24.1 × 1.0 × 0.4
4	14－300+14－764	25.5 × 1.2 × 0.4	25.9 × 1.2 × 0.4
5	14－639+14－762	37.0 × 1.1 × 0.4	37.0 × 1.2 × 0.5
6	14－649+14－679	37.0 × 1.0 × 0.5	36.8 × 1.1 × 0.5
7	14－656+14－434	37.0 × 1.0 × 0.2～0.3	37.2 × 1.1 × 0.4
8	14－685	15.0 × 1.2 × 0.3	15.0 × 1.2 × 0.4
9	14－698	19.9 × 1.0～1.2 × 0.3	19.8 × 1.1 × 0.3
10	16－52	10.4 × 4.7	10.6 × 4.6 × 0.3
11	17－14	8.4 × 5.5	8.2 × 4.5 × 0.3
12	K1/25/50	46.0 × 3.0	46.1 × 2.7 × 0.3
13	K2/23	46.0 × 2.3	46.1 × 2.3 × 0.4

我们知道《里耶秦简博物馆藏秦简》中的形制数据为简牍脱水后测量所得，通常而言简牍脱水后存在一定的收缩，因此所得数值应有所减少（表中加底纹表示）。②但实际情况是还存在不少具体数值增加的反例（表中加下划线表示），有些数值的增加可以用测量者对精度的把握不同去解释，比如1～2毫米的这种误差。但是有些数值或前后差距太大，或长宽变化趋势不同，令人费解。如9－19号在脱水后长度减少达0.5厘米，而宽度无变化；14－300+14－764号在宽度不变的情况下，脱水后长度反而增加了0.4厘米；14－656+14－434号脱水后，在长、宽、厚三个数据上均有增加，虽然增幅均不大；17－14号脱水后，宽度减少1厘米，而长度减少只有0.2厘米；K1/25/50号脱水后，宽度减少0.3厘

---

① 今按，序号1～2的数据来自《里耶秦简中迁陵县吏员的用餐记录》；序号3～9的数据来自《里耶秦简中的祠先农简》；序号10～13的数据来自《里耶发掘报告》。

② 今按，我们不知道整理者提供数据是在脱水前还是脱水后测量所得。退一步说，如果是脱水后测量，即两次测量时简牍状况接近，还产生如此大的差异，就更不好解释了。因此，我们推测整理者的数据应为脱水前测量所得的可能性更大。

米，长度不减反增等等。除了测量时人为误差的因素外，这些特殊情况的出现，或许还与简牍材质在不同维度上的收缩反应不同有关，这或许是需要从物理学角度解答的问题。我们指出形制数据上的来源不同，是想强调在使用这些数据时应注意其来源差异，不能混为一谈。如果整理者能完整的公布最初测量的原始数据，对我们研究者而言将何其幸甚！

第三，简号。目前所知里耶秦简的简号至少有两套，整理者分别将其称为整理号和出土登记号。① 在整理者发表的资料之中，除《里耶秦简（壹）》《里耶秦简（贰）》使用了整理号并附以出土登记号对照外，其余发表的简牍资料编号均为出土登记号。整理者的《凡例》并没有对整理号加以说明，叶山则指出《里耶秦简（壹）》中简牍释文的编号是根据照片的顺序决定的，而不是考古学家提供的编号。② 实际上，出于排版的需要而对简牍照片前后次序进行调整，那么在此基础上产生的整理号确实学术价值有限。但从使用《里耶秦简（壹）》《里耶秦简（贰）》的角度而言，整理号又无法回避。出土登记号的情况同样复杂。张忠炜在整理里耶秦简博物馆藏简时，发现了与出土登记号有关的两个现象，其一是存在部分 B 字开头的出土登记号，这部分简牍主要由筛选、淘洗后的残简组成，起先用 B 字开头分层编号，在后续整理时则按层归属分别编号，从而形成与井内发掘简相统一的出土登记号；其二原各自拥有出土登记号的简牍在整理者缀合之后，有时会合并为一个新号，如 12-2130+12-2131+12-1335 在《湖南出土简牍选编》合编为 12-2130；9-2294+9-2305 在《湖南出土简牍选编》合编为 9-2294 等等。③ 换言之，我们现在看到的出土登记号也是经过再整理的，且还有可能会发生变动。如果没有发掘时的揭取示意图配合使用或其他相应情况的详细说明，其在考察简牍之间相互关系时的价值也同样有限。目前，对于只有出土登记号的简，大家一致的意见是按照整理者发表的情况，使用出土登记号。对于整理号和出土登记号均有

---

① 湖南省文物考古研究所编著《里耶秦简（壹）·凡例》。
② 叶山《解读里耶秦简——秦代地方行政制度》，第 89～90 页。
③ 里耶秦简博物馆、出土文献与中国古代文明研究协同创新中心中国人民大学中心编著《里耶秦简博物馆藏秦简》，《前言》第 3 页。

的情况，学界的处理原则并不一致。比如以《里耶秦简牍校释（第一卷）》为代表只保留整理号的做法；① 也有只使用出土登记号的做法，如《里耶秦简（壹）》出版之后，整理者零散发表的资料中，虽有涉及《里耶秦简（壹）》的内容，但依旧只使用出土登记号；也有两种编号并行的做法，代表者如叶山，具体而言是出土登记号在前，而整理号在后。② 应该说三种处理方法均有可改进之处，笔者认为对这两套简号使用应注意以下三点：第一，对所使用原始资料中简号的性质应有充分了解，即区分清楚这些里耶秦简的简号是整理号还是原始号。第二，注意区分原始资料的使用目的和层次。举例而言，如果需使用简号的次序作为讨论简牍编连或关系的依据，显然应使用出土登记号；又如，以释文发表和注释为主的研究成果，在两种号均知晓的情况下，应尽可能两号并出，不应只出一种。第三，需要两号并出时，其标记的方法可以是整理号在前，而出土登记号在后。③

二、里耶秦简的文本整理

里耶秦简的文本整理主要包括文字释读、句读、注释、缀合、编连、分类等环节，下面我们分两个方面进行简要概述。需要特别指出的是，张春龙先生作为里耶秦简的主要整理者，其最初发表的各种简牍刊本，筚路蓝缕、开基创业，是里耶秦简的最早整理成果，是后续工作开展的基础，具有重要价值。

（一）文字释读、句读与注释

里耶秦简的文字释读、句读、注释工作是与资料的发表同步展开的。

---

① 对此处理方式，叶山、张忠炜均有批评，见叶山《解读里耶秦简——秦代地方行政制度》，第 90 页；里耶秦简博物馆、出土文献与中国古代文明研究协同创新中心中国人民大学中心编著《里耶秦简博物馆藏秦简》，《前言》第 2 页。
② 叶山《解读里耶秦简——秦代地方行政制度》，第 90 页。
③ 可参看凌文超对走马楼三国吴简的简号标记方式，《走马楼吴简采集簿书整理与研究》，广西师范大学出版社，2015 年，第 16 页注②。

2003 年年初，《简报》发表的同时，不仅有整理者的《选释》与之配套使用，也有李学勤的《初读里耶秦简》一文与《简报》同期发表，[①] 该文选取了五个方面对这部分简文进行了注释与通解。此后，胡平生的《读里耶秦简札记》、马怡的《里耶秦简选校》、王焕林的《里耶秦简校诂》、刘乐贤的《谈秦汉文献中"所"字的一种用法》、陈剑的《读秦汉简札记三篇》等论著先后发表，[②] 这是《里耶秦简（壹）》发表之前对于里耶秦简进行文字释读、句读与注释工作中，比较集中且重要的成果。[③]

2012 年，《里耶秦简（壹）》和陈伟主编，何有祖、鲁家亮、凡国栋合著之《里耶秦简牍校释（第一卷）》[以下简称《校释（一）》]得以同步出版，是里耶秦简资料发表与文本整理工作配合展开的又一范例，学界多有积极评价，[④] 但《校释（一）》在体例设计和文字校勘上仍然存在改进的空间。[⑤]

---

① 李学勤《初读里耶秦简》，第 73～81 页。

② 胡平生《读里耶秦简札记》，《中国文物报》2003 年 9 月 12 日、19 日；后刊于《简牍学研究》第四辑，甘肃人民出版社，2004 年，第 7～20 页。马怡《里耶秦简选校》，连载于简帛网，2005 年 11 月 14、18、24 日；后刊于《中国社会科学院历史研究所学刊》第四集，商务印书馆，2007 年，第 133～186 页。王焕林《里耶秦简校诂》，中国文联出版社，2007 年。刘乐贤《谈秦汉文献中"所"字的一种用法》，《中国文字学报》第三辑，商务印书馆，2010 年，第 136～140 页。陈剑《读秦汉简札记三篇》，复旦大学出土文献与古文字研究中心网站，2011 年 6 月 4 日；后刊于《出土文献与古文字研究》第四辑，上海古籍出版社，2011 年，第 370～380 页。

③ 今按，《里耶秦简（壹）》出版之前，其他文本研究成果的情况可参看凌文超《近年来龙山里耶秦简研究综述》，《湖南科技学院学报》2006 年第 2 期，第 16～18 页；伍成泉《近年来湘西里耶秦简研究综述》，《中国史研究动态》2007 年第 6 期，第 16～25 页；凡国栋《里耶秦简研究回顾与前瞻》，第 43～44 页；鲁家亮《2010 年秦汉魏晋简牍研究概述》，《简帛》第六辑，上海古籍出版社，2011 年，第 546～547 页；鲁家亮《2011 年秦汉魏晋简牍研究概述》，《简帛》第七辑，上海古籍出版社，2012 年，第 399～400 页。这其中又以伍文评述最为详细。

④ 胡平生《里耶拥戈泛吴楚，吊古感怀漫悲歌——读〈里耶秦简（壹）〉与〈里耶秦简牍校释（第一卷）〉》，《人民日报（海外版）》2012 年 8 月 10 日 7 版；又《出土文献研究》第十一辑，中西书局，2012 年，第 349～354 页；朱红林《〈里耶秦简牍校释〉（第一卷）评介》，《中国史研究动态》2013 年第 1 期，第 81～84 页；游逸飞《评陈伟主编〈里耶秦简牍校释〉第一卷》，《新史学》第 24 卷第 2 期，2013 年，第 177～182 页；藤田胜久《陈伟主编〈里耶秦简牍校释〉第一卷》，《中国出土资料研究》第 17 号，2013 年，第 125～132 页。

⑤ 体例和校勘方面的问题可以参看游逸飞《评陈伟主编〈里耶秦简牍校释〉第一卷》，第 182～184 页。网友"的笃"《〈里耶秦简牍校释（第一卷）〉的几处校勘》，简帛论坛，2012 年 4 月 23 日。

此后，由上述四位先生组成的里耶秦简牍校释小组继续发力，针对零散发表的新见里耶秦简完成了选校三篇。[①]2018 年，陈伟主编，鲁家亮、何有祖、凡国栋合著之《里耶秦简牍校释（第二卷）》[以下简称《校释（二）》]出版，[②]集中对《里耶秦简（贰）》文本再作校读，但其基本体例保持不变。在里耶秦简博物馆藏简方面，《里耶秦简博物馆藏第九层简牍释文校释》《里耶秦简博物馆藏第十至十六层简牍校释》和《里耶秦简博物馆藏秦简》均是在资料发表的同时，也对文本整理进一步有所推进，前两者的研究强调文例的比勘，对相关制度亦有阐发；后者利用红外扫描图像，并集众家之力，在文字的释读上多有推进，尤其精当。

　　《里耶秦简（壹）》《里耶秦简（贰）》相继出版后，原始资料的披露得到了一次井喷式的爆发。学界针对释文的订补也掀起了一波高潮。[③]上述学者针对里耶秦简所进行的文字释读、句读与注释等工作中，不乏佳作，可作为我们学习时的范例加以参考。

　　首先，释字是所有工作的基础。陈剑将里耶秦简中部分"某手"改释

---

① 里耶秦简牍校释小组《新见里耶秦简牍资料选校（一）》，简帛网，2014 年 9 月 1 日，后刊《简帛》第十辑，上海古籍出版社，2015 年，第 177～185 页；《新见里耶秦简牍资料选校（二）》，简帛网，2014 年 9 月 3 日，后刊《简帛》第十辑，第 187～210 页；《新见里耶秦简牍资料选校（三）》，简帛网，2015 年 8 月 7 日。

② 陈伟主编，鲁家亮、何有祖、凡国栋撰著《里耶秦简牍校释（第二卷）》，武汉大学出版社，2018 年。

③ 可参看鲁家亮《2012 年秦汉魏晋简牍研究概述》，《简帛》第八辑，第 518～520 页；鲁家亮《2013 年秦汉魏晋简牍研究概述》，《简帛》第九辑，上海古籍出版社，2014 年，第 494～498 页；鲁家亮《2014 年秦汉魏晋简牍研究概述》，《简帛》第十一辑，上海古籍出版社，2015 年，第 247～248 页；鲁家亮、李静《2015 年秦汉魏晋简牍研究概述》，《简帛》第十三辑，上海古籍出版社，2016 年，第 252～254 页；鲁家亮《2016 年中国大陆秦汉魏晋简牍研究概述》，《简帛》第十五辑，上海古籍出版社，2017 年，第 242～244 页；鲁家亮《2017 年中国大陆秦汉魏晋简牍研究概述》，《简帛》第十八辑，上海古籍出版社，2019 年，第 250～252 页；鲁家亮、陈双喜《2018 年中国大陆秦汉魏晋简牍研究概述》，《简帛》第二十辑，上海古籍出版社，2020 年，第 297～300 页；鲁家亮《2019 年中国大陆秦汉魏晋简牍研究概述》，《简帛》第二十二辑，上海古籍出版社，2021 年，第 274～277 页；鲁家亮、杨文《2020 年中国大陆秦汉魏晋简牍研究概述》，《简帛》第二十四辑，上海古籍出版社，2022 年，第 272～274 页；蔡万进、李若飞《〈里耶秦简（壹）〉研究综述》，《鲁东大学学报（哲学社会科学版）》2016 年第 5 期，第 67～68 页。

为"某半"后，①给里耶秦简文书中"手"的含义及其相关问题解决带来了重要转机，这是里耶秦简释字问题上最有代表性的一个例子。此外，陈先生将里耶秦简中笥牌中的"以"改释为"已"；②广濑薰雄、陈伟对误释为"史"的"夬"加以改释；③刘乐贤最近对秦汉出土简牍资料中与"谩"有关诸字的梳理，④均是我们进行里耶秦简的文字整理时值得学习的范文。秦更名方是里耶秦简中与秦汉文字研究有关的重要资料，游逸飞、陈侃理、郭永秉、陈松长、贺晓朦等对该木方的文字释读均有较大推进。⑤除文字释读外，利用里耶秦简中的纪年信息，对秦用字情况的梳理与再检讨，是近年来里耶秦简与秦代文字研究中出现的一个值得注意的视角。相关研究在前揭讨论秦更名方的论文中多有涉及。⑥这方面值得注意的研究还有风仪诚对"正、政、端""楚、荆""皋、罪""黔首、民、百姓""也、殹""其、亓"等组用字的比较；⑦大西克也对里耶秦简和秦封泥资料中出现的"泰"字的梳理；⑧邢义田提出的里耶秦简中"半""发"二字绝大部分不同时出现，存在以秦始皇三十一年为界，在文书使用中"某发"替代"某半"的

---

① 陈剑《读秦汉简札记三篇》，第 370～376 页。

② 陈剑《读秦汉简札记三篇》，第 379 页。

③ 广濑薰雄《秦简文字夬史辨——兼论里耶秦简中所见的"言夬"》，中国文字学会、吉林大学古籍研究所主办"中国文字学会第七届学术年会"会议论文，2013 年；陈伟《里耶秦简中的"夬"》，简帛网，2013 年 9 月 26 日。

④ 刘乐贤《秦汉行政文书中的"谩"字及相关问题》，《简帛》第十五辑，第 133～149 页。

⑤ 游逸飞《里耶秦简 8-455 号木方选释》，《简帛》第六辑，第 87～104 页；游逸飞《里耶秦简 8-455 号木方补释——〈岳麓书院藏秦简（壹）〉读后》，简帛网，2012 年 2 月 15 日；游逸飞《里耶 8-461 号"秦更名方"选释》，魏斌主编《古代长江中游社会研究》，上海古籍出版社，2013 年，第 68～90 页；陈侃理《里耶秦方与"书同文字"》，《文物》2014 年第 9 期，第 76～81 页；郭永秉《读里耶 8：461 木方札记》，《古文字与古文献论集续编》，上海古籍出版社，2015 年，第 386～398 页；陈松长、贺晓朦《秦汉简牍所见"走马"、"簪袅"关系考论》，《中国史研究》2015 年第 4 期，第 57～66 页。

⑥ 更为全面的论述，则见田炜《论秦始皇"书同文字"政策的内涵及影响——兼论判断出土秦文献文本年代的重要标尺》，《中研院历史语言研究所集刊》第 89 本第 3 分，2018 年，第 403～450 页。

⑦ 风仪诚《秦代讳字、官方词语以及秦代用字习惯——从里耶秦简说起》，《简帛》第七辑，第 147～157 页。

⑧ 大西克也《从里耶秦简和秦封泥探讨"泰"字的造字意义》，《简帛》第八辑，第 139～148 页。

可能;^①陈伟对"正"字避讳问题的再梳理、对"奴妾、臣妾、奴婢""皁、罪""隶"等词使用年代的分析;^②刘乐贤对"谩""詑"二字更替的梳理等;^③田炜、石洋对"叚、假"的辨析。^④这些研究提醒我们在研读里耶秦简等秦代文献时,要特别注意简文中文字或用语变化的时代背景。

其次,学者们对于里耶秦简简文句读方面的贡献,在前揭众多注本、整理本中已有集中体现,限于篇幅,此处仅举 4 个与句读直接有关的例子,提醒大家在阅读里耶秦简时,修订句读的重要作用。如刘乐贤对里耶"祠先农简"中"所"字属前读的进一步说明;^⑤陈垠昶将 5-1 号牍所载文书中的"县官"二字属上读,与"狱佐辨、平、士吏贺具狱县官"合为一句,^⑥诸如此类的标点改动对我们正确理解这些文书均有帮助。而戴世君对 16-5 号牍中"告乡、司空、仓主""尉别都乡、司空"等文句句读的修订,^⑦不仅破除了乡设司空的误解,^⑧也有助于我们正确理解里耶秦简中乡、司空、仓等机构的关系。又如,9-1 至 9-12 号木牍所载这组文书一直是学界讨论的焦点,对其中部分文句断读的差异是造成诸家意见分歧的重要因素。以 9-3 号牍为例,其中"司空不名计,问何县官计付。署计年、名为报"一句的断句争议尤多,^⑨也是影响后续

---

① 邢义田《"手、半"、"曰辄曰荆"与"迁陵公"——里耶秦简初读之一》,简帛网,2012 年 5 月 7 日。

② 陈伟《秦避讳"正"字问题再考察》,《出土文献研究》第十四辑,中西书局,2015 年,第 101~108 页;陈伟《秦避讳"正"字问题再考察补证》,简帛网,2014 年 9 月 1 日;陈伟《"奴妾"、"臣妾"与"奴婢"》,《出土文献与法律史研究》第六辑,法律出版社,2017 年,第 217~226 页;陈伟《秦简牍中的"皁"与"罪"》,简帛网,2016 年 11 月 27 日;陈伟《秦汉简牍中的"隶"》,简帛网,2017 年 1 月 24 日。后四文又收入《秦简牍校读及所见制度考察》,上海古籍出版社,2017 年,第 1~26 页。

③ 刘乐贤《秦汉行政文书中的"谩"字及相关问题》,第 133~149 页。

④ 田炜《说"叚""假"》,《出土文献》2021 年第 1 期,第 83~91 页;石洋《里耶秦方"叚如故更假人"新解》,《出土文献研究》第十八辑,中西书局,2019 年,第 114~128 页。

⑤ 刘乐贤《谈秦汉文献中"所"字的一种用法》,第 136~140 页。

⑥ 陈垠昶《里耶秦简 8-1523 编连和 5-1 句读问题》,简帛网,2013 年 1 月 8 日。

⑦ 戴世君《里耶秦简辨正(五)》,简帛网,2011 年 9 月 30 日。

⑧ 参邹水杰《也论里耶秦简之"司空"》,《南都学坛(人文社会科学学报)》2014 年第 5 期,第 1~3 页。

⑨ 参看王伟《里耶秦简"付计"文书义解》,《鲁东大学学报(哲学社会科学版)》2015 年第 5 期,第 54~61、65 页。

理解的关键。最近，陶安基于王伟对于"付""受"关系的研究，并结合《校释（一）》中对相关文句的断读，对这组文书中关键部分的断句提出了新的意见，① 应是目前所见较为合理的一种方案。

再次，注解也是我们进行基础性文本整理时，容易出错或疏忽的地方。《校释（一）》在注释上投入了大量精力，但是其出版之后，学者对其中的理解提出的补充意见依然很多。如胡平生对 8—660 号牍"日垂入"一词含义的修订。② 伊强将 8—1449+8—1484 号牍中的"蛮更"读为"变更"，使得该份文书的含义豁然开朗。③ 陈伟指出多处简文中所见"令史可""卒人可"的"可"不是人名，应是一种文书用语，表示委婉建议；卒人是对秦郡长官守、太守的一种旧称等等。④

综上，我们对里耶秦简的文本整理进行了简要的举例说明，实际上里耶秦简在文字释读、句读和注解等方面均还有进一步深入的空间。陈剑曾针对秦汉简牍文字的释读问题进行总结，他说："秦汉简帛篆隶字形中真正不认识的难字并不多，释文可能出现问题的反而往往倒是一些容易混淆而又习焉不察的常见字。'人莫蹪于山，而蹪于垤'，这些例子一再提醒我们，在阅读秦汉简帛图版时，一定要随时注意细心、再细心，多想想、再多想想。"⑤ 陈先生的这段告诫时刻提醒我们，在进行里耶秦简文本整理或研究时，这样去做或许可以避免少犯些错误。

（二）缀合、编连与分类

缀合与编连是简牍文本整理中最有趣味性的一个环节。整理者在此方面已经取得了丰硕的成果，我们在上文介绍里耶秦简资料发表时已有

---

① 陶安《"何計付"の句讀に関する覺書》，2016 年 6 月 22 日，http://www.aa.tufs.ac.jp/users/Ejina/note/note13(Hafner).html#sdendnote13sym。
② 胡平生《读〈里耶秦简（壹）〉笔记》，第 117～119 页。
③ 伊强《〈里耶秦简〉（壹）字词考释三则》，简帛网，2012 年 9 月 26 日。
④ 陈伟《"令史可"与"卒人可"》，简帛网，2015 年 7 月 4 日，又收入《秦简牍校读及所见制度考察》，第 28～35 页。
⑤ 陈剑《读秦汉简札记三篇》，第 379 页。

提及,①其成果最为集中的体现应是《里耶秦简(壹)》《里耶秦简(贰)》所附简牍缀合表。②与《里耶秦简(壹)》同步出版的《校释(一)》在缀合方面也大有推进,新增缀合131组。③《里耶秦简(壹)》《校释(一)》和《里耶秦简(贰)》出版之后,里耶秦简的缀合再掀高潮。这其中何有祖用力最勤,成果也最多,新增缀合近百组。④杨先云、里耶秦简牍校释小组则对《里耶秦简(贰)》缀合有集中贡献。⑤而其他学者的缀合

---

① 如14-639+14-672、14-656+15-434、14-300+14-764、14-649+14-679、14-650+14-652,见张春龙《里耶秦简中的祠先农简》;9-294+9-485,见张春龙《里耶秦简中迁陵县吏员的用餐记录》;10-91+9-133,见湖南省文物考古研究所《里耶秦简中和酒有关的记录》等等。

② 湖南省文物考古研究所编著《里耶秦简(壹)》,第111页;《里耶秦简(贰)》,第121~123页。

③ 陈伟主编,何有祖、鲁家亮、凡国栋撰著《里耶秦简牍校释(第一卷)》,第481~486页。

④ 何有祖《里耶秦简牍缀合(七则)》,简帛网,2012年5月1日;《里耶秦简牍缀合(二)》,简帛网,2012年5月14日;《里耶秦简牍缀合(三)》,简帛网,2012年5月17日;《里耶秦简牍缀合(四)》,简帛网,2012年5月21日,后以《里耶秦简牍缀合(七则)》为题收入《简帛》第九辑,第183~190页;《里耶秦简牍缀合(五)》,简帛网,2012年5月26日;《里耶秦简牍缀合(六)》,简帛网,2012年6月4日;《里耶秦简牍缀合(七)》,简帛网,2012年6月25日;《里耶秦简牍缀合(二则)》,简帛网,2012年7月30日;《里耶秦简牍缀合(六则)》,简帛网,2012年12月24日;《里耶秦简牍缀合(六则)》,《楚学论丛》第二辑,湖北人民出版社,2012年,第49~53页;《里耶秦简牍缀合(八则)》,简帛网,2013年5月17日;《里耶秦简牍缀合(三则)》,简帛网,2013年7月12日;《里耶秦简牍缀合(四则)》,简帛网,2013年10月4日;《里耶秦简牍缀合(八)》,简帛网,2014年2月12日;《里耶秦简缀合札记(四则)》,《简帛研究二〇一四》,广西师范大学出版社,2014年,第52~58页;《读里耶秦简札记(四则)》,简帛网,2015年6月10日;《读里耶秦简札记(一)》,简帛网,2015年6月17日;《读里耶秦简札记(二)》,简帛网,2015年6月23日;《读里耶秦简札记(三)》,简帛网,2015年7月1日;《读里耶秦简札记(四)》,简帛网,2015年7月8日;《读里耶秦简札记(五)》,简帛网,2015年7月15日;《读里耶秦简札记(六)》,简帛网,2015年8月16日;《里耶秦简牍缀合(九)》,简帛网,2015年11月23日;《里耶秦简牍缀合(十)》,简帛网,2016年6月10日;《里耶秦简缀合一则》,简帛网,2018年6月13日;《里耶秦简"谯曹"、"谯书"解》,《出土文献》第十三辑,中西书局,2018年,第194~200页;《里耶秦简缀合札记(四则)》,《出土文献》第十四辑,中西书局,2019年,第243~249页。

⑤ 杨先云《〈里耶秦简(贰)〉简牍缀合续表》,简帛网,2018年5月13日;《〈里耶秦简(贰)〉缀合一则》,简帛网,2018年5月13日。里耶秦简牍校释小组《〈里耶秦简(贰)〉缀合补(一)》,简帛网,2018年5月15日;《〈里耶秦简(贰)〉缀合补(二)》,简帛网,2018年5月15日。

则相对数量偏少，发表亦较为分散。① 李官丽对 2021 年 5 月之前发表的

---

① 杨小亮《里耶"翰羽"简缀合一例》，简帛网，2012 年 8 月 24 日，后收入《里耶简中有关"捕羽成鏃"的记录》，《出土文献研究》第十一辑，第 147～152 页。鲁家亮《〈里耶秦简·壹〉所见法律文献校读（二则）》，《出土文献与法律史研究》第二辑，上海人民出版社，2013 年，第 35～38 页。游逸飞、陈弘音《里耶秦简博物馆藏第九层简牍释文校释》。雷海龙《里耶秦简试缀五则》，简帛网，2014 年 3 月 15 日，后收入《简帛》第九辑，第 191～197 页。刘平、雷海龙《里耶秦简缀合一则》，简帛网，2014 年 4 月 26 日。赵粲然、李若飞、平晓婧、蔡万进《里耶秦简缀合与释文补正八则》，《鲁东大学学报（社会科学版）》，2015 年第 2 期，第 78～79 页。尹在硕《里耶秦简所见秦代县廷祭祀》，《中国学报》第七十一辑，韩国中国学会，2015 年，第 312、316～319 页。谢坤《里耶秦简（壹）试缀三则》，简帛网，2015 年 2 月 8 日；《里耶秦简（壹）缀合一则》，简帛网，2015 年 8 月 4 日；《读〈里耶秦简（壹）〉札记（二）》，简帛网，2015 年 9 月 8 日，以上谢氏三文整合后题名为《里耶秦简（壹）缀合四则》，载《简帛》第十二辑，上海古籍出版社，2016 年，第 79～84 页。姚磊《里耶秦简牍缀合札记（一则）》，简帛网，2015 年 5 月 29 日，后收入《里耶秦简牍札记（三则）》一文，载《简帛》第十二辑，第 95～97 页；《里耶秦简牍缀合札记（二）》，简帛网，2015 年 6 月 7 日。里耶秦简牍校释小组《新见里耶秦简牍资料选校（三）》，简帛网，2015 年 8 月 7 日。张驰《里耶秦简券类文书缀合三则》，简帛网，2015 年 7 月 31 日，又载《简帛》第十二辑，第 85～88 页。谢坤《〈里耶秦简（壹）〉缀合（一）》，简帛网，2016 年 5 月 16 日；《〈里耶秦简（壹）〉缀合（二）》，简帛网，2016 年 5 月 23 日；《〈里耶秦简（壹）〉缀合（三）》，简帛网，2016 年 11 月 17 日；《〈里耶秦简（壹）〉缀合（四）》，简帛网，2016 年 11 月 18 日；《读〈里耶秦简（壹）〉札记（三）》，简帛网，2016 年 12 月 28 日，以上谢氏五文中的缀合整合后题名为《里耶秦简缀合七则》，载《出土文献》第十辑，中西书局，2017 年，第 156～163 页；以及《里耶秦简所见逃亡现象——从"缭可逃亡"文书的复原说起》，《古代文明》2017 年第 1 期，第 48～53 页。陈伟《里耶秦简缀合（一则）》，简帛网，2016 年 10 月 5 日。石原辽平《里耶秦简贰春乡作徒簿缀合メモ》，2016 年 10 月 6 日，http://www.aa.tufs. ac.jp/users/Ejina/note/note18(Ishihara).html；《里耶秦简 8-192+8-685+8-462 简释读·缀合メモ》，2016 年 10 月 6 日，http://www.aa.tufs.ac.jp/users/Ejina/note/note19(Ishihara).html。周波《里耶秦简医方校读》，《简帛》第十五辑，第 48～50 页。谢坤《里耶秦简牍校读札记（六则）》，《出土文献研究》第十六辑，中西书局，2017 年，第 140～146 页；《读〈里耶秦简（壹）〉札记（四）》，简帛网，2017 年 8 月 31 日；《〈里耶秦简（壹）〉缀合（五）》，简帛网，2017 年 10 月 30 日。土口史记《里耶秦简 8-739+8-42+8-55 缀合》，简帛网，2017 年 9 月 15 日。谢坤《里耶秦简牍缀合八组》，《文献》2018 年第 3 期，第 66～70 页。李美娟《〈里耶秦简（壹）〉零札》，《简帛》第十七辑，上海古籍出版社，2018 年，第 87 页。杨先云《里耶秦简释文补正与残简试缀》，《楚学论丛》第七辑，湖北人民出版社，2018 年，第 68～72 页。刘松清《里耶秦简（贰）缀合一则》，简帛网，2018 年 10 月 11 日。唐强《里耶秦简》缀合及补说一则》，简帛网，2018 年 12 月 16 日。李美娟《〈里耶秦简（贰）〉札记》，《出土文献》第十四辑，中西书局，2019 年，第 250～263 页。李静、谢坤《里耶秦简（贰）缀合七则》，《简帛研究二〇二〇》春夏卷，广西师范大学出版社，2020 年，第 72～78 页。

缀合成果进行了全面的清理，共辑录缀合 492 组。[①]

上述缀合中，比较重要者如 8-138+8-174+8-522+8-523 所见秦始皇二十六年之"令史行庙"文书；[②]7-67+9-631（后合并为一个整理号：9-633）所见《迁陵吏志》；[③]8-145+9-2294（后合并为一个整理号：9-2289）所见秦始皇三十二年十月二十七日的"司空守圂徒作簿"。[④] 对于这些缀合文书的讨论与利用，是近几年来里耶秦简研究的热点之一。缀合是一个需要投入大量时间、持续推进的工作，对于已经缀合的简牍，有时会导致我们产生一个盲区，即容易忽视其进一步缀合的可能。因此，在后续的研究之中，我们应时刻提醒自己，哪些重要的文书还需要进一步缀合，期待找到使其完璧的最后一块拼图，前揭"令史行庙"文书、秦更名方正是需要格外注意的典型。最近，谢坤所完成的"缭可逃亡"文书复原应是此类工作的一个有益尝试。[⑤]

而在另一方面，我们也需注意上述缀合意见并非全部可信，有少量缀合已经发现有错误，且有学者对此进行修订。如雷海龙将 8-249+8-2065 的缀合改为 8-1714+8-2065，将 8-834+8-1609 的缀合改为 8-1104+8-1609；[⑥]陈伟则进一步将 8-834 与 8-1604 缀合。[⑦]这样，误缀在一起的 8-834 和 8-1609 均找到了各自的归属。又如，8-2099+8-2102+8-2134 三片的缀合，原缀合者已提出了疑问，认为 8-2099 与 8-2102 的茬口不太吻合。[⑧] 由表二图版所见，如三片拼缀在一起，势必导致 8-2099 右侧第一行的"童"字与 8-2102 左侧第三

---

① 李官丽《里耶秦简缀合概览》，《简帛》第二十三辑，上海古籍出版社，2021 年，第 259～293 页。
② 湖南省文物考古研究所编著《里耶秦简（壹）》，第 111 页。
③ 里耶秦简牍校释小组《新见里耶秦简牍资料选校（一）》。
④ 里耶秦简牍校释小组《新见里耶秦简牍资料选校（二）》。
⑤ 谢坤《里耶秦简所见逃亡现象——从"缭可逃亡"文书的复原说起》，第 48～53 页。
⑥ 雷海龙《里耶秦简试缀五则》。
⑦ 陈伟《里耶秦简缀合（一则）》。
⑧ 赵粲然、李若飞、平晓婧、蔡万进《里耶秦简缀合与释文补正八则》，第 79 页。

表二　里耶秦简缀合误正对照表

序号	误	正	
1			
	8-249+8-2065	8-1714+8-2065	
2			
	8-834+8-1609	8-834+8-1604	8-1104+8-1609
3			
	8-2099+8-2134	8-2102+8-2134	

行的残字笔画重叠。① 如果 8-2099、8-2102 分别与 8-2134 缀合，则 8-2102+8-2134 的组合在文字风格、茬口吻合度以及辞例等方面均优于 8-2099+8-2134 的组合。此外，陶安对目前所见里耶秦简缀合中存在疑问的 14 例提出反对意见并剖析误缀原因。② 尽管陶安所举 14 例中，有 2 例没有得到实物验证的支持。但这些误缀的例子一再地提醒我们，无论是新缀合的提出，还是使用已有的缀合成果，比对原始图版、核查辞例是不应忽略的环节。

　　与缀合成果的丰硕相比，里耶秦简的编连工作则进展缓慢。比较有代表性的编连有三组：其一为在整理者编连 8-755～759 的基础上，③ 陈垠昶补编 8-1523，④ 宫宅洁补编 8-1564，⑤ 使得这份文书进一步完善。其二是在《校释（一）》的基础上，何有祖所复原的"讯敬"简册。⑥ 其三是对 9-1 至 9-12 这一组文书关系的复原。⑦ 除此之外，尚有于洪涛、广濑薰雄对"御史问直络裙程书"所涉简牍进行的编排；⑧ 何有祖对戍卒

---

① 今按，这个残字，我们怀疑是"庆"。8-2111+8-2136 所见秦始皇三十一年七月十六日"二人行书成阳"，其中一人就是"庆"。

② 陶安《里耶秦简缀合商榷》，《出土文献研究》第十六辑，第 106～139 页。

③ 湖南省文物考古研究所编著《里耶秦简（壹）》，第 49 页。

④ 陈垠昶《里耶秦简 8-1523 编连和 5-1 句读问题》。

⑤ 宫宅洁《关于里耶秦简⑧ 755～759 简与⑧ 1564 简的编联》，简帛网，2018 年 3 月 4 日，又载《简帛》第十八辑，第 29～36 页。

⑥ 何有祖《里耶秦简牍缀合（八则）》；宫宅洁《里耶秦简"讯敬"简册识小》，简帛网，2016 年 11 月 16 日，又载《简帛》第十五辑，第 31～39 页。

⑦ 参邢义田《湖南龙山里耶 J1（8）157 和 J1（9）1～12 号秦牍的文书构成、笔迹和原档存放形式》，《简帛》第一辑，第 275～296 页；黎明钊、马增荣《试论里耶秦牍与秦代文书学的几个问题》，《简帛》第五辑，第 73～75 页；里耶秦简博物馆、出土文献与中国古代文明研究协同创新中心中国人民大学中心编著《里耶秦简博物馆藏秦简·前言》，第 12～16 页；姚磊《里耶秦简第 9 层 1～12 号木牍的反印文及其迭压关系》，《中国文字》新 43 期，艺文印书馆，2017 年，第 145～166 页。

⑧ 于洪涛《试析里耶简"御史问直络裙程书"》，简帛网，2012 年 5 月 30 日；广濑薰雄《也谈里耶秦简〈御史问直络裙程书〉》，香港中文大学历史系中国历史研究中心、武汉大学简帛研究中心和韩国国立庆北大学历史系合办的"中国简帛学国际论坛 2016：简牍与战国秦汉历史"会议论文，2016 年；后收入《简帛研究论集》，上海古籍出版社，2019 年，第 117～136 页。

"寄"为佣一事相关简册的复原；①学者们对三枚载有迁陵县吏员用餐记录木牍关系的讨论；②杨振红、单印飞、马增荣、张忠炜对16-5、16-6和9-2283三牍关系的讨论；③梁炜杰对"《吏缺》簿册"的复原；④笔者对5枚单行书写简中所见"徒簿"的复原；⑤唐俊峰对"受令简"的讨论；⑥谢坤对"鼠券"的复原等。⑦实际上，后四者还不是严格意义上的编连，或许称之为分组更为合适。

作为编连工作的延伸，对里耶秦简所见文书分组、分类也得到了学者们的关注。整理者的资料发表就与分类工作密切相关，有依内容加以区分的，如《里耶秦简中的祠先农简》《龙山里耶秦简之"徒簿"》等；也有依形制进行介绍的，如《里耶一号井的封检和束》；还有两者兼顾的，如《里耶秦简刻齿简研究——兼论岳麓秦简〈数〉中的未解读简》等等。整理者在《里耶秦简（壹）》的《前言》之中介绍简牍形制时，指出除常见的简、牍外，尚有觚、簿籍类、券书（校券）、楬、检、封检、束等。而内容则包括书传、律令、录课、簿籍、符券、检楬、历

① 何有祖《里耶秦简"取寄为佣"诸简的复原与研究》，《出土文献》第十一辑，中西书局，2017年，第256～265页。

② 张春龙《里耶秦简中迁陵县吏员的用餐记录》，第149页；里耶秦简牍校释小组《新见里耶秦简牍资料选校（二）》，第191页。

③ 杨振红、单印飞《里耶秦简J1（16）5、J1（16）6的释读与文书的制作、传递》，《浙江学刊》2014年第3期，第16～24页。马增荣《里耶秦简9-2283、[16-5]和[16-6]三牍的反印文和迭压关系》，简帛网，2018年8月22日；《秦代简牍文书学的个案研究——里耶秦简9-2283、[16-5]和[16-6]三牍的物质形态、文书构成和传递方式》，韩国国立庆北大学史学科BK事业团、武汉大学简帛研究中心、香港中文大学历史系中国历史研究中心联合主办"中国简帛学国际论坛2018·通过简牍材料看古代东亚史研究国际论坛"会议论文，2018年；后载《中研院历史语言研究所集刊》第91本第3分，2020年，第349～418页。张忠炜《里耶9-2289号牍的反印文及相关问题》，《文汇报·文汇学人》第390期，2019年5月17日；后载《里耶秦简研究论文选集》，中西书局，2021年，第113～134页。

④ 梁炜杰《〈里耶秦简（壹）〉〈吏缺〉簿册复原》，简帛网，2015年4月7日。

⑤ 鲁家亮《里耶秦简8-145+9-2294号牍再读》，《简帛研究二〇一七》春夏卷，广西师范大学出版社，2017年，第134～150页。

⑥ 唐俊峰《受令简与恒署书：读〈里耶秦简（贰）〉札记两则》，《简帛》第十九辑，上海古籍出版社，2019年，第107～116页。

⑦ 谢坤《里耶秦简所见"鼠券"及相关问题》，《简帛》第二十一辑，上海古籍出版社，2020年，第139～146页。

谱、九九术与药方、里程书、习字简等 10 大类 21 小类。^①

　　不难看出，整理者所进行的两种分类存在一定的交叉与重叠。因此，以形制为基础，兼及内容的讨论，是学界对里耶秦简进行分类并展开研究的一种常见路径。如学者们对封检上文字的书写状况、封检的传递方式以及束的性质多有讨论。^② 姚磊对《里耶秦简（壹）》中的"检"进行梳理，并从形制上进行分类、对内容加以考察。^③ 张今则对里耶秦简中的楬加以搜集与整理，并对其中的图像信息进行解读等等。^④ 但这些讨论所依据的形制分类均未跳出整理者提出的框架。对此有所突破的是角谷常子，她注意到里耶秦简中使用单独简、长简较多的现象并就其原因加以讨论。^⑤ 这其中对于使用单独简现象的提出，应引起我们的注意。换言之，目前所见的这些单独简有无可能复原为一个或多个简册是一个值得思考和探索的方向。前揭"讯敬"简册、《吏缺》簿册、单简中的"徒簿""受令简""鼠券"的复原在此方面已有所尝试。此外，陶安在讨论里耶秦简中文书简牍的再利用现象时，^⑥ 提出的"异处简"问题也需要重视。而在内容分类方面，于洪涛所做工作比较有代表性，^⑦ 但有较多改进空间。整体而言，学界对内容分类本身的讨论不及对分类后内

① 湖南省文物考古研究所编著《里耶秦简（壹）·前言》。

② 籾山明《山は隔て、川は結ぶ—〈里耶発掘報告〉を読む—》，《東方》第 315 期，2007 年；藤田胜久《里耶秦简所见秦代郡县的文书传递》，《简帛》第八辑，第 179～194 页；陈伟《关于秦文书制度的几个问题》，《中国新出資料學の展開（第四回日中学者中国古代史論壇論文集）》，汲古書院，2013 年，第 46～49 页；籾山明《"束"と表題簡の關係について——遷陵縣における文書保管と行政實務（1）》，2014 年 1 月 13 日，http://www.aa.tufs.ac.jp/users/Ejina/note/note05(Momiyama).html；籾山明《編むことと束ねること——遷陵縣における文書保管と行政實務（2）》，2014 年 1 月 13 日，http://www.aa.tufs.ac.jp/users/Ejina/note/note06(Momiyama).html。

③ 姚磊《〈里耶秦简（壹）〉所见"检"初探》，简帛网，2015 年 12 月 28 日。

④ 张今《里耶秦简中的楬》，简帛网，2016 年 8 月 21 日。

⑤ 角谷常子《论里耶秦简的单独简》，《简帛》第八辑，第 161～178 页；《木简使用の變遷と意味》，角谷常子编《東アジア木簡学のために》，汲古書院，2014 年，第 10～18 页。

⑥ 陶安《试谈里耶秦简所见文书简牍的再利用情况》，吉林大学古籍研究所主办"'出土文献与学术新知'学术研讨会暨第四届出土文献青年学者论坛"学术会议论文，2015 年 8 月；后收入《里耶秦简研究论文选集》，中西书局，2021 年，第 135～164 页。

⑦ 于洪涛《里耶秦简经济文书分类整理与研究》，知识产权出版社，2019 年。

容的阐发。其中有几类简，讨论热烈，如"禀食"简、① "徒簿"简。②

以上，我们对里耶秦简的缀合、编连与分类情况进行了简要梳理。相信未来的数年之内，这些仍是里耶秦简研究中学界关注的重点，尤其是诸如重要文书缀合的持续展开、对跨层缀合现象的关注、基于分类之上的简册复原等方面。

三、里耶秦简与秦史研究举隅

整理者在最初介绍里耶秦简时，就已指出里耶秦简对秦代历史研究的价值，涉及历法、历史地理、职官等。③ 李学勤则就历朔、行书与文

---

① 马怡《简牍时代的仓廪图：粮仓、量器与简牍——从汉晋画像所见粮食出纳场景说起》，《中国社会科学院历史研究所学刊》第 7 集，商务印书馆，2011 年，第 163～198 页；陈伟《里耶秦简所见秦代行政与算术》，简帛网，2014 年 2 月 4 日，又收入《秦简牍校读及所见制度考察》，第 145～165 页；沈刚《〈里耶秦简〉（壹）所见禀给问题》，吉林大学古籍研究所编《吉林大学古籍研究所建所 30 周年纪念论文集》，上海古籍出版社，2014 年，第 133～144 页；平晓婧、蔡万进《里耶秦简所见秦的出粮方式》，《鲁东大学学报（哲学社会科学版）》2015 年第 4 期，第 78～81、96 页；黄浩波《〈里耶秦简（壹）〉所见禀食记录》，《简帛》第十一辑，第 117～139 页；吴方浪、吴方基《简牍所见秦代地方禀食标准考论》，《农业考古》2015 年第 1 期，第 181～185 页；赵岩《里耶秦简（贰）"出粮券"校读》，简帛网，2018 年 5 月 26 日；宫宅洁《出禀与出贷——里耶秦简所见戍卒的粮食方法制度》，《简帛》第十七辑，上海古籍出版社，2018 年，第 123～131 页；代国玺《秦汉的粮食计量体系与居民口粮数量》，《中研院历史语言研究所集刊》第 89 本第 1 分，2018 年，第 119～164 页。
② 曹书林《"受仓隶妾"解》，《鲁东大学学报（哲学社会科学版）》2013 年第 5 期，第 71～75 页；梁炜杰《读〈里耶秦简（壹）〉札记——"作徒簿"类型反映的秦"冣"意义》，简帛网，2013 年 11 月 9 日；高震寰《从〈里耶秦简（壹）〉"作徒簿"管窥秦代刑徒制度》，《出土文献研究》第十二辑，第 132～143 页；胡平生《也说"作徒簿及冣"》，简帛网，2014 年 5 月 31 日；贾丽英《里耶秦简牍所见"徒隶"身份及监管官署》，《简帛研究二〇一三》，广西师范大学出版社，2014 年，第 68～81；马硕，Convict labor in the Qin empire：A preliminary study of the "Registers of convict laborers" from Liye，《简帛文献与古代史——第二届出土文献青年学者国际论坛论文集》，中西书局，2015 年，第 132～156 页；黄浩波《里耶秦简牍所见"计"文书及相关问题研究》，《简帛研究二〇一六》春夏卷，广西师范大学出版社，2016 年，第 92～106 页；鲁家亮《里耶秦简 8-145+9-2294 号牍再读》。
③ 湖南省文物考古研究所、湘西土家族苗族自治州文物处《湘西里耶秦代简牍选释》，第 23～25 页。

书格式、洞庭与迁陵、事例、与汉初文书对比等五方面论述初读里耶秦
简的收获。^① 其后出版的《报告》中，整理者对上述三个问题有所补充
外，又新增了文书制度和秦百姓的经济生活这两方面的内容。^② 后来这
些领域均成为里耶秦简研究的热点。此外，随整理资料的陆续分类发
表，"祠先农""户籍简"等也受到了学界的密切关注。相关的研究情
况，学界多已有介绍或评述，如历史地理方面所涉及的洞庭郡、苍梧郡
问题、洞庭郡郡治问题、洞庭郡下辖县目问题等可参看本书第六章《政
区地理》。文书制度方面的讨论则可参看本书第二章《文书行政》、张驰
《〈里耶秦简（壹）〉文书学研究》的绪论部分以及伍成泉、凡国栋、蔡
万进、李若飞等的综述。^③ 限于篇幅，我们不再赘述。

　　对于这些研究的不足或展望，学者们据自己研究的兴趣点或学术背
景有不同的论述，如凡国栋指出应重视历史地理和社会史方面的研究；^④
秦其文强调经济史方面的研究等等；^⑤ 而蔡万进、李若飞则指出要注重宏
观性的专题研究、加强现有薄弱问题的推进、避免秦汉一概而论或重汉
轻秦的倾向等等；^⑥ 游逸飞则建议编制人名、地名、官名、年月日四种索
引。^⑦ 上述诸位先生的意见均值得注意。下面结合笔者自己学习、研读
里耶秦简时的体会，就迁陵县的个案研究、里耶秦简与岳麓秦简对读这
两个问题再略作展开。

（一）秦迁陵县的个案研究

　　利用里耶秦简对秦迁陵县进行个案式的考察，无疑是一个值得深入

① 李学勤《初读里耶秦简》。
② 湖南省文物考古研究所编著《里耶发掘报告》，第214～216页。
③ 张驰《〈里耶秦简（壹）〉文书学研究》，武汉大学硕士学位论文，2016年，第4～8
　　页；伍成泉《近年来湘西里耶秦简研究综述》，第19～21页；凡国栋《里耶秦简研究
　　回顾与前瞻》，第44页；蔡万进、李若飞《〈里耶秦简（壹）〉研究综述》，第70页。
④ 凡国栋《里耶秦简研究回顾与前瞻》，第48页。
⑤ 秦其文《里耶秦简研究述评》，《南都学坛（人文社会科学学报）》2014年第2期，第15页。
⑥ 蔡万进、李若飞《〈里耶秦简（壹）〉研究综述》，第75页。
⑦ 游逸飞《评陈伟主编〈里耶秦简牍校释〉第一卷》，第184～186页。

的课题。游逸飞利用里耶秦简对洞庭郡所作个案考察，^①就很有启发意义。众所周知，里耶秦简的内容与秦代迁陵县密切相关，因此这批资料更适合用来复原、勾勒秦迁陵县的基本面貌。迁陵县个案研究的价值与意义，当如游逸飞所云"迁陵县是迁陵县，迁陵县又不只是迁陵县"。^②换言之，我们做好迁陵县这一个案的基本复原工作的前提就是既不夸大其特殊性，也不忽视其与帝国内其他郡县所共有的现象，在条件允许的情况下应将其上升到关照整个秦制、秦史研究的高度。

对迁陵县进行个案考察，涉及的内容很多。以前揭游先生研究洞庭郡为参照，至少涉及郡级机构的设置、郡治与下属县、人员构成、交通与物流、文书传递等问题，^③这些问题大多也适用于我们对迁陵县的考察。笔者曾尝试从区域社会的角度对迁陵县进行个案分析，当时拟定的内容主要包括自然环境、社会结构以及社会生活等三个层面。^④

现在看来，对于迁陵县社会结构的复原最为迫切，进展也最大，其所涉及的内容当包括迁陵县的行政规划、县廷的组织结构及其吏员构成、职责、迁转等问题。通过这些专题的讨论，可以帮助我们构建起秦迁陵县社会结构的整体面貌，从而反过来加深对简文内涵的理解。从另一方面来说，随资料的发表和研究的深入，针对迁陵县进行这种个案复原和研究也逐渐成为可能。

1. 迁陵县行政区划体系的复原

迁陵设县的时间为秦王政二十五年，^⑤这在里耶秦简中有明确记载，

---

① 游逸飞《里耶秦简所见的洞庭郡——战国秦汉郡县制个案研究的之一》。
② 游逸飞《出土文献与秦汉地方行政》，"出土文献与秦汉史研究工作坊之二"，北京大学出土文献研究所，2015 年 11 月 20～22 日。
③ 游逸飞《守府、尉府、监府——里耶秦简所见郡级行政的基础研究之一》，《简帛》第八辑，第 229～237 页；游逸飞《里耶秦简所见的洞庭郡——战国秦汉郡县制个案研究之一》。
④ 鲁家亮《秦简牍与区域社会研究——以秦迁陵县（地区）为个案分析》，"出土文献与秦汉史研究工作坊之二"，北京大学出土文献研究所，2015 年 11 月。
⑤ 今按，《史记·秦始皇本纪》记该年"王翦遂定荆江南地"。

即 8-755+8-756+8-757+8-758+8-1564+8-759+8-1523 这组文书所云
"今迁陵廿五年为县"。迁陵县下辖三乡：都乡、贰春乡、启陵乡，①学界也
无争议。凡国栋较早对三乡下辖里的状况进行过复原，②其后晏昌贵、郭
涛又对三乡空间位置及其下辖之里状况再作讨论，他们指出贰春乡可能
位于秦迁陵县西部偏北一带，其地为山区、丘陵地带，产漆、枝（枳）枸
等林木作物，可能有驻军并储藏军械物资，其内之贰春亭、唐亭或为军
事设置，下辖三里（南里、东成里、舆里）；都乡位于秦迁陵城内或其附
近，下辖二里（高里、阳里）；而启陵乡必在西阳与迁陵之间，其具体位
置或在秦迁陵县以东以南一带，下辖一里（成里）。③晏、郭之文对迁陵
县三乡六里的行政区划结构的讨论应属可信，六里的归属也基本可靠，唯
舆里的信息较少，尚难完全确定。④此外，论文还推测在秦始皇二十八年
及以前迁陵可能存在七里，此后减省一里，并一直保持六里的规模。对于
秦始皇二十八年之前在里耶秦简中见到的里名，该文举出了 4 个，即右里
（8-439+8-159+8-537）、渚里（16-9）、贾里（16-223）和南阳里（北护
城壕 K11 所见）。⑤这其中右里、贾里信息不明，南阳里的争议较多，⑥暂

---

① 湖南省文物考古研究所编著《里耶秦简（壹）》前言，第 5 页。

② 凡国栋《里耶秦简所见秦基层地方行政体系》，《湖南考古辑刊》第十一集，科学出版
　社，2014 年，第 306～308 页。

③ 晏昌贵、郭涛《里耶简牍所见秦迁陵县乡里考》，《简帛》第十辑，第 145～154 页。

④ 今按，其它五里归属确定，因均有各乡上报的文书为证，如高里（8-1443+8-1455、
　9-2350）、阳里（8-1554）、成里（8-157）、南里（9-14）、东成里（10-1157）。

⑤ 晏昌贵、郭涛《里耶简牍所见秦迁陵县乡里考》，第 153～154 页。

⑥ 参邢义田《龙山里耶秦迁陵县城遗址出土某乡南阳里户籍简试探》，简帛网，2007
　年 11 月 3 日；张荣强《湖南里耶所出"秦代迁陵县南阳里户版"研究》，《北京师范
　大学学报（社会科学版）》2008 年第 4 期，第 68～80 页，又《汉唐籍帐制度研究》，
　商务印书馆，2010 年，第 7～36 页；黎明钊《"里耶秦简"：户籍档案的探讨》，《中
　国史研究》2009 年第 2 期，第 5～23 页；陈絜《里耶"户籍简"与战国末期的基层
　社会》，《历史研究》2009 年第 5 期，第 24～30 页；刘瑞《里耶古城北城壕出土户
　籍简牍的时代与性质》，《考古》2012 年第 9 期，第 69～74 页；晏昌贵、郭涛《里
　耶简牍所见秦迁陵县乡里考》，第 154 页；鲁西奇《楚秦汉之际的"楚人"》，《早期中
　国史研究》第 8 卷第 1 期，2016 年，第 15～16 页。今按，对于南阳里与南里、阳
　里的关系，笔者同意晏昌贵、郭涛、鲁西奇等文中提出的南阳里一分为二形成了南
　里、阳里的意见。

时不宜纳入考察。比较明确的应是渚里。据 16-9（彩版二）记载，该里原属启陵乡，在秦始皇二十六年该里户人十七户徙至都乡，晏、郭之文据此推测该里在这次人口迁徙后有所裁并。①

乡之下，与里并存的机构尚有津、亭、邮等。笔者曾指出贰春、启陵二乡内还有津的存在，但对贰春津、启陵津的归属则持既由县廷直辖也受到所属地域对应乡啬夫监督、管理的看法。②

前文提及晏、郭二先生指出贰春乡有贰春亭、唐亭（8-1114+8-1150），其中唐亭的资料又见于 8-92、9-1112 等简。

> 廿六年二月癸丑朔丙子，唐亭段（假）校长壮敢言之：唐亭 I 旁有盗可卅人。壮卒少，不足以追。亭不可空。谒 II 遣〔卒〕索（索）。敢言之。」二月辛巳，迁陵守丞敦狐敢告尉、告乡主，以律 III【9-1112 正】令从吏（事）。尉下亭鄣，署士吏谨备。贰乡上司马丞。」亭手。」即令 I 走涂行。II

> 二月辛巳，不更舆里戌以来。」丞半。　壮手。III【9-1112 背】

据 9-1112 记载县尉可以向亭直接下达命令，要求士吏对出现盗贼一事加以防备，同时县丞也会将此事告知亭所在之乡。这和我们前面提及津的管辖状况较为相似。除贰春亭、唐亭外，已公布里耶秦简之中，还有一些亭值得关注：

> ☑陈亭、成都亭，独☑【8-38】
> 辞（辞）曰：偃署毋龙亭，往☑【8-1496】③
> ☐☐☐☐☐叶亭☐☐☐☐☑【8-1907】

---

① 晏昌贵、郭涛《里耶简牍所见秦迁陵县乡里考》，第 154 页。
② 鲁家亮《里耶秦简所见迁陵三乡补论》，《国学学刊》2016 年第 4 期，第 35～38 页。
③ 今按，此简应是对 8-1953+8-1989 诘问的回复。

〔廿六〕年五月辛巳朔丁亥，发弩守相如敢〔言之〕：令〔史辟析〕Ⅰ亭良不在迁陵，复上真书言。·问之，良不在迁陵。上真书。Ⅱ敢言之。Ⅲ【8-2299+9-1882 正】

□□□辟析亭良。☑Ⅰ

□月丁亥水十一刻刻下八，襄城下里士五（伍）□以来。」亭半。……□□□手。Ⅱ【8-2299+9-1882 背】

☑□……毋龙亭到□☑Ⅰ

……·溪申亭到□☑Ⅱ【10-954】

此外，8-92 号简中的"阎单""褐"也存在是亭名的可能。[①]

在里耶秦简中，我们发现邮与乡的关系十分密切。如在著名的"除邮人简"（8-157）中，我们看到"启陵邮人"的提法；而"都邮人"（即都乡邮人）则见于 8-62、8-704+8-706、9-712、12-1517 等简，这其中 9-712 可能是它县都乡邮人，其余三简应指迁陵县都乡邮人，12-1527 中出现的都乡邮人"辰"又见于 8-664+8-1053+8-2167 简，但简文仅称其为邮人，未署乡名。

卅二年□子酉日中，都邮人士五（伍）高里辰行□☑【12-1527】

卅二年九月甲戌朔朔日，迁陵守丞都敢☑Ⅰ

以朔日上所买徒隶数守府。·问☑Ⅱ

敢言之。☑Ⅲ【8-664+8-1053+8-2167 正】

九月甲戌旦食时，邮人辰行。☑【8-664+8-1053+8-2167 背】

这种只称"邮人"而不署乡名的情况比较常见，如邮人得（8-154）、邮人庆（8-2159+8-740）、邮人曼（8-755+8-756+8-757+8-758+8-15

---

① 今按，整理者指出迁陵有阎亭、唐亭等，见湖南省文物考古研究所编著《里耶秦简（壹）·前言》，第 5 页。

64+8-759+8-1523）、邮人敝（8-767）。以上，我们在都乡和启陵乡均找到邮人存在的证据，贰春乡则据8-1147简所见，亦当有邮。此外，8-66+8-208、8-1432、9-739等简显示，门浅、酉阳等县的都乡也设有邮。

> 八月乙巳朔己未，门浅□丞敢告临沅丞主：腾真书，当腾腾，敢告Ⅰ主。丿定手。　　丿Ⅱ【8-66+8-208 正】
> 十月丁卯水十一刻下九，都邮士五（伍）纑以来。丿谢发。　　十四。【8-66+8-208 背】
> ☐☐以邮行。十月丙子食时过☐☐Ⅰ
> ☐☐临沅☐☐一月甲☐夕过☐☐邮。Ⅱ【8-1432 正】
> ☐　十一月丙申旦过都邮。Ⅰ
> ☐　十一月癸卯旦过酉阳□邮。Ⅱ【8-1432 背】
> 五月庚寅旦，过酉阳都邮。【9-739】

张家山汉简《二年律令·行书律》中有两条汉初"邮"设置规定的律文：

> 十里置一邮。南郡江水以南，至索（索）南界，廿里一邮。
> 【264】
> 一邮邮十二室，长安广邮廿四室，敬（警）事邮十八室。有物故、去，辄代者有其田宅。有息，户勿减。令邮人行制书、急书，复，勿令为它事。畏害及近边不可置邮者，令门亭卒、捕盗行之。北地、上、陇西，卅里一邮；地险陕不可置邮者，得进退就便处。邮各具席，设井磨。吏有县官事而无仆者，邮为炊；有仆者，叚（假）器，皆给水浆。【265～267】

律文提及汉初南郡江水以南至索县南界可二十里置一邮，而北地、上郡、陇西则可三十里置一邮，这与一般的十里一邮的常规设置明显有别。简文还指出"地险陕不可置邮者，得进退就便处"。虽然这些律文是针对汉初的情况制定的，但是秦时迁陵县所在之地是符合"地险陕"这一特征的。因此，或可推测秦时迁陵地区邮的设置应同汉初一样，可"得进退就便处"。具体到迁陵县，这个"就便"或是利用了既有的乡里设置，并未严格按照里程要求设置，哪怕是超过三十里置一邮都未必在该地区执行。至于洞庭郡内其他各县的情况是否也是如此，尚难知晓。但是可以看到的是，其他诸县的都乡也如迁陵都乡一样设有邮。

邢义田曾说："从秦到汉初，在帝国西部和南部的边缘地带，在基层已经出现象征帝国统治力量的乡里制。从某个角度看，不能不承认秦汉帝国对地方基层控制之深入。"[①]上揭里耶秦简所见迁陵县的乡里信息，是邢先生这一观点最好的注脚。更有甚者，我们看到除基本的乡里设置外，津、亭、邮等的配套为帝国对基层社会的控制增添了更为严密的网络布局。就目前研究的情况来看，对于迁陵县津、亭、邮的研究尚可深挖，具体而言包括诸如亭的设置情况及其与乡的关系等问题均有待深入。

2. 迁陵县机构设置情况的复原

学界对县内机构和吏员的设置尤其关注，如较早发表的有邹水杰《里耶简牍所见秦代县廷官吏设置》一文，[②]但限于当时资料发表的状况，邹文重点分析的还是县长吏的相关情况，对于属吏则采取了列举的形式。这些不同层级、不同部门的小吏放在一起，看上去很是杂乱，甚至有些官吏的辨析还存在错误，如里佐。[③]《里耶秦简

---

① 邢义田《从出土资料看秦汉聚落形态和乡里行政》，《治国安邦：法制、行政与军事》，中华书局，2011年，第270～271页。
② 邹水杰《里耶简牍所见秦代县廷官吏设置》，《咸阳师范学院学报》2007年第3期，第8～11页。
③ 关于里耶秦简16-2中"里佐"资料的辨析，可参看王子今《里耶秦简与"闾左"为"里佐"说》，《湖南大学学报（社会科学版）》2014年第4期，第16～17页。

（壹）》出版之后，有两篇文章较为全面地讨论了迁陵县的机构与吏员设置，一为王彦辉的《〈里耶秦简〉（壹）所见秦代县乡机构设置问题蠡测》，①另一为叶山的《解读里耶简——秦代地方行政制度》。②两文对部分机构的理解存在分歧，比如"库""金布"等；另外一个共同的问题是，两文对曹、官关系的认识亦较为模糊，导致对简文的理解也存在偏差。类似的问题还出现在曹书林、贾丽英等对徒隶归属问题的讨论中，他们将徒隶的管理机构定为仓曹、司空曹。③笔者在讨论"令史行庙"文书时也曾将少内看成曹。④凡此种种说明当时学界对曹的认识较为模糊。

日本学者仲山茂据睡虎地秦简已经发现了秦代县的行政组织中存在"官（府）"与"廷"的区别。⑤其后，青木俊介、土口史记等进一步发展了这一观点，⑥明确了"官"与"曹"的不同。而高村武幸则从封检分类的角度，梳理出了迁陵县的九曹、十官，⑦这其中诸官中的"传"值得注意。另一方面，严耕望很早就注意到收录在萧吉《五行大

① 王彦辉《〈里耶秦简〉（壹）所见秦代县乡机构设置问题蠡测》，《古代文明》2012 年第 4 期，第 46～57 页。
② 叶山《解读里耶秦简——秦代地方行政制度》，第 89～137 页。
③ 曹书林《"受仓隶妾"解》，《鲁东大学学报（哲学社会科学版）》2013 年第 5 期，第 71～75 页；贾丽英《里耶秦简牍所见"徒隶"身份及监管官署》，《简帛研究二〇一三》，第 68～81 页。
④ 鲁家亮《里耶秦简"令史行庙"文书再探》，《简帛研究二〇一四》，第 49 页。
⑤ 仲山茂《秦漢時代の「官」と「曹」：県の部局組織》，《東洋学報》第 82 卷第 4 号，2001 年，第 38～42 页。
⑥ 青木俊介《里耶秦簡に見える県の部局組織について》，《中国出土資料研究》第 9 号，2005 年，第 103～111 页；土口史記《戦国・秦代の県——県廷と"官"の関係をめぐる一考察》，《史林》第 95 卷第 1 号，2012 年，第 5～37 页；土口史記《战国、秦代的县——以县廷与"官"之关系为中心的考察》，《法律史译评》2013 年卷，中国政法大学出版社，2014 年，第 1～27 页；土口史記《里耶秦简所见的秦代文书行政：以县廷与"官"的关系为中心》，首都师范大学历史学院主办'"中古中国的政治与制度'学术研讨会"会议论文，2014 年；土口史記《里耶秦簡にみる秦代縣下の官制構造》，《東洋史研究》第 73 卷第 4 号，2015 年，第 1～38 页。
⑦ 高村武幸《里耶秦簡第八層出土簡牘の基礎的研究》，《三重大史学》第 14，2014 年，第 36～37 页。

义》中的一段《洪范五行传》佚文，并且指出其所记载的"官曹二分"的格局可能反映的是县的情况。[1] 郭洪伯较早利用这段文献讨论所谓"稗官"的问题，[2] 其后又进一步扩充，延伸至整个"稗官"与"诸曹"的考察。[3] 略晚，孙闻博也对这个问题进行了阐发。[4] 孙氏之文利用里耶秦简的资料，结合《洪范五行传》，对迁陵县的官、曹情况多有比对和补充；而郭文广及秦汉，其对官、曹的体制，各自的运行模式讨论要更深入一些。

总体而言，上述研究基本廓清了秦县之中官、曹两类机构的区别以及两类机构的主要官员组成情况，如孙闻博所言"总之，以长吏理事之县廷为中心，从内、外的角度来看，列曹处内，无印绶，多称'廷○曹'，与令、丞关系更密切，是谓廷内之曹；诸官相对在外，有印绶，未见称'廷○官'者，具有更多独立性，是谓廷外之官。……倘若参照现代行政组织形式，列曹大体为县廷的'组成部门'，诸官为县廷的'下属机构'。即列曹负责领导、管理某方面的行政事务，诸官则是主管某项专门事务的机构。"[5] 另可参看土口史记所作《县廷与"官"模式图》：[6]

---

① 严耕望《中国地方行政制度史：秦汉地方行政制度》，上海古籍出版社，2007年，第235～237页。

② 郭洪伯《秦汉"稗官"考——秦汉基层机构的组织方式（其一）》，"第七届北京大学史学论坛"会议论文，2011年3月26日。

③ 郭洪伯《稗官与诸曹——秦汉基层机构的部门设置》，《简帛研究二〇一三》，第101～127页。

④ 孙闻博《秦县的列曹与诸官——从〈洪范五行传〉一则佚文说起》，简帛网，2014年9月17日；又载《简帛》第十一辑，第75～87页。该文的增订本又收入里耶秦简博物馆、出土文献与中国古代文明研究协同创新中心中国人民大学中心编著《里耶秦简博物馆藏秦简》，第244～261页。

⑤ 孙闻博《秦县的列曹与诸官——从〈洪范五行传〉一则佚文说起》，第250页。又按，郭洪伯则反对用外、内来描述官、曹的差异，强调稗官为职能部门，诸曹为辅助部门，双方共同参与运作，发挥不同的作用，见郭洪伯《稗官与诸曹——秦汉基层机构的部门设置》，第126页。

⑥ 参看土口史记《里耶秦简所见的秦代文书行政：以县廷与"官"的关系为中心》，据之改译。

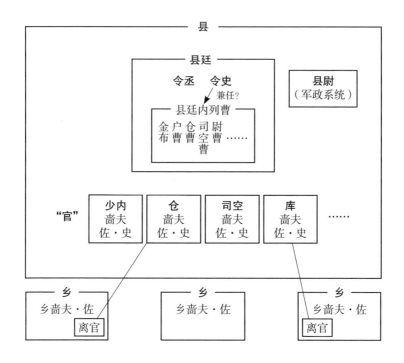

除官、曹关系的逐渐廓清外，单个机构的研究也逐渐走向了深入。如陈治国、张立莹指出秦少内主管县的财政收入与支出，[①] 王四维进一步探讨财政职能及其管理制度；[②] 宋杰、邹水杰对"司空"设立与职责的讨论；[③] 王伟雄、谢坤、刘鹏、吴方基及笔者对"仓"的系统梳理；[④] 王彦

---

① 陈治国、张立莹《从新出简牍再探秦汉的大内与少内》，《江汉考古》2010 年第 3 期，132～135 页。

② 王四维《秦县少内财政职能及其管理制度》，《史学月刊》2020 年第 11 期，第 5～18 页。

③ 宋杰《秦汉国家统治机构中的"司空"》，《历史研究》2011 年第 4 期；邹水杰《也论里耶秦简之"司空"》，第 1～7 页。

④ 王伟雄《秦仓制研究》，台湾花木兰文化出版社，2013 年；谢坤《秦简牍所见"仓"的研究》，武汉大学博士学位论文，2018 年；又谢坤《秦简牍所见仓储制度研究》，上海古籍出版社，2021 年；刘鹏《简牍所见秦代县仓经营管理的业务》，《简帛研究二〇一九》春夏卷，广西师范大学出版社，2019 年，第 49～73 页；吴方基《里耶秦简（贰）所见秦代乡仓初探》，《湖南社会科学》2020 年第 1 期，第 58～67 页；鲁家亮《里耶秦简所见秦县仓官的基本职能及其权力分割》，台湾中兴大学主办"第八届出土文献青年学者国际论坛"会议论文，2019 年。

辉、陈伟、邹水杰、李勉、晋文、刘鹏关于"田""田官"的辨析；① 陈伟对迁陵县"库"的个案研究；② 孙闻博、晏昌贵、郭涛、藤田胜久、姚磊及笔者对迁陵县三乡的研究。③ 吴方基则对秦县中金布的性质与隶属加以分析；④ 黎明钊、唐俊峰对金布定课的讨论等等。⑤ 不难看出，官的研究比曹相对丰富。但遗留的问题也较多，概而言之，主要有二：

其一是对于官、曹的具体判定及其判定标准的明晰。在诸官方面，司空、仓、少内、库、田、三乡的判定争议不大，田官、发弩、传、尉则有分歧，尤其是尉。诸官的判定标准包括封检和课志，⑥ 此外，"徒簿"所揭示的诸官之间作徒的受、付关系，也可以帮助我们判断某一时间点迁陵县内诸官的设立情况。在列曹方面，司空曹、仓曹、户曹、金布、狱曹、令曹、吏曹、旁曹的判定争议不大，而"廷主令"与曹的关系还

---

① 王彦辉《田啬夫、田典考释——对秦及汉初设置两套基层管理机构的一点思考》，《东北师大学报（哲学社会科学版）》2010 年第 2 期，第 49～56 页；陈伟《里耶秦简所见的"田"与"田官"》，《中国典籍与文化》2013 年第 4 期，第 140～146 页，又载《秦简牍校读及所见制度考察》，第 105～120 页；邹水杰《再论秦简中的田啬夫及其属吏》，《中南大学学报（社会科学版）》2014 年第 5 期，第 228～236 页；李勉《再论秦及汉初的"田"与"田部"》，《中国农史》2015 年第 3 期，第 45～55 页；李勉、晋文《里耶秦简中的"田官"与"公田"》，《简帛研究二〇一六》春夏卷，第 120～131 页；刘鹏《也谈简牍所见秦的"田"与"田官"——兼论迁陵县"十官"的构成》，《简帛》第十八辑，上海古籍出版社，2019 年，第 57～66 页。

② 陈伟《关于秦迁陵县"库"的初步考察》，《简帛》第十二辑，第 161～177 页，又载《秦简牍校读及所见制度考察》，第 121～144 页。

③ 孙闻博《简牍所见秦汉乡政新探》，《简帛》第六辑，第 465～469 页；晏昌贵、郭涛《里耶简牍所见秦迁陵县乡里考》；藤田胜久《里耶简牍的交通资料与县社会》，《简帛》第十辑，第 167～165 页；姚磊《里耶秦简中乡名的省称与全称现象——以迁陵县所辖三乡为视点》，《出土文献综合研究集刊》第三辑，巴蜀书社，2015 年，第 192～204 页；鲁家亮《里耶秦简所见迁陵三乡补论》。

④ 吴方基《论秦代金布的隶属及其性质》，《古代文明》2015 年第 2 期，第 55～64 页。

⑤ 黎明钊、唐俊峰《里耶秦简所见秦代县官、曹组织的职能分野与行政互动——以计、课为中心》，《简帛》第十三辑，第 151～157 页。

⑥ 参高村武幸《里耶秦简第八层出土简牍的基础的研究》，第 37 页；孙闻博《秦县的列曹与诸官——从〈洪范五行传〉一则佚文说起》，第 249 页。

有讨论的空间，^①另外诸如"车曹"性质的判定及其启示也值得关注。^②列曹的判定标准则包括封检、邮书刺、计录、笥牌等。^③

其二是官、曹之间的对应关系及其在行政运作中的互动问题。高村武幸在以上行文书为中心讨论县内文书移动时对此有所触及。^④金钟希则以田官、田、少内为中心，对以上诸官在会计时对应之曹详加分析，以讨论官、曹对应关系及其互动，^⑤黄浩波在讨论"计"文书形成的途径时对此也有涉及。^⑥而黎明钊、唐俊峰在对这一问题进行尝试时，^⑦其切入角度仍然是以"计""课"为中心。^⑧上述讨论多以某些部门为中心展开，如金布等，对迁陵县诸官、曹的综合考察尚有待深入。

3. 迁陵县吏员情况的复原

上揭诸文在对迁陵县机构设置进行研究的同时，也对相关吏员的情况有所涉及。但在迁陵县具体问题的分析上似还缺少一个可供参照的坐标，新资料的发表给我们提供了重新审视这一问题的契机，9-633 号牍所见《迁陵吏志》正是我们考察迁陵官署与吏员设置的绝佳参考坐标：

---

① 邹水杰《简牍所见秦代县廷令史与诸曹关系考》，《简帛研究二〇一六》春夏卷，第 132～146 页。

② 陈伟《关于秦迁陵县"库"的初步考察》，第 170～171 页；李迎春《从简牍看秦汉地方行政系统啬夫类吏员地位的变化》，"第三届简帛学国际学术研讨会暨谢桂华先生《汉晋简牍论丛》出版座谈会"会议论文，2015 年 11 月。

③ 参高村武幸《里耶秦简第八层出土简牍的基础的研究》，第 36～37、53～54 页；孙闻博《秦县的列曹与诸官——从〈洪范五行传〉一则佚文说起》，第 249 页；土口史记《秦代の令史と曹》，《東方學報》第 90 册，2015 年，第 18～24 页。

④ 高村武幸《里耶秦简第八层出土简牍的基础的研究》，第 61 页。

⑤ 金钟希《秦代县의曹조직과地方官制——里耶秦简에 나타난 迁陵县의 토지 재정운영을중심으로》(《秦代县的曹组织与地方官制——以里耶秦简中出现的迁陵县土地与财政运营为中心》)，《东洋史学研究》第 128 辑，2014 年，第 47～119 页。

⑥ 黄浩波《里耶秦简牍所见"计"文书及相关问题研究》，第 92～113 页。

⑦ 黎明钊、唐俊峰《里耶秦简所见秦代县官、曹组织的职能分野与行政互动——以计、课为中心》。

⑧ 对于里耶秦简所见"计""课"的讨论，可参看李均明《里耶秦简"计录"与"课志"解》，《简帛》第八辑，第 149～159 页；沈刚《〈里耶秦简（壹）〉中的"课"与"计"——兼谈战国秦汉时期考绩制度的流变》，《鲁东大学学报（哲学社会科学版）》2013 年第 1 期，第 64～69 页；徐世虹《秦"课"刍议》，第 254～258 页。

迁陵吏志：A Ⅰ

吏员百三人。A Ⅱ

令史廿八人，A Ⅲ

〔其十〕人繇（徭）使，A Ⅳ

〔今见〕十八人。A Ⅴ

官啬夫十人。B Ⅰ

其二人缺，B Ⅱ

三人繇（徭）使，B Ⅲ

今见五人。B Ⅳ

校长六人，B Ⅴ

其四人缺，B Ⅵ

今见二人。C Ⅰ

官佐五十三人，C Ⅱ

其七人缺，C Ⅲ

廿二人繇（徭）使，C Ⅳ

今见廿四人。C Ⅴ

牢监一人。C Ⅵ

长吏三人，D Ⅰ

其二人缺，D Ⅱ

今见一人。D Ⅲ

凡见吏五十一人。D Ⅳ【9-633】

据简文记载，迁陵县的吏员编制规模为 103 人，[①] 而见吏只有 51 人，只占吏员总数的一半左右。[②] 涉及的吏员类别包括令史、官啬夫、校长、官佐、牢监和长吏等 6 类。叶山、单印飞、水间大辅曾对这份资料进行

[①] 里耶秦简牍校释小组指出"吏员总数之和为 101 人，比简文所记少 2 人"。见里耶秦简牍校释小组《新见里耶秦简牍资料选校（一）》7–67+9–631 条下校释 10。

[②] 另可参看 8–1137 "吏凡百四人，缺卅五人。·今见五十人☐"，及梁炜杰《〈里耶秦简（壹）〉〈吏缺〉簿册复原》。

过讨论，^①尤以后两位先生的讨论更为具体。单文依据简文顺序展开，重点分析了十个官啬夫的具体所指；水间之文则强调与尹湾汉简《东海郡吏员簿》的比较，以讨论秦汉县的吏员设置的差异及成因。下面分别对6类吏员加以说明。

（1）长吏

迁陵县设长吏三人，即令、丞、尉。迁陵县设立于秦王政二十五年，目前所见其第一任县令是一位代理县令，^②名字叫作"禄"，相关信息比较完整的只有一条，见于8-1516号简：^③

> 廿六年十二月癸丑朔庚申，迁陵守禄敢言之：沮守瘳言：课廿四年畜Ⅰ息子得钱殿。沮守周主。为新地吏，令县论，言夬（决）。·问之，周不在Ⅱ迁陵。敢言之。Ⅲ
>
> ·以荆山道丞印行事。Ⅳ【8-1516正】
>
> 丙寅水下三刻，启陵乘城卒秭归□里士五（伍）顺行旁。
>
> 壬手。【8-1516背】

其任职的时间应不晚于秦始皇二十六年十二月。"禄"的继任者是"拔"，也是目前所见唯一一位在迁陵正式出任过县令的人。就已刊简文所见，这位县令最早的时间记录为秦始皇二十六年六月（8-138+8-174+8-522+8-523、8-406、8-918、12-10等），最晚的记录则为秦始皇

---

① 叶山《解读里耶秦简——秦代地方行政制度》，第118～120页；单印飞《略论秦代迁陵县吏员设置》，《简帛》第十一辑，第89～100页；水间大辅《里耶秦简〈迁陵吏志〉初探——通过与尹湾汉简〈东海郡吏员簿〉的比较》，《简帛》第十二辑，第179～196页。

② 秦代"守"具有的这种代理含义，可参看孙闻博《里耶秦简"守"、"守丞"新考——兼论秦汉的守官制度》，《简帛研究二〇一〇》，广西师范大学出版社，2012年，第66～75页。

③ 今按，该简中提及的"沮守周"也是一位代理县令，至少在秦王政二十四年时还在沮县任职，在8-439+8-519+8-537中提及秦王政二十五年九月，有一位"将奔命校长周"，我们怀疑两位周是同一个人。周在秦王政二十五年出任"将奔命校长"，参与了秦平定楚江南地的战争并留在此地（即8-1516所说出任新地吏），但因在沮县秦王政二十四年（前223）的一项考课中，名列最末，因此要追究责任。从迁陵代理县令"禄"的答复看，"周"没有在迁陵县任职，有可能任职于洞庭郡内其他县。

二十八年八月（9-986），[1] 任职长达 2 年多。秦始皇二十九年之后有关迁陵县令的信息目前未见，推测此后该职位可能长期空缺。

县丞的问题因与"守丞"关涉，引起学界激烈的争论。[2] 县丞为秦县三长吏之一，并无疑问。李学勤最早指出"守丞"是代理县丞，[3] 其后陈治国、孙闻博等进一步对此加以阐述，[4] 如孙闻博所言："秦及西汉初年，县一级机构出现的所谓'守丞'，其权且代行县丞职事，并非发生在县丞出缺、上级尚未正式任命之时，而是多在县丞在职但不在署之时，丞归即罢。"[5] 叶山、邬文玲、杨智宇等均对里耶秦简中丞和守丞的任职情况制表归纳，[6] 邬文进一步指出表中称"迁陵丞"和"迁陵守丞"者存在交错的情况，这符合孙闻博对县丞与守丞关系的判断。王伟则据 6-16"守丞敬视事"的记录，指出守丞的运作是以"当值"形式进行的，这些人员由令史或令佐级别的吏员轮流担任。[7] 杨智宇则据 9-728 号牍进一步坐实了守丞轮流担任的"当值"模式，但认为守丞来自迁陵县下官署的负责人，至少司空和仓的长官可以出任守丞。[8]

目前公布的简文中，第一位迁陵县丞名"欧"，其作为县丞最早的时间记录为秦始皇二十七年三月（16-5），最晚的时间记录则为秦始皇二十七年八月（9-706）。而在 8-209、9-2318 中，我们看到"欧"陷入一场司法纠纷之中：

---

① 其任职时间的整理见叶山《解读里耶秦简——秦代地方行政制度》表 1，第 128 页。
② 相关学术综述可参看邬文玲《"守"、"主"称谓与秦代官文书用语》，《出土文献研究》第十二辑，第 152～153 页；杨智宇《里耶秦简牍所见"迁陵守丞"补正》，《简帛》第十三辑，第 119～121 页。
③ 李学勤《初读里耶秦简》，第 77 页。
④ 陈治国《里耶秦简"守"和"守丞"释义及其他》，《中国历史文物》2006 年第 3 期，第 55～58 页；孙闻博《里耶秦简"守"、"守丞"新考——兼论秦汉的守官制度》。
⑤ 孙闻博《里耶秦简"守"、"守丞"新考——兼论秦汉的守官制度》，第 73 页。
⑥ 叶山《解读里耶秦简——秦代地方行政制度》表 2，第 128～129 页；邬文玲《"守"、"主"称谓与秦代官文书用语》，第 163～165 页；杨智宇《里耶秦简牍所见"迁陵守丞"补正》，第 121～124 页。
⑦ 王伟《秦玺印封泥职官地理研究》，中国社会科学出版社，2014 年，第 296 页。
⑧ 杨智宇《里耶秦简牍所见"迁陵守丞"补正》，第 126～128 页。

廿七年〔八月丙戌，迁陵拔〕讯欧，辞曰：上造，居成固畜
▢▢▢Ⅰ

欣狱，欧坐男子毋害詐（诈）伪自▢Ⅱ【8-209 正】

·鞫：欧失撵（拜）驺奇爵，有它论，赀二甲，与此同▢
【8-209 背】

廿七年八月丙戌，迁陵拔讯欧，辟（辞）曰：上造，居成固畜
园，为迁陵丞。故为启▢Ⅰ

欣狱。欧坐男子毋害詐（诈）伪自爵弗得。狱史角曹。·六月
丙子论▢Ⅱ【9-2318 正】

·鞫：欧失撵（拜）大男子赏横爵。有它论，赀二甲。与此同
事相遝。审。▢【9-2318 背】

这可能导致其丢掉了县丞的职务。因此"欧"可能在秦始皇二十七年八
月之后，就不再担任县丞一职，取而代之的是"昌"。① 据叶、邬、杨三
文的统计，"昌"在秦始皇二十八至三十二年均有出任县丞的记录，邬
文还据 8-60+8-656+8-665+8-748 进一步指出在秦始皇二十八年六
月，"昌"已经是迁陵县丞了。而据新出 7-304 简所记"廿八年迁陵隶
臣妾及黔首居赀赎责作官府课"中，我们也看到丞"昌"作为被考核对
象，这进一步证实邬文的推测无误。此后，这一职位再次空缺，② 直到三
年后的秦始皇三十五年，才由一个名叫"迁"的人继任，相关记录见于

---

① 在 8-60+8-656+8-665+8-748 中记有"迁陵丞膻"，邬文推测此人在秦始皇二十八年
十二月为迁陵县丞，叶文则怀疑此人就是守丞膻之。今按，从新见 7-304 来看，秦始
皇二十八年的县令为拔、县丞为昌、守丞为膻之，如果膻在二十八年出任过迁陵丞，
其应被作为考核对象出现在 7-304 中。当然也有另一个例外，就是秦始皇二十八年还
有一个守丞名"胡"（8-1463），也没有出现在 7-304 中，但应注意到 8-1463 的时间
为秦始皇二十八年九月，可能超过了最后的考核时间，故没有将其纳入。总之，就现
有材料看，我们倾向于同意叶山的看法。

② 8-1267 简中另有"丞有"的记载，单印飞推测该简纪年为秦始皇三十三年六月朔
［参单印飞《〈里耶秦简牍校释（第一卷）〉人名系统计表》，《简帛研究二〇一四》，第
66 页］，而在 8-768 中另有一位守丞"有"，该简的纪年为秦始皇三十三年六月八日。
在极短的时间发生这种身份的转换，不得不令人怀疑。因此，叶、邬、杨三文均将
"有"视为守丞，而非丞。今按，关于"有"是否为丞，暂存疑。

8-22+8-378+8-514+8-131、8-50+8-422、8-137 和 8-232 等简，其中只有 8-22+8-378+8-514+8-131 有纪年信息，为秦始皇三十五年八月，其任县丞的具体情况还有待新材料的补充。

综合邬、叶、杨三文所作统计，出任过守丞的人依次为敦狐、敬、陉、膻之、胡、色、都、有、说、巸、兹、律、衔、固，任职时间有待确定者则有建、齮、枯、平等。如下表所见：

表三 迁陵守丞任其他职务情况表[①]

守丞	担任时间	其他职位	担任时间
敦狐	二十六年二月（9-1112）		
	二十七年三月（8-1510）		
敬	二十七年十月（8-63）[②]	仓守	二十六年十二月（8-1452）
		都乡守	二十八年五月（8-170）
		少内守	二十八年八月（8-409）
		田官守[③]	三十年二月（8-672）
			三十一年七月（8-1572+8-1787）
陉	二十七年八月（8-133）		
膻之	二十八年十二月（8-75+8-166+8-485）		
	二十八年八月（8-657）		
胡	二十八年九月（8-1463）		

---

① 该表制作参考了叶山《解读里耶秦简——秦代地方行政制度》表 2，第 128～130 页；邬文玲《"守"、"主"称谓与秦代官文书用语·丞与守丞任职情况表》，第 163～165 页；杨智宇《里耶秦简牍所见"迁陵守丞"补正·里耶秦简牍所见迁陵丞、守丞任职表》，第 121～124 页；单印飞《〈里耶秦简牍校释（第一卷）〉人名统计表》。

② 这一时间在"敦狐"担任守丞的时间段内，可能存在"敬"中途临时代替"敦狐"的情况。

③ "敬"除担任上述职务外，还出任过仓佐、司空佐（约在秦始皇三十一年）；令佐（秦始皇三十四年）等，尚难判断是否与出任上述职务的"敬"为同一人。

续　表

守丞	担任时间	其他职位	担任时间
色	三十二年四月（8-158） 三十二年五月（8-904+8-1343）	司空啬夫	二十九年十二月（8-1524） 三十三年三月（8-1135）
都	三十二年九月（8-644+8-4053+8-2167） 三十三年二月（8-154）		
有	三十三年六月（8-768）		
说	三十四年十月（8-183+8-290+8-530）		
酡	三十四年一月（8-197） 三十四年七月（8-1525）	少内啬夫 司空守	二十八年十二月前后（8-60+8-656+8-665+8-748） 三十一、三十二年（8-149+8-489）①
兹	三十四年后九月（8-1449+8-1484）	司空守 假仓啬夫 司空守 贰春乡啬夫 仓啬夫 	三十年六月（8-1647） 三十一年五月（8-1559） 三十一年十月（8-29+8-271） 三十四年八月（8-1635） 三十五年八月（8-1565） 三十五年八月（8-824+8-1974） 三十五年九月（8-2248）
律	三十五年五月（8-770）		
衔	三十四年六月（9-757） 三十五年六月（8-1008+8-1461+8-1532）	仓啬夫	三十五年三月（8-1517） 三十五年四月（8-1167+8-1392）

---

① 该简中有"库武"同时出现，而武以库啬夫的身份活跃于秦始皇三十一、三十二年，参单印飞《〈里耶秦简牍校释（第一卷）〉人名统计表》，第73页。

守丞	担任时间	其他职位	担任时间
固	二世元年七月（5-1） 二世元年八月（8-563）		
建	不详（8-1282）	库啬夫	三十五年六月（8-845 等简）
齮	不详（8-704+8-706）		
枯	不详（9-728）①		
平	不详（9-728）	贰春乡守	三十四年八月（8-1527）

一部分守丞，如敬、色、昭、兹、衔、建、平等人，在任职守丞之外，还有任职迁陵县内某官啬夫、某乡啬夫、某官守、某乡守的记录，当如杨智宇所言守丞人选会优先考虑这些官啬夫、乡啬夫或官守、乡守，只是具体的考虑依据我们不是特别清楚。这其中，敬、色、兹三人在担任守丞之后，还有回到原任（或同级别）的情况，恰与孙闻博所说守丞"丞归即罢"的情况相印证。但是，我们也注意到还有不少守丞，如敦狐、陉、膻之、胡、都、有、说、律、固、齮、枯，则没有类似的任职情况，那么这些守丞有无可能存在由他县调任迁陵的情况？丞归之后则这些守丞回到原县原职呢？

　　尉的情况较为复杂，目前所知信息较少，尚难对迁陵县尉的情况作出详细的分析。② 目前里耶秦简中与尉、尉守有关的记载如下：尉乘（8-133）、尉敬（8-167+8-194+8-472+8-1011，8-2205+8-2212）、尉佗（8-201）、尉广（8-565、8-1477+8-1141、8-1736）、尉橐（8-2260+12-1786）；尉守蜀（8-67+8-652）、尉守狐（8-132+8-334）、尉守倜（8-140）、尉守建（8-671+8-721+8-2163）、尉守窃（8-1563）。单印

---

① 9-728 中同时还有守丞固的记录，因此本简中的守丞枯和平，应与守丞固任职年代相距不远。

② 参吴方基《简牍所见秦代县尉及与令、丞关系新探》，《中华文化论坛》2017 年第 2 期，第 5～13 页。

飞在《〈里耶秦简牍校释（第一卷）〉人名统计表》中指出尉乘、尉佗、尉广（8-1477+8-1141）是县尉，而对于尉敬和尉广（8-565、8-1736）则仅标记"尉"。他在对尉广（8-1477+8-1141）的身份进行讨论时进一步说"根据文书内容与文书格式，知其身份应为县尉"。

> 卅三年三月辛未朔丙戌，尉广敢言之：□☑Ⅰ
> 自言：谒徙迁陵阳里，谒告襄城□□Ⅱ
> 何计受？署计年名为报。署☑Ⅲ【8-1141+8-1477 正】
> 三月丙戌旦，守府交以来。」履发。☑【8-1477 背】

从残留的简文来看，似难以断定是县尉所提交的文书。

> 或眢。廿六年三月甲午，迁陵司空得、尉乘□□Ⅰ
> 卒真薄（簿）☑Ⅱ【8-133】

据8-133可知"得"为司空啬夫无疑，其后的尉"乘"如果是县尉，从官位高低的角度来看则不应列在司空啬夫之后，因此，"乘"是否为县尉有待确定。这样来看，单先生所确定的三个县尉中有两个存在疑问。进一步而言，在迁陵县真正能确定的县尉几乎没有（尉佗也较难断定），或显示这一职位长期悬空的惨淡局面。

综上，我们将秦代迁陵县三长吏的情况大致制表如下：

表四　迁陵长吏任职情况表

年　份	县　令		县　丞		县　尉	
	令	守	丞	守丞	尉	守
始皇二十六	拔	禄		敦狐		
二十七	拔		欧	敬、敦狐、陉		

续　表

年　份	县　令		县　丞		县　尉	
	令	守	丞	守丞	尉	守
二十八	拔		昌	膻之、胡		
二十九			昌			
三十			昌			
三十一			昌			
三十二			昌	色、都		
三十三				都、有		
三十四				说、郿、兹		
三十五			迁	律、街		
三十六						
三十七						
二世元年				固		

就已公布的资料来看，迁陵县三长吏缺员十分严重，这与 9-633 所见《迁陵吏志》中记载三长吏缺员两人的情况基本相符。据表四所见，该县长吏在职最好的年份应是秦始皇二十七、二十八年，以这两年为交界线，在此之前迁陵县由县令"拔"掌控，此后则主要由丞"昌"接手。丞"昌"在二十九至三十一年这三年比较稳定，其他年份则多由守丞代理其职。

（2）官啬夫

《迁陵吏志》记录该县有官啬夫 10 人，到任情况较好，只缺 2 人。单印飞、水间大辅、邹水杰、刘鹏对此均有统计，[①] 可将四文的意见比对如下表：

---

① 单印飞《略论秦代迁陵县吏员设置》；水间大辅《里耶秦简〈迁陵吏志〉初探——通过与尹湾汉简〈东海郡吏员簿〉的比较》；邹水杰《秦简"有秩"新证》，《中国史研究》2017 年第 3 期，第 43～48 页；刘鹏《也谈简牍所见秦的"田"与"田官"——兼论迁陵县"十官"的构成》，第 67～74 页。

表五 《迁陵吏志》所见十官啬夫认定情况对比表

序号	官啬夫名称	单印飞	水间大辅	邹水杰	刘鹏
1	田啬夫	√	√	√	√
2	田官啬夫	√			√
3	司空啬夫	√	√	√	√
4	畜官啬夫	√	√	√	√
5	仓啬夫	√	√	√	√
6	少内啬夫	√	√	√	√
7	库啬夫	√	√		√
8	发弩啬夫	√	√		√
9	厩啬夫	√	√		√
10	船官啬夫		√	√	
11	尉啬夫			√	√
12	乡啬夫		存疑	√（都乡、贰春、启陵）	

单先生和水间先生均认定了 9 个官啬夫，两者主要的差异体现在田官啬夫和船官啬夫之上。刘先生认定了 10 个官啬夫，尉啬夫是单、水间二文所没有的，在田官啬夫和船官啬夫的处理上，与单文相同。另外，对于乡啬夫是否在《迁陵吏志》所言十个官啬夫之列，暂无定论。① 邹先生认定 10 个官啬夫，其与前两者差别较大，最主要是将迁陵县所辖三乡啬夫均列入，而排除库、发弩和厩啬夫。造成这种分析差异的因素很多，主要涉及诸官认定标准、《迁陵吏志》记录的具体年份、官署是否存在废置、乡官是否纳入官啬夫、尉官的性质等诸多问题，尚有深入讨论的空间。

---

① 水间大辅《里耶秦简〈迁陵吏志〉初探——通过与尹湾汉简〈东海郡吏员簿〉的比较》，第 186～188 页。

（3）令史

令史属曹，是县廷中辅助县长吏处理日常事务的具有秘书性质的人员。[①] 前文在介绍"曹"的问题时，学者们对令史也有讨论，此处不再详细展开。[②] 笔者曾梳理、统计目前所见在迁陵县担任过令史一职的有 42 人，他们分别是庆、廑、阳、夫、韦、犯、行、莫邪、扣、戎夫、上、除、尚、悍、扁、犴、兼、朝、逐、华、歠、就、圂、气、却、丞、毛季、芒季（或忘季）、難、敞、彼死、畸、感、言、齮、郘、德、绕、旌、諯、苏、佗。[③]

（4）官佐

对于官佐，单印飞已经指出可能存在两种解释，一种是官啬夫之佐，一种泛指官府之佐。[④] 水间大辅则对乡佐是否包含在官佐之中存疑。[⑤] 此外，郭洪伯据汉代的资料中所见，并据仓啬夫的例子，指出仓佐是仓啬夫的副贰，同属领导层；而仓史则属于辅助性办事人员，有时可以省略。[⑥] 考之里耶秦简中"出稟"简的资料，我们发现这种认识还可讨论。总结现有"出稟"简中发放粮食一方的组合模式，主要有以下这些：

　　"仓守 + 佐 + 稟人"：8-56、8-760、8-839+8-901+8-926

　　"仓啬夫 + 佐"：8-1167+8-1392

　　"仓啬夫 + 佐 + 稟人"：8-1551、8-1660+8-1827

　　"司空守 + 佐"：8-212+8-426+8-1632、8-216+8-351、8-474+

　8-2075

---

① 可参看郭洪伯《稗官与诸曹——秦汉基层机构的部门设置》，第 101～127 页。

② 另可参汤志彪《略论里耶秦简中令史的职掌与升迁》，《史学集刊》2017 年第 2 期，第 30～37 页。

③ 鲁家亮《里耶秦简所见秦迁陵县的令史》，《简牍学研究》第七辑，甘肃人民出版社，2018 年，第 28～55 页。

④ 单印飞《略论秦代迁陵县吏员设置》，第 98 页。

⑤ 水间大辅《里耶秦简〈迁陵吏志〉初探——通过与尹湾汉简〈东海郡吏员簿〉的比较》，第 188～189 页。

⑥ 郭洪伯《稗官与诸曹——秦汉基层机构的部门设置》第 108～112 页。

　　　"司空啬夫＋佐"：8-1135

　　　"田官守＋佐＋稟人"：8-764、8-781+8-1102

　　　"乡守＋佐＋稟人"：8-925+8-2195、8-1241

　　　"乡守＋佐"：8-1335、8-1576

　　　"乡啬夫＋佐＋稟人"：8-1710

　　　"仓啬夫＋史＋稟人"：8-45

　　　"仓守＋史＋稟人"：8-448+8-1360

　　　"司空守＋史"：8-1647

　　　"发弩啬夫＋尉史"：8-761

我们可以看到"稟人"可有可无，而"啬夫或守"＋"佐或史"是最基本的模式，其中佐的出现频率要明显高于史，这让我们不得不考虑"啬夫或守"＋"佐"才是出稟时的常态组合，稟人的职责可以由佐或史兼任。在"啬夫或守"＋"佐"这种常态之中，两者均属管理层就显得比较奇怪。两个管理层的人员职责接近，应出现可以省略其一的情况，但是我们在目前所见出稟简中找不到省略真正的管理层（啬夫或守）的情况，即找不到"佐＋史＋稟人"或"佐＋稟人"的情况，这说明属于管理层的应只有啬夫或守，他们是不能被省略的。"佐"并非属于管理层，相反可能应为辅助性办事人员，在其缺之时，可由史来顶替，这些佐或史有时候还能兼顾稟人这类职能性办事人员的工作。总而言之，关于这些官佐是否包含史？佐与史的关系如何区分界定，有待讨论。

　　里耶秦简中所见佐，除各个官啬夫之佐外，尚有狱佐、令佐等。其中狱佐与狱史、令佐与令史又存在对应关系。已有学者注意到，并有一定的分析，[①] 但这两组史、佐的关系目前尚无深入的讨论。10-15 号简所见官佐、令佐、县斗食的晋升序列，应有助于对令史、令佐关系的考

---

① 赵岩《秦令佐考》，《鲁东大学学报（哲学社会科学版）》2014 年第 1 期，第 66～70 页；水间大辅《秦汉时期县狱史的职责》，《出土文献与法律史研究》第一辑，上海人民出版社，2012 年，第 201～228 页；水间大辅《里耶秦简〈迁陵吏志〉初探——通过与尹湾汉简〈东海郡吏员簿〉的比较》，第 190～191 页。

察。与之相关涉，还有冗佐、均佐的问题，王笑曾对里耶秦简中冗佐的资料有整理，[①]其中 8-1555 号简值得注意：

> 冗佐上造临汉都里曰援，库佐冗佐。A Ⅰ
>
> 为无阳众阳乡佐三月十二日，A Ⅱ
>
> 凡为官佐三月十二日。A Ⅲ
>
> 年卅七岁。B Ⅰ
>
> 族王氏。B Ⅱ
>
> 为县买工用，端月行。C Ⅰ【8-1555 正】
>
> 库六人。【8-1555 背】

简文提及援是库佐冗佐，其原来出任过无阳县众阳乡乡佐一共 3 个月零 12 天。王笑说冗有服役性质的劳作的含义，[②]沈刚则认为秦简中的"冗吏"是政府编制外从事各种庶务的吏员，据里耶秦简等资料可知，他们主要承担史、佐两种职位的工作，与正式吏员虽有差距，但也可互相流动，同时充当冗吏需要一定的政治身份、年龄甚至籍贯上的要求。[③]因此我们怀疑所谓"库佐冗佐"，是指"援"以原来的乡佐身份为基础，以冗佐的身份在迁陵出任库佐。均佐的资料更少，见 8-1277 和 12-2301 号简，其情况或与冗佐比较类似。

（5）校长

《迁陵吏志》中的校长应指亭校长，员额为 6 人。单印飞整理出迁陵县目前所知校长有六位，假校长一位。校长有予言（8-149+8-489、8-823+8-1997）、宽（8-167+8-194+8-472+8-1011）、囚吾（8-167+8-194+8-472+8-1011）、周（8-439+8-519+8-537）、舍（8-565）、援

---

① 王笑《秦汉简牍中的"冗"和"冗募"》，《出土文献与法律史研究》第三辑，上海人民出版社，2014 年，第 122～123 页。

② 王笑《秦汉简牍中的"冗"和"冗募"》，第 126 页。

③ 沈刚《〈里耶秦简（壹）〉中的冗吏》，《湖南省博物馆馆刊》第十辑，岳麓书社，2014 年，第 149～153 页。

（8-671+8-721+8-2163），假校长有壮（9-1112）。[1]《里耶秦简（贰）》中新见的则有三位校长，即良（8-2299+9-1882）、宜（9-378）、囷鱼（9-2803）。我们认为8-439+8-519+8-537中的"周"并非亭校长，在之前讨论8-1516时已指出"周"原是沮县守，后参与平定楚江南地的战争，所谓将奔命校长应是军职。校长、髳长、发弩等均与军队职官有关，也与地方治安事务中的职官有关。如同美国军队中的上尉（Captain）、中尉（Lieutenant）、中士（Sergeant）等军阶，同时也用于是地方警察系统的警衔，如警监（Captain）、警督（Lieutenant）、警佐（Sergeant）。里耶秦简中所见情况，可能更为复杂。迁陵县的军事系统与治安系统相互关联，更加剧了我们区分的难度。如10-1160所见：

> ▢四年四月丁酉，发弩守苍薄（簿）。冗戍四人
> ▢人求盗
> 一人▢责司空Ⅰ
> 一人行书夷新亭▢
> 见一人得付司空▢Ⅱ【10-1160】

在这份不完整的发弩守簿中，可以看到冗戍者被安排去追盗贼。发弩作为秦诸官之一主要管理戍卒，戍卒为军事化管理。这就出现了军事系统与治安系统的交叉。郭洪伯注意到此，提出"校长"是片警、"发弩""髳长"是特警的比喻。[2]将9-1112和10-1160结合来看，亭属地方治安系统，即郭先生所说的片警，但是其下属的卒则可能来源于戍卒，而戍卒又由发弩官管辖，其上级领导可能是县尉，县尉还派出士吏对其监管。[3]这样来看，两者又有不少交叉。

---

① 单印飞《略论秦代迁陵县吏员设置》，第99页。
② 郭洪伯《稗官与诸曹——秦汉基层机构的部门设置》，第114～116页。
③ 关于士吏的职责，可参郭洪伯《稗官与诸曹——秦汉基层机构的部门设置》，第116～117页。

（6）牢监

牢监的资料主要见于8-45+8-270号简，此外尚有牢人（8-275+8-520、8-728+8-1474、8-819、8-893、8-1170+8-1179+8-2078、8-1401、8-1855、8-1971、8-2383）、牢臣（8-738）、牢司寇（8-2101）等相关资料。水间大辅对此有专门讨论。[①]从《迁陵吏志》来看，牢监应是一个较为独立的职官，可能直辖于县廷。诚如水间大辅所怀疑的，其与"狱佐"是什么关系，值得关注。

（7）学佴、医

在《里耶秦简（壹）》的《前言》中，整理者说"也有教育和医疗等吏员或机构的设置"。[②]其中与教育有关的学佴，张春龙已将资料集中加以公布，[③]从简文记载来看学佴教学、辅导或管理的对象为学童，学习的内容包括甲子、算、马、大杂等（见15-146）。与医疗有关的资料则主要是见于简牍中的一些医方，以及"迁陵医静"的记载，笔者曾略有讨论。[④]

综上所述，我们以《迁陵吏志》为基本的坐标对迁陵县吏员的基本情况作了简要描述。如《迁陵吏志》本身所反映的那样，迁陵县拥有一套严密的官署与吏员组织构架，但是缺员的情况却十分的严重，甚至如长吏的职位都存在长期空缺的现象。秦在统一天下的进程之中，将其创造的一套社会组织模式迅速地推广至帝国的各个角落，大批秦地的官员被抽调前往这些新加入帝国版图的郡县任职，[⑤]以致出现了一个专门的称呼"新地吏"（8-1516）。[⑥]但是帝国的扩张过于迅速，而合格吏员的数

---

① 水间大辅《里耶秦简所见的"牢监"与"牢人"》，《出土文献与法律史研究》第二辑，第25～34页。

② 湖南省文物考古研究所编著《里耶秦简（壹）·前言》，第5页。

③ 张春龙《里耶秦简中迁陵县学官和相关记录》，第232～234页。

④ 鲁家亮《里耶秦简所见秦迁陵县吏员的构成与来源》。

⑤ 可参看游逸飞对担任迁陵县吏的外郡人的统计，见《里耶秦简所见的洞庭郡——战国秦汉郡县制个案研究之一》表八。

⑥ 岳麓秦简、睡虎地M4书信木牍中也有对这一现象的记录，可参看于振波《秦律令中的"新黔首"与"新地吏"》，《中国史研究》2009年第3期，第69～78页。

量总是有限，因此这些新地的官员总存在无法满足的漏洞，尤其在地处帝国边陲的迁陵县，显得更为严重。不仅迁陵县如此，周边的郡县恐怕也面临同样的情况，如8-1445和8-2014简所见：

> 卅二年，启陵乡守夫当坐。上造，居梓潼武昌。今徙【8-1445
> 正】为临沅司空啬夫。时毋吏。【8-1445背】
> 卅二年，贰春乡守福当坐。士五（伍），居桼（资）中华
> 里。·今为除道【8-2014正】通食。【8-2014背】

统一天下六年之后的秦始皇三十二年，迁陵县的两位乡守当坐，但是居然还可以异地出任其他职官，甚至是升官。而直接的理由就是"时毋吏"。可见，以迁陵县为代表的帝国边远郡县，在严密的组织结构与实际的人员任职情况之间存在极大的裂缝，这个裂缝甚至至帝国灭亡都未能有效地加以弥补，地方势力正是在这种背景下缓慢成长起来。

（二）里耶秦简与其它简牍对读的重要性

里耶秦简与其他出土简牍资料互证，其作用是不言而喻的。[①] 这其中睡虎地秦简、岳麓秦简、张家山汉简又是使用频率最高的三批资料，《校释（一）》的《前言》对睡虎地秦简、张家山汉简所见法律规定，在里耶秦简这样的实用文书中的体现有举例说明。[②] 里耶秦简的年代明确为秦始皇二十五年至秦二世二年，即公元前222年至公元前208年。[③] 睡虎地秦简书于秦王政时期，[④] 岳麓秦简的主要年代应在秦统一之后。[⑤]

---

① 参李学勤《初读里耶秦简》。
② 陈伟主编，何有祖、鲁家亮、凡国栋撰著《里耶秦简牍校释（第一卷）·前言》，第2～4页。
③ 湖南省文物考古研究所编著《里耶秦简（壹）·前言》。
④ 陈伟主编《秦简牍合集（壹）·序言》，武汉大学出版社，2014年，第3页。
⑤ 陈伟主编《秦简牍合集（壹）·序言》，第6～7页。

换言之，睡虎地秦简、岳麓秦简、张家山汉简，可以分别作为秦统一前、秦统一后、汉初三个不同时期的比照对象，而与里耶秦简时间最相契合的则是岳麓秦简。近年来，随岳麓秦简的陆续发表，两者之间互相印证的例子也愈来愈多。一方是曾推行于帝国全境的秦律令，另一方则是位于帝国边陲一角的迁陵县曾经使用过的文书，皇帝们的诏令、帝国的各项制度是否有效的传达、推行，里耶秦简正是绝佳的试验场。[①] 如以下诸例所见：

例一，岳麓秦简《数》中有 2 条涉及黄金与铜钱换算的简文：

赀一甲直（值）钱千三百卌四，直（值）金二两一垂，一盾直（值）金二垂。　　赎耐，马甲四，钱七千六百八十。【82】

马甲一，金三两一垂，直（值）钱千九百廿，金一朱（铢）直（值）钱廿四，赎死，马甲十二，钱二万三千卌。【83】

于振波据此指出"锤"作为计量单位相当于 8 铢或三分之一两、秦律赀罚中甲的价格为金 2 两 1 锤或 1 344 钱，盾的价格为金 2 锤或 384 钱。[②] 里耶秦简 8-60+8-656+8-665+8-748 号云"少内阳言冗佐公士夷道西里亭赀三甲，为钱四千卅二"、8-890+8-1583 号载"少内守增出钱六千七百廿，环（还）令佐朝、义、佐盉赀各一甲，史狅二甲"，其中所见赀甲折算成钱的数额，正与岳麓秦简所见比例一致。

例二，在秦汉时期的二十等爵体系中有走马和簪裹。"走马"在张家山汉简《奏谳书》中已有出现，整理者认为其相当于《周礼》中的"趣马"。[③] 王勇、唐俐则据岳麓秦简的资料指出"走马"当为秦代爵称，而非官称。秦爵"走马"相当于汉代二十等爵中的"簪裹"，两者字面上都可以理解为驱马疾驰，在秦代两者可以通用。汉初整理爵位时对同

---

①　参游逸飞《有了里耶秦简，秦始皇的形象会不一样吗？》，简帛网，2016 年 5 月 5 日。
②　于振波《秦律中的甲盾比价与相关问题》，《史学集刊》2010 年第 5 期，第 36～38 页。
③　张家山二四七号汉墓竹简整理小组《张家山汉墓竹简〔二四七号墓〕》，文物出版社，2001 年，第 223 页。

爵异称的情况进行了规范，从而废止了"走马"这一爵称的使用。①陈松长、贺晓朦对里耶秦简秦更名方中"走马如故，更簪褭"文字和句读进行了修订，在此基础上，对"走马"与"簪褭"的关系又进一步加以修正，指出"走马"使用在前，兼为官称与爵称，秦始皇二十六年前后，"走马"作为爵称被废止，而由"簪褭"代替。②不难看出，"走马"与"簪褭"关系的逐渐清晰，主要得益于里耶秦简、岳麓秦简两批资料的相互印证。

例三，里耶秦简中有大量与"稟食"有关的记录，如：

> 粟米五斗。　　卅一年五月癸酉，仓是、史感、稟人堂出稟隶
> 妾婴儿揄。Ⅰ
> 令史尚视平。　　感手。Ⅱ【8-1540】

睡虎地秦简《秦律十八种·效律》168～170号简规定"入禾，万石一积而比黎之为户，籍之曰：'其廥禾若干石，仓啬夫某、佐某、史某、稟人某。'"与里耶秦简所见相合。照此，简文中所见"令史某视平"的记载也应是一种专门制度的反映，岳麓秦简第四卷恰有一条律文与之相涉：

> ·仓律曰：县官县料出入必平，稟禾美恶相杂。大输，令丞视，令史、官啬夫视平。稍稟，令令史视平。不从令，赀一甲。
> 【163～164】

不难看出，"大输"与"稍稟"描述了两种情形不同的物资出入状况，上引里耶秦简8-1540号简所见"稟食"记录应属律令中所规定的"稍

---

① 王勇、唐俐《"走马"为秦爵小考》，《湖南大学学报（社会科学版）》2010年第4期，第15～16页。
② 陈松长、贺晓朦《秦汉简牍所见"走马"、"簪褭"关系考论》，第57～66页。

稟"这一类，[①]8-1540号简所见正是律令规定与实际实行一致的情况。里耶秦简中也有不符律文规定的例子，如：

> 粟米一石二斗半斗。 卅一年三月丙寅，仓武、佐敬、稟人援
> 出稟大隶妾宛。Ⅰ
> 令史尚监。Ⅱ【8-760】
> 粟米二斗。廿七年十二月丁酉，仓武、佐辰、稟人陵出以稟小
> 隶臣益。Ⅰ
> 令史戎夫监。Ⅱ【8-1551】
> ☐少半斗。　·卅二年三月丁☐Ⅰ
> ☐令佐尚视平。☐Ⅱ【8-1793】

这种不符包含两种，其一是用字，8-760和8-1551两例中，"监"代替了"视平"；其二是身份，8-1793号所见文书虽残缺，但属"稟食"记录的可能性极大，而其中视平者由"令史"变成了"令佐"。上述两种不同，究竟是有制度变化的背景，或是有我们尚不知晓的律令规定，还是具体实行时变通所致，是一个值得持续关注的问题。

例四，笔者在研究8-138+8-174+8-522+8-523所见秦始皇二十六年之"令史行庙"文书时，曾有一个结论，即认为当时规定令史行庙的周期可能在10天左右。[②]后来这个看法得到了岳麓秦简第四卷所刊秦令的印证和补充：

> 如下邦庙者辄坏，更为庙便地洁清所，弗更而祠焉，皆弃市。
> 各谨明告县道令丞及吏主【321】
> 更，五日壹行庙，令史旬壹行，令若丞月壹行，☐☐☐☐【322】
> 丞相议。【323】

---

① 谢坤《〈里耶秦简（壹）〉缀合（一）》。
② 鲁家亮《里耶秦简"令史行庙"文书再探》，第47页。

祠焉。廷当：嘉等不敬祠，当……【324】

·泰上皇祠庙在县道者……【325】

令部吏有事县道者循行之，毋过月归（？），当缮治者辄缮治之，不从令者赀二甲□有不□□【326】

■内史郡二千石官共令　第庚【327】①

上引简文显示，当时官方规定令史行庙确实是以"旬"为周期。只是不像我曾经理解的那样需要连续行庙 10 天，而是每间隔 10 天行一次。②田天、游逸飞、范云飞也据此条资料明确了里耶秦简行庙的具体所指，即所行之庙为泰上皇庙。③

例五，对里耶秦简的深入研究，反过来也有助于我们理解岳麓秦简的记载。通过对里耶秦简刻齿简的观察，重新理解岳麓秦简《数》中未解读简含义，是一个绝佳的例子。④具体来说，中日学者合作对里耶秦简刻齿观察后，指出刻齿形态以"⌐⌐"表示万，以"∧"表示千，以"⌐_⌐"表示百，以"——⌐"表示十，以"——┬——"表示一，以斜线刻痕表示少半、泰半等。同时发现里耶秦简中万的刻齿实际上是在百的刻齿中叠加一的刻齿。举一反三，就可知"十万""一百万""一千万""一万万"在刻齿中的表示方法。这

① 该令最早由欧扬公布，见欧扬《岳麓秦简所见比初探》，北京大学出土文献研究所、湖南大学岳麓书院主办，"秦简牍研究国际学术研讨会"会议论文，2014 年 12 月；又收入《岳麓秦简所见秦比行事初探》，《出土文献研究》第十四辑，第 71 页。正式刊布后，学界对释文有调整，其中简 322 中"令若丞月壹行"原作"令若丞月行庙"，由陈剑先生改释，见陈剑《〈岳麓简（肆）〉校字拾遗》，《出土文献研究》第十九辑，中西书局，2019 年，第 213～214 页；简 326 中"从令""赀二甲"由朱锦程补释，见朱锦程《读〈岳麓书院藏秦简〉（肆）札记（一）》，简帛网，2016 年 3 月 25 日。

② 参周海锋《新出秦简礼俗考》，《中国文化研究》2016 年夏之卷，第 104～106 页；范云飞《从新出秦简看秦汉的地方庙制——关于"行庙"的再思考》，简帛网，2016 年 5 月 3 日；又范云飞《岳麓秦简"内史郡二千石官共令第己"释证》，《简帛》第十九辑，上海古籍出版社，2019 年，第 140 页。

③ 游逸飞《有了里耶秦简，秦始皇的形象会不一样吗？》；范云飞《从新出秦简看秦汉的地方庙制——关于"行庙"的再思考》。另可参看本书第七章《信仰世界》。

④ 张春龙、大川俊隆、籾山明《里耶秦简刻齿简研究——兼论岳麓秦简〈数〉中的未解读简》。

样岳麓秦简《数》118 号简中"券千万者，百中千，券万万者，重百中"就可以得到正确的解读。

以上，我们通过 5 个例子，展现了岳麓秦简与里耶秦简互证的重要意义。随着岳麓秦简的进一步发表，相信还能发现更多里耶秦简与岳麓秦简对读的佳证。

四、结　语

陈伟曾指出："任何一批时代较早的出土文献，都会在原始资料公布之后有一个历时较长、由较多相关学者参加的讨论过程，才能在文本复原和内涵阐释上，达到较高的水平，形成大致的共识。……那种毕其功于一役的愿望或期待，是很不切实际的。"①

里耶秦简的公布与整理也将是一项长期艰巨的工作，恐怕在未来相当长一段时间内，里耶秦简的资料公布与文本整理工作都将呈现出一种新旧资料滚动公布、文本整理交替推进的状态。新资料的公布可以为旧资料的解读提供新的线索与信息；旧资料整理过程中经验的积累，也将为新资料快速、高效地整理提供基础。前文已经从文字释读、缀合与编连的持续展开等方面就里耶秦简的文本整理提出了建议，需要再次强调的是对新公布资料的搜集、整理与消化。里耶秦简数量庞大，目前已公布的资料只是其中的一小部分，因此新资料对于我们的研究弥足珍贵，可以帮助我们减少在研究中犯错误的几率，对已有研究成果也可以加以印证、补充。但是由于资料发表的分散等因素，学界对此消化往往不够。比如我们据 8-651 等简可知迁陵县内设有津，后据新刊之12-849 等简，可以进一步发现迁陵县内实际设置有与其下辖乡同名的两个津，即启陵津和贰春津。② 这种乡、津同名方式，在北大秦简《道

---

① 陈伟《文本复原是一项长期艰巨的工作》，《湖北大学学报》1999 年第 2 期；后收入《郭店竹书别释》，湖北教育出版社，2003 年，第 3 页。

② 鲁家亮《里耶秦简所见迁陵三乡补论》。

里书》中亦有反映。① 这是新资料补充已有认识的例子。又如，晏昌贵曾据 8-1219 和新刊之 15-259 简对秦上轩县进行考察，指出上轩在始皇廿六年为新武陵县之一乡，后升格为县，属洞庭郡。② 据图版可知，15-259 简下半残断，原释文中两次出现了"上轩乡"的记载，但两处"上轩乡"的释读与理解均存在一定问题。首先第二处的"轩"释字存在疑问，有学者疑是"津"字；③ 而第一处"上轩乡"的"乡"当视为人名。准此，则据现有资料我们不能排除上轩在秦始皇廿六年已为秦县可能。④ 因此，在新资料刊布后及时整理与消化，应是我们未来工作的一个重点。

而另一方面，从历史研究的角度来看，如何提高里耶秦简对历史研究的效用，强化其在史料方面的价值？上文也从迁陵县个案研究的可能、与岳麓秦简的对读两个方面举例进行了介绍。另外，值得一提的是里耶秦简索引及数据库的建设。对此，游逸飞曾建议编制人名、地名、官名、年月日四种索引。⑤ 目前学界也有相关成果问世，如人名索引方面，有单印飞所作《〈里耶秦简牍校释（第一卷）〉人名统计表》，⑥ 胡腾允所作《〈里耶秦简（贰）〉所见人名统计表》，⑦ 未来在持续补充、修订的同时，⑧ 可考虑对"身份 / 职务"这一栏再作一些细分，甚至制作专门

---

① 北京大学藏秦简《道里书》记载销县下有一容整乡（04-057）和容整津（04-054），两者相距 5 里。参辛德勇《北京大学藏秦水陆里程简册的性质与拟年问题》，《简帛》第八辑，第 19～20 页；辛德勇《北京大学藏秦水路里程简册初步研究》，《出土文献》第四辑，中西书局，2013 年，第 220～224 页。

② 晏昌贵《里耶秦简牍所见郡县名录》，《历史地理》第三十辑，上海人民出版社，2014 年，第 147 页。

③ 里耶秦简牍校释小组《新见里耶秦简牍资料选校（三）》。

④ 这种县道名后加人名的省称现象，可参看李学勤《〈奏谳书〉与秦汉铭文中的职官省称》，《中国古代法律文献研究》第一辑，巴蜀书社，1999 年，第 61～63 页；刘乐贤《里耶秦简和孔家坡汉简中的职官省称》，《文物》2007 年第 9 期，第 93～96 页。

⑤ 游逸飞《评陈伟主编〈里耶秦简牍校释〉第一卷》，第 184～186 页。

⑥ 单印飞《〈里耶秦简牍校释（第一卷）〉人名统计表》，第 60～116 页。

⑦ 胡腾允《〈里耶秦简（贰）〉所见人名统计表》，简帛网，2019 年 9 月 4 日。

⑧ 赵岩针对单印飞所作统计表有专文加以补和修订，见赵岩《〈〈里耶秦简牍校释（第一卷）〉人名统计表〉订补》，《出土文献研究》第十九辑，中西书局，2020 年，第 239～262 页。

的官名索引。地名索引方面，目前只有庄小霞、凡国栋、晏昌贵、游逸飞等对里耶秦简所郡、县、乡、里等信息分别进行过梳理，[①] 尚可以整合，并补充津、亭、邮等方面的信息。2021 年 11 月，日本学者青木俊介、石原辽平、陶安あんど、铃木直美、角谷常子、目黑杏子合编的《里耶秦简（壹）索引稿》以电子书籍形式出版，涉及人名、官职、身份名称、劳动名称、地名以及历日等六方面的索引信息，[②] 是里耶秦简索引编制的一次成功尝试。游先生曾言及四种索引各自的价值，[③] 综合来看，各种索引所提供的信息，可为我们编织起一张相互关联的网，除可提供具体人物、地名、职官或文书准确的基本信息外，对于复原迁陵县约 15 年的历史，了解这十余年间迁陵地区的人、事变迁作用更大。具体而言，我们可尝试以具有明确时间信息，保留大量人名、地名、职官等信息的文书作为主要突破口，比如"秦更名方""令史行庙"文书、以"司空守圂徒作簿"为代表的各类徒簿、8-149+8-489 所见"赀赎记录"等等。通过对这些文书的深入分析，从而建立起人名、地名、职官、时间推定的基本坐标，弥补因为文书残损所导致的信息不全的遗憾，提高各类文书的利用价值。

附记：本章旨在以"里耶秦简"为个案，介绍单批次简牍文献在资料搜集、文本整理和综合研究上的概貌，以期能对"里耶秦简""秦史"研究感兴趣的同好、萌新有所帮助。本章初稿完成于 2017 年 7 月下旬，2019 年 2 月进行过一次增补并提交。因此，其基本框架和内容是以《里耶秦简（贰）》发表之前的简文和成果来展开

---

① 庄小霞《〈里耶秦简（壹）〉所见秦代洞庭郡、南郡属县考》，《简帛研究二○一二》，广西师范大学出版社，2013 年，第 51～63 页；凡国栋《里耶秦简所见秦基层地方行政体系》，第 302～304 页；晏昌贵《里耶秦简牍所见郡县名录》，第 139～150 页；游逸飞《里耶秦简所见的洞庭郡——战国秦汉郡县制个案研究之一》；晏昌贵《里耶秦简牍所见郡县订补》，《历史地理研究》2019 年第 1 期，第 50～57 页。
② 青木俊介、石原辽平、陶安あんど、铃木直美、角谷常子、目黑杏子编《里耶秦简（壹）索引稿》，东京外国语大学亚洲非洲语言文化研究所，2021 年。
③ 游逸飞《评陈伟主编〈里耶秦简牍校释〉第一卷》，第 185～186 页。

的。按照原有设想，《里耶秦简（贰）》发表之后的新进展将另外撰文论述。2022 年 3 月下旬，陈侃理兄告知可在正式提交出版社之前，再作一轮修订。遂在保持原有框架和内容的基础上，适度增补了部分《里耶秦简（贰）》发表之后的研究成果，但依然存在不少的疏漏和不足，在此请读者见谅。

附录 主要出土秦汉简牍一览表

　　本书引用常见简牍时，为行文简洁，采用简称加篇目、简号的形式，不重复注明所据的图书和所在页码，对这些简牍的出土信息和背景情况一般不作介绍。这个一览表提供了上述资料的出处。表中的简牍资料按照简称的音序排列，零散出土的简牍根据发表情况加以归并；还收入了学术价值重要而书中未及引用的若干大批量资料，以备查考。如该批材料未有正式发掘报告，则列出发掘简报；图版、释文出处采用当前学界常用的通行本，以首次正式完整公布的资料报告集为主，酌情补充带有更清晰图版、修订释文及更详细注释的新整理本。书中涉及个别零星的资料时，随文注明出处，不再纳入本表。

简称	发现时地	发掘报告 / 简报 / 概述	引用图版、释文出处
八角廊汉简	1973 河北定州	河北省文物研究所《河北定县 40 号汉墓发掘简报》，《文物》1981 年第 8 期	国家文物局古文献研究室、河北省博物馆、河北省文物研究所、定县汉墓竹简整理组《定县 40 号汉墓出土竹简简介》《〈儒家者言〉释文》，《文物》1981 年第 8 期；河北省文物研究所定州汉简整理小组《定州西汉中山怀王墓竹简〈文子〉释文》《定州西汉中山怀王墓竹简〈文子〉校勘记》，《文物》1995 年第 12 期；

续　表

简称	发现时地	发掘报告/简报/概述	引用图版、释文出处
八角廊汉简	1973 河北定州		河北省文物研究所定州汉墓竹简整理小组《定州汉墓竹简〈论语〉》，文物出版社，1997年；河北省文物研究所定州汉墓竹简整理小组《定州西汉中山怀王墓竹简〈六韬〉释文及校注》，《文物》2001年第5期
北大汉简	2009 非发掘品	北京大学出土文献研究所《北京大学藏西汉竹书概说》，《文物》2011年第6期	北京大学出土文献研究所编《北京大学藏西汉竹书》（壹）~（伍），上海古籍出版社，2015、2012、2015、2015、2014年
北大秦简	2010 非发掘品	北京大学出土文献研究所《北京大学藏秦简牍概述》《北京大学藏秦简牍室内发掘清理简报》，《文物》2012年第6期	略
地湾汉简	1986 甘肃酒泉	略	甘肃简牍博物馆、甘肃省文物考古研究所、出土文献与中国古代文明研究协同创新中心中国人民大学分中心编《地湾汉简》，中西书局，2017年
东牌楼东汉简	2004 湖南长沙	长沙市文物考古研究所《长沙东牌楼7号古井（J7）发掘简报》，《文物》2005年第12期	长沙市文物考古研究所、中国文物研究所编《长沙东牌楼东汉简牍》，文物出版社，2006年
敦煌汉简	1907~1988 甘肃疏勒河流域	〔英〕奥雷尔·斯坦因《西域考古图记》，广西师范大学出版社，1998年；〔英〕奥雷尔·斯坦因《亚洲腹地考古图记》，广西师范大学出版社，2004年；	甘肃省文物考古研究所编《敦煌汉简》，中华书局，1991年；汪涛、胡平生、吴芳思主编《英国国家图书馆藏斯坦因所获未刊汉文简牍》，上海辞书出版社，2008年；

简称	发现时地	发掘报告 / 简报 / 概述	引用图版、释文出处
敦煌汉简	1907～1988 甘肃疏勒河流域	夏鼐《新获之敦煌汉简》，《中央研究院历史语言研究所集刊》第 19 本，1948 年；甘肃省博物馆、敦煌县文化馆《敦煌马圈湾汉代烽燧遗址发掘简报》，《文物》1981 年第 10 期；初师宾《关于敦煌文物研究所收藏的一组汉简》，《敦煌研究》1985 年第 3 期；敦煌县文化馆《敦煌酥油土汉代烽燧遗址出土的木简》、嘉峪关市文物保管研究所《玉门花海汉代烽燧遗址出图的简牍》，甘肃省文物工作队、甘肃省博物馆编《汉简研究文集》，甘肃人民出版社，1984 年；敦煌市博物馆《敦煌汉代烽燧遗址调查所获简牍释文》，《文物》1991 年第 8 期	张德芳《敦煌马圈湾汉简集释》，甘肃文化出版社，2014 年；张德芳、石明秀主编《玉门关汉简》，中西书局，2019 年
额济纳汉简	1999 内蒙古额济纳旗	魏坚主编《额济纳汉简》，广西师范大学出版社，2005 年	孙家洲主编《额济纳汉简释文校本》，文物出版社，2007 年
放马滩秦简	1986 甘肃天水	甘肃省文物考古研究所编《天水放马滩秦简》，中华书局，2009 年	陈伟主编《秦简牍合集》（肆），武汉大学出版社，2014 年
凤凰山汉简	1973、1975 湖北荆州	长江流域第二期文物考古工作人员培训班《湖北江陵凤凰山西汉墓发掘简报》，《文物》1974 年第 6 期；凤凰山一六七号汉墓发掘整理小组《江陵凤凰山一六七号汉墓发掘简报》，《文物》1976 年第 10 期；湖北省文物考古研究所《江陵凤凰山一六八号汉墓》，《考古学报》1993 年第 4 期	湖北省文物考古研究所编《江陵凤凰山西汉简牍》，中华书局，2012 年

简称	发现时地	发掘报告/简报/概述	引用图版、释文出处
甘谷汉简	1971 甘肃甘谷	张学正《甘谷汉简考释》，《汉简研究文集》，甘肃人民出版社，1984年	李均明、何双全编著《散见简牍合辑》，文物出版社，1990年
海昏汉简	2015 江西南昌	江西省文物考古研究所、南昌市博物馆、南昌市新建区博物馆《南昌市西汉海昏侯墓》，《考古》2016年第7期；江西省文物考古研究院、北京大学出土文献研究所、荆州文物保护中心《江西南昌西汉海昏侯刘贺墓出土简牍》，《文物》2018年第11期	朱凤瀚主编《海昏简牍初论》，北京大学出版社，2020年
胡家草场西汉简	2018 湖北荆州	荆州博物馆《湖北荆州市胡家草场墓地M12发掘简报》，《考古》2020年第2期；李志芳、蒋鲁敬《湖北荆州市胡家草场西汉墓M12出土简牍概述》，《考古》2020年第2期	荆州博物馆、武汉大学简帛研究中心编著《荆州胡家草场西汉简牍选粹》，文物出版社，2021年
肩水金关汉简	1973 甘肃金塔	甘肃居延考古队《居延汉代遗址的发掘和新出土的简册文物》，《文物》1978年第1期	甘肃简牍保护研究中心、甘肃省文物考古研究所、甘肃省博物馆、中国文化遗产研究院古文献研究室、中国社会科学院简帛研究中心编《肩水金关汉简》（壹）～（伍），中西书局，2011、2012、2013、2015、2016年
居延汉简	1930 内蒙古额济纳、甘肃金塔	〔瑞典〕弗可·贝格曼编《内蒙古额济纳河流域考古报告》，学苑出版社，2014年	中国社会科学院考古研究所编《居延汉简甲乙编》，中华书局，1980年；谢桂华、李均明、朱国照《居延汉简释文合校》，文物出版社，1987年；史语所简牍整理小组编《居延汉简补编》，中研院历史语言研究所，1998年；

简称	发现时地	发掘报告/简报/概述	引用图版、释文出处
居延汉简	1930 内蒙古额济纳、甘肃金塔		史语所简牍整理小组编《居延汉简》（壹）～（肆），中研院历史语言研究所，2014、2015、2016、2017 年
居延新简	1974 内蒙古额济纳	甘肃居延考古队《居延汉代遗址的发掘和新出土的简册文物》，《文物》1978 年第 1 期	甘肃省文物考古研究所、甘肃省博物馆、文物局古文献研究室、中国社会科学院历史研究所编《居延新简》，文物出版社，1990 年； 甘肃省文物考古研究所、甘肃省博物馆、文物局古文献研究室、中国社会科学院历史研究所编《居延新简——甲渠候官》，中华书局，1994 年； 张德芳主编《居延新简集释》（一）～（七），甘肃文化出版社，2016 年
孔家坡汉简	2000 湖北随州	湖北省文物考古研究所、随州市文物局《随州市孔家坡墓地 M8 发掘简报》，《文物》2001 年第 9 期	湖北省文物考古研究所、随州市考古队《随州孔家坡汉墓简牍》，文物出版社，2006 年
里耶秦简	2002 湖南龙山	湖南省文物考古研究所《里耶发掘报告》，岳麓书社，2006 年	湖南省文物考古研究所《里耶秦简》（壹）、（贰），文物出版社，2012、2017 年； 陈伟主编《里耶秦简牍校释》第一、二卷，武汉大学出版社，2012、2018 年； 里耶秦简博物馆、出土文献与中国古代文明研究协同创新中心中国人民大学分中心编著《里耶秦简博物馆藏秦简》，中西书局，2016 年

续　表

简称	发现时地	发掘报告/简报/概述	引用图版、释文出处
龙岗秦简	1989 湖北云梦	云梦县博物馆、孝感地区博物馆湖北省文物考古研究所《云梦龙岗秦汉墓地第一次发掘简报》，《江汉考古》1990年第3期	陈伟主编《秦简牍合集》（贰），武汉大学出版社，2014年
马王堆汉墓竹简帛书	1972～1973 湖南长沙	湖南省博物馆、中国科学院考古研究所编《长沙马王堆一号汉墓》《长沙马王堆二、三号汉墓》第一卷《田野考古发掘报告》，文物出版社，1973、2004年	湖南省博物馆、复旦大学出土文献与古文字研究中心编，裘锡圭主编《长沙马王堆汉墓简帛集成》，中华书局，2014年
青川木牍	1979 四川青川	青川县文化馆、四川省博物馆《青川县出土秦更修田律木牍——四川青川县战国墓发掘简报》，《文物》1982年第1期	陈伟主编《秦简牍合集》（贰），武汉大学出版社，2014年
上孙家寨汉简	1978 青海大通	青海省文物考古研究所《上孙家寨汉晋墓》，文物出版社，1993年	青海省文物考古研究所《上孙家寨汉晋墓》，文物出版社，1993年
尚德街东汉简牍	2011 湖南长沙		长沙市文物考古研究所《长沙尚德街东汉简牍》，岳麓书社，2016年
双古堆汉简	1977 安徽阜阳	安徽省文物工作队、阜阳地区博物馆、阜阳县文化馆《阜阳双古堆西汉汝阴侯墓发掘简报》，《文物》1978年第8期	阜阳汉简整理组《阜阳汉简简介》《阜阳汉简〈仓颉篇〉》，《文物》1983年第2期；阜阳汉简整理组《阜阳汉简〈诗经〉》，《文物》1984年第8期；阜阳汉简整理组《阜阳汉简〈万物〉》，《文物》1988年第4期；胡平生、韩自强《阜阳汉简〈诗经〉研究》，上海古籍出版社，1988年；

简称	发现时地	发掘报告/简报/概述	引用图版、释文出处
双古堆汉简	1977 安徽阜阳		胡平生《阜阳双古堆汉简数术书简论》,《出土文献研究》第四辑,中华书局,1998年; 胡平生《阜阳双古堆汉简与〈孔子家语〉》,《国学研究》第七卷,北京大学出版社,2000年
睡虎地M77汉简	2006 湖北云梦	湖北省文物考古研究所、云梦县博物馆《湖北云梦睡虎地M77发掘简报》,《江汉考古》2008年第4期; 熊北生、陈伟、蔡丹《湖北云梦睡虎地77号西汉墓出土简牍概述》,《文物》2018年第3期	熊北生、陈伟、蔡丹《湖北云梦睡虎地77号西汉墓出土简牍概述》,《文物》2018年第3期; 蔡丹、陈伟、熊北生《睡虎地汉简中的质日简册》,《文物》2018年第3期; 陈伟、熊北生《睡虎地汉简中的功次文书》,《文物》2018年第3期; 陈伟、熊北生《睡虎地汉简中的券与相关文书》,《文物》2019年第12期; 蔡丹、谭竞男《睡虎地汉简中的〈算术〉简册》,《文物》2019年第12期; 谭竞男、蔡丹《睡虎地汉简〈算术〉"田"类算题》,《文物》2019年第12期
睡虎地秦简	1975 湖北云梦	云梦睡虎地秦墓编写组《云梦睡虎地秦墓》,文物出版社,1981年	睡虎地秦墓竹简整理小组编《睡虎地秦墓竹简》,文物出版社,1990年; 陈伟主编《秦简牍合集》(壹),武汉大学出版社,2014年

简称	发现时地	发掘报告/简报/概述	引用图版、释文出处
兔子山简牍	2013 湖南益阳	湖南省文物考古研究所、益阳市文物管理处《湖南益阳兔子山遗址九号井发掘简报》，《文物》2016年第5期；湖南省文物考古研究所、益阳市文物考古研究所《湖南益阳兔子山遗址七号井发掘简报》，《文物》2021年第6期	湖南省文物考古研究所、益阳市文物管理处《湖南益阳兔子山遗址九号井发掘报告》，《湖南考古集刊》第12集，科学出版社，2016年；湖南省文物考古研究所、中国人民大学历史系《湖南益阳兔子山遗址七号井出土简牍述略》，《文物》2021年第6期
王家台秦简	1993 湖北荆州	荆州地区博物馆《江陵王家台15号秦墓》，《文物》1995年第1期	王明钦《王家台秦墓竹简概述》，《新出简帛研究》，文物出版社，2004年
未央宫遗址木简	1980 陕西西安	中国社会科学院考古研究所《汉长安城未央宫1980—1989年考古发掘报告》，中国大百科全书出版社，1996年	胡平生《未央宫前殿遗址出土王莽简牍校释》，《出土文献研究》第六辑，上海古籍出版社，2004年
五一广场东汉简牍	2010 湖南长沙	长沙市文物考古研究所《湖南长沙五一广场东汉简牍发掘简报》，《文物》2013年第6期	长沙市文物考古研究所、清华大学出土文献研究与保护中心、中国文化遗产研究院、湖南大学岳麓书院编《长沙五一广场东汉简牍选释》，中西书局，2015年；长沙市文物考古研究所、清华大学出土文献研究与保护中心、中国文化遗产研究院、湖南大学岳麓书院编《长沙五一广场东汉简牍》（壹）～（肆），中西书局，2018、2019年
武威汉简	1959 甘肃武威	甘肃省博物馆《甘肃武威磨嘴子6号汉墓》，《考古》1960年第5期	甘肃博物馆、中国科学院考古研究所《武威汉简》，文物出版社，1964年；田河《武威汉简集释》，甘肃文化出版社，2020年

简称	发现时地	发掘报告/简报/概述	引用图版、释文出处
武威医简	1972 甘肃武威	甘肃省博物馆、武威县文化馆《武威旱滩坡汉墓发掘简报——出土大批医药简牍》，《文物》1973年第12期	甘肃省博物馆、武威县文化馆编《武威汉代医简》，文物出版社，1975年
悬泉汉简	1990～1992 甘肃敦煌	甘肃省文物考古研究所《甘肃敦煌汉代悬泉置遗址发掘简报》，《文物》2000年第5期	胡平生、张德芳《敦煌悬泉汉简释粹》，上海古籍出版社，2001年；中国文物研究所、甘肃省文物考古研究所《敦煌悬泉月令诏条》，中华书局，2001年；甘肃简牍博物馆、甘肃省文物考古研究所、陕西师范大学人文社会科学高等研究院、清华大学出土文献研究与保护中心《悬泉汉简》（壹），中西书局，2019年
仪征胥浦汉简	1984 江苏仪征	扬州博物馆《江苏仪征胥浦101号西汉墓》，《文物》1987年第1期	扬州博物馆《江苏仪征胥浦101号西汉墓》，《文物》1987年第1期
银雀山汉简	1972 山东临沂	山东博物馆、临沂文物组《山东临沂西汉墓发现〈孙子兵法〉和〈孙膑兵法〉等竹简的简报》，《文物》1974年第2期	吴九龙《银雀山汉简释文》，文物出版社，1985年；银雀山汉墓竹简整理小组《银雀山汉墓竹简》（壹）（贰），文物出版社，1985、2010年；山东博物馆、中国文化遗产研究院《银雀山汉墓简牍集成》（贰）（叁），文物出版社，2021年
尹湾汉简	1993 江苏连云港	连云港市博物馆《江苏东海县尹湾汉墓群发掘简报》，《文物》1996年第8期	连云港市博物馆、东海县博物馆、中国社会科学院简帛研究中心、中国文物研究所《尹湾汉墓简牍》，中华书局，1997年

续　表

简称	发现时地	发掘报告/简报/概述	引用图版、释文出处
岳麓秦简	2007 非发掘品	陈松长《岳麓书院所藏秦简综述》，《文物》2009年第3期	陈松长主编《岳麓书院藏秦简》（壹）～（柒），上海辞书出版社，2010、2011、2013、2016、2017、2020、2022年
岳山秦牍	1986 湖北荆州	荆州地区博物馆、湖北省江陵县文物局《江陵岳山秦汉墓》，《考古学报》2000年第4期	陈伟主编《秦简牍合集》（叁），武汉大学出版社，2014年
张家山汉简	1983～1988 湖北荆州	荆州地区博物馆《江陵张家山三座汉墓出土大批竹简》，《文物》1985年第1期；荆州地区博物馆《江陵张家山两座汉墓出土大批竹简》，《文物》1992年第9期；张家山汉墓竹简整理小组《江陵张家山汉简概述》，《文物》1985年第1期；荆州博物馆《湖北江陵张家山M336出土西汉竹简概述》，《文物》2022年第9期	张家山二四七号汉墓竹简整理小组《张家山汉墓竹简〔二四七号墓〕》，文物出版社，2001年；张家山二四七号汉墓竹简整理小组《张家山汉墓竹简〔二四七号墓〕（释文修订本）》，文物出版社，2006年；彭浩、陈伟、工藤元男主编《二年律令与奏谳书——张家山二四七号汉墓出土法律文献释读》，上海古籍出版社，2007年
周家台秦简	1993 湖北荆州	湖北省荆州市周梁玉桥遗址博物馆编《关沮秦汉墓简牍》，中华书局，2001年	陈伟主编《秦简牍合集》（叁），武汉大学出版社，2015年

后 记

"重写秦汉史"这个书名，最初是责编提的，我没敢接受。

不错，从 2013 年开始酝酿这本书时起，我们就期待它会将秦汉史研究推向一个新阶段。但讨论怎么命名这项工作时，谁也没有想过"重写"这样的字眼。在很长时间里，我们一直用这个平平无奇的名字来称呼这部书稿——"出土文献与秦汉史"。

当时，本书的作者都是不满 35 岁的道地青年。我刚刚开始教书，系统学习秦汉史还不过两三年。《史记》《汉书》当然早就读过，出土文献则接触尚少。凭着初生之气，我下决心开了一门"出土文献与秦汉史研究"的课程。为了这门课，从学术史、研究方法到各个专门领域，都从头摸索，通读了代表性的资料，也翻阅了众多研究论著，稍加熔铸，收获了不少新知，最初几篇研究出土文献的论文，大抵是准备这门课的副产品。虽说如此，我仍深感这个领域资料丛脞、观点纷纭，初学者不得其门而入，难免要走很多弯路，甚至在半路上就气馁撤退了——就像我对某些资料和问题那样。要是能有一个系统的指引，事半功倍，那多好啊！然而，秦汉史研究积累很深，出土文献更新又快，任何个人都不可能同时掌握全部资料和所有领域的前沿。要编一本全面扎实而又准确把握各领域最新动态并能展望未来、提出新问题的著作，非得多人协作不可。

2012 年 10 月，借主办第一届"出土文献青年学者论坛"的机会，我新结识了好几位出土文献与秦汉史研究方面的同侪。那年冬天，又随李零老师访问德国，观摩了夏德安、马克两位教授主编"日书"研究专书（此书已于 2017 年由莱顿出版）的工作坊，对欧美学者合作编书的方式大为钦羡。于是想到，何不约请同辈的学者一起，为我们自己的研究和教学编一部书呢？

2013 年 10 月 19～20 日，第二届"出土文献青年学者论坛"在复旦大学举办，永秉、家亮、孟龙、文超、闻博、逸飞、少轩诸兄以及田天都在会上。会议间隙，我心怀惴惴地逐一向朋友们推销起这个想法来，大家竟然都很支持。会议结束时，大半作者已经敲定。此后又联络上欣宁和忠炜兄，他们也都爽快答应。事情进展神速。当时，谁也没有想到，从准备到出书，将要花去我们十年时光。

2014 年 11 月 29～30 日、2015 年 11 月 21～22 日，我们以"出土文献与秦汉史研究工作坊"的名义连续在北大聚了两次，一次讨论书稿的写作提纲，一次互相评议初稿。记得第一次工作坊碰到寒潮，结束那天，气温陡降到零下 10 度；第二次则适逢初雪，在雪花纷飞中聊着聊着，不觉窗外已经银装素裹。更让人如在目前的，是那亲切热络、直抒己见的气氛，那种共同推进一项事业的兴奋。我们在雪中合影，闻博兄跟我说，感觉有一种英雄气概。

从初稿到定稿，过程变得艰难。由于缺乏经验和明确的先例，我们的书究竟如何自我定位，在资料介绍、学术综述和研究心得之间怎样调整重心，对于一些尚未形成共识的问题应该如何论述，各章涉及的专题性质不同、写作思路有别应该如何处理等等，这些都需要作者在实践中摸索，彼此磨合。几乎每一章的文稿都反复修改，有的甚至改变原初的设想，推倒重来。在这个过程中，新资料和新研究不断涌现，作者的想法也在持续更新，要一起按时完成定稿，困难可想而知。"五年计划"，倏忽间变成了"十年磨一剑"。

我们将初步定稿定在 2017 年底，也以此作为所收资料和参考研究的截止时间。但各章写作进度不一，未能完全统一标准。2022 年上半年，我们又做了最终的修订，每位作者根据实际需要和可能，酌情收录了学界的部分新动态。好几位都坚持打磨文稿到截稿的最后一刻，但也有计划中的内容遗憾未能赶上这次出版。

为了便于行文，书中称引出土文献一般采用简称加简号的形式，另按简称的音序列出截至 2022 年的主要出土秦汉简牍发现一览表，附在书后备查，正文中不再详注出处。至于其他的参考文献，则在每章中首次出现时注明出版信息，尊重作者习惯而没有严格统一所用的版本，这点还请读者见谅。

回首这十年，我们的确跨越了时代。论个人，我们从青年步入中年，少了些一往无前的锐气，多了几分沉重的责任。论学界，学术环境和风气迥异于前，或者说在此前的"量变"趋势下发生了"质变"。出土文献自从被定为"冷门绝学"，就免不了要"过热"；而"沉淀"下来，变得更紧要也更困难。这部书的编撰本身似乎也已经成为一个转变时期的见证，而有了特殊的意义——在这以前它不会产生，在这以后它也不会再以这样的方式产生。

在签订出版合同的最后一刻，我发微信给责编：书名就叫"重写秦汉史"吧！

"重写"不是完成，而是一个开始，一种希望，一份邀请。

本书的编写没有申请项目课题。感谢北京大学在我入职之初给了一笔不带要求的科研启动经费。感谢出土文献与古代文明研究所和朱凤瀚教授大力支持两次工作坊的举办，并将本书纳入丛刊，资助出版。

当时在读研究生的李彦楠君为工作坊出力甚多，数年间选修"出土文献与秦汉史研究"课程的同学对部分初稿提出了很好的意见，王景创、李屹轩两位博士曾协助通校各章文稿。在此，向他们致以衷心的感谢！

感谢本书的责编毛承慈博士。我们因编辑出版北大秦汉简合作多年，她以无微不至的严谨和专业，确保了本书以最好的面貌送到读者手中。

感谢本书的读者，你们始终是写作最大的动力。如果有任何意见，欢迎来信，我的邮箱是 ckl@pku.edu.cn。期待你们的阅读和批评！

最后，感谢各位作者。愿这本书成为我们青年时代永久的见证，愿友谊长青！

陈侃理

2023 年 1 月 15 日